1985—1993年四川财政收支情况

财政收入

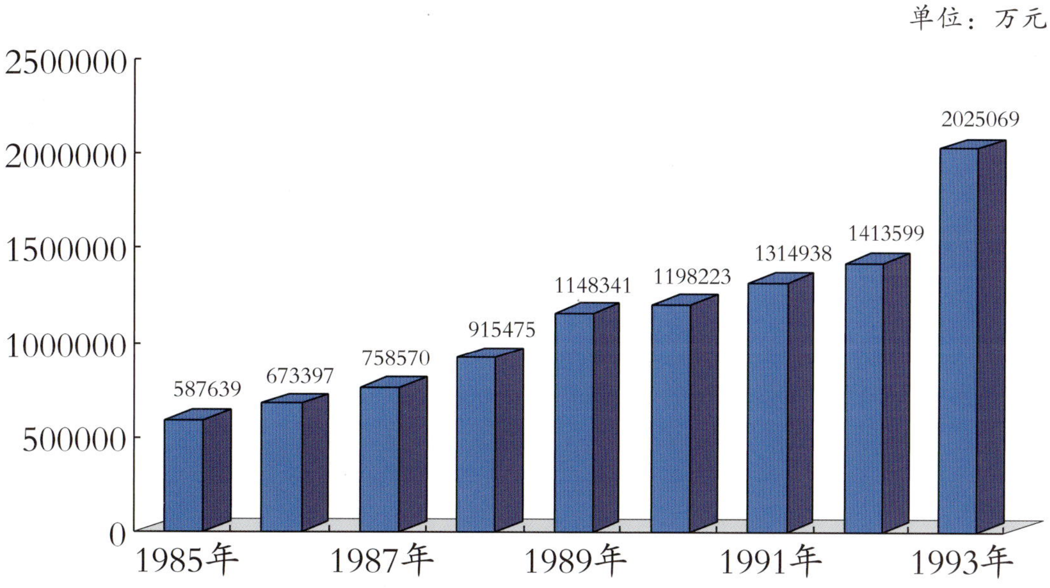

财政支出

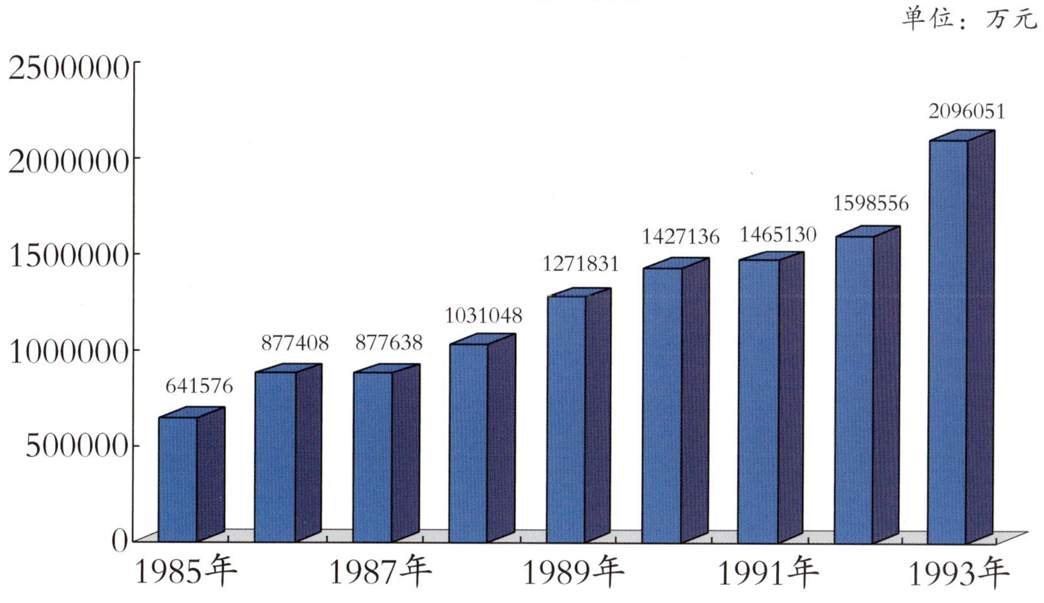

1994—2005年四川财政收支情况

一般预算收入

单位：万元

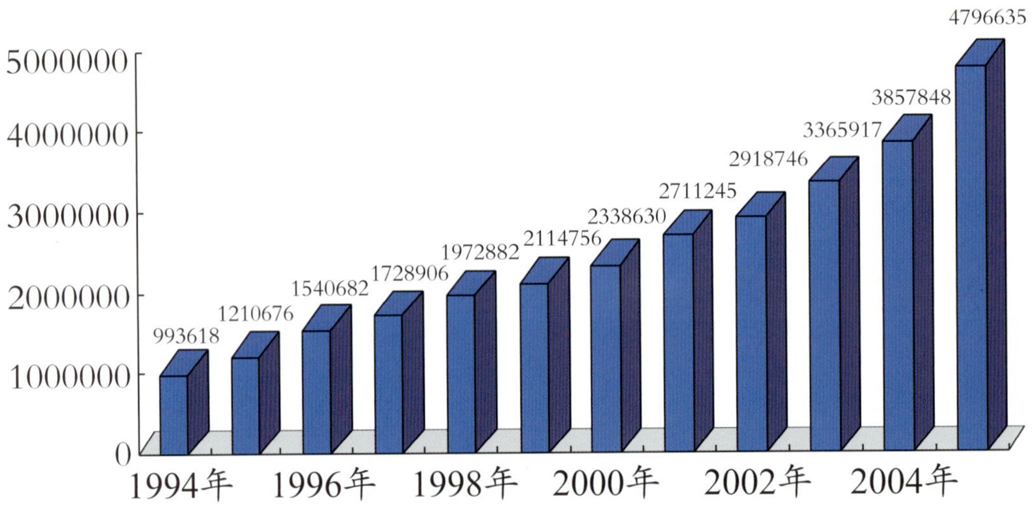

一般预算支出

单位：万元

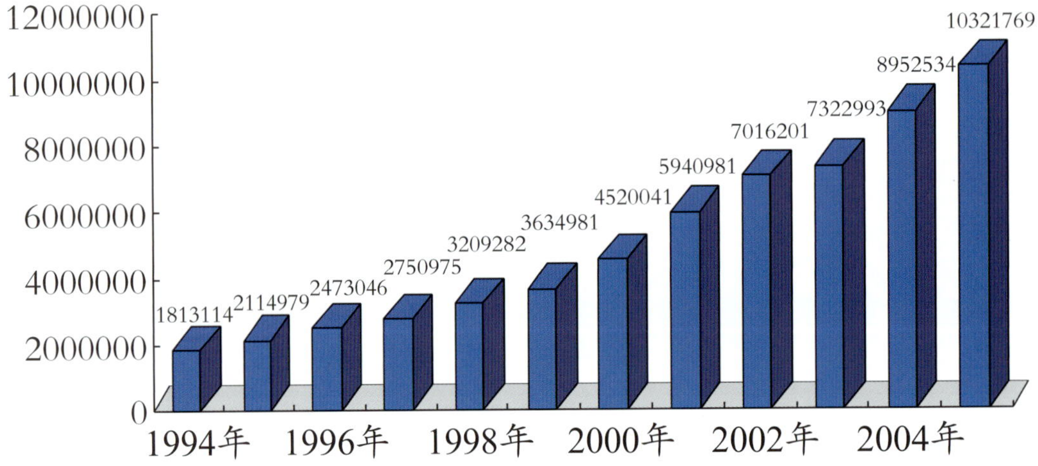

财政管理与改革

CAIZHENG GUANLI YU GAIGE

1995年5月，四川省财政工交企业工作会议在成都市召开

1996年4月，四川省国资系统县属企业国有产权制度改革工作会议在成都市温江县召开

2000年2月，全省财政管理体制调整工作会议在成都市召开

2001年2月，四川省省级部门预算编制改革暨政府非税收入银行代收工作会议在成都市召开

2003年7月，西部地区财政厅（局）长座谈会在成都市召开

2004年12月，四川省新型农村合作医疗试点工作会议在都江堰市召开

2005年2月，全省财政工作会议在成都市召开

2005年3月，四川省粮食直补工作会议在成都市召开

2005年9月，全国缓解县乡财政困难工作座谈会在成都市召开

1996年8月，四川省财政厅组织召开过渡期转移支付方案专家论证会

2005年10月，四川省财政厅组织召开四川省财政“十一五”规划专家论证会

2001年，四川省财政厅向中共中央纪律检查委员会调研组汇报四川省非税收入银行代收制度改革经验

2002年4月，四川省财政厅厅长周维莲（前排左二）在资阳市调研工资上卡直发情况

2004年，四川省财政厅厅长、四川省农村税费改革领导小组办公室主任王宁（左一）在南充市调研

2005年，四川省财政厅厅长泽巴足（右一）在泸州市调研

2005年，四川省财政厅督导组赴基层督导粮食直补资金兑付工作

2005年10月，四川省政务公开督查调研组到四川省财政厅调研政务公开工作情况

四川省重要财政体制改革文件

四川省人民政府文件

川府发〔1985〕59号

四川省人民政府关于省对市地州实行“划分税种、核定收支、分级包干”财政管理体制的规定

各市、州人民政府，各地区行政公署，省级各部门：

国务院决定，从一九八五年起，中央对地方的财政管理体制由原来的“划分收支、分级包干”改为“划分税种、核定收支、分级包干”，一定五年不变。经研究决定，省对市、地、州的财政管理体制作相应改变。具体规定如下：

一、按照中央划给地方的各项财政收和利税第二步改革的税种设置，划分省与市、地、州的财政收入。

四川省人民政府文件

川府发（1988）171号

四川省人民政府关于市、地、州实行财政包干办法的通知

各市、州人民政府，各地区行政公署，省级各部门：

1985年，根据国务院国发（1985）42号通知规定的精神，省政府对各市、地、州实行了“划分税种、核定收支、分级包干”的财政管理体制，调动了各地区增产节约、增收节支的积极性，促进了我省国民经济的发展。为了进一步调动各地区的积极性，根据国务院《关于地方实行财政包干办法的决定》（即国发[1988]50号文件），结合我省实际情况，省政府决定从1988年到1990年期间，在原定财政管理体制的基础上，对市、地、州的财政包干办法，做进一步改进。现将有关事项通知如下：

一、全省21个市、地、州，除重庆市按中央规定实行“收入递增包干”办法外，其余20个市、地、州，分别实

四川省人民政府文件

川府发〔1995〕69号

四川省人民政府实行分税制财政管理体制的通知

各市、州人民政府，各地区行政公署，省级各部门：

为了贯彻执行《国务院关于实行分税制财政管理体制的决定》(国发[1993]85号)，适应中央对地方分税制改革的要求，根据我省实际情况，省政府决定从1994年1月1日起，对市、地、州的财政管理体制作相应调整。现将有关问题通知如下：

一、 地方事权和支出的划分范围

根据中央政府与地方政府现行的事权划分范围，我省包括省、市(地、州)、县(市、区)、乡（镇）在内的各级地方财政，主要承担本行政区国家机关运转及本地区经济、社会事业发展所需支出。具体包括：地方行政管理费、公检法支出、部分武警经费、民兵事业费、地方统筹的基本建设物资、支农支出、城市维护和建设经费、地方文化、

四川省人民政府办公厅文件

川办发〔1996〕125号

四川省人民政府办公厅四川省过渡期财政转移支付试行办法的通知

各市、州、人民政府，各地区行政公署，省政府各部门：

为适应分税制财政体制改革的要求，加大对贫困地区和民族地区经济的扶持力度，保证社会的稳定发展，结合我省实际情况，省政府决定从1995年起，实施四川省 过渡期财政转移支付试行办法。现将有关问题通知如下:

一、省给予各地的转移支付补助,各地要尽快补助落实到县,同时,市、地、州本级财力状况较好的地方要适当增加对所属县(市、区)的转移支付补助,逐步建立、实施对所属县(市、区)的转移支付办法。

二、省给予的转移支付补助资金,各地应主要用于发放工资(尤其是教师的工资)和弥补事业经费不足。

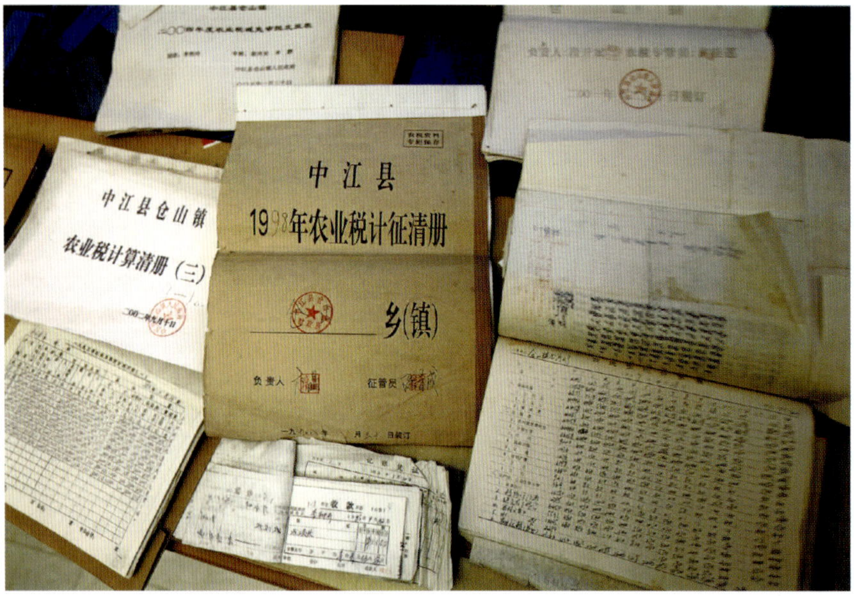

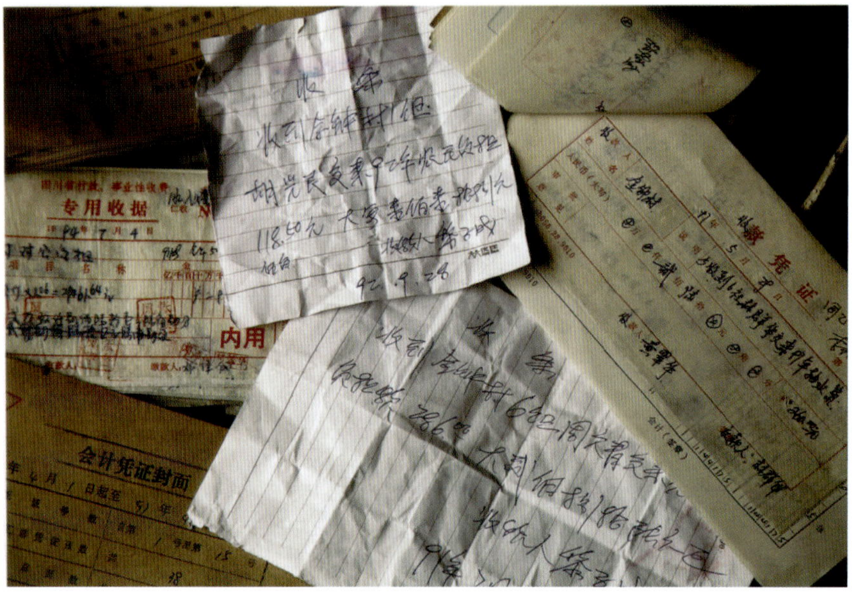

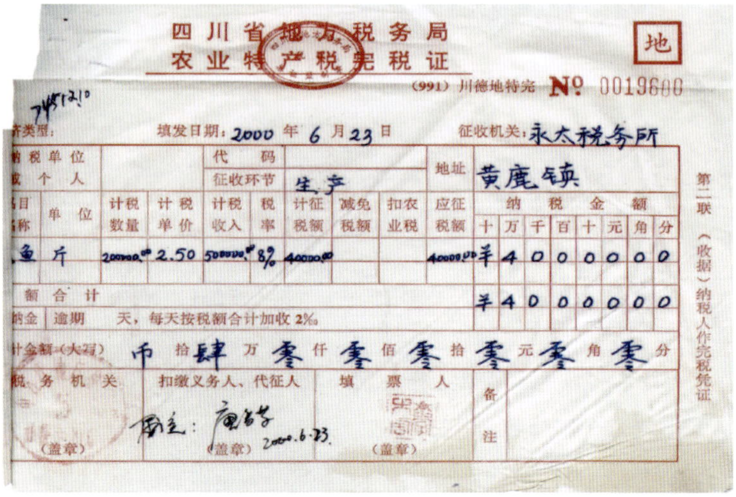

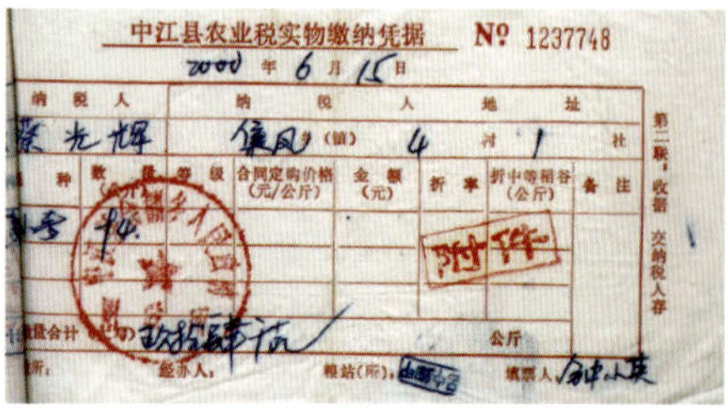

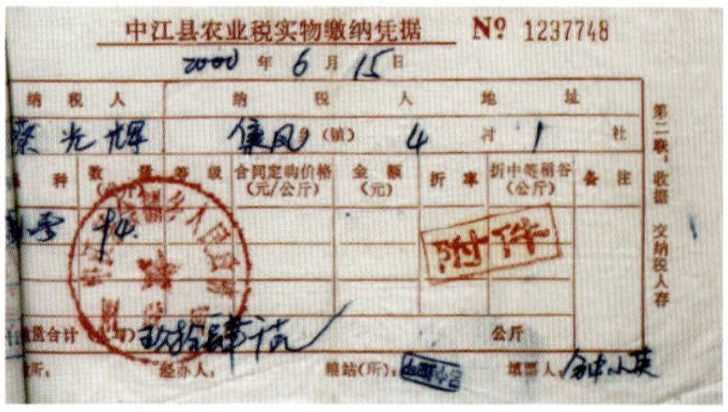

2005年，四川省全面停征农业税，面向农民收取的各项农业税费票据、收条成为历史文物

支持经济发展

ZHICHIJINGJI FAZHAN

1990年动工、1995年建成通车的四川省第一条高速公路——成(成都)渝(重庆)高速公路

1991年开工、2000年完工，利用世界银行贷款建设的二滩水电站，是中国在20世纪建成投产的最大电站

1996年，由四川省财政扶持兴建的新时代广场，是成都第一个智慧型楼群

1988年，为理顺国家与企业的分配关系，四川在大中型企业中实行“超前改革”试点。图为首批试点企业之一——川棉一厂

1996年9月，宜宾五粮液酒厂507车间全面投产，成为全球规模最大的白酒酿造车间

四川泸天化，是中国最早成套引进国际先进技术，以天然气为原料的大型化肥企业。1999年6月，泸天化公司在深圳证券交易所A股发行上市

2004年，中国第二重型机械集团公司为宝钢制造的5米厚板轧机

2005年，中国首批100米长尺高速钢轨在攀钢万能轧机生产线诞生

2005年，完成改造扩建后被称为“中华第一跨”的东方电机重型装配厂厂房

1993年开始，四川省财政持续加大对攀西农业综合开发支持力度。图为攀枝花市建设特色农产品基地

2003年，眉山市彭山县保胜乡天柱村中低产田改造项目农户誓师大会

2004年，巴中市平昌县农业综合开发项目区农户积极投工投劳参与项目建设

2003年，广汉市农业综合开发项目区机防队统一发放机动喷雾器

2004年，都江堰市农机具直补现场

2005年4月，简阳市农民领取粮食直补资金

“八五”（1991—1995年）时期利用发展粮食生产专项资金扶持兴修的喷灌工程

“八五”（1991—1995年）时期中低产田土改造建设的高产稳产农田。图为广元市苍溪县坡改梯项目

20世纪90年代中后期，为解决季节性干旱带来的人畜饮水困难，省财政加大资金投入，支持丘陵地区微水工程建设。图为1996年巴中地区修建山坪塘

建于1988年，国内最大的现代化种猪生产基地——四川省原种猪场（四川省猪育种中心）大型原种猪场饲养室

1996年，省财政资金扶持的四川阳平种牛场，是农业部命名的国家级重点种畜禽场

1998年成立的四川省峨眉山竹叶青茶业有限公司是国家农业产业化重点龙头企业。图为名茶加工生产线

1989年，四川作为全国最早启动的省区，实施了长江中上游防护林体系一期工程建设。图为仁寿县长防林

1989年，凉山州飞播造林。图为华山松林带

“八五”（1991—1995年）时期建设的盆中丘林区农田林网

1988年，根据国家“火炬计划”开始筹建的国家级高新技术产业开发区——成都高新技术产业开发区

1990年，世界上首例人工繁殖成活的双胞胎熊猫，该项成果于1993年获国家科技进步二等奖

1995年，长虹技术中心由国家经贸委、税务总局、海关总署等部门联合认定为国家级技术中心

加强民生保障

JIAQIANG MINSHENG BAOZHANG

1992年，利用“两项资金”（支援经济不发达地区发展资金和四川省“三州”开发基金）新建的马尔康民族师范学校

20世纪90年代以来，根据国家确立的基础教育“两基”（基本普及九年义务教育和基本扫除青壮年文盲）发展目标，省财政持续加大教育事业投入，改善办学条件。图为若尔盖唐克小学建设前后

1988年建成的四川省体育馆，被誉为四川省体育事业腾飞的象征，是成都市标志性建筑之一

“十五”（2000—2005年）期间四川文化设施建设十大标志性工程之一——四川科技馆

2004年10月，由福利彩票资金部分资助的成都市第一社会福利院，被四川省民政厅评为行风建设先进基层窗口单位

2002年建成的四川省革命伤残军人休养院

2005年，成都市文化馆被文化部授予国家一级文化馆称号

财政法治建设

CAIZHENG FAZHI JIANSHE

2005年5月，四川省人大财经委、四川省人大常委会法工委、四川省财政厅、四川省人民政府法制办公室召开纪念《中华人民共和国会计法》实施20周年座谈会

2005年11月，全省财政法制工作会议在南充市召开

2005年，四川省财政厅举办四川财政系统“四五”普法培训班

2005年10月，财政部“四五”普法检查验收组对四川省财政系统“四五”法制宣传教育工作进行检查验收

2005年，四川省财政厅干部参加“四五”普法考试

历年财政监督检查工作文件

2000年，四川省财政监督检查局履行监督职责,开展扶贫资金监督检查、交警罚没收入检查及民生资金工程检查等专项检查活动

国际交流 GUOJI JIAOLIU

1994年8月，四川省财政厅副厅长周维莲（右三）陪同世界银行中蒙局局长霍普（右二）、财政部世行司副司长李勇（右一）参观展览

2005年，四川省财政厅厅长泽巴足（左一）会见美国财政部部长斯诺（右一）

2005年，四川省财政厅副厅长王一宏（左一）会见由利比里亚财政部副部长多克（右一）率领的非洲财政金融访问团

2005年，四川省财政厅副厅长谢维勤（右一）迎接科威特阿拉伯经济发展基金会总裁贝德尔（左二）

队伍建设 DUIWU JIANSHE

2000年组织机构

2000年，四川省人民政府办公厅印发《四川省省级机关职能配置内设机构和人员编制的规定》，重新调整四川省财政厅工作职能。根据调整后确定的12项主要职责，财政厅对内设机构进行了相应调整，此后内设机构虽然仍有变化，但总体格局保持基本稳定。

内设机构

- 办公室
- 综合处
- 财税法规制度处
- 预算处
- 国库处
- 非税收入管理处
- 行政政法处
- 教科文处
- 经济建设处
- 农业处
- 社会保障处
- 企业处
- 投资管理处
- 金融处
- 外事外债处（省外国政府贷款办公室）
- 会计处
- 统计评价处（省清产核资办公室）
- 省农业综合开发办公室
- 人事教育处
- 离退休人员工作处
- 机关党办

直属单位

四川省财政监督检查局	四川省财政学校	四川省财政科学研究所
四川省财政投资评审中心	四川省财政厅收费票据监管中心	四川省财政厅罚没物资中心
四川省财政信息中心	四川省省级机关住房公积金管理中心	四川省世界银行贷款工作领导小组办公室
四川省政府采购中心	四川省财政厅机关服务中心	四川省注册会计师协会
四川会计师事务所	四川省干部函授学院财政分院	四川省会计函授学校
《四川会计》编辑部	四川省国有资产经营投资管理有限责任公司	四川“中国红”花岗石开发有限总公司
四川省证券公司	四川开源服务公司	四川省资产评估协会
四川省中小企业信用担保中心	四川省财政厅幼儿园	四川省财政厅招待所
四川省财政厅印刷厂		

1994年，四川省财政厅为适应改革发展需要，新组建了社会保障、基本建设财务、税政3个职能处，图为社会保障处工作人员

2000年，四川省财政厅非税收入管理处成立，统一监督和管理全省行政事业性收费、罚没收入、政府基金及其他非税收入

2000年，四川省财政监督检查局成立，为财政厅直属县（处）级执法监督机构

2004年8月，四川省财政厅首次以竞争上岗方式选拔副处级领导干部

2005年1月，四川省财政厅召开处级领导干部大会，中共四川省委副书记、四川省人民政府常务副省长蒋巨峰（右二）到会宣布任免决定，泽巴足（右一）任厅党组书记、厅长

2003年，四川省财政厅召开保持共产党员先进性教育活动总结大会

2004年2月，四川省财政厅召开四川省财政系统作风教育整顿活动电视电话会议

2005年7月，四川省财政厅召开庆祝建党84周年暨优秀党员、先进党支部表彰大会

2000年1月，四川省财政厅机关举办迎春联欢会

2004年6月，四川省财政厅机关干部职工参加纪念邓小平同志诞辰100周年四川省直机关歌咏比赛

2005年9月，四川省财政厅举办四川省财政系统纪念抗战胜利60周年、红军长征胜利70周年演讲比赛

修志工作 XIUZHI GONGZUO

2006年12月，四川省财政厅在成都市召开《四川省志·财政志（1986—2000）》篇目审定会议

2009年12月，四川省地方志编纂委员会副主任马小彬（左二）到四川省财政厅指导《四川省志·财政志（1986—2005》编修工作

2014年12月，四川省财政厅在成都市召开《四川省志·财政志（1986—2005）》（初稿）专家评审会

2017年12月，《四川省志》第三十七次终审会在成都市召开，《四川省志·财政志（1986—2005）》通过终审验收

四川省地方志编纂委员会成员

《四川省志(1986—2005)》
审核委员会成员

《四川省志(1986—2005)》
总编、副总编

《四川省志·财政志(1986—2005)》
责任总编、责任编辑

《四川省志·财政志(1986—2005)》
编纂委员会成员

《四川省志·财政志(1986—2005)》
初审领导小组

组　　长　王一宏

成　　员　(以姓氏笔画为序)

马　忠	马文才	王映松	王峥宇	车　文
付小华	朱大兴	朱华勇	刘　蓉	刘绣峰
李小亚	李泽民	李德伟	杨　俭	肖雪岷
张　华	陈　诚	陈书平	陈光凤	陈格楠
陈黔蓉	林资丹	易　林	罗任飞	周克清
胡晓春	胡容邦	姚　岚	徐　晖	黄永昶
蓝福军	黎家远			

《四川省志·财政志(1986—2005)》编纂人员

主　　编	李登全(2006.11—2011.01)
	郭　飞(2011.02—2014.05)
	王映松(2014.05—　　)
副 主 编	胡容邦　　付小华
编　　辑	张世俊　　徐庆根　　于　玲

《四川省志·财政志(1986—2005)》
编纂办公室成员

主　　任　胡容邦（2006. 11—2014. 11）

　　　　　　付小华（2014. 12—　　）

副 主 任　黄吉秀　　田慧丽　　马　忠

　　　　　　肖雪岷　　陈格楠

编　　务　郝晓军　　张　妍　　谢春燕

《四川省志(1986—2005)》
凡　　例

一、本书编纂工作以马克思列宁主义、毛泽东思想、邓小平理论、“三个代表”重要思想、科学发展观、习近平新时代中国特色社会主义思想为指导,坚持辩证唯物主义和历史唯物主义的立场、观点和方法,全面客观地记述四川省行政区域内自然、政治、经济、文化和社会的历史与现状。

二、本书系中华人民共和国成立后首部《四川省志》续编,总名《四川省志(1986—2005)》,由总类、大事纪述、专志、人物、市(州)概况、附录共93卷构成。各分卷名称为《四川省志·××志(1986—2005)》或《四川省志·××志》(后者为特色志志名),设中英文目录。

三、本书上限一般起自1986年,下限一般截至2005年。对前志未设之分卷或篇章从事物发端写起;对前志漏载、误载的某些事项进行补载、更正;对前志记载后变化不大的某些事项进行简要复载;升格详载具有地方特色的某些事项。

四、本书记述的地域范围以1986—2005年四川省行政区划为准。

五、本书采用述、记、志、传、图、表、录等体裁,以志为主。

六、本书总类卷设序言、凡例、总述、卷目等,为各卷之首,全书之纲。关于自然环境、建置沿革、经济与社会历史发展状况等基本省情在总述中作简要复载或反映。各专志(分卷)根据社会分工和学科分类的实际,按“以类相从”或“突出地方特色”的原则设立,以篇、章、节横分类别,节、目以下纵述史实,立足反映四川省行政区域某一事物(事业、行业)断限期内历史与现状的全貌。人物志卷采用传、录、表诸种表述形式,坚持“生不立传”原则,在世人物的突出事迹以事系人载入相关分卷。人物传统一收入人物志。本书大事记以编年体为主,辅以纪事本末体。为完整记述一些重要事物,保存有价值史料,有些分卷设置了专记。

七、本书使用规范的现代语体文记述,行文严谨、朴实、简洁、流畅。使用规范汉字,用词概念准确，符合现代汉语语法规范。使用的标点符号、数字、计量单位等均按国家规定的统一标准书写。

八、本书使用公元纪年，各卷正文（除引文外）采用第三人称表述；行文涉及机构、会议、文件、职衔、地名等，均按当时称谓；除涉及人名、地名、纪年和简称等项采用括注外，其余采用页下脚注。

九、本书资料来源于文献、档案、报刊、书摘、口碑及实地调查等，所用资料均经各修志部门考证、核实。各分卷数据一般采用省统计局公布的数据，省统计局缺乏的，采用有关部门正式提供的数据。

十、各分卷图片分为前置图片和随文插图，随文插图和表格均以篇为单位依次排序编号；所用地图均以省测绘局审定的为准。

十一、各分卷需要特别说明的事项，均在各分卷的《编辑说明》中注明。

《四川省志·财政志(1986—2005)》
编辑说明

一、本志是首轮《四川省志·财政志(1840—1985)》的续志,上限为1986年,下限为2005年,个别不能割裂的内容,适当上溯下延。

二、本志记述的地域范围,以2005年四川省行政区划为限。其中,1986—1996年的内容和数据,含1997年重庆市直辖前的重庆市、万县市、涪陵市和黔江地区,在使用相关数据时,不再加注说明。

三、本志资料主要来源于财政档案和相关年鉴、法规、制度,所列数据主要源自四川省历年财政决算总表及历年统计年鉴,除表格外,一般不标明出处。

四、本志所涉及的行政区划名称、机构、职衔等均按照当时称谓。机构名称在首次出现时用全称,括注简称,此后一般用简称。如中国共产党四川省委员会简称省委,四川省人民政府简称省政府,四川省财政厅简称省财政厅等。

五、本志的篇目设置大体沿续前志,同时根据1986—2005年这一历史时期四川财政改革发展的具体情况进行调整。全志共3篇、26章、102节,另设附录和编后记。

六、本志对文件的印发时间表述一般到月,大事记部分一般表述到日,部分不能确定具体日期的,表述到月。

目　　录

Contents

概 述

1986—2005年，是中国经济体制发生深刻变革、国民经济实现高速增长的重要阶段，也是改革开放市场化取向日趋明朗、市场化程度日益提高的历史时期。这一时期，四川财政根据中共中央和中国共产党四川省委员会（以下简称省委）、四川省人民政府（以下简称省政府）的重大决策和统一部署，在新旧体制改革转换、建立和完善社会主义市场经济体制的过程中，积极探索实践科学理财之道，不断壮大财政实力，完善财政体制，创新财政运行管理模式，努力服务于党和政府在各个时期的政治经济任务，为推动改革开放、建立和完善社会主义市场经济体制、促进经济社会的全面发展作出了积极贡献，同时也实现了财政自身职能目标向公共性内涵转变的历史性跨越。

一

放权让利，为转轨经济时期改革发展提供动力牵引（1986—1993年）。这一时期，中国经济体制改革走过由“摸着石头过河”的探索试验期到市场经济改革目标基本确立的进程，改革与发展相辅相成，转轨经济特征明显。作为整个经济体制改革的重要方面和突破口之一，四川财政从改革高度集中的计划经济体制入手，总体上侧重于财政分权和放权让利，以理顺政府间财政关系、调整政府与企业分配关系以及加强地方财源建设为主要路径，策应并促进了四川转轨经济发展。

财政分配关系实行“分灶吃饭”。从1980年起，国家先后推出“划分收支、分级包干”“划分税种、核定收支、分级包干”以及“收入递增包干、总额分成、总额分成加增长分成、上解递增包干、定额包干、定额补助”等不同体制模式，打破或改变“财权集中过度、分配统收统支、税种过于单一”的传统体制格局，扩大地方在组织收入和安排支出方面的自主权，强化各级政府的利益主体意识。1985年，中央对四川实行“划分税种、分级包干”办法，5年不变。1986年，经国务院批准，重庆市作为全国第一个经济体制改革综合试点城市，从当年起财政收支直接与中央挂钩，由中央财政与地方财政两分，无须上缴省级财政。1988年，四川开始实行“上交递增包干”办法，探索“税制分流”改革。是年，根据国务院发布的《关于地方实行财政包干办法的决定》，对重庆市实行“收入递增包干”办法。四川省在重庆单列后由上解省变成补助省，实行“定额补助”。归纳而言，1986—1993年间，四川省逐步完善省对各市（地、州）财政管理体制，因地制宜确定了多种财政包干体制类型，包括递增上解、定额上解、定额补助、递增补助4种形式。这些自上而下以分权化为特征的财政体制改革，充分调动了地方发展经济和组织收入的积极性。

国企分配关系实行“减税让利”。始于1987年的国有大中型企业承包经营责任制，是在1983年、1984年两步“利改税”基础上为进一步增强国有企业经营自主权和活力而实行的，主要体现在分配环节上，即企业承包上交国家利润，并实行工资与效益挂钩。1988年，省政府决定，选择10家国有大中型企业进行超前改革试点，实行国家和企业的资产按股分红或企业对国家资金付费的办法，逐步将国有企业推入市场。推行企业承包经营责任制，是对企业放权的一种新探索，既保证国家财政收入，又扩大企业的财权和经营自主权，极大调动企业和职工的积极性。是年，成立四川省国有资产管理局，开展清户核资工作，办理国有资产产权登记，建立国有资产保值增值的考核指标体系和管理制度。1989年，省政府进一步完善全民所有制企业承包经营责任制，凡盈利企业均实行上交利润基数包干超收分档分成和上交利润递增包干办法；微利和亏损企业实行上交或亏损（补贴）定额包干办法。1992年，省委、省政府决定，对进行转换经营机制试点的国营大中型企业，其承包上交利润不到纯利润33%的，继续按原承包方式上交；承包上交利润超过纯利润33%的企业，实行"税利分流"办法，征收33%的企业所得税，超过33%部分为利润承包上交。多项重要改革举措基本厘清了政府与企业之间的分配关系，为下一步改革发展打下坚实基础。

多措并举加强"财源建设"。在转轨经济时期，随着高度集中的计划经济体制的逐渐淡出，各级地方政府主导经济发展的格局得以确立和强化，"财源建设"成为改革发展型财政的动力。四川财政根据省委、省政府决策部署，把关心和支持县级财源建设作为重点，通过财政资金使用流向和使用方式的改革，建立多种扶持发展基金，支持重点产业和多种经济发展，支持经济不发达地区和财政困难县，增强了各类经济实体的"造血"功能，培育了后续财源。省和地方财政根据财力情况，采取"逐年安排，逐年补充，无息有偿，周转使用"的办法，从20世纪80年代到20世纪90年代中期，省级财政先后建立了三州开发基金和支援不发达地区资金、扶持丘陵大县和财政困难县资金、财政补贴县"扭补"基金和扶贫贷款贴息等，分别对川中腹地51个农业县、三州少数民族县、盆周山区贫困县以及29个补贴县进行扶持，以培育和壮大这些地方的县级财源。20世纪90年代，省财政通过引导黏合各类资金，扶持县域骨干和后续财源建设，加大对县、乡经济发展的支持，鼓励各地通过发展经济、增强"造血"功能来增加财政收入。

总体而言，经济转轨时期采取的一系列"放权让利"措施的成效最终都在财政上得到体现，四川财政状况有了明显好转，财政收支进入高速增长时期，助推社会主义商品经济的发展，为建立社会主义市场经济体制奠定了基础。1993年，全省财政收入202.5亿元，是1978年37.3亿元的5.4倍，年均增长11.94%；财政支出209.6亿元，是1978年35.7亿元的5.9倍，年均增长12.52%，扭转了长期增长缓慢的局面。然而无论是放权还是让利，都是以财政减收、增支为取向，这种由财税担纲的以"放权让利"为主基调的改革，也使得财政收支在总量增长的同时，凸显了结构不平衡的矛盾。一方面财政收入占GDP的比重迅速下滑，另一方面财政支出急剧增加。

二

改革创新，为市场经济体制构建奠定财政制度基础（1994—1997年）。这一时期，在中共十四大确立的建立社会主义市场经济体制的目标模式引领下，财政管理体制突破长期在集权和放权之间徘徊的利益调整格局，更加注重新型财税关系的构建和财税运行机制的转换，使政府与市场之间、各级政府之间形成新的更加清晰的责权利关系，从而激发各种利益主体内在发展动力。1994年的分税制改革被称为中国财政体制改革的里程碑，其主要功绩在于搭建起适应社会主义市场经济体制的财税体制及其运行机制的基本框架，并引发了财税领域一系列的创新改革。

建立分税制财政管理体制。1994年，针对当时包干制财政体制的弊端，以及财权下放后出现的财力过于分散的问题，在税种改革的基础上，全国开始实行分税制财政管理体制改革。根据“统一领导、分级管理”原则，四川的税收收入按税种划分为中央收入、地方收入和中央与地方共享收入，即：关税、消费税、中央企业所得税、金融企业所得税、各银行总行和各保险总公司等集中交纳税收作为中央固定收入；增值税、资源税、证券交易税作为共享收入，按比例进行分享；营业税（不含铁道部门、各银行总行、各保险总公司集中缴纳部分）、地方企业所得税（不含金融企业所得税）、个人所得税、城镇土地使用税等其他税种作为地方固定收入；以1993年为基期年，对地方实行税收返还。1995年4月，省政府发出《关于实行分税制财政管理体制的通知》，划分了省与市（地、州）的财政收入，决定实行分税加共享体制，构建地方财政收入持续增长机制。这一改革初步建立了现代政府间财政关系的基本框架，为今后的财政和经济改革发展提供了重要的制度基础。1997年，中央将原由四川管辖的重庆市、万县市、涪陵市和黔江地区划出，设立重庆直辖市，不再由四川管辖。

建立现代企业制度。1993年，中共十四届三中全会通过《关于建立社会主义市场经济体制若干问题的决定》，就国有企业改革提出了转换国有企业经营机制、建立现代企业制度的目标。1994年起，按照国家统一部署，全省全面推行国有企业利润分配制度改革。具体内容为：统一企业所得税税率，实行比例税制；逐步建立国有资产收益按资分利、按股分红的分配制度；将体现政府职能、可以通过市场竞争形成的收费，转为经营性收费；取消企业包税，强化税收征管等。同时，《企业财务通则》和新的分行业财务制度开始实行，企业内部财务管理办法逐步健全，“两则两制”及其后的完善，明确了政府与企业的分配界限，企业改革逐步被引导到产权明晰、竞争规范的市场化发展道路上。1998年，财政部通知，从1989年1月1日至1996年12月31日，由中央财政安排的国家预算内基本建设投资中的有偿使用部分，以及由部门安排的国家基建基金部门贷款，转为国家资本金。财政部门按照国家规定，收缴国有资产收益（包括利润、红利、股息等）及企业所得税。是年，四川省国有资产经营预算正式设立，企业按规定应上缴国家的利润，列入“国有资产经营收益”预算科目。

变革财政管理手段。1994年，为减少财政赤字和避免盲目投资，根据国务院颁布的《中华人民共和国预算法实施条例》，四川省各级政府按“统一领导、分级管理、权责结合、量入为出、收支平衡、不列赤字”的原则，开始编制复式预算。财政收支按资金来源和支出性质划分为经常性预算和建设性预算两个部分。其中，经常性预算是各级政府部门为维护和发展各项事业及维持政权运转所筹集和分配的资金；建设性预算是各级政府为进行基本建设、技术改造和增加生产周转金而筹集和分配的资金。相较而言，复式预算区分收支类别，能够反映各项支出的规模和结构，有利于分析和掌握财政运行的详细动态，对加强预算资金管理，提高资金使用效益起到积极作用。1996年，将预算外资金全部纳入财政专户管理。1997年，针对预算编制方式存在不科学、不合理问题，将原来长期使用的“基数增长法”改为使用“零基预算法”，解决了基数法按比例套算严重脱离客观实际，人为压低收入基数或抬高支出基数进而造成地区、部门之间资金、分配不公平等问题。

这一时期，建设有中国特色的社会主义市场经济为目标的经济体制改革取得重大进展，新的财税体制逐渐走上正轨，全省财政收支稳步增长，迈上新台阶。财政各项改革解决了长期积累的不少问题，对促进全省经济快速发展和维护社会稳定起到了重要作用。1994 年，全省地方财政一般预算收入（体制改革后新口径，下同）为 99.36 亿元，1995 年达到 121.1 亿元，首次突破 100 亿元大关；1994 年，全省地方财政一般预算支出为 183.31 亿元，1995 年突破 200 亿元，达到 211.5 亿元。自 1998 年起，根据中共十五届五中全会提出的建立公共财政框架的要求，以实现基本公共服务均等化为目标，分别进行部门预算编审、国库集中收付制度，财政转移支付制度和政府采购制度等配套改革，并使财政资金更多地投向社会公共服务领域和民生领域，四川开始进入构建公共财政新阶段。

三

转变职能，为市场经济纵深突进提供保障支撑（1998—2005 年）。1994 年的分税制财政体制改革着重规范了政府间财政收入分配关系。对财政支出管理制度的改革则是以 1998 年规范政府收支行为及其运行机制为主旨的“税费改革”为开端。随着政府职能转变和市场配置资源基础性作用的进一步增强，中共十五届五中全会和十六届三中全会提出建立公共财政框架，健全公共财政体制的目标，开启财政改革进入全面制度创新新篇章。四川财政积极探索建立公共财政体制框架，以财政管理改革为突破口，积极推进财政职能转换，实现从生产建设型财政向公共财政的历史性转变，并取得一些新突破。

健全公共财政收入体系。分税制财政体制改革和所得税分享改革，改变了以往按隶属关系和比例划分财政收入的办法，改按事权划分财权，辅之以财政转移支付制度，有效调动了全省各级政府的理财积极性。四川省基本形成了以税收为主、非税收入为辅的政府公共财政收入体系，为建成财政收入持续稳定增长机制奠定了基础，也为四川经济的大发展提供了雄厚的财力基础。

——*理顺上下级政府间分配关系*。分税制财政体制改革之初，为确保改革平稳过渡，使地方有充裕时间完善配套措施，省对各市（地、州）继续保持了原包干体制下的收入上解和补助办法，实行新老体制并行。2000 年，取消了原包干体制下的收入上解和补助办法，将分税制和包干制彻底并轨，正式实施分税制财政体制，并遵循了“维护既得利益，实行增量调整”的原则，相应调整省与市（州）的收入范围，实行省与市（州）部分地方税共享，基本理顺了上下级政府间的分配关系。面对基层财政出现的困难和问题，2003 年，积极推进以“乡财县管”等为主要内容的县乡财政管理方式改革，属于乡镇事权范围内的支出，在仍由乡镇按规定程序审批的前提下，县级财政在预算编制、账户设置、集中收付、政府采购和票据管理等方面，对乡镇财政进行管理和监督。2005 年，省财政加大了对市（州）、县的转移支付力度，将教科文卫等社会事业发展支出和社会保障等公共支出全部纳入一般转移支付范围。当年，转移支付资金总额达到 97 亿元，县级人均财力达到 2.6 万元。

——*深入推进税费改革*。2001 年，四川全面开展农村税费改革试点，改革的主要内容：取消三统筹、农村教育集资等专门向农民征收的行政性收费和政府性基金集资；取消屠宰税和统一规定的劳动积累工和义务工；调整农业税和农业特产税政策；改革农村提留征收使用办法等。2002 年，全面实施所得税分享改革，改变按企业隶属关系划分所得税收入的办法，对企业所得税和个人所得税收入实行中央与地方按比例分享。2005 年，四川省农村税费改革取得阶段性成果，全面停征农业税（牧业税）及其附加。随着财政改革的深入，国家预算内收入中税收收入逐步成为绝对主体，收入质量得到提高，这一定程度上意味着政府收入更为规范、政府与企业关系更为协调，市场经济不断纵深推进。

——推进现代企业制度建立。四川省率先以国有企业利润分配改革为核心，进行放权让利，推行企业承包经营责任制，在实行利改税和建立现代企业制度的过程中，对企业财务管理和会计核算制度也进行全面改革。2000 年 11 月，对省级党政机关与所办经济实体和管理的直属企业脱钩后的资产财务管理作出规定。2002 年，为加快推进四川国有企业改革，调整省工业发展资金的支出结构，专项设立了省国有企业破产（改制）专项资金，预算规模 8500 万元。同时，进一步理顺国家社会管理者权能、国有资产所有者权能与企业之间的关系，规范企业财务和会计核算制度，促进企业加强经济管理、实现企业间的税负公平。从 2002 年起，按国务院统一部署，国有企业花 3 年左右时间逐步推行《企业会计制度》。同时，改革和加强各类国有资产管理，全面清产核资、产权界定、产权登记，明确所有权、占有权、使用权、经营权及其责任，实行国有资产有偿使用和划拨，收取投资效益，确保国有资产安全、保值和增值。

构建公共财政支出管理体系。财政支出改革主要是改变以往事无巨细、大包大揽的支出体制，在政策制定、预算安排上，调整和优化支出结构，建立民生财政制度，构建实施基本公共服务均等化导向的新支出体制。尤其是进入 21 世纪，四川财政持续增加公共服务领域支出，财政支出越来越向以教育、就业、医疗、社会保障为代表的基本民生事项倾斜，建立地区间基本公共服务均等化，公共财政支出占国民生产总值的比重不断提高。

——始终把三农支出放在重要地位。农业是整个经济社会发展的基础，农民问题是民生问题的根本所在，在四川这个农业大省，显得尤为突出，因而四川财政一直把支农工作放在主要位置。1986 年以来，四川财政沿着多予、少取、放活的路径，从多方面实施支农、惠农、哺农政策，进一步加大了对农民脱贫增收的扶持力度，积极为农民发展生产和改善生活创造更好条件和发展空间。为防治水土流失、改善生态环境，国家在四川启动退耕还林（草）试点工作，并于 2002 年全面实施，向退耕户无偿提供粮食、种苗和给予适当的现金补助。2001 年，进一步调整财政支农资金的使用方向，减少对流通环节的补贴，实施对种粮农民的直接补贴；完善对农民的补贴机制，通过农资综合直补、农机具购置补贴、良种补贴、能繁母猪补贴、生猪补贴、奶牛良种补贴等，加大对农民的补贴力度。2005 年 1 月 1 日起，全省范围内停止征收农业税及其附加，比全国提前 1 年实现农业税零税赋。在全面取消农业税的基础上，全省着力推进以乡镇机构改革、农村义务教育和县乡财政管理体制三项改革为主要内容的农村综合改革试点工作。

——逐步改变支持经济发展方式。改革计划经济体制下财政直接投资支持经济发展的方式，从计划经济向有计划的商品经济、社会主义商品经济逐步过渡并最终确立建立社会主义市场经济目标。四川财政按照“有进有退”“有所为、有所不为”基本要求，逐步退出竞争性投资领域，支持经济发展转为以经济手段、间接调控为主，政府与市场的分工逐渐显现，为促进市场经济有序运行奠定了制度基础。2004 年，省政府决定，政府投资将主要用于关系国家安全和市场不能有效配置资源的经济社会领域；用于加强公益事业和公共基础设施建设；保护和改善生态环境；促进欠发达地区的经济社会发展；推进科技进步和高新技术产业化。

——不断增加公共事业支出。为提高国民综合素质、开发人力资源，四川财政大力实施“科教兴川”战略决策，不断加大教科文卫等公共事业投入。对教育事业，从改善办学条件、保障教师待遇、资助贫困学生等方面建立经费保障机制，重点用于普及九年制义务教育，发展职业教育和加强劳务技术培训；对卫生事业，重点支持改善和更新各类医疗机构基础设施，加大对疾病防疫和妇幼保健的支持力度，对突发卫生事件给予特别拨款和优先保障。1997年，省委、省政府印发《关于卫生改革与发展的决定》，要求全面推进“三项改革”，同时，对政府卫生投入与补偿问题提出若干政策措施，要求各级政府卫生投入增加幅度不低于财政支出增长幅度，并明确细化各类医疗机构、预防保健机构、卫生执法监督机构具体经费保障措施。当年，全省医疗卫生财政支出规模达17.8亿元。

——建立完善社会保障体系。为切实解决民生基本问题，四川财政把建立社会保障体系作为公共财政支出的重点，在不断提高社会优抚救济标准并扩大覆盖范围的基础上，逐步建立了以职工基本养老保险、城镇居民基本医疗保险、农村合作医疗、失业保险、工伤生育保险，以及居民最低生活保障、住房保障等为主要内容的社会保障制度，确保所有人共享改革发展成果。1997年，省政府印发《关于在全省建立城市居民最低生活保障制度的通知》，标志着四川城市居民最低生活保障制度全面建立。继1996年率先在成都市下辖的彭州市建立农村最低生活保障制度试点之后，四川所有涉农县均逐步建立了农村居民最低生活保障制度。2004年，随着农村税费改革的不断推进，“五保”供养由农民互助共济体制转为国家保障为主，集体保障、土地保障和社会帮扶为辅的社会保障新体制，“五保”供养经费由县级财政解决，供养水平得到提高。是年，民政厅、卫生厅、财政厅印发《关于在我省实施农村医疗救助的意见》，全省正式实施农村医疗救助。2005年，四川所有涉农县已全面建立农村医疗救助制度。

财政管理改革推陈出新。财政管理改革从实行全口径预算管理和政府收支分类改革入手，强化预算监督管理，进一步规范了政府收支行为，将所有财政性资金在收入分配、拨付使用、清理结算全过程纳入有效管理和监督，全面实现“纵向到底、横向到边”，逐步建立起适应提高公共服务水平要求的公共财政支出体系以及公共财政管理体系。

——预算管理改革。1999年，省级部门开始试编复式预算，即根据预算支出的功能和性质，分别编制政府公共预算、经济发展预算和社会保障预算。2000年，根据财政部提出的预算编制改革实施意见，四川省先期选择教委、科委、农业、劳动（社会保障）等4个部门进行编制部门预算的试点，即在复式预算的基本框架下，按“零基预算”加“项目预算”的方式编制部门预算。通过改变以往按资金性质编制预算的做法，实行部门归集编制预算，延伸编制部门预算，实行定额定项，细化到用款单位，解决预算内容完整性和程序规范性问题。其后，对预算编制范围及层次进行了一系列改革，逐步推进并实施了相应的配套改革，解决预算的综合性和项目确定性问题，保证预算编制执行的科学性、法制性和严肃性，实现了部门预算的综合平衡和项目预算的科学合理。2003年，中共十六届三中全会首次明确提出全口径预算管理概念，四川省级各部门均实行了部门综合预算管理，管理纵向深度达到二级预算单位。2004年，全省21个市（州）中除甘孜州本级在部分试点外，其余市（州）均在本级全面实施了部门预算改革。在实现部门预算完整与统一的同时，建立和完善基本支出和项目支出管理办法，推行综合预算编制。

——国库管理改革。2001年前，四川省执行《中华人民共和国国家金库条例》，预算收入的收纳、划分、留解和库款支拨均由中国人民银行分行主管，具体业务由各专业银行办理。2000年，四川试行国库管理制度改革，将预算内、外资金及政府性资金全部集中于一家银行开户，实行国库单一账户制度和国库集中收付制度。2001 年，中央开始主导国库集中收付制度改革，四川被财政部确定为全国首批两个国库管理改革试点省份之一。是年 9 月，四川省级国库支付中心正式成立，由此启动了国库集中收付制度改革省级试点。四川省人民政府办公厅下发《关于印发四川省省级财政国库管理制度改革试点方案的通知》，明确了改革的主要内容和配套措施。改革的主要内容是：已缴纳和未支付的财政资金统一由财政部门通过国库单一账户持有；非税收入收缴和资金支付，通过财政部门在商业银行开设的零余额账户进行；财政资金支付按用款计划和规范程序，通过财政或授权预算单位直接支付到供货商或最终用款单位。建立以国库单一账户体系为基础，资金缴拨以国库集中支付为主要形式的国库集中支付制度，有利于提高资金运转效率，加大资金流转过程的透明度，避免了在原有财政资金层层转拨支付模式下，可能存在的资金挤占、挪用现象。四川国库管理制度改革获得较好成效，探索取得了一系列具有推广价值的经验，后来被称为“四川模式”。

——其他配套管理改革。四川财政为从源头和根本上杜绝财政资金流失和浪费，实行“财政专户储存”“收支两条线”和政府采购管理等系列改革。对政府债务资金实行项目责任制，行政、事业人员工资和重要专项资金，实行财政部门直接拨付和封闭式运行，保证财政资金及时足额入库和支付。根据国家健全法制、依法行政要求，四川财政严格按立法程序，制定和审定地方财税法规和财政规范性文件，并清理废止不合规定和失效的法规，加强对财税法规及财税政策执行的管理和监督。积极推进政府收支分类体系改革，建立包括收入分类、支出功能分类和支出经济分类的政府收支分类体系，对政府收入和支出进行统一分类管理。实施政府采购制度，在全国率先推出多项创新改革措施，建立起运作管理不断规范、采购规模和范围持续扩大、政策功能日益显现的政府采购制度。改革财政监督检查方式方法，由多年来单一收入监督检查转变为收支并举的监督检查，从事后检查为主转变为事前、事中、事后全过程监督检查，从外部检查为主转变为内外并重监督检查，从集中大检查、专项检查改为加强日常监督检查，搞好内部基础工作，建立源头治本的正常防范机制。同时，加快“金财工程”信息化建设，建立“大集中”模式，实施有效的财政管理和监控，确保工作效率和质量，为推动各项改革、做好财政工作提供现代科学技术手段支撑。

自 1998 年起，按中央统一部署，四川实行积极财政政策，通过扩大投入、增发债务等，带动了大批银行贷款和社会资金，财政收支稳步增长。全省财政深化改革、转变职能，到 2000 年，全省地方财政一般预算收入 233.9 亿元，财政支出 452 亿元，比 1995 年翻了一番。2003 年，全省地方财政一般预算收入突破 300 亿元，2005 年突破 400 亿元，达到 479.7 亿元，是 1985 年 58.8 亿元的 8.2 倍。与此同时，全省财政支出成倍增长，2005 年，全省地方财政一般预算支出 1032 亿元，是 1985 年 64.2 亿元的 16 倍。全省公共服务和民生保障水平得到大幅提升，为促进改革、保障经济、稳定社会、造福人民提供了强大支持。

四

“财政乃庶政之母”，围绕政府收支活动所形成的一系列财政制度安排，不仅决定着财政职能的履行状况，而且关系着政府职能履行状况以及国家治理实现水平。1986—2005 年的 20 年，正是中国诸多领域发生革命性变革的重要历史时期。作为国家治理的基础和重要支柱，四川财政紧紧围绕经济体制转型和政府职能转变，致力于探索构建与社会主义市场经济体制相适应的公共财政基本框架，在优化资源配置、维护市场统一、促进社会公平上积极进取，全力推动四川经济加速发展和社会全面进步。

存史以资政，20 年四川财政探索实践留下了一些宝贵的经验启示：一是财政的政治观，财政与国家治理如影随形、亦步亦趋，因此财政工作必须讲政治，服务和服从于政府在各个时期的中心工作；二是财政的全局观，财政履行职能必须坚持全面、协调、可持续发展理念，兼顾效率与公平，统筹好经济与社会、人与自然、城乡之间、区域之间、内部和外部之间的关系；三是财政的发展观，财政制度的现代化与国家治理的现代化彼此依存，相辅相成，只有打下现代财政制度的坚实基础，才可能收获现代国家治理体系和治理能力的成果。

第一篇　财政收入

地方财政收入，主要由税收收入，国有资产经营收益、政府性基金、行政性收费、罚没收入等非税收入以及中央财政转移支付收入和债务收入等构成。

自1986年以来，为建立稳定的财政收入分配机制，四川省先后进行了利税改革、税制改革、税费改革、分税制财政体制改革。一是严格税政管理，加强各项非税收入的清理整顿和收缴，将行政性收费、罚没收入以及其他预算外的财政性资金逐步纳入财政预算，实行“收支两条线”管理和国库集中收付制度；二是实施和采取多种财税扶持政策，支持和促进经济发展，扩大地方财政收入来源，同时，通过积极争取中央财政转移支付等各项补助，不断扩大四川财政的总收入来源；三是调整国家对企业的分配政策，让利减负，增强企业自我发展能力，提高企业经济效益；四是不断降低农民税费负担，直至取消农业税，以利农业生产发展；五是加强对经济不发达地区特别是“老、少、边、穷”地区的扶持，使之脱贫致富；六是促进经济结构、产业结构调整，支持个体工商户、民营经济和“三资”企业的发展，为拓展经济发展领域和就业、创业提供良好的环境和条件；七是对财力较差的县，通过调整不同级次财政收入比例和政策上的重点扶持，促进县域经济发展。

20年来，四川财政收入在总量大幅增长的同时，收入结构也发生了明显变化。1985年，全省财政总收入58.76亿元，各项税收53.99亿元，占总收入的91.8%，其中，农牧税4.47亿元，占总收入的7.6%；税收以外的各项收入4.78亿元，占总收入的8.2%，其中，企业收入3.69亿元，占总收入的6.3%，其他收入1.08亿元，占总收入的1.8%。到2005年，全省地方财政一般预算总收入479.66亿元，税收性收入为361.65亿元，占总收入的比例下降为75.6%，其中，农牧业税减少为2.21亿元，仅占总收入的0.46%，非税收入为118.01亿元，占总收入的比例上升为24.4%，其中，国有资产经营收益及计划亏损补贴品迭为17.67亿元，占总收入比例下降为3.7%，行政性收费、罚没收入等其他收入77.57亿元，占总收入的比例上升为18.2%。全省财政收入，基本建立起以税收收入为主、非税收入为辅的稳定增长机制。

第一章 税收收入

税收是财政收入的主要来源。按照课税对象，可分为流转税类、收益税类、农业税类、资源税类、财产行为税类、特定目的税类等。1985—2005 年间，经历若干次税制改革，四川先后开征了 32 项税收。

第一节 流转税类收入

流转税是以对纳税人商品生产、流通环节的流转额或者数量以及非商品交易的营业额为征税对象的一类税收，四川财政征收的流转税有工商统一税、产品税、增值税、消费税、营业税等。

一、工商统一税

四川省征收此税种始于 1958 年税制改革，当时国家将货物税、商品流通税、营业税和印花税并入新设的工商统一税征收。1973 年，除涉外企业继续征收工商统一税外，对国内企业征收的工商统一税均改为工商税征收。

1986 年，四川省人民政府（以下简称省政府）决定，对中外合资经营企业、中外合作经营企业和外商独资经营企业（以下简称“三资”企业），继续征收工商统一税。8 月 1 日，财政部通知，对“三资”企业直接出口和委托外贸及其他企业代理出口的本企业产品免征工商统一税；对“三资”企业将生产的产品销售给外贸企业或其他企业，照章征收工商统一税。对上述“三资”企业生产的出口产品，除对原油、成品油等产品征收工商统一税及国家另有规定外，其余免征税。10 月，财政部通知，对中外企业勘探开发中国石油资源作业提供承包和劳动服务及新兴服务项目，凡税目税率表中已有相应税目的业务，依率征税；凡从事地球物理勘探、爆破、钻井、定位导航、泥浆、录井、固井、潜水、地质、套管、测试、检验、气象、资料分析处理和转让等服务性业务的，按 3% 的税率征收工商统一税。

1990 年，国家税务局通知，对外商投资企业从事土地开发和使用权有偿转让收入，征收工商统一税。

1992 年 9 月，国家税务局通知，对国家旅游度假区内外商投资企业投资进口建筑材料、生产经营设备、交通工具和办公用品等，在合理范围内，免征工商统一税。12 月，《四川省鼓励外商投资条例》规定，对按照合同规定作为外国合营者出资的机器设备、零部件和其他物件，投资总额内的资金进口设备、零部件和其他物料，外商投资企业为生产出口产品而进口的原材料、辅料、元器件和包装物料，外商投资企业为生产出口产品所需进口机器设备、生产用车辆、原材料、燃料、散件、零部件、元器件、配套件等，免征工商统一税。

1993 年，财政部通知，从 1 月 1 日起，调整外商投资企业生产纺织品的工商统一税税目税率，化学纤维、毛条、其他纺织品税率调为 5%；毛针织品、毛复制品、人造皮毛税率调为 7%；外商投资企业自产用于本企业生产中间产品免税。是年，省政府决定，对凡外商投资企业出口产品（除原油成品油外），免征工商统一税；外国航空企业从事国际运输业务，按 2.525% 的税率征收工商统一税。

1994 年，国家废止 1958 年《中华人民共和国工商统一税条例（草案）》，全省停征工商统一税。原对外商投资企业征收的工商统一税，从 1 月 1 日起，遵照国务院发布的增值税、消费税、营业税 3 个暂行条例规定，分别征收有关税收。

1986—1993 年四川省工商统一税收入统计表

表 1－1　　单位：万元

年份	1986	1987	1988	1989	1990	1991	1992	1993	合计
金额	412	575	1980.5	2819.1	3834.2	7418.6	14708.5	32366.7	64114.6

说明：资料来源于《四川省税务统计》

二、产品税

产品税是 1984 年实施利改税时，从工商税分解出来设立的独立税种。1984 年 10 月，国务院《中华人民共和国产品税条例（草案）》及财政部《中华人民共和国产品税条例（草案）实施细则》规定，对从事生产和进口应税产品的国营企业、联合经济组织、个体经营者、事业单位、机关、团体、部队、学校等单位和个人征收产品税，但不包括中外合资经营企业和外资企业，它们仍执行工商统一税。

产品税共设置 25 类 270 个税目，实行比例税率，分别为 3%、5%、10%、12%、15%、18%、20%、25%、35%、38%、40%、50%、55%、60%。最低为药类，税率 3%—5%；最高为烟类，税率 35%—60%。同时，对国家鼓励出口的应税产品，由生产单位直接出口的，免税；对黄金矿砂、黄金、避孕用品，免税；对列入国家计划试制的新产品，给予定期的减税免税；对少数民族地区生产的民族特需商品，纳税有困难的，给予定期的减税、免税。

1986 年 1 月，财政部《烟类产品征税办法》规定，凡以烟叶为原料加工生产的产品，不论使用何种辅料，均属烟类产品税征收范围。税目税率调整为：卷烟，甲乙级 60%，丙级 56%，丁级 50%，戊级 32%；雪茄烟 47%；烟丝 33%。对烟厂直接出口或委托代理出口的烟类产品免征产品税。2 月，财政部通知，对纺织品征收产品税改为征收增值税。同月，执行国家对四川省的林业经济政策，从 1986 年开始，对全省 28 个重点森工企业免征原木产品税。3 月，财政部通知，对生产碳酸氢氨、普通过磷酸钙、五氧化二磷、钙镁磷肥等小化肥的企业，免征产品税 3 年；对列入国家经委、科委试制计划的新产品，免征产品税 3 年；对列入国务院各部或省级试制计划的新产品，免征产品税 1—2 年；新产品正式投产后纳税有困难的，经税务机关批准，给予减免税照顾。3 月，《国务院关于进一步推动横向经济联合若干问题的规定》规定：凡实行统一核算的经济联合组织，内部各单位之间相应提供的协作产品，不缴纳产品税；企业和单位向能源、交通设施以及“老、少、边、穷”地区进行投资，联合集资办电（柴油发电除外），其新增的售电量定期减免产品税；经济联合组织开发的新产品，按有关规定减免产品税（增值税）。4月，省政府决定，对联合吸收、消化、翻版、创新进口设备零部件、电子原件、替代进口和出口创汇项目，免征产品税；由省（含重庆、成都市）批准的新产品从销售之日起免征产品税，市（地、州）批准的免税1年。5月，财政部通知，原对日用机械、日用电器，电子产品和陶瓷制品、保温瓶征收的产品税，改为征收增值税。6月，财政部通知，原油产品税税率调为12%，四川暂减按5%的税率征收。8月，财政部通知，停征原定对煤增发电量每度加收的4分钱，并暂免征收售电环节产品税。从1986年4月1日起，对上述加收的电费，征收产品税。11月，省政府决定，对列入国家和省级“星火计划”试制的新产品，在试销期给予3年或两级减免产品税的政策优惠。

1987年，财政部通知，对征收产品税的轻工产品（烟、酒等少数特殊消费品除外），改征增值税。

1988年6月，财政部通知，对建材、有色金属等征收的产品税，改征增值税。至此，产品税税目由270个减少至96个。8月，省政府决定，对被列为市、地科委、经委及省乡镇企业局新产品试制计划的乡镇企业，给予定期免税照顾；对利用废气、废液、废渣为主要原材料的乡镇企业，两年内免征产品税。8月，四川执行国务院决定，对卷烟提价收入，按规定税率60%征收产品税；酒在提价的同时提高产品税5%，粮食白酒按35%，啤酒和薯类酒按25%征收产品税。11月，省财政厅通知，对收购食用生猪的单位和个人，在收购地按实际结付的金额，依3%的税率，就地征缴产品税。

1989年，财政部通知，从1月1日起，对生产销售烟、酒、鞭炮、焰火、钟、表、自行车、缝纫机等20种产品；对小毛纺厂、小棉纺厂、小丝织厂、小炼油厂、小油漆厂、小轧钢厂，一律不再减免产品税。

1990年2月，省税务局通知，对乡镇企业或个人兴修小电站生产销售的电力，根据实际情况，确定征税或定期减、免产品税的对象。8月，国家税务局通知，对民政部门办的社会福利生产单位给予税收扶持，对安置“四残”[①] 人员占生产总人数50%以上的企业，其生产销售的产品（酒类产品除外）免征产品税；“四残”人员占35%以上的生产亏损或利润低微的企业，酌情免征产品税。9月，省政府决定，从当年起，恢复征收重点森工企业产品税。

1991年10月，国家税务局通知，对定点生产销售民族用品的企业，确有困难的，经批准，适当减免产品税。

1992年2月，中国共产党四川省委员会（以下简称省委）、省政府规定，在大院大所、高等院校和中型企业内建立的中间试验的工程技术开发中心，部分小型企业改为或兼作中间试验工厂，经省科委、计经委、生产委认定的中间试验基地，生产的被认可的中间试验产品，经税务部门批准，可减免产品税。11月，按国家税务局通知，对建设国家旅游度假区设施所需进口的机器、设备和其他基建物资，免征产品税。

1993年5月，财政部通知，对石化企业生产的产品油不再划分所用原油价格，一律按实际销售

① “四残”：是指盲、聋、哑及肢体残疾的人。

收入征收产品税。

1994 年，国务院规定，从 1 月 1 日起，不再征收产品税，原产品税税目，分别改为增值税、消费税、农林特产税、屠宰税、资源税征收。

1986—1993 年四川省产品税收入统计表

表 1－2　　　　单位：万元

年份	1986	1987	1988	1989	1990	1991	1992	1993	合计
金额	241953	235380.8	205843.9	249527.2	269753.4	293140.9	319968.1	425241.3	2240808.6

说明：资料来源于《四川省税务统计》

三、增值税

增值税设立于 1984 年，从工商税中分解单设。

1986 年，四川省继续执行国务院《中华人民共和国增值税条例（草案）》及财政部《中华人民共和国增值税条例（草案）实施细则》，明确纳税人为从事生产和进口应税产品的单位和个人。税目税率分别为：机器机械及零配件 14%；汽车 14%；机动船舶 10%；轴承、农机及零配件 6%；钢坯 8%，钢材 14%；自行车 16%；缝纫机 12%；电风扇 16%；印染绸缎及其他机制丝织品 10%；西药（原料、成剂药）10%—12%。对国家鼓励出口的应税产品，由生产单位直接出口的免税；避孕药品免税；列入国家计划试制的新产品，给予定期减免税；其他特殊情况，在一定期限内减免税。

1986 年 1 月，四川省执行财政部对纺织品试行增值税的决定，废止过去对棉纺织品减免征产品税的规定，确定生产和进口纺织品的单位和个体经营者为增值税纳税人。税目税率分别为：棉纺织品 4%—12%；棉型绦纶纺织品 13%—18%；丝和丝织品 5%—15%；毛纺织品 5%—18%。1 月，财政部通知，对原来征收产品税的日用机械、日用电器、电子产品和搪瓷制品、保温瓶改征增值税。税目税率分别为：电子表钟等日用电器及其零部件、元器件 14%；电子计算机等 16%；机械钟等 20%；机械手表等 43%。对 40 瓦以下普通白炽灯泡、灯管（不包括电珠）暂免征收增值税；对其他电子产品和电子元器件，暂减按 12% 税率征收增值税。4 月，省政府决定，对联合吸收、消化、翻版、创新进口的设备、零件、电子原器件，用于提高国内技术装备、国产化水平、替代进口和出口创汇的产品项目，报经省或市（地、州）有关部门批准列入新产品试制计划的，给予减免增值税照顾：省上和重庆、成都市批准的，从销售之日起，免征 2 年；市（地、州）批准的免征 1 年。11 月，省政府规定，对列入国家和省级“星火计划”试制的新产品，报经批准，在试销期间，分别给予 3 年或 2 年减免增值税的照顾。

1987 年 3 月，财政部《关于完善增值税征税办法的若干规定》将增值税扣除项目范围由原来扣除主要原材料或零部件，扩大为扣除原料、燃料、动力、低值易耗品、包装物和支付的委托加工费。同时，简化原来分产品换算税率，将差别税率的使用限制在一定范围内，形成 14% 的基本税率。计税方法由“扣额法”与“扣税法”并用，统一为“扣税法”。财政部同时规定，为鼓励开发新产品，对列入国家计委、科委新产品试制计划的产品，从产品销售之日起，免征增值税 3 年；列入中央各部、省级试制计划的新产品，减征或免征增值税 1—2 年；个别单位仍有困难的，再给予减免税。8 月，省政府规定，被列为市（地）科委、经委及省乡镇企业局新产品试制计划的企业，给予定期减免税照顾；对利用“三废”为主要原料的乡镇企业，2 年内免征增值税。对民政福利企业，根据安置“四残”人员的多少，给予不同程度的减免增值税照顾。对在1987年10月1日前生产的纯蚕丝织品免税，对用蚕丝等各种纱交织的产品，视其蚕丝用量多少分别减税80%或60%，蚕丝用量在20%以下的不予减税。10月，财政部通知，对原征收产品税的轻工业产品（烟、酒等少数特殊消费品除外），玻璃及其制品，改征增值税。

1988年3月，国家税务局通知，对工业性加工和工业性修理、修配业务，由征收营业税改为征收增值税。6月，财政部通知，将建筑材料、有色金属等产品和部分矿产品纳入增值税的征收范围。

1990年8月，国家税务局通知，对安置“四残”人员占生产人员总数50%以上的企业，除酒类产品外，其生产销售其他产品取得的收入，免征产品税或增值税；凡安置“四残”人员占生产人员总数35%以上的企业，其生产销售产品如果发生亏损或利润低微，酌情免征产品税或增值税。10月，国家税务局通知，对定点生产销售民族用品，经营确有困难的企业，经批准，适当给予减征增值税照顾。

1992年1月，省委、省政府下发了《关于大力推动科技进步振兴四川经济的决定》，对省科委会同计经委、生产委认可的中试产品，经税务部门批准，可减免产品税、增值税及所得税。11月，执行国务院决定，为防止房地产增值收益过多流向企业和个人，开征房地产增值税。是年，又按国家税务局通知，对增值税年应税收入额在200万元以下的纳税人，实行定期定额征税。

1993年1月，国家税务总局通知，对麦粉、成品粮、食用植物油、饲料、籽棉加工成皮棉、煤球、中国人民银行委托印刷的货币等15种产品，在年底前继续减免增值税；对日用玻璃仪器、搪瓷制品减按14%税率征税；罐头食品按应纳税额减征50%；小农具按应纳税额减征30%；药用玻璃中曲颈安瓿减按20%税率征税；注射器、体温计减按14%税率征税；猪皮革恢复征税，按应纳税额80%征收；日用陶瓷中坛、碗、罐、盆、缸恢复征税。12月，四川省执行《全国人民代表大会常务委员会关于外商投资企业和外国企业适用增值税、消费税、营业税等税收暂行条例的决定》，将原执行工商统一税的有关项目，改征增值税。

1994年1月，四川省执行国务院新颁发的《中华人民共和国增值税暂行条例》及财政部《中华人民共和国增值税暂行条例实施细则》。新的增值税，由原增值税、商品批发和零售的营业税、部分产品税和工商统一税构成，向销售货物、提供加工修理修配劳务、进口货物的单位和个人征收。按建账情况和经营规模，增值税纳税人，分为一般纳税人和小规模纳税人。税率：一般纳税人13%—17%；小规模纳税人6%。从事货物生产或提供应税劳务为主，年应税销售额在100万元以下的；从事货物批发、零售，年应税销售额在180万元以下的，为小规模纳税人。增值税的起征点适用范围，只限于个人，其起征点的幅度分别为：销售货物的为月销售额600—2000元；销售应税劳务的为月销售额200—800元；按次纳税的为每次（日）销售额50—80元。对农业生产者销售的自产农业产品，避孕药品和用具，古旧图书，直接用于科学研究、科学试验和教学的进口仪器、设备，外国政府、国际组织无偿援助的进口物资和设备，来料加工、来料装配和补偿贸易所需进口设备，由残疾人组织直接进口的残疾人专用物品，销售自己已使用过的物品等，免征增值税。3月，财政部通知，从5月1日起，将农产品、农用水泵、农用柴油机、金属矿和非金属矿采选产品的增值税税率由17%降为13%；对一般纳税人支付运输费用和收购的废旧物资准予按10%的扣除率计算抵扣额；将商业小规模纳税人的增值税税率由6%调至4%；将一般纳税人购进农业生产者（含增值税小规模纳税人）销售的农产品进项税额扣除率统一由10%提高到13%；将增值税运费的抵扣率由10%调减为

7%。同时规定，从1994年5月1日起至1995年12月31日前，对下列货物免征增值税：国有粮食商业企业销售给军队、城市居民、返销农村的粮油；饲料；农膜；化肥生产企业生产销售的各种农用化肥；农药生产企业生产销售的各种农药；批发和零售的种子、种苗、化肥、农药、农机；电影制品厂销售的拷贝。从6月1日起，对集邮商品，邮政部门以外其他单位和个人发行报刊；电信单位，单纯销售无线寻呼机、移动电话，不提供服务的；企业性单位及个体经营者的混合销售行为；从事运输业务的单位与个人发生销售货物与运输的混合销售行业，均征收增值税。对棕榈油、棉籽油，比照植物油13%的税率征收增值税；对切面、饺子皮、米粉等简单加工的粮食制品，比照粮食13%的税率征收增值税。对寄售商店的寄售物品，按简易办法依6%的税率计征增值税。对增值税一般纳税人销售自来水，依6%的税率征收增值税。8月，财政部、国家税务总局规定，对黄金生产环节免征增值税，对人民银行配售黄金、白银，征收增值税，实行即收即退。12月，财政部、国家税务总局通知，对中国共产党和各民主党派，各级人民政府的机关、各级人大、政协、妇联、工会、共青团、新华通讯社、军事部门的机关报刊以及大中小学的学生课本、专为少年儿童出版报刊和科技图书及期刊实行先征税后退税办法。

1995年，国务院决定，对黄金矿砂（含崖矿）和冶炼企业生产销售的黄金，免征增值税。6月，财政部、国家税务总局通知，对四川省14个三线企业在1995年实行增值税先征后返的优惠政策。8月，财政部、国家税务总局通知，对公安部定点警服生产厂销售警服免征增值税。是年，为照顾少数民族生活需要，省政府规定对省内从事边销茶调拨、批发业务的经销单位、批发兼零售的单位经销的边销茶，免征增值税。对省属、市（地、州）属、县属的森工局、水运局、伐木场、林产品公司等国有森林企业，以林区“三剩物”① 和次小材为原料生产加工的综合利用产品，1995年1月1日至1997年12月31日，实行增值税即征即返。

1996年，财政部、国家税务总局通知，对铸锻件产品增值税先征后返。对国有粮食购销储运企业，按国家统一定价办法批发、调拨、加工、零售的政策性粮食，按国家统一作价经营的进口粮、购进议价粮转作政策性粮食，受政府委托销售、加工的政策性粮食以及政府储备食用植物油调拨、销售，免征增值税；对符合规定的出版物，县和县以下新华书店、农村供销社销售的出版物，实行增值税先征后退。

1997年6月，财政部通知，对国有、集体商业企业批发肉、禽、蛋、水产品和蔬菜所缴纳的增值税，经批准，可办理退税。11月，财政部、国家税务总局通知，对模具产品增值税，先征后返。

1998年1月，财政部、国家税务总局通知，从1998年至2000年底，对民族贸易县县级国有民贸企业和供销社销售货物，按实际缴纳增值税额先征后返50%；对县以下国有民贸企业和基层供销社销售货物免征增值税。3月，对年销售额在50万元以下的商业一般纳税人一律按小规模纳税人征收；对年销售额50万—180万元的一般纳税人在年底前原则上按小规模纳税人征收。7月，经国务院批准，从1998年起至2002年底止，对四川二滩电站生产销售的电力产品实行增值税先征后返。8月，将增值税一般纳税人购进和销售应税货物的运输费用的扣除率由10%降低为7%。10月，省政府决定，增值税一般纳税人经营生猪，依率查账征收；对小规模纳税人及个体户经营的，按每头18—25元征收。

① “三剩物”：即采伐剩余物、造材剩余物和加工剩余物。

1999年，财政部通知，为鼓励外贸出口，从1999年1月1日起，实行“境内关外管理体制”，对区内的加工增值不征收增值税。4月，省委、省政府决定，对企业列入省《技术创新项目计划》，经确认为国家和省级新产品的，其增值税应缴地方部分，由所在地财政部门返还给企业，用于企业技术创新项目。6月，财政部通知，从7月1日起，对高校后勤实体为师生食堂提供的粮油菜及向其他高校提供快餐的外销收入免征增值税；对增值税一般纳税人销售自行开发生产的软件产品，2010年前按17%的法定税率征收增值税，对实际税负超过3%的部分即征即返。

2000年，财政部规定，自4月1日起，对生产销售的支线飞机，免征增值税；自7月1日起，对飞机维修增值税实际税负超过6%部分，实行即征即返政策。

2001年1月，国家税务总局通知，从当年起至2002年底止，对四川成飞集团科技有限公司等专业模具生产企业，销售的模具产品实行先征税后返还70%的办法。3月，《四川省促进科技成果转化条例》规定，对经过国家版权局注册登记的计算机软件，在销售时一并转让著作权所有权的，依照国家规定，不征收增值税。

2003年，根据国家规定，对当年由政府组织拍卖或委托指定机构，销售非典型肺炎疫情捐赠物资的收入，免征增值税。

2004年，执行财政部通知，调整增值税的起征点：销售货物的为月销售额2000—5000元；销售应税劳务的为月销售额1500—3000元；按次纳税的为每次（日）销售额150—200元。同时将下列项目纳入增值税征收范围：货物期货；银行销售金银的业务；缝纫业务；基本建设单位和从事建筑安装业务的企业附设的工厂、车间生产的水泥预制构件。暂享受增值税优惠政策的项目有：黄金生产和经营单位销售黄金和黄金矿砂，进口黄金和黄金矿砂；对承担粮食收储任务的国有购销企业销售的粮食、军队用粮、救灾救济粮、水库移民口粮；为残疾人员个人提供加工和修理修配业务；残疾人专用的假肢、轮椅、矫形器；对农村电站在收取电价时，一并向用户收取的农村电网维护费；对血站供给医疗机构的临床用血；对铁路系统内部单位为本系统修理货车的业务；对废旧物资回收单位销售其收购的废旧物资；对各级政府及主管部门委托自来水厂（公司）随水费收取的污水处理费；对中标的加工企业为青藏铁路建设加工生产的轨枕和水泥预制构件；在2006年底前，进口抗艾滋病毒药品、国内定点企业生产的国产抗艾滋病毒药品的生产和流通环节的增值税等，均免征增值税。

2005年，财政部、国家税务总局规定，从7月1日起，对企业生产销售尿素产品的增值税，由先征后返50%改为暂免征收。自11月1日起至2006年6月30日止，对属于增值税一般纳税人的家禽加工企业和冷藏冷冻企业加工销售禽肉产品实行增值税即征即退政策。

1994—2005年四川省增值税收入统计表

表1-3

单位：万元

年 份	金额	年份	金额	年份	金额
1994	1137870. 0	1998	1192575. 9	2002	1883807
1995	1237469. 9	1999	1311851. 0	2003	2149543
1996	1353329. 6	2000	1414684. 0	2004	2560696
1997	1124042. 9	2001	1712674. 0	2005	3145801
合计	20224344. 3				

说明：资料来源于《中国税务年鉴》

四、消费税

（一）烧油特别税

四川省征收该税种始于1982年。1982年4月，国务院批转财政部《关于征收烧油特别税的试行规定》，凡用于锅炉及工业窑炉燃烧用的原油、重油，一律实行价外计税，从量定额征税，每吨征收固定税额：原油40元，重油70元，从7月1日起开征。出口原油转供国内烧用的，不再征烧油特别税。1986年3月，财政部通知，为节约能源，严格控制烧油，除出口原油转供国内烧油和按国际价格结算外，继续对锅炉和工业窑炉烧用的原油和重油征收烧油特别税，一直执行到1993年底。从1994年起，按财政部新出台的税法实施条例，将烧油特别税，并入新设置的消费税征收。

1986—1992年四川省烧油特别税收入统计表

表1－4　　　　单位：万元

年份	1986	1987	1988	1989	1990	1991	1992	合计
金额	41	105.20	51.90	71.20	60.40	139.30	－17.90	451.10

说明：资料来源于《四川省税务统计》

（二）筵席税

该税种于1951年1月起开征，属特种消费行为税，1953年并入营业税。为引导合理消费，1988年9月，国务院决定单设筵席税，征收对象为在饭店、酒店、宾馆、招待所以及其他饮食营业场所举办筵席的单位和个人，按每次筵席从价计征。起征点为：一次筵席支付金额（包括菜肴、饭面点、酒、饮料、水果、香烟等价款）人民币200—500元；达到或者超过起征点的，按支付全额计算征收筵席税，税率为15%—20%。四川省少部分县市执行。1994年，国务院通知，自1月1日起，筵席税的管理权限，以及是否开征此税，由省级人民政府决定。四川省决定停征。

（三）特别消费税

1989年2月，国务院决定，对彩色电视机实行专营，对小轿车加强销售管理，同时开征特别消费税。彩色电视机特别消费税是向从事生产和进口彩色电视机的单位和个人征收，税额为：14英寸彩色电视机每台纳税400元；14英寸以上的彩色电视机每台纳税600元。小轿车特别消费税，由销售小轿车的单位缴纳，税额为：进口小轿车，整车每辆4万元（其中从东欧、苏联进口的每辆2万元），进口散件组装车每辆1.5万元至2万元；国产小轿车，上海桑塔纳、广州标致（505）、一汽奥迪（100、四缸）每辆2万元，北京切诺基每辆1.50万元，天津夏利每辆1万元。同时，对出口的彩电和小轿车免税；对外国企业、在华常驻人员及在华外交人员等自用的进口彩电，免税。对友谊公司、华侨商品供应系统、旅游侨汇服务商店等，以外汇和侨汇销售的彩电，不论国产、进口，一律减半征税。

1990年，国家税务局通知，从6月1日起，调减国产小轿车的税额：桑塔纳、标致（505）、奥迪（100、四缸）由原每辆税额2万元调减为1.5万元，切诺基由原1.5万元调减为1万元，夏利由1万元调减为0.2万元。

1992年4月，国务院决定，停止对彩电实行专营管理，并停止征收彩电特别消费税。

1994年，特别消费税并入新设置的消费税征收。

1989—1993年四川省特别消费税收入统计表

表1-5

单位：万元

年份	1989	1990	1991	1992	1993	合计
金额	11449.4	14791.1	302.3	33.3	253.8	26829.9

说明：资料来源于《四川省税务统计》

（四）消费税

1994年1月，根据国务院工商税制改革方案，四川省对一些需限制或调节的消费品开征消费税。税目税率分别为：烟，30%—45%；酒及酒精，5%—25%（啤酒每吨220元、黄酒每吨240元）；化妆品，30%；护肤护发品，17%；黄金首饰及珠宝玉石，10%；鞭炮焰火，15%；汽油，0.20元/升；柴油，0.10元/升；汽车轮胎，10%；摩托车，10%；小汽车，3%—8%。

1994年2月，国务院通知，外商投资企业和外国企业适用《中华人民共和国消费税暂行条例》，由此增加的税款，超过原税负的部分，准予退还因税负增加多缴的税款，但最长不得超过5年。又经国务院批准，对甲类卷烟暂减按40%的税率征收消费税；对香皂减按5%的税率征收消费税，对痱子粉、爽身粉不征收消费税。6月，财政部、国家税务总局通知，将金银首饰消费税纳税环节由生产环节改为零售环节，税率由10%下调为5%；对进口卷烟、白包卷烟、手工卷烟、未经国务院批准纳入计划的企业和个人生产的卷烟，一律按甲类卷烟税率45%征收。

1996年，国务院决定，从1996年1月1日至1997年12月31日，对摩托车、轮胎减按5%的税率征收消费税。

1998年7月，国务院决定，将甲类卷烟（含进口卷烟）的税率调为50%；乙类卷烟的税率调为40%；丙、丁卷烟及雪茄烟税率均调为25%。

1999年1月，财政部通知，将“护肤护发品”税目的雪花膏、面油、头油、花露水、发乳、洗发水、护发素的消费税税率从17%调减至8%。

2000年1月，财政部、国家税务总局通知，对生产销售达到低污染排放限制（欧洲Ⅱ号标准）的小轿车、越野车和小客车减征30%的消费税。

2001年，财政部通知，从5月1日起，对烟酒产品实行从量从价相结合的税率制度，对啤酒按出厂价格高低实行两档定额税率；对钻石、黄金、铂金以及前述3种贵重金属的制品消费税纳税环节后移至零售环节；对香皂停征消费税。

1994—2005年四川省消费税收入统计表

表1-6

单位：万元

年 份	金额	年份	金额	年份	金额
1994	230022.3	1998	272370.2	2002	357022
1995	261406.4	1999	286758.0	2003	362616
1996	298982.0	2000	314262.0	2004	403017
1997	239871.2	2001	305156.0	2005	442725
合计	3774118.1				

说明：资料来源于《四川省税务统计》

五、营业税

营业税，是对在中国境内提供应税劳务、转让无形资产或销售不动产的单位和个人，就其所取得的营业额征收的一种税，是流转税中的一个主要税种。

1958 年，营业税并入工商统一税，1973 年又并为工商税，1984 年恢复为一个独立税种。

1986 年，四川省继续执行国务院《中华人民共和国营业税条例（草案）》及财政部《中华人民共和国营业税条例（草案）实施细则》，对从事商业、物资供销、交通、运输、建筑安装、金融保险，邮政电讯、公用事业、出版社、娱乐业、加工修理和其他服务业的单位和个人征收。营业税设置 11 个税目，税率分别为 15%、10%、5%、3%。营业税起征点四川定为：固定业户经营商品零售业务月销售收入额 200 元，经营其他业务月营业收入额 120 元；临时经营者经营工业品或者其他业务每次（日）营业收入额 15 元，经营农副产品每次（日）营业收入额 20 元。为了调节临时经营的高额利润和管制违法经营，除按临时经营的税率征税外，可根据情况在应纳税额 3 倍以内加征税款。同时，对国营粮食企业按国家规定平价销售粮食、食油的收入，农业机械站、排灌站的机耕和排灌收入，外贸出口商品的调拨和出口销售收入，医疗保健、育婴托儿、婚姻介绍，殡葬服务、农牧保险收入，博物馆、文化宫（馆、站）、体育馆（场）、展览馆、公园门票收入，均免征营业税。对供销社经营化肥、农药、农膜、农牧业用盐、种子、种苗，农机产品及零配件，饲料，废旧物品，农林牧水产品；国有商业批发调拨肉、禽、蛋、水产品、蔬菜、鲜果，纯棉布；国有物资部门批发调拨生活用煤，免征批发营业税。对国有商业批发调拨小百货，国有市县物资供应公司（物资局）批发调拨物资，均暂减按 5% 的税率征收营业税。

1986 年 1 月，财政部通知，从 1 月 1 日起，对农村信用社经营业务的收入恢复征收营业税。2 月，财政部通知，对科研单位转让科技成果和提供技术咨询等服务的收入，继续免征营业税；从 1 月 1 日起，对其他企事业单位和个人转让技术的收入，暂免征收营业税。4 月，财政部通知，对小化肥临时降价销售发生的损失数额较大，当年解决不了的供销社，减征或免征营业税。对基层供销社、区乡企业和农机站销售农用柴油、汽油、润滑油，暂免征收零售环节营业税。7 月，省政府批复，对公路客运附加费和货运车辆附加费，按新税制规定缴纳营业税。12 月，省政府同意，对新开展的物资储备业务，其物资机构的服务收入，只计征 10% 的营业税。

1987 年 1 月，财政部通知，从 1 月 1 日起，对国有建筑安装企业承包建筑安装工程、修缮业务及其他工程作业所取得的收入，一律恢复征收营业税；对经营中、小农具的供销社暂免征收批发和零售营业税；对批发调拨再生资源的企业，减按 5% 的税率征收批发营业税。2 月，省政府对技术商品交易营业税的征收作出规定：对科研单位、大专院校及其他企事业单位和个人的科技成果转让收入，科研单位的技术咨询、技术服务、技术培训、技术入股、技术出口收入，暂免征收；对促进技术商品交易的中介所取得的收入依法征收 10% 的营业税。5 月，财政部通知，营业税增设“典当业”税目，税率分别为 5% 和 3%。

1988 年，省政府决定，在成都生猪购销价格开放后，对个体屠商采购生猪的产品税和零售的营业税作了调整，产品税每头 6 元，零售营业税每头 7 元；各区县在两税 13 元基础上，可上下浮动 1 元；省内其他县市的营业税定额作相应调整。6 月，财政部通知，对企业、行政事业单位和住房经营单位按标准出售住房取得的收入，免征营业税。

1989年，国家税务局通知，从7月1日起，对博物馆等场馆、各种游览、游艺场地的收入，对各级供销社拨发调拨农林牧水产品以及种子等，对县和县以下种子公司经营种子的收入，恢复征收营业税。

1990年，财政部通知，从9月1日起，在营业税中增设“土地使用权转让及出售建筑物”“经济权益转让”两个税目，税率均为5%。

1991年2月，国家税务局通知，对歌厅、舞厅、卡拉OK、音乐茶座依10%的税率征收营业税。10月，国家税务局通知，对定点企业生产销售的民族产品，经营有困难的，适当给予减免税照顾。

1992年6月，财政部、国务院住房制度改革领导小组规定，对企业、行政事业单位和房产经营单位按标准价出售新、旧住房取得的收入，住房建设单位按标准价销售给集资、合作单位或个人居住取得的收入，免征营业税。

1993年3月，国家税务总局通知，对纪念馆等文物保护单位举办文化艺术活动的门票收入，免征营业税；对县和县以下新华书店及农村供销社销售出版物，在“八五”期间（1991—1995年），免征营业税。4月，国务院决定，从5月1日起，提高零售商品营业税税率。其中，商品零售营业税税率、其它饮食营业税税率由3%提高到5%。同时，继续执行国有粮食企业按国家平价零售粮食、食油免税及零售农业生产资料免征营业税的规定。9月，财政部通知，营业税取消“临时经营”税目。12月，全国人大常委会决定，外商投资企业和外国企业适用营业税的规定征税。是年，财政部、国家税务总局还规定，对销售化肥、农药等7类农业生产资料和柴油、汽油、润滑油，销售给农民的饲料，按批发征收营业税。对科研单位、大专院校的技术转让等服务收入；民政部门兴办的福利单位、安置残疾人员占生产人员总数35%以上从事劳务、服务性的收入；学生勤工俭学的劳务、服务收入；植保公司和技术培训、病虫测报、病虫防治收入；行政事业单位收取养路费等收入；军工系统、军需工厂调拨军用物资和销售给公安、国家安全系统武器装备、民警服装以及提供加工修理修配、试验、租赁、仓储的收入，均免征营业税。

1994年1月，执行国务院《中华人民共和国营业税暂行条例》及财政部《中华人民共和国营业税暂行条例实施细则》，1984年颁发的《营业税条例（草案）》及《实施细则》同时废止。新条例规定，凡在中国境内提供应税劳务、转让无形资产或销售不动产的单位和个人，均应交纳营业税。税目税率分别为：交通运输业，3%；建筑业，3%；金融保险业，5%；邮电通信业，3%；文化体育业，3%；娱乐业，5%—20%；服务业，5%；转让无形资产，5%；销售不动产，5%。营业税的起征点适用于个人，按期缴纳的为月营业额200—800元，按次纳税的为每次（日）营业额50元；营业额达到起征点，按营业额全部计算应纳税额征收。同时规定下列项目免税：托儿所、幼儿园、养老院、残疾人福利机构提供的育养服务、婚姻介绍、殡葬服务；残疾人个人提供的劳务；医院、诊所和其他医疗机构提供的医疗服务；学校和其他教育机构提供教育劳务、学生勤工俭学提供的劳务；农业机耕、排灌、病虫害防治、植保、农牧保险以及相关技术培训业务，家禽、牲畜、水产动物的配种和疫病防治；纪念馆、博物馆、文化馆、美术馆、展览馆、书画院、图书馆、文物保护单位举办文化活动的门票收入，宗教场所举办文化、宗教活动的门票收入。省政府补充规定：涪陵、黔江、宜宾、达州、雅安、广安、巴中、甘孜、阿坝、凉山10地（州），经营歌厅、舞厅、卡拉OK歌舞厅、台球、保龄球、高尔夫球的营业收入，税率为10%；经营音乐茶座、游艺的营业收入，税率为5%。重庆、成都、自贡、攀枝花、泸州、德阳、绵阳、南充、广元、遂宁、内江、乐山、万县

13市，前述营业税收入，税率分别为15%、10%；其他各项税率为10%。7月，财政部通知，从6月1日起，对邮政部门销售集邮商品、发行报刊，征收营业税。电信单位（电信局及批准的其他从事电信业务的单位）自己销售无线电寻呼机、移动电话，并为客户提供有关的销售服务的，属于混合销售，征收营业税。又按国家税务总局通知，对安置“四残”人员占企业生产人员35%以上的（含35%）民政福利企业，其经营属于“服务业”税目范围内（广告业除外）的业务收入，免征营业税。

1995年3月，财政部、国家税务总局通知，对金融机构往来业务，暂不征收营业税；对金融企业经营转贷外汇业务，以贷款利息减去借款利息后的余额为营业额计算征收营业税；一般贷款业务，一律以利息收入金额为营业额计算征收营业税。11月，省地方税务局通知，凡在四川省境内从事建筑、修缮、安装和其他工程作业的国有、集体、私有建筑安装企业和外商投资企业、股份制企业、其他企业、事业单位、行政单位、军事单位、其他单位和个体工商户及其他具有建筑安全经营行为的个人，为建筑营业税的纳税人，自1996年1月1日起照章交纳营业税。

1996年，财政部、国家税务总局规定，对体育彩票发行收入免征增值税和营业税；对保险公司开办个人投资分红保险业务取得的保费收入，免征营业税；对国有粮食企业保管政府储备粮油取得的财政性补贴收入，免征营业税。

1997年2月，国务院调整金融保险业税收政策：将金融保险营业税税率由5%提高到8%；对特区外设立的外商投资和外国金融保险企业，从1月1日起，一律执行8%的营业税税率；对农村信用社营业税，在本年底前减按5%征收，自1998年1月1日起恢复按8%的税率征收。5月，财政部、国家税务总局通知，对纳税人承包以工代赈工程收入征收营业税。6月，省政府决定，对实施再就业工程实行税收优惠政策，对特困企业下岗人员、国有企业减人增效、分流人员从事个体经营且月营业收入不足400元的，当月免征营业税；从事个体人力运输的，经主管税务机关审核后免征营业税和个人所得税1年。7月，财政部、国家税务总局通知，对非本企业雇员为企业提供非有形商品推销、代理等服务活动所取得的佣金、奖励和劳务服务等名目的收入，征收营业税。8月，财政部、国家税务总局通知，自1998年1月1日起，对中保人寿公司开办1年期以上返还性人身保险险种免征营业税。对经中央和省批准的行政性收费、基金，已按规定纳入预算管理或财政专户管理的，不征收营业税；未纳入预算管理或财政专户管理的，一律照章征收营业税。11月，财政部、国家税务总局通知，对体育彩票的发行收入不征收营业税；对体育彩票代销单位代销体育彩票取得的手续费收入，征收营业税。12月，省政府决定，对成乐高速公路合作公司收取的车辆通行费按5%税率缴纳的营业税额，由省财政全额返还给合作公司。

1998年，财政部通知，自1998年1月1日起至2000年12月31日止，对农村信用社减按6%的税率征收营业税。自1998起，对世界银行贷款粮食流通项目，免征建筑安装营业税和项目服务收入营业税。对下岗职工从事社区居民服务业的，免征营业税。

1999年8月，国务院规定，对外商投资设立的研究开发中心，对其转让技术比照国内科研机构免征营业税；外国企业向中国境内转让技术，凡属技术先进或者条件优惠的，免征营业税；外商投资企业取得的技术转让收入，免征营业税。同月，财政部通知，从1999年7月1日起至2002年12月31日止，对高校校园内实行社会化管理和独立核算的食堂，向师生提供服务的收入，免征营业税；对公房出租收入，恢复征收营业税。10月，省政府规定，对个人出售居住超过1年已购公有住房和经济适用住房，免缴营业税；居住不足1年的，营业税按销售价减去购入原价后的差额计缴。12月，财政部通知，从12月31日起，对承储企业保管国家储备肉、储备粮，取得的中央和地方财政收入，免征营业税。

2000年，财政部规定，对营利性医疗机构，营业收入直接用于改善医疗卫生条件的，自登记之日起3年内，其医疗收入免征营业税；药房分离为独立的药品零售企业的，按规定缴税。是年，财政部实施支持金融、保险业相关政策：对金融机构之间相互占用、拆借资金业务，银行代发行国债取得的手续费收入，由各银行总行向财政部收取的手续费，各分支机构来自上级的手续费，不再征收营业税。对中国人寿保险、太平洋保险、平安保险、新华人寿保险的1年期以上返还性的人寿保险，免征营业税。对外汇管理部门在从事国家外汇储备经营过程中，委托金融机构发放的外汇贷款利息，免征营业税。对地方商业银行转贷用于清偿农村合作基金债务的专项贷款利息，免征营业税。

2001年，财政部规定，从1月1日起，对按政府规定价格出租的公有住房和廉租住房，暂免征收营业税。对人防部门收取的并纳入财政预算管理或财政专户管理的易地建设费等，免征营业税。从2001年起，将夜总会、歌厅、射击、跑马、游戏、高尔夫球、保龄球、台球等营业税税率由原来的5%—20%的幅度税率改为统一实行20%的比例税率；将金融保险营业税税率每年降低1个百分点，到2003年，降低至5%。从5月1日起，将娱乐业营业税的税率提高为20%，从10月1日起，对农村信用社减按5%的税率计征营业税。3月，省人大常委会规定，对单位和个人（包括外商投资企业设立的研究开发中心，外国企业和外国籍个人）从事技术开发、技术转让业务和与之相关的技术咨询、技术服务所取得的收入，免征营业税。4月，省委、省政府决定，对企事业单位从事机械、冶金产业技术成果转让、咨询、技术培训所取得的收入，按规定免征营业税。5月，省政府决定，对凡是交通部门贷款或按国家规定有偿集资修建的路桥、隧道、渡口、船闸，收取的车辆通行费、船舶过闸费，免征营业税。

2002年，省地税局通知，对个人出租房屋取得的收入，统一按次征收营业税。对从事个体经营的军队转业干部，自领取税务登记证之日起，3年内免征营业税。对为安置自主择业的军队转业干部就业而新开的企业，凡安置军队转业干部和下岗职工占企业总人数60%以上的，经批准3年内免征营业税。对销售个人自建自用住房，未超过标准面积的住房销售时免税，超过标准的征收营业税。

2003年，财政部通知，从当年起，将按期纳税营业税起征点幅度，由月销售额200—800元，提高到1000—5000元；按每次纳税营业税起征点幅度，由每次（日）营业额50元，提高到100元。对开办网吧的收入，一律按娱乐业20%征收营业税。省地方税务局通知，为鼓励民营企业成立担保机构，开展担保业务，对不以营利为目的的中小企业信用担保业务收入，3年内免纳营业税。是年，省政府批准，在“非典”期内，对全省饮食业、旅店业、出租汽车公司和城市公交公司减半征收营业税。财政部、国家税务总局通知，在“非典”期间，5月1日至9月30日，对铁路旅客运输收入免征营业税；10月1日至12月31日，继续对民航旅客运输业务和旅游业免征营业税。12月，省政府决定，对教育行政部门批准的实施学历教育的学校，经物价、财政部门和学校审批机关批准的项目和标准收取的教育劳务收入，免征营业税。

2004年，财政部、国家税务总局通知，从当年起，将经营保龄球、台球的营业税税率调减为5%。对以无形资产、不动产投资入股，参与接受投资方利润分配，共同承担投资风险的行为，不征收营业税；对其股权转让不征收营业税。对参与全国农村信用社改革试点取得的金融保险应税收入，减按3%的税率征收营业税。对为安置自谋职业的城镇退役士兵就业而新办的服务型企业，除广告业等5类以外，当年新安置退役士兵达到职工总数30%以上，经审核符合条件的3年内免征营业税。对符合规定的下岗失业人员，在2002年9月30日后至2005年12月31日前取得劳动部门核发的再就业优惠证的，自领取新的税务登记证之日起，3年内免征营业税。

2005年，财政部、国家税务总局通知，从3月1日起，对从事个体经营的军队转业干部、城镇退役士兵和随军家属，自领取税务登记证之日起，免征3年营业税。从6月1日起，为促进高速公路建设的发展，对公路经营企业收取的高速公路车辆通行费收入，统一减按3%的税率征收营业税。6月，省政府办公厅通知，自6月1日起，对个人购买住房不足2年转让的，销售时按其取得的销售收入，全额征收营业税；个人购买普通住房超过2年（含2年）转让的，销售时免征营业税；对个人购买非普通住房超过2年（含2年）转让的，销售时按其售房收入减去购房价款后的差额征收营业税。

1986—2005年四川省营业税收入统计表

表1－7　　单位：万元

年份	金额	年份	金额	年份	金额	年份	金额
1986	134249.0	1991	295087.1	1996	499324.2	2001	676673
1987	162812.7	1992	334027.6	1997	466379.5	2002	778699
1988	216493.8	1993	484953.3	1998	568214.2	2003	901812
1989	269774.0	1994	306507.8	1999	620787.0	2004	1102536
1990	277584.0	1995	388659.7	2000	626463.0	2005	1347706
合计	10458742.9						

说明：资料来源于《四川省税务统计》

六、关税

1950年，重庆海关撤销，四川省进出口货物关税，改由其他口岸海关征收。

1980年8月，经国务院批准，恢复重庆海关，依照《中华人民共和国海关进出口税则》重新征收关税。

1982年1月，重庆海关在成都设立办事处。1984年2月，改为成都分关。1985年2月，改设成都海关，隶属重庆海关。1985年，四川省执行国务院《中华人民共和国进出口关税条例》及《中华人民共和国海关进出口税则》，对进口货物的收货人、出口货物的发货人，以及从境外采购进口原产于中国境内的货物，征收关税。进口税率为：最低税率3%—150%；普通税率8%—180%。出口税率为10%—60%。对关税额在人民币10元以下的一票货物，无商业价值的广告品和货样，外国政府、国际组织无偿赠送的物资、进出境运输工具装载的途中必需的燃料、物资和饮食用品，免征关税。对在境外运输途中或者起卸时，遭受损坏或者损失的；起卸后海关放行前，因不可抗力遭受损坏或者报失的；海关查验时已经破漏、损坏或者腐烂，经证明不是保管不慎造成的，酌情减免关税。

1986年，财政部、国家经委规定，对综合利用项目的技术引进和进口设备，减免关税。

1987年1月，全国人大常委会修订通过的《中华人民共和国海关法》规定，为适应改革开放新形势，对外国政府、国际组织无偿赠送的物资，中华人民共和国缔结或者参加的国际条约明文规定减征、免征关税的货物、物品，经济特区等特定地区进出口的货物，外商投资企业等特定企业出口的货物，有特定用途的货物，用于公益事业的捐赠物资，减征或者免征关税。10月，国务院修订并颁布实施《中华人民共和国进出口关税条例》，对产自与中国未签订有关税优惠条款的贸易条约或协定的国家进口的货物，按最低税率征税。

1989年，海关总署、财政部、国家经委规定，技术改造项目进口生产必须的配套设备，以及配套使用的模具、工具、卡具，减免关税；技术转让合同随附的仪器、设备，其金额不超过引进技术金额50%的，予以免税；超过50%的，按规定减半征收。

1991年，国务院关税税则委员会、海关总署、财政部、国家税务局规定，免征软件的进口关税。进口硬件部分价值占软、硬件合计进口总额值33%以下的，免征关税；占33%—50%的，减按1/3的关税税率征收；占50%以上的，减按1/2的关税税率征收。

1992年，国务院关税税则委员会决定，从4月1日起，全部取消进口调节税，调整一般摄像机和小汽车的进口关税税率；从12月31日起，降低3371个税目商品的进口关税税率。1992年，省人大常委会规定，四川对外商投资按照合同规定作为外国合营者出资的机器设备、零部件和其他物料；以投资总额内的资金进口的设备、零部件和其他物料；外商投资企业为生产出口产品而进口的原材料、辅料、元器件和包装物料；外商投资企业为生产出口产品所需进口机器设备、生产用车辆、原材料、燃料、散件、零部件、元器件、配套件，免领进口许可证、由海关实行监管批准成立的企业，均免征进口关税。外商投资企业出口产品（除原油、成品油、国家另有规定的产品外），免征关税。

1996年4月，国务院决定，对进口设备和原材料等一律按法定税率征收关税和进口环节税。取消特定经济区域、外商投资企业、技术改造项目以及其他非规范化进口税收减免政策。对属于中国台、澎、金、马关税区的进口商品，一律按有关规定计征进口环节增值税和消费税。是年，财政部、国家税务总局通知，从1996年1月1日起，对进口的饲料及农膜（至1997年底前）；对远洋渔业企业进口的渔用设备（至1998年底前）；对进口用于农、林生产和科研的种子（苗）、种畜（禽）、鱼种（苗）和非盈利性种用野生动植物种源（至1997年底）；对化工部1996年度配额进口的生产避孕套用天然乳胶，均免征进口环节增值税。对新批准设立的外商投资企业在投资总额内进口的设备和原材料，对新批准的技术改造项目进口的设备，一律按法定税率征收关税和进口环节增值税、消费税。8月1日，国务院关税税则委员会规定，降低入境旅客行李物品和个人邮递物品进口关税税率：其中，纺织品、电器用具、照相机、自行车、手表的税率从50%降至30%；摄像机的税率从100%降至80%；烟、酒的税率从200%降至100%。

1998年7月，国务院调整进口设备税收政策，对符合《外商投资产业指导目录》鼓励类和限制乙类、并转让技术的外商投资项目，在投资总额内进口的自用设备，除规定不予免税的商品外，免征关税和进口环节增值税；外国政府贷款和国际金融组织贷款项目进口的自用设备、加工贸易外商提供的不作价进口设备比照执行。对符合国家重点鼓励发展的产业、产品和技术目录的国内投资项目，在投资总额内进口自用设备，按合同随设备进口的技术及配套件、备件，除规定不予免税的商品外，免征关税和进口环节增值税。5月，省政府决定，在攀西地区进行生物资源开发，对国家鼓励投资的产业、产品，企业在投资总额内进口的自用设备，除国家规定不予减免的商品外，免征关税和进口环节增值税。

1999年1月，国务院关税税则委员会决定：降低部分纺织品、玩具、林产品共1014个税目商品的进口关税税率，平均降税幅度从8%到78%。从2000年起，对铜、铅等21种商品实行出口关税暂定税率，其中对苯、铝等15种的关税暂定税率为零，对橡胶避孕套实行的零税率调整为9%的暂定税率征收关税。自1999年10月1日起，对利用国际金融组织和外国政府贷款项目贷款进口国内不能生产或性能不能满足需要的零部件，免征关税。8月，省政府决定，对外商投资实行优惠政策，外商投资于国家鼓励发展项目，按合同进口的设备和随设备进口的技术以及数量合理的配套、备件，均按国家规定免征关税和进口环节增值税。

2000年6月，国务院决定，对软件企业进口所需的自用设备，以及按合同随设备进口的技术（含软件）及配套、备件，除规定不予免税的商品外，均可免征关税和进口环节增值税。从4月1日起，对生产支线飞机所需进口尚不能国产化的零部件，免征进口环节增值税。对国内企业为三峡工程分包制造设备进口配套件和材料免征进口关税。对国内企业生产影碟机关键件所需进口的元器件、原材料，实行较低的进口关税税率。

2001年，国务院决定，为逐渐与国际通行做法接轨，在将进出口关税算术平均税率由16.4%降到15.3%的同时，将行李和邮递物品进口税（简称行邮税）平均税率由55%降为40%，其中：书报、食品行邮税税率为10%；纺织品、电器用具行邮税税率为30%；化妆品、摄像机、摄录一体机和数码相机行邮税税率为50%；烟、酒行邮税税率为70%。5月，中国正式成为曼谷协定成员，对原产于韩国、斯里兰卡和孟加拉国的进口商品实行比最惠国税率更加优惠的协定税率，平均税率为12.3%。对信息技术产品实施《信息技术产品协议》关税，平均税率为3.4%。同时，将行邮税税目4栏简化为3栏；烟酒税率由70%降为50%；家用电器、纺织品税率由50%、30%降为20%。是年，省政府决定，对符合《中西部地区外商投资优势产业目录》的外商投资企业，在投资总额内进口自用设备，免征关税和进口环节增值税。3月，省政府决定，对开发区鼓励类产业和优势产业项目在投资总额内进口自用技术先进设备，除国家规定不予免税的商品外，免征关税和进口环节税。4月，省委、省政府决定，对内资鼓励类、外商投资鼓励类的机械冶金项目，在投资总额内进口自用先进技术设备，除国家规定不予免税的商品外，免征关税和进口环节增值税。

2002年1月，中国履行加入世界贸易组织和曼谷协定承诺的关税减让义务及调整关税税目税率的决定，进口税分为最惠国税率、协定税率、特惠税率和普通税率4个栏目；税目增加205个，总数为7316个。对小麦、豆油等10种农产品和尿素等3种化肥产品实行关税配额管理，并执行相应的配额内外税率。暂定最惠国税率仅适用于规定的国家或地区的进口商品，执行至2002年12月31日止。对原产于孟加拉国、韩国、斯里兰卡3个曼谷协议成员的739个税目，实行曼谷协定税率；对原产于孟加拉的18个税目的进口商品，实行曼谷协定特惠税率。对入境旅客行李物品和个人邮递物品按商品性质，分别按10%、20%、50%三档税率征收。

2003年4月，省政府决定，对内资鼓励类、外商投资鼓励类的重大技术装备项目，在投资总额内进口自用先进技术设备，除规定不予免税的商品外，实行关税和进口环节增值税税收优惠政策。

2004年1月，国务院颁布实施《中华人民共和国进出口关税条例》，进口税率分为普通税率、最惠国税率、协定税率、特惠税率和暂定税率。其中：普通税率，最低为0%，最高为100%；最惠国税率，最低为0%，最高为65%；协定税率，按协定税率征收；特惠税率，对签订有特殊关税优惠条款的国家或地区征收；暂定税率，在最惠国税目税率基础上，对个别需要和双边关系需要的货物征收。

第二节 收益税类收入

收益税是以所得额、收益额为课税对象的一类税收，四川财政征收的收益税主要有企业所得税、个人所得税等。

一、企业所得税类

（一）国营企业所得税

1980年，四川省改革国有企业利润上交制度，开征国营企业所得税。

1983年，四川执行财政部《关于对国营企业征收所得税的暂行规定》，对从事工业、商业、交通运输、建筑安装、金融保险、饮食服务业，以及从事文教卫生、物资供销、城市公用和其他行业的国营企业征收。税率分为比例税率和累进税率两种：大中型企业为比例税率55%；小型企业为累进税率八级，超额累进税10%—55%。对企业技术转让年净收入没有超过10万元，大专院校和科研单位的技术转让收入留给单位用于发展科研事业的以及专门从事城市土地房屋综合开发的城市综合开发公司、试行技术经济责任制的勘察设计单位，均免征国营企业所得税。

1986年，国务院规定，为推动国营工业企业之间、国营工业与城乡集体企业之间的联合，对国营工业企业从联合体分得的利润，在不减少财政上缴任务的前提下，对30万元以下的免征所得税，超过30万元的部分照率纳税。国营企业实行多种形式的经营承包责任制后，对企业超目标的利润减半征收所得税；经批准参加企业集团的企业，对超目标的利润只征收25%的所得税。对企业和单位向能源、交通设施以及“老、少、边、穷”地区进行投资分得的利润，减半征收所得税5年；参与投资的企业和单位，从联合中分得的利润再投资于上述行业和地区的，可免征所得税。6月，财政部规定，对国家机关、团体、军队、行政事业单位所属的宾馆、饭店、招待所征收所得税，仍按15%的税率执行；对勘察设计单位只限于“实行技术经济责任制、由事业经费拨款改为承担任务收费、盈余按规定比例分成的勘察设计单位”免征所得税；对军队各类学校的校办工厂，按大中小学校校办工厂免征所得税。对国家批准，以及企业主管部门、事业主管部门实行包干办法后新成立的企业和经营单位，征收所得税。对新建的工程承包公司经营规定的各项收入，在3年内免征国营企业所得税；对其他收入，照章征缴所得税。7月，省政府决定，对民族地区国营商业和供销社可适当减轻负担；小型民贸企业年利润在2万元以下的，从1986年起，减征免征所得税3年；对大中型民贸企业，仍遵照财政部规定，所得税减按50%征收。对饮食服务业在省外开展联营，输出技艺、劳务和产品的，每户企业每年分得利润在10万元以下的免征所得税；超过10万元的部分照章纳税。

1987年2月，财政部、林业部规定，从当年起，免征国有森工企业所得税5年。2月，省政府决定，企业的技术转让收入，年总额在30万元以下的，暂免征收企业所得税；企业向五省六方①的联合组织转让技术成果，年收入在50万以下的，暂免征收企业所得税；科研单位、大专院校以及其他全民所有制事业单位的技术交易收入，暂免征收企业所得税。12月，省政府规定，对过去因集中过量采伐、资源已近枯竭、经济困难的企业（包括木材加工、林化产品生产企业），给予定期减免所

① 五省六方：指西南地区四川、云南、贵州、西藏、重庆五省（自治区、直辖市），再加成都市为六方。

得税的照顾。

1988 年，省政府决定，扩大全民所有制大中型企业股份制试点，将试点企业所得税税率调为 35%。

1989 年，财政部、国家体改委通知，对大中型企业按 55% 的比例税率、小型企业按八级超额累进税率征收所得税；在试点地区，对所有盈利的国营企业，一律改按 35% 的税率征收所得税。是年，财政部规定，对企业免征国营企业所得税的技术转让收入，由年净收入 10 万元放宽到 30 万元；从 10 月 1 日起，对试行技术经济责任制的勘察设计单位恢复征收国营企业所得税。

1990 年 8 月，国家税务局通知，对民政部门举办的以安置盲、聋、哑、残人员就业为主的社会福利生产单位，减免所得税。11 月，财政部规定，从四季度起，对国营城市建设综合开发企业，照章征缴国营企业所得税。

1991 年 1 月，财政部规定，从 1991 年起，分期分批将国营大中型企业所得税税率从 55% 降至 33%。5 月，财政部通知，从 1 月 1 日起，对全民所有制性质的各类旅行社包括其所属独立核算的宾馆、饭店、招待所、旅游服务公司、旅游车（船）公司等，其经营收入，统一按 35% 的税率征收国营企业所得税；其余上述各类单位仍按原规定的适用税率缴纳所得税。10 月，国家税务总局通知，对定点企业生产销售的民族用品，适当给予减征所得税照顾；对在利改税基础上实行承包经营责任制的企业，对暂不具备条件纳入预算内管理的预算外企业和经营单位以及对已实行利改税和利改税后新办的企业（含各类公司），照章征缴国营企业所得税。10 月，省政府决定，对股份制试点企业实行税利分流，所得税一律调为 33%；国家股、法人股分配的股息红利，不再缴纳所得税。

1992 年 1 月，省委、省政府决定，科研机构、高等院校对连续亏损 2 年以上的企业进行承包、租赁，扭亏转盈后，经税务部门批准，3 年所得的利润免征所得税。3 月，国务院生产办公室、财政部、国家税务局规定，为推动企业技术进步，将国营大中型工业企业所得税税率由 55% 降为 33%。

1993 年，国家改革内资企业所得税制度，对试点的国有企业减按 33% 的税率征缴所得税；对年应税所得额 20 万元以下的企业，给予减免所得税扶持；10 万—20 万元以下的，减按 24% 的税率征税；5000 元—10 万元以下的，减按 15% 的税率征税；5000 元以下的企业，经批准免征国营企业所得税。1 月，省政府决定，对各级农业事业单位兴办经济实体和开发经营服务，直接为农业产前、产中、产后服务和利用自身拥有的条件及资源兴办种养业的，在“八五”期间（1991—1995 年），免征所得税；期满后，纳税确有困难的，可报批再减免。2 月，省政府决定，对全民所有制工业企业为安置富余人员兴办的独立核算、从事第三产业的企业，自开业之日起，2 年免征、3 年减半征收所得税。9 月，省委、省政府决定，对 20 户国有大中型试点企业吸纳富余人员兴办第三产业的，也给予 2 年免征、3 年减半征收所得税的政策优惠。

1994 年 1 月 1 日起，停征国营企业所得税，按照国务院公布的《中华人民共和国企业所得税暂行条例》，开征企业所得税。

1986—1993 年四川省国营企业所得税收入统计表

表 1－8　　单位：万元

年份	1986	1987	1988	1989	1990	1991	1992	1993	合计
金额	150147	129606.7	170890.9	152880.8	125057.6	135254	118972.5	130876.3	1113685.8

说明：资料来源于《四川省税务统计》

（二）外商投资企业和外国企业所得税

中共十一届三中全会以来，国家实施改革开放政策，中外合资经营企业所得税、外国企业所得税相继开征，此后，两税合并于外商投资企业和外国企业所得税征收。

1. 中外合资经营企业所得税

1980 年 9 月，四川执行全国人大常委会《中华人民共和国中外合资经营企业所得税法》，对中外合资经营企业从事生产、经营所得征收企业所得税，税率为 30%，并对应纳所得税额附征 10% 的地方所得税。对新办经营期在 10 年以上的合营企业，获利第 1 年免征所得税，第 2 年和第 3 年减半征收所得税。农业、林业等利润较低的合营企业和在经济不发达地区及边远地区开办的合营企业，比照上述规定减税或免税。

1986 年，四川执行国务院有关鼓励外商投资规定，对产品出口企业和先进技术企业的外国投资者，将分得利润汇出境外时免缴汇出额的所得税。产品出口企业减免所得税期满后，当年企业出口产品产值达企业产值 70% 以上的，减半缴纳所得税。先进技术企业减免所得税期满后，再延长 3 年减半缴纳所得税。从合资企业分得利润后，又在中国境内再投资举办或扩建产品出口企业、先进技术企业，经营期不少于 5 年的，经批准全部退还其再投资部分已缴纳所得税。12 月，省政府规定，对外商投资的产品出口企业和先进技术企业，经营期在 10 年以上的，从获利第 1 年至第 4 年，免征地方所得税；第 5 年至第 8 年，减半征收地方所得税；当年出口值占当年产值 60% 以上的产品出口企业，继续免征地方所得税。

1988 年，省政府制定《四川省鼓励外商投资的规定》，对从事能源开发和基础设施建设的外商投资企业，经营期在 10 年以上的，免征地方所得税。

1991 年 7 月，四川省停止征收中外合资经营企业所得税。

1987—1991 年四川省中外合资经营企业所得税收入统计表

表 1 - 9　　单位：万元

年份	1987	1988	1989	1990	1991	合计
金额	1. 3	332. 9	523	1085. 4	2053. 9	3996. 5

说明：资料来源于《四川省税务统计》

2. 外国企业所得税

1982 年 1 月，全国人大颁布实施《中华人民共和国外国企业所得税法》，对在中国境内的外国企业、中外合作生产、合作经营企业的外国投资者，其所从事生产、经营的所得和其他所得，按五级超额累进税率征收企业所得税，税率分别为 20%、25%、30%、35%、40%。对从事农、林、牧业和深井开采煤矿资源等生产周期长、资金周转慢、利润低的企业，经营期在 10 年以上的，从获利年度起，第 1 年免征所得税，第 2 年至第 3 年减半征收所得税。期满后，经财政部批准，还可在以后 10 年内减征 15%—30% 的所得税。对先进技术企业，从投产当年至第 3 年减半征收所得税；对正享受减免税的企业，期满后再延长 3 年减半征税。对产品出口企业，当年出口产品产值达到企业产品年产值 70% 以上的，当年减半缴纳所得税。省政府规定，对省内外国先进技术企业和产品出口企业，从获利第 1 年至第 4 年免征地方所得税；第 5 年至第 8 年减半征收地方所得税。对年所得额在 100 万元以下、生产规模小、利润低的外国企业，经省政府批准，减征或免征地方所得税。

1988 年，省政府制定并实施《四川省鼓励外商投资的规定》，对外商来川投资兴办的产品出口企业和先进技术企业，经营期在10年以上的，经税务机关批准，从获利的第1年至第4年免征地方所得税；第5年至第8年减半征收地方所得税。免税期满后，当年出口产值占年产值60%以上的企业，继续免交地方所得税。对从事能源开发和基础设施建设的企业，经营期在10年以上的免征地方所得税。

1991年7月，四川省停征外国企业所得税。

1986—1987年四川省外国企业所得税收入统计表

表1－10　　　　单位：万元

年份	1986	1987	合计
金额	140	267.2	407.2

说明：资料来源于《四川省税务统计》

3. 外商投资企业和外国企业所得税

1991年7月，《中华人民共和国外商投资企业和外国企业所得税法》及《中华人民共和国外商投资企业和外国企业所得税法实施细则》正式施行，规定：在中国境内的外商投资企业、外国企业和中外合作经营企业生产、经营所得和其他所得，需缴纳所得税。外商投资企业的企业所得税和外国企业就其在中国境内设立的从事生产、经营的机构、场所的所得应纳的企业所得税，按应纳税的所得额计算，税率为30%；地方所得税，按应纳税的所得额计算，税率为3%。减免情形包括：生产性外商投资企业，经营期在10年以上的，从获利年度起，第1年和第2年免征所得税；第3年至第5年减半征收所得税。从事农业、林业、牧业的外商投资企业和设在不发达的边远地区外商投资企业，依上述规定享受减税待遇。外国投资者从外商投资企业取得的利润、国际金融组织贷款给中国政府和中国国家银行的利息所得、外国银行按优惠利率贷款给中国国家银行的利息所得，免征所得税。同时，停止执行《中华人民共和国中外合资经营企业所得税法》《中华人民共和国外国企业所得税法》。

1992年12月，省人大常委会决定，外商投资企业所得税税率为30%。对生产性外商投资企业从事技术密集型、知识密集型项目，投资额在2000万美元以上、回收投资时间长的项目，交通、能源、港口建设的项目等，减按15%的税率征收。对经国务院批准设在经济技术开发区的生产性外商投资企业和设在经国务院确定的国家高新技术产业开发区的被认定为高新技术的外商投资企业，减按15%的税率征收。对生产性外商投资企业，经营期在10年以上的，从获利年度起，第1、2年免征、第3年至第5年减半征收企业所得税；在国务院确定的高新技术开发区内设立的高新技术外商投资企业，经营期在10年以上的，从获利年度起，第1、2年免征，期满后，企业出口产品产值占当年产值70%以上的，当年可减半征收；符合上述按15%的税率缴纳的产品出口企业，减按10%的税率征收；先进技术企业规定减税期满后，可延长3年减半征收。对生产性外商投资企业，经营期在10年以上的，获利的第1、2年免征地方所得税，第3年至第5年减半征收地方所得税；经营期不满10年的，第1年免征地方所得税，第2年减半征收地方所得税；当年出口产品产值占企业总产值50%以上的产品出口企业，当年免征地方所得税。外资企业的外国投资者获得的利益再投入该企业增加注册资金或作为资本开办其他外商投资企业，经营期不少于5年的，退还其所缴纳所得税40%的税款；再投资属于产品出口和先进技术的企业，经营期不少于5年的，全部退还所得税税款。

1993年，财政部规定，外商企业技术开发费比上年增长10%以上的，经批准允许再按技术开发费实际发生额的50%抵扣当年的应纳税所得额。对从事能源、交通基础设施项目的生产性外商投资企业，减按15%的税率征收所得税。

1996年12月，省政府决定，对生产性外商投资企业，经营期在10年以上的，从获利第1年至第2年免征企业所得税、第3年至第5年减半征收。对从事地勘、开采矿产资源的生产性外商投资企业，经营期在10年以上的，减免税期满后，经批准，可在第6年至第10年继续减半征收地方所得税。对设在凉山州、甘孜州、阿坝州和攀枝花市的生产性外商投资企业，经营期在10年以上的，在上述规定的减免期满后，经批准，可在第5年至第10年继续减半缴纳地方所得税；经营期不满10年的，可在第3年至第5年继续减半征收地方所得税。对外商投资兴建的高速公路，其应缴纳的企业所得税，在外商投资回收前，由省财政厅集中全额返还。对当年出口产品产值占企业年产值50%以上的外商投资企业，当年免征地方所得税。

1998年，省政府决定，对在攀西地区进行生物资源开发及产业化的生产性外商投资企业，执行1996年减免地方所得税的优惠政策。

1999年7月，国务院决定，对从事能源交通基础设施项目的生产性外商投资企业，减按15%的税率征收所得税。8月，国务院办公厅通知，自2000年1月起，对外国企业向中国境内转让技术，技术先进或者条件优惠的，免征所得税；对设在中西部地区、属于国家鼓励类型的外商投资企业，在现行税收优惠政策期满后的3年内，减按15%的税率征收所得税。同月，省政府决定，对生产性外商投资企业，免缴地方所得税；对非生产性企业，从获利年度起，经营期10年以上的，前5年免缴地方所得税；经营期10年以下的，前3年免缴地方所得税。对生产性外商投资企业经营期在10年以上的，从获利年度起，前2年免缴、第3年至第5年减半征收所得税。对外商投资兴办的高新技术企业，从获利年度起，前2年免缴、第3年至第8年减半征收所得税。对外商投资的农业、牧业、林业及使用新技术的农副产品深加工、林业开发项目，在规定减免期满后，在以后10年内减缴应纳所得额的30%。对利用废水、废气、废渣等废弃物为主要原料进行生产的外商投资企业，从获利年度起，免缴5年企业所得税。对外商投资新建高速公路，按车辆通行费缴纳的企业所得税，由财政厅统一集中后，在外商投资回收前，每年按其投资比例返还外商。对外资、合资银行或非银行金融机构，外方投入资本或分行由总行投入营运资金超过1000万美元，经营期在10年以上的，按15%的税率征收；技术密集型、知识密集型项目，外商投资额在3000万美元以上、回收投资时间长的项目以及能源、交通、港口建设项目，减按15%的税率征收所得税。对设在成都高新技术产业区（包括成都海峡两岸科技开发园）、绵阳高新技术产业开发区和成都经济开发区按15%税率缴纳企业所得税的外商投资企业，其生产经营期在10年以上的，从获利年度起，第1年和第2年免征企业所得税，第3年至第4年减按10%的税率征收企业所得税。对生产性外商投资企业，经营期在10年以上的，从获利年起，第1年和第2年免缴企业所得税、第3年至第5年减半缴纳企业所得税。

2000年，省政府决定，外商投资企业在投资总额内采购设备，属免税范围的，可抵免所得税。外商投资企业为开发新产品、新技术、新工艺所产生的费用比上年增长10%及以上的，允许再按技术开发实际发生额的50%抵扣当年的应纳所得税。对设在成都经济技术开发区、成都高新技术开发区、绵阳高新技术开发区内被认定为高新技术企业的生产性外商投资企业，国务院批准的外资银行、中外合资银行等金融机构，外商投入资本或者分行由总行投入营运的，在享受法定减免期后，再延长3年，减按15%的税率缴纳企业所得税。对以生产出口产品为主的外商投资企业在享受法定减免期满后，出口产品产值达到当年企业总产值70%以上的，按规定税率减半征收；已实行15%的税率的，减按10%的税率征收企业所得税。对外商投资的先进技术型企业，在法定减免期满后，再延长3年，减半征收所得税。对投资于农业、牧业、林业、渔业以及使用新技术的农副产品深加工、林业开发项目的，在减免期满后，此后10年可减缴企业应纳所得税款的30%。对外商投资企业中的外国投资者，将从外商独资企业中取得利润直接再投资于该企业，增加注册资本或者作为资本金在四川投资开办其他外商投资企业，经营期不少于5年的，退还再投入部分已缴纳的企业所得税的40%税款；对其再投资新建、扩建产品出口型企业或先进技术型企业的，全部退还再投资部分已缴纳的企业所得税款。对生产性外商投资企业免征地方所得税；非生产性外商投资企业，从获利年度起，经营期在10年及以上的，前5年免征地方所得税，经营期10年以下的，前3年免征地方所得税。6月，财政部规定，对在中国境内设立的软件企业，经确认为新办企业的，自获利年度起，享受企业所得税“两免三减半”（2年免征、3年减半征收）的政策。11月，国务院决定，从当年1月1日起，对在中国境内设有独立机构场所的外国企业，其取得的利息租金、特许权使用费和其他所得，或者虽没有机构、场所，但上述各项所得与其机构、场所没有实际联系的，减按10%的税率征收企业所得税。

2001年3月，省政府决定，对外商投资新办的高新技术企业按15%税率征收企业所得税，且第1年和第2年免征，第3年至第8年减半征收。民族自治地方的外商投资企业可减征或免征地方所得税。对新办交通、电力、水利、邮政、广播电视项目的外商投资企业，上述项目业务收入占企业总收入70%以上、经营期在10年以上的，经国税机关审核确认后，自获利年度起，2年免征、3年减半征收所得税。

1992—2005年四川省外商投资企业和外国企业所得税收入统计表

表1－11　　单位：万元

年份	金额	年份	金额
1992	2637.7	1999	18876
1993	3300.7	2000	25501
1994	5880.6	2001	35376
1995	11785.5	2002	30722
1996	14033.3	2003	51903
1997	17296.5	2004	124322
1998	18853.8	2005	156227
合计	516715.1		

说明：资料来源于《四川省税务统计》

（三）集体企业所得税

1983年第一步利改税时设立此税种，1985年正式开征。

1985年7月，《中华人民共和国集体企业所得税暂行条例》及《中华人民共和国集体企业所得税暂行条例实施细则》正式施行，对从事工业、商业、服务业、建筑安装业、交通运输业以及其他行业的独立核算的集体企业，按当年应税所得额依八级累进税率计算所得税，税率具体为10%～

55%。对新办的进行饲料生产的集体企业；生产经营直接服务于农业的化肥、农药、农机具修理修配的乡镇集体企业；积极利用废水、废气、废渣等废弃物品为主要原料进行生产的乡镇集体企业；在革命老根据地、少数民族地区、边远地区、贫困地区举办的乡镇集体企业；由于自然灾害或其他特殊原因，纳税确有困难的乡镇集体企业以及经财政部批准的其他符合减税、免税情形的乡镇集体企业，在一定期限内一定程度上给予减免税的照顾。

1986 年，省政府决定，对城乡集体企业之间合资兴办紧密型集体所有制性质的联合企业，在不影响原上交所得税的前提下，免征集体企业所得税 1 年。2 月，省委、省政府决定，继续对城乡集体企业增长利润减半征收所得税。对集体兴办的小水电免征所得税，对县、区、乡农技服务组织，围绕推广技术经营的农药、药械、化肥、地膜等生产资料，以及从事病虫预报、防治病虫、草害等业务实现的利润，继续免征所得税。4 月，省政府规定，对纳税有困难和生产微利小商品的城乡集体企业，企业年实现利润在 3000 元以下的，经批准，可减免所得税。对国营工厂向城乡集体企业（包括自办的集体企业）扩散产品、实行联合经营，集体企业从合营中分得的利润，依法纳税有困难的，可酌情给予减免。对城乡集体企业之间合资新办紧密型集体所有制性质的联合企业，在不影响原上交所得税的前提下，免征集体企业所得税 1 年。

1987 年 1 月，财政部通知，对农村信用社恢复征收集体企业所得税；对国务院贫困地区经济开发领导小组列举的专项贷款贴息扶持县的农村信用社，1987 年和 1988 年免征所得税。7 月，省政府同意，对实行“改、转、租”的国营小型商业企业，以劳务为主的理发、浴池、修理、饮食服务等企业，从当年起，征收集体企业所得税。8 月，财政部通知，对乡镇企业生产黄金交售给国家的，按每两收购价扣除 200 元后计算应纳所得额。11 月，省政府决定，对集体企业列入国家和省级“星火计划”试制的新产品，经省科委、省税务局批准，在试销期间给予 3 年或 2 年减免所得税。

1988 年，按国家有关规定，对集体企业增长利润减半计征所得税。继续对生产酱油、醋、豆制品、腌腊制品、酱、酱腌菜、糖制小食品、儿童食品、小糕点、果脯蜜饯、果汁果酱、干菜调料（不含味精）、饲料加工的企业，从事成型煤加工、商业部门的废旧物资利用加工企业，在 1990 年以前，对其实现利润减半征收所得税。对供销社和集体商业企业经营饮食、服务、修理、废旧物资（不包括收购珠宝玉器），独立核算、自负盈亏的企业，税收负担率低于 20% 的按适用的级次税率征税，负担率高于 20% 的则减按 20% 计征。对机关、团体、军队、事业单位所属的宾馆、饭店、招待所，其实现利润按 15% 的税率征收所得税。是年，省政府决定，对获国优、部优、省优的乡镇企业产品，从获得称号之日起，分别免征所得税 2 年和 1 年；对利用社会上的“三废”为主要原料的乡镇企业，5 年内免征所得税。

1989 年，按国家规定，对集体所有制企业年度的技术转让净收入 30 万元以下的，经批准暂免征收所得税，超过 30 万元部分照章征税。

1990 年，按国家规定，对新恢复的传统名特食品集体工业企业，减半征收所得税；对成型煤加工、废旧物资利用企业，延长至 1995 年底继续减半征收所得税。8 月，国家税务局通知，对民政部门举办的福利工厂和街道办的非中途转办的集体性质的社会福利生产单位，安置“四残”人员占生产人员总数 35% 以上的，免交所得税；安置的“四残”人员占生产人员总数比例超过 10% 未达到 35% 的，减半征收所得税。

1991 年 12 月，国家税务局通知，从 1992 年 1 月 1 日起，对新办城镇劳动就业服务企业，当年安置待业人员（包括待业青年、农转非人员和两劳释放人员）超过企业从业人员总数60%的，经批准，免征集体企业所得税2—3年。“八五”期间（1991—1995年），对上述减免税期满后，当年安置待业人员占企业原从业人员总数30%以上的，经批准，减半征收所得税2年。

1993年，四川省进行改革内资企业所得税试点，城乡集体企业（不包括村社企业）纳入试点范围，对试点企业按33%的税率征收所得税。对年应纳税所得额在10万元以上20万元以下的企业，减按24%的税率征税；5000元以上10万元以下的企业，减按15%征税；5000元以下的企业，免征所得税。

1994年1月，停征集体企业所得税，改按国务院新颁发的《中华人民共和国企业所得税暂行条例》征收企业所得税。

1986—1993年集体企业所得税收入统计表

表1－12　　单位：万元

年份	1986	1987	1988	1989	1990	1991	1992	1993	合计
金额	32055	33821.6	39724.3	49828.5	44314.2	39091.9	34777.4	37127.9	310740.8

说明：资料来源于《四川省税务统计》

（四）私营企业所得税

1988年6月，四川省执行国务院《中华人民共和国私营企业所得税暂行条例》和《国务院关于征收私营企业投资者个人收入调节税的规定》，对从事工业、商业、饮食业、建筑业、交通运输业及其他行业，资产属于私人所有，雇工8人以上的营利性企业，以1988年度的总收入减除成本、费用和允许在所得税前列支的税金及营业外支出的余额为计税所得额，按照35%的税率计算征税。对私营企业投资者将私营企业税后利润用于个人消费的部分，按40%的比例税率征收个人调节税；对用于发展生产基金部分，不再征税。对私营企业利用废水、废气、废渣为主要原料进行生产的，遇有风灾、火灾、水灾、地震纳税有困难的，因特殊情况需要减税或免税的，报经批准后在一定期限内给予减免税照顾。

1991年1月，国家税务局通知，对原以集体企业名义登记、后转为私营企业的企业，按私营企业税收规定征收所得税。对私营企业生产出口产品的外汇留成额度的调剂收入，不计征私营企业所得税。对私营企业承揽外商来料加工、来件装配，其来料、来件价值占产品原辅材料和零部件总值20%以上的，从取得收入月份起，在1—2年内，减征或者免征私营企业所得税。对新办私营企业，照章纳税；确有困难的，在1年期限内，酌情减征或免征私营企业所得税。对归国华侨新办的私营企业，侨资占投资50%以上的，从生产经营月份起，免征私营企业所得税2年。对私营企业技术转让收入，经省税务局批准，在3年内，该项所得不超过10万元的，不计入应纳税所得额；超过10万元部分，计入应纳税所得额，照章纳税。

1993年，四川省进行改革内资企业所得税试点，私营企业纳入试点范围。试点企业适用所得税税率由35%降为33%。同时，对年应纳税所得额在20万元以下的企业，实行降低税率征税：10万元以上20万元以下的企业，税率为24%；5000元以上10万元以下的企业，税率为15%；年应纳税所得额在5000元以下的企业，经批准免征所得税。

1994年1月，停征私营企业所得税。私营企业所得，并入新设立的“企业所得税”统一征收。

1988—1993年四川省私营企业所得税收入统计表

表1-13

单位：万元

年份	1988	1989	1990	1991	1992	1993	合计
金额	43.7	71.9	189.8	375.3	403.4	393.8	1477.9

说明：资料来源于《四川省税务统计》

（五）企业所得税

1993年12月，国务院批准工商税制改革，将内资各类各种形式企业所得税和调节税及调节基金，统一纳入新设立的“企业所得税”征收。

1994年1月，四川省执行国务院《中华人民共和国企业所得税暂行条例》及财政部《中华人民共和国企业所得税暂行条例实施细则》，开征企业所得税。纳税义务人为：国内独立核算的国有、集体、私营、联营、股份制企业以及有生产经营所得和其他所得的其他组织（不包括外商投资企业和外国企业）。税率为33%的比例税率，并设两档照顾税率，即对年应纳税所得额在3万元（含）以下的企业，减按18%的税率计征所得税；对年应纳税所得额3万元以上、10万元（含）以下的企业，减按27%的税率计征所得税。对民族自治地方的企业，经省级人民政府批准，可给予定期减免或者免税的照顾。对高新技术产业开发区的企业，减按15%的税率征收所得税；新办高新技术企业，自投产年度起，免征所得税2年。对第三产业企业，为农业生产服务的行业，以及城镇其他事业单位开展技术服务等的所得，科技单位和大专院校技术成果转让取得，暂免征收所得税。对新办的独立核算的从事咨询业等服务的企业或经营单位，从事交通运输、邮电通讯的企业或经营单位，从事公用事业、商业、物资业、卫生事业的企业或经营单位，免征或减半征收所得税1—2年。对企业利用“三废”作为主要原料生产产品所得，利用大宗煤矿石、炉渣、粉煤灰作主要原料生产建材产品所得，从生产经营之日起，免征所得税5年。对在国家确定的老、少、边、穷地区新办的企业，减征或免征所得税3年；国家级贫困县的农村信用社在1995年前继续减免所得税。对企事业单位进行技术转让等所得净收入在30万元以下的，暂免征收所得税；超过30万元的部分，依法缴纳所得税。对新办的劳动就业服务企业，当年安置待业人员超过企业从业人员60%的，当年免征所得税。免征期满后，新安置待业人员占企业从业人员30%以上的，减半征收所得税。对各类学校、校办工厂、农场自身从事生产经营所得，举办各类进修班、培训班所得，暂免征收所得税。对福利生产企业，民政部门举办的福利工厂和街道办事处等办的生产单位，凡安置“四残”人员占员工总数35%以上的，暂免征收所得税；超过10%未达35%的减半征收所得税。对乡镇企业按应缴税款减征10%的所得税。对水利工程管理单位利用自身资源举办养殖、旅游业（不包括宾馆、饭店、招待所）取得的收入，对地质矿产部所属的地质勘探单位所得，对新成立的对外承包公司境外收入，对生产副食品企业、专门生产酱油、醋、豆制品、腌制品、酱、酱腌菜、糖制小食品、儿童食品、小糕点、果脯蜜饯、果汁果酱、干菜调料（不含味精）和饲料加工企业，对专门生产婴、幼儿食品和实行内部供应价格、直接供应大中小学生的食品企业，对传统名特食品生产企业，在1995年底前，免征或减半征收所得税。3月，国家税务总局通知，对全部产权属于劳改、劳教系统的企业，在1995年底前，暂免征收企业所得税。6月，省政府决定，从1994年起，对外贸企业征收所得税，并按“来源于外贸、用之于外贸”的原则，对征收的所得税，实行先征后退。

1995年，省政府规定，省级机电产品出口企业在按统一规定缴纳所得税后，由省财政按实际缴纳的所得税 30% 返还给企业，从 1995 年 1 月 1 日起开始执行，为期 3 年。

1996 年，财政部、国家税务总局通知，对国有农口企事业单位从事种植业、养殖业和农林产品初加工所得，免征企业所得税。对研究开发新产品、新技术、新工艺所发生的各项费用年增长幅度在 10% 以上的企业，经税务机关批准，再按实际发生额的 50% 抵扣当年应税所得额。对在国家确定的老、少、边、穷地区、乡镇企业东西合作示范项目的，经税务机关批准，可减征或免征企业所得税 3 年。对农村信用合作社实行两档低税率照顾，中国人民保险集团公司所得税按 33% 执行。7 月，省委、省政府决定，对改制企业 3 年内实现利润的所得税，在按 33% 的税率上交后，由同级财政列支返还 18%。

1997 年 1 月，国务院通知，金融保险业所得税的税率由 55% 统一降为 33%。4 月，省政府决定，对成渝高速公路公司改制后按 33% 的税率征收所得税，由省财政厅返还给交通厅、重庆市交通局 15%，返还给成渝公司 18%。6 月，财政部规定，结合农口企事业单位的特殊情况，在“九五”期间（1996—2000 年），对其上缴的所得税在原定包干上缴财政的基础上，超包干上缴部分按逐年递减办法给予财政返还，具体为：1996 年返 80%、1997 年返 60%、1998 年返 40%、1999 年返 20%、2000 年返 10%。6 月，省委、省政府决定，对安置特困企业下岗人员和国有企业减人增效分流人员，且是新办独立核算的第三产业企业，免征企业所得税 1 年；当年安置人员超过企业人员总数 60% 的，经批准免征企业所得税 3 年；当年新安置人员占企业人员总数 30% 以上的，减半征收企业所得税 2 年。7 月，省委、省政府决定，对民营企业安置或吸纳特困企业下岗人员和国有企业减人增效分流人员超过从业人员总数 50% 的，免征企业所得税 3 年。对省外客商到四川独资或控股联办的民营企业，从获利年度起，企业所得税全额返还 2 年。期满后，经营期在 10 年以上的，减半返还 3 年；减税期满后，凡出口产品产值占企业当年总产值 70% 以上的，当年返还一半企业所得税。对利用“三废”为主要生产原料的民营企业，减免企业所得税。对民营科技机构（含企业）从事技术转让所得，净收入在 30 万元以下的，暂免征收企业所得税。对民营企业开发的新产品，经省级以上经贸委、科委认定并经省财政厅审核为先征后返的项目，连续 5 年返还其缴纳的企业所得税。经省科委认定的民营高科技企业，报财政厅批准后，所得税按 33% 征收，返还 18%。对民营企业托管或租赁、承包现有严重亏损国有企业 5 年以上，在经营期限内，全额返还企业所得税 2 年，减半征收所得税 3 年。12 月，省政府决定，对成乐高速公路合作公司缴纳的所得税，由省财政厅在次年 3 月底前全额予以返还。

1998 年，国务院规定，对当年安置下岗失业人员超过企业人员 60% 的新办劳动就业服务企业，免征所得税 3 年；期满后当年新安置下岗失业人员占企业人员 30% 以上的，减半征收所得税 2 年。1998 年 1 月 1 日至 2000 年 12 月 31 日，对年应纳税所得额在 3 万元以下的农村信用社，减按 18% 的税率征收所得税；年应纳税所得额在 10 万元以下至 3 万元的农村信用社，减按 27% 的税率征收所得税。4 月，财政部、国家税务总局通知，对国家确定为贫困县的农村信用社，在 2000 年 12 月 31 日前，继续免征企业所得税。

2000 年，为吸引省外投资，省政府决定对省外投资者在四川独资新建的生产性企业（包括兴办原料基地），自获利年起，给予全退所得税 2 年、减半返还所得税 3 年的政策优惠。对从事种植业、养殖业、能源、交通、通讯、矿山等开发性投资，以及兴办医疗卫生、文化教育、市政公用设施、经济适用房、社会公益事业和出口创汇产品超过总产值 50% 的企业，从获利年度起，给予全返所得税3年、减半返还所得税3年的政策优惠。对省外投资兴办的其他生产性联合企业，省外投资方投资比例占投资总额25%以上，合同期在10年以上的，从获利年度起，全返企业所得税2年，减半返还企业所得税3年；经营期不满10年的，全返1年，减半返还1年。对从事勘探、矿产资源开采及设在四川民族州、县和贫困地区的省外投资生产性企业，在返还期满后，在第5年至第10年，继续减半返还企业所得税。对兼并承包、租赁四川严重亏损企业的，从盈利年起，补亏完毕后，再给予全返所得税3年、减半返还所得税2年的政策优惠。5月，省政府决定，对在攀西地区进行生物资源开发的内资及民营企业，经营期在10年以上的生产性投资企业，从获利年起的第1、2年免征企业所得税，第3年至第5年减半征收企业所得税。9月，省政府决定，对进入企业的科研机构和转为企业法人的科研机构，在"九五"期间（1996—2000年）缴纳的所得税，给予返还扶持。对科研单位和高等院校技术成果转让所得，净收入在30万元以下的，暂免征收所得税。

1999年10月，财政部、国家税务总局通知，从10月1日起至2003年底，对中央直属科研机构及省、市（地）所属科研机构转制之后，应缴纳的企业所得税予以免征。同月，省政府决定，对省级外经贸企业，1999年、2000年上缴的所得税，全额予以返还。

2000年，财政部、国家税务总局通知，从1月1日起，对安置随军家属新办的企业，3年内免征企业所得税；对公益性青少年活动场所，暂免征收企业所得税；对勘察设计单位改为企业的，至2004年12月31日减半征收企业所得税；对从原高校后勤管理部门剥离出来独立核算的经济实体所得，至2005年底暂免企业所得税。对粮食企业改制分离出来的独立核算企业，免征企业所得税1年；粮食购销企业在期限内，未完全核销（消化）的挂账亏损，其顺价销售实现的利润，暂免征收企业所得税。自10月1日起，对单位和个人等社会力量投资兴办的福利性、非营利性的老年服务机构，暂免征收企业所得税。是年1月，省委、省政府决定，对经认定的民营科技企业，经省财政厅批准，3年内其上缴所得税，按33%的税率征收，同时返还18%；企业发生的技术开发费比上年实际增长10%以上的，经批准，允许再按技术费实际发生额的50%抵扣当年应纳税所得额。

2001年，财政部规定，从1月1日起，对公益性少年活动场所，免征企业所得税；从7月1日起，对电子游戏厅一律按20%的税率征收企业所得税。对农业产业化国家重点龙头企业从事种、养殖业和农业产品加工的所得，以及纳入财政预算的开发利用人防工程所得，免征企业所得税。对全部产权属于监狱系统的企业，在2003年底前，免征企业所得税。3月，省人大常委会规定，对企业、事业单位进行技术转让等有关服务所得，暂免企业所得税。企业发生的技术费用，年增长幅度在10%以上的，依国家规定抵扣应纳所得税。3月，省政府决定，对在开发区内经认定的高新技术企业，在一定期限内按15%税率征收企业所得税，其中，新办高新技术企业从获利年起，第1年和第2年免征、第3年至第5年减半征收企业所得税；已减按15%税率征收的高新企业，当年出口产品的产值达70%的，减按10%税率征收；高等院校在开发区内兴办高新技术企业，符合校办企业条件的，经批准享受企业所得税优惠政策。4月，省委、省政府决定，对国家鼓励和扶持的机械冶金企业，在一定期限内减按15%的税率征收企业所得税。民族自治地区的企业经省政府批准，可定期减征或免征企业所得税。对机械、冶金企业中央直属科研机构以及省、市（州）所属的科研机构转制后，5年内免征企业所得税。11月，为加快对外经济合作，省政府决定，对新获外派劳务经营权的外经企业从事公用事业、商业、物流业、对外贸易业、旅游业、居民服务业、饮食业、教育文化业、卫生事业，经主管税务机关批准，减征或免征所得税1年；从事劳动就业服务的外经企业，当年帮助下岗职工或城镇待业人员，境外就业人数达到本企业人数总数规定比例的，3年内减征或免征企业所得税。同月，根据国家对西部地区内资企业所得税实行优惠政策的规定，省政府通知，以国家规定的鼓励类产业、项目为主营业务，且其当年主营业务超过企业总收入70%的企业，减按15%的税率缴纳企业所得税；对新办交通、电力、水利、邮政、广播电视等基础产业企业，且上述项目业务收入占企业收入70%以上的，自生产经营之日起，第1年至第2年免征企业所得税，第3年至第5年减半征收企业所得税。对从事国家鼓励类产业的民营企业，2001—2010年期间，减按15%的税率征收企业所得税。对新办交通、电力、水利等民营企业，自生产经营之日起，免征所得税2年、减半征收企业所得税3年。

2003年，省政府决定，对国家鼓励和扶持的装备制造业，按西部大开发有关税收政策执行企业所得税优惠政策。

2004年，财政部、国家税务总局通知，对参与中西部地区农村信用社改革试点的农信社，从2004年初至2006年底，免征企业所得税；对符合条件生产和装配伤残人员专门用品的企业，从2004年初至2005年底，免征企业所得税。

1994—2005年四川省企业所得税收入统计表

表1－14　　单位：万元

年 份	金额	年份	金额	年份	金额
1994	167908.4	1998	280988.4	2002	519311
1995	275123.6	1999	302055.0	2003	543074
1996	291684.2	2000	392858.0	2004	641104
1997	313559.1	2001	540344.0	2005	865185
合计	5133194.7				

说明：资料来源于《中国税务年鉴》

二、个人所得税类

（一）城乡个体工商业户所得税

1980年，省财政厅规定，对经工商行政管理部门登记发照的个体工商业户征收工商所得税；或虽未发照，但准许其经营的个体工商业户，也须向当地税务机关办理纳税登记，并按规定缴纳所得税。

1985年，省财政厅规定，对工商行政管理部门未发给营业执照，但确有个人承包经营行为的个体工商业户，计征工商所得税。

1986年1月，四川省执行国务院《中华人民共和国城乡个体工商户所得税暂行条例》，对从事工业、商业、服务业、建筑安装业、交通运输业及其他行业的个体户，开征个体工商业户征收所得税。征收时，执行十级超额累进税率：最低一级，年所得未超过1000元的为7%；最高一级，年所得额超过3000元的为60%。对年所得额超过5000元的部分，按应纳税所得额加征10%—40%的所得税。对孤老、残疾人员和烈军属从事个体生产经营的以及从事某些社会急需的、劳动强度大而收入又低于一定标准的行业，经省政府审定，可定期减征、免征所得税。4月，财政部规定，对个体承包企业的生产经营所得，征收所得税；对个体户减免的产品税、增值税、营业税等税额，一律并入损益计征所得税。对私人诊所、个体医生、牙医、镶牙所的所得收入，免征所得税；对其收费超过当地政府规定标准，以及镶牙所兼营其他或专以制造和贩卖假牙、假眼为主的，不予免税。对个体户从事工商业又从事种养业的，只就经营工商业、服务业、建筑安装业、交通运输业等项征收所得税；对其从事的种养业单独核算，不征所得税。对个体户从事水上运输，纳税有困难的，在应纳税额30%的幅度内给予减征照顾。对个体兽医取得的收入，免征所得税。对归侨、难侨在农（林）场范围内自办个体企业从事生产经营所得，从取得收入月起，3年内免征所得税。5月，省政府规定，对纳税人全年应纳税所得额超过5万元部分，加征一定比例的所得税，具体为：超过5万—7万元的部分，加征10%；超过7万—9万元部分，加征20%；超过9万—11万元的部分，加征30%；超过11万元以上的部分，加征40%。对属于民政部门优抚、救济对象，如孤老、残疾人员和烈属本人及家庭成员直接从事个体生产经营的业户；某些社会急需、劳动强度较大而收入少的个体工商业户，如理发、修理、补锅、缝纫、拆洗、家庭服务等，以及未达到营业税起征点的个体工商业户，免征所得税。对兴办小水电站所得，免征所得税。对从事饲料生产以及经批准自理口粮到小集镇开店设铺，经营手工业、修理业、服务业、饮食业及农副产品贩运的个体工商业户，在开办初期确有困难的，免征所得税1年。

1994年1月1日起，四川省停止征收个体工商业户所得税，其税种并入新设立的个人所得税征收。

1986—1993年四川省城乡个体工商业户所得税收入统计表

表1-15

单位：万元

年份	1986	1987	1988	1989	1990	1991	1992	1993	合计
金额	600	961.1	1742.8	5692.4	8065.7	7484.4	7471.1	8818.1	40835.6

说明：资料来源于《四川省税务统计》

（二）个人所得税

1980年，全国人大颁布实施《中华人民共和国个人所得税法》，对在中国境内居住满1年的个人，从中国境内外取得的所得征收个人所得税。税率为：工资、薪金所得，适用5%—55%的超额累进税率；特许权使用所得、利息、股息、红利所得、财产租赁所得和其他所得，适用20%的比例税率。应纳所得税额为：工资、薪金所得，以每月收入额减除费用（月扣除最高限额500元）后的余额为应纳税额，800元以上的计征；劳务报酬所得、特权使用费所得、财产租赁所得，每次收入不满4000元的，减除费用800元，4000元以上的，减除20%的费用，其余额为应纳税所得额；利息、股息、红利所得和其他所得，以每次收入额为纳税额。科学、技术、文化成果奖金，在中国国家银行和信用合作社储蓄存款的利息，福利费、抚恤金、救济金，保险赔款，军队干部和战士的转业费、复员费，干部、职工的退职费、退休费，各国政府驻华使馆、领事馆的外交官员薪金所得，中国政府参加的国际公约、签订的协议中规定免税的所得等项目，均免征个人所得税。

1987年，国务院规定，从8月1日起，对来华工作外籍人员的工资、薪金所得减半征收个人所得税。

1993年，国务院规定，简并个人所得税，适用于外籍人员的个人所得税和城乡个体工商户所得税，应纳税所得在原6项基础上，新增加5项：个人承包经营所得、承租经营所得、稿酬所得、财产转让所得、偶然所得。

1993年10月，全国人大颁布施行修正后的《中华人民共和国个人所得税法》，将个人所得税、个人收入调节税、个体工商户所得税，合并为个人所得税统一征收。将应纳税所得扩大为11项，即：工资、薪金；个体工商户的生产、经营所得；对企事业单位的承包经营、承租经营所得；劳务报酬所得；稿酬所得；特许权使用费所得；利息、股息、红利所得；财产租赁所得；财产转让所得；偶然所得；经国务院财政部确定征税的其他所得。税率分别为：工资、薪金所得，采用5%—45%的九级超额累进税率；个体工商户经营和企事业单位的承包租赁所得，采用5%—35%的五级超额累进税率；稿酬、劳动报酬所得、特许权使用所得、偶然和其他所得，采用20%的比例税率。外籍人员的个人所得税，采用加计扣除额的办法。个人所得免纳税项目有11项：省级人民政府、国务院部委、解放军军以上单位及外国、国际组织颁发的科学、教育、科技、文化、卫生、体育、环境保护等方面的奖金；储蓄存款利息、国债、金融债券利息；按国家规定发给的补贴、津贴；福利费、抚恤费、救济金；保险赔款；军人的转业费、复员费；按国家规定发给干部、职工的安家费、退职费、退休工资、离休工资、离休生活补助费；各国驻华使领馆的外交代表和其他人员的所得；中国政府参加国际公约、协议等规定免税的所得；经国务院财政部批准免税的所得。残疾、孤老人员和烈属的所得、因严重自然灾害造成重大损失的，经批准可减征。同月，国务院《中华人民共和国个人所得税法实施细则》规定，对个人一次取得的劳动报酬畸高部分，其应纳税所得超过2万—5万元的部分，依规定计算应纳税额后，再按应纳税额加征50%；超过5万元部分，加征100%。5月，财政部规定，对个体工商户或个人专营种植业、养殖业、饲养业、捕捞业，其经营项目已征收农、牧业税的，不再征收个人所得税。外籍个人以非现金形式取得住房、伙食补贴、出差补贴，个人举报检查违法、犯罪行为获得的奖金，个人办理代扣代缴税款取得的扣缴手续费，个人转让自用达5年以上唯一家庭生活用房所得等，暂免征收个人所得税。世界银行、联合国组织、外国政府等派驻、援助中国的外籍专家取得的工资、薪金所得，免征个人所得税。6月，财政部、国家税务总局通知，1994—1995年，对股票转让所得暂不征收个人所得税。

1995年3月，国家税务总局通知，对各种机动车、出租车驾驶员，从事出租运营取得的收入，依法计征个人所得税。8月，财政部、国家税务总局通知，对乡镇（含）以上人民政府主管部门批准成立的见义勇为基金或者类似组织，奖励见义勇为者的奖金或奖品，免征个人所得税。同月，财政部、国家税务总局通知，将个人所得税计税工资的人均月扣除最高限额由500元调为550元。

1996年，国家税务总局通知，从1月1日起，对试行年薪制的企业经营者取得的工资、薪金计征个人所得税时，可实行按年计算、分月预缴方式，在每月减除800元的费用后，按适用税率计算预缴，再按12个月平均计算实际应纳额征收。

1997年11月，财政部、国家税务总局通知，对企业和个人按国家和地方政府规定比例提取，向指定金融机构实际缴付的住房公积金、医疗保险金、基本养老保险金，不计入工资、薪金收入，免征个人所得税；超过规定比例提取的，将超过部分并入当前工资、薪金收入，计征个人所得税。

1998年4月，财政部、国家税务总局规定，对个人购买体育彩票中奖收入，凡一次中奖收入不超过1万元的，暂免征收个人所得税；超过1万元的，全额征收个人所得税。8月，财政部、国家税务总局通知，对中国科学院、中国工程院资深院士津贴，免征个人所得税。是年，省政府决定，对小规模纳税人及个体户经营生猪的，按每头1—5元征收个人所得税。

1999年，财政部、国家税务总局通知，从1月1日起，对科研机构、高等学校转化职务科技成果、以股份或出资比例等形式给予的个人奖励，暂不征收个人所得税。从5月起，下岗职工参加社区服务劳动组织所得，3年内免征个人所得税。8月，全国人大第二次修正《中华人民共和国个人所得税法》，对储蓄存款利息，开征个人所得税。

2000年1月，财政部规定，对个人独资、合伙企业，停止征收企业所得税。投资者生产经营所得，比照个体工商户征收个人所得税，适用5%—35%的5级超额累进税率。5月，省地税局规定，对下岗失业人员从事个体经营的，自领取税务登记之日起，3年内免征个人所得税。

2001年，财政部通知，从7月1日起，对个人按市场价格出租居民住房所得，减按10%的税率征收所得税。

2003年1月，财政部、国家税务总局通知，从5月1日起，对军队转业干部从事个体经营的，经批准3年内免征个人所得税；从5月1日起至9月30日，在“非典”疫情期间，对出租汽车司机减半征收个人所得税；个人取得的“非典”期间特殊临时性工作补助等所得，免征个人所得税；下岗人员在2002年9月30日后至2005年底，自办理新的税务登记起，3年内免征个人所得税。7月，财政部通知，农业特产税停征后，对个体户或个人取得的农业特产所得，不再征收个人所得税。

2004年1月，财政部、国家税务总局通知，对个人或者个体户从事种植业、饲养业，且属于农业税、农业特产税、牧业税等征收范围取得的“四业”所得，暂不征收个人所得税。

2005年10月，全国人大颁布实施修订后的《中华人民共和国个人所得税法》，对工资、薪金所得，以每月收入额的减除费用提高为1600元后的余额，为应纳税所得余额，按适用税率计征个人所得税。

1986—2005年四川省个人所得税收入统计表

表1-16

单位：万元

年份	金额	年份	金额	年份	金额	年份	金额
1986	222.0	1991	459.0	1996	58737.0	2001	261793
1987	222.1	1992	792.9	1997	54810.3	2002	307639
1988	81.3	1993	1265.6	1998	75673.9	2003	358934
1989	155.9	1994	24110.0	1999	103682.0	2004	442251
1990	307.9	1995	38716.8	2000	181019.0	2005	552108
合计	2462980.7						

说明：资料来源于《四川省税务统计》和四川省历年财政总决算表

三、其他收益税类

（一）国营企业调节税

1984年，国家统一实行第二步利改税，国营大、中型企业在缴纳所得税后，超过核定合理留利标准的税后利润缴纳调节税。税率分户核定，基数部分依所得税税率计征，超基数部分，除物资、供销、金融、保险企业外，减征70%的调节税。基期利润，以1985年财政、税务部门逐户核定的利润额为准，一定7年不变。

1986 年 3 月，财政部规定，对全民所有制企业从经济联合组织分得的利润，免征调节税；企业原有利润继续缴纳调节税。4 月，省政府决定，对紧密型和半紧密经济联合组织用自有资金完成的技改项目，其新增利润两年内免征调节税。

1987 年，对大、中型承包企业完成上缴利润目标后的超目标利润，仍按规定缴纳调节税；企业超过年度承包目标应多得的部分，由财政部门用收入退库方式还给企业。是年，省政府决定，对森工企业，免征企业调节税。

1988 年，财政部、国家体改委通知，对实行税利分流试点的部分国营企业，取消国营企业调节税。

1994 年起，停征国营大、中型企业调节税。内资企业不分规模大小，统一缴纳企业所得税。

（二）工资调节税

1. 国营企业工资调节税

1985 年，财政部发布《国营企业工资调节税暂行规定》，对实行工资随经济效益挂钩浮动的国营企业，当年增长工资总额超过核定的上年工资总额 7% 部分，计征工资调节税；7% 以下的，免征。税率为：超过 7%—12% 部分为 30%；超过 12%—20% 部分为 100%；超过 20% 以上部分为 300%。对企业按国家规定发放的创造发明奖、合理建议和技术改进奖、自然科学奖、科学技术进步奖、计划生育补贴和计划生育奖，各级政府通过财政拨款发给企业的一次性奖金，免征国营企业工资调节税。

1987 年，财政部通知，对实行工资总额同上缴利润税收挂钩的企业，工资调节税税率调低为：工资总额增长占核定工资总额不超过 7% 部分，继续免征；超过 7%—13% 部分降为 20%；超过 13%—20% 部分降为 50%；超过 20%—27% 部分降为 100%；超过 27% 以上部分降为 200%。

1994 年，国家实施工商税制改革，停止征收国营企业工资调节税。

1986—1993 年四川省国营企业工资调节税收入统计表

表 1－17 单位：万元

年份	1986	1987	1988	1989	1990	1991	1992	1993	合计
金额	217	48.7	183.1	1284.4	2767.3	1083.3	557.7	367.7	6509.2

说明：资料来源于《四川省税务统计》

2. 个人收入调节税

1987 年 1 月，国务院颁布实施《中华人民共和国个人收入调节税暂行条例》，对中国公民取得的综合收入达到纳税标准的，征收个人收入调节税。综合收入包括个人工资收入；承包转包收入；劳动报酬收入；投稿、翻译取得的收入；利息、股息、红利收入，以及《条例》规定的其他收入。税率分为两种：对专利技术转让、稿酬、利息等项收入，每次收入不满 4000 元的减除费用 800 元、4000 元以上的减除 20% 费用后的余额，采用 20% 的比例税率计征；对其他各项收入并为综合收入，按不同工资区和计税基数，对纳税人月综合收入超过地区计税基数 3 倍以上部分，采用超额累进税制。税率分为四档：超过计税基数 3—4 倍部分为 20%；超过 4—5 倍部分为 30%；超过 5—6 倍部分为 40%；超过 6—7 倍部分为 50%；超过 7 倍以上部分为 60%。个人收入调节税免征项目有：省级政府、国务院部委以上单位发放的科学、技术、文化成果等奖金；国库券和国家发行的金融债券利息；银行、信用社、邮政的储蓄存款利息；按国家统一规定发放的津贴、补贴；福利费、抚恤金、救济金、保险赔款；军队的转业费、复员费；按国家规定发给干部和职工的安家费、退职费、退休金、离休工资和干部生活补助费；财政部批准免税的其他收入。已缴纳个体工商业户所得税的纳税人，个人已缴纳临时经营营业税后的收入以及从事种植业、养殖业、饲养业已缴纳农业税后的收入，不再缴纳个人收入调节税。

1988 年，国家规定，对私营企业投资者参加企业经营取得的工资收入，照章征收个人收入调节税；私营企业投资者将税后利润用于个人消费的，撤回生产发展基金或转让企业资产用于个人消费的，按 40% 的税率征税。书画作者售给国家的书画收入，不再合并在综合收入内征税。单项收入每次达到纳税标准的，以超倍累进税率计算后减半征税。对个人参加国际性比赛所得的奖金收入免税。

1989 年，国家规定，恢复对利息、股息、红利收入征收个人收入调节税。11 月，省税务局通知，对个人取得的有奖销售、有奖集资、有奖债券、有奖竞猜的中奖收入，超过 50 元的，按 20% 的比例税率征税。

1992 年，国家税务局规定，从 1 月 1 日起，对著作权使用收入征收个人收入调节税。

1994 年 1 月 1 日起，停征个人收入调节税。

1987—1993 年四川省个人收入调节税收入统计表

表 1－18

单位：万元

年份	1987	1988	1989	1990	1991	1992	1993	合计
金额	108. 7	340. 6	2384. 4	2161. 2	2025. 1	2292. 5	6584. 6	15897. 1

说明：资料来源于《四川省税务统计》

（三）奖金税

1. 国营企业奖金税

1984 年，国务院颁布实施《国营企业奖金税暂行规定》，对未实行工资总额随经济效益挂钩浮动的国营企业发放的各种形式的奖金征收此税。征收时，实行超额累进税制，按年计征。年发放奖金总额人均不超过 4 个月标准工资（计税标准工资为每人月平均 67. 5 元）的免征；超过 4—5 个月部分的税率为 30%；超过 5—6 个月部分的税率为 100%，超过 6 个月部分的税率为 300%。

1987 年 3 月，国务院规定，从 1987 年度起，降低奖金税税率。企业全年发放奖金不超过标准工资 4 个月的部分，继续免征奖金税；超过 4—5 个月部分降为 20%；超过 5—6 个月部分降为 50%；超过 6—7 个月部分降为 100%；超过 7 个月以上部分定为 200%。是年，省政府决定，对企业安全生产和省评定的一次性安全生产奖；经县以上政府部门规定发给供销采购人员的一次性奖金以及为挖掘发电设备能力、增加发电量等所发的奖金，免征奖金税。

1988 年，财政部规定，国营企业奖金税免税限额放宽为 4 个半月标准工资。计税月标准工资不到 75 元的，按 75 元计算；超过 75 元的，按实际数计算。

1994 年，国务院决定停征国营企业奖金税。

1988—1993 年四川省国营企业奖金税收入统计表

表 1－19

单位：万元

年份	1988	1989	1990	1991	1992	1993	合计
金额	1777	2517. 3	3096. 2	1715	1369. 9	625. 9	11101. 3

说明：资料来源于《四川省税务统计》

2．集体企业奖金税

1985 年，国务院颁布实施《集体企业奖金税暂行规定》，对实行独立经济核算的各种集体所有制企业所发的各种形式的奖金，超过规定部分征收此税。征收时，实行 5 级超额累进税制。全年发放奖金总额不超过标准工资 4 个半月部分免征；超过 4 个半月至 5 个半月部分，税率为 20%；超过 5 个半月至 6 个半月部分，税率为 50%；超过 6 个半月至 7 个半月部分，税率为 100%；超过 7 个半月以上部分，税率为 200%。奖金月工资标准为每人每月 60 元，超过部分视同发奖金计征。

1986 年，省政府规定，城乡集体企业的承包者承包收入，不在计征企业奖金税之内。经济效益好，或按规定没有执行各种津贴、补贴制度的城乡集体企业，在计算奖金税时，仍按每人每月 80 元作为计算标准。7 月，省政府规定，对年留利在 2000 元以下的国营小型商业企业，年终劳动分红在 1 个月标准工资金额以内的，免征奖金税；股金分红在股金总额 15% 以下的，不计征奖金税。

1987 年，财政部规定，集体企业奖金税免税限额的月标准工资，比照国营企业同行业工资标准执行；未按国营企业同行业工资标准执行的，每人月工资按 80 元计算，超过 80 元的部分按奖金对待。是年，省政府决定，对乡镇企业的奖金，免征奖金税。

1990 年，省政府规定，对供销人员实行原料采购奖、商品销售提成和外出费用包干等办法的乡镇企业，其奖励不计入奖金总额计征集体企业奖金税。

1994 年，国务院决定停征集体企业奖金税。

1988—1993 年四川省集体企业奖金税收入统计表

表 1－20　　单位：万元

年份	1988	1989	1990	1991	1992	1993	合计
金额	462	1017.7	1506.9	803.8	528	200.6	4519

说明：资料来源于《四川省税务统计》

3．事业单位奖金税

1985 年，国务院颁布实施《事业单位奖金税暂行规定》，对事业单位（国营企业所属事业单位、国家不核拨经费的集体事业单位除外）发放的奖金，包括货币奖金和实物奖金以及超过国家规定标准的各种工资、津贴、酬金依率计征，税率分别为 30%、100%、300%。

1987 年，财政部通知，降低事业单位奖金税税率。事业单位全年发放奖金超过免税限额 1 个月基本工资以内的部分，税率降为 20%；超过 1—2 个月的部分，税率降为 50%；超过 2—3 个月的部分，税率降为 100%；超过 3 个月以上的部分，税率定为 200%。

1988 年，财政部规定，对实行企业化管理、不再核拨事业经费的事业单位，经批准其免税限额为 3 个半月基本工资；需要核拨部分事业经费、自费工资改革的单位，免税限额为 2 个半月基本工资；部分自费、部分依靠财政拨款进行工资改革的单位，免税限额为 2 个月基本工资；需财政核拨全部事业经费的，免税限额为 1 个半月基本工资。从 1988 年起，对科研机构、学校、医疗卫生和文化部门（不含艺术表演团体）所属事业单位的奖金税限额，一律放宽为 4 个半月基本工资计算。

1994 年，国务院决定停征事业单位奖金税。

1988—1993 年四川省事业单位奖金税收入统计表

表 1－21 单位：万元

年份	1988	1989	1990	1991	1992	1993	合计
金额	223	373	737.6	471.6	305.9	145.2	2256.3

说明：资料来源于《四川省税务统计》

第三节 农业税类收入

农业税类由农业税、牧业税、农林特产税、契税和耕地占用税五个税种构成。其中，主体税种是农业税。

一、农业税

1958 年起，四川省一直执行全国人大常委会《中华人民共和国农业税条例》及《四川省农业税征收实施办法》。凡从事农业生产、有农业收入的单位和个人都是农业税纳税人。农业税依下列农业收入征收：粮食作物和薯类作物的收入；棉花、麻类、菸叶、油料、糖料等经济作物的收入；园艺作物的收入；农林特产收入；经国务院和省人民委员会（简称省人委）规定或批准征收农业税的其他收入。分别按常年产量或实际收入计算农业收入，实行比例税制。全省平均税率经国务院批准为常年产量的 16%。

1986 年 6 月，财政部规定，对确定为贫困的革命根据地、少数民族地区和贫瘠山区，省政府可予以减征农业税照顾；对在乡的烈士家属、革命残废军人及因缺乏劳动力或其他原因纳税确有困难的，县人民政府可给予减免农业税照顾。

1990 年，财政部通知，对贫困地区恢复征收农业税；对国营华侨农场按原规定恢复征收农业税；对劳改劳教单位照章征收农业税。因遭受自然灾害、收入减少较多、纳税确有困难的，可申请减免。

1993 年，财政部通知，公粮征收，可以实行“实物征收、货币结算”办法，分别按合同定购价或当地中等粮食市场价结算；经济作物、林牧渔业产区农业税折征代金价格，按不低于公粮价格核定。

1994 年，省政府决定，四川农业税平均税率为常产量的 16%，农业税附加按正税的 15% 征收。同时规定，种植粮食作物和薯类作物的收入，按种植粮食作物的常年产量计算；种植棉花、麻类、烟叶、油料和糖料等经济作物的收入，参照种植粮食作物的常年产量计算；园艺、林木、水产等农林特产收入按实际收入计算。

1995 年 10 月，财政部、国家税务总局通知，对三峡工程移民开垦荒地所取得的农业收入，从取得收入年度起，免征农业税 3—5 年。

1996 年，财政部、国家税务总局通知，对国有良种示范繁殖农场良种繁殖面积占农场总耕地面积 70%（含）以上的，全额免征农业税；70% 以下的，对繁殖良种的耕地免征农业税，对不繁殖良种的耕地，照章征收农业税。

1997 年，省人大常委会规定，对实施水土保持、农民依承包合同进行土地治理以及修建梯田中增加的耕地由开发者使用，并给予减征、免征农业税照顾。

1998 年，省政府决定，在攀西生物资源开发区，投资利用荒坡、荒土从事农业科技开发的企业，从有收入之年起，免征农业税 5 年。

1999 年 8 月，省政府决定，对利用荒山、荒滩、荒水、滩涂从事农业科技开发项目的外商投资企业，从有收入之年起，免征农业税 5 年。对省级龙头企业在新开发“四荒”地上从事生态农业的，经县以上地税机关批准，从有收入之年起，免征农业税 1—3 年。

2000 年，中共中央决定，以二轮承包土地面积为依据，对新增耕地或因征占、自然灾害等减少的耕地，可据实调整；农业税计税常产，以 1998 年前 5 年农作物实际平均产量据实调整。是年，省政府决定，对三峡外迁移民承包经营和开发所得收入，从生产之日起，免征农业税 3 年。

2002 年，四川省实施农村税费改革，从 2002 年起，农业税计税面积，以第二轮承包用于农业生产的土地面积为基础确定，第二轮承包后新增耕地或因占用、自然灾害减少的耕地可进行个别调整。全省农业税税率，由原来的 16% 统一定为 7%，民族地区执行 3%、4%、5%、6%、6.8% 的差别税率。农业税附加按正税的 20% 征收。计税价格按 2000 年中稻收购平均价，即 1.07 元/千克执行，保持 3 年不变。种植粮食作物的收入，按常年产量计算；种植棉花、油料、糖料、麻类、蔬菜等经济作物收入，比照同等土地种植粮食作物的常年产量计算；各项农业收入，均以稻谷为计算本位。对依法耕种河床、河滩、淌江地及泄洪、蓄洪地等无固定收入的土地，不确定常年产量，按当年或当季实收农作物产量依正常税率减半征收。对纳税人依法开垦荒地、荒滩取得的农业收入，经核准，免征农业税 3 年。社会减免和灾情减免政策不变，对社会减免实行“先减后征”，灾情减免实行“即灾即减即免”办法。

2004 年，国务院规定，粮食主产区农业税税率降低 3 个百分点，四川全省农业税税率降低 3 个百分点，附加与正税同步降低。是年，财政部、国家税务总局通知，对农业院校在进行科学实验的土地上取得的农业收入免征农业税。是年，省委、省政府决定，甘孜、阿坝、凉山三州，以及省内其他民族自治县等 57 个县（市、区），从 2004 年起，免征农业牧业税及附加。

2005 年，省委、省政府决定，从 1 月 1 日起，在全省范围内全面停征农业牧业税及附加，消除农业税征收宣传栏目和资料，撤销乡镇农业税征收站（组），清退农业税助征人员。12 月，全国人大常委会决定，从 2006 年 1 月 1 日起，废止 1958 年《中华人民共和国农业税条例》。

二、牧业税

1962 年，国家规定，对少数民族牧区人民公社征收牧业税，税率控制在牧业收入 3% 以内。四川省甘孜州、阿坝州两地执行，税率分别为 2% 和 3%。

1976 年，省人大常委会颁发了《四川省民族地区牧业税征收办法》。牧业税征收地区，扩大为阿坝、甘孜、凉山三州和西昌地区的木里、盐源两个自治县，征收对象为从事牧业生产并取得牧业收入的企业、单位和个人，包括牧业合作经济组织、国营牧（农）场、公私合营牧场、自营专业户、个体经营者、各种经济联合体以及机关、部队、学校、团体、寺庙等。同时，对军马场以及国家办的繁殖良种为主的种畜场，免征牧业税。税率实行差别比例税率，阿坝州平均税率为 3%，甘孜州、凉山州及西昌地区的两个县为 2%。征收时，按照纳税单位的牧业收入计征，一定 5 年不变，稳定负担，增产不增税。

1980 年，省政府决定，原牧业税任务减半征收。

1999 年，省政府决定，对外商投资企业改良草地、牧场、草种、蓄种的收入，适用 3% 的牧业税。

2004 年，省委、省政府决定，从 1 月 1 日起，停征牧业税。

三、农林（农业）特产税

（一）农林特产税

1983 年，农林特产税从农业税合并征收中划出单独开征。征收对象为计征农业税的粮食作物和经济作物以外的其他农业产品，税率为 5%—10%，少数获利大的产品，税率可适当提高，但最高不超过 15%。

1987 年，省政府发布《四川省农林特产农业税征收实施办法》，对从事水果、核桃、鲜茶叶（不含边茶）、花卉（含制茶用花）、花椒、苗木（不含自用）、食用菌（含黑、白木耳）、主要中药材（不含非产区）、树木（含制材）、乌柏子、香樟油、生漆、棕片、干鲜竹笋、淡水养殖产品（不含自繁自用鱼苗、鱼种和稻田间养水产品）等生产取得收入的单位和个人，按 5% 的税率征收农林特产农业税。少数获利大的产品，税率适当提高，但最高不超过 15%。同时，可按正税税额的 15% 征收附加。

1989 年，省政府修订《四川省农林特产税实施办法》，征税对象分为园艺收入，竹木及林产品收入，水产收入。征收品种增加了桑叶、松脂、白蜡（含虫腊）、板栗、紫胶（含柴胶虫）、藕、高笋、席草等。税率调整为：水果收入 10%，其中柑橘、苹果 15%；水产收入 10%，其中珍珠 15%；果用瓜收入 10%；原木 8%；黄连 8%；其他应税产品 5%。对少数获利大或挤占粮田的产品收入，最高税率不超过 30%。经县级财政部门核实批准，对下列情况可给予减免或缓征：科研单位属于试验研究的农林特产品；在非耕地上从事农林特产品生产初期，或者比较零星分散以及恢复较慢的农林特产品，纳税确有困难的；因遭自然灾害等特殊原因，纳税确有困难的；重点森工企业和当年亏损的森工企业，纳税确有困难的。农林特产品计税收入总额全年不足 200 元的农户，经县级财政部门核实批准，不征农林特产品税，仍按原规定征收农业税。

1993 年，国务院通知，对大宗农林特产收入实行全国统一税率：海淡水养殖收入由 10% 降为 8%，其中水珍品收入由 15% 降为 8%；水果收入为 10%，其中柑橘、香蕉、荔枝、苹果收入由 15% 降为 12%；果用瓜收入由 10% 降为 8%；原木收入由 8% 降为 7%。对国有林区的森工企业，凡有上交计划木材和利润任务的，仍暂缓征收。对在新开发荒地、荒滩、滩涂、水面从事农林特产生产的，1—3 年免税；对农业科研单位和院校从事科学实验所取得的农林特产收入，经县级以上人民政府批准，给予免税；对农村特别是"老、少、边、穷"地区的贫困户，纳税确有困难的，适当给予减免税照顾。

1994 年，国务院决定，农林特产税并入新设的农业特产税征收。

（二）农业特产税

1994 年，国务院决定，将原征收的农林特产税、产品税和工商统一税中的农林牧水产品税目合并为农业特产税，从 1 月 1 日起征收。征收范围包括：烟叶收入；园艺收入；水产收入；林木收入；食用菌收入；牲畜产品收入；贵重食品收入以及省级政府确定的其他农业特产品收入。对生产者适用4档税率，即7%、8%、10%、12%；对收购者适用6档税率，即5%、8%、10%、16%、25%、31%。农业科研机构和农业院校进行科学试验所取得的农业特产品收入，在试验期间免税。在新开发的荒地、荒滩、滩涂、水面上生产农业特产品的，自有收入时起，1—3年内免税。“老、少、边、穷”地区及其他地区中温饱问题尚未解决的贫困农户，纳税确有困难的，准予免税。对因自然灾害造成农业特产品歉收的，酌情减免税。10月，财政部通知，为保证少数民族特殊需要，对收购边销茶的单位，减按10%的税率征收农业特产税，雅安茶厂、荥经茶厂、天全茶厂、雅安市茶厂、重庆茶厂执行此项政策。12月，财政部规定，对收购猪皮的单位和个人，暂缓征收农业特产税；对生产原木、原竹的林农，农村集体经济组织等非林业系统的单位、个人，按8%的税率计算征收；对收购上述生产者生产的原木、原竹的单位、个人，按8%的税率计算征收；对生产、销售原木、原竹的森工企业、国有林场，生产环节、收购环节征收8%的农业特产税；对国有林区138个森工企业生产、销售的原木，生产环节与收购环节合并，减按10%的税率计征农业特产税。

1995年7月，省政府《四川省农业特产税征收实施办法》规定，农业特产税税目分为8大类，生产者适用税率有5档，最低税率5%，最高12%；收购者适用税率有5档，最低税率5%，最高31%。10月，财政部、国家税务总局通知，三峡库区移民开发中在新开的荒山、荒地、滩涂、水面上生产农业特产品的，自取得收入年度起，在1—3年内免征农业特产税。

1996年，省政府规定，蚕茧农业特产税，以收购单位支付收购金额的50%作为计税收入，按8%的税率向生产者征收。

1997年1月，财政部、国家税务总局通知，从1月1日起，对生产毛茶的单位和个人，适用税率调为7%；收购毛茶的单位和个人，适用税率调为12%。

1998年3月，国务院规定，在1998—2000年期间，继续保留对国有森工企业生产、销售的原木，生产环节与收购环节减按10%的税率合并计算征收农业特产税的政策。同时，对小径材（长度2米以下或径级8厘米以下）的免征农业特产税；对生产、销售薪材、次加工材发生亏损的，经省地税局批准，可免征农业特产税。11月，四川对水产种苗生产经营收入，按应纳税额的50%征收农业特产税。

1999年，国务院决定，从1月1日起，在提高烟叶收购价格的同时，将烟叶的农业特产税税率，由31%下调为20%。是年，财政部通知，原木特产税税率调为：国有重点森工企业为10%；集体森工企业为16%。单位和个人收购猪皮，暂停征收农业特产税。

2000年，财政部、国家税务总局通知，从1月1日起，对毛茶、水产品、原木、原竹、生漆、天然树脂、畜产品、食用菌、贵重食品，只在生产环节征收农业特产税，收购环节不再征收农业特产税。

2001年，财政部、国家税务总局规定，农村税费改革试点地区的农业特产税税目、税率调整为：生产者适用税率3档，最低5%，最高12%；收购者适用税率2档，最低10%，最高20%。

2002年，省委、省政府决定，按照农业税与农业特产税不重复征收和农业特产税税率略高于农业税税率的原则，取消一个应税品种两道环节征税，只对生产或收购一道环节征税。对在非农业税计税土地上从事应税农业特品生产的，征收农业特产税；对农民在住宅旁隙地种植和间种的农业特产品免征农业特产税。6月，省财政厅出台力促民营经济发展措施，停止对民营经济征收农业特产税及其附加。

2003年，省政府决定，从6月1日起，全省停止征收（除烟叶外）农业特产税及其附加。12月，中共中央、国务院决定，从2004年起，取消除烟叶以外的农业特产税。取消农业特产税后，对征收农业税的地区，在农业税计税土地上生产的农业特产品，改征农业税；在非农业税计征土地上生产的农业特产品，不改征农业税。

四、契税

1950年，政务院颁布实施《契税暂行条例》，开征契税。1956年停征，1983年恢复征收。

1985年，省财政厅规定，凡私人买卖、典当、赠与或交换房屋，由当事人双方订立契约，由承受人依照契税法规缴纳契税。税率分别为：买契税，按实价征收6%；典契税，按典价征收3%；赠与契税按现值价格征收6%。交换房屋，双方价值相等者，免征契税；不相等者，其差额部分按买卖契税纳税。对机关团体、企事业单位、部队及集体所有制单位，凡有房屋购买承典、受赠及交换行为者，均免征契税。对房屋继承，如是配偶子女及父母、兄弟持有关法定证件办理过户，免征契税；如属赠与非法定继承人的，属赠与性质，征收契税。对共有房屋的分析（如兄弟分家），经检验核实原契约合法，另换新契的，免征契税。对经县以上人民政府批准被征用的土地需要拆迁的房屋，其所有人以国家发给的补偿费购买的房屋，免征契税。对安置残废军人和复员军人，由国家帮助购房的，或用国家发给的安置费购买的房屋，华侨和侨眷用侨汇购买的房屋，个人购买城镇公有补贴出售的住宅，均免征契税。

1988年6月，财政部规定，对已实施住房改革的城区和单位，家住城镇有正式城镇户口的职工，第一次购买公有住房（含单位自管旧房和房管部门直管新旧住房）免交契税，但每户只能享受一次。

1991年1月，财政部规定，全面恢复征收契税。除对个人和私营组织房屋交易照征契税外，对居民个人购买商品房（含单位集资建的商品房），华侨、港、澳、台同胞、“三资”企业及外国人购买房屋，均依法征收契税，税率为6%。华侨、港、澳、台同胞用侨汇（或外汇）购买房屋的，减半征收契税。

1994年，财政部规定，对行政、企事业单位向本单位职工以“集资”等方式建房，其房屋权属于出资职工个人所有的，免征契税；由房地产公司及其他房产经营单位或个人，以“集资”方式建房，其房屋产权属个人所有的，仍照章交纳契税。

1997年10月，国务院《中华人民共和国契税暂行条例》及财政部《中华人民共和国契税暂行条例细则》规定：在中国境内的单位和个人有国有土地使用权出让、土地使用权转让（不包括农村集体土地承包经营权的转让），包括出售、赠与和交换行为及房屋买卖、赠与交换行为的，须缴纳契税，税率为3%—5%。对国家机关、事业单位、社会团体、军事单位承受土地、房屋用于办公、教学、医疗、科研和军事设施的，免征；对城镇职工按规定第一次购买公有住房的，免征。对因不可抗力灭失住房而重新购买住房的，酌情准予减征或者免征。1950年《契税暂行条例》同时废止。

1998年5月，《四川省契税实施办法》确定：征税对象除国家明文规定之外，以土地、房屋权属作价投资、入股；以土地、房屋权属抵债；以获奖方式承受土地、房屋权属；以预购方式或者预付集资建房款方式承受土地、房屋权属的，属于土地使用权转让、房屋买卖或房屋赠与，照章征税，税率为4%，可适当下降到3%。《办法》同时规定，下列情形可减免契税，即：纳税人承受荒山、荒沟、荒丘、荒滩土地使用权，用于农林牧、渔业生产的；外国驻华使馆、领事馆、联合国驻华机构及其外交代表、领事馆员和其他外交人员承受土地房屋权属的。8 月，财政部、国家税务总局规定，对中国农业发展银行各级机构购买房屋用于办公的，在 2000 年 12 月 31 日前，免征契税。

1999 年 8 月，财政部、国家税务总局通知，个人购买自用普通住宅，暂减半征收契税。2000 年 12 月 31 日前，销售积压空置的商品住房，免征契税。10 月，省政府规定，已购公有住房和经济适用住房上市出售，买方暂按当地执行的契税税率标准减半缴纳契税。11 月，省政府决定，为促进积压空置商品住房出售，加快住房资金周转，对 1998 年 6 月 30 日以前建成、尚未出售的空置商品住房，在 2000 年底前销售的，免征契税。

2000 年，财政部规定，对各类公有制单位为解决职工住房而采取集资建房方式建成的普通住房，或由单位购买的普通商品住房，按国家房改政策出售给本单位职工的，如属职工首次购买，免征契税。对军队和地方共同承担建房任务建成的军队离退休干部住房，其中军队承担部分完工后移交地方政府管理的，免征契税。

2001 年 1 月，国家规定，对中国农业发展银行各级机构购买办公用房恢复征收契税。10 月，财政部、国家税务总局规定，对不改变投资主体和出资比例改建成公司制的企业，承受原企业土地、房屋权属的，不征契税；在国有企业土地出让中，对实行公司制改造、对国有集体企业经批准改建成全体职工持股的有限责任公司或股份公司承受原企业土地、房屋权属的，免征契税；在企业分立中，对派生方、新设方承受原企业土地、房屋权属的，不征契税。

2003 年，财政部、国家税务总局通知，对非公有制企业整体改建为有限责任公司或股份有限公司，或有限责任公司整体改建为股份有限责任公司的，对改建后的公司承受原企业的土地、房屋权属，免征契税。对两个或两个以上的企业，依法合并改建为一个企业，合并后承受原合并各方的土地、房屋权属，免征契税。对政府主管部门对国有资产进行行政性调整和划转过程中发生的土地、房屋权属转移，不征收契税。是年，省财政厅、省地税局批准，成都、泸州、凉山 3 个地区契税税率调整为 3%。

2004 年，财政部、国家税务总局通知，对原中国人寿保险公司改制为中国人寿保险（集团）公司后，独家发起设立的中国人寿保险股份制有限公司，承受集团公司作为投资转让的土地、房屋权属，免征契税。改制过程中，对办理土地、房屋权属更名登记在集团公司名下的，免征契税。

2005 年，财政部、国家税务总局规定，拆迁居民重新购置住房的，相当拆迁补偿的部分免征契税，超过部分征收契税。

五、耕地占用税

1987 年 4 月，国务院颁布实施《中华人民共和国耕地占用税暂行条例》，对占用耕地建房或从事其他非农业建设的单位和个人征收耕地占用税。征税耕地包括占用全民所有和集体所有的耕地，主要是种植农作物的土地（包括菜地、园地）；占用鱼塘及其他农用土地建房或从事其他非农业建设、占用前 3 年内曾用于种植农作物的土地，也视同为占用耕地。适用税额分四类地区，每平方米税额分别为：一类地区 2—10 元；二类地区 1.6—8.0 元；三类地区 1.3—6.5 元；四类地区 1—5 元。对农村居民新建住宅占用耕地减半征收；在经济技术开发区和经济发达、人均耕地特别少的地区，税额可适当提高，但不得超过规定税额的 50%。6 月，财政部规定，对四川（含重庆市）每平方米平均税额核定为 4.5 元。对水库移民、灾民、难民建房占用耕地，免征耕地占用税。对部队非军事用途和从事非农业生产经营占用耕地不予免税。地方修筑铁路、线路及按规定两侧留地和沿线车站装卸用货场仓库以外占用耕地，照章征收耕地占用税。学校从事非农业生产经营占用耕地及职工夜校、学习班、培训中心、函授学校等，不在免税之列。对殡仪馆、火葬场用地给予免税。对直接为农业生产服务的农田水利设施用地，免税。水利工程占用耕地以发电、旅游为主的，不予免税。8月，《四川省耕地占用税实施办法》施行，明确征收对象为：占用国家所有和集体所有的耕地（含自留地）、鱼塘、园地、人工草场等用于种植农作物的土地（含菜地），建房或从事非农业建设的机关、团体、企事业单位和个人。征收标准以县（市、区）人均耕地计算，分别为：重庆、成都、自贡、攀枝花、德阳市，人均耕地1亩以下（含）的每平方米（下同）5.5—10元；1亩以上至2亩的5—8元。内江、乐山、泸州、遂宁、绵阳、南充6市（地），人均耕地1亩以下（含）的4.5—10元；1亩以上至2亩的，3.5—8元；2亩以上的，2.5—6.5元。广元、达县、万县、涪陵、雅安、宜宾、阿坝、甘孜、凉山9市（地、州），人均耕地在1亩（含）以下的，4—10元；1亩以上至2亩的，3—8元；2亩以上的，1.5—5元。城市郊区、经济发达地区、人均耕地特别少的地区和占用蔬菜地，税额可适当提高，但不得超过规定税额的50%。对经过批准临时占用耕地超过1年的，按规定税额减半征收耕地占用税。占用超过2年的，从第3年起，全额征收耕地占用税。对部队、军事设施用地，铁路、飞机场地跑道和停机坪用地，炸药库用地，学校、幼儿园、敬老院用地等，免征耕地占用税。对农村居民（指农民、牧民、渔民）经批准在标准以内占用耕地新建住宅，减半征收耕地税。对农村革命烈军属、革命残废军人、鳏寡孤独以及“老、少、边、穷”地区中生活困难的农民，报经县以上人民政府批准，可给予减税或免税。

1988年2月，财政部通知，对四川、重庆市范围内经国务院批准的三线调整企事业单位占用耕地，一次交足税款有困难的，经省财政厅批准，在3年内分期交纳耕地占用税。10月，财政部通知，对利用台资、港资、侨资办的独立企业、合资企业、合作企业占用耕地，比照“三资”企业免征耕地占用税。

1994年6月，省财政厅通知，为贯彻落实省委关于小城镇建设试点规定，小城镇建设仅限占用耕地300亩，各地不得自行扩大用地数量，超过部分不再享受有关照顾，必须按规定缴纳耕地占用税。

1995年，财政部、国家税务总局通知，对三峡工程建设占用耕地，在坝区和淹没区的，按应纳税额的40%征收耕地占用税。

1998年，国家税务总局通知，对中央直属储备粮库建设项目占地，全额免征耕地占用税。

1999年7月，财政部通知，对高校因后勤社会化改革所办后勤实体占用耕地，免征耕地占用税。12月，国家税务总局通知，对三峡库区移民建房占用耕地的，免征耕地占用税。

2001年5月，省政府决定，对重点公路（包括国道、省道、县道和部门专用道路）、航道、码头、车站建设用地，免征耕地占用税。

2002年，省政府决定，对农民在原宅基地上修建自用住房，其占用地面积，不征收耕地占用税。12月，财政部通知，对利用社会福利彩票公益金或单位、个人捐赠资金建设城市社区老年人福利服务设施、活动场所和乡（镇）敬老院占用耕地的，免征耕地占用税。

1986—2005 年四川省农业税类收入统计表

表 1－22　　单位：万元

年份＼税种	农业税	牧业税	农业特产税	耕地占用税	契税
1986	48374	72	—	—	—
1987	54481	66	1590	2922	—
1988	58970	60	2975	11068	—
1989	70527	653	6581	10458	1374
1990	73356	68	7796	13291	1525
1991	72294	71	9328	16472	1910
1992	85033	683	11011	30234	2613
1993	85045	557	12945	14190	3784
1994	144742	77	37918	23325	6540
1995	147940	693	50509	18981	8499
1996	164743	795	72793	13894	12095
1997	159345	387	59811	9116	11664
1998	157744	437	57703	11768	24381
1999	135222	385	50456	11837	37083
2000	111741	379	53582	14882	50725
2001	85858	421	47599	13682	64276
2002	203169	628	28987	16345	81442
2003	211217	677	18502	21182	116578
2004	123659	131	16389	33210	181797
2005	—	—	21780	59798	239008

说明：1. 资料来源于财政部、国家税务总局《农业税收统计资料》；
2. 四川省从 2005 年 1 月 1 日起，全面停征农业税、牧业税

第四节　资源税类收入

资源税是以各种应税自然资源为课税对象，为调节资源级差收入并体现国有资源有偿使用而征收的一种税。原来仅征收盐税，后来增加了城镇土地使用税、矿产资源税，仍属征收范围较窄和税率偏低的税种收入。

一、盐税

盐税开征最早，曾是四川的主要税种。1973 年合并为工商统一税的一个税目征收。1984 年，国

务院颁布实施《中华人民共和国盐税条例（草案）》，盐税从工商统一税中分离出来，重新成为一个独立的税种，从量定额计征。四川省自贡市食盐每吨税额，由原136元调为115元，原低于115元的不变动；省内其他盐场，食盐每吨税额由96元调为115元。

1985年1月，工业用矿盐和湖盐，改为定额征收：酸碱、制革工业用盐，每吨11.5元；肥皂、饲料工业用盐，每吨57.5元。

1986年，四川降低盐税税额，农牧业用盐，按当地税额减征60%，渔业用盐减征70%。

1988年11月，国家提高食盐价格，停止对牧业用盐的照顾。

1990年12月，国家调整盐税税额，成都市大邑盐厂调整后的盐税，每吨征收75元。

1994年1月，国务院《中华人民共和国资源税暂行条例》规定，将盐税纳入资源税范围征收。

二、城镇土地使用税

1951年，城镇土地使用税在城市房地产税中合并征收。1973年，并入工商税。1984年，恢复单设税种，更名为土地使用税征收。

1988年11月，国务院颁布实施《中华人民共和国城镇土地使用税暂行条例》，对城市、县城、建制镇和工矿区使用土地的单位和个人征收城镇土地使用税。征收时，以纳税人实际占用的土地面积为计税依据，采用分类分级的幅度定额税率。每平方米纳税额，最低0.2元，最高10元。国家机关、人民团体、军队自用土地；由财政部门拨付事业经费的单位自用的土地；宗教、寺庙、公园、名胜古迹，自用的土地；市政街道、广场、绿化地带公共用地；直接用于农牧渔业的生产用地；财政部规定的能源、交通水利设施用地和其他用地，均免征城镇土地使用税。11月，财政部通知，外商投资企业和外国企业在华机构的用地，不适用城镇土地使用税，仍按计收土地使用费办法执行。

1989年3月，省政府制定《四川省〈中华人民共和国城镇土地使用税暂行条例〉实施办法》，规定土地使用税以纳税人实际占用土地面积为计税依据，每平方米税额分别为：大城市最高一级5元，最低一级0.5元；中等城市最高一级4元，最低一级0.4元；小城市最高一级3元，最低一级0.3元；县城（不含三州的县城和民族自治县的县城）最高一级2元，最低一级0.2元；建制镇、工矿区及三州的县和其他民族自治县县城最高一级1元，最低一级0.2元。对下列土地给予免税或减税：职工宿舍用地，个人所有的住房及院落用地，医院、学校、养（敬）老院、孤儿院、托儿所、幼儿园用地，房产管理部门在房租改革前经租的非生产、经营房屋用地，军需工厂生产军品的用地，均给予免税照顾；对1988年11月1日后实行经费自收自支的事业单位，免税3年；对民政部门举办安置残疾人员占职工总数35%以上的福利工厂用地，减半征税。

1992年12月，省人大常委会《四川省鼓励外商投资条例》规定，外商投资企业在缴纳场地使用费后，免缴城镇国有土地使用税。

1995年12月，省政府决定，对粮食部门政策性业务机构，实行专账核算的省、市（地、州）、县（市、区）粮食局、农村粮管站（所）、粮库、转运站、军转站，免征城镇土地使用税。

2000年，财政部通知，从1月1日起，对政府和社会力量投资兴办的老年服务机构用地，对非营利性医疗机构自用的土地，对疾病控制机构和妇幼保健机构自用的土地，均免征城镇土地使用税。是年，省政府制定鼓励外商投资政策，对符合土地利用总体规划的，以出让方式取得土地使用权的外商投资企业，免征城镇国有土地使用税。

2001 年 1 月，国家税务总局规定，对转变工作职能后的中国人民银行总行（含国家外汇管理局）所属分支机构自用房产免税。4 月，省委、省政府决定，为加快机械冶金支柱产业发展，对机械冶金企业中央直属科研机构，以及省、市（州）所属科研机构转制后，开发自用土地的，5 年内免征城镇土地使用税。10 月，财政部、国家税务总局规定，对企业尚未利用的荒山、林地、湖泊等占地，企业关闭、撤销、搬迁后，其占用土地未作他用的各类危险品仓库的防火、防爆、防毒安全范围用地，免征城镇国有土地使用税。经国土部门批准整治和改造废弃土地、开山整治的土地，从取得土地使用权的次年起，免征 10 年城镇土地使用税。

2003 年，省政府决定，从 7 月 1 日起，适当调整城镇土地使用税税额，每平方米税额调整为：大城市最高 8 元，最低 2 元；中等城市最高 6 元，最低 1.5 元；小城市最高 4 元，最低 1 元；县城最高 3 元，最低 0.5 元；建制镇、工矿区及三州的县和其他民族自治县县城，最高 2 元，最低 0.2 元。

2005 年 12 月，财政部、国家税务总局通知，经省级人民政府批准，可在全省范围内或部分地区对家禽养殖（包括种禽养殖）企业、家禽加工企业、冷藏冷冻企业及个人生产经营的土地，至 2006 年上半年适当减免城镇土地使用税。

三、矿产资源税

1984 年，国务院颁布实施《中华人民共和国资源税条例（草案）》，开始对原油、天然气、煤炭矿产品等征收矿产资源税。是年，四川暂缓征收原油、天然气资源税。煤炭资源税，按煤炭销售收入的利润率，实行超额累进税率计征：销售利润率在 12% 以下的，不交纳资源税；销售利润率超过 12%—20% 部分，按销售利润率每增加 1%，税率增加 0.5%；超过 20%—25% 部分，按销售利润率每增加 1%，税率增加 0.6%；超过 25% 部分，按销售利润率每增加 1%，税率增加 0.7%。对账册不健全的小煤矿和个体开采户，采取“协商税率、按期征收”办法。年终产量在 1000 吨（含）以下的小煤矿，以及新建煤矿在施工过程中挖掘的煤，其销售收入，用以抵减工程费用的，免征资源税。

1986 年，财政部规定，从 1 月 1 日起，对煤炭改为从量定额征收资源税，一律以原煤销量为计税依据。以自产原煤连续加工为洗煤、选煤、发电等煤炭加工产品对外销售的，均按产品实际销量折算为原煤。税收定额：国家统配煤矿的资源税，由财政部确定，各煤矿分别为 0.2—4.7 元/吨；非统配煤矿（包括地方国营、乡镇企业、个体及其他单位开办的煤矿）的吨煤资源定额，由省级财政厅（局）确定，四川经报财政部审批暂定为 0.1 元。对列入国家基本建设投资计划内的新建、扩建煤矿，在施工过程中挖掘煤，其销售收入用以抵减工程费用的；对煤矿企业取暖用煤以及职工食堂、浴池用煤，均免征资源税。

1991 年，财政部规定，从 1 月 1 日起，对非统配煤矿的资源税定额，可在规定定额 30% 范围内分别核定，但对私营和个体煤矿的定额，不得向下浮动。四川非统配煤按每吨 0.6 元征收。对国家统配煤矿及省属国营煤矿新投产矿井，从投产之日起，给予减免资源税照顾，具体为：年产能力在 30 万吨（含）以下的，第 1 年免征，第 2 年减半征收；年产能力在 30 万吨至 120 万吨的，第 1、2 年免征，第 3 年减半征收；年产能力 120 万吨以上的，第 1—3 年免征，第 4 年减半征收。对开采经国家煤炭主管部门报废矿井的边角残煤者，减半征收资源税。

1992 年，财政部规定，从 1 月 1 日起，对铁矿石开始征收资源税，采取依据矿山级差状况，分别确定税额的办法征收。

1993年12月，国务院《中华人民共和国资源税暂行条例》规定：凡在中国境内开采矿产品或者生产盐的应税产品的单位和个人，须缴纳资源税；外商投资企业开采矿产资源，也改为缴纳资源税。资源税税目增设为：原油、天然气、煤炭、其他非金属矿产品、黑色金属矿原矿、有色金属矿原矿、盐7个税目，税额分别为：原油每吨8元；天然气每立方米15元；煤炭每吨0.3—0.7元；其他非金属矿原矿每吨或每立方米10元；黑色金属矿原矿每吨10—25元；有色金属矿原矿每吨0.4—12元；固体盐每吨12元；液体盐每吨3元。对开采原油过程中用于加热、修井的原油免税；对纳税人开采或者生产应税产品过程中，因意外事故或自然灾害等遭受重大损失的，由省级人民政府决定减征或免征；对冶金矿山铁矿石资源税，减按税额的40%征收；对有色金属矿的资源税，减按税额70%征收。同月，财政部、国家税务总局通知，对独立矿铁矿石资源税，减按规定税额的60%征收。2月，省财政厅、省地税局规定，全省除3个矿务局统配矿外，对未列举的国营、集体煤矿煤炭资源税，按每吨0.3元征收，私营、个体煤矿按每吨0.6元征收；除国家列举的4个铁矿外，其余未列举的，铁矿石资源税按每吨5元征收。

1995年11月，财政部、国家税务总局通知，铁路系统实行承包后免征的税种，不包括资源税在内，因此，从1994年1月1日起，对铁路系统按规定征收资源税。同月，省地方税务局规定，对硅矿石按“非金属矿产品——石英砂”每吨征收3元的资源税。

1996年，省政府决定，从1月1日起，资源税税目增列沙石、芒硝、普通黏土、方解石、冰洲石、矿泉水、汞矿、稀土矿。

1997年6月，财政部、国家税务总局通知，经国务院批准，从1997年至2000年底止，对攀枝花钢铁（集团）公司所属矿山开采的铁矿石，以1996年课税总量为基数，每年基数内的仍按原规定税额征收资源税；超基数部分减按规定税额的40%征收资源税。6月，省政府实施再就业工程税收政策，对煤炭开采或生产特困企业应纳资源税，经批准，可在一定期限内暂免征收。

1998年，财政部规定，调整资源税税额：固体盐每吨最高60元，煤炭每吨最低0.3元，石膏每吨2元，页岩每吨0.35元，石灰石每吨2元。四川省对煤炭资源税定为：个体煤矿每吨0.6元，国有、集体煤矿每吨0.3元。是年，省政府还规定，四川石油管理局的天然气税额，调整为每千立方米13元。

2001年，财政部、国家税务总局通知，对中国石油天然气股份有限公司所属的川南、川西南、川西北三家气矿的天然气资源税，由每千立方米13元调整为10元；对德阳、成都的三家气田公司天然气资源税税额，由每千立方米2元调整为8元。4月，省地税局通知，除3个统配煤矿外，其余未列举的煤矿，均执行非统配煤矿资源税每吨0.6元的税额；开采利用地下热水，每吨税额3元；对将采矿中的废弃矿石产品，如煤矸石、贝岩等，提供给其他单位或个人使用的，征收资源税。从7月起，煤矸石每吨征收资源税0.6元。

2003年，财政部、国家税务总局规定，从7月1日起，调整个别资源税的税额：石灰石由每吨2元调为1—3元；大理石、花岗石由每立方米3元调为10元。

2005年，财政部、国家税务总局通知，从7月1日起，调整原油、天然气资源税税额，中国石油天然气股份有限公司西南油气分公司的原油每吨税额调整为18元，天然气每千立方米调整为15元。

第五节　财产行为税类收入

一、房产税

1986年，国务院《中华人民共和国房产税暂行条例》规定：从10月1日起，对在城市、县城、建制镇和工矿区内的房产所有人征收房产税，经营单位、承典人、房产代管人或者使用人，均为纳税义务人。税率：依照房产原值一次减除10%—30%后的余值计收的为1.2%；依照房产租金收入计收的为12%。对国家机关、人民团体、军队自用的房产；由国家财政部门拨付事业经费的单位自用的房产；宗教、寺庙、公园、名胜古迹自用的房产；经财政部批准免税的其他房产，免征房产税。财政部、国家税务总局规定：征收范围均不包括所辖农村。对经费来源实行自收自支后的事业单位，征收房地产税，但为鼓励事业单位经济独立，其经费从实行自收自支年度起，免征房地产税3年。对在开征范围内的工厂、仓库，不征房产税；对企业的各类学校、医院、托儿所、幼儿园自用房产，免征房产税；对作营业用的地下人防设施，暂不征收房产税；对个人所有的非营业用房产，由所有人居住的，不分面积多少，均免征房产税。省政府规定：开征房产税的工矿区，报市（地、州）政府确定，对房产原值的一次减除一律按30%计算余额。为鼓励外商投资，对产品出口企业和先进技术企业，从投产年度起，第1年至第3年免征房产税，第4年至第8年减半征收房产税。对非产品出口和非先进技术的外商投资企业，从投产或营业年度起，第1年至第3年免征房产税。

1987年，财政部通知，对中国人民银行省级分行及其所属机构的房产、各专业银行的房产，其他金融机构（包括信托投资公司、城乡信用合作社、其他金融组织）和保险公司的房产，均按规定征收房产税。对粮食企业经营平价粮油的房产免税；对经营议价粮油的房产，照章征税。对军需工厂生产经营民品的房产征税；军人服务社的房产，只就对外营业的部分征税；部队实行企业经营的招待所、饭店、宾馆，按军内服务和军外营业各占的比例划分免税和征税范围。

1988年，省政府决定，对兴办在阿坝、凉山、甘孜民族自治州和四川省其他开发区的外商投资企业，减免房产税10年。

1993年，国家税务局通知，对外资企业、外籍人员征收的城市房地产税，并入房产税征收。省税务局规定，对严重毁损的房屋和危险房屋，经有关部门鉴定或批准，从停止使用的次日起，免征房产税；对房屋大修理停用半年以上的，经税务机关核实，在大修理期间免征房产税。

1994年12月，财政部、国家税务总局规定，对财政部门拨付事业经费的宣传、文化事业单位自用房，按规定免征房产税。

1996年，财政部、国家税务总局规定，对国有企业固定资产重估后新增价值，照章征收房产税；对固定资产重估后新增价值已增提折旧的，按重估后价值征收房产税；对资产重估未能按新增价值增提折旧的，经税务机关核定，从1996年1月1日起至1997年12月底止，对新增值部分，免征房产税。

1999年，财政部规定，对高校后勤实体，免征房产税。

2000年，财政部规定，对医疗卫生机构自用房产，免征房产税。对实行住房制度改革、按政府定价的住房租赁，免征房产税；按市场价格出租的个人住房，按4%的税率征收房产税；对老年服务机构自用房产，免征房产税。是年，省政府决定，对经批准后勤体制改革的省、市、县及省级厅（局办）机关服务中心，为机关内部提供服务的用房，缴纳房产税确有困难的，经批准给予免征或减征房产税照顾。对外商投资者，符合《四川省鼓励外商投资条例》的，在经营期内，免征房地产税。

2005 年 1 月，省地税局通知，对地面以下房产征收房产税。12 月，财政部、国家税务总局通知，经省级人民政府批准，对部分地区家禽养殖（含种禽养殖）企业、家禽加工企业、冷藏冷冻企业及个人生产经营的土地、房产，至 2006 年上半年，适当减免房产税。

二、车船使用（牌照）税

车船使用（牌照）税于 1951 年 9 月开征，1973 年并入工商税，1979 年全省停征。1984 年税制改革时，车船使用牌照税更名为车船使用税。

1986 年 10 月，国务院《中华人民共和国车船使用税暂行条例》规定：除对外商投资企业等涉外单位及外籍人员继续按原车船牌照税有关规定征收外，对凡在中国境内拥有并使用车船的单位和个人征收车船使用税。税目税额分别为：机动车辆的乘人汽车每辆（每年的税额幅度，下同）60—320 元，载货汽车每净吨位 16—60 元；机器脚踏车（分二轮、三轮）20—80 元；非机动车的兽力驾驶车每辆 1.2—24 元；人力驾驶车每辆 4—32 元；脚踏车每辆 2—4 元。机动船，最低 50 吨以下每吨 1.4 元，最高 3000 吨以上每吨 4.4 元；非机动船，最低 10 吨以下每吨 0.6 元，最高 300 吨以上每吨 1.4 元。对载重不超过 1 吨的渔船，专供上下客货及存货的趸船、浮桥用船，经当地交管机关证明、并报税务机关核准停驶折毁的车船、消防车、洒水车、救护车、垃圾车、垃圾船及义渡船、外国驻华使、领馆人员自用车船，经财政部批准减免税的其他车船，免征车船使用税。9 月，财政部、国家税务总局规定，对企业内部行驶的车辆，不领取行驶执照、也不上公路行驶的，免征车船使用税。对机动车挂车，按载货汽车税额的 7 折计算征收车船使用税。对拖拉机主要用于农业生产的免征；从事运输业务的，以拖拉机所挂拖车的净吨位，按载货汽车税额的 5 折计征车船使用税。对专为残疾者使用的车辆，免征车船使用税。对国家机关、人民团体、军队免税自用的车船，用于出租、并非自身使用的，征收车船使用税。对市内公共汽车、电车，暂免征收车船使用税。10 月，省政府作出补充规定，对市内公共汽车、电车，暂免车船使用税 3 年；出租汽车照章纳税。对个人自有自用的自行车和其他非营业用的非机动车船，以及非专用运输的摩托车，暂缓征收车船使用税。是年，财政部、国家税务总局规定，对企业办的各类学校、医院、托儿所、幼儿园的车船，能明确划分完全自用的免税，划分不清的照章征收车船使用税。

1987 年 3 月，财政部规定，对挂军用牌照的车辆免征车船使用税；对中国人民银行省分行及所属机构的车辆、各专业银行及其他金融机构和保险公司的车船，按规定征税。

1988 年，省政府决定，对从事能源开发和基础设施建设的外商投资企业，经营期在 10 年以内的，第 1 年至第 8 年免征车船使用牌照税；对非产品出口和非先进技术的，从第 1 年至第 5 年免征车船使用牌照税。对兴办在阿坝、凉山、甘孜三州和省内其他开发区的外商投资企业，减免车船使用牌照税 10 年。

1989 年，省政府办公厅通知，对摩托车按规定征收车船使用税；对财政部门拨付事业费的单位自用摩托车免税。

1993 年，国务院实行工商税制改革，取消对外资企业、外籍人员征收车船使用牌照税，其拥有使用的车船，纳入车船使用税统一征收。

1994 年，财政部、国家税务总局规定，对财政部门拨付事业经费的宣传、文化事业单位自用车船，免征车船使用税。

2000 年 1 月，财政部规定，对政府和社会力量投资兴办的老年服务机构、疾病控制机构和妇幼保健机构等自用车船，免征车船使用税。

2005 年 12 月，财政部通知，经省级政府批准，可在全省范围内或本省部分地区对家禽养殖（含种禽）企业、家禽加工企业、冷藏冷冻企业及个人生产经营的车船，至 2006 年上半年减免车船使用税。

三、船舶吨税

船舶吨税始征于 1952 年 9 月，至 2005 年底仍在征收。船舶吨税分为 3 个月期缴纳与 30 天期缴纳两种，由纳税人自行选定。30 天期缴纳者的税额按 3 个月税额减半征收。对与中国建立外交关系的大使馆、公使馆、领事馆使用的船舶；有当地港务机关证明的避难、修理、停驶或拆毁的船舶，并不上下客货者；专供上下客货及存货的泊定趸船、浮桥趸船及浮船；中央和地方人民政府征用或租用的船舶，均免征吨税。

1986 年以来，继续执行船舶吨税的税率，分为一般吨税和优惠吨税，均按船只吨位及停舶天数（分为 90 天、30 天）定额计征。一般吨税税额：机动船，在 500 吨及以下的 3.15 元、1.5 元，501—1500 吨的 4.65 元、2.25 元，1501—3000 吨的 7.05 元、3.45 元，3001—10000 吨的 8.10 元、3.90 元，10000 吨以上的 9.30 元、4.65 元；非机动船，在 30 吨以下的 1.05 元、0.6 元，31—150 吨的 1.65 元、0.9 元，151 吨以上的 2.10 元、1.05 元。优惠吨税税额：机动船，在 500 吨及以下的 2.25 元、1.2 元，501—1500 吨的 3.3 元、7.65 元，1501—3000 吨的 4.95 元、2.25 元，3001—10000 吨的 5.85 元、3 元，10000 吨以上的 6.6 元、3.3 元；非机动船，30 吨及以下 1.05 元、0.45 元，31—150 吨的 1.35 元、0.6 元，151 吨以上的 1.5 元、0.9 元。

四、印花税

印花税于 1950 年开征，1958 年并入工商统一税。

1988 年 10 月，四川省执行国务院《中华人民共和国印花税暂行条例》及财政部《中华人民共和国印花税暂行条例施行细则》，恢复征收印花税。对在国内书立、领受税法规定应税凭证的各类企业、事业、机关、团体、部队及中外合资企业、中外合作企业、外商独资企业、外国企业和其他经济组织及在华机构等单位和个人征收。征收范围为：购销、加工承揽、建设工程承包、财产租赁、货物运输、仓储保管、借款、财产保险、技术合同或者具有合同性质的凭证；产权转移书据；营业帐簿；权利、许可证照；财政部确定征税的其他凭证。合同、书据和凭证由两方或两方以上当事人签订，有直接权利义务且各执一份的当事人，都是印花税的纳税义务人。征收税率分比例税率和定额税率两种，比例税率分别按 0.03‰、0.05‰、0.3‰、0.5‰、1‰征收；定额税率，按每件（个）贴花 5 元计征。对已纳印花税且对外不产生法律效力的凭证副本或抄本不再征税；对财产所有人将财产赠给政府、社会福利单位和学校所立的书据免税；对国家指定的收购部门（包括个体、私营）与村民委员会、农民个人书立的农副产品收购合同、无息、贴息贷款合同、外国政府或国际金融组织向中国政府、国家金融机构提供优惠贷款所书立的合同，都给予免税。对军工企业和科研单位与指定的单位为研制供应军火武器签订的合同，各级粮食部门代购国务院市场调节粮的协议书，军事货物运输、抢险救灾物资运输、新建铁路和管线运输等的特殊货运凭证，企业因改制签订的产权转移书据等，均免征印花税。对房地产管理部门与个人居住订立的房租合同，暂免征税。

1994 年，国家规定，外资企业和其他经济组织在华机构在 1993 年底前书立、领受的各种应税凭证、签订的应税合同、账簿、产权转移书据和权利许可证，均免征印花税；从 1994 年 1 月 1 日起，缴纳印花税。技术性合同中属法律、法规、会计、审计方面的咨询合同免税。商业企业经营平价粮油签订的购销合同，图书、报刊各类发行单位间、发行单位与订阅单位或个人间征订凭证，保险公司订立的农作物、畜牧业保险合同，种养殖业单位的农业生产账簿，房屋共有权证，房屋他项权证，暂免征收印花税。

1996 年，财政部、国家税务总局通知，对国有企业固定资产重估后新增价值，照章征收印花税。对固定资产重估后新增价值已增提折旧的国有企业，按重估后价值征收印花税；未增提折旧的，经税务机关核实，从 1996 年 1 月 1 日起至 1997 年 12 月 31 日止，对其固定资产重估后新增价值部分缓征印花税。

1997 年 6 月，财政部、国家税务总局通知，对铁道部所属单位恢复征收印花税。

1998 年，财政部决定，从 6 月 15 日起，将买卖、继承、赠与所书立的股权转让书据的证券交易印花税税率由 5‰下调为 4‰。是年，根据国家规定，对从国家邮电电信剥离出来的移动、电信集团公司所设立的资金账簿已贴花的，对其新成立公司设立资金账簿时记载的资金，免征印花税。对国家邮政局及所属各级邮政企业，从 1999 年 1 月 1 日起，独立营运的资金账簿，在分营前已贴印花税票的资金免税。

2000 年，财政部、国家税务总局规定，为扶持债券投资基金市场的发育和发展，决定对投资者（包括个人和机构）买卖基金单位，在 2000 年底前不征收印花税①。从 2000 年至 2002 年底止，对全国棉花交易所签订的棉花购销合同，石油公司行业列举的公司新成立时所设的资金账簿、产权转移书据，国有股权无偿转让给国有投资公司的，暂免征收印花税。

2001 年，财政部、国家税务总局规定，从 10 月起，调整交易印花税税率，对买卖、继承、赠与所书立的 A 股 B 股股权转让书据，由立据双方当事人分别按 2‰的税率缴纳证券（股票）交易印花税。

2005 年 1 月，财政部、国家税务总局决定，再次调整证券（股票）交易印花税税率，对买卖、继承、赠与所书立的 A 股、B 股股权转让书据，由立据双方分别按 1‰的税率征收证券（股票）交易印花税。

五、屠宰税

1950 年 3 月，四川省先后执行《西南区屠宰税稽征暂行办法》、政务院《屠宰税暂行条例》，对宰杀猪、牛、羊、马、骡、驴牲畜，无论自用或出售，均按实际重量从价征收 10% 的屠宰税。

1985 年，财政部下发《关于改进屠宰税征税办法的若干规定》，对经营生猪、菜牛、菜羊的单

① 2001 年 4 月，财政部、国家税务总局决定延长此优惠政策至 2001 年 12 月 31 日止。

位和个人，改征产品税；农民和集体伙食单位宰杀生猪，改为按头定额征收屠宰税，税额为：生猪4元，羊0.5元，黄牛5元，水牛6元，甘孜、凉山、阿坝三州可适当降低税额征收。少数民族宗教节日宰杀应税牲畜免交屠宰税。军事机关、部队自养、自宰、自食的牲畜，因病、伤死（经乡政府和兽医部门证明）的牲畜，为支持科研卫生事业发展而用于研究试验、防疫制造疫苗的牲畜，免交屠宰税。收购种牛、种羊的单位和个人，免交屠宰税。

1992年10月，为减轻民族地区农、牧民的经济负担，省政府决定停征甘孜州、阿坝州、凉山州和黔江地区的屠宰税。

1993年，国务院实施税制改革，决定从1994年1月1日起，将原征收产品税的畜牧产品，改为征收屠宰税。同时，对经营生猪、菜牛、菜羊的单位和个体屠商，改为在收购环节征收屠宰税。对帐册健全的，按收购金额3%的税率征收；对账册不健全的按每头生猪12—18元定额征税。

1995年6月，省政府发布《四川省屠宰税征收办法》，对在省内收购或屠宰猪、牛、羊、马、骡、骆驼的单位和个人征收屠宰税。税率为：对收购应税牲畜的，按牲畜实际重量和当地收购价格计算应纳税额，屠宰税税率为3%；对屠宰自杀、自养、自食应税牲畜，按牲畜头数定额征收屠宰税，其中：猪、牛、羊定额由省政府决定，分别为猪4元、羊1元、牛6元，马、驴、骡、骆驼的定额税，由市（州）人民政府、地区行政公署决定。对少数民族在其宗教节日宰杀应税牲畜，敬老院、孤儿院宰杀自养自食应税牲畜，部队及按部队供给标准供应的单位宰杀自养自食应税牲畜，均免征屠宰税。

1998年8月，省政府决定，调整生猪屠宰税征收政策：自宰自食部分，调整为每头4元；经营部分，调整为每头12—15元。

2001年，省政府决定，对进行农村税费改革试点的县停征屠宰税；其他地区只在收购应税牲畜环节征收屠宰税，农民自宰自食的不征税。

2002年6月，省委、省政府作出农村税费改革试点工作的决定，取消屠宰税及随屠宰税收取的附加基金。

六、集市（牲畜）交易税

1950年，四川执行《西南区交易税稽征暂行办法》，对通过市场、集市、行栈及其他场所交易的牲畜、粮食、棉花、土布及大宗土特产品征收交易税。1953年1月，国务院规定，牲畜交易税成为一个独立税种，对成交的猪、牛、羊、马、驴、骡和骆驼征收。1979年，牲畜交易税和集市交易税同时停征。

1962年，财政部发布《集市交易税试行规定》，恢复征收集市交易税。对凡在集市上交易的商品，除出售种子、种苗、饲料、柴草、蔬菜、药材，以及征收牲畜交易税的牲畜外，按实际成交额的5%—8%计征集市交易税。

1982年，国务院颁布实施《牲畜交易税暂行条例》，恢复征收牲畜交易税。对机关、团体、部队、乡村、企事业单位和个人在购买牛、马、驴、骡、骆驼五种牲畜成交时征收，税率为每次（匹）成交额的5%。对遭受严重自然灾害地区的乡村、农民个人在恢复生产期间，持有乡人民政府以上机关证明，购买自用的牲畜免税。对持有县以上牲畜部门证明，购买的种畜免税。省政府补充规定：对科研教学单位持有县以上科技、教育部门的证明购买的实验、教育用牲畜；国营企业和供销社内部调拨牲畜；部队从军马场调拨用于装备的牲畜；乡村和农民个人持有乡政府证明、购买当地国营的商业和供销社已纳牲畜交易税的用于生产的牲畜；农民个人在本村范围内互换（包括找补差价）用于生产的牲畜；农民个人在本村内集体作价给个人用于生产的牲畜；乡村和农民个人持有当地财政部门证明，用财政无偿拨款购买用于生产的牲畜；个别纳税人确有困难的，经县一级税务机关批准免税的牲畜；凡购买菜牛（包括伤残、老、淘汰牛）已按规定交纳采购环节产品税的以及省政府另有免税规定的，予以免税。

1994 年，国务院决定，自 1 月 1 日起，取消集市交易税、牲畜交易税。

七、车辆购置税

2001 年，国务院颁布实施《中华人民共和国车辆购置税暂行条例》，原车辆购置费改为车辆购置税征收。征收对象为购买、进口、自产、受赠、获奖或者以其他方式取得自用应税车辆的国有企业、集体企业、股份制企业、外商投资企业、外国企业以及其他企业和事业单位、社会团体、国家机关、个体工商户和其他个人。车辆购置税实行从价定率的办法计算应纳税额，税率为 10%。对外国驻华使馆、领事馆和国际组织驻华机构及其外交人员自用车辆；中国人民解放军和中国人民武装警察部队列入军队武器装备订货计划的车辆；设有固定装置的非运输车辆；有国务院规定予以免税或者减税的其他情形的车辆，免征车辆购置税。3 月，财政部规定，征税车辆为汽车、摩托车、电车、挂车、农用运输车。从 2001 年 3 月 16 日起，对防汛部门和森林消防部门用于指挥、检查、调度、报汛（警）联络的、由指定厂家生产的设有固定装置的指定的型号车辆，回国服务的在外留学人员用现汇购 1 辆个人自用国产小车，长期来华定居专家进口 1 辆自用小汽车，均免征车辆购置税。

2002 年，国家税务总局通知，对于动力装置和拖斗车连接成整体，且以该整体进行车辆登记注册的变形拖拉机等农用车辆，按农用运输车征税；动力装置和拖斗不连接成整体，且动力装置和拖斗分别进行车辆登记注册的，只对拖斗部分按挂车征税。

2003 年，国家税务总局通知，对计划生育流动服务车，免征车辆购置税。

2004 年，财政部、国家税务总局通知，从 10 月 1 日起，对农用三轮车免征车辆购置税。

四川省税改后并停税种收入统计表

表 1-23　　单位：万元

税种＼年份	1986	1987	1988	1989	1990	1991	1992	1993
产品税	241953	235381	205844	249527	269753	293141	319968	425241
工商统一税	412	575	1981	2819	3834	7419	14709	32367
集体企业所得税	32055	33822	39724	49829	44314	39092	34777	37128
城乡个体工商户所得税	600	961	1743	5692	8066	7484	7471	8818
个人收入调节税	—	109	341	2384	2161	2025	2293	6585
私营企业所得税	—	—	44	72	190	375	403	394
中外合资经营企业所得税	—	—	333	523	1085	2054	—	—
牲畜交易税	183	191	195	191	196	217	116	126
奖金税	5096	1823	—	—	—	—	—	—

续表 1－23

年份 税种	1986	1987	1988	1989	1990	1991	1992	1993
特别消费税	—	—	—	11449	14741	302	33	254
建筑税	17005	21760	15034	15474	23743	18773	1582	—
盐税	10600	7741	6908	8890	8342	8402	8648	9033
国营企业工资调节税	217	49	183	1284	2767	1083	558	368
国营企业奖金税	—	—	1777	2517	3096	1715	1370	626
集体企业奖金税	—	—	462	1018	1507	804	528	201
事业单位奖金税	—	—	223	373	738	472	306	145
国营企业所得税	150147	129607	170891	152881	125058	135254	118973	130876
合计	458268	432019	445683	504923	509591	518612	511735	652162

说明：1. 资料来源于《四川统计年鉴》；
2. 税改，指 1994 年实行分税制财政体制时的税收制度改革；
3. 并停税种，从 1994 年起，按税改规定分别停征或并入有关税种

第六节　特定目的税类收入

一、城市维护建设税

1986 年，四川省继续执行国务院 1985 年颁发的《中华人民共和国城市维护建设税暂行条例》，对凡缴纳产品税、增值税、营业税的单位和个人，以其实际缴纳的“三税”（增值税、消费税和营业税）税额为依据，同时征收城市维护建设税。征收税率为：纳税人在市区的 7%；在县城、镇的 5%；不在市区、县城或镇的 1%。对外商投资企业和外国企业，暂不征收城市维护建设税；对临时营业的单位或个人征收临时经营营业税或产品税时是否征收城市维护建设税，由省级人民政府确定。3 月，财政部补充规定，纳税人所在地方为工矿区的，根据行政区划分别按 7%、5%、1% 的税率征缴城市维护建设税。省政府补充规定：执行范围：市区城市，不包括郊区；县城是县政府所在的城区，不包括郊区；镇是镇人民政府的所在地，不包括镇郊。对在城乡集贸市场征收产品税、增值税、营业税时，同时征收城市维护建设税，税率统一按 1% 执行。对缴纳临时经营营业税的纳税人，只按 1% 的税率计征城市维护建设税。

1994 年，财政部规定，从 1 月 1 日起，开征消费税，停征产品税，城市维护建设税改以缴纳人实际缴纳的增值税、消费税、营业税税额为计税依据。

2000 年，为鼓励外商投资，省政府决定对外商投资企业免征城市维护建设税。

2003 年，为支持下岗人员再就业，省政府决定对下岗失业人员从事个体经营的，自领取税务登记之日起，3 年内免征城市维护建设税；对新办民营服务型商贸企业新招下岗工人及失业人员达到职工总数的 30%（含）以上，并与其签订 3 年以上期限劳动合同的，经认定审核，3 年内免征城市维护建设税。

2005 年 11 月，财政部、国家税务总局规定，对家禽加工企业和冷冻企业加工销售禽肉产品，免征城市维护建设税。

二、土地增值税

1994 年 1 月，国务院颁布实施《中华人民共和国土地增值税暂行条例》，对转让国有土地使用权、地上的建筑物及其附着物所取得的货币收入、实物收入和其他收入的单位和个人征收土地增值税。计税时，以其转让房地产所取得的收入，扣除取得土地使用权支付的金额、开发土地的成本、费用、新建房及配套设施的成本费用或旧房及建筑物的评估价格、转让房地产有关的税金以及财政部规定的其他项目后的余额为增值额。税率实行四级超率累进税率：增值额未超过扣除额项目金额 50% 部分为 30%；超过 50%、未超过 100% 的部分为 40%；超过 100%、未超过 200% 的部分为 50%；超过 200% 部分为 60%。对纳税人建筑普通标准住宅出售、增值额未超过扣除项目金额 20% 的及因国家建设需要依法征用、收回的房地产，免征土地增值税。同月，财政部制发了《中华人民共和国土地增值税暂行条例实施细则》，对以继承、赠与方式无偿转让房地产的行为，免征土地增值税。对因城市规划、国家建设需要而搬迁，由纳税人自行转让原地房地产的，比照本规定免征土地增值税。对个人因工作调动或改善居住条件而转让原自有住房，凡居住满 5 年或 5 年以上的，免征土地增值税；居住满 3 年未满 5 年的，减半征收土地增值税；居住未满 3 年的，按规定计征土地增值税。6 月，省税务局通知，对外商投资企业和外国企业暂不征收土地增值税。7 月，财政部通知，对 1994 年 1 月 1 日前已签订的房地产转让合同，不论其在何时转让，均免征土地增值税。对 1994 年 1 月 1 日前已签订开发合同或立项、其在 1 月 1 日起 5 年内首次转让房地产的，免征土地增值税；超过 5 年免税期后首次转让的，报财政部、国家税务总局批准，可适当延长免税期。

1995 年，财政部、国家税务总局规定，对以房地产进行投资、联营的，一方以其作价入股条件，将房地产转让到联营企业中时，暂免征收土地增值税。对合作建房，一方出土地，一方出资金，建成后按比例分房自用的，暂免征收土地增值税。对个人之间互换自有居住用房地产的，经税务机关核实，可免征土地增值税。

1999 年 8 月，省政府决定，对个人拥有的普通住宅，在转让时，免征土地增值税。对由政府审批同意成片开发，且周期较长，超过 5 年免税期后首次转让的，经批准免税期可以延长。

三、建筑税

1983 年，国务院发布《建筑税征收暂行办法》，对使用自筹资金进行基本建设投资和建筑工程投资的国营企业事业单位、机关团体、部队、地方政府，以及所属的城镇集体企业征收此税。城市市政公用设施的供水、排水及污水处理，煤气、集中供热、道路桥梁、防洪、公用交通、环卫，园林、绿化等设施建设项目，免征建筑税。

1987 年 7 月，国务院颁布实施《中华人民共和国建筑税暂行条例》，决定对自筹基本建设投资、技术改造项目中的建筑工程投资，以及按规定不纳入国家固定资产投资计划的建筑工程投资征收建筑税。税率分为 10%、20%、30% 三档。其中，在国家计划内安排的自筹基本建设投资和技术改造项目中的建筑工程投资，按规定不纳入国家固定资产投资计划的建筑工程投资，城镇集体企业事业单位在城镇或者农村的自筹建设投资，乡镇企业、个体工商业户在城市、郊区、县城、县属镇和工矿区的自筹建设投资，税率为10%；自筹基本建设全年投资额超过国家计划部分，在国家计划外安排的自筹基本建设投资和技术改造项目中的建筑工程投资，未按规定向税务机关和代征建筑税的银行抄送固定资产计划或者未按规定列明自筹建设项目性质的投资，税率为20%；楼堂馆所和应当严格控制的其他非生产性建设项目，以及以维修、翻修为名，新建、扩建楼堂馆所、提高建筑标准的项目，税率为30%。同时，《条例》规定，对能源开发、交通、学校、医院、医护、科研设施，国务院批准的专项基本建设贷款，用于社会福利项目和治理污染、保护环境项目的投资，乡政府本身需要的办公室、宿舍等建设投资等，免征建筑税。10月，财政部规定，对兴建幼儿、托儿、少儿活动场所的投资，收养孤老烈属、残废军人及社会福利事业的投资，社会公共文化、体育、博物馆、档案馆和保护文化古迹的建设投资，国内各种捐赠款用于社会公益福利和救灾建设投资以及城市市政公用设施自筹建设投资等，免征建筑税。

1988年，省政府决定，对乡镇企业凡开发新产品、扩大省以上优质产品和短线产品生产能力的技术改造和基建工程，投资在50万元以内的，经批准免征建筑税。

1991年4月，国务院决定停征建筑税，改为征收固定资产投资方向调节税。

1988—1992年四川省建筑税收入统计表

表1－24　　单位：万元

年份	1986	1987	1988	1989	1990	1991	1992	合计
金额	17005	21759.6	15034.2	15473.5	23742.7	18772.7	1582.3	113370

说明：资料来源于《四川省税务统计》

四、固定资产投资方向调节税

1991年，四川省执行国务院《中华人民共和国固定资产投资方向调节税暂行条例》规定，在建筑税的基础上改征固定资产投资方向调节税。征收对象为在中国境内的单位和个人用于固定资产投资的各种资金（包括基本建设投资、更新改造投资、商品房投资和其他固定资产投资资金），不满5万元的固定资产投资暂不征税。税率按不同投资项目设置差别利率，分为0%、5%、10%、15%、30%五档。实行0%税率的项目包括：国家扶持农林水利的江河治理、排灌工程、农业、林业、水利技术推广，煤炭、核能、石油开发等能源工程，交通、邮电、民航、科教文卫等基础产业，全民所有制单位的设备更新和技术改造项目，用于测绘、地震、海洋、技术监督、民政、旅游、公安、司法、安全、检察、法院、军事、人防等设施建设的投资；实行5%税率的项目包括：钢铁、石化、水泥等重要原材料工业项目和一些重要机电、轻纺项目，以及商品住宅的投资项目；实行10%税率的项目为建筑工程投资项目；实行30%税率的项目包括：修建楼堂馆所以及电冰箱、洗衣机等市场已呈现饱和积压的长线产品厂房，由开发公司修建的楼堂馆所等。以上4类之外的其他项目，均实行15%的税率。1991—2000年间，对列入国家计划的在川三线脱险搬迁企业，凡符合国家产业政策的工业生产设施，从原按5%税率项目减为按零税率对待；原按15%税率的项目减按5%的税率征税。

1992年，国家规定，对企业、行政事业单位和住房合作社新建的公有住房，以标准价出售给个人，由个人出资的部分，房产公司向个人出售的商品房部分，按零税率予以照顾。

1993年，省政府规定，从1月1日起，对省内乡镇企业投资，产品质量高、销路好，且有治理污染、保护资源和环境的可靠措施，其项目规模大小不受限制，免征固定资产投资方向调节税。对修建野外工作人员生活基地住宅、修建易地安置随军遗属的住房，市（地）、县政府为改善城镇居民人均居住面积不足2平方米特困户住房建设投资，经市（地）、县政府鉴定的危房改造投资中用于原建筑面积的恢复性投资，均适用零税率。

1999年，国家规定，企事业单位修建职工经济适用住房，房地产开发公司面向中低收入家庭提供经济适用商品住房的投资，适用零税率。7月1日，国务院决定，固定资产投资方向调节税减半征收。

2000年，遵照国家规定，四川省暂停征收固定资产投资方向调节税，但对以前的欠税继续追征入库。

1992—2005年四川省固定资产投资方向调节税收入统计表

表1-25

单位：万元

年份	金额	年份	金额
1992	18713.2	1999	24098
1993	21931.8	2000	10210
1994	22180.6	2001	8249
1995	23640.1	2002	120
1996	20997.1	2003	-33
1997	16813.1	2004	—
1998	22584.1	2005	216
合计	189720		

说明：资料来源于《中国税务年鉴》

1986—2005 年四川省各类税收收入统计表

表 1－26

单位:万元

税种/年份	增值税	营业税	消费税	企业所得税	外商投资企业所得税	个人所得税	资源税	固定资产投资方向税	城市维护建设税	房产税	印花税	城镇土地使用税	土地增值税	车船使用税	屠宰税	车辆购置税
1986	109330	134249	—	—	140	222	65	—	26910	1780	—	—	—	182	5695	—
1987	142913	162813	—	—	267	222	27	—	30151	14416	—	—	—	1682	5846	—
1988	226307	216494	—	—	—	—	208	—	35378	15468	2802	39	—	1635	540	—
1989	242417	269744	—	—	—	—	300	—	40852	17943	6991	12878	—	2348	4905	—
1990	245810	277584	—	—	—	—	287	—	44126	22879	5834	16993	—	2509	4924	—
1991	276151	295087	—	—	—	—	1106	—	48993	25529	5685	15889	—	3087	5179	—
1992	314814	334028	—	—	2638	793	2434	18713	56075	28072	6014	16178	—	3100	5023	—
1993	555896	484953	—	—	3301	1266	3666	21932	69487	32236	7455	16563	—	3769	4841	—
1994	1137870	3065085	2300222	167908	5881	24110	25870	22181	80600	37863	7537	15968	28	4613	18244	—
1995	1237470	38660	261406	275124	11786	38717	30496	23640	104895	49929	9253	16271	267	4842	32983	—
1996	1353330	499324	298982	291684	14033	58737	36510	20997	120550	59493	9970	16619	577	4927	41192	—
1997	1124043	466380	239871	313599	17297	54810	32835	16813	95077	50184	5860	12376	509	3860	34944	—
1998	1192576	568214	272370	280988	18854	75674	36021	22584	109331	58601	8654	13309	815	4108	37722	—
1999	1311851	620787	286758	302055	18876	103682	35472	24098	119085	64322	9606	13200	1031	4401	37813	—
2000	1414684	626463	314262	392858	25501	181019	37619	10210	132278	69797	10766	14822	3174	4820	52642	—
2001	1712674	676673	305156	540344	35376	261793	31183	8249	136021	78041	12405	18727	5674	5653	48658	—
2002	1983807	778699	357022	519311	30722	307639	28289	120	175199	88231	17095	20691	11682	7158	9274	—
2003	2149543	901812	362616	543074	51903	358934	29742	－33	206002	94439	23066	25195	19090	8679	—	—
2004	2560696	1102526	403017	641104	124322	442251	31192	—	235157	110171	32808	43565	32070	9798	—	—
2005	3145801	1347706	442725	865185	156227	552108	39006	216	280857	132238	44561	57785	51376	11052	—	198411
合计	22437983	12867281	5844407	5133234	517124	2461977	402328	189720	2147024	1051632	226362	347068	126293	92223	350425	198411

说明:1. 资料来源于《四川统计年鉴》(2006);

2. 1994 年税制改革后,本表已按规定,将并停的税种,从 1994 年起,除停征的外,均分别并入有关税种收入中

第二章 企事业收入

企事业收入包括两个部分，即企业收入和事业收入。企业收入指国有企业上交国家财政的收入，即国家以所有者身份从国有企业取得的收入。在过去高度集中的经济管理体制下，企业收入包括国有企业上交财政的利润、折旧基金和多余流动资金等。事业收入是指事业单位开展专业业务活动及辅助活动所取得的收入。

在国家对国有企业和各类事业单位实行高度集中管理体制时，其收入主要是国有资产收益收入（包括计划亏损补贴）和少数事业收入，由财政部门统收统支，为当时国家财政收入重要来源。1980年起，国家进行经济体制改革，对国营企业实行承包经营责任制和资产经营责任制，在利润留成和固定资产折旧基金等不再上交的基础上，逐步采取以税代利、税利分流和收取国有资产收益等上交形式；对事业单位也实行各种形式的财务包干办法，其经济收入留给单位用于事业发展。1994 年税制改革后，国家取消了调节税，对所有内资企业征收企业所得税，国有企业所得不再以利润形式上缴财政。国家从企事业单位取得的收入，大部分转为税收收入。

第一节 国营（有）企业收入

国营（有）企业收入，是指企业实现的利润（包括亏损和提取的固定资产折旧基金、大修理基金），除允许按一定比例提留外，其余上缴财政和其他规定上交的收入。在国家对国营（有）企业的管理体制及分配关系进行改革之后，其实现的利润，主要通过征收所得税、调节税以及不同的承包税费形式上交财政；对固定资产折旧基金，不再由主管部门集中和上交财政，实行全留企业的制度；企业占用和经营的各类国有资产，改为有偿使用，国家通过收缴国有资产收益的办法来实现资产偿还。

一、国营（有）企业上缴利润

1980 年，四川率先对工交商贸企业，分别实行企业基金、利润留成和自负盈亏试点，对农牧及其他企业也分别实行留成和包干办法。

1983 年起，国家对国有企业实行了利改税第一步、第二步改革，企业收入主要以所得税、调节税形式上交财政。

1986 年 6 月，财政部规定，在“七五”期间（1986—1990 年），对四川国营农垦企业中盈利水平低的企业实行盈利不交的办法；个别盈利较高的企业实行定额上交办法。定额为：年利润在 30 万元以下的免交；年利润超 30 万元以上至 50 万元部分按 30% 的比例计算上交；年利润超 50 万元至 100 万的部分按 40% 的比例计算上交；年利润超 100 万元以上的部分按 55% 比例计算上交。9 月，财政部通知，地（市）县级外贸企业和部属企业的包装系统按全额利润留成 40%、外运系统按全额利润留成 20%、外运仓库按全额利润留成 60% 后，其余利润按规定比例上交省财政。12 月，国务院发布《国务院关于深化企业改革增强企业活力的若干规定》，规定在第一轮承包期（1987—1990 年）推行各种形式的承包经营责任制，企业上交利润，分别采取："双保一挂"、上交利润递增包干、上交利润基数包干和目标包干、微利企业上交利润包干、亏损企业减亏（补贴）包干等形式。

1987 年，财政部、林业部规定，从 1987 年起，国营森工企业实行财务包干后，凡有定额上交所得税任务的，可将其改为定额上交利润处理。是年，财政部决定推动国营大中型商业企业承包经营责任制的发展，对盈利（包括微利）企业可以承包上交所得税和调节税，也可承包调节税，对政策性亏损企业按补贴定额或亏损总额进行承包。是年，省政府决定，全省粮食财务体制仍实行粮食商业亏损和提价补贴定额包干。对超包干调出粮油发生的经营收费收入，全数留调出地区；对粮食商业附业实行利润四六分成，60% 留企业，40% 顶抵商业亏损。同时，继续执行因生猪购销价格倒挂，财政退库弥补食品公司亏损的政策。

1988 年 2 月，国务院规定，全民所有制工业企业承包上交国家利润，以上交利润递增包干，上交利润基数包干、超收分成，微利企业上交利润定额包干，亏损企业减亏（或补贴）包干等形式上交财政。交通、建筑、农林、物资、商业、外贸等行业全民所有制企业实行承包经营责任制的，可参照执行。省政府根据国家规定，对大中型商业企业全面推行承包经营责任制、小型企业继续推行"改、转、租、卖"改革。大中型企业实行"上交利润基数递增包干、超额全留""上交利润基数包干、超额全留或分成""亏损企业亏损（或补贴）总额包干，超亏不补、减亏留用或分成"等上交利润办法。是年，四川对部分市（地）切块、承包下放外贸经营管理权，实行上缴利润基数承包，划归市（地）的出口补贴基数和利润上缴数，列入地方财政预算。

1989 年，省政府决定，进一步完善全民所有制企业承包经营责任制，凡盈利企业均实行上交利润基数包干超收分档分成和上交利润递增包干办法；微利和亏损企业实行上交或亏损（补贴）定额包干办法。

1991 年，财政部、国家体改委通知，对国营企业实行"税利分流、税后还贷、税后承包"试点办法。盈利企业一律按 33% 的比例税率向国家缴纳所得税；取消调节税种，企业缴纳所得税后，利润应当上交国家部分，主要采取"按比例上交""定额上交、增长分成""递增上交"或其他形式。11 月，省财政厅通知，森工企业上缴所得税，一律按国营企业上缴利润交库。

1992 年，省委、省政府决定，对进行转换经营机制试点的国营大中型企业，其承包上交利润不到纯利润 33% 的，继续按原承包方式上交；承包上交利润超过纯利润 33% 的企业，实行"税利分流"办法，征收 33% 的企业所得税，超过 33% 部分为利润承包上交。是年，财政部规定，对盈利的外贸企业可采取"利改税"或"税利分流，税后承包"等办法。3 月，省政府决定，国营粮食企业多种经营（附营业务）实现的利润，不再抵补平价粮食亏损，逐步实行定额上交办法。

1993 年 10 月，省委、省政府决定选择 22 户国有大中型企业进行建立企业新体制试验，对未实行股份制的试点企业，在保证国家所得税部分逐步增长的前提下，由同级财政部门核定上交目标任务，作为企业上缴收入。12 月，国务院发布《国务院关于实行分税制财政管理体制的决定》，从

1994年1月1日起，改革国有企业利润分配制度，对国有企业统一按国家规定的33%的税率交纳所得税，取消各种包税办法。作为过渡办法，增设27%和18%两档税率，逐步建立国有资产投资收益按股分红、投资分利或税后利润上交的分配制度。作为过渡措施，对1993年以前注册的多数国有全资老企业实行税后利润不上交的办法。

1994年5月，财政部、国家税务局规定，对实行利润包干或承包上交办法的行业和企业，不管是否到期，以及未实行利改税的外贸企业、军工企业，一律按规定征收所得税。6月，省委、省政府决定，国有企业中国家应收取的利润，短期内全部无偿留企业。

1997年，省政府规定，境外企业的税后净利，应按5%—10%的比例上缴财政。对部分困难境外企业，经财政机关批准，可免交部分或全部税后利润。

1998年，四川省国有资产经营预算正式设立，企业按规定应上缴国家的利润，列入“国有资产经营收益”预算科目。

1986—1997年四川省国营企业上缴利润收入统计表

表1－27

单位：万元

年份	金额	年份	金额	年份	金额
1986	13475	1990	40588	1994	34682
1987	13983	1991	44964	1995	31010
1988	29109	1992	49791	1996	27914
1989	39047	1993	41989	1997	24420
合计	390972				

说明：资料来源于四川省历年财政总决算表

二、国有资产经营收益收入

1986年前，国家财政对企业拨付的固定资产投资、流动资金以及其他国有资产和专项基金，除上缴利润和少数收取占用费外，基本上是国家无偿拨款。国家对企业进行改制后，凡界定为国有资产及由国家投资经营收益所形成的资产，均属国有，企业须向财政上缴国有资产经营收益。

1988年，省政府决定，选择10户大中型企业进行超前改革试点，实行国家和企业的资产，按股分红或企业对国家资金付费的办法。国有企业转让产权的净收入，除只转让部分产权的收入，经批准可由企业留用外，原则上由国资部门收回，政府指定财政部门管理。

1991年3月，国家国有资产管理局、财政部、国家工商行政管理局联合出台了《企业国有资产所有权界定暂行规定》，要求凡界定为国有的资产所形成的各种收入，均应按国家规定上交财政。同月，国家国有资产管理局、财政部、国家体改委通知，在股份制试点中，国营企业投资股份制的国家资金和企业留用基金（包括生产发展基金、后备基金、风险抵押基金等），用实现利润或减免税金归还贷款的资金，以及属于国有资产补偿性的折旧基金等，都属于国家所有，折为国家股。国家股的分红收入，由国资部门收缴国库；股份制企业破产或终止时，国家股分得的国有资产由国资部门处理，其变现收入，解缴国库。10月，省政府出台《四川省人民政府关于进一步完善股份制试点的决定》，规定企业固定资产、国拨流动资金、自有流动资金，应折为国家股；折旧基金、企业留利中的生产发展基金、新产品试制基金，大修理基金、后备基金结存部分按账面价值转为国家股。国家股收益由国资部门解交国库。

1992年2月，国家国有资产管理局、财政部规定，关停企业的国有资产处置收入，用于清理维护费和清偿债务后的结余，由国资部门解缴，纳入财政预算管理。7月，国家国有资产管理局、财政部规定，股份制试点企业国家股的股利收入，试点企业将存量国有资产折股出售的收入，由国资部门收取解缴国库。

1993年9月，国家国有资产管理局、财政部、人民银行规定，股份制试点企业国家股股利，由国资部门收缴，按企业隶属关系分别缴入同级国库，财政预算列“国营企业利润类”的国家股股利收入。省委、省政府决定，对探索建立企业新体制试验的国有大中型企业，在依法纳税后，须向国家交纳净资产占用费，占用费不低于同期银行存款利息。未实行股份制的试点企业，在保证国家所得税逐步增长的前提下，由同级财政部门核定上交目标任务，作为企业上缴收入。

1994年2月，省国资局通知，企业经批准出售车间、分厂的资产净收入，可暂不上交财政，留企业使用，企业按银行同期贷款利息率计算缴纳资金占用费。企业整体出售收入，由国资部门收取，由财政、国资部门共同管理。9月，财政部、国家国有资产管理局、中国人民银行《国有资产收益收缴管理办法》规定，国有资产收益包括：国有企业应上缴国家的利润；股份有限公司中国家股分得的股利；有限责任公司中国家作为出资者按照比例应分取的红利；各级政府授权的投资部门或机构以国有资产投资形成的收益应上缴国家的部分；国有企业产权转让收入；股份有限责任公司国家股股权转让（包括配股权转让）收入；有限责任公司国家出资转让收入；其他非国有企业占用国有资产应上缴的收入；其他按规定应上交的国有资产收益。

同年12月，国家国有资产管理局《集体企业国有资产产权界定暂行办法》规定：集体企业中已界定的国有资产，其所有权属于国家，企业对其拥有法人财产权。除发生产权转让等法定情形外，集体企业可以继续使用，国家不得抽回国有资产。对界定后属于国有资产的，依照下列办法处理：企业继续使用，按规定交付资产收益；按国家规定，缴纳不低于同期银行贷款利率的资产占用费；实行租赁经营，由投资单位收取租金；实行有偿转让，由双方签订合同，一次付清或分期付款；作为与全民单位联营，按国家有关联营的规定办理；作价入股，按股份制企业进行管理，并参与分红；也可作为优先股，只收取股息或红利，不参与管理。对企业享受国家特殊减免税优惠政策而形成的扶持性国有资产，国家只保留特定条件下对这部分资产的最终处置权，不参与管理及收益。但企业应将这部分资产用于生产发展，不得挪作他用或私分。否则，国家依规定收归国库。

1995年7月，《四川省企业国有资产有偿转让管理暂行办法》规定，企业有偿转让全部产权或部分产权的转让收入，按照国家有关规定处理后的净收入，列同级财政“国有企业出售产权收入”，足额缴入国家金库。

1996年6月，财政部《境外投资财务管理暂行办法》规定，对境外投资单位收益各项，包括：境外独资企业的税后利润；境外合资、合作企业中方分得的利润（包括股息、红利等）；直接购买外国公司股票分得的股息红利及其他境外投资效益，由境外企业直接汇缴主管财政机关。12月，国家计委、财政部决定将中央级“拨改贷”资金本息转为国家资本金，包括：1979—1988年，中央财政安排的预算内基本建设投资的本息余额；中央和地方共同投资的国有企业中中央级“拨改贷”资金。同时，要求省级人民政府相应将地方“拨改贷”资金本息转为国家资本金，对“拨改贷”转为国家资本金的企业，按规定上缴国有资产收益（包括利润、红利、股利等）及企业所得税。

1998 年，财政部通知，从 1989 年 1 月 1 日至 1996 年 12 月 31 日，由中央财政安排的国家预算内基本建设投资中的有偿使用部分，以及由部门安排的国家基建基金部门贷款，转为国家资本金。财政部门按照国家规定，收缴国有资产收益（包括利润、红利、股息等）及企业所得税。

2001 年，财政部《企业国有资本与财务管理暂行办法》规定：企业发生的年度经营亏损依法以以后年度实现的利润弥补；转让母公司国有资本所得收益，上缴主管财政机关；企业被责令关闭，清算后的净收益，归投资者所有，其中子公司清算所得收益，作投资者收益处理，母公司清算所得利益上缴主管财政机关。

2002 年，财政部发布实施《企业公司制改建有关国有资本管理与财务处理的暂行规定》，要求改建企业原由国家财政专项拨款、其他各类财政性资金收入以及实行先征后返政策给企业的税收等，按照规定形成的资本公积金，计入国有资本，按规定上缴国有资产收益。公司制企业享受国家财政扶持政策，收到财政拨给的资本性补助金，按上述规定执行。

1998—2005 年四川省国有资产经营收益收入统计表

表 1－28

单位：万元

年份	1998	1999	2000	2001	2002	2003	2004	2005	合计
金额	37246	37046	66579	54693	71575	91972	120976	198651	678738

说明：资料来源于四川省历年财政总决算表

三、计划亏损补贴

1986 年 3 月，省政府决定，各地、市财政局对食品公司节亏增盈部分，大部分留给企业。4 月，财政部通知，对国有企业小化肥厂，执行国家临时降价政策而导致亏损增加的，由财政退库弥补。8 月，财政部通知，从 1986 年 1 月 1 日起，省间粮食调出增加的收入，一律上交地方财政，列入“粮食企业亏损补贴”。10 月，财政部规定，对粮食企业全面实行政策性亏损定额补贴办法，粮食企业按规定支付的预购定金贷款利息，列入粮食企业亏损。是年，受原燃材料提价、费用开支标准提高以及部分企业实行分类折旧、开征房产税、车船使用税等影响，四川省地方国营工业企业亏损 21537 亿元，比 1985 年增加 9463 万元，增亏 78.37%；交通企业亏损 348 万元，比上年减少 2079 万元。国营企业亏损补贴按部门分，其中：工业部门亏损补贴 28585 万元，交通、邮电部门亏损补贴 1698 万元，农林水等部门亏损补贴 1219 万元，粮食企业亏损补贴 32276 万元，商业企业亏损补贴 6647 万元，文教卫生企业亏损补贴 825 万元，国营企业计划亏损补贴总额 89565 万元。

1987 年，全省地方工业企业亏损户数 532 户，比上年减少 18 户，亏损额 24252 万元，减少 4259 万元，扭亏 14.95%，但离国家下达扭亏 25% 的要求差距甚大。特别是煤炭行业，地质条件差，地处山区，原煤运距长、成本高，而销售价格偏低，加上煤炭行业病退人员增多，企业人员负担沉重，致使亏损不能下降，亏损额达 10094 万元，占全省亏损总额的 41.62%。工业企业亏损补贴 32228 万元，比 1986 年增加 3643 万元。交通企业亏损 2311 万元，比 1986 年增亏 1963 万元，主要是受汽车运输企业车辆陈旧，燃料、汽车零配件价格持续上升以及政策性增支减收因素影响。交通企业亏损补贴 3705 万元，比 1986 年增加 2007 万元。

1993 年 5 月，国务院办公厅通知，为解决好灾民口粮问题，对救济面较大、救灾款不足的地方，可采取借粮政策，对逾期不能收回的粮食所造成的亏损，由地方财政给予弥补。

1994 年 2 月，财政部《全民所有制企业政策性亏损补贴管理办法》规定，企业政策性亏损补贴范围包括：生产（经营）国家指令性生产（经营）并由国家统一定价的产品、商品、物资，其销售收入不足弥补企业按规定摊入的生产成本（费用）、原始进价及有关税金而形成的亏损；承担为使国家掌握宏观调控手段而储备的商品、物资所发生的有关费用开支，因长期承担特定任务而又不具备生产条件的全民所有制农业企业所出现的亏损；其他按国家规定应给予的补贴。政策性亏损，由财政部门实行定额补贴，也可实行“总额控制、减亏分成”“亏损补贴总额包干”等补贴办法。

1997 年，财政部出台《财政部门支持国有农垦企业发展的若干意见》，规定对国有农垦政策性亏损，财政部门也给予补贴。

1998 年，国务院决定，对粮食财务挂账贴息，由财政拨补部分，在 1992 年 4 月 1 日至 1998 年 5 月 31 日的新增财务挂账，其亏损挂账、本金利息，由政府统筹资金在 3 年内负责消化。1998 年 6 月 1 日后，粮食收储企业不允许再发生新挂账，并由企业自行解决。

2004 年 7 月，财政部通知，对国有粮食购销企业陈化粮差价亏损，按中央批准计划销售的价差亏损，由粮食风险金弥补。地方储备粮中陈化粮销售价差亏损由地方财政负担，不允许挂账；价差收入上缴地方财政。

1986—2005 年四川省国营企业计划亏损补贴统计表

表 1－29　　单位：万元

年份	金额	年份	金额	年份	金额	年份	金额
1986	－89565	1991	－130151	1996	－63728	2001	－27937
1987	－88571	1992	－136322	1997	－20142	2002	－27809
1988	－130770	1993	－72629	1998	－18891	2003	－27401
1989	－157943	1994	－62141	1999	－29363	2004	－25899
1990	－158061	1995	－59897	2000	－31376	2005	－21932
合　计	－1380528						

说明：资料来源于四川省历年财政总决算表

四、国营（有）企业其他收入

国营企业其他收入包括国有企业承包收入退库和国有企业所得税退税。

1988 年，财政部发布《关于全民所有制企业承包收入退库的规定》，对实行承包经营责任制的各级全民所有制企业上交所得税、调节税超过年度目标部分，由财政部门采用收入退库方式，返还给企业，作为企业留利处理。在预算收入科目中相应增加“国营企业承包收入退库类”。是年，四川省国有企业承包收入退库 34952 万元。

1989 年，国有企业承包收入退库 29818 万元。1990—1993 年，国有企业承包收入退库分别为 12566 万元、7543 万元、5449 万元、5879 万元。国有企业承包收入退库总体呈现逐年减少的态势。

1988—1993 年四川省国有企业承包收入退库统计表

表 1－30

单位：万元

年份	1988	1989	1990	1991	1992	1993	合计
金额	－34951.9	－29818.2	－12565.7	－7543	－5449	－5879	－96206.8

说明：资料来源于四川省历年财政总决算表

1994 年税制改革后，所有纳税人都必须依法缴纳增值税、消费税、营业税和所得税等各项税收。同时，为了保证新旧税制的平稳过渡，维护政策的连续性，支持企业发展，国务院确定，在一定期限内特定对一些行业和项目实行先征税后退税的政策。退税时，无论是“税收返还”还是“财政返还”，都采取先按统一税收规定征税，再按原征税科目退税的办法。

1994 年 5 月，财政部、国家税务总局、中国人民银行《关于税制改革后对某些企业实行“先征后退”有关预算管理问题的暂行规定的通知》规定：企业申请退付消费税和增值税，由企业向纳税地的中企驻厂员机构提出申请（无中企驻厂员机构的向当地财政部门提出申请），并附原始纳税凭证及复印件（纳税凭证复印件由纳税地中企驻厂员机构留存），经纳税地中企驻厂员机构核实报省级中企驻厂员机构审核后，批复纳税地中企驻厂员机构并抄送当地国库；纳税地中企驻厂员机构根据批复，按税种和财政体制规定的预算级次分别开具“收入退还书”并附省级中企驻厂员机构批复文件，经当地国库部门复核，从中央国库和地方国库退付，即从中央国库退消费税和 75% 的增值税；从地方国库退增值税的 25% 。凡无省级中企驻厂员机构批复文件的，有关国库不得办理退库。省级中企驻厂员机构要按月分别向财政部、国家税务总局和地方财政部门汇总报告退税的税种、预算级次和数额。企业申请退付属于地方预算收入的税收（如：一般营业税、地方企业所得税等），由企业向纳税地财政部门（或财政部门授权部门）提出申请，经地方财政部门（或其授权部门）核准，并开具“收入退还书”，从地方国库退付。同时，在国家预算收入科目中增设“企业所得税退税类”，取消“国营企业承包收入退库类”科目。

1994—1996 年，四川省企业所得税退税分别为 1225 万元、3548 万元和 3777 万元。1997 年之后，由于政策性减免、地方自行制定的“先征后退”政策从严控制，特别是 2000 年之后，按照国务院规定，“先征后退”政策一律取消，企业所得税退税开始大幅减少。1997—2001 年，四川省企业所得税退税分别为 998 万元、1030 万元、393 万元、297 万元、15 万元，总体呈现逐年递减态势。2002—2004 年，企业所得税退税均为 0。2005 年，企业所得税退税 100 万元。

1994—2005 年四川省企业所得税退税统计表

表 1－31

单位：万元

年份	金额	年份	金额	年份	金额	年份	金额
1994	－1225	1997	－998	2000	－297	2003	0
1995	－3548	1998	－1030	2001	－15	2004	0
1996	－3777	1999	－393	2002	0	2005	－100
合计	－11383						

说明：资料来源于四川省历年财政总决算表

1986—1993 年四川省国营（有）企业收入决算明细表（一）

表 1－32 单位：万元

税种 / 年份	国营（有）企业所得税	国营（有）企业调节税	国营（有）企业上缴利润	国营（有）企业计划亏损补贴	国营（有）企业承包收入退库	合计
1986	116089	11104.2	13475.2	－89565	—	51103.4
1987	106500	9262.6	13982.9	－80570.9	—	49174.6
1988	142921	11034.9	29108.7	－130769.8	－34951.9	17342.9
1989	138073.3	10962.1	39047.2	－157942.5	－29818.2	321.9
1990	107450.9	7223.7	40588.1	－158060.6	－12565.7	－15363.6
1991	104489	7254	44964	－130151	－7543	19013
1992	88222	4175	49791	－136322	－5449	417
1993	101519	2744	41989	－72629	－5879	67744
合计	905264.2	63760.5	272946.1	－956010.8	－96206.8	189753.2

说明：资料来源于四川省历年财政总决算表

1994—1997 年四川省国有企业收入决算明细表（二）

表 1－33 单位：万元

税种 / 年份	企业所得税	国有企业上缴利润	国有企业计划亏损补贴	所得税退税	合计
1994	134280	34682	－62141	－1225	105596
1995	201499	31010	－59897	－3548	169064
1996	212803	27914	－63728	－3777	173212
1997	277351	24420	－20142	－998	280631
合计	825933	118026	－205908	－9548	728503

说明：资料来源于四川省历年财政总决算表、《四川省统计年鉴》

1998—2005 年四川省企业收入决算明细表

表 1－34 单位：万元

税种 / 年份	企业所得税	企业所得税退税	国有资产经营收益	国有企业计划亏损补贴	合计
1998	243408	－1030	37246	－18891	260733
1999	265529	－393	37046	－29363	272819
2000	347832	－297	66579	－31376	382738
2001	457425	－15	54693	－27937	484166
2002	290009	—	71575	－27809	333775
2003	247547	—	91972	－27401	312118
2004	310529	—	120976	－25899	405606
2005	399414	－100	198651	－21932	576033
合计	2561693	－1835	678738	－210608	3027988

说明：资料来源于四川省历年财政总决算表

第二节 事业收入

1980年以前，地方各级企业、事业主管部门和行政事业单位的各种经济收入，均作为事业收入，上交同级财政。1980年起，随着经济体制改革的推进，事业单位的收入（不包括政府性基金和行政性收费），在事业单位实行企业化管理和经费预算包干办法后，对已实行企业化管理的单位，其事业收入改为企业收入类上交财政；多数事业单位事业收入，实行“预算包干、结余留用”办法，留给单位用于事业发展，不再上交财政；只有少数单位的事业收入，在收大于支或盈余较多的，继续上交一部分给财政，其额甚微。

1986年3月，财政部规定，凡农口事业单位，能按照企业化管理要求建立经济核算制的单位，自负盈亏，对其中盈余较多的单位，也可实行定额上交、一定几年不变的包干办法。5月，财政部通知，从1986年起，国防科研单位的收益，不再按20%上交国家财政、80%留企业的办法，对科学技术研究机构收入，改为征税的办法。

1987年，水利电力部、财政部规定，各级财政部门和水利部门对于有水费、电费和综合经营收入的水利工程管理单位，均应实行“以收抵支、财务包干”的办法，其中以收抵支后有较多盈余的单位，实行“盈余定额上交、超收留用”的办法。

1988年，财政部规定，在事业行政单位中，实行差额预算管理的单位，一般为剧团、体育馆（场）、“农业三场”①、林场、苗圃、科研单位等。分别实行：全额管理、定项或定额补助、结余留用；全额管理，差额补助或差额上缴、结余的办法。其差额上缴是在核实单位全部收支的基础上，核定收大于支的差额、上缴国家财政预算。

1989年，财政部发布《关于事业单位财务管理的若干规定》，规定经国务院批准，自1989年起，对事业单位分别施行：全额预算管理、差额预算管理和自收自支管理。对自收自支管理的单位（尚未具备企业管理条件的单位），其收大于支较多的，在核定收支数时，应规定其收入的一部分上交财政或上交主管部门。

1991年，广播电视部、财政部规定，广播电视主管部门及其所属的广播、电视台、出版社、杂志社、音像公司和广播电视节目报社等单位。经批准的广告费所得收入，全额纳入单位预算管理，视同财政收入和财政拨款，单位必须分别核算，不得坐支广告费。

1993年，省财政厅通知，为支持农口事业单位开展有偿服务和兴办实体，对实行自收自支管理的事业单位，其上交给财政部门的收入，仍用于农口事业单位发展事业。

1996年，执行财政部《事业单位财务规则》，规定从1997年1月1日起，对少数非财政补助收入大于支出较多的事业单位，实行收入上缴财政的办法。

1998年，执行财政部《广播电视事业单位财务制度》规定，对少数非财政补助收入大于支出数额较多的单位，实行收入上缴财政的办法。

2000年，国务院办公厅通知，卫生执法监督收入，上缴财政预算管理。

1986—1997年，四川省事业收入累计7305万元。

---

① “农业三场”：即国营良（原）种繁殖场、种畜（蜂、禽）场、蚕桑茶果药园艺特产场。

第三章　基金（收费、附加）收入

基金收入是指按规定收取，由财政管理并具有专门用途的政府性基金以及原属预算外的地方财政税费附加收入。基金管理实行“收支两条线”，先收后支，专款专用。1997 年，根据国务院有关加强预算外资金管理的规定，四川省将养路费、电力建设基金、新菜地开发基金、农村教育费附加、邮电附加和民航机场管理建设费 6 项政府性基金（收费）以及财政部门管理的各项附加收入纳入基金预算管理，收入全部上缴国库，先收后支，专款专用。未纳入预算管理的行政事业性收费和政府性基金、资金、附加，缴入财政专户。是年，四川省地方财政增设了财政基金预算收支报表，下设工业交通部门基金收入类、文教部门基金收入类、农业部门基金收入类、地方财政税费附加收入类、社会保险基金类、土地有偿使用收入类、政府住房基金收入类等科目，基金收支开始在预算上单独编列反映。

第一节　两项基金收入

两项基金是指国家能源交通重点建设基金和国家预算调节基金。前者 1983 年起征，1996 年停征；后者 1989 年起征，1996 年停征。

一、国家能源交通重点建设基金

1983 年，国务院颁布实施《国家能源交通重点建设基金征集办法》，对国营企事业单位、机关团体、部队和地方政府的各项预算外资金，以及这些单位所管的城镇集体企业交纳所得税后的利润征缴，按各项资金当年收入的 15% 计征。

1986 年，省政府决定对少数民族地区县以下的区乡民贸企业全部免征能交基金，县和县以上民贸企业减半征收。对国营小型商业企业实行“改、转、租”和执行集体企业财务会计制度的；对以合作店铺作坊门店为基础，合作升级、过渡形成的小型企业实行“改、转、租”的；对实行资产经营责任制的企业、增提和返还给企业的折旧基金和税后利润用于还贷部分的，均免征能交基金。

1987 年 5 月，按照国务院《关于扩大征集国家能源交通重点建设基金的规定》，四川省对城乡合作商店、运输合作社、街道企业、知青办企业和乡镇企业、村办企业、农村信用社以及私营企业和个体户，依计税利润扣除缴纳所得税后的余额征收 7% 的能交基金。省政府补充规定，对三州所属的县及叙永等 45 个县（区）的县级单位减半征收；县以下单位，一律免征。

1988 年，省政府决定，对改造中小学危房经费，实行承包经营责任制的国营工业企业提取的技术开发费，免征能交基金。

1992年，财政部通知，对各企事业单位自住房提取的折旧；行政事业单位从预算外资金中按规定提取的住房资金；单位和个人缴存的住房公积金；政府统筹的租金收入以及其他为解决住房筹集的住房建设资金等，免征能交基金。

1993年，财政部通知，从7月1日起，对所有企业提取的折旧；对税后利润不足5000元的企业，投资单位从被投资企业分回的利润，免征能交基金。

1994年1月，国有企业开征所得税，取消对国有企业征收能交基金。

1995年1月，财政部、国家税务总局规定，能交基金的计征方法改为：地方财政部门的预算外资金，按当年收入总额计征；行政单位的预算外基金，根据不同的预算管理形式分别计征。

1996年1月，根据国务院规定，四川省全面停征能交基金。

1986—1995年四川省国家能源交通重点建设基金收入统计表

表1－35　　单位：万元

年份	金额	年份	金额	年份	金额
1986	21616	1990	17460	1994	3684
1987	18284	1991	16040	1995	1271
1988	20100	1992	13371		
1989	22627	1993	8426		
合计	142879				

说明：资料来源于四川省历年财政总决算表

二、国家预算调节基金

1989年1月，国务院颁布施行《国家预算调节基金征集办法》，对所有国营企业事业单位、机关团体、部队和地方政府各项预算外资金，以及所有集体企业、私营企业和个体工商户缴纳所得税后的利润，按10%的征收率征收预算调节基金。免征项目有：地方财政的农牧业税附加，医药卫生机构和中小学校的杂费，中小学校的勤工俭学收入，高等院校和中专技校基金，企业的大修理基金和育林基金以及煤矿维简费等。

1990年2月，省财政厅决定，“八五”期间（1991—1995年），对国家财政预算内专项分配给四川的支援经济不发达地区发展资金和三州开发基金，免征国家预算调节基金。

1992年8月，省财政厅、省经委决定，对省内31家国有大中型工业企业和22家国有大中型交通企业的折旧基金免征预算调节基金，因此所减少的财政收入，除省直接负担15%外，影响各地收入基数部分，年终决算时，省按1989年各地企业实际上缴数的35%予以补助。

1995年1月，财政部、国家总局规定，对依法缴纳企业所得税的事业单位和全额管理的事业单位的年终预算包干结余，以及非国有企业，均免征预算调节基金。

1996年1月，根据国务院规定，四川省全面停征预算调节基金。

1989—1995 年四川省国家预算调节基金收入统计表

表 1－36　　　　单位：万元

年份	金额	年份	金额	年份	金额
1989	17001	1992	19441	1995	3992
1990	21249	1993	11506		
1991	20105	1994	4633		
合计	97927				

说明：资料来源于四川省历年财政总决算表

第二节　工业交通部门基金收入

工业交通部门基金收入包括电力建设基金收入、养路费收入、公路建设基金收入、下放港口以港养港收入、民航机场管理建设费收入、地方邮电附加收入、铁路建设附加费收入、墙体材料专项基金收入、散装水泥专项基金资金收入、农网还贷资金收入等。其中，养路费收入、电力建设基金收入、墙体材料专项基金收入、散装水泥专项基金收入、农网还贷资金收入数额较大，是工业交通部门基金收入的主体。

一、电力建设基金

电力建设基金是指经国务院批准的在全国范围内向电力用户征收的专门用于电力建设的资金。

1988 年 1 月，国务院发布施行《关于征收电力建设资金的暂行规定》，决定从 1988 年 1 月 1 日起至 1995 年 12 月 31 日止，对全国所有企业（包括外资企业和中外合资企业）用电，按每度用电量 2 分钱的标准征收电力建设基金。省政府补充规定，征收电力建设基金后，取消原由省统一收取的“天然气发电高进高出”每千瓦时 1 分 1 厘的附加。对小化肥生产、煤炭生产、基建用电及核工业生产（不含民产品）的用电量，按每千瓦时附加 2 厘的标准征收电力建设基金。对各地市自行组织的“高来高去”定点供应的电量，免征电力建设基金。

1996 年 1 月，财政部规定，从 1996 年 1 月 1 日起至 2000 年 12 月 31 日止，在全国范围内向电力用户征收专门用于电力建设的资金，征收标准为每千瓦时用电量 2 分钱。对农排灌、抗灾救灾及氮肥、磷肥、钾肥、复合肥（化工部颁发许可证的）生产等用电，及自备电厂自用电量免征电力建设基金；对重点煤炭企业生产用电、核工业铀矿扩散和化工厂生产用电，暂减征至每千瓦时用电量 3 厘钱。

2002 年，四川省停征电力建设资金。资金转为电力企业的经营性收入，不再作为财政专项收入。

1997—2001 年，四川省电力建设资金收入共计 5.1 亿元。

二、养路费收入

养路费收入是国家按照“以路养路、专款专用”原则，向有车单位和个人征收的用于公路养护、修理、技术改造和管理的专项事业费。

1979 年，按照国家计划委员会、交通部、财政部、中国人民银行联合颁布实施的《关于公路养路费征收和使用的规定》，四川省开始征收养路费。1980 年，省政府发布《四川省公路养路费征收实施办法》，对交通运输企业的车辆，按其运输收入征收 12.5% 的养路费。

1987 年，省政府决定，军队参加地方营业运输车辆和所属企事业单位的车辆，需缴纳养路费；林业企事业单位的车辆按应交养路费标准的 45% 交纳，对只在林区专用公路上行驶的工程车，免交养路费。

1988 年，省政府改革公路养护体制，养路费率由 12.5% 调为 15%，增加的 2.5% 由省集中用于重点公路建设。

1993 年，省政府发布实施《四川省公路养路费征收管理办法》，对领有牌照的各类车辆，从事营业运输的，征缴养路费。对按国家定编标准配备的县以上党政机关、人民团体和学校用车、外国使（领）馆驻四川省的自用车，经核定设有固定装置又能保证专用的清洁车、洒水车、专用救护车、防疫车、采血车、环境监测车、警车、囚车、消防车、防汛指挥车，以及铁路、交通、邮电部门的战备专用微波通信车和国家预算内国防开支的军事装备性车辆等，免征养路费。

1997 年，省人大常委会《四川省公路养路费征收管理条例》规定，从 5 月 1 日起，养路费按国家规定的吨位、车台（套）实行费额或定额征收。四川省公路养路费征收标准定为：货车 170 元/吨·月；客车 210 元/吨·月；中型营运客车 330 元/吨·月；小型出租汽车（含 10 人座以下小型营运车）410 元/吨·月；二轮摩托车 15 元/吨·月；三轮摩托车 17 元/吨·月；拖拉机 85 元。

1997—2005 年，四川省养路费收入共计 182 亿元。

三、墙体材料专项基金收入

墙体材料专项基金是国家为贯彻实施可持续发展战略，加快推广新型墙体材料而设立的专项基金。

2002 年，财政部、国家经贸委《新型墙体材料专项基金征收和使用管理办法》规定：凡新建、扩建、改建建筑工程未使用新型墙体材料的建设单位，按最高不超过每平方米 8 元的标准预缴新型墙体材料专项基金；基金征收期限至 2005 年 12 月 31 日。

2003 年，省财政厅、建设厅联合下发《四川省新型墙体材料专项基金征收和使用管理办法实施细则》，规定：新型墙体材料专项基金征收标准，按工程概算确定的建筑面积计算。成都市（含区、县）规划区内按每平方米 8 元预缴；其他市（州）城市规划区内按每平方米 7 元预缴；县（市、区）、镇及风景名胜规划区内按每平方米 6 元预缴。对难以用建筑面积计算的，按标准砖（240 毫米 ×115 毫米 ×53 毫米）每块 0.04 元预缴。新型墙体材料专项基金不得向施工单位重复收取，也不得在墙体材料的生产、销售环节收取。严禁在新型墙体材料专项基金外加收任何名目的保证金或押金。严禁任何单位或个人随意批准减、免、缓缴专项基金。各市（州）、县（市、区）墙材节能办征收的新型墙体材料专项基金，就地缴入地方国库，纳入地方财政预算管理。

2000—2005 年，四川省墙体材料专项基金收入共计 3.33 亿元。

四、散装水泥专项资金收入

散装水泥是一项节约资源、保护环境的重要经济、技术措施，散装水泥专项资金是贯彻落实国家“限制袋装、鼓励散装”的方针而设立。

1998 年 11 月，财政部印发了《散装水泥专项资金管理暂行办法》，规定：水泥生产企业每销售一吨袋装水泥（包括纸袋、塑料袋、复合袋等）缴纳的散装水泥专项资金，以及施工单位每使用一吨袋装水泥，由建设单位或其他使用单位缴纳的散装水泥专项资金总和为 3—5 元。具体征收标准由各省（自治区、直辖市）人民政府本着不增加企业负担的原则，在上述标准范围内确定。按规定征收的散装水泥专项资金，纳入同级财政预算管理，就地缴入地方国库，且必须使用省级以上财政部门统一印制的专用票据。

2002 年 11 月，省财政厅、省建设厅联合印发了《四川省散装水泥专项资金征收管理暂行办法》，规定：水泥生产企业每销售一吨袋装水泥（包括纸袋、复膜塑编袋、复合袋等），缴纳 1 元专项资金；使用袋装水泥的单位每购买一吨袋装水泥缴纳 3 元专项资金。其中，工程建设使用袋装水泥，由建设单位在工程开工前，按照工程概算水泥使用量预缴专项资金，并在工程竣工之日起 30 日内，凭有关部门批准的工程决算以及购进散装水泥原始凭证等资料，经原预收专项资金机构和地方财政部门核实无误后，办理专项资金清算手续，实行多退少补。逾期不办理或弄虚作假的不予退返。工程建设使用袋装水泥应当缴纳的专项资金，不得向施工单位重复征收。禁止对使用本行政区域内和本行政区域外生产的袋装水泥征收不同标准的专项资金。

1999—2005 年，四川省散装水泥专项资金收入共计 1.35 亿元。

五、农网还贷资金收入

农网还贷资金是对农网改造贷款“一省多贷”的省（自治区、直辖市）（指该省市区的农网改造工程贷款由多个电力企业承贷）电力用户征收的政府性基金，专项用于农村电网改造贷款还本付息。资金按社会用电量每千瓦时 2 分钱标准，并入电价收取，执行时间从 2001 年 1 月 1 日起至 2005 年 12 月 31 日止。

2002 年 6 月，省政府批准实施《四川省农网还贷资金征收使用管理实施意见》，决定从 2001 年 1 月 1 日起对电力用户征收农网改造还贷资金。农网还贷资金的征收范围：各级电网经营企业销售电量扣除应免征电量后的全部电量，征收标准为 0.02 元/千瓦时。免征范围：农业排灌、抗灾救灾及氮肥、磷肥、钾肥和原化工部颁发生产许可证的复合肥生产用电；自备电厂自用电量（不含自备电厂发生销售行为的电量）。减征范围：国有重点煤炭企业生产用电、核工业铀扩散厂和堆化工厂用电，按每千瓦时用电量 3 厘钱标准征收。

2002—2005 年，四川省农网还贷资金收入共计 13.7 亿元。

1997—2005 年四川省工业交通部门基金收入统计表

表 1－37　　单位：万元

年份	金额	年份	金额
1997	42686	2002	273480
1998	196909	2003	335599
1999	201435	2004	360000
2000	208233	2005	447776
2001	226992	合计	2293110

说明：资料来源于四川省历年财政总决算表

第三节 文教部门基金收入

一、农村教育附加费收入

农村教育附加费是对乡镇、村办企业等按销售收入或营业额的一定比例或其他适当办法计征的，专门用于发展农村教育事业而征收的一种附加费。

1985 年，省政府根据国务院颁布的《关于筹措农村学校办学经费的通知》，决定从 1986 年 1 月 1 日起，征收农村教育费附加。征收时，农业人口以乡为单位，按上年农业人均纯收入 1% 左右的比例计征，人均纯收入在 120 元以下的免征；对从事农村工业、商业、建筑、运输和其他服务业经营的农户和联户按销售额 0.5% 的比例计征，不再按农业人口重征；对乡（镇）村、组企业，按利润总额的 10% 在税前提取的补助社会性开支费用中以 30% 左右的比例计征；乡（镇）从事工业、商业、建筑、运输和其他产业经营的非农业个体户，按营业或销售金额 0.5% 的比例计征。

1989 年，为改善办学条件、排除中小学危房，省政府决定调整农村教育附加征收办法，对农村农业个体户、非农业个体户，由按营业额、销售额的 0.5% 计征，改为按三税（产品税、增值税、营业税）的 1% 征收。

1997 年，农村教育附加费作为政府性基金开始纳入预算管理。

2002 年，财政部规定，农村教育附加费在农村税费改革后并入新的农业税。

1997—2002 年，四川省农村教育附加费收入共计 22.1 亿元。

二、文化事业建设费收入

文化事业建设费是国家为完善文化经济政策，拓展文化事业资金投入渠道而对广告、娱乐行业开征的一种规费。

1997 年 5 月，根据国务院《关于进一步完善文化经济政策的若干规定》，四川省开始对各种营业性的歌厅、舞厅、卡拉 OK 歌舞厅、音乐茶座和高尔夫球、台球、保龄球等娱乐场所，按营业收入的 3% 征收文化事业建设费；对广播电台、电视台和报纸、刊物等广告媒体单位以及户外广告经营单位，按经营收入的 3% 征收文化事业建设费。文化事业建设费由地方税务机关在征收娱乐业、广告业的营业税时一并征收。中央和国家机关所属单位缴纳的文化事业建设费，全额上缴中央金库。地方缴纳的文化事业建设费，全额缴入省级金库。

1998 年 2 月，四川省对省级文化事业建设费的使用管理作出规定。文化事业建设费由地税机关征收，省级地税部门征收的文化事业建设费全额缴入省级金库，市（地、州）、县征收的文化事业建设费，全额缴入省级金库后，由省财政按实际征收入库的 75% 安排给各地，用于文化事业建设。省财政按入库数的 3% 和 1% 分别拨付省地税局和省金库作为业务费。文化事业建设费主要用于社会主义精神文明建设，如重大活动经费、培训经费、优秀作品奖励经费和省级公益性文化事业单位维修购置补助经费等，不得用于办公和人员经费支出。

1997—2005 年，四川省文化事业建设费收入共计 3.06 亿元。

三、国家电影事业发展专项资金收入

国家电影事业发展专项资金是为了促进电影事业发展，按照国务院颁布的《电影管理条例》而设立的专项资金。

1996年12月，根据广播电影电视部、财政部《国家电影事业发展专项资金管理办法》，省文化厅、财政厅联合制发了《四川省国家电影事业发展专项资金收缴使用和管理办法》，规定：专项资金由县级（含）以上城市电影院、各种形式的电影院和各类出租影片的单位，按其票房收入、影片租金收入的5%提取上缴；甘孜、阿坝、凉山三州及其他列入“国家八七扶贫攻坚计划”的贫困县暂免征缴。专项资金主要用于城市电影院的维修及改造项目以及对少数民族语电影译制和困难的少数民族地区电影放映企业的补助等。

1997—2005年四川省文教部门基金收入统计表

表1－38　　单位：万元

年份	金额	年份	金额
1997	64610	2002	8655
1998	44902	2003	13481
1999	47643	2004	23163
2000	57578	2005	49138
2001	55861		
合计	365031		

说明：资料来源于四川省历年财政总决算表

第四节　农业部门基金收入

一、新菜地开发基金收入

新菜地开发基金是国家为保证城市人民生活需要，向被批准使用城市郊区的用地单位征收的一种建设基金。它是在征地单位向原土地所有者缴纳的征地补偿费、安置补助费、地上建设物和青苗补偿费等费用外，用地单位按规定向国家缴纳的一项特殊用地费用。

1985年4月，农牧渔业部、国家计委、商业部发布实施《国家建设征用菜地缴纳新菜地开发建设基金暂行管理办法》，规定新菜地开发建设基金的征收标准是：在城市人口（不含郊县人口，仅指市区和郊区的非农业人口，下同）百万人以上的市，每征用一亩菜地，缴纳7000—10000元；在城市人口50万人以上、不足100万人的市，每征用一亩菜地，缴纳5000—7000元；在城市人口不足50万人的市，每征用一亩菜地缴纳3000—5000元；各省（自治区、直辖市）在上述额度内，根据本辖区城市的菜地建设基础和生产情况，区别近郊和远郊，规定具体标准。

1996年7月，根据国务院《关于加强预算外资金管理的决定》，四川省开始将新菜地开发基金纳入财政预算管理。

1997—2005 年，四川省新菜地开发基金收入共计 1.05 亿元。

二、地方水利建设基金收入

地方水利建设基金是根据国务院有关规定征收，用于城市防洪及中小河流、湖泊的治理、维护和建设的水利专项基金。

1997 年 1 月，根据国务院建立水利建设基金的决定和《国务院关于水利建设基金筹集和使用管理暂行办法》的规定，省政府发布实施《四川省水利建设基金筹集和使用管理暂行实施办法》，规定从纳入省级管理的养路费、车辆通行费、公路运输管理费、电力建设基金、市场管理费、个体工商业管理费、征地管理费中提取 3% 作为地方水利建设基金，用于现有的水利工程建设。水利建设基金属于政府性基金，纳入财政预算管理，专项列收列支。

2001 年，省政府决定，公路两旁的水系与水系有关的交通配套设施建设由省交通厅承担后，各地区和各收费公路项目，不再缴纳水利建设资金。

1997—2005 年，四川省地方水利建设基金收入共计 6.81 亿元。

三、育林基金、更改资金收入

育林基金制度始建于中华人民共和国成立初期，是国家在财政极为困难的情况下，实施以林养林政策的体现。

1986 年，林业部、财政部规定，育林基金、更改资金征收标准，由按过去每立方米固定金额缴纳，改为由木竹经营单位按集体或林农出售价的 25%（其中育林基金 15%，更改资金百分 10%）向所在省（自治区）林业主管部门缴纳；由集体或林农直接销售给用户或在木竹市场上直接销售的，按第一次成交价的 25%（育林基金 15%，更改资金 10%），由用户向所在省（自治区）林业主管部门缴纳。

1988 年 5 月，省计经委、省林业厅、省财政厅、省物价局、省工商局通知，从 6 月 1 日起，育林基金、更改资金的征收，改为对木竹经营单位（包括其他行业所有经营木竹的单位），按其售价的 20% 征收（其中：育林基金 12%，更改资金 8%）。

1990 年，省清理不合理负担工作领导小组办公室通知，农民个人自产的木竹制品，直接上市零星出售时，不再征收育林基金（包括更改资金）。

1999 年 1 月，省财政厅、省地税局发出通知，决定对林业系统的育林基金免征营业税，以扶持林业事业发展。

2002 年，根据财政部规定，育林基金由预算外基金调整为预算内基金，其资金结余全部缴入省金库。

2001—2005 年，四川省育林基金收入共计 1.73 亿元。

四、农业发展基金收入

农业发展基金是国家为增加农业资金投入，确保农业资金有一个稳定来源而设立的专项基金。

1988 年，省政府决定建立农业发展基金，先建立粮食、生猪发展基金。粮食发展基金来源于 5 个方面：按粮食收购实绩与中央下达合同定购任务之间的差额，从“议转平”粮食价差补贴款中每千克提取1角2分8厘；从粮食和其他经营单位议购粮[①]中，每千克提取4厘；留县的部分耕地占用税；从乡镇企业提取适当比例的“以工补农”资金；从财政和其他方面用于农业的资金中调剂一部分。生猪发展基金的来源有三个方面：向国营、集体单位和个人经营生猪者每头收取4角技术改进费；从1988开始，从生猪屠宰税中每头提取5角；各级财政拨出扶持发展商品猪基地的建设资金。两种基金按照渠道不乱、用途不变、统筹安排、突出重点的原则安排使用。

1989年，中共中央、国务院决定，从1989年起，各级政府逐步建立农业发展基金（原实行的农业发展专项基金，并入农业发展基金）。资金由国家预算调节基金中留地方部分10%，乡镇企业税收（包括产品税、营业税、增值税和工商所得税）比上年增加部分按体制确定属于本级可支配的80%，耕地占用税留地方的全部，农林特产税的大部分（不得低于60%），农村个体工商户及农村私营企业税收比上年增加部分按体制属于本级可支配的60%，从粮油议购议销企业利润总额中提取的5%，以及经人民政府批准从其他渠道纳入农业发展的基金组成。基金主要用于改造中低产田、开垦宜耕地、推广粮棉油生产的科学技术，现有中小型水利工程配套，也可兼顾安排重点畜牧基地（包括草场）、重点经济林、防护林、重点水产基地建设。

2002年，农业发展基金纳入财政预算管理。

2002—2005年，四川省农业发展基金收入共计338万元。

五、库区维护建设基金收入

2004年，省政府办公厅发布实施《四川省库区扶持和库区维护基金征收使用管理办法》，决定对全省社会销售电量（扣除农业排灌用电、814厂用电、自备电厂用电）每千瓦时按0.27分征收库区后期扶持基金；对宝珠寺、铜街子和二滩水电站扣除自用电后征收库区维护基金，其中，宝珠寺、铜街子两个水电站每发1千瓦时电征收0.08分，二滩水电站每发1千瓦时电征收0.1分。基金收入全额纳入政府基金预算，专项用于开展二滩、宝珠寺、铜街子3个大型水电站库区移民改善生产、生活条件，解决库区移民遗留的问题。

2003—2005年，四川省库区维护建设基金收入共计2.95亿元。

六、森林植被恢复费收入

森林植被恢复费是国家为保护森林资源，促进林业可持续发展而设立的政府性基金，纳入财政预算管理，专款专用。

2002年10月，财政部、国家林业局发布实施《森林植被恢复费征收使用管理暂行办法》，规定森林植被恢复费征收标准按照恢复不少于被占用或征用林地面积的森林植被所需要的调查规划设计、造林培育等费用核定。具体征收标准为：用材林林地、经济林林地、薪炭林林地、苗圃地，每平方米收取6元；未成林造林地，每平方米收取4元；防护林和特种用途林林地，每平方米收取8元；国家重点防护林和特种用途林地，每平方米收取10元；疏林地、灌木林地，每平方米收取3元；宜林地、采伐迹地、火烧迹地，每平方米收取2元。此外，城市及城市规划区的林地，按照上述规定标准2倍收取。对农民按规定标准建设住宅占用林地，在“十五”期间（2001—2005年）暂不收取森

① 不包括“议转平”和计划调入、划入的议价粮。

林植被恢复费。

2003—2005 年，四川省森林植被恢复费收入共计 3.47 亿元。

1997—2005 年四川省农业部门基金收入统计表

表 1－39 单位：万元

年份	金额	年份	金额
1997	6053	2002	11636
1998	9168	2003	24236
1999	9906	2004	32621
2000	9894	2005	46328
2001	10807		
合计	160649		

说明：资料来源于四川省历年财政总决算表

第五节 地方财政税费附加收入

一、农牧业税附加收入

农牧业税附加是地方政府在农牧业税正税以外，附加征收的一部分税款。

（一）农业税附加

1950 年起，农业税附加随同农业税正税征收，一般不超过应征正税的 15%，最高不超过 30%。1953 年，调为 5%—7%。1964 年，国务院决定，为解决农村社会主义教育运动经费问题，农业税附加提高为正税税额的 15%。

1994 年，省政府规定四川的农业税平均税率为常产量的 16%，农业税附加按正税的 15% 征收。

2003 年，中共中央、国务院决定，进行农村税费改革试点，农业税附加最高不超过农业税正税的 20%，四川省作为试点地区农业税及其附加总体水平不超过 8.4%（一般农业税税率为 7%）。

2004 年，省委、省政府决定，从 2005 年 1 月 1 日起，全面停征农（牧）业税及附加。

（二）农业特产税地方附加

1983 年，国务院规定，在征收农业特产税时，同时征收附加，附加率不超过应纳税的 10%。

2003 年，省委、省政府决定，从本年 6 月 1 日起，停止征收农业特产税及其附加。

1997—2005 年，四川省农牧业税附加收入共计 19.36 亿元。

二、城镇公用事业附加收入

城市公用事业附加是国家为弥补城市建设资金不足而设立的政府性专项基金。

1964 年，财政部发布实施《关于征收城市公用事业附加的几项规定》，确定城市公用事业附加包括工业用电、工业用水、公共汽车、公共电车、民用自来水、民用照明用电、电话、煤气、轮渡等 9 项附加。其中，工业用电、工业用水附加，附加率定为 5%—8%；另外 7 项附加的附加率最高不得超过10%。

1978年，国家计委、国家建委、财政部联合发出《关于颁发工业比较集中的县镇开征公用事业附加的几项规定的通知》，决定自1979年起，城市维护建设费的开征范围可以扩大到一些工业比较集中的县镇和工矿区。具体为：全县或相当于县的镇、工矿区，工业产值（包括中央、省、市、地区在本县境内的工矿企业，下同）在5000万元以上的；少数民族地区，全县（旗）或相当于县（旗）的镇、工矿区，工业产值在2000万元以上的；地区所在地（包括自治州、盟）及经国家正式批准对外开放的县镇。

1997—2005年，四川省城镇公用事业附加收入共计23.46亿元。

1997—2005年四川省地方财政税费附加收入统计表

表1－40　　单位：万元

年份	金额	年份	金额
1997	52211	2002	98035
1998	46381	2003	65940
1999	75887	2004	55099
2000	85377	2005	47414
2001	81081		
合计	607425		

说明：资料来源于四川省历年财政总决算表

第六节　社会保险基金收入

一、基本养老保险基金收入

1986年，国务院决定，对国营企业职工试行由企业和个人缴纳退休养老保险金。是年，省政府规定，国营企业、机关事业单位和社会团体，招用常年性工作岗位实行合同制的工人均按规定缴纳退休养老金。用工单位按全部合同制工人工资总额的16%缴纳，合同制工人个人在合同期间，每月按本人工资的3%缴纳。

1988年，省政府决定，建立乡镇企业集体企业职工养老保险制度，其保险金，企业按职工工资总额的10%—15%提取，个人按职工实领工资、奖金的3%—5%提取。

1992年，民政部《农村社会保险基本方案》规定，农村非城镇户口、不由国家供应商品粮的农村人口中的村办企业职工、私营企业、个体户、外出人员以及乡镇企业职工、民办教师、乡镇招聘人员等，按2—20元10个档次交纳养老保险费。

1993年，民政部、总参谋部、总政治部通知，农村籍义务兵、复员退伍军人等优恤对象是农村人口的，统一参加农村社会养老保险。

1996年，省政府决定，实施养老保险制度改革，基本养老保险费，个人缴纳比例先提高到3%，以后再逐年提高，最终达到缴费工资的8%。

2000年3月，省政府决定，凡在四川的国有企业、城镇集体企业、外商投资企业、城镇私营企业和其他城镇企业的在职职工和离退休、退职人员，均纳入基本养老保险省级统筹范围。5月，省财政厅、省社会保障厅通知，在川中央直属军工企业缴纳基本养老保险费，单位按缴费工资基数总额的20%执行，个人缴费按省统一规定执行。

2002年，省政府办公厅批转完善四川省机关事业单位养老保险制度意见，决定从2002年1月1日起，各试点单位职工按本人工资缴纳养老保险费的比例调整为：不到4%的按4%缴纳；高于4%的暂维持不变。

2003年4月，省政府决定，从2003年起，参加所在市（州）企业养老保险的用人单位，一律按所在地统一的缴费比例缴纳基本养老保险费；职工个人按本人缴费工资的8%缴纳。城镇个体户和自由职业者缴费比例仍按缴费工资的20%执行。12月，国务院办公厅、中央军委办公厅《中国人民解放军军人配偶随军未就业期间社会保险暂行条例》规定：军人所在单位后勤机关按照缴费基数的11%为未就业随军配偶建立养老保险个人账户（缴费基数为上年全国城镇职工平均工资的60%），其中，个人缴纳6%，国家按5%的比例给予个人账户补贴。

2005年12月，国务院决定完善企业职工基本养老保险制度，进一步扩大基本养老金覆盖范围，城镇各类企业职工、个体工商户和灵活就业人员都要参加职工基本养老保险，保险费基数为当地上年度在岗职工平均工资，缴费比例为20%，其中8%记入个人账户。

二、失业保险基金收入

1986年，国务院决定，实行待业保险基金统筹，逐步建立待业保险制度。从1986年10月1日起，对宣告破产企业的职工，频临破产的企业法定整顿期间被精简的职工，企业解除劳动合同的工人，企业辞退的工人，由企业按全部职工标准工资总额的1%缴纳待业保险金。

1993年，根据国务院《国有企业职工待业保险规定》，省政府决定，自1993年6月1日起，国有企业、股份制企业、联营企业、城镇集体所有制企业、私营企业、外商及中国港、澳、台同胞投资企业，均按1992年末全部职工工资总额的1%缴纳失业保险费。失业保险基金积累较多时，市（州）人民政府可适当降低缴费比例，但不得低于0.6%。

1998年6月，中共中央、国务院决定，对国有企业下岗职工基本生活费和缴纳社会保险费用的资金，采取财政预算安排1/3，企业负担1/3，社会统筹1/3的“三三制”办法解决。从1998年起，失业保险金缴纳比例由企业工资总额的1%提高到3%，并由企业单方面负担改为企业和职工个人共同负担，其中，个人缴纳1%，企业缴纳2%。

1999年，国务院《失业保险条例》规定，城镇企事业单位按本单位工资总额2%缴纳失业保险费，职工个人按本人工资的1%缴纳失业保险费。

2001年，省人大常委会颁布实施《四川省失业保险条例》规定，失业保险基金按规定标准缴纳，不得减免。其标准为：城镇企业事业单位和民办非企业单位按本单位职工工资总额的2%缴纳，其职工按本人工资的1%缴纳；社会团体按本单位专职人员工资总额的2%缴纳；国家机关按本单位编制人员、劳动合同制工人工资总额的2%缴纳，其编制人员、劳动合同制工人按工人工资的1%缴纳；农民合同制工人不缴纳失业保险费。

2003年5月，省财政厅、省地税局、中国人民银行成都分行联合发出《四川省省级单位残疾人就业保障金征收暂行办法》，规定：从2003年起，对在四川省区域内所有省级（包括中央在川单位）行政机关、社会团体、企事业单位，以及城乡集体经济组织，凡安置残疾人就业未达到法定比例的，每年必须缴纳残疾人就业保障金。缴纳残疾人就业保障金的计算公式为：（上年度在岗职工总人数×1.5%－上年度在岗残疾职工人数）×当地统计部门公布的上年度本地区职工年平均工资数。

三、基本医疗保险基金收入

1992年7月，国务院颁布实施《全民所有制工业企业转换经营机制条例》，开始实行企业职工基本医疗费用由企业和个人共同负担的办法。

1993年10月，《劳动部关于职工医疗保险制度改革试点意见的通知》要求：大病医疗保险统筹金按职工工资总额的3%—5%计提；单位医疗保险调剂金按单位职工工资总额的2%—3%计提。职工个人医疗保险专户金，由单位按职工本人工资的5%—7%计提。

1994年4月，国家体改委、财政部、劳动部、卫生部《关于职工医疗制度改革的试点意见》提出：职工医疗保险费由用人单位和职工共同缴纳。用人单位缴费，参照本城市上年实际支出的职工医疗费用换算成职工工资总额的一定比例缴纳。不超过职工工资总额10%的，由省人民政府决定；超过职工工资总额10%的，由省人民政府审核后，报经财政部批准。原养老、工伤社会保险费收缴中包含医疗保险费用的，应相应核减养老、工伤保险费的收缴比例。职工个人缴费，先从本人工资的1%起步，由用人单位从职工工资中代扣，今后随经济发展和工资增加逐步提高。个体劳动者的医疗保险费用，按照当地平均水平，全部由个人缴纳。

1998年，国务院发布实施《关于建立城镇职工基本医疗保险制度的决定》，规定：基本医疗保险费，用人单位控制在职工工资总额的6%左右，职工缴费率为本人工资收入的2%。省政府提出贯彻实施意见，规定：国有企业下岗职工的基本医疗保险费，包括单位和个人，均按统筹地区上年度职工平均工资的60%为基数缴纳。

2000年12月，省劳动和社会保障厅、省财政厅通知，在成都市所辖六区的省级机关、事业单位，以及中央在川机关事业单位的在职和退休人员，必须参加省本级医疗保险。医疗保险费，单位按上年度单位在职工工资总额的7.5%缴纳；在职职工个人每年按上年度本人工资收入总额的2%缴纳。

2003年12月，国务院办公厅、中央军委办公厅通知，军人配偶随军未就业期间，按照本人基本生活补贴标准金额的1%比例缴费，建立医疗保险个人账户，国家按其缴纳的同等数额给予个人账户补贴。

四、生育保险基金收入

1992年，四川省女职工生育保险改革在个别县起步，企业按一定比例缴纳生育保险费，由社会保险机构实行统筹。

1994年，劳动部发布实施《企业女职工生育保险试行办法》，决定建立生育保险基金，由企业按照其工资总额的1%向社会保险经办机构缴纳。

1997年6月，《四川省企业职工生育保险试行办法》施行，决定建立职工生育保险基金。生育保险基金按照“以支定收、收支基本平衡”的原则筹集。企业按照全部职工工资总额的一定比例，按日或按季向社会保险机构缴纳生育保险费。企业具体缴费比例由同级财政、劳动部门确定，并根据费用支出情况适时调整，但最高不得超过工资总额的1%。企业缴纳的生育保险费，在企业管理费中列支。职工个人不缴纳生育保险费。

五、工伤保险基金收入

1991年，四川省进行工伤保险制度改革，开始征缴工伤保险费，工伤保险由企业保险步入社会保险。

1998年，总参谋部、总政治部、总后勤部、总装备部通知，设立军人伤亡保险基金，对因战、因公死亡或者致残的军人以及因病致残的义务兵给予补偿。保险基金由个人缴纳，中央财政拨给补助金。

2003年，劳动和社会保障部、财政部、卫生部、国家安监局通知，根据不同行业的工伤风险程度，参照《国民经济行业分类》，将行业划分为三个类别：一类为风险较小行业，二类为中等风险行业，三类为风险较大行业。三类行业分别实行三种不同的工伤保险缴费率。工伤保险费平均缴费率原则上要控制在职工工资总额的1%左右。在这一总体水平下，各统筹地区三类行业的基准费率分别控制在用人单位职工工资总额的0.5%左右、1%左右、2%左右。用人单位属一类行业的，按行业基准费率缴费，不实行费率浮动。用人单位属二、三类行业的，费率实行浮动。用人单位的初次缴费费率，按行业基准费率确定，以后由统筹地区社会保险经办机构根据用人单位工伤保险费使用、工伤发生率、职业病危害程度等因素，1—3年浮动一次。在行业基准费率的基础上，可上下各浮动两档：上浮第一档到本行业基准费率的120%，上浮第二档到本行业基准费率的150%，下浮第一档到本行业基准费率的80%，下浮第二档到本行业基准费率的50%。

2004年，四川省调整工伤保险行业基准费率和费率浮动档次标准：一类行业基准费率为职工工资总额的0.5%，不实行浮动费率。二类行业基准费率为职工工资总额的1%、三类行业为2%，实行浮动费率。上浮第一档为行业基础费率的120%，上浮第二档为150%；下浮第一档为80%，下浮第二档为50%。

1994—2005年四川省各类社会保险基金征缴情况表

表1-41

单位：亿元

项目 年份	养老保险		失业保险		医疗保险	
	当期征缴额	征缴率	征收总额	征缴率	当期征缴额	征缴率
1994	20.9	79.6	0.4	—	—	—
1995	27.3	85.3	1.1	—	—	—
1996	33.5	88.8	1.3	—	—	—
1997	34.5	87.1	1.4	—	—	—
1998	47.5	88.1	2.3	80.4	—	—
1999	54.2	91.4	4.4	94.0	—	—
2000	61.5	92.8	5.5	98.0	—	—
2001	65.8	94.0	6.3	92.6	16.0	94.7

续表 1－41

项目 / 年份	养老保险		失业保险		医疗保险	
	当期征缴额	征缴率	征收总额	征缴率	当期征缴额	征缴率
2002	78.2	94.9	7.0	93.3	24.9	95.8
2003	95.3	94.7	7.9	93.5	30.8	96.6
2004	150.5	94.9	8.7	92.7	38.5	96.4
2005	189.9	96.8	11.0	93.4	49.0	98.4
合计	859.1	—	57.3	—	159.2	—

说明：资料来源于《四川统计年鉴（2006）》

第七节　土地有偿使用收入

一、国有土地使用权有偿使用收入

1989年5月，国务院发布实施《关于加强国有土地使用权有偿出让收入管理的通知》，规定：凡进行国有土地使用权有偿出让的地区，其出让收入必须上交财政；土地使用权有偿出让收入，40%上交中央财政，60%留归地方财政；不论上交中央财政还是上交地方财政的收入，都主要用于城市建设和土地开发，专款专用。7月，财政部颁发了《国有土地使用权有偿出让收入管理暂行实施办法》，明确土地使用权出让收入包括土地出让金、续期土地出让金和合同改约补偿金。土地使用权出让收入扣除土地出让业务费后，全部上缴财政。上缴财政部分，取得收入的城市财政部门先留下20%作为城市土地开发建设费用，其余部分的40%上缴中央财政，60%留归取得收入的城市财政部门。地方财政所留土地使用权出让收入，暂时不参加体制分成。

1992年9月，财政部颁布实施《关于国有土地使用权有偿使用收入若干财政问题的暂行规定》，规定上缴地方财政的国有土地使用权有偿使用收入，作为地方的预算固定收入，上缴中央财政的国有土地使用权有偿使用收入，作为中央财政的固定收入，专项用于城市建设和土地开发。同时，在1992年国家预算收入科目中将“国有土地使用权有偿出让收入”科目改为“国有土地使用权有偿使用收入”科目。10月，省政府颁布实施《四川省城镇国有土地使用权出让和转让实施办法》，规定土地使用权的出让年限为：居住用地不超过70年；工业用地不超过50年；教育、科技、文化、卫生、体育用地不超过50年；商业、旅游、娱乐用地不超过40年；综合或者其他用地不超过50年。土地使用权转让应具备的条件为：付清全部出让金；按土地使用权出让合同的规定开发、利用，且投入开发建设的资金已达到出让合同规定总投资额的20%以上；持有土地使用证及其他土地建筑物、其他附属物合法所有权证。

1993年，为加强土地资源管理，深化土地使用制度改革，省政府决定，对以土地出让方式、招标拍卖方式供地，由政府收取土地出让金。

1994年，四川省执行全国人大常委会颁行的《中华人民共和国城市房地产管理法》，对房地产开发用地，将国有土地使用权在一年内出让给土地使用者的，由土地使用者向国家支付土地使用权出让金，且出让金不得低于国家规定的最低价。土地使用权出让金全部上缴财政，列入预算，用于城市基础设施建设和土地开发。是年，四川在深圳房地产展示会上，以土地出让方式与外商签订项目合同额达40亿元。全省通过清理划拨土地使用权、非法交易等，收回土地流失资金，各级政府收取出让金12亿元以上。

1996年1月，财政部规定，土地出让金包括：各级政府土地管理部门将土地使用权让给土地使用者，向受让人收取的土地出让的全部价款（指土地出让的交易总额）；土地使用期满、土地使用者需要续期所缴纳的续期土地出让价款；原通过行政划拨获得土地使用权的土地使用者，将土地使用权有偿转让、出租、抵押、作价入股和投资，按规定补交的土地出让价款。土地出让金收入应直接缴入财政部门“土地出让金财政专户”，按规定使用。12月，省政府办公厅《四川省鼓励外商投资优惠政策》规定：利用外资进行技术改造的国有大中型企业，中方以划拨土地使用权作价出资，可申请按土地出让金的40%缴纳土地出让费；企业确有困难的，还可申请5年以内的缓缴期。

1998年，为鼓励省外投资者来川投资，省政府决定，对省外投资企业用地，按基准地价从优收取土地出让金：在贫困县兴办项目所用土地，地价可优惠10%—35%；属生产性企业用地，可采用出让、年租或折资入股的方式，其土地使用权和使用用途不变的，不另交土地出让金。

1999年10月，财政部、国家税务总局、国土资源部、建设部规定，对个人转让行政划拨用的普通住宅，按住房坐落位置的标定地价的10%补交土地出让金；尚未制定地价的城市可暂按成交价的1%补交土地出让金。

2000年，省委、省政府决定，对经省级科技管理部门认定的高新技术成果产业化项目，自认定之日起，3年内，政府返还项目用地的土地使用出让金的收入部分。

2003年，省政府制定实施《四川省国有土地租赁办法》，规定从7月1日起，对县级以上人民政府将国有土地在一定期限内出租给土地使用者的，由土地使用者按租赁合同约定的金额、期限和方式支付租赁金。以划拨方式取得的国有土地改变或者部分改变用途，必须将这部分划拨土地改为出让或出租方式。未选择出让方式的，应补签国有土地租赁合同，拒绝补签的，国土资源行政主管部门按照租赁同类国有土地租金标准收取租赁金。

2004年，财政部、国土资源部规定，土地出让金用于农业土地开发的比例，按不低于土地出让金纯收益15%的比例确定。

2005年7月，省政府贯彻国务院《关于深化改革严格土地管理的规定》，对基准地价以外的区域，协议出让最低价不得低于新增建设用地土地使用费、征地（拆迁）补偿费用以及按国家规定应当缴纳的有关税费之和；基准地价以内的区域，协议出让价格不得低于基准地价的70%，且政府收取的出让金不得低于基准地价的20%。

2000—2005年，四川省国有土地使用权有偿使用收入共计138.23亿元。

二、新增建设用地土地有偿使用费收入

新增建设用地土地有偿使用费是指国务院或省级人民政府在批准农用地转用、征用土地时，向取得出让等有偿使用方式的新增建设用地的市、县人民政府收取的平均土地纯收益。

1999年8月，为保证新增建设用地土地有偿使用费专项用于耕地开发，实现耕地总量的动态平衡，财政部、国土资源部联合制发了《新增建设用地土地有偿使用费收缴使用管理办法》，规定：土

地有偿使用费缴纳标准由国务院土地行政主管部门按照全国城市土地分等和城镇土地级别、基准地价水平、各地区耕地总量和人均耕地状况、社会经济发展平等情况制定。土地有偿使用费30%上缴中央财政，70%上缴地方财政。上缴中央财政的土地有偿使用费作为中央财政基金预算收入，上缴地方财政土地有偿使用费作为地方财政基金预算收入，均专项用于耕地开发，不得平衡财政预算，结余结转使用。

2000—2005年，四川省新增建设用地土地有偿使用费收入合计21.77亿元。

2000—2005年四川省土地有偿使用收入统计表

表1－42 单位：万元

年份	2000	2001	2002	2003	2004	2005	合计
金额	35531	65251	149527	296462	－471620	581656	1600047

说明：资料来源于四川省历年财政总决算表

第八节　政府住房基金收入

1992年4月，按照财政部《关于住房基金的财务管理试行办法》要求以及省政府有关住房制度改革的意见，四川省建立了省级住房基金。省级住房基金包括省级财政住房专项资金、省级行政事业单位住房基金、省级国营企业住房基金和个人住房基金。省级财政住房专项资金主要来源于省级统筹安排和机动财力安排的基本建设投资中用于省级单位住房建设的资金、年度预算中安排的部分资金、各部门自管旧住房出售收入的能源交通重点建设基金和国家预算调节基金、省级行政事业单位出售公有住房收入的20%以及建行省分行房地产信贷部按规定交纳的营业税和所得税等。省级行政事业住房基金主要来源于省财政安排的行政事业经费中用于住房维修的资金（各单位每年公用经费的3%—5%）、单位预算外资金中按不低于5%的比例由省财政核定提取的资金、单位住房房租收入、单位出售公有住房收入的80%以及省级财政住房专项资金补助的资金等。省级国营企业住房基金主要来源于按规定提取的住房折旧费、大修理基金和管理费、单位住房房租收入、出售公有住房收入、经省财政审核从税后留利中按一定比例提取的资金以及向职工收取的租赁保证金等。

1993年3月，为进一步推动房改，省级行政事业单位住房基金开始实行财政专户储存管理，其公有住房出售收入，在扣缴能源交通重点建设基金和预算调节基金后的余额，20%划入省级财政住房专项资金户，80%划入单位住房基金财政专户。

1998年2月，省财政厅规定：住房资金营运收益分配给同级财政部分，要纳入城市住房基金（或财政住房专项资金），一并核算。3月，省政府规定：省级行政事业单位住房出售收入统一纳入财政专户管理；省级各单位房改基金由省统筹30%，自用70%。

1999年3月，《四川省行政事业单位住房基金财务管理办法》公布实施，规定：行政事业单位住房基金主要来源于财政预算和预算外资金专户拨付的住房公积金、住房补贴和住房建设资金；自管住房出租收入；留归单位使用的售房收入；按规定提取的职工住房公积金和其他建房资金；从单位售房收入提取住宅共用部位共用设施设备维修基金；划转的住房折旧、维修和大修理资金；上级主管部门拨付的住房资金；住房方面的其他资金以及利息收入。行政事业单位需编制单位住房基金预决算，并报财政部门审批。

2001 年，住房基金纳入四川省政府性基金预算。

2001—2005 年，四川省住房基金收入合计 4.5 亿元。

2001—2005 年四川省住房基金收入统计表

表 1-43

单位：万元

年份	2001	2002	2003	2004	2005	合计
金额	919	8895	9317	6738	19140	45009

说明：资料来源于四川省历年财政总决算表

第四章 行政性收费收入与罚没收入

行政性收费是根据法律、法规等有关规定，在履行政府行政管理职能时，向公民、法人和其他组织收取的费用。罚没收入是国家行政执法机关依据国家法律、法规、规章规定，对当事人的违法行为进行罚款、没收非法所得、没收非法物资所形成的收入。1993 年之前，纳入财政预算管理的行政性收费收入和罚没收入归在地方财政收入的“其他收入”项下。1994 年，行政性收费收入开始在决算表中单独反映。1995—1997 年，“行政性收费收入”科目和“罚没收入”科目在决算表中合并为“罚没收入、行政性收费收入”科目。1998—2005 年，“罚没收入、行政性收费收入”科目重新分为“行政性收费收入”和“罚没收入”两个科目。

第一节 行政性收费收入（规费收入）

1994 年之前，在一般预算收入科目中设置有“规费收入”科目，反映的是国家机关为居民或团体提供特殊服务或实施行政管理时所收取的手续费和工本费，具体可以分为行政、司法、公安、卫生、工商 5 大类。1995 年，按照财政部规定，规费收入改为行政性收费收入，并在一般预算收入科目中设立了行政性收费收入科目。

1989 年，为制止乱收费，保护合理收费，省政府颁布实施《四川省行政事业性收费管理办法》，规定：行政事业性收费应贯彻“取之有度，用之得当”“统一领导，社会监督”的原则；设置行政事业性收费项目，必须以法律、法规或省政府的规定为依据，并具有管理行为或服务事实，严格履行申报、审批程序；行政事业性收费的项目和标准，除国家另有规定外，由省物价部门会同省财政部门审批，其中重要的收费项目、标准，需报省政府批准，并报国家物价局、财政部备案；收费单位必须加强收费管理，使用省财政统一制发的《四川省行政事业性收费专用收据》，并设立行政事业性收费专项账册，定期向同级财政部门报告收支计划和执行情况；行政事业性收费的开支，必须纳入财政部门的监督管理，属于财政预算内收入的行政事业性收费，由财政部门纳入预算管理，属于预算外资金的行政事业性收费，纳入财政专户管理；不按财务管理规定使用行政事业性收费款项的，由同级财政、审计部门按照有关财政法规的规定进行处罚。

1995 年，四川省贯彻执行财政部《关于行政性收费、罚没收入实行预算管理的规定》，开始将行政性收费（不包括法院收取的诉讼费）纳入预算管理，尚未规定纳入预算的，按预算外资金管理办法实行财政专户储存。

1997 年，四川省行政事业性收费项目目录显示：全省行政事业性收费项目合计 507 项，其中中央批准381项、省126项，纳入财政专户管理的402项、纳入预算105项。行政事业性收费类别包括：管理性收费、工本费及证照性收费、资源性、补偿性收费、检测服务性收费、公共工程性收费、公益事业性收费、培训性收费以及其他收费。

2001年，根据财政部《关于将部分行政事业性收费和政府性基金纳入预算管理的通知》，四川省将中央规定的涉及四川省的40余项收费项目纳入预算管理。纳入预算管理后，属于中央部门及所属单位收取的行政事业性收费，作为中央一般预算收入，上缴中央财政；属于地方部门及所属单位收取的收费收入，作为地方一般预算收入，上缴地方财政。

2002年，为促进市场经济发展，减轻企业和农民负担，省财政厅、省监察厅、省物价局遵照省政府要求，对国土资源、工商行政、质量监督和建设部门的行政事业性收费进行了清理。取消了农转非退养人员安置统筹费、生猪市场管理费、产品质量监督抽查检验费、房屋纠纷仲裁费等50项行政事业性收费，暂停征收工商企业监督查询卡及个体、私营经济监督服务卡工本费、广告管理费、洗车场管理费等3项行政事业性收费。截至2002年底，四川省省级设立的行政事业性收费项目有152项，连同中央设置的项目330项，共计482项。

2003年，省政府发出《关于进一步深化收支两条线改革加强财政管理的通知》，决定从2003年1月1日起，将经贸、物价、外经贸、人事、林业、卫生、科技、计划生育、水利、司法、统计、药品监督、知识产权、测绘、质监、检验检疫、审计、新闻出版、国土资源、安全生产、财政、建设、宗教、人防办等部门以及省政府机关事务管理局、省级机关文件交换站的各项收费收入全部纳入预算管理，上缴同级财政金库。上述26个部门以后新增的行政事业性收费项目收入，也按此规定一并纳入财政预算管理。纳入预算管理后，属于省级部门及所属单位收取的行政事业性收费，作为省级一般预算收入；属于市（州）、县（市、区）部门及所属单位收取但应上缴省级部门的行政事业性收费收入，其应上缴部分作为省级一般预算收入，其余部分作为地方一般预算收入。

1986—1993年四川省规费收入共计1611.4亿元。1995—2005年四川省行政性收费收入共计245.26亿元。

1986—1993年四川省规费收入统计表

表1-44

单位：万元

年份	1986	1987	1988	1989	1990	1991	1992	1993	合计
金额	88	81.1	69	84.9	90.4	295	552	351	1611.4

说明：资料来源于四川省历年财政总决算表

1995—2005年四川省行政性收费收入统计表

表1-45

单位：万元

年份	金额	年份	金额	年份	金额
1995	20398	1999	86174	2003	422951
1996	66610	2000	316066	2004	422434
1997	43251	2001	239235	2005	505568
1998	67433	2002	262471	合计	2452591

说明：资料来源于四川省历年财政总决算表

第二节　罚没收入

罚没收入，主要包括公安、司法、工商、交通、税务、专卖等执法机关的罚款和没收财物变价的收入。

1986年12月，四川省执行财政部《罚没财物和追回赃款赃物管理办法》，执法机关依法收缴的罚没款、赃款和没收物资、赃物的变价款一律作为国家“罚没收入”或“追回赃款和赃物变价款收入”，如数上缴国库。上缴国库的罚没收入，海关、国家外汇管理局、铁道部等隶属中央的执法机关的罚没收入，50%上交中央财政，50%上交地方财政；工商行政管理机关、公安机关、人民检察院、人民法院，以及隶属地方的国家经济管理部门查处或判处的罚没收入，全部上交地方财政。

1990年2月，省财政厅发出《关于严格执行罚没收入管理制度等有关问题的通知》，对执法机关的罚没收入和办案补助费缴拨管理重新明确如下：各级执行机关的罚没收入必须全额及时足额解缴财政，所属办案经费一律纳入其正常的行政事业经费统一安排，严格执行“收支两条线”管理办法。

1991年8月，为加强罚没收入管理，省政府颁布了《四川省罚款和没收财物行政处罚管理办法》，规定：企业缴纳罚款，一律在其自有资金中开支，不得计入成本费用和营业外支出，不得挤占应当上交财政的收入；行政、事业单位缴纳罚款，一律在其单位的预算包干经费或预算外资金中开支；个人缴纳罚款，由个人承担；执行罚没的机关或组织依法收缴的一切罚没款和没收物品的变价款，按有关规定如数全部上交财政部门，不得截留、挪用、坐支、提成、私分，对截留、挪用、坐支、提成、私分或拖延不交的，财政部门有权扣发其机关经费或由银行协助从其经费存款中强行扣缴；各级执行罚没的机关或组织，必须按规定健全罚没管理制度、财务会计核算制度、凭证领用缴销制度、罚没财物验收移交制度和保管制度；各级执行罚没的机关或组织的办案经费，一律纳入同级财政行政事业经费中统一安排管理，财政部门不得以罚没收入退库返还，不得按罚没收入的一定比例支付办案费用。

1995年，四川省贯彻执行财政部《关于对行政性收费、罚没收入实行预算管理的规定》，开始将罚没收入全部纳入预算管理。11月，针对罚没收入征缴过程中存在的截留、挪用、坐支罚没收入，以罚代法、以罚代刑、下达罚没指标、自制收据、白条等问题，省委、省政府办公厅下发了《关于进一步加强罚没收入管理的通知》。要求严格罚没收入解缴，执法单位取得的罚没收入，须在5日内全部上缴国库；零星收入，可每20日上缴一次。从取得收入到解缴入库，最长期限不得超过30天，任何单位和个人不得拖欠、截留、挪用、坐支和私分罚没收入款。强化预算管理，严格执行“收支两条线”规定，罚没收入必须全部上缴财政，执法单位所需办案经费，一律纳入各级财政预算内统一安排，不允许将罚没收入与部门的经费划拨和职工的奖金、福利挂钩。基层执法单位下达的罚没收入指标一律作废，特殊急需的单项办案补助费由执法单位或主管部门向同级财政部门申请核拨，严禁任何形式的提留、分成和收支挂钩。

1998年5月，省政府颁布实施《四川省罚款决定与罚款收缴分离实施暂行办法》，规定：罚款必须全部上缴国库，任何行政机关、组织或者个人不得以任何形式截留、私分或者变相私分；行政机关可委托商业银行代收罚款，财政部门在具体代收网点统一开设“政府罚款收缴账户”和“政府暂收款账户”，账户由财政部门和代收机构负责管理；代收网点收到罚款，应向当事人出具由四川省财政厅统一制定的罚没收据；代收网点收缴的罚款及暂收款应于当日缴入国库，当日来不及办理缴库的，应于次日（节假日顺延）办理；国库应当按照《中华人民共和国国家金库条例》的规定，每月将罚款入库数同同级财政部门进行对账，以保证国库收受的罚款和财政上缴国库的罚款数额一致。

2000 年，为加强罚没物资管理，落实罚没收入“收支两条线”规定，省委、省政府办公厅下发了《关于进一步加强罚没物资管理的通知》，要求自发文之日起，除海关缉私罚没物资、法院查封扣押债物资、税务部门收缴的抵税物资按有关规定处理外，各执法部门依法收缴当事人的物资及赃物，均应纳入同级财政实行统一管理；省工商行政管理局、省质量技术监督局、省地税局等实行省以下垂直管理的部门依法收缴的罚没物资，由省财政厅罚没物资中心直接管理。罚没物资的拍卖价款或处理价款，由财政罚没物资管理机构及时缴入同级金库。

1986—2005 年四川省罚没收入共计 172.68 亿元。

1986—2005 年四川省罚没收入统计表

表 1-46

单位：万元

年份	金额	年份	金额	年份	金额	年份	金额
1986	5487	1991	23844	1996	98362	2001	143421
1987	7418	1992	32514	1997	101531	2002	154775
1988	12260	1993	41254	1998	112583	2003	179529
1989	26889	1994	46451	1999	113833	2004	190946
1990	23682	1995	68556	2000	131130	2005	212321
合计	1726786						

说明：资料来源于四川省历年财政总决算表、《四川统计年鉴》

第五章　专项（专款）收入及其他收入

专项收入与其他收入是经国务院批准或者经国务院授权由财政部批准，为发展国家经济事业，设置、征集和纳入预算管理、有专门用途的收入，主要包括：排污费、教育费附加、水资源费、矿产资源补偿费等。1994 年之前，上述收入列入财政一般预算收入的“专款收入”。1995 年起，改为“专项收入”。其中，1997 年，列入政府性基金预算收入，科目为“其他部门基金收入类”。1998 年，又改回一般预算收入的“专项收入”。

第一节　排污费收入

1982 年 7 月，国务院颁布实施《征收排污费暂行办法》，决定对超过国家规定标准排放污染物的企业、事业单位，按照排放污染物的数量和浓度，按月或按季征收收取排污费。中央部属和省（自治区、直辖市）属排污单位的排污费，缴入省级财政，其他排污单位的排污费缴入当地地方财政。中央部属和省属企业集中的城市，经省人民政府批准，排污费可缴入当地地方财政。征收的排污费，纳入预算内，作为环境保护补助资金，按专项资金管理，不参与体制分成，主要用于补助重点排污单位治理污染源以及环境污染的综合性治理措施。

1984 年 7 月，省政府《关于实施国务院〈征收排污费暂行办法〉的通知》补充规定：四川省统一执行全国《工业“三废”排放试行标准》。中央部属、省属、军队系统及市（地、州）属单位应按当地环保部门发出的缴费通知书，按时向当地人民银行缴纳排污费，不得拖欠。排污费的 80% 纳入市（地、州）财政预算管理；20% 留给当地，纳入县（市、区）财政预算管理。县（市、区）属企业排污费如何纳入预算管理，由各市、州人民政府、地区行署决定。

1993 年 8 月，四川省执行财政部、国家发展计划委员会《关于征收污水排污费的通知》，规定一切向水体排放污染物的企业、事业单位和个体经营者，均须向当地环境保护部门缴纳排污费。对大、中、小学校（不含校办工厂、职业学校），幼儿园，托儿所，敬老院等社会公共福利事业单位暂不征收排污费。排污费的征收标准每吨污水最高不超过 0.05 元。对向水体排放污染物超过国家或地方规定的污染物排放标准的，征收超标排污费，不再重复征收排污费。

1997 年，省政府决定加大对环保产业的投入，从 1997 起，每年从排污费中提取 10% 建立全省环保企业发展资金，重点扶持城市污水处理成套设备和垃圾无害化、资源化、减量化处理成套设备；发展燃煤脱硫技术和设备；发展造纸废水、印染废水、油墨废水、酒醪废水、制革废水、电镀废水、化工废水源的处理技术和设备；发展汽车污染净化设备、废纸、废金属、废玻璃、废橡胶、废塑料回收利用技术和成套设备；发展饮水净化设备和绿色食品、环境标志产品。

1998年10月，省环保局、省物价局、省财政厅、省经贸委联合制发了《关于在酸雨控制区征收二氧化硫排污费的通知》，决定对燃煤、燃油和产生工艺废气以及所有向环境排放二氧化硫的企业、事业单位和个体经营者征收二氧化硫排污费。收费标准为排放每千克二氧化硫收取排污费0.2元。

1999年7月，省物价局、省财政厅通知，四川省境内从事餐饮、娱乐业的国有、集体企业、事业单位和个体经营者，向环境排放超标污水、废气、废渣、噪声等污染物，应按国家规定缴纳超标排污费。超标排污费按定额收费，标准为：火锅（汤锅）类，收费项目为污水、油烟雾，每吨水收费0.8元，起征费每月25元；一般餐饮类、娱乐业，收费项目为污水、油烟雾、噪声，每吨水收费0.7元，起征费每月20元；超标排污费月缴费额超过300元者，对主要排污项目，按实测数据收费。

2003年，根据国家计委、财政部、国家环保总局、国家经贸委发布的《排污费征收标准管理办法》，四川省开始执行新的排污费收费标准。对向水体排放污染物的，按照排放污染物的种类、数量计征污水排污费，每一污染当量征收标准为0.7元；超过排放标准的，按收费标准计征污水排污费的收费额加1倍征收超标准排污费。对向城市污水集中处理设施排放污水并按规定缴纳污水处理费的，不再征收污水排污费。对向大气排放污染物的，按照排放污染物的种类、数量以污染当量计算征收，每一污染当量征收标准为0.6元。其中，二氧化碳排污费，第1年每一污染当量征收标准为0.2元，第2年为0.4元，第3年实行与其他大气污染物相同的征收标准0.6元。氮氧化物在2004年7月1日前不收费，2004年7月1日起按每一污染当量0.6元收费。对难以监测的烟尘，按林格曼黑度①征收排污费。每吨燃料的征收标准为：1级1元、2级3元、3级5元、4级10元、5级20元。对机动车、飞机、船舶等流动污染源暂不征收废气排污费。对无专用贮存或处置设施和专用贮存或处置设施达不到环境保护标准排放的工业固体废物，一次性征收固体废物排污费。每吨固体废物的征收标准为：冶炼渣25元、粉煤灰30元、炉渣25元、煤矸石5元、尾矿15元，其他渣（含半固态、液态废物）25元。对以填埋方式处置危险废物不符合国家有关规定的，危险废物排污费征收标准为每次每吨1000元。对排污者产生环境噪声，超过国家规定的环境噪声排放标准，且干扰他人正常生活、工作和学习的，将按照超标的分贝数征收噪声超标排污费。最低每月350元，超标16分贝及以上的每月缴纳11200元。一个单位边界上有多处噪声超标的，征收额根据最高一处超标声级计算。昼夜均有环境噪声，征收金额按昼、夜分别计算，累计征收。

1986—2005年，四川省共征收排污费收入30.8亿元。

1986—2005年四川省排污费收入统计表

表1-47

单位：万元

年份	金额	年份	金额	年份	金额	年份	金额
1986	7389	1991	10924	1996	19223	2001	15393
1987	8028	1992	13038	1997	11572	2002	18582
1988	9263	1993	13292	1998	13232	2003	22848
1989	8357	1994	14044	1999	15288	2004	25719
1990	9667	1995	16296	2000	15786	2005	39563
合计	307504						

说明：资料来源于四川省历年财政总决算表

① 林格曼黑度：是用视觉方法对烟气黑度进行评价的一种方法。共分为6级，分别是0、1、2、3、4、5级，5级为污染最严重。

第二节　教育费附加收入

教育费附加是国家为扶持教育事业发展，计征用于教育的政府性基金，包括农村教育附加费、中小学改善办学条件附加费、职工个人教育费、地方教育附加等名目。农村教育附加费在文教部门基金收入中已有记述，本节主要记述其他教育附加收入。

1986 年 7 月，四川省执行国务院《征收教育费附加的暂行规定》，对缴纳产品税、增值税、营业税的单位和个人，以其实际缴纳“三税”的税额为计征依据，按 1% 的附加率征收教育费附加。对从事生产卷烟产品的单位，减半征收。8 月，省政府补充规定，个体商贩及个人在集市上出售商品，对其征收临时经营税或产品税时，暂不征收教育费附加；对在四川省的中外合资经营企业、中外合作经营企业和外商独资企业不征收教育费附加。

1989 年，为改善中小学办学条件，省政府决定开征中小学改善办学条件附加费。对凡缴纳固定资产投资方向调节税的单位和个人，按其应缴税额的 1% 计征。

1990 年 8 月，国务院决定修改教育费附加率，由 1% 改为 2%。

1994 年 11 月，省地税局规定，教育费附加以各单位和个人实际缴纳的增值税、营业税、消费税的税额为计征依据，附加率为 3%。对生产卷烟的单位，减半征收；对外商投资企业暂不征收。

1995 年，省政府发出《关于征收职工个人教育费的通知》，开始对在蓉中央和省级行政机关、人民团体、企事业单位以及外地驻蓉单位具有城镇户口的在职职工起征职工个人教育费，征收额为职工个人工资总额的 1%。教育费专款专用，主要用于普及九年制义务教育、改善办学条件。同时，对办有子弟小学的企业，征收后再予以返还，但返还数不超过该企业职工缴纳的个人教育费的总额。

2001 年，省政府决定，对实行农村“费改税”试点的地方，不再征收教育费附加。

2004 年 4 月，根据《财政部关于四川省中小学改善办学条件附加费等政府性基金有关问题的复函》，省政府决定取消中小学改善办学条件附加、职工个人教育费和宾馆饭店教育费等“三项教育附加”，改按单位和个人缴纳的增值税、营业税、消费税的 1% 征收地方教育附加。对从事卷烟生产企业减半征收地方教育附加；对“三资企业”暂不征收地方教育附加。地方教育附加作为同级地方政府性基金收入；省地税局直属征收分局征收的地方教育附加作为省级基金收入，缴入省级国库。

1987—2005 年，四川省教育费附加收入共 77.6 亿元。

1987—2005 年四川省教育费附加收入统计表

表 1－48　　单位：万元

年份	金额	年份	金额	年份	金额	年份	金额
1987	4479	1992	15376	1997	33985	2002	74776
1988	5413	1993	19458	1998	40084	2003	81468
1989	6220	1994	31570	1999	45735	2004	98200
1990	3459	1995	37180	2000	48412	2005	121783
1991	13408	1996	42522	2001	52658		
合计	776186						

说明：1987—1989 年，资料来源于《四川省地方税务志》；1990—2005 年，资料源于四川省历年财政总决算表

第三节　城市水资源费收入

1986年，省政府根据国务院规定，修订各类用水取水水费标准。对工业用水中的贯流水和循环水，按其消耗用水水费标准的四分之一计征水资源费；小水电站，地属以上电站按水费的10%、县属（含县乡联办）电站按6%、乡村（含农户兴办）电站按4%计征水资源费。

1988年7月，四川省执行《中华人民共和国水法》，凡使用供水工程供应的水，按规定向供水单位缴纳水费。对城市中直接从地下取水的单位，征收水资源费；其他直接从地下或者江河、湖泊取水的，由省政府决定征收水资源费。

1992年，省政府颁布实施《四川省城市节约用水管理办法》，规定城市用水实行综合用水定额和单项用水定额管理办法。超计划用水的，必须向城市建设行政主管部门缴纳超计划用水加价水费。加价水费标准：超计划用水在10%（不含10%）以下的，超计划用水水费加价1倍；超计划用水10%—30%（不含30%）的，超计划部分用水水费加价2倍；超计划用水30%以上的，超计划部分用水水费加价3倍。7月，省物价局、省财政厅、省建委通知，城镇地下水水资源费收费标准：每吨0.02—0.05元，由采用地下水的单位（不含居民井水）缴纳。

1993年2月，省政府颁布实施《四川省取水和水资源征收管理暂行办法》，对在四川境内利用水工程或者机械提水设施直接从江河、湖泊和地下取水的单位和个人收缴水资源费，征收标准：工业取水，地表水0.03—0.05元/立方米，地下水0.03—0.05元/立方米；生活取水，地表水0.01—0.03元/立方米，地下水0.02—0.04元/立方米；水力发电取水，地表水0.0005—0.001元/千瓦时，地下水0.0005—0.001元/千瓦时；其他取水，地表水0.015—0.025元/立方米，地下水0.03—0.10元/立方米。对单位或个人在核准的取水量内取水的，水资源费按规定标准缴纳；超过核准年取水量不到30%的，超过部分按标准的200%缴纳；取水超过30%以上的部分，按标准的300%缴纳。水资源费县（市、区）每一季度解交一次，市（地、州）每半年解交一次。各级收取（含本级征收和地县按规定比例上交部分）的水资源费总额的90%交同级财政管理。

2005年，四川省调整水资源费征收标准，其中，地表水部分：成都、绵阳、德阳、自贡、内江、资阳、乐山、遂宁，工业取水（含火力发电冷却水），征收标准为0.085元/立方米；生活用水，征收标准为0.06元/立方米；其他取水，征收标准为0.1元/立方米。南充、广安、眉山、广元、雅安、宜宾、泸州、攀枝花，工业取水（含火力发电冷却水），征收标准为0.075元/立方米；生活用水，征收标准为0.05元/立方米；其他取水，征收标准为0.08元/立方米。达州、巴中、甘孜、阿坝、凉山，工业取水（含火力发电冷却水），征收标准为0.065元/立方米；生活用水，征收标准为0.04元/立方米；其他取水，征收标准为0.05元/立方米。地下水部分：成都、绵阳、德阳、自贡、内江、资阳、乐山、遂宁，工业取水（含火力发电冷却水），征收标准为0.2元/立方米；生活用水，征收标准为0.15元/立方米；其他取水，征收标准为0.2元/立方米。南充、广安、眉山、广元、雅安、宜宾、泸州、攀枝花，工业取水（含火力发电冷却水），征收标准为0.15元/立方米；生活用水，征收标准为0.13元/立方米；其他取水，征收标准为0.18元/立方米。达州、巴中、甘孜、阿坝、凉山，工业取水（含火力发电冷却水），征收标准为0.1元/立方米；生活用水，征收标准为0.1

元/立方米；其他取水，征收标准为0.15元/立方米。水力发电取水水资源费，从2005年起，暂按0.0025元/千瓦时的征收标准执行。

2005年7月，《四川省〈中华人民共和国水法〉实施办法》规定，直接从江河、湖泊、水库或者地下取用水资源的单位和个人，应当按照国家取水许可制度的规定，向当地水行政主管部门申请取水许可证，并按国家和省的有关规定缴纳水资源费。家庭生活和零星散养、圈养畜禽饮用等少量取水的除外。取水实行计量收费和超计划、超定额累进加价制度。

1986—2005年，四川省城市水资源费收入共计3.25亿元。

1986—2005年四川省城市水资源费收入统计表

表1－49　　单位：万元

年份	金额	年份	金额	年份	金额	年份	金额
1986	313	1991	443	1996	2905	2001	1370
1987	324	1992	434	1997	2277	2002	1399
1988	335	1993	727	1998	2318	2003	1706
1989	323	1994	1185	1999	2398	2004	3495
1990	342	1995	1919	2000	1735	2005	6537
合计	32485						

说明：资料来源于四川省历年财政总决算表

第四节　矿产资源补偿费收入

1992年5月，省政府颁布实施《四川省矿产资源补偿费征收管理暂行办法》，决定对在四川省行政区域内开采金属、非金属、能源等固态、液态、气态矿产资源的采矿者（包括国营矿山企业、集体矿山企业、个体采矿和其他各类矿山企业），征收矿产资源补偿费。矿产资源补偿费以原矿的销售收入为计征基数。直接将原矿加工成其他形式矿产品销售的，折算成原矿计征；难以折算的以加工产品销售收入的70%为基数计征。省属和省属以上的矿山企业的矿产资源补偿费，由省地质矿产主管部门征收；市（地、州）属矿山企业的矿产资源补偿费，由矿山所在市（地、州）矿管部门征收；其余各类矿山企业和个体采矿均由矿山所在县（市、区）矿管部门征收。跨行政区域的矿山，征收机关不明确的，由所涉及的矿管部门共同协商确定征收机关。矿产资源补偿费按季度征收，征收的矿产资源补偿费实行分级分配和逐级上交。县（市、区）矿管部门征收的矿产资源补偿费，50%留县（市、区），20%上交市（地）矿管部门，30%上交省地质矿产主管部门。市（地）矿管部门征收的矿产资源补偿费，60%留市（地），40%上交省地质矿产主管部门。甘孜、阿坝、凉山州地质矿产主管部门征收的矿产资源补偿费，70%留州，30%上交省地质矿产主管部门。三州各县（市）和其他市（地）的民族自治县矿管部门征收的矿产资源补偿费，60%留县，20%上交州（地、市），20%上交省地质矿产主管部门。省征收的矿产资源补偿费和市（地、州）县（市、区）上交省的矿产资源补偿费，70%用作矿产资源勘查资金，10%用于全省矿产资源保护与矿产资源开发的监督管理工作，20%交省财政统一管理使用。各市（地、州）所得的矿产资源补偿费，60%用作矿产资源勘查资金，20%用于本市（地、州）矿产资源保护与矿产资源开发的监督管理工作，20%交市（地、州）财政统一管理使用。各县（市、区）所得的矿产资源补偿费，80%用于本县（市、区）矿产资源的勘查、保护与矿产资源开发的监督管理工作，20%交县（市、区）财政统一管理使用。矿产资源补偿费属预算外资金，纳入财政专户储存管理，接受同级财政部门和上级矿管部门的监督。

1994年4月，省政府颁布实施《四川省矿产资源补偿费征收管理办法》，规定中央与省矿产资源补偿费的分成比例为5∶5。省所得部分与市、地的分成比例为2∶8；省与民族自治州及黔江地区的分成比例为1.5∶8.5。市（地、州）所得部分与县（市、区）的分成比例，由市（州）人民政府、地区行政公署决定。矿产资源补偿费纳入财政预算，实行专项管理，主要用于矿产资源勘查、保护和管理。

1996年12月，省政府决定，对外商投资勘查、开采矿产资源，在少数民族地区、贫困地区开采矿产资源或采取国外先进技术开采低品位难选冶矿资源等，酌情减征矿产资源补偿费。

1997年，矿产资源补偿费纳入财政预算，实行专项管理。

1999年，省政府决定，对依法开垦水体下和大型建筑物下的矿产资源需增加开采投资的，以及从尾矿中回收矿产品的，减征矿产资源补偿费。

2001年，《四川省鼓励外商投资勘查开采矿产资源条例》规定，从2001年7月1日起，对外商开采鼓励类矿产资源的，免征5年矿产资源费；综合开采共伴生矿产资源，其产品减半缴纳矿产资源补偿费；利用尾矿的，免征矿产资源补偿费；对采用先进技术使难以开发利用的矿产资源得到综合利用，使回采率、回收率、综合利用率高于国内同类企业水平的，前3年减半征收矿产资源补偿费；对高于国内同类企业水平多产出的矿产品，免征矿产资源补偿费；对因不可抗拒力引起年度亏损，可减征50%以下的矿产资源补偿费或者延期征缴。对外商投资勘查开采矿产资源收取探矿权、采矿权使用费，第1年免缴，第2年、第3年减半缴纳；在少数民族自治地区的，前2年免缴，第3年至第5年减半缴纳。

1997—2005年，四川省矿产资源补偿费收入共计2.51亿元。

1997—2005年四川省矿产资源补偿费收入统计表

表1－50　　　　单位：万元

年份	金额	年份	金额	年份	金额
1997	875	2000	1440	2003	2397
1998	1584	2001	1555	2004	3115
1999	1484	2002	1833	2005	10858
合计	25141				

说明：资料来源于四川省历年财政总决算表

第五节　其他收入

其他收入包括有价证券利息收入、基本建设收入、公产收入和其他杂项收入。1986—2005年，四川省其他收入共计81.2亿元。

一、有价证券利息收入

1994 年，遵照财政部规定，四川省在年度预算中增设“有价证券利息收入”科目，以反映地方按规定兑现的各种有价证券利息收入及其他利息收入。

1994—2005 年，四川省有价证券利息收入共计 5.1 亿元。

二、基本建设收入

1986 年，四川省继续执行国家基本建设竣工结余上交财政的规定。

1991 年 5 月，中国人民银行、财政部颁布实施《基本建设收入管理规定》，明确基本建设收入是在基本建设过程中形成的各项工程建设副产品变价净收入、负荷试车和试生产收入以及其他收入。该收入按下列方式进行分配：基建副产品收入，30% 上缴财政或用于偿还投资借款（建设项目单纯使用财政预算拨款的上缴财政，有银行和债券建设的，按比例归还，下同），70% 留成。负荷试车和试生产收入，国内一般工业项目，70% 上缴财政或用于偿还投资借款，30% 留成；引进国外成套设备项目，90% 上缴财政或用于偿还投资借款，10% 留成；引进部分国外设备与国内设备配套建设的项目，按投资比重，加权平均确定分配比例。建设项目部分工程简易投产收入，60% 用于上缴财政或偿还投资借款，40% 留成。建设单位使用基本建设投资贷款转存款所得利息，全部留归建设单位。按规定上缴财政的基本建设收入，根据投资隶属关系逐级汇总上缴，中央投资的建设项目，由当地开户建行直接汇缴建行总行，地方投资建设项目，通过建行汇缴同级财政。11 月，省财政厅发文要求各级主管部门清理基本建设竣工结余资金，按预算拨款级次和投资渠道，上缴中央和地方财政。对于在基本建设过程中形成的各项工程建设副产品变价净收入，负荷试车和试生产收入以及其他收入，应上交财政部分，仍按照隶属关系汇交同级建设银行，再由其集中上缴同级财政。

1998 年 4 月，四川省执行财政部《基本建设财务管理若干规定》。经营性项目在试行项目法人责任制和资本金制度后，不再实行投资包干结余上交。非经营性项目，实行包干责任制，其包干结余按投资比例归还贷款和进行分配，其中国家财政性资金形成的结余，30% 上交同级财政部门，20% 上交主管部门，50% 作为建设单位的留成收入。建设项目竣工决算和清理结余资金处理办法为：经营性项目结余，相应转入生产经营企业有关资产；非经营性项目结余，按投资来源比例分别归还贷款和进行分配，其中国家投资形成的结余资金，50% 上交同级财政部门，20% 上交主管部门，30% 作为建设单位的留成收入。

2002 年 9 月，财政部发布实施《基本建设财务管理规定》，规定建设项目清理出来的结余资金按下列情况进行财务处理：经营性项目的结余资金，转入生产经营企业的有关资产；非经营性的结余资金，首先用于归还贷款，如有结余，30% 作为建设单位留成收入，70% 按投资来源比例归还投资方，包括应交财政的竣工结余资金。

1986—2005 年，四川省基本建设收入共计 2100 万元。

三、公产收入

公产收入是指国有山林、海塘、公地等公产的产品销售收入，政府部门主管的公房和其他公产的租赁收入及变价出售收入等。1998 年，遵照财政部规定，取消“公产收入“科目。

1986—1997 年，四川省公产收入共计 9618 万元。

四、其他杂项收入

其他杂项收入是指经财政部同意，由四川省财政厅根据业务需要而设置的项级收入科目，列入此科目的收入多数为一次性发生的收入，如检查单位违纪上交收入、三大检查收入、房改收入、单位审计收入、清理乱收费收入、国有资产变价收入等。其他杂项收入项目多，收入也多，在其他收入中分量最重。

1986—2005 年，四川省其他杂项收入共计 70.8 亿元。

1986—2005 年四川省其他杂项收入统计表

表 1－51

单位：万元

年份	金额	年份	金额	年份	金额	年份	金额
1986	2089	1991	30688	1996	65388	2001	47670
1987	5875	1992	20598	1997	37860	2002	57392
1988	3937	1993	42111	1998	41093	2003	35271
1989	31098	1994	43983	1999	45815	2004	31514
1990	33148	1995	47793	2000	44993	2005	39221
合计	707537						

说明：资料来源于四川省历年财政总决算表

1986—2005 年四川省其他收入统计表

表 1－52

单位：万元

年份	金额	年份	金额	年份	金额	年份	金额
1986	2411	1991	32399	1996	74148	2001	49339
1987	6270	1992	23401	1997	43356	2002	58515
1988	16597	1993	43729	1998	45716	2003	45463
1989	31992	1994	52153	1999	48895	2004	45746
1990	34987	1995	52413	2000	47112	2005	57836
合计	812478						

说明：资料来源于四川省历年财政总决算表

第六章　中央补助收入

1986—1993 年，中央对四川实行的是“划分收支、分级包干”的财政管理体制。这一时期，中央财政补助收入包括定额补助、专项补助、各项结算补助、调整收入任务增加或减少补助和其他补助。1994 年，中央决定实行分税制财政体制改革。中央财政补助收入的构成发生变化，包括消费税和增值税税收返还、所得税基数返还、原体制补助、专项补助、一般性转移支付补助、民族地区转移支付补助、调整工资转移支付补助、农村税费改革转移支付补助、增发国债补助、结算补助、其他补助等。1986—2005 年，四川省中央财政补助收入共计 3553.3 亿元。

第一节　体制定额补助收入

1985 年，国务院决定实行“划分税种、核定收支、分级包干”的财政管理体制。中央核定四川省为支大于收的省，决定其收不抵支的差额，由重庆市收入的 23.3% 上交省补足。其他市（地），在明确各级收支范围和确定收支基数后，省对收大于支的地区将收大于支的部分定额上交，以后实际收入超基数增长的部分，另定分成比例分成，上缴省财政。

1988 年，国务院发布《关于地方实行财政包干办法的决定》，1988—1990 年期间，对全国 37 个省、自治区、直辖市和计划单列市分别实行“收入递增包干、总额分成、总额分成加增长分成、上解递增包干、定额上解、定额补助”等不同形式的包干办法。重庆市在实行计划单列后，四川省由上解省变为补助省。支大于收的差额部分，由重庆市从其收入中上交省，上交比例定为 10.7%，作为中央财政的补助。省政府根据国务院决定，相应对各市（地、州）的财政体制进行了改革。成都、自贡、攀枝花、德阳、内江、乐山等 8 市，以 1987 年决算上解省的分成收入为基础，加中央借款调减支出包干基数后，每年按一定比例递增，实行收入上解递增包干。遂宁市、宜宾市、南充地区、达县地区、涪陵地区五市（地），其收入包干基数大于支出包干基数部分，作为固定上解额。

1994 年，省政府发出《关于实行分税制财政体制的通知》，从 1994 年 1 月 1 日起，按照国务院规定，对市（地、州）财政体制作相应调整，原体制分配格局暂时不变，市（地）中递增包干上解、定额上解地区继续上解。重庆市实行分税制财政体制后，直接与中央财政发生关系，原财政包干上解省的部分，改由中央财政对省定额补助，按递增率 5% 逐年递增补助。

2000 年，省政府发出《关于调整省与市地州财政管理体制的通知》，决定从 2000 年起，实行新老体制并轨，不再执行原递增包干体制的递增上解办法，规范结算事项。以 1999 年为基期年，将各市（地、州）原体制上解额和补助额，与省财政分享税收收入、省财政下划收入、上划金融保险业营业税、固定结算上解和补助数品迭后的数额，相应调整1999年各地税收返还收入基数。为了体现对民族地区的照顾，维持甘孜、阿坝、凉山州递增补助体制及年递增率5%不变。以1999年为基期年，将上划省金融保险业营业税、省下划收入、固定结算上解和补助数品迭后的数额，相应调整1999年税收返还收入基数。同时，从2000年起，各地税收返还收入以调整后的1999年税收返还收入为基数，逐年递增，递增率按各地上划中央增值税和消费税的实际增长率的1: 0.3系数确定。对当年实际完成上划中央"两税"数达不到上年上划"两税"收入基数的，则相应扣减税收返还收入。

1992—2005年，四川省体制定额补助收入共计44.6亿元。

1992—2005年四川省体制定额补助收入统计表

表1－53

单位：万元

年份	金额	年份	金额	年份	金额
1992	22005	1997	34260	2002	34260
1993	23105	1998	34260	2003	34260
1994	24260	1999	34260	2004	34260
1995	34260	2000	34260	2005	34260
1996	34260	2001	34260		
合计	446230				

说明：资料来源于四川省历年财政总决算表

第二节 转移支付补助收入

财政转移支付制度是国家为了实现区域间各项社会经济事业的协调发展而采取的财政政策。转移支付补助收入包括过渡期转移支付补助、一般性转移支付补助、民族地区转移支付补助、调整工资转移支付补助、农村税费改革转移支付补助、增发国债补助等。

过渡期转移支付制度始于1995年，是在政府间事权划分、税收划分和分税制财政体制格局不变的情况下，中央政府以四川省标准财政收支的差额作为依据，通过因素法进行分配的转移支付。2002年，财政部规定，所得税收入分享改革后，原过渡期转移支付的概念不再沿用，其资金合并到中央财政因所得税分享改革增加的收入中分配，统一称为一般性转移支付。

一般性转移支付补助，是指中央为弥补财政实力薄弱地区的财力缺口，均衡地区间财力差距，实现地区间公共服务能力的均等化，而对地方进行的财力补助。一般性转移支付补助不指定用途，地方可自主安排支出。补助额主要参照各地标准财政收入和标准财政支出的差额及可用于转移支付的资金数量等客观因素，按统一公式计算确定。

民族地区转移支付补助始于2000年，是年，为配合西部大开发战略，支持民族地区发展，国务院决定对民族省区和非民族省区的民族自治州实施民族地区转移支付制度。民族地区转移支付资金由中央财政统一安排，每年中央根据民族地区的增值税收入，采用环比办法将每年增值税收入比上年增长部分的80%转移支付给民族地区。

调整工资转移支付补助始于1999年。当年9月，财政部印发《关于下达1999年增加机关事业单位在职职工工资和离退休人员离退休费中央对地方转移支付支付补助数额的通知》，决定通过中央对地方的适当补助，缓解财政困难的老工业基地和中西部地区由于增加工资和离退休费而产生的财政支出压力。补助额根据各地机关事业单位在职职工和离退休人数、月人均工资和离退休费增加额及转移支付补助系数计算确定。财政越困难地区，补助系数越高。同时，对民族地区给予照顾，其补助系数在同等非民族地区补助系数的基础上适当提高。

农村税费改革转移支付补助始于2002年。为保证农村税费改革顺利进行，中央财政统筹考虑各地区提高农业税率增收因素和取消乡镇统筹、降低农业特产税税率、取消屠宰税减收、调整村提留提取办法等因素，对地方净减收部分，通过转移支付给予适当补助。补助额参照税费改革前各地区乡村两级办学、计划生育、优抚、乡村道路修建、民兵训练、村级基本经费以及教育集资等统计数据，按照客观因素核定各地区上述各项经费开支需求和税费改革后地方减少收入额，根据中央对地方转移支付系数计算确定。

增发国债补助始于1998年。当年，为应对1997年爆发的亚洲金融危机，中央政府决定实施积极的财政政策，增发长期建设国债，扩大基础设施建设，包括农林水利、交通通信、城市基础设施、环境保护等方面，以扩大内需，保证经济增长。2000年，国务院下发《关于实施西部大开发若干政策措施的通知》，决定加大西部地区建设资金投入力度，提高中央财政性建设资金包括建设国债资金用于西部地区的比例，由此增发国债补助向西部地区倾斜。

1994年，国务院决定，在进行分税制财政体制改革时，相应建立政府间财政转移支付制度。即从1995年起，在实行税收返还制度之外，实行过渡期转移支付办法。转移支付以影响财政收支因素、核定标准支出为依据，凡地方财力能够满足标准支出需要的，中央不再转移支付；财力不能满足支出需要，财政收入又达不到全国平均水平的地区，其收入不足部分，中央进行转移支付。

1996年，财政部改进了客观性转移支付计算办法，以“标准收入”替代“财力”因素。标准收入测算范围包括增值税、营业税、农业税、农业特产税、资源税、土地使用税。同时，改进了标准收入测算方法，向“经济税基×平均有效税率”的规范做法靠近。无法取得相关经济税基数据的，采用多元回归方法。对地方收入未达到全国平均水平的地区，适当扣减转移支付补助数；对收入增长率高于全国平均水平的地区，另加一定奖励。对财政供养人员未超标的地区，给予更多奖励；对超标地区，给予一定处罚。

1997年，财政部对过渡期转移支付办法继续进行改进。标准支出方面，增加了高寒因素。增值税标准收入估算方面，鉴于增值税测算中没有考虑征税成本、企业规模、经济结构等因素，对计算结果进行了适当调整。政策性转移支付方面，以标准财政支出为基础，在客观性转移支付基础上，增加民族地区政策性转移支付系数。具体办法是，根据民族地区有增长弹性的收入（包括地方收入和税收返还）满足标准支出的程度，分档核定政策性转移支付系数。同时，再次调整了财政供养人员的奖励力度，对财政供养人员实际数低于标准数的地区，差额部分的奖励比例由原来的20%提高到80%。

1998年，在保持过渡期转移支付办法总体框架的情况下，财政部进一步扩大了标准化收支的测算面，按照“税基×标准税率”的方法测算屠宰税、车船使用税。同时，针对财政数据口径的变化，对部分项目的测算方法进行了改进。一是适当调整了标准财政供养人员测算口径。将离退休人员从财政供养人数中分离出来，据实计算。二是彻底改革公用经费的测算办法，采用全国统一的人均公用经费标准和各地区财政供养人数为公用经费的两个因数，辅之以适当的成本差异系数计算确定。三是使用因素法计算确定车辆燃修费。四是使用病床数和医技人员因素计算确定卫生事业费。五是使用城市人口、城区面积等因素，测算城市维护建设费。

2000 年 9 月，按照国务院《关于进一步做好退耕还林还草试点工作的若干意见》，对实施退耕还林还草的地区，采取中央对地方财政转移支付的方式，对地方财政减收给予适当补偿。对试点县，其农业税等收入的减少部分，由中央财政以转移支付的方式给予适当补助。

2001 年 5 月，国务院发布《关于基础教育与发展的决定》，要求推进农村义务教育，保障经费投入，中央和省级人民政府对贫困地区和少数民族地区的义务教育，通过转移支付加强扶持力度。9 月，财政部发布实施《农业税灾歉减免财政专项补助资金管理办法》，决定对地方财政因执行农业税（含牧业税）灾歉减免政策而减少的农业税收入，由中央财政给予专项补助。农业灾害的损失情况，包括受灾面积、成灾面积、绝收面积、歉收产量、农业税灾歉减收额等。农业税灾歉减免坚持“重灾多减、特重全免”的原则，补助资金的分配综合考虑农业受灾程度、地方财政对农业税的依赖程度、地方财政困难程度，以及中央财政补助规模等因素。

2004 年 12 月，为调动地方政府发展粮食生产积极性，缓解中西部地区特别是粮食生产区县的财政困难，中央财政对粮食主产县通过转移支付给予奖励和补助。

2005 年 1 月，财政部出台《关于切实缓解县乡财政困难的意见》，中央财政增加财力转移支付规模，实施“三奖一补”政策：对县乡政府增加税收收入和省市级政府增加对财政困难县的财力性转移支付给予奖励；对县乡政府精简机构和人员给予一次性奖励；对产粮大县给予奖励；对以前工作做得好的地区进行补助。

1997—2005 年，四川省转移支付补助收入共计 951. 9 亿元。

1997—2005 年四川省转移支付补助收入统计表

表 1－54　　　　单位：万元

项目 / 年份	过渡期转移支付补助	一般性转移支付补助	民族地区转移支付补助	调整工资转移支付补助	农村税费改革转移支付补助	取消农业特产税降低农业税率转移支付补助	增发国债补助	农业税灾歉减免及企事业单位预算划转补助	合计
1997	32336	—	—	—	—	—	—	—	32336
1998	38056	—	—	—	—	—	140816	—	178872
1999	46147	—	—	85500	—	—	68460	—	200107
2000	53325	—	—	171000	—	—	304294	—	528619
2001	92200	—	7434	450145	—	—	578425	—	1128204
2002	—	186500	7225	644051	243000	—	629380	—	1710156
2003	—	285900	13843	710960	243100	—	338769	84214	1676786
2004	—	538200	19030	779656	243000	125000	421513	85707	2212106
2005	—	796700	59638	779656	243230	217700	441144	92958	2631026
合计	262064	1807300	107170	3620968	972330	342700	2922801	262879	10298212

说明：资料来源于四川省历年财政总决算表

第三节　税收返还收入

税收返还是指中央返还地方的税收收入，是分税制体制改革后中央对地方上划收入的一种财力补偿，具体包括消费税、增值税税收返还以及所得税基数返还。

1993年12月，国务院颁布实施《关于实行分税制财政管理体制的决定》，决定科学核定地方财政收支数额，逐步实行规范的中央财政对地方的税收返还。为了保持地方既得利益格局，逐步达到改革目标，中央财政对地方税收返还数额以1993年为基期年核定。按照1993年地方实际收入以及税制改革和中央与地方收入划分情况，核定1993年中央从地方净上划的收入数额（即上划消费税＋上划75%的增值税－中央下划收入）。1993年中央净上划收入，全额返还地方，保证地方既得财力，并以此作为以后中央对地方税收返还基数。1994年以后，税收返还额在1993年基数上逐年递增，递增率按全国增值税和消费税的平均增长率的1：0.3系数确定，即上述两税全国平均每增长1%，中央财政对地方的税收返还增长0.3%。如若1994年以后中央净上划收入达不到1993年基数，则相应扣减税收返还数额。

1995年4月，省政府发出《关于实行分税制财政管理体制的通知》，决定省财政对市（地、州）税收返还数额以1993年为基期年核定。按照1993年地方实际收入，以及税制改革和中央、省、市（地、州）、县（市、区）财政收入的划分情况，核定1993年中央从市（地、州）净上划的收入数额（即消费税＋75%的增值税－中央下划收入±其他调整因素）。1993年中央净上划收入，在中央全额返还省的同时，由省全额返还市（地、州），并以此作为以后年度省对市（地、州）的税收返还基数。从1994年起，税收返还额在1993年基数上逐年递增，递增率按各市（地、州）在本地区范围内上划中央增值税和消费税的平均增长率的1：0.3系数确定。1994年及以后年度达不到净上划收入基数，则相应扣减税收返还数额。

1999年，四川省调整各地税收返还收入基数，将原体制上解额与省财政分享税收基数对冲，对原递增包干上解地市，以省财政税收分享额减原上解额，不足部分相应调减税收返还收入基数，多余部分增加税收返还收入基数；对定额上解地市，以省财政税收分享额减原定额上解后，余下部分增加税收返还收入基数；对原定额补助地市，将省财政税收分享额和定额补助额直接增加税收返还收入基数。同时，按省下划收入基数调减各地税收返还收入基数，按上划省“金融保险业营业税”基数调增各地税收返还收入基数。将经核定后的固定结算上解和补助项目基数予以品迭，净补助额增加税收返还收入基数，净上解额减少税收返还收入基数。

2000年，四川省改革省以下财政管理体制，将金融保险业营业税调整为省级固定收入，将原省级财政分享的耕地占用税、土地增值税、城镇土地使用税、国有土地有偿使用收入4项收入下划市（州），将增值税（25%部分）、营业税、个人所得税、资源税、房产税、印花税、城镇土地使用税、契税8个税种作为省与市的共享收入，省分享35%，市分享65%。同时，不再执行原包干体制的递增上解、定额上解、定额补助办法，从2000年起，各地税收返还收入以调整后的1999年税收返还收入为基数，按各地当年上划中央增值税和消费税的实际增长率的1：0.3系数确定返还增量。对甘孜、阿坝、凉山三个民族自治州，除将金融保险业营业税上划为省级固定收入外，省暂不参与对上述8税的分享，并继续维持对三州的递增补助体制，年递增率为5%，以促进少数民族地区经济社会事业的发展。

2002年，国家决定实行所得税收入分享改革，除铁路运输、国家邮政、中国工商银行、中国农业银行、中国银行、中国建设银行、国家开发银行、中国农业发展银行、中国进出口银行以及海洋石油天然气企业、中石油、中石化企业缴纳的企业所得税全部属中央收入外，其余绝大部分企业所得税和全部的个人所得税实行中央与地方分享，分享比例2002年为5∶5，2003年以后为6∶4。省（直辖市、自治区）年度所得税收入完成数达不到2001年数额，中央则相应扣减对该地的基数返还或调增该地的基数上解。

2004年，中国实行出口退税机制改革，出口退税由中央财政全额负担改为中央和地方分担。财政部根据改革前各地出口退税情况，核定各地出口退税基数，基数内退税全部由中央负担，超基数部分中央和地方按75∶25的比例分担。2005年，分担比例改为中央和地方按92.5∶7.5比例分担。

1994—2005年，四川省税收返还收入共计1158.4亿元。

1994—2005年四川省税收返还收入统计表

表1－55

单位：万元

项目 年份	消费税和增值税税收返还	所得税基数返还	出口退税基数返还	合计
1994	977573	—	—	977573
1995	1000627	—	—	1000627
1996	1034908	—	—	1034908
1997	741964	—	—	741964
1998	762470	—	—	762470
1999	774873	—	—	774873
2000	795374	—	—	795374
2001	816057	—	—	816057
2002	844407	177600	—	1022007
2003	874679	279474	—	1154153
2004	921918	279474	43575	1244967
2005	979584	279474	—	1259058
总计	10524434	1016022	43575	11584031

说明：资料来源于四川省历年财政总决算表

第四节 专项补助收入

专项补助收入是指由中央预算安排、具有特定用途的专项财政资金，包括用于促进工农业生产、商品流通和文教、卫生、科技事业发展的各项专业拨款；用于地方发展经济的专项拨款和特殊拨款补助；用于社会保障、救灾、救济的专项拨款等，具有项目多、金额大、使用范围广的特点。

1987 年 12 月，为支持遭受特大水、旱灾害的省（市、自治区）进行防灾及修复重点水利工程，中央财政设置特大防汛和特大抗旱专项补助资金。

1989 年 3 月，民政部、财政部通知，从 1989 年 1 月起，调整部分优抚对象抚恤补助标准，对属于提高“三属”① 定期抚恤和退伍红军老战士、西路红军老战士、红军失散人员定期补助部分所需经费，由中央财政拨专款解决。

1990 年 2 月，为扶持四川省老革命根据地、少数民族地区、边远山区和贫困地区生产建设、经济发展、群众生活和社会事业发展，中央财政专项分配四川省支援经济不发达地区发展资金和三州开发基金。

1991 年 9 月，民政部、财政部通知，从 1991 年 1 月 1 日起，提高在乡革命伤残人员（革命伤残军人、伤残人民警察、伤残工作人员、参战伤残民兵、民工）的抚恤金标准，增加经费由中央财政拨专款解决。

1992 年 10 月，民政部、财政部通知，从 1992 年 1 月 1 日起，调整在乡退伍老红军战士生活补助标准，所需新增经费由中央财政拨专款解决。

1993 年 11 月，财政部、国家文物局规定，从 1994 年 1 月 1 日起，国家设立重点文物专项补助经费，用于全国重点文物保护单位维修、重点考古发掘、珍贵文物征集和国家重点博物馆维修的补助。

1994 年 2 月，民政部、财政部通知，从 1 月 1 日起，提高部分优抚对象抚恤补助标准，所需新增经费，由中央财政专款解决。7 月，根据中共中央、国务院制发的《中国教育改革和发展纲要意见》，财政部建立了中央教育补助专款，包括用于普通教育、城乡职业技术教育、师范教育、民族教育、特殊教育等的补助专款。

1995 年，国务院决定，从 1994 年粮食年度起，建立粮食风险基金，中央财政对省每年安排粮食风险基金专项补助；同时，地方财政按中央补助与地方自筹 1∶1.5 的比例安排配套资金。8 月，财政部通知，为抗御自然灾害，恢复农业生产，中央财政安排专项补助资金，用于遭受特大自然灾害的地区购买农业生产救灾柴油、救灾化肥的补贴。

1998 年 6 月，财政部通知，中央财政对国有企业下岗职工基本生活保障和再就业，拨付专项补助费给省财政。

1999 年 8 月，国务院办公厅通知，从 7 月 1 日起，提高国有企业下岗职工基本生活保障、失业保险金，城镇居民最低生活保障，企业离退休人员基本养老金三条社会保障线水平 30%。地方提高三条线保障水平所需的补助资金和补发拖欠企业离退休人员养老金，由中央财政安排专项资金给予补助。9 月，民政部、财政部通知，从 7 月 1 日起，提高部分在职革命伤残人员保障金、在乡老复员军人生活补助标准，所需经费，由中央财政核拨专款。12 月，财政部通知，1999 年实施天然林保护工程，中央财政对地方财政减收部分，安排专项转移支付补助，补助期限为 5 年。

2000 年 3 月，卫生部、财政部通知，中央财政对四川省等 12 个省（自治区、直辖市）设立降低孕产妇死亡率和消除新生儿破伤风专项资金。6 月，民政部、财政部通知，从 1 月 1 日起，提高部分优抚对象抚恤补助标准，所需新增经费，由中央财政核拨专款解决。10 月，卫生部、财政部通知，

① “三属”：烈士遗属、因公牺牲军人遗属、病故军人遗属的简称。

为建设国家卫生信息网，对四川省等困难地区，中央财政增加专项补助资金。

2001年2月，国务院办公厅通知，从2001年开始，在全国实施中小学危房改造工程，中央财政投入专款，重点帮助中西部贫困地区。4月，财政部通知，对国务院批准关闭破产的企业，中央财政安排专项补助资金，用于企业及职工安置就业工作。8月，国务院发布《关于大力推进职业教育改革与发展的决定》，中央财政增加职业教育专项经费，重点用于补助农村和西部地区。

2002年，财政部决定，为保障退耕还林工程的顺利实施，由中央财政安排用于退耕还林工程退耕户退耕后维持医疗、教育、日常生活等必要开支的专项补助资金，补助标准为每亩年补助20元。补助年限为：还生态林补助8年；还经济林补助5年；还草补助2年。10月，国务院决定，中央财政通过专项转移支付，对困难地区的重大传染病、地方病和职业病的预防控制等公共卫生项目，给予补助。11月，省民政厅、财政厅通知，从2002年7月1日起，对在乡老复员军人的定期生活补助标准提高20元，提高后为90元，所需经费由中央财政补助。是年，国务院办公厅通知，为改善工商、质监部门工作条件，提高其综合管理和行政执法能力，对工商、质监部门技术装备的购置、更新和信息化建设，中央财政通过专项转移支付方式给予适当补助。

2003年，财政部、国家计委通知，从2003年起，中央财政对贫困地区农民贫困家庭医疗救助和中西部地区农村合作医疗，实施中央专项转移支付，对参加新型合作医疗农民每年按人均10元安排补助资金。4月，财政部通知，为做好困难“非典”患者救治工作，中央财政专拨“非典”补助经费。7月，财政部、中国人民银行、劳动和社会保障部通知，对下岗失业人员从事微利项目小额担保贷款，由中央财政安排专项贴息资金。9月，国务院发布《关于进一步加强农村教育工作的决定》，要求确保农村中小学教职工工资按时足额发放，中央专项下达的工资性转移支付资金，全部补助到县。

2004年，国务院办公厅通知，开展计划生育家庭奖励扶持制度试点工作，由中央财政和省级财政安排奖励扶持专项资金。是年，财政部、卫生部通知，中央财政设立中央补助地方卫生事业专项资金，重点支持西部等困难地区卫生机构房屋修缮、设备和免费药物购置，重大疾病控制业务工作经费补助及人员培训等。

2005年12月，财政部、商务部通知，对企业从事对外经济技术合作业务，中央财政安排对外经济技术专项资金，给予支持。

1986—2005年，四川省专项补助收入共计1122.46亿元。

1986—2005年四川省专项补助收入统计表

表1-56

单位：万元

年份	金额	年份	金额	年份	金额	年份	金额
1986	174095	1991	208014	1996	317228	2001	985104
1987	191933	1992	286611	1997	263993	2002	1126962
1988	184976	1993	243914	1998	277022	2003	1074480
1989	193153	1994	245270	1999	551253	2004	1761491
1990	208419	1995	208929	2000	785070	2005	1936684
合计	11224601						

说明：资料来源于四川省历年财政总决算表

第五节 结算补助及其他补助收入

结算补助是指中央财政为了保持财政体制的稳定性，对一些由于体制变动、企业或事业单位隶属关系的变化、预算执行过程中中央新出台的政策措施等因素引起中央和地方财力转移的事项，以及一些不在收支包干范围内的项目实行年终结算，通过中央财政对地方进行的补助。

1995 年之前，结算补助的项目主要有：定额结算补助（扣款）、地方外贸企业三项补贴、调价后进出口及省间调拨粮油结算、提高商品零售营业税率结算返还、矿产资源补偿费收入分成返还、开发区及边境合作区新增收入返还结算补助、卷烟税收增收返还、轻纺基金补助、增值税与消费税短收扣减税收返还、能源交通重点建设基金与国家预算调节基金超收结算返还等。

1996 年，随着分税制财政体制的逐步完善，结算补助项目发生了较大变化。在保留原来的定额结算补助（扣款）、开发区及边境合作区新增收入返还结算补助和卷烟税收增收返还 3 个项目的同时，财政部新增了财务大检查补交入库收入分成、生产企业自营出口实行免抵退办法结算补助、固定资产投资方向调节税减收补助、缉私罚没收入转移支付、企业职工基本养老保险转移支付等内容。

2001 年，结算补助项目在保留定额结算补助（扣款）、卷烟税收增收返还、固定资产投资方向调节税减收补助、缉私罚没收入转移支付、企业职工基本养老保险转移支付的基础上，新增了退耕还林还草财政减收转移支付、中央跨地区经营企业缴库企业所得税基础调整补助、中央跨地区经营企业缴库企业所得税收入调整补助、农村税费改革转移支付等内容。

其他补助是中央根据各省（自治区、直辖市）出现的突发问题和特殊困难，予以的财力补助，具有专项性、一次性、照顾扶持、救灾抗灾等特点。主要项目包括财力补助、灾情补助、机动财力补助、财政系统自身建设补助、民族贫困地区税收返还照顾、其他补助等。

1986—2005 年，中央对四川的各项结算补助及其他补助共计 154.8 亿元。

1986—2005 年四川省结算补助收入统计表

表 1－57　　　　单位：万元

年份	金额	年份	金额	年份	金额	年份	金额
1986	28701	1991	19615	1996	29663	2001	151751
1987	38791	1992	17741	1997	－8263	2002	73626
1988	57625	1993	13551	1998	39	2003	126294
1989	62808	1994	15795	1999	53872	2004	74464
1990	58107	1995	20142	2000	127466	2005	78919
合 计	1040707						

说明：资料来源于四川省历年财政总决算表

1986—2005 年四川省其他补助收入统计表

表 1－58

单位：万元

年份	金额	年份	金额	年份	金额	年份	金额
1986	23654	1991	24200	1996	71600	2001	66666
1987	14227	1992	24255	1997	－24044	2002	62819
1988	5924	1993	38181	1998	－25536	2003	8077
1989	12981	1994	9035	1999	－23436	2004	69164
1990	23290	1995	37695	2000	19635	2005	68865
合　计	507252						

说明：资料来源于四川省历年财政总决算表

1986—2005 年四川省中央补助收入汇总表

表 1－59

单位：万元

年份	金额	年份	金额	年份	金额	年份	金额
1986	233469	1991	260161	1996	1489193	2001	3361869
1987	246658	1992	350560	1997	1041820	2002	4102099
1988	249057	1993	318983	1998	1242148	2003	4074050
1989	269571	1994	1274026	1999	1610728	2004	5396452
1990	290726	1995	1303187	2000	2302560	2005	6115595
合计	35532912						

说明：资料来源于四川省历年财政总决算表

1986—1993 年四川省财政收入分项目情况表

表 1－60

单位：万元

项目 年份	财政收入	其中					
		工商税收	盐税	农牧业税	国营企业所得税	国营企业调节税	国营企业计划亏损补贴
1986	673397	419689	10599	49052	116089	11104	－89565
1987	758570	631596	7741	53790	106500	9263	－88571
1988	915475	749403	6907	55166	142921	11035	－130770
1989	1148341	908400	8810	70543	138073	10962	－157943
1990	1198223	968140	8421	61144	107451	7224	－158061
1991	1314938	1039472	8402	72366	104489	7254	－130151
1992	1413599	1170747	8648	85143	88222	4175	－136322
1993	2025069	1702019	9034	85045	95724	2744	－72629

说明：资料来源于《四川统计年鉴（1994）》

1994—2005 年四川省地方财政一般预算收入基本情况表

表 1－61　　　　单位：万元

项目＼年份	1994	1995	1996	1997	1998	1999	2000	2001	2002	2003	2004	2005
地方财政一般预算收入	993618	1210676	1540682	1728966	1972882	2114756	2338630	2711245	2918746	3365917	3857848	4796635
一、税收性收入	869451	1052013	1298407	1525792	1660286	1778979	1946319	2181466	2302627	2541933	3035501	3616495
其中：增值税	224264	230541	256043	275011	295746	311716	338425	380085	418605	480965	523617	710737
营业税	217863	277973	366916	425337	503646	555021	566747	628085	753699	896047	1102487	1347643
个人所得税	16031	24166	36032	54809	75678	103370	126431	159951	153859	143575	176902	220842
企业所得税	102553	154163	165447	260616	225418	265529	347832	457425	290009	247547	310529	399414
农牧业税	106536	109261	164752	159464	157867	135327	165428	133479	203169	229849	120700	22067
二、非税收入	124167	158663	242275	203174	312596	335777	392311	529794	616119	823984	913839	1180140
其中：国有资产经营收益	32579	29605	25951	24420	37246	37046	66579	54693	71575	91972	120976	198651
计划亏损补贴	－22469	－21927	－25470	－20142	－18891	－29363	－31376	－27937	－27809	－27401	－25899	－21932
行政性收费	417	5726	33614	43251	67433	86174	111452	239235	262471	422951	422434	505568
罚没收入	46451	68556	98362	101531	112583	113833	131130	143421	154775	179529	190946	212321
其他收入	27272	33364	65229	53047	45716	48895	47112	49339	58515	45463	45746	57836

说明：1. 资料来源于《四川统计年鉴（2006）》；
2. 2005 年，四川已全面停收农业税、牧业税，当年农牧业税为其他农业税收

四川省志·财政志

第二篇　财政支出

财政支出是政府为提供公共产品和服务，满足社会共同需要而进行的财政资金的支付。狭义的财政支出仅指预算内支出；广义的财政支出则包括预算内支出和预算外支出。财政支出是财政分配活动的重要环节，财政支出的规模和结构可以反映政府职能的实现情况。

1986—2005 年，四川省地方财政支出主要包括经济建设支出、财政支农支出、教科文支出、行政管理支出、社会保障支出和其他各类支出。这一时期，遵照量入为出、优化支出结构、兼顾公平与效率的财政支出原则，四川省地方财政支出的重点在于“保运转、保稳定、促发展”几个方面，包括：保障公共服务正常支出，包括确保行政机关事业单位正常运转所需支出；增加教科文卫事业投入，提高其在财政支出、国民收入中的比重；健全社会保障体系，扩大社会保障覆盖面；增加对“三农”事业的投入，扩大农田水利基础设施建设，加强森林保护和生态环境建设；支持扶贫开发，对经济不发达地区，特别是老、少、边、穷地区增加投入力度。同时，还重点保障了能源、交通、水电等基础设施建设。

这一时期，为适应经济转轨和政府职能转变，逐步搭建起公共财政的基本框架，四川财政对支出管理方式作了诸多改革。总的原则是，根据财政资金的使用性质和拨付方式，区分政府职能性支出和政府经营性投入，按照不同情况实行无偿拨款和有偿使用，并采取不同措施强化管理，保障资金安全提高资金使用效益。在职能性支出方面，对公教人员工资，设立银行专户由财政部门直接支付；对社会保障资金，实行专户管理，专款专用；对农副产品收购资金、种粮农民补贴、退耕还林等资金，采取封闭式运行和财政直补；对特大自然灾害的抢灾救灾款项、突发公共事件和其他特殊用款，不受常规程序限制，急事特办，先行拨款。在经营性投入方面，对企业经营性资金实行“拨改贷”和折股转股，收取占用费和上交所得税；对支持企业发展的专项资金及其他财政性资金，转为国有资产，国家收取国有资产收益；对其他实行企业经营的事业单位和农业经营性投入的扶持资金，逐步由原财政无偿拨款改为有偿使用或有偿周转使用，实行项目管理。

1986—2005 年，四川财政支出规模实现高速增长，支出结构发生了巨大变化。1985 年，财政总支出为 49.72 亿元，2005 年达到 1082.2 亿元，为 1985 年的 21.8 倍。其中，经济建设（不含事业费）支出，1985 年为 13.13 亿元，到 2005 年生产性支出（相当于经济建设支出范围）为 246.39 亿元，增长约 17.8 倍。教育、科学、文化、卫生事业支出，从 1985 年 17.55 亿元，增长到 2005 年的 194.99 亿元，增长了 10.1 倍。行政管理支出，从 1985 年 4.9 亿元，增长到 2005 年（包括公检法司，同口径）的 209.61 亿元，增长了 41.8 倍。

第一章 经济建设支出

经济建设支出是各级财政用于国民经济发展和城市建设方面的生产建设性支出，这些支出或与社会公共需要有关，或与宏观调控有关，主要包括：基本建设支出、工业交通商业部门事业费、科技三项费用、企业挖潜改造资金、城市维护费和其他经济支出。

第一节 基本建设支出

一、基础设施建设支出

1986 年，四川省国家“七五”（1986—1990 年）重点工程，总投资 30 亿元的攀枝花钢铁公司第二期工程，动工兴建。是年，四川省投资 9432 万元，修建万南线。

1987 年，国务院决定在四川等三省区进行低档工业品以工代赈修筑公路的试点，拨给四川价值 1500 万元的工业品。省政府决定用其中的 1300 万元，在平武、北川、兴文、高县、珙县开展以工代赈工程，修建山区公路 192 千米、桥梁 64 座、隧道 2 处。从 1984 年冬开始至 1987 年实施的用粮棉布以工代赈修筑公路计划，累计投入实物及配套资金 3. 14 亿元，在全省 13 个市（地、州）的 124 个县新建公路 9131 千米，建成桥梁 1407 座。

1988 年，四川省重点建设项目投资完成 20. 4 亿元，江油电厂、成都热电厂扩建工程、二滩水电站前期工程实现了计划目标。是年，投资 8000 万元的隆叙铁路北段动工修建。

1990 年，省政府决定，自 1990 年 1 月 1 日起，从预算外收入中征集地方重点建设资金，用于“七五”（1986—1990 年）、“八五”（1991—1995 年）计划内的电力、煤炭、地方铁路、重要原材料等骨干项目和配套工程建设。

1993 年，为加快邮电基础设施建设，四川省全年投资 1. 22 亿元，用于数网二期工程建设，包括成都—攀枝花光缆工程、成—达—万数字微波工程、17 个城市程控电话工程、成都—昆明光缆工程、西安—成都光缆干线工程。

1994 年，民航总局安排四川民航系统基本建设总投资 14148 万元，省政府安排 4200 万元，用于双流机场扩建。

1995 年 9 月，四川省第一条高速公路——成渝高速公路，历时 5 年，建成通车，项目共投资 40 亿元。是年，成绵高速公路白马庙至唐家寺、川陕路广北段隧道、内宜路工程、川藏二郎山隧道、万县长江大桥等工程开工建设。

1998年，国务院决定增发1000亿元国债，作为加快基础设施建设专项资金。四川省取得中央转借地方债券53.11亿元，重点投入公路、铁路、通信、农田水利、城镇基础设施、城乡电网改造、粮库建设。4月，省财政厅通知清理历年“拨改贷”资金余额。至1997年底，省级基础设施建设有偿使用资金（拨改贷）历年余额已超过10亿元。“拨改贷”资金清理回收本息入库后，经省财政厅审核无误，再按回收金额的10%—20%比例予以扣除，作为省偿债资金，其余部分由省投资集团公司按年度计划用于再投放。基本建设有偿资金的利息收入，转入次年本金，以滚大资金规模。9月，省政府批准筠连铁路开工建设。是年，全省电信固定资产投资101.08亿元，在全国率先建成了198、199无线高速寻呼系统，容量180万门；完成公众多媒体通信网一期工程，实现了国际互联网的联接，能支撑6万余拨号用户上网。

1999年，省政府决定加大邮政基础设施建设，全省邮政部门固定资产投资4.54亿元，主要用于成都第二枢纽工程、报纸分发流水线工程建设。

2000年，民航总局安排民航西南局基本建设投资10.32亿元，主要用于：成都双流国际机场扩建2亿元；绵阳机场6000万元，又绵阳机场迁建配套6802万元；广元机场14330万元；达川机场5000万元；攀枝花机场4000万元；泸州机场2000万元。是年，乐山大件码头工程竣工；岷江航道（成都—乐山）整治工程动工；泸州集装箱码头工程完成投资5800万元；嘉陵江桐子壕航电枢纽工程开工；渠江达县金盘子电枢纽工程完成投资1.8亿多元。

2002年，国家计委决定，2002—2005年，安排20亿元以上的资金用于四川省4500千米县标油路或水泥路建设。

2004年，省政府决定，从2004年起，每年安排1亿元用于农村公路建设。是年，四川省贯彻实施国务院《关于投资体制改革的决定》，决定2004年以后政府投资，主要用于关系国家安全和市场不能有效配置资源的经济社会领域；用于加强公益事业和公共基础设施建设；保护和改善生态环境，促进欠发达地区的经济社会发展；推进科技进步和高新技术产业化。

2005年，财政部下达四川基本建设预算15.43亿元，用于重点建设项目，即四川省博物馆、武都引水二期工程、大桥水库二期工程、川藏公路海子山至竹巴笼段工程建设，以及城市污染、垃圾处理项目和农村电网完善项目建设。是年，总投资116亿元的达成铁路扩能改造项目启动。

二、农林水利电力基本建设支出

1986年，全省水利基本建设投资10817万元。升钟水库枢纽工程建成，都江堰灌区人民渠首段扩建工程提前竣工通水。全省林业基本建设投资11382万元。其中，用于营林1297万元，森工企业6062万元，建筑安装项目285万元，森林科研文教卫星等项目220万元。

1987年，全省水利基本建设投资13581万元，大桥、定水两条支渠，人民渠干渠一期工程竣工通水。是年，国务院决定发行电力建设债券，下达四川省指标1.8亿元，直接安排用于乐山铜街子水电站、内江白马电厂和重庆电厂建设。全省电力基本建设投资47683万元，其中，火电工程29355万元，水电工程9200万元，送变电工程6491万元，小型基建2637万元。全省森林基本建设和技术改造投资13981万元，其中，营林基本建设投资6328万元，工业基本建设投资6971万元。

1989年，全省水利基本建设投资9311万元，其中，国家投资14145万元，主要用于升钟水库配套、武都引水工程和都江堰第一期扩建3项大型工程建设。

1992年，国家安排四川森工基本建设投资10220万元（其中：经营性投资9800万元，非经营性投资420万元），技改投资800万元（其中，贷款560万元，自筹240万元）。投资项目有：东风木材厂干燥技术改造，岷江林机厂竹碎板生产技改，宜宾制材厂引进地板块拼成型机配套设备，天全木材综合厂干燥车间技改，川南林业局刨花板厂加工技术，酉阳林化厂五焙子产品源加工技术等。是年，四川省大型水利工程开始引进世界银行贷款，武都引水工程、升钟水库等当年共引进贷款9000多万元。

1993年，四川省水利基本建设投资10.72亿元，其中国家投资1.31亿元。升钟水库配套工程左分干渠通水南部县，武都引水工程、都江堰二期改扩工程顺利进展延伸，凉山大桥水库开工建设。

1994年，四川省水利基本建设投资9.7亿元，其中，省政府从新增农业投资中安排1500万元专项用于水利建设。

1995年，省委、省政府提出“治水兴蜀”战略方针，实行大中小微水利建设相结合、蓄引提相结合、新建与挖潜相结合，突出挖潜配套，扩大灌溉面积，解决人畜饮水困难，完成河心洲坝救生高台建设。当年，全省水利基本建设投入达26.4亿元，新增有效灌面47.71万亩，水利工程蓄水量86.79亿立方米，新增电力装机24.39万千瓦。是年，国家下达四川大中型电力基本建设资金24.58亿元。太平驿水电站二、三机组、东西关水电站一号机组、黄丹水电站一号机组、雨城（雅安）水电站一号机组正式开网发电；铜街子水电站装机容量50万千瓦、黄桷庄电厂装机容量40万千瓦、自贡市50万伏输变电工程建成。

1997年，根据国务院《水利建设基金筹集和使用管理暂行办法》，四川省设立水利建设基金，用于地方重点水利工程项目、地方中小河流湖泊的治理、地方重点水土流失防治工程建设、重点防洪城市的防洪设施建设、地方水利工程维护以及其他经省级人民政府批准的水利工程项目。是年，四川大型水利工程建设项目进展顺利：升钟水库完成投资5800万元，新增灌面5万多亩；武都引水工程，完成投资19341万元，实现灌面27万亩，发电量6.5万千瓦时，城乡供水4.7亿立方米的能力；大桥水库完成投资11179万元，完成合同移民安置任务；都江堰二期扩（改）建完成改建施工任务。

1998年，为贯彻实施中共中央、国务院实施天然林保护工程的决策，省委、省政府决定，在中央财政安排补助资金11.32亿元的基础上，地方各级财政再筹措配套资金4亿多元，用于森林保护、政策性社会支出、养老统筹补助、贷款贴息等方面的支出。是年，中央安排四川债券2.3亿元用于岷江、成都河段防洪工程建设。

1999年，省政府发出《关于加强二滩、宝珠寺、铜街子库区移民后期扶持基金征收管理工作的通知》，共下达库区移民扶持资金3333.5万元。其中：龚嘴库区502.5万元、大渡河库区160万元、铜街子库区633.7万元、春荒资金104万元。进入后期扶持的新库区下达计划1709.5万元。其中，二滩库区732.5万元，春荒资金67万元，宝珠寺库区910万元。全年后期扶持投入共2166.5万元。

2000年11月，国家批准实施《四川省天然林资源保护工程规划方案》。全省共有28户国有森工企业、2个自然保护区及174个县（市、区）纳入工程实施范围，负责对1923万公顷森林依法实施有效管护。工程建设期为2000—2010年，总投资148亿元。其中：中央投资118.4亿元；地方配套29.6亿元。同时，国家对四川“天保”工程继续实施扶持政策，对林业下岗职工、离退休职工社保统筹金，给予补助（其中，1998年2941万元，1999年3850万元，2000年起，每年补助1.4亿元）；

对停采地区带来的财政减收问题，中央财政以转移支付方式，进行专项补贴（其中，1998 年 8900 万元，1999 年 48400 万元，2000 年 49900 万元）。“九五”（1996—2000 年）计划期间，四川电力项目总投资 560 亿元，先后建成了二滩水电站、宝珠寺水电站、广安电厂、嘉陵电厂、成都电厂等一大批大中型水火电项目。

2003 年，省委、省政府决定用 3 年时间消除病险水库，大力支持渠道、配套和水毁修复，开展农村水利现代化试点。是年，全省水利基本建设投资 25.5 亿元。其中，中央资金 8.13 亿元（含国债资金 5.6 亿元），省级资金 1.51 亿元，市县自筹 8.66 亿元，贷款及外资 7.2 亿元。其中用于实施治水兴村 1038 万元；农村水利现代化试点 200 万元（省财政拨款）；小型病险水库除险加固 1.766 亿元；渠道配套和水毁修复 4800 万元（省财政拨款）。

2005 年，全省大型水电工程移民工作继续推进。紫坪铺移民个人补助、补偿 27689 万元；溪洛渡水电站库区前期工作投资 18188.81 万元；向家坝水电站库区前期工作投资 10002.91 万元；锦屏一级水电站库区移民工作投资 1092.22 万元；宝珠寺、二滩、铜街子库区后期扶持资金 3323.5 万元；三峡外迁移民后期扶持资金 2.5 亿元。“十五”（2001—2005 年）计划期间，四川继续加大电力设施基本建设力度，宝珠寺电站建设全部完成，攀枝花市 500 千伏输变电工程和思蒙 500 千伏变电工程建成投运。

1986—2005 年四川省基本建设支出统计表

表 2－1　　　　单位：万元

年份	金额	年份	金额	年份	金额	年份	金额
1986	108545	1991	105693	1996	238860	2001	783327
1987	95353	1992	122705	1997	206420	2002	968746
1988	90925	1993	129352	1998	273404	2003	750182
1989	88453	1994	158926	1999	281376	2004	848048
1990	100176	1995	198999	2000	482355	2005	1142259
合计	7174104						

说明：资料来源于四川省历年财政总决算表

第二节　工业交通商业部门事业费支出

工业交通商业部门事业费是按照预算支出的用途分类，用于工业、交通、商业等部门的经费，包括工业、交通、商业、环保、物价、测绘、国土、建设、邮政、质量监督等部门事业费。事业费包括人员经费、公用经费和专项经费三部分。其中，人员经费包括工资、津贴、奖金、职工福利费、离退休人员经费等；公用经费包括办公费、水电费、邮电费、交通费、差旅费、会议费、培训费、招待费等；专项经费包括工业交通商业等部门开展业务活动而发生的各项专项支出。

1991 年，财政部规定，中央驻厂员经费、粮管员经费，列入商业部门事业费开支。

1998 年，省委、省政府决定，从 1998 年起，省财政每年追加专项环境事业费和自然保护费各 50

万元，用于治理污染项目。

1999 年 2 月，省政府决定，从 7 月 1 日起，由省质量技术监督局对市（地、州）、县（市、区）质量监督系统实行垂直管理。全省质量技术监督系统的业务支出，包括人员经费、公用经费、办案经费、装备经费及基础设施经费等。各地以 1998 年决算支出数为基数，并考虑必要的发展经费，足额划转到省财政，由省财政统一管理。

2000 年 6 月，根据国务院《药品监督管理体制改革方案》，省政府决定，省以下药品监督管理系统的人、财、物上划到省药品监督管理局实行统一管理。省以下药品监督管理机构及其技术机构原有经费渠道、经费额度，相应上划到省级财政，分别列入行政经费和事业经费。省级财政根据其工作需要，将人员经费、业务经费、装备经费及基础设施经费等，纳入省级财政支出预算，统一核定和拨付给省药品监督局，予以保障。

2002 年 5 月，财政部发布《企业财务会计信息资料统计补助经费管理办法》，要求各地对企业财务会计信息资料统计进行补助，以便中央及时掌握国内国有控股企业的资产财务及运营状况。补助经费列入"工商事业费"，由各级财政机关按规定使用。10 月，国务院办公厅发出《关于进一步做好工商行政管理和质量技术监督部门经费保障工作的通知》，要求省级及计划单列市人民政府逐步加大对工商、质监部门经费保障的力度。对其人员工资、津贴等经费，保证按时足额拨付；对开展工作所需的正常公用经费，按照高于当地一般行政机关的标准予以安排；对打假办、执法检查等业务所需经费给予重点保证；对大宗、要案及中央、省政府交办的特殊任务所需经费，实行专项报批、专项安排、专款使用。

1986—2005 年，四川省工业、交通、商业等部门的事业费支出合计 90.87 亿元。这一时期，只有 1987 年、1997 年和 1998 年 3 年呈负增长，其余各年份均呈正增长。其中，比上年增长最快的是 2005 年，增速达 91%；比上年增长最慢的是 1998 年，增速为 -0.17%。

1986—2005 年四川省工业交通商业部门事业费支出统计表

表 2-2

单位：万元

年份	金额	年份	金额	年份	金额	年份	金额
1986	13761	1991	19151	1996	39086	2001	55966
1987	12215	1992	22079	1997	38019	2002	57835
1988	14616	1993	26012	1998	31540	2003	78714
1989	17426	1994	33367	1999	37450	2004	106809
1990	18428	1995	36720	2000	46015	2005	203489
合计	908698						

说明：　资料来源于四川省历年财政总决算表

第三节　科技三项费用支出

科技三项费用是国家预算拨款用于支持科技事业发展而设立的新产品试制费、中间试验费和重大科研项目补助费的统称。

1972年，国务院决定，财政除拨给企业的新产品试制费外，增设中间试验费和重要科学研究补助费，合称科学技术三项费用。

1986年，国务院决定科技三项费用由各级财政部门全部拨交同级科委统一管理。10月，省政府规定，多渠道解决工交企业开发新产品资金，摊入成本从各地区掌握的折旧基金中划拨一定数额；集体企业开发新产品、新技术从销售额中提取百分之一设立开发基金，计入生产成本列支。全省各市（地、州）建立新产品基金，省财政每年视财力安排一定额度资金，从上交省计经委的折旧基金中划出10%资金建立省级新产品开发基金。

1992年，省委、省政府决定，为保证“科技兴川”战略实施，省级财政科技经费逐年增加；市（地、州）财政科技三项费用力争达到上年同级财政支出的1%；县级财政尽可能多安排科技三项费用。

1996年，四川省执行国家《科技三项费用管理办法（试行）》，明确科技三项费用的开支范围包括：设备购置费、能源材料费、试验外协费、资料费、印刷费、租赁费、差旅费、鉴定验收费、管理费和其他费用，使用时实行合同化管理，经费包干，专款专用，严禁截留、挪用。因特殊原因，需要中途撤销或更改的科技三项费用项目，在项目主管部门做出撤销或更改项目的决定后1个月内，项目承担单位须做出经费决算，连同固定资产购置情况一并报送项目主管部门和原拨款财政部门核批，剩余的科技三项费用应全额上缴原拨款财政部门，由原项目主管部门继续用于安排国家重点科技项目计划。省财政厅补充规定：省级预算安排的科技三项费，由省科技计划管理部门分别提出项目计划，会同省财政厅联合下达，项目经费由省财政厅层层下达。

1997年12月，《四川省科学技术进步条例》规定，县级以上人民政府应把科学技术经费（包括科技三项费用）列入同级财政预算，年增长速度应高于同期财政收入的增长速度。

2000年1月，省委、省政府发出《关于加强技术创新发展高科技实现产业化的实施意见》，要求省和各市（地、州）科技三基费用年增长速度要比财政性收入年增长速度高至少1个百分点，经济较发达地区增长幅度要更大一些。

2004年7月，按照财政部、科技部规定，省财政厅将科技三项费用更名为“应用技术研究与开发资金”，专项用于支持科技攻关计划和科技产业化环境建设及科技成果的转移扩散，包括：星火计划，主要支持农业科技产业化示范项目的开发与应用、乡镇企业技术创新等；火炬计划，主要支持高新技术产业化项目的开发和应用、科技企业孵化器的培育与发展等；科技兴贸行动计划；重点新产品计划等。研发资金的开支范围包括项目费和计划管理费，项目费包括人员费、设备费、能源材料费、试验外协费、会议费、差旅费等；计划管理费为资金管理部门开展项目评审或评估、招标、监督检查、项目验收及绩效考评等工作发生的费用。

1986—2005年，四川省科技三项费用累计支出55.40亿元。

1986—2005 年四川省科技三项费用支出统计表

表 2-3

单位：万元

年份	金额	年份	金额	年份	金额	年份	金额
1986	9118	1991	9562	1996	23340	2001	46290
1987	9228	1992	11656	1997	27031	2002	52554
1988	7654	1993	16022	1998	28058	2003	61228
1989	8037	1994	13827	1999	31148	2004	65548
1990	8753	1995	17162	2000	35980	2005	71804
合计	554000						

说明：资料来源于四川省历年财政总决算表

第四节　企业挖潜改造资金支出

企业挖潜改造资金是企业在保证企业正常生产的前提下，对原有的厂房、设备进行技术革新、技术改造或采用新工艺所使用的资金，同时也是企业深化改革、促进高科技项目研制和成果转化、增加企业外贸出口等方面的专项资金。企业挖潜改造资金是财政支持企业固定资产投资和改革创新的重要支出。

1976 年，国家始设企业挖潜改造资金，用于企业革新改造设备和技术，包括技术组织措施费、产品试制费、零星固定资产购置费、安全技术劳动保护措施费，以及科技三项费中的中间试验费、重要科学研究补助费等。

1983 年 4 月，省政府规定，企业技术改造的各种资金，纳入固定资产投资计划，集中使用。除财政拨款和银行贷款外，企业留成资金中的 40% 以上用于技术改造。国营工业企业的固定资产折旧，按规定上交中央后，全部用于技术改造。财政部门在财力许可的情况下，按年拨付一部分资金，用于重点企业和重点发展新产品的技术改造。

1986 年 1 月，省政府决定搞活 100 个大中型重点企业。1986、1987 两年，对这 100 个企业减免调节税，减免下来的税收全部用于企业技术改造和技术进步。同时，在省财政机动财力中划出一部分，建立重点企业技术改造基金，以低息或无息贷款形式借给企业。各市（地、州）在地方机动财力中也划出一部分用于本地区上述重点骨干企业技术改造。企业固定资产折旧率按特殊优惠折旧率执行，折旧年限可缩短 10%—20%，增提的折旧资金，上级部门不再提留，全部留给企业用于更新改造；原由上级主管部门集中的 30% 折旧基金，从 1987 年 1 月 1 日起，全留企业用于技术改造；企业自筹资金建设综合利用项目生产的产品，按规定减免产品税，具备独立核算条件的车间、分厂，在 5 年内免征产品所得税和调节税，其综合项目的折旧基金，全部留给企业，专项用于综合利用设备的更新改造。5 月，财政部、国家经委通知，丝绸、烟草、医药、冶金和建材行业，均执行国营企业固定资产分类折旧办法，增提的折旧基金全留企业用于技术改造。是年，省政府办公厅发出《四川省地方企业技术改造暂行管理办法》，规定技术改造范围包括：对现有企业生产工艺、技术装备、检测计量手段和工程设施进行的改造，或对设备、建筑进行更新以及生产性主体项目配套的辅助性生产、生活福利设施的建设；为改善交通运输和邮电通讯设施及港口码头的运输条件，提高运输、装卸能力和通讯质量而进行的更新改造工程；为扩大出口产品、市场短线产品和短线原材料产品而对现有企业生产工艺和环节进行的局部性改造；为治理“三废”、节约能源和原料，或综合利用原材料而对现有企业进行的技术改造；为防止职业病或人身事故，对现有技术装备和生产设施采取的劳动安全保护措施；对城市和企业现有供热、供气、供水及道路、桥梁等公用设施的改造；现有企业由于城市环境保护、安全生产和专业化协作的需要而进行改造或局部迁建工程；一般整体性技术改造工程，其增加新建筑面积（包括生产厂房与其配套的辅助厂房及生活设施）未超过原有建筑面积30%中，用于土建部分的投资不超过工程总投资20%的，其新增部分按中型以下规模的工程技术改造进行管理。是年，省政府决定，对国家不再集中的企业30%的折旧基金，由省计经委集中掌握15%，省主管部门和各地，按企业隶属关系集中15%，作为技术改造资金，实行专项管理，专款专用。

1987年，省政府决定，为促进企业技术改造和技术进步，实行下列财政改革措施：一是从1987年7月1日起，对国营工业企业全面实行分类折旧，分类折旧与原综合折旧的差额部分，允许在1990年前在成本中单独列支；原由上级主管部门集中掌握的30%的折旧基金，从1987年起全留给企业，并免征能源交通重点建设基金。二是技术改造任务重的大中型工业企业减免调节税3000万元。三是国营大中型企业税后留利进行生产性投资新增加的利润，2年内全部留给企业用于技术改造，第3年改按40%的税率征收所得税，减免的税率专项用于技术开发。四是对国家、省批准的优质产品，实行优质优价，优价部分所得利润按规定交纳所得税后，企业全部用于技术改造。

1991年，财政部决定，为增加企业技术开发的资金投入，对国营大中型企业，可按销售收入的1%提取技术开发费，其中承担国家重点新产品、新技术开发的企业，可再提0.5%的技术开发费。9月，国务院生产办公室、财政部规定，企业（不包括私营企业）闲置设备调剂利用，其出售闲置设备的变价收入，全部留给企业，用于设备更新改造，不得挪用。

1993年9月，省委、省政府出台《关于大中型企业探索建立企业新体制试验的通知》，要求试验企业经批准转让部分国有资产或出售部分国家股权所得资金全归国家所有，全部留给企业，用于技术改造和补充流动资金。企业出售部分设备所得，留企业用于技术改造和补充流动资金。从1988年起，形成的新增资本金划出不超过50%部分留企业，划出新增资本所形成的利润，从1993年7月起，在交纳15%的所得税后，全留企业，用于技改和补充流动资金及弥补企业亏损。

1994年，省委、省政府批转《四川省国有大中型工业企业改革与脱钩规划》，决定推进企业技术改造，加大财政扶持力度。经省批准的重点实施技术改造项目，从1994年起，5年内投资方向调节税实行先征后退，企业实际上缴的所得税较上年新增部分由同级财政列支，全部返还给企业，作为国家资金投入，用于企业扩大再生产。对列入省技术创新项目计划，并经鉴定验收确认为国家和省级新产品的企业产品，其增值税地方部分由企业所在地财政返还给企业用于企业技术创新项目；对列入的重点企业，省优先安排技术改造贴息资金进行贴息。

1996年，省委、省政府制定了《关于推进两个根本转变加快四川工业发展的意见》，决定在“七五”计划期间（1986—1990年），将国有企业技术改造经费占固定资产投资的比重由27%提高到40%以上，省财政预算内安排的技术改造基金、技术改造贴息基金和新产品技术开发推广基金相应逐年增加。

1999 年，四川省执行财政部、国家经贸委《技术改造贷款项目贴息资金管理办法》，对地方企业的技术改造贷款项目，由省经贸委和财政厅联合审核后，再向国家经贸委和财政部申报审定，下达贴息资金。

2002 年，财政部、国家计委、国家经贸委、科技部发布了《产业技术研究与开发资金管理办法》，规定国家产业技术研究与开发资金，主要用于支持产业发展中重大、共性、关键性技术开发，推动技术成果转移扩散。其开支范围包括：项目管理费、项目费以及经财政部批准的其他开支。

2003 年，根据中共十六届三中全会提出的大力发展和积极引导非公有制经济、鼓励有条件的非公企业做强做大的有关精神，企业挖潜改造资金的支持对象突破了以往仅限国有工业企业的范畴，只要符合《企业挖潜改造资金管理办法》规定条件，不管企业是何种所有制形式，均可申请挖潜改造资金扶持。

2004 年，省人大常委会颁布实施《四川省企业技术创新条例》，决定由省人民政府设立省级产业技术研究与开发专项资金，纳入省级财政预算管理，专项用于支持企业技术创新。

1986—2005 年，四川省企业挖潜改造资金累计支出 311.6 亿元。

1986—2005 年四川省企业挖潜改造资金支出统计表

表 2－4　　　　单位：万元

年份	金额	年份	金额	年份	金额	年份	金额
1986	34865	1991	55604	1996	163007	2001	303298
1987	28859	1992	97556	1997	220072	2002	222997
1988	36298	1993	201181	1998	211936	2003	232608
1989	24549	1994	165407	1999	206567	2004	228409
1990	49802	1995	150521	2000	241783	2005	240878
合计	3116197						

说明：资料来源于四川省历年财政总决算表

第五节　城市维护费支出

城市维护费是财政一般预算支出中用于城市市政基础设施建设、维护与保养的资金，包括城市给排水、道路、桥梁、路灯、园林绿化、环卫等公共设施的维护、管理和规划费用等。

1986 年，省政府出台《关于加强城市建设的通知》，要求城市机动财力有适当比例用于城市基础设施建设。对排污设施、大型桥梁、隧道等市政设施，特别是以贷款集资方式修建的，逐步实行有偿使用。

1987 年 3 月，省政府出台《关于加强城市基础设施建设几个问题的通知》，要求城市（含县城和建制镇）基础设施，不能视为非生产性建设，各级政府应视财力情况逐年增加用于城市基础设施的资金和用于城镇防洪、城镇供水的专项资金。并决定从 1 月 1 日起，对在小城镇和风景旅游区规划范围内新建房屋的单位和个人，按每平方米建筑面积收取 15—20 元、10—15 元、6—10 元的市政公用环卫园林设施配套费，用于城镇基础设施建设。

1989 年，财政部《城市维护建设资金预算管理办法》规定，城市维护建设资金，包括财政预算专款、城市维护建设税、城市公用事业附加、超标排污费和城市水资源费等，实行就地征收、就地使用的原则。对征收城市维护建设税较多的地区，报省政府批准，可适当集中一部分，在地区之间调剂使用。城市维护建设资金年度专项预算，由各级财政部门报同级政府批准后，下达所属企业、事业单位执行。

1992 年，为加强管理，弥补城市建设资金不足，四川省开始对城市规划区（含工矿区）范围内进行建设的单位或个人，征收城市建设配套费。城市建设配套费主要用于城市市政、公用、环卫、园林设施建设。收取配套费后，各地区、各部门原来制定的各种名目的收费和摊派同时废止。配套费专款专用，使用时由市、县建委按年度提出计划，由财政按期拨付使用。

2005 年，省政府制发了《关于优先发展城市公共交通的实施意见》，决定将城市公共交通发展纳入公共财政体系统筹安排，重点扶持，建立规范的城市公共交通补贴制度和公共交通财政补偿机制，科学划分政策性亏损和经营性亏损的范围。对城市公共交通因价格限制因素造成的政策性亏损，给予政策扶持和价格补贴。对城市公共交通企业承担社会福利减少的收入或完成政府指令性任务增加的支出，给予等额的经济补偿。对城市发展具有全局性影响的轨道交通、综合换乘枢纽、公共交通停车场站以及政府确定的公共交通建设项目、车辆更新等，各市（州）政府要在财力许可的范围内给予必要的资金保证。优先发展城市公共交通的主要目标是：争取用 5 年左右时间，基本确立公共交通在城市交通中的主体地位。到 2010 年，成都市公共汽车平均运营速度达 20 千米/小时以上，准点率达到 90% 以上；站点覆盖率按 300 米半径计算，建成区大于 50%，中心城区大于 70%；基本形成以大运量快速交通为骨干、常规公共汽车为主体、出租汽车等其他公共交通方式为补充的城市公共交通体系，建成区任意两点间公共交通可达时间（步行 500 米，一次性转乘）不超过 50 分钟，城市公共交通在城市交通总出行中的比重达到 25% 以上。17 个地级市和有条件的县级市基本形成以公共汽车为主体、出租汽车为补充的城市公共交通系统；公共汽车平均运营速度达到 20 千米/小时以上，准点率达到 90% 以上；站点覆盖率按 300 米半径计算，建成区大于 80%，中心城区大于 90%，建成区任意两点间公共交通可达时间，平原城市不超过 35 分钟，山地城市不超过 40 分钟；城市公共交通在城市交通总出行中的比重达到 30% 以上。

1986—2005 年，四川省城市维护费累计支出 228.9 亿元。

1986—2005 年四川省城市维护费支出统计表

表 2－5　　单位：万元

年份	金额	年份	金额	年份	金额	年份	金额
1986	31176	1991	55255	1996	101767	2001	167466
1987	31353	1992	57306	1997	119317	2002	207376
1988	37714	1993	73741	1998	117596	2003	241893
1989	46357	1994	55875	1999	117155	2004	254231
1990	49231	1995	76066	2000	138246	2005	310157
合计	2289278						

说明：资料来源于四川省历年财政总决算表

第六节 其他经济建设支出

一、地质勘探费

地质勘探费是用于地质矿产主管部门和有色、石化、煤炭、建材、核工业等部门所属地质勘探队的经费。

1999年之前，地质勘探经费由中央财政直接拨款，实行中央财政垂直管理，因而在地方财政支出中反映较少。1986—1999年，四川省地质勘探费在财政支出中有所反映的只有1993、1994、1996、1997、1998、1999年6年，且金额较少，分别为：770万元、150万元、1291万元、700万元、607万元、3983万元。2000年，按照国务院办公厅《关于印发地质勘查队伍管理体制改革方案的通知》精神，地质勘探企业实行属地化管理，地质勘探费也随之由中央划转地方管理，全部由地方财政拨款，地质勘探费在财政支出中的数额开始迅速增加。2000年，四川省地质勘探费支出27539万元；2001年，地质勘探费支出45688万元；2002年，地质勘探费支出37312万元；2003年，地质勘探费支出41255万元；2004年，地质勘探费支出44275万元；2005年，地质勘探费支出57059万元。

1986—2005年，四川省地质勘探费累计支出26.1亿元。

二、简易建筑费

1979年，始设“简易建筑费”，用于粮食、外贸、农机公司等企业而不列入基本建设计划的简易建筑及购置运输车辆等开支。开支范围包括修建简易仓棚、货场，利用旧料修建警卫用房、室外厕所，修建土围墙、栅栏、排水沟，以及购置小油罐、国家分配的运输车辆等费用。

1986年，四川省继续执行财政部规定，对商业企业及县以上供销社，在实行利改税后的简易建筑费，由企业在税后利润中解决，财政不再拨款；粮食和外贸企业仍由财政专项拨款。

1987年，财政部《外贸企业简易建筑费管理办法》规定，财政拨给企业的简易建筑费，重点用于改善不宜露天存放的易损、易变、易霉和经济价值较高商品的储存条件，以及重点收购地区和重点口岸的需要，不得用于基建性新建、改建、扩建及购置大型机械设备。用简易建筑费进行的各项建筑标准，必须低于同类基本建设性建筑。建筑结构也必须较基础性建筑简易。在每平方米造价不超过当地同类基建性仓库造价60%的前提下，可以建造各种砖木结构以及轻型钢架结构等简易建筑。

1992年，省政府决定深化国营粮食购销体制改革，加快国营粮食企业技术改造和网点建设，要求“八五”（1991—1995年）期间，省财政拨出的粮食简易建筑费保证逐年有所增加。

1999年，四川省财政预算中取消了简易建筑费科目。

1986—1998年，四川省简易建筑费累计支出4.36亿元。

1986—1998 年四川省简易建筑费支出统计表

表 2－6　　　　单位：万元

年份	金额	年份	金额	年份	金额
1986	3129	1991	2937	1996	4003
1987	3041	1992	3589	1997	3575
1988	3061	1993	5003	1998	4030
1989	1916	1994	3732		
1990	1699	1995	3887		
合计	43602				

说明：资料来源于四川省历年财政总决算表

三、流动资金

流动资金是财政拨付国有企业的流动资金。1951 年起，国营企业的流动资金，定额内的由财政拨款，季节性生产或营业周转需要的周转金，由银行信贷解决。此后，调整为由财政统一按 80% 的比例拨给企业主管部门，再由主管部门核拨给企业；20% 拨给银行，由银行向企业发放定额流动资金。

1983 年 7 月，国务院规定，地方国营企业的流动资金，由财政部门改为人民银行统一管理。企业所需流动资金，由银行按照信贷政策供应，国家财政不再增拨流动资金。但是，地方和部门使用自筹资金新建工厂，在安排建设投资的同时，财政可安排一定的自有流动资金。

1986 年 12 月，省财政厅通知，国营企业库存商品物资调整价格的差额处理，由中央和省定价的，一律按调价前一天实际库存数量和新的定价，调整账面价值。价差增值部分，相应增加国家流动资金；价差减值部分，减值低于国家流动资金的，其差额部分作损益处理。

1991 年，四川省执行财政部搞好国营大中型企业的若干政策规定，对 103 户中央企业和 1006 户地方工业企业按销售收入的 1% 提取补充流动资金；对石化企业按规定用调减指令性计划增加议价销售所得差价的收入，补充流动资金；对企业因国家调价造成库存物资升值的，相应增加流动资金；对企业留利，要求按一定比例用于增补流动资金。10 月，省政府决定建立商品流通企业补充流动资金制度。商品流通企业库存商品因国家调价而增值部分，全额补充流动资金；承包经营责任制的大中型国营流通企业，每年从留利中提取 10%—20% 补充流动资金；对完成上缴任务，有承受能力的大中型流通企业，经批准可从销售收入中提取 1% 或按国拨流动资金 5% 的比例提取流动资金占用费，用于补充流动资金。

1993 年，省财政厅通知，从 1993 年起，允许机电产品的外贸、工贸进出口企业，按出口销售收入的 1% 补充国家流动资金。

1996 年 12 月，四川省执行财政部对部分试点城市国有工业企业补充流动资本的规定，省试点城市，重庆、成都、自贡、绵阳等 6 市的国有工业企业按规定补拨流动资本，对不按规定补充流动资本或未足额安排补充流动资本的企业，财政一律不再拨补流动资本，并收回已拨补的流动资本。

1986—2005 年，四川省流动资金累计支出 7 亿元。

1986—2005 年四川省流动资金支出统计表

表 2－7

单位：万元

年份	金额	年份	金额	年份	金额	年份	金额
1986	4427	1991	1589	1996	1685	2001	11390
1987	897	1992	1554	1997	5364	2002	3195
1988	1695	1993	1949	1998	5773	2003	486
1989	3522	1994	2551	1999	6568	2004	1128
1990	2659	1995	2463	2000	9822	2005	1245
合计	69962						

说明：资料来源于四川省历年财政总决算表

第二章　财政支农支出

财政支农支出是财政为促进农村经济发展各项支出的通称。原为直接用于支援农业生产和农村经济发展的支出，即财政预算支出中的农口七类专项资金。改革开放以来，遵照中共中央、国务院解决“三农”问题的重大决策，四川财政突破传统农业的局限，支持大农业全面发展，以提高农业综合生产能力为主线，不断扩大和深化财政支农的领域及范畴。对不发达地区加大扶贫开发力度，帮助贫困农民脱贫致富。同时，将县乡经济的发展和相关事业的发展，纳入财政支农范围，以推进农村经济和农村社会事业的协调发展。1986—2002 年，财政支农支出在财政预决算表中体现为支援农村生产支出、农业综合开发支出、农林水利气象等部门的事业费。2003 年，中国财政支农政策开始实现战略性转变，中央提出并实施公共财政覆盖农村政策，基本建设投资以及新增教育、卫生、文化支出主要用于农村，同时改变了财政支农方式，对农民实行直接补贴。随着财政支农政策的调整，财政支农的内容也随之发生了变化，体现在财政预决算表中，原来的支援农村生产支出、农业综合开发支出、农林水利气象等部门的事业费分别被调整为农业支出、林业支出、水利和气象支出。

第一节　支援农村生产支出

支援农村生产支出是国家预算中用于支持农村集体（户）发展生产的各项支出的总称。这是财政支农资金的主要组成部分，体现了国家对农村生产的支持政策。主要包括国家安排用于农业、林业、畜牧、水利等的各项补助经费，不包括农口用于支持农林水气部门事业发展的经费和农业基础设施大中型工程的基本建设项目支出。2002 年之前，支援农村生产支出包括小型农田水利和水土保持费、支援农村合作生产组织资金、农村农技推广和植保补助费、农村草场和畜禽保护补助费、农村造林和林木保护补助费、农村水产补助费及粮食自给工程资金等内容。2003 年，支援农村生产支出在决算表中改为农业支出，下设“行业管理”“自然灾害救助”“农业生产资料补贴”“农业资源与环境保护”“土地管理支出”“农业综合开发”“其他农业支出”7 个科目。1986—2002 年，四川省财政支援农村生产累计支出 115.4 亿元。2003—2005 年，四川省农业支出累计 101.3 亿元。

1986—2002 年四川省支援农村生产支出分类统计表

表 2－8

单位：万元

类别/年份	小型农田水利和水土保持补助费	支援农村合作生产组织资金	农村农技推广和植保补助费	农村草场和畜禽保护补助费	农村造林和林木保护补助费	农村水产补助费	粮食自给工程资金	小计
1986	10744	14430	731	712	1090	952	—	28659
1987	14085	18442	2833	657	976	1074	—	38067
1988	13487	19690	3497	948	1335	1178	—	40135
1989	13259	22592	2491	1365	1117	834	5663	47321
1990	16539	20665	2798	1405	2467	843	7774	52491
1991	17557	21911	3250	1465	1879	507	2472	49041
1992	17125	25212	3515	2048	2598	549	10701	61748
1993	21734	39142	2995	1680	2458	593	7865	76467
1994	23783	35459	3065	1924	2810	469	7532	75042
1995	25781	41469	4463	2290	3263	522	7234	85022
1996	27874	44935	5713	2768	3087	658	9174	94209
1997	26885	43285	6245	2744	2415	535	6938	89047
1998	31227	40256	8237	3378	2307	709	7480	93594
1999	27634	29597	8132	4276	2657	877	7612	80785
2000	27886	25515	9860	3518	3508	686	6634	77607
2001	37658	26084	7323	5807	3347	899	592	81710
2002	37118	30800	7970	4680	2275	283	—	83126
合计	390376	499484	83118	41665	39589	12168	87671	1154071

说明：资料来源于四川省历年财政总决算表

一、小型农田水利和水土保持补助费

小型农田水利和水土保持补助费包括小型农田水利补助费、水土保持补助费、改造中低产田补助费、小型电站补助费和防汛抗旱经费等。

1986 年，省农牧厅、财政厅联合发文，对改造中低产田补助费的使用管理作出规定。改造中低产田补助费是用于扶持农民改造低产田土的专项资金，国营农场、全民所有制企业、机关团体、科研、教学等单位改造低产田土不得使用此项经费。经费主要补助给积极性高、任务重、工程艰巨、成片集中、综合治理低产田土的乡、村、组。具体使用范围包括：坡改梯土、梯田，改造冬水田、下湿低产田，开发非耕地建设果、茶园，改造红黄壤、过黏、过沙等劣质土壤所发生的钢材、木材、水泥、石灰和爆破材料等消耗物质费用；购置简易打眼、挖掘、装卸、运输等改田改土机具和生物、化学土壤改良剂费用；培训区、乡改田改土专业技术人员费用；县以下组织的改田改土试验费用；改田改土科学技术宣传及资料印刷费用等。是年，省安排经费 400 万元，各地集资 589. 31 万元，共

989.31万元，用于改造低产田土158.57万亩。是年，省财政厅、省水电厅通知，国家安排的水土保持补助费，应用于经审批同意列入项目的治理区内，进行综合治理。补助范围包括项目所需工程材料、工具、林草种籽、育苗费用和群众性水土保持试验（站）点的实验研究及技术改造费用等。

1987年12月，财政部、水电部规定，小型农田水利补助费的使用范围为：用于设计受益面积在一万亩以下的蓄、引、提灌工程，三万亩以下的除涝、排灌、治碱工程（包括机电提排工程）、库容一百万立方米以下的水库、塘坝、机电井、喷灌、漏灌、渠道防渗及管道输水灌溉工程的材料、设备费用及技工工资补助；用于国家举办的大、中型排灌工程支渠（沟）以下（不含支渠）的配套工程（包括灌排沟渠及其配套建筑物）的材料、设备费用及技工工资补助；用于缺水地区解决人畜饮水困难，防氟改水（饮水含氟量超过国家标准）的水源工程的材料、设备费及技工工资补助；用于农村水利专业机构进行农田水利建设、规划、测绘所必需添置的一般仪器、设备购置费用的一次性补助等。是年，全省安排中低产田补助费150万元，改造中低产田土196万亩。

1991年，省政府作出关于《关于进一步加强农田水利建设的决定》，要求各级政府要不断增加农田水利基本建设的资金投入，多渠道、多层次筹措资金；地方机动财力、乡镇企业利润，要拿出一部分资金用于农田基本建设；粮食专项资金用于农田水利基本建设的部分，不得低于50%；在农业发展基金、商品粮基地建设基金支出中增加对农田水利基本建设投入的比重；按规定把属于以工代赈、以粮代赈的比例用于农田水利基本建设，适当增加农田水利基本建设贷款，由财政或小型水利计划补助费进行贴息。有水费收入的地方，继续推行“以水养水、以水保农”的政策。是年，全省投入农田水利基本建设资金8.4亿元，建成各类水利工程80多万个（处），新增引水提水能力1.3亿立方米，新增有效灌面39.5万亩，恢复改善灌面293.5万亩；建成农田饮水工程10多万个（处），解决了104.6万人、124.16万头牲畜饮水困难。

1993年，《四川省〈中华人民共和国水土保持法〉实施办法》规定：地方各级政府安排的水土保持专项资金，应当随着财政收入的增长逐年增加；有水土流失防治任务的地方，应从小型农田水利补助费中安排10%—20%用于水土保持；国家和地方安排的水土保持经费，其中20%用于预防、监督和管护。

1995年，省财政厅、省水电厅规定，中央及省财政预算安排的特大防汛抗旱补助费用于遭受特大水旱灾害的市（地、州）及省直管的江河的防汛抗旱。各地首先安排地方财力，地方财力确有困难时，可向省申请补助，主要用于由水利部门统一管理的江河，包括长江、岷江、沱江、涪江、嘉陵江、渠江、青衣江、大渡河、乌江及其主要支流遭特大洪水灾害的抗洪抢险水毁堤防工程修复。

1999年8月，财政部、水利部规定，特大防汛抗旱补助费必须专款专用。特大防汛补助费用于应急度汛、抗洪抢险、水毁（含震毁）水利工程和设施（包括水文测报设施和防汛通讯设施）以及分蓄洪水区群众的安全转移。补助开支范围包括：伙食补助费、物资材料费、防汛抢险专用设备费、通信费、水文测报费、运输费、机械使用费和其他费用。下列各项不得在特大防汛补助费中列支：小河流及灌溉渠道、渡槽等农田水利设施的水毁修复费用；工矿、铁路、公路、邮电等部门和企业（不包括直接承担堤防防汛任务的国有农垦企业、监狱农场和劳教农场）的防汛抢险费用；列入国家或地方基本建设计划项目在建工程水毁修复及应急度汛所需经费；城市骨干防洪工程建设所需投资等。特大抗旱补助费主要用于：添置抗旱设备、简易运输工具、应急修建水资源设施和提运水、临时发生的农村人畜水困难而运送水、抗旱中油、电费支出超过正常支出部分，人工增雨的飞行费、材料费等所发生的费用补助。下列各项不得在特大抗旱补助费中列支：正常的人畜饮水和乡镇供水设施的修建费、为抗旱工作提供数据资料而设的墒情测报点及其仪器设备费用、印发抗旱材料、文件等耗用的宣传费用、各级抗旱服务组织人员机构费用等。

2000 年，四川省遭受严重夏旱，全年中央分 4 次共支持四川省特大防旱抗旱经费 2800 万元。

1986—2002 年，四川省小型农田水利和水土保持补助费累计支出 39.04 亿元。

1986—2002 年四川省小型农田水利和水土保持补助费支出统计表

表 2－9

单位：万元

年份	金额	年份	金额	年份	金额
1986	10744	1992	17125	1998	31227
1987	14085	1993	21734	1999	27634
1988	13487	1994	23783	2000	27886
1989	13259	1995	25781	2001	37658
1990	16539	1996	27874	2002	37118
1991	17557	1997	26885		
合计	390376				

说明：资料来源于四川省历年财政总决算表

二、支援农村合作生产组织资金

支援农村合作生产组织资金是财政用于扶持农村集体生产的一项专项资金，包括乡镇企业资金、扶持生产队（组、户）的资金及农村开荒补助费。主用用于扶持经济困难的乡镇企业、村级企业发展，扶持困难农户开展多种经营、购买农机设备、开荒造田、修建沼气池等。

1984 年，农村人民公社、生产大队改为乡（镇）、村建制后，财政将支援农村人民公社支出改为支援农村合作生产组织资金，对社队企业的补助改为对乡镇企业的扶持资金。

1988 年，省政府规定，各级财政建立乡镇企业发展基金，实行低息有偿周转使用。

1990 年，省委、省政府决定，各级财政用财政周转金建立村社集体经济发展基金，其中，省级周转金每月只收取 2‰的占用费。

1991 年，省委、省政府发出《关于进一步大力发展乡镇企业的决定》，决定自 1991 年起，从乡镇企业新增税收中提取 10% 的资金补充乡镇企业发展基金。同时规定，国家扶持老、少、边、穷地区及丘陵大县、村社集体等项资金，用于安排支持发展乡镇企业，“星火计划”资金的 70% 以上用于发展乡镇企业。是年，四川省确定 25 个县（市、区）为农村初级电气化试点县，全省安排试点县资金 2435 万元，用于 47 个建设项目，电站装机 14 万千瓦。

1994 年，省委、省政府决定把发展乡镇企业放在振兴农村经济和实现小康目标的战略重点地位，在财政十分困难的情况下，省级扶持乡镇企业的周转金增加了 4050 万元。

2001 年，四川省有 10 个县（市、区）列为国家小型公益设施农村能源项目县，4 个县列为生态家园富民计划项目县，国家补助资金 624 万元，用于近 1 万户农家沼气池建设、秸杆气化工程建设、太阳灶推广和太阳房建设。

2003年，农业部安排国债补助资金6540万元用于四川省36个县（市、区）实施农村沼气国债项目，惠及农户65402户。

2004年，四川有44个县（市、区）被列为农村沼气国债项目县，补助资金7302万元，惠及项目户73020户。省财政拨款1300万元，实施农村小型公益设施建设户用沼池项目和生态家园示范项目。

2005年，四川省全年投入农村能源建设补助资金19873万元，其中，沼气国债补助资金7220万元，省级沼气建设补助资金2130万元，日元贷款沼气建设资金9028万元。

1986—2002年，四川省支援农村合作生产组织资金累计支出49.95亿元。

1986—2002年四川省支援农村合作生产组织资金统计表

表2－10　　单位：万元

年份	金额	年份	金额	年份	金额
1986	14430	1992	25212	1998	40256
1987	18442	1993	39142	1999	29597
1988	19690	1994	35459	2000	25515
1989	22592	1995	41469	2001	26084
1990	20665	1996	44935	2002	30800
1991	21911	1997	43285		
合计	499484				

说明：资料来源于四川省历年财政总决算表

三、农村农技推广和植保补助费

农村农技推广和植保补助费是财政用于补助农村科技组织购置设备仪器、推广农业先进技术及防治农作物病虫害的经费，包括农业技术推广补助费和农作物病虫害防治补助费。

1986年，省财政厅、农牧厅通知，将乡农技站补助经费列入农村农技推广和植保补助。乡农技站补助费与建立农技推广中心配套，分配时，对乡财力较好的适当少补，对财力较差的酌情多补。

1993年，全国人大常委会颁布实施《中华人民共和国农业技术推广法》，要求地方各级政府在财政预算内保障用于农业推广的资金，并逐年增长。地方各级政府要通过财政拨款以及农业发展基金中提取的一定比例的资金，壮大农业技术推广专项资金规模，用于实施农业技术推广项目。

2004年，全国人大常委会颁布实施《中华人民共和国农业机械化促进法》，规定县以下人民政府应当采取财政支持、实施税收优惠政策及金融扶持等措施，逐步提高对农业机械化的资金投入。中央财政、省级财政应分别安排专项资金，对农民和农业生产经营组织购买国家支持推广的先进适用的农业机械给予补贴。国家对农业机械的农业生产作业用燃油安排财政补贴。燃油补贴向直接从事农业机械作业的农民和农业生产经营组织发放。

1986—2002年，四川省农村农技推广和植保补助费累计支出8.31亿元。

1986—2002 年四川省农村农技推广和植保补助费统计表

表 2 - 11

单位：万元

年份	金额	年份	金额	年份	金额
1986	731	1992	3515	1998	8237
1987	2833	1993	2995	1999	8132
1988	3497	1994	3065	2000	9860
1989	2491	1995	4463	2001	7323
1990	2798	1996	5713	2002	7970
1991	3250	1997	6245		
合计	83118				

说明：资料来源于四川省历年财政总决算表

四、农村草场和畜禽保护补助费

农村草场和畜禽保护补助费是财政用于扶持农牧区集体经济组织和牧民繁殖推广畜禽、牧草良种，抗灾防疫保护畜禽，改良牧区草场的专项补助资金，包括农村草场改良补助费和畜禽保护补助费。

1986 年，省委召开农村工作会议，将畜牧业作为发展四川农村经济的支柱产业，决定从政策、资金、物资、技术等方面给予大力支持。四川在财政困难的情况下，连年挤出财力来扶持瘦肉猪基地建设，发展饲料工业，补助牲畜防疫经费。

1988 年，省政府决定在全省各级政府建立扶持生猪发展专项基金。资金来源于各级财政拨出的扶持发展商品猪基地建设的款项，国营、集体单位和个人经营者经营的生猪每头收取的 0.4 元技术改造费以及从屠宰税中每头生猪提取的 0.5 元款项。基金重点用于扶持商品猪基地乡、专业村、专业户和兴办国营、集体和农民联办养猪的基础设施，也可用作完善服务体系、进行技术培训、扶持专业户。

1990 年，省政府决定继续扶持生猪生产，对计划收购生猪实行价外固定补贴饲料粮差价款的办法。省调部分，每头补贴 14 元；留各地供应部分，每头补助 7 元。

2002 年，四川省大力推进民族地区跨越式发展，向中央争取到民族地区天然草场恢复和建设项目资金 1.2 亿元。

2004 年，省财政厅、省畜牧食品局决定设立省级财政畜牧专项资金，用于支持引进优良畜禽品种、先进繁育技术与设备及其推广体系建设。具体使用范围包括：引进纯繁优良原种猪；引进采精的优质种公牛（奶牛、肉牛）；引进制作胚胎的优质母牛（奶牛）；引进采精的波尔种公羊和少量制作胚胎的种母羊以及推广繁育体系建设。补贴标准为：原种猪、高产奶牛、波尔羊，按每头引种费用的 50% 进行补贴；优质肉公牛，按引种费用的 70% 进行补贴；牛羊人工授精站（点）建设每个补助 0.5 万元，猪人工授精站建设每个补助 0.2 万元；省级以上重点种畜纯繁育种场，按合同签订数量进行补贴；推广机构按承担任务数量予以适当补贴。

1986—2002 年，四川省农村草场和畜禽保护补助费累计支出 4.17 亿元。

1986—2002 年四川省农村草场和畜禽保护补助费统计表

表 2－12　　单位：万元

年份	金额	年份	金额	年份	金额
1986	712	1992	2048	1998	3378
1987	657	1993	1680	1999	4276
1988	948	1994	1924	2000	3518
1989	1365	1995	2290	2001	5807
1990	1405	1996	2768	2002	4680
1991	1465	1997	2744		
合计	41665				

说明：资料来源于四川省历年财政总决算表

五、农村造林和林木保护补助费

农村造林和林木保护补助费，是中央财政安排扶持集中成片造林有困难的乡村以及林业专业户等开展护林生产的资金，主要用于农村的造林与育苗、林木病虫害防治、林业项目贷款贴息等方面。

1985 年 1 月，四川省执行全国人大常委会颁行的《中华人民共和国森林法》规定，对集体和个人造林、育林给予经济扶持或长期贷款。征收的育林费，专门用于造林育林，并建立林业基金，支持林业发展。

1986 年，中国农业银行、林业部、财政部通知，对支持营造半产林、中幼林抚育的林业项目贷款，按基准利率即年息 7. 92% 计算，借款单位承担 3. 5%，其余 4. 42% 由中央财政和地方财政各负担一半。

1989 年，林业部、财政部通知，将支持营造半产林、中幼林抚育的林业项目贷款年利率调为 9%，借款单位承担 3. 98%，中央财政、地方财政各承担 2. 51%。

1991 年，省委、省政府决定，“八五”（1991—1995 年）期间，省财政每年安排 200 万元专项资金，作为农村造林补助费，主要安排用于盆中、盆周地区农村集体、乡村林场、林业专业户、重点造林绿化点项目的补助。

1994 年，省政府决定，全省全年安排林业贴息贷款 4550 万元，用于扶持发展名特优经济林。

1999 年，《四川省森林病虫防治实施办法》规定，县以上林业部门应当从育林基金、生态效益补偿基金、天然林资源保护工程以及其他造林绿化工程中安排一定比例的资金用于森林病虫害防治，各级人民政府要安排一定的专项经费用于森林病虫害防治。是年，根据党中央、国务院决定，四川省在全国率先实行“退耕还林、以粮代赈”新举措。全省 120 个县启动了 20 万公顷退耕还林试点工程。省委、省政府制定了“两补两减两稳”政策，向退耕还林农户补助粮食、现金和种苗，减免所退耕地的农业税、定购粮，稳定土地承包使用权，坚持“谁造谁有”。具体补助标准为：退耕农户每亩补助现金 20 元，兑现粮食 50 千克。

2002 年，财政部规定，为保障退耕还林工程的顺利实施，中央财政负责安排用于退耕还林工程退耕户退耕后维持医疗、教育、日常生活等必要开支的专项补助资金。现金补助标准为每亩年补助 20 元。补助年限为：还生态林补助 8 年，还经济林补助 5 年，还草补助 2 年。

2004 年，省政府决定，从当年起，市（州）原向退耕农（牧）户补助粮食实物改为补助现金。

在国家计划内退耕还林、退牧还草补助的粮食，退耕还林的每500克粮食（口粮、原粮）补助现金0.7元，退牧还草的每500克粮食（饲料粮、陈化粮）补助现金0.45元。三州及省内其他少数民族自治县和享受民族地区待遇县的退耕还林（牧）再增加0.1元，分别为：退耕还林500克粮食补助0.80元；退牧还草500克粮食补助0.55元。

1986—2002年，四川省农村造林和林木保护补助费累计支出3.96亿元。

1986—2002年四川省农村造林和林木保护补助费统计表

表2-13

单位：万元

年份	金额	年份	金额	年份	金额
1986	1090	1992	2598	1998	2307
1987	976	1993	2458	1999	2657
1988	1335	1994	2810	2000	3508
1989	1117	1995	3263	2001	3347
1990	2467	1996	3087	2002	2275
1991	1879	1997	2415		
合计	39589				

说明：资料来源于四川省历年财政总决算表

六、农村水产补助费

农村水产补助费是财政用于扶持农村建设集体水产养殖基地、保护水产资源的资金，包括淡水养殖补助费、海水养殖补助费和渔业网具改造补助费。

1986年之前，农村水产补助费以国家安排的资金为龙头，地方自筹和群众投劳为主体，无偿补助建设相对集中连片的、高标准商品鱼（虾）基地，用以解决京、津、沪及工矿、林区吃鱼难问题。

1986—1988年，农村水产补助费实行有偿无偿相结合的方式，中央安排的资金属无偿性质，各省级基地使用的农村水产补助费属有偿性质。

1989—2005年，农村水产补助费全部有偿使用。中央安排的资金起导向作用，实行项目管理。收回的资金40%归中央财政，60%归地方财政周转使用。1991年，农村水产补助费全部改为中央级周转金，由地方财政统借统还，项目由水产部门商财政部门确定。

1986—2002年，四川省农村水产补助费累计支出1.22亿元。

1986—2002年四川省农村水产补助费统计表

表2-14

单位：万元

年份	金额	年份	金额	年份	金额
1986	952	1992	549	1998	709
1987	1074	1993	593	1999	877
1988	1178	1994	469	2000	686
1989	834	1995	522	2001	899
1990	843	1996	658	2002	283
1991	507	1997	535		
合计	12168				

说明：资料来源于四川省历年财政总决算表

七、粮食自给工程资金

粮食自给工程资金是中央财政专项拨款和地方预算配套的发展粮食的专项资金，目的为缓解粮食供需矛盾，促进粮食生产，提高粮食生产自给能力。其前身为1986年国家设立的发展粮食生产专项资金。

1986年，为促进粮食生产稳定增长，国家决定从1986年起的10年内，每年从乡镇企业增长的税收中划出10亿元作为发展粮食生产专项资金，用于发展粮食生产。1986—1995年，四川各级财政共投入资金12.08亿元（不含重庆市），并带动农民投劳投资16.16亿元。这些资金的投入，以改造中低产田土和增加粮食综合生产能力为重点，有效促进了水利、农机建设，为粮食稳定增长提供了保障。

1996年，国务院决定继续支持粮食生产发展，实现中央提出的2000年增加500亿千克粮食生产能力的目标，为此，"九五"（1996—2000年）期间各级财政每年继续安排10亿元资金，建立以实现粮食供求地区平衡、结构平衡为目标的粮食自给工程资金。当年，四川省决定规划建设6个粮食自给工程项目区。分别为：自贡项目区、大渡河流域项目区、川北项目区、岷江流域项目区、川南项目区、川东项目区。项目区主要建设内容包括：水利设施建设、土壤改良、农业新技术推广、农机更新等。工程分为三个阶段，1996年为第一阶段，1997—1998年为第二阶段，1999—2000年为第三阶段。为确保资金合理使用，根据财政部、农业部、水利部颁发的《粮食自给工程资金项目管理办法》，四川省制订了实施细则，规定项目资金中央、省承担80%，市（地、州）配套10%，县配套10%。资金分配时，县以上建设项目由县财政直接拨付，县以下项目由乡（镇）财政所监督拨付。

1989—2001年，四川省粮食自给工程资金累计支出8.77亿元。

1989—2001年四川省粮食自给工程资金统计表

表2－15　　单位：万元

年份	金额	年份	金额	年份	金额
1989	5663	1994	7532	1999	7612
1990	7774	1995	7234	2000	6634
1991	2472	1996	9174	2001	592
1992	10701	1997	6938		
1993	7865	1998	7480		
合计	87671				

说明：资料来源于四川省历年财政总决算表

八、农业支出

2003年，随着财政支农政策的调整，财政支农的内容也随之发生了变化，体现在财政预决算表中，支援农村生产支出被调整为农业支出。

农业支出，是指财政用于种植、畜牧、水产、农机、农垦、农场、农业产业化经营组织、乡镇企业等方面的支出，包括行业管理、自然灾害救助、农业生产资料补贴、农业资源与环境保护、土地管理、农业综合开发及其他农业支出。

行业管理，涵盖农业技术推广与培训、病虫害防治、检疫检测、农产品加工与营销、农业信息服务、农产品质量安全、农村公益事业、垦区公益事业、垦区政策性社会性支出等内容。

自然灾害救助，涵盖种子、农机具、肥料、农用油、饲料、牲畜、农业生产保险补贴等内容。

农业生产资料补贴，涵盖良种、农机具、肥料、农用油、饲料等内容。

农业资源和环境保护，涵盖物种资源保护、耕地地力保护、草原草场保护、渔业及水域保护、农业环境监测等内容。

土地管理支出，涵盖地籍管理、土地利用规划、干部训练、建设用地管理、技术推广、土地变更调查支出等内容。

农业综合开发，涵盖土地治理、多种经营、科技示范、贷款贴息等内容。

2003—2005 年，四川省农业支出分别为 26.87 亿元、32.8 亿元、41.62 亿元。

2003—2005 年四川省农业支出分类统计表

表 2－16　　单位：万元

项目 年份	行业管理	自然灾害救助	农业生产资料补贴	农业资源和环境保护	土地管理支出	农业综合开发	其他农业支出	小计
2003	134498	4230	14166	5752	19116	74627	16261	268650
2004	175580	6983	12067	4540	19619	82888	26339	328016
2005	228891	9322	17335	4880	22717	93985	39062	416192
合计	538969	20535	43568	15172	61452	251500	81662	1012858

说明：资料来源于四川省历年财政总决算表

第二节　农业综合开发支出

农业综合开发支出是指中央财政和地方财政用于农业综合开发项目投资和配套资金的支出，包括土地资源开发处理支出、多种经营及龙头项目系列开发投资、高新技术示范项目投资、贷款贴息支出和其他支出。1987—1994 年，农业综合开发支出列入“支援农村生产支出”的“农业发展专项资金支出”。1998—2002 年，“农业发展专项资金支出”从“支援农村生产支出”类级科目中划出，调整为“农业综合开发支出”类级科目。2003 年修订后的政府预算支出科目，在“农业支出”类级科目中设置“农业综合开发”款级科目。

1987 年，国务院决定，从 1987 年 1 月 1 日起，将耕地占用税的一半留给地方建立农业发展专项资金，用于扶持从事农业生产的国营、集体单位和个人。使用时，只能用于开垦宜耕土地、改善中低产田及改善相应的农田水利配套设施。12 月，省财政厅制发了《四川省农业发展专项资金使用管理暂行办法》，强调资金重点用于整理、改良现有耕地，其次用于开垦宜耕土地及改善相应的农田水利配套设施，优先安排用于发展粮食生产项目。

1988 年，省政府决定建立农业发展基金，农业发展专项资金并入农业发展基金。基金主要用于改造中低产田、开垦宜耕地、推广粮棉油生产的科学技术、现有小型水利工程配套，兼顾安排重点畜牧基地（包括草场）建设，重点经济林、防护林建设以及重点水产基地建设。

1989年，经国家农业综合开发领导小组批准，四川省中部丘陵区8市（地）、42个县开始实施以改造中低产田土为主要内容的农业综合开发项目（川中项目）。

1994年，国务院办公厅转发财政部《关于农业综合开发若干政策的通知》，规定农业综合开发资金由财政资金、银行专项贷款、集体（企业）自筹资金和农户集资及引入资金组成，统一纳入国家批准的项目投资计划。财政资金，主要来自各级财政征集的农业发展基金、国家征收的土地增值税收入和当年财政预算安排的资金，并逐年有所增加。地方财政对中央财政安排的资金按1∶1比例进行配套，资金70%以上用于改善农业生产条件，30%以下用于发展多种经营和农产品系列开发。

1995年，国家对农业综合开发中的多种经营及龙头项目实行总额一定几年、年度计划一年一定的办法。对国家立项的农业综合开发项目，地方配套资金按省60%、市（地、州）20%、县（市、区）20%的比例执行。7月，财政部规定，从1995年开始，国家各级财政用于农业综合开发的资金（包括农业发展基金）统一列入新设的“农业综合开发支出”科目。

1989—1996年，中央对四川农业综合开发投入，由7818万元增加到18871万元；省级财政分配资金由1400万元增加到9818万元。项目区累计投资及投劳折资合计132亿元，其中中央投入117171万元。累计完成中低产田改造1175万亩，治理水土流失15649平方公里，完成工程造林1430万亩，改善了四川省农业生产条件和生态环境。

1999年，财政部《农业综合开发财政有偿资金管理暂行办法》规定，有偿资金包括中央和地方财政投入的有偿资金及其占用费和存款利息收入。有偿资金的使用仅限于国家或地方立项具有直接经济效益和还款能力的农业综合治理项目、多种经营项目、高新科技示范项目。7月，四川省凉山州安宁河农业综合开发项目开始实施，利用世行贷款6.31亿元。

1999—2001年，四川省农业综合开发完成投资216627.37万元，其中，中央财政资金77911.1万元，地方财政配套资金75173.27万元，群众自筹53863万元，银行贷款9680万元。

2002年，国务院办公厅转发财政部《关于农业综合开发的若干意见》，要求各级财政用于农业综合开发的资金投入在“十五”（2001—2005年）及以后，增长幅度应高于“九五”（1996—2000年）水平，中央财政采取综合因素法分配综合开发资金。省级财政承担的配套资金不低于地方全部配套资金的70%，并保证投入重点，原则上财政资金的70%用于土地治理项目，30%用于多种经营项目。合理确定无偿与有偿投入比例，原则上投入公益性的财政资金实行无偿使用，投入非公益性的资金实行有偿使用。

2003年1月，财政部对农业综合开发资金投入比例进行了调整。中央财政资金与地方财政资金配套比例调整为100∶72；中央财政无偿、有偿投入比例根据项目类型分别调整为：土地治理项目无偿、有偿资金比例由85∶15调整为90∶10；多样经营项目由15∶85调整为20∶80。

2004年，根据财政部《关于调整农业综合开发资金若干投入比例的规定》，并结合四川省实际，省农发办对农业综合开发资金投入比例进行了调整。中央财政资金、中央农口部门项目资金与地方财政资金配套比例均调整为2∶1。其中，中央财政资金无偿、有偿投入比例具体为：土地治理项目100%无偿投入；产业化经营项目中产业化龙头项目无偿、有偿比例仍为20∶80，多种经营项目无偿、有偿比例调整为30∶70；中央农口部门项目资金无偿、有偿投入比例具体为：水利骨干工程、长江中上游防护林、防沙治沙示范、原种扩繁、育草基金项目仍全部实行100%无偿投入；水土保持项目、良种繁育基地项目调整为100%无偿投入；秸秆养畜、优势特色农产品开发示范、名优经济林和花卉项目无偿、有偿比例仍为30：70。地方配套财政资金省、市（州）、县三级投入比例由7：1：2调整为8：1：1，国家扶贫工作重点县的县级配套资金由省财政负担。

2005年，为贯彻省委农村工作会议建好“第一车间”的要求，四川省开始启动农业综合开发大中型基地项目建设，即通过财政资金扶持大宗、优势、特色农产品的种植与养殖，让农户直接、广泛地直接参与其中，为重点产业化龙头企业提供加工原料。

1987—2005年，四川省农业综合开发支出累计75.6亿元。

1987—2005年四川省农业综合开发支出统计表

表2－17

单位：万元

项目＼年份	土地治理	多种经营	科技示范	贷款贴息	其他	小计
1987	—	—	—	—	—	116
1988	—	—	—	—	—	3115
1989	—	—	—	—	—	14834
1990	—	—	—	—	—	34440
1991	—	—	—	—	—	34424
1992	—	—	—	—	—	36961
1993	—	—	—	—	—	41460
1994	—	—	—	—	—	38771
1995	—	—	—	—	—	—
1996	—	—	—	—	—	—
1997	—	—	—	—	—	—
1998	36230	4625	—	57	3294	44206
1999	36693	15772	53	42	3802	56362
2000	37070	15301	331	848	3419	56969
2001	45023	17662	732	161	3279	66857
2002	51069	17682	1606	440	5391	76188
2003	47585	18271	1881	252	6638	74627
2004	57491	19037	780	49	5531	82888
2005	66639	17429	1298	49	8570	93985

说明：1. 资料来源于四川省历年财政总决算表；

2. 1995—1997年四川财政总决算表中无农业综合开发科目，故数据阙如；

3. 1987—1994年，农业综合开发支出体现为农业发展专项资金支出，为款级科目，未细化门类，只有大数

第三节　农林水利气象等部门事业费支出

农林水利气象等部门事业费，是财政拨给农垦、农场、农业、畜牧、农机、林业、水利、水产、气象等事业单位为发展农业生产服务的经费。按照资金用途，可分为人员经费、公用经费和差额预算管理单位的差额补助费3个部分。人员经费包括在职人员工资、职工福利费、离退休人员费用、各种津贴补助等。公用经费包括公务业务费、修缮费、设备购置费等。差额补助费是财政弥补差额预算单位收不抵支部分的支出。2003年之前，财政预算中单独列有“农林水利气象等部门事业费”科目，2003年预算科目改革后，该科目取消，农林水利气象等部门事业费的支出分别列入“农业支出”“林业支出”和“水利和气象支出”。1986—2002年，四川省农林水利气象等部门事业费累计支出226.4亿元。2003—2005年，四川省农业、林业和水利气象的行业管理支出共计72.9亿元。

一、农业事业费

农业事业费是指分别纳入农垦、农业、畜牧、农机、水产、乡镇企业、农业资源调查和区划、其他农林水事业费核算的经费，包括技术推广费、良种推广费、植物保护费、土壤肥料事业费、良种示范繁殖场补助费、园艺特产场补助费等。

1986年5月，省财政厅、省建委通知，国家每年安排沼气事业推广费，用于经省政府批准的各级沼气部门事业编制人员经费、公用经费、业务费及其他费用。

1991年，省财政厅通知，农业广播学校经费，列入农业事业费中的其他农业事业费开支。

1999年，财政部出台《农业事业费管理办法》，规定农业事业费按支出性质分为农业事业单位人员机构经费和农业事业专项经费。农业事业单位人员机构经费是指农业事业单位为维持机构正常运转而开支的费用。农业事业专项经费是指由财政部门安排的用于支持农业事业发展以及为发展农业事业提供保护和服务的具有专门用途的经费，包括农业科技推广经费、农业保护经费、监督管理经费和其他专项经费。

1986—2002年四川省农业事业费支出统计表

表2－18　　单位：万元

年份	金额	年份	金额	年份	金额
1986	16237	1992	25354	1998	37097
1987	14946	1993	29027	1999	40492
1988	17039	1994	36177	2000	44331
1989	16575	1995	40336	2001	55698
1990	19989	1996	45055	2002	64827
1991	22286	1997	36598		
合计	562064				

说明：资料来源于四川省历年财政总决算表

二、林业事业费

林业事业费是指财政预算安排用于国有林业事业发展的资金，包括营林机构经费、技术推广费、良种推广费、森林保护费、勘察设计费、飞播造林试验补助费等。

1986年，国务院《中华人民共和国森林法实施细则》规定，地方森林资源管理、调查设计的机构设置和人员配备所需经费，由省级林业主管部门根据实际需要提出方案，报同级人民政府批准，列入地方财政预算。

1990年，财政部、林业部规定，国营林场、苗圃场林业事业费，包括营林机构经费、森林保护费、技术和良种推广费、勘察设计费和其他林业事业费，实行“定额包干、结余留用、超支不补”办法，其包干结余，分别建立生产发展基金、职工福利基金、职工奖励基金和后备基金。

1997年7月，财政部颁布实施《林业事业费管理办法》，规定中央财政和地方财政拨给各级林业部门的林业事业费，包括林业事业单位的机构经费和林业事业专项经费。林业事业单位机构经费，是用于国有林场、苗圃、林业工作站、林业种苗站、林业技术推广站、林业勘察规划设计院（所）、中等林业专业学校、自然保护区、森林病害防治站等纳入预算管理的林业事业单位的人员经费、公用经费、业务经费等。林业事业专项经费，包括技术和良种推广费、森林资源保护费、防沙治沙经费、重点造林工程补助费以及其他专项经费。

2002年，《四川省绿化条例》规定，地方各级人民政府每年从财政中拨出一部分资金用于当地绿化事业，并从支农资金中划出一定份额用于造林绿化。对承包荒山、草场绿化和沙化土地治理的单位和个人，实行有偿扶持。义务植树所需苗木费、管护费，因植树任务重无力承担全部费用的，按单位隶属关系，由各级财政给予适当补助。

1986—2002年四川省林业事业费支出统计表

表2-19

单位：万元

年份	金额	年份	金额	年份	金额
1986	4369	1992	8287	1998	15683
1987	4385	1993	9286	1999	15860
1988	4761	1994	12899	2000	18009
1989	5144	1995	14049	2001	21762
1990	6107	1996	16648	2002	24006
1991	6568	1997	13944		
合计	201767				

说明：资料来源于四川省历年财政总决算表

三、水利事业费

水利事业费是财政用于水利系统所属事业单位的经费，包括防汛抢险费、水利设施补助费、岁修费、技术推广费、勘察设计费、水文事业费、水土保持费、国营排灌站补贴及其他水利事业费等。

2000年3月，财政部颁布实施《水利事业费管理办法》。水利事业费按支出性质分为水利事业单位机构经费和水利事业专项经费，其中，水利事业单位机构经费是指为维持水利事业单位正常运转而支出的费用，水利事业专项经费是指为支持水利事业发展而安排的具有专门用途的经费。水利事业单位机构经费支出包括人员经费、业务经费、公用经费、社会保障费和其他费用；水利事业专项经费包括防汛费、岁修费、水文专项经费、水资源保护和水质监测器经费、水土保持专项经费、水政水资源管理费、勘测设计费、技术推广费和其他专项费用。

1986—2002 年四川省水利事业费支出统计表

表 2－20　　单位：万元

年份	金额	年份	金额	年份	金额
1986	7189	1992	14698	1998	25527
1987	8435	1993	15846	1999	23681
1988	9288	1994	19012	2000	25436
1989	10526	1995	22965	2001	32159
1990	11670	1996	24852	2002	38473
1991	12469	1997	21721		
合计	323947				

说明：资料来源于四川省历年财政总决算表

四、气象事业费

气象事业费是指财政安排用于气象机构的人员经费和业务经费，包括气象机构经费、气象探测费、气象信息传输及加工处理费、技术推广费等。

1983 年，国务院办公厅转发国家气象局《关于气象部门管理体制第二步调整改革的报告的通知》，决定自 1983 年起气象管理体制上划中央实行垂直管理。地方气象部门的事业经费，从 1983 年起统一由国家气象局管理，事业经费按 1982 年财政决算数划转。地方进行人工降雨、防霜、防雹作业所需的有关经费仍由地方解决，地方城乡建设发展需增设气象台站所需经费亦由地方政府安排。

1997 年，《四川省气象管理办法》规定，建立气象事业双重计划财务体制。国家气象事业的经费由国家气象主管部门负责，地方气象事业纳入地方各级国民经济和社会发展计划，所需经费纳入同级财政预算，即属于为地方服务的气象业务和科技开发项目所需经费由当地人民政府统筹安排。

1986—2002 年四川省气象事业费支出统计表

表 2－21　　单位：万元

年份	金额	年份	金额	年份	金额
1986	38	1992	215	1998	1540
1987	96	1993	364	1999	1608
1988	139	1994	573	2000	1946
1989	162	1995	839	2001	2045
1990	160	1996	1282	2002	2585
1991	181	1997	1136		
合计	14909				

说明：资料来源于四川省历年财政总决算表

五、其他农林水利气象等部门事业费

其他与农林水利气象等部门相关的事业费包括农垦事业费、农场事业费、畜牧事业费、农机事业费、水产事业费、天然林保护经费、乡镇企业事业费、土地管理事业费、农业资源调查和区划费、森林工业事业费、退耕还林补助费等。其中，支出金额较大的有畜牧事业费、农机事业费、天然林保护经费、乡镇企业事业费、土地管理事业费和退耕还林补助费。

农垦事业费是财政用于支持农垦系统事业发展的经费，包括人员经费、技术推广费、荒地勘察设计费、干部训练费等。

农场事业费是财政对国营农场兴办小型农田水利和社会事业的一项补助性经费，包括小型农田水利支出、政策性社会性支出、救灾补助费等。1987 年，财政部发布实施《关于国营农场事业费管理的几项规定》，明确了农场事业费的开支范围，即：小型农田水利支出只能用于补助国营农场改善农业生产条件，包括农场内的小型蓄水、灌溉、排涝、治碱、防洪、打井设施，以及植树造林、草场改良、水土保持等所需材料费、机械作业费和小型设备购置费等，不得用于人工工资、基本建设和其他非生产性开支；政策性社会性支出只能用于国营农场的中小学经费补贴、安置老残干部工资、专职政法人员经费和边防民兵值勤经费。

畜牧事业费是财政用于支持畜牧事业发展的经费，包括畜牧兽医费、技术推广费、良种推广费、畜禽保护费、草原保护费等。

农机事业费是财政用于保障农机管理系统的各级农机事业单位的正常活动而安排的预算支出，包括农机技术推广费、农机站事业费、农机鉴定监理费等。

水产事业费是财政为支持水产事业发展而安排给水产系统事业单位的经费，包括渔政管理费、资源调查繁殖保护费、技术推广费等。

天然林保护经费是财政用于天然林资源保护工程的事业性支出，始设于 1999 年，包括森林管护事业费、社会统筹养老保险补助费、政策性社会性支出补助费等。2000 年，财政部颁布实施《天然林保护工程财政资金管理规定》，天然林保护工程资金是财政安排的专项用于天然林资源保护工程的事业性支出，包括森林管护事业费、基本养老保险补助费、政策性社会性支出补助费、下岗职工分流安置费和其他补助。其中，森林管护事业费是指专项用于保护森林资源所发生的各项经费支出，包括森林管护的人员经费、公务费、设备购置费、修缮费、业务费和其他费用；基本养老保险补助费是指专项用于由于木材减产或停产造成实施单位应缴纳基本养老保险费缺口的补助支出；政策性社会性支出补助费是指专项用于实施单位承担的政策性社会性支出补助，包括政府经费、公检法司经费、教育经费、医疗卫生补助支出；下岗职工分流安置费是指专项用于由于木材减产或停产产生的下岗职工基本生活保障支出补助以及企业职工与企业解除劳动合同时的经济补偿金或一次性安置支出补助，包括下岗职工基本生活保障费和一次性安置费。

乡镇企业事业费是财政用于乡镇企业管理系统事业单位的经费，包括技术推广费、干部训练费、财务统计调查费、环保节能费等。

土地管理事业费是财政用于土地管理部门所属事业单位的经费，始设于 1987 年，包括地籍管理事业费、土地利用规划事业费、建设用地管理事业费、技术推广费等。

农业资源调查和区划费是财政用于农业自然资源、土地资源的调查和农业区域开发规划的补助经费。

森林工业事业费是财政用于支持森林工业事业发展的经费，始设于1994年，包括技术推广费、干部训练费、政策性社会性支出、救灾补助费等。

退耕还林补助费是财政用于支持退耕还林工作的经费，始设于2001年，包括粮食折现补助和退耕先进补助。

1986—2002年，四川省其他农林水利气象等部门事业费共计117.4亿元。

1986—2002年四川省其他农林水利气象等部门事业费支出统计表

表2－22　　单位：万元

项目 年份	农垦事业费	农场事业费	畜牧事业费	农机事业费	水产事业费	天然林保护经费	乡镇企业事业费	土地管理事业费	农业资源调查和区划费	森林工业事业费	退耕还林补助费	其他农林水事业费	合计
1986	221	248	6769	3028	854	—	464	—	577	—	—	18	12179
1987	336	414	6295	2762	928	—	399	79	484	—	—	53	11750
1988	549	227	7204	3343	974	—	445	287	530	—	—	51	13610
1989	622	224	7716	3521	1080	—	469	536	560	—	—	73	14801
1990	637	239	7638	4234	1210	—	532	736	770	—	—	453	16449
1991	486	183	7807	4786	1365	—	574	821	750	—	—	660	16772
1992	541	169	8590	5606	1558	—	765	906	810	—	—	1392	20337
1993	685	325	9136	6337	1699	—	1130	969	919	—	—	2660	23860
1994	725	359	10679	8141	1989	—	1304	1277	860	2359	—	974	28667
1995	1055	300	11359	8917	2182	—	1579	1380	1021	2511	—	2079	32383
1996	1369	292	12678	10472	2223	—	4122	3714	786	6357	—	2209	44222
1997	1129	117	10930	8391	1970	—	4228	3670	482	5214	—	2162	38293
1998	851	182	11737	7989	1879	—	4222	5424	407	21972	—	2602	57265
1999	644	160	12815	8583	2053	29906	4380	5642	308	718	—	2872	68081
2000	288	134	15346	9413	2348	116910	4487	6365	256	555	59269	2850	218221
2001	296	155	20240	11107	2168	77640	4634	8842	208	529	104909	4195	234923
2002	155	156	21096	12538	2796	80366	3510	9918	219	2850	183220	5207	322031
合计	10589	3884	188035	119168	29276	304822	37244	50566	9947	43065	347398	29850	1173844

说明：资料来源于四川省历年财政总决算表

2003—2005年四川省农业、林业和水利气象行业管理支出统计表

表2－23　　单位：万元

项目 年份	农业行业管理	林业行业管理	水利和气象行业管理	合计
2003	134498	24958	29337	188793
2004	175580	29593	32419	237592
2005	228891	34222	39611	302724
合计	538969	88773	101367	729109

说明：资料来源于四川省历年财政总决算表

第三章　教科文事业支出

教科文事业支出是用于教育、科学、文化等事业的经费支出，是财政支出的重点之一。其中，教育事业支出包括幼儿教育经费、小学经费、中学经费、高等学校经费、中等专业学校经费、技工学校经费、职业教育经费、成人高等教育经费、特殊教育经费、教师进修及干部培训经费等；科学事业支出包括自然科学支出、社会科学支出、科学技术普及支出等；文化事业支出包括文化事业费、出版事业费、文物事业费、体育事业费、档案事业费、计划生育事业费等。

第一节　教育事业费支出

教育事业费是财政用于基础教育、职业教育、高等教育、成人教育及其他教育的经费支出。2003 年，四川省实行部门预算改革，教育事业费改称教育支出。

1986—2005 年，四川省教育支出共计 1086.62 亿元，占同期教科文事业支出的 81.29%，居第一位，平均每年支出 543311.6 万元。2005 年，四川省教育支出 137.22 亿元，是 1986 年 13.72 的 10 倍。

一、基础教育支出

基础教育支出包括幼儿教育经费、小学经费、中学经费和特殊教育经费。1986—2005 年，四川省基础教育支出从 9.46 亿元增长到 112.91 亿元，增长 11.94 倍。

1985 年 11 月，省政府决定，从 1986 年 1 月 1 日起，各乡（镇）征收的教育费附加，全部用于改善当地基础教育设施、公用经费及公办、民办教师职工补助。

1987 年，省委、省政府发布《关于基础教育实行分级管理的试行意见》，决定以乡（镇）作为管理基础教育学校的基层单位，村设校务管理小组，区设教委办公室作为县教育局派出机构。财权由县、乡共管，以乡为主。教育经费划拨使用时，国拨教育经费按人头由县向乡切块包干，预算内教育经费由教育部门与财政部门共同确定，一年一定，直接划拨到乡财政。没有建立乡财政所的地方，经费仍由县或区下达到学校。

1988 年 5 月，省政府下发《关于多渠道筹集资金尽快消除中小学危房的通知》，要求各级财政安排给中小学校的基本建设投资和校舍修建补助，以不低于 70% 的比例用于改造危房。少数民族补助费和支援不发达地区资金用于普教部分，首先用于改造危房。农村教育附加安排的基础教育设施部分，主要用于中小学危房改造。是年，省政府发出《关于加强幼儿教育工作的通知》，规定地方政府举办的幼儿园，办园所需基建投资和设备购置费由地方财政拨款和向受益单位及社会集资解决；所需的经常性经费，实行国家定额补助和向入园幼儿家长收费解决。

1989 年 4 月，省政府决定，全省各地区各部门，凡是未经控办批准擅自购买的小汽车，实行没收，其拍卖收入，作为解决中小学危房的经费。

1993 年，国家教委、人事部、财政部通知，修订 1978 年评选特级教师暂行规定，享受特级教师津贴的新标准为每人每月 80 元，退休后继续享受。中小学民办教师评选为特级教师的，享受同样津贴，所需经费从教育事业费列支。4 月，省人事厅、省财政厅、省教委通知，从 10 月 1 日起，对民办中小学教职工工资制度进行改革，对镇民办中小学职工（含 1962 年精简职工实行工资、口粮、福利待遇三不变的公转民教师），经济条件好的地方可比照公办教师工资改革办法执行；经济条件差和未实行结构工资制的地方，原则上不低于公办教师增资额 2/3。其最低标准：中学高级教师 80 元；中学一级、小学高级教师 65 元；中学二级、小学一级教师 50 元；中学三级、小学二级教师 40 元；小学三级教师 35 元；未评定教师职务的教师 30 元。增加的工资，由地方财政负担。7 月，四川省执行财政部、国家教委《中央教育补助专款项目管理办法》。中央教育专款，包括：普及义务教育补助专款，主要用于扶持贫困地区和基础教育发展薄弱地区及义务教育；城乡职业教育补助专款，主要用于示范性农业、职业骨干中学；师范教育补助专款，主要用于改善师范院校办学条件及师资培训；民族教育补助专款，重点用于普及初等教育和寄宿制学校；特殊教育补助专款，重点用于学校危险校舍的修缮改造。

1995 年 3 月，省委、省政府发布《关于贯彻实施〈中国教育改革和发展纲要〉的意见》，要求按照《纲要》规定，对教育经费实行预算单列（含基建投资），确保教育拨款的增长高于财政经常性的增长，使按在校学生人数平均的教育费用逐步增长。国家财政性教育经费支出占国民生产总值的比例，全省“八五”（1991—1995 年）期间达到 3.1%，20 世纪末达到 4%。

2000 年 3 月，省委、省政府发布《关于深化教育改革全面推进素质教育的实施意见》，要求各级政府必须按《中华人民共和国教育法》规定，确保教育经费的“三个增长”①。自 2000 年起至 2002 年的 3 年中，省本级经常性财政支出中教育经费所占比例每年提高 1 个百分点。各市（地、州）、县（市、区）政府相应增加本级财政中教育经费支出。各级财政每年超收部分和财政预算外收入，应按不低于年初确定的教育经费占财政支出的比例用于教育，并不得将教育费附加抵扣财政教育拨款。

2001 年，为根本改变民族地区教育长期落后的面貌，四川启动实施《民族地区教育发展十年行动计划（2001—2010）》，全面开展“两基”② 攻坚工作。是年，四川省贯彻实施《国务院关于基础教育改革与发展的决定》，将农村中小学职工工资的发放和管理上收到县，由县人事部门、财政部门会同教育部门核定编制、标准和经费。县财政部门在人民银行国库开设“工资专户”，并通过代发银行直接划入教职工在银行开设的个人账户上，优先保证农村中小学教师工资按时足额发放。城市维护费和农业税附加按规定比例安排用于教育。农村乡（镇）统筹费，应按规定比例和数额首先保证农村教育费附加。实行农村“费改税”试点的地方，不再收取教育费附加。对因农村税费改革而减

① “三个增长”：各级政府教育财政拨款的增长要高于同级财政经常性收入的增长；在校学生人均教育经费逐步增长；教师工资和学生人均公用经费逐步增长。

② “两基”：基本普及九年义务教育，基本排除青壮年文盲。

少的教育经费，地方人民政府应在改革后的财政预算和上级转移支付资金中优先安排，确保当地农村义务教育投入不低于税费改革前的水平。农村中小学公用经费，除从学校按规定收取的杂费中开支外，其余不足部分由县、乡两级人民政府予以安排。各县、乡人民政府从2002年开始，要把核定的中小学公用经费列入财政预算，并逐年增加。

2003年，四川省执行国务院《关于进一步加强农村教育工作的决定》，省级和市（地、州）级政府通过转移支付，逐县核定并加大对财政困难县的转移支付力度；县级政府逐步加大对义务教育的投入，将农村义务教育经费全额纳入预算。同时，建立和完善农村中小学教职工工资保障机制，中央财政和省财政安排的工资性转移支付资金，全部补助到县。中央财政继续设立中小学助学金，各级政府也相应设立专项资金，逐步免除家庭经济困难学生杂费，并对困难家庭寄宿学生提供必要的生活补助。是年，省政府规定，农村普通中小学生均公用经费基本标准为：初中生均公用经费拨款标准40元，小学生均公用经费拨款标准20元。

2004年，为解决制约西部农村地区普及义务教育的“瓶颈”问题，中央和省级人民政府共同实施“西部地区农村寄宿制学校建设工程”，计划到2007年，通过新建、改扩建一批以农村初中为主的寄宿制学校，使确需寄宿的学生能进入具备基本条件的寄宿制学校学习，以确保西部地区实现“两基”目标，保障“两基”攻坚县扩大义务教育规模的需要。

2005年，四川省贯彻执行财政部、教育部《关于加快国家扶贫开发工作重点县“两免一补”实施步伐有关工作意见》。中央财政从2005年春季起，提高免费教科书标准，小学每学期每人35元、初中70元、特教35元。地方课程使用的教科书，由地方财政免费提供。凡享受中央免费教科书的国家扶贫开发工作重点县的农村义务教育阶段贫困家庭学生，地方政府必须同时免除杂费。

1986—2005年四川省基础教育支出统计表

表2-24

单位：万元

项目 年份	幼儿教育经费	小学经费	中学经费	特殊教育经费	合计
1986	1817	49100	43038	615	94570
1987	1778	50676	44078	166	96698
1988	2255	65873	54722	205	123055
1989	2555	76398	62100	277	141330
1990	2915	87573	70779	423	161690
1991	3361	90710	73156	455	167682
1992	3919	110083	87262	573	201837
1993	4783	131223	102290	764	239060
1994	7104	201231	153881	1035	363251
1995	7807	226840	166042	1158	401847
1996	8476	254152	184611	1301	448540
1997	6466	180349	136537	933	324285

续表 2－24

年份＼项目	幼儿教育经费	小学经费	中学经费	特殊教育经费	合计
1998	8427	209934	147150	1060	366571
1999	8474	243523	168910	1303	422210
2000	9651	282394	195439	1436	488920
2001	12159	397519	268158	1957	679793
2002	13711	490797	321667	2441	828616
2003	14932	494128	366879	2311	878250
2004	16268	562276	417078	2623	998245
2005	16476	641602	467783	3258	1129119
合计	153334	4846381	3531560	24294	8555569

说明：资料来源于四川省历年财政总决算表

二、高等教育支出

高等教育支出包括全日制普通高等院校的人员经费和运转经费，以及各种补贴、津贴和政策性补助等。1986—2005 年，四川省高等教育支出从 1.07 亿元增加到 10.90 亿元，增长 10.14 倍。

1977 年，四川省正式恢复高等院校统一招生制度，此后高等教育稳步发展，高校逐渐增多，招生规模逐渐扩大，高等教育支出也逐年增加。

1986 年 1 月，国家教委、财政部决定调整研究生在校学习期间待遇标准：博士研究生，每生每月 76 元；硕士研究生，每生每月 58 元。为解决研究生生活上的特殊困难，另按学生每人每月 2 元的标准编列预算，由学校集中掌握用于临时困难补助。

1991 年 12 月，国家教委、财政部颁布实施《普通高校研究生奖学金制度试行办法》。普通奖学金（每生每月）：博士研究生分别为 90 元、100 元、110 元；硕士研究生为 70 元、80 元、90 元。优秀奖学金：博士研究生按不超过 15% 比例评定，每生 200 元；硕士生按不超过 10% 比例评定，每生 150 元。学习期间书籍补助标准（每生每年）：博士生 100 元、硕士生 60 元。

1994 年 1 月，国家教委、财政部通知，从 2 月 1 日起，将普通高校人民助学金，改为奖学金制度和学生贷款制度。奖学金分为三种。一是优秀学生奖。一等优秀生按学生人数 5% 评定，每人每年 350 元；二等优秀生按学生人数 10% 评定，每人每年 250 元；三等优秀生按学生人数 10% 评定，每人每年 150 元。二是专业奖学金。对考入师范、农林、体育、民族、航海等专业的学生，入学第一年一律享受三等奖学金，每人每年 300 元；第二年起按 10% 的学生比例评二等，每人每年 350 元，按 5% 的学生比例评一等，每人每年 400 元，其余 85% 的学生仍享受三等奖学金。三是定向奖学金，对立志毕业后到边疆、经济贫困地区和艰苦行业工作的学生，参照专业奖学金规定拟定。10 月，省财政厅、省教委通知，为鼓励学生报考师范、农林、民族、体育、航空专业，从 1995 年 1 月 1 日起，按学生人数平均计算，民族专业奖学金提高到每生每年 700 元，其他专业奖学金提高至每生每人 500 元。

1995 年 4 月，国家教委、财政部发出通知，决定在普通高等学校设立勤工助学基金。基金主要有 4 个来源：从教育事业费中，按每生每月 3—5 元提取的经费；从学杂费收入中划出 5% 的经费；从学校预算外收入中划出一定比例的经费；基金增值。按照通知要求，省级财政开始以专款形式对省属院校安排勤工助学基金启动经费。

1997 年 8 月，省教委、省物价局、省财政厅通知，对普通高等学校家庭经济困难的学生酌情减免收取学费，减免比例在学生人数 8% 以内。同时，要求省属高校从收取学费中拿出 25% 设立奖学金、贷学金、勤工俭学基金、困难补助金，帮助困难学生不因经济原因而中断学业。

2000 年 1 月，四川省执行国务院办公厅《高等学校后勤社会化改革意见》，要求所有高等学校后勤服务经营人员，都成建制地从学校行政管理系统中分离出来。后勤社会化改革所需资金贷款，由省级人民政府有关部门适当贴息；其设施严重陈旧、老化必须进行维修改造所需资金，按财政隶属关系，分别由中央和地方政府给予资金补助。10 月，省财政厅、教育厅发出通知，要求高校建立绿色通道，采取奖学金、贷款、助学金、困难补助和学费减免等不同资助措施，确保家庭经济困难的每一位大学生都不因家庭经济困难而无法入学。

2003 年 9 月，省财政厅、省教育厅制发《四川省贫困大学生奖学金管理办法》，决定对家庭经济困难、品学兼优的省属普通高等院校全日制在校本专科生提供无偿资助。资助对象为省属普通高等学校家庭经济困难、品学兼优的全日制本专科学生，分两个等级。其中，一等奖学金学生名额 300 名，标准为每人每年 4000 元；二等奖学金学生名额 1200 名，标准为每人每年 3000 元。评审时，由省教育厅会同省财政厅根据普通高等学校上年的全日制在校本专科生人数，于每年 9 月 1 日前确定各高校国家奖学金的推荐名额，对重点高校和师范、农林、民族、体育、航海、水利、地质、矿产、石油等专业的学生占在校生比例较大的高校适当倾斜。

2004 年 8 月，省政府办公厅发出《关于进一步完善国家助学贷款工作的实施意见》，要求完善国家助学贷款贴息办法。国家助学贷款实行对借款学生在校期间的贷款利息全部贴息，所需贴息资金由同级财政承担。同时，建立国家助学贷款风险补偿机制。按照风险分担原则，根据各高校当年发生的贷款额的一定比例建立国家助学贷款风险补偿专项资金，给予经办银行适当补偿。国家助学贷款风险补偿专项资金由财政和高校各承担 50%。应由财政承担的贴息资金和风险补偿资金，按现行财政管理体制和学校隶属关系由省级财政和市级财政分级负担，编入年度部门预算；应由高校承担的贴息资金和风险补偿资金从学费收入中安排，在规定的时间内缴入同级财政非税收入专户。国家助学贷款贴息资金和风险补偿资金由省、市财政部门按照资金来源渠道，分别从财政国库和非税收入专户直接拨付同级国家助学贷款管理中心，由各级国家助学贷款管理中心统一支付给经办银行。

2005 年，四川省贯彻执行财政部、教育部《国家助学奖学金管理办法》。国家助学奖学金，由中央政府出资设立，面向全国公办全日制普通高校在校本专科生中的贫困家庭学生，分国家奖学金和助学金两部分。其中，奖学金额度为每人每年 4000 元；助学金标准为每人每月 150 元，每年按 10 个月发放。是年，省政府相应设立了助学奖学金，面向全省地方公办全日制普通高校本专科学生中的贫困家庭学生。其中，省奖学金标准为每人每年 3000 元，每年资助 2000 名学生；省助学金标准为城镇学生每人每月 90 元、农村学生每人每月 120 元，每年按 10 个月发放，每年资助 20000 名学生。

1986—2005 年四川省高等教育支出统计表

表 2－25　　单位：万元

年份	金额	年份	金额	年份	金额	年份	金额
1986	10746	1991	17419	1996	32157	2001	65257
1987	12129	1992	20002	1997	23925	2002	76626
1988	13799	1993	21945	1998	28107	2003	77523
1989	14702	1994	25619	1999	35291	2004	88172
1990	16448	1995	27673	2000	58033	2005	108995
合计	774568						

说明：资料来源于四川省历年财政总决算表

三、职业教育支出

职业教育支出包括职业教育经费、技工学校经费和中等专业学校经费。1986—2005 年，四川省职业教育支出从 0.92 亿元增加到 8.22 亿元，增长 8.97 倍。

1978 年，四川省对教育事业进行结构调整，各级政府开始设立职业教育专项经费。

1991 年，《四川省中等职业技术教育暂行条例》规定：中等专业学校、技工学校的教育事业费，遵照经费与事业发展挂钩的原则，按国家计划的在校生人数核拨经费，未达到计划招生人数的，按实际人数核拨经费。城市职业高中的教育事业经费，教育部门举办的，列入区、县（市）财政预算；教育部门与其他部门联合举办的，财政部门拨给普通文化教育经费，联合办学单位拨给专业教育经费。农村职业高中的办学经费，按规定从国家拨给教育事业费列支外，区、县（市）人民政府应根据当地财力的可能和从农村教育费附加中提取一定比例予以补充。同时，在地方财政经常性收入增长和办学部门（单位）行政事业费或经营收入增长的同时，应保证中等职业技术教育经费和在校学生人均教育费用逐步增长。各级财政部门和办学部门（单位）还应根据财力和办学需要，安排发展中等职业技术教育的专项补助。

1994 年，财政部、国家教委印发《中央教育补助专款项目管理办法》，规定城乡职业技术教育补助专款，主要用于支持地方教育部门举办的与当地经济发展密切联系的示范性农业、职业技术骨干中学充实专业教学仪器设备、图书资料等。专款按照无偿（专项拨款）、有偿（职教周转金）、贴息（银行职教贷款贴息）三种方式安排使用。其中，职业技术教育周转金主要用于支持职业中学有收益、有偿还能力的实习基地的建设和校办产业的发展。

1998 年，按照财政部规定，技工学校经费从各款事业费支出中划出，列入教育支出科目。

2003 年，四川省贯彻执行国务院《关于大力推进职业教育改革与发展的决定》，省级财政逐年增加职业教育专项经费，各市（州）、县（市、区）政府相应设立职业教育专项经费，并逐年增加。从 2003 年起，城市教育费附加安排用于职业教育的比例不低于 15%，已普及九年义务教育的地区不低于 20%；市（州）、县（市、区）政府和省科技、农业、扶贫等部门安排农村科技开发经费、技术推广费和扶贫资金，用于农村职业教育和培训的比例应达到 10%；安排农村基本建设设施投资，要安排一部分用于农村职业学校。

2005 年，省教育厅、省财政厅决定，在全省建立中职学校贫困生助学金制度，省财政拨出资金

1000万元，资助1万名中职学校贫困生。

1986—2005年四川省职业教育支出统计表

表2-26

单位：万元

年份＼项目	职业教育经费	中等专业学校经费	技工学校经费	合计
1986	4710	4454	—	9164
1987	5062	4614	—	9676
1988	6363	5459	—	11822
1989	7458	6197	—	13655
1990	8851	7843	—	16694
1991	8991	7024	—	16015
1992	10656	7651	—	18307
1993	12202	8907	—	21109
1994	18326	11014	—	29340
1995	20129	11520	—	31649
1996	22044	12631	—	34675
1997	15206	8675	—	23881
1998	16875	31273	3095	51243
1999	17393	34345	3425	55163
2000	19449	37880	3656	60985
2001	24763	34092	3332	62187
2002	27284	33284	3228	63796
2003	37804	27956	3403	69163
2004	42797	27977	3796	74570
2005	50101	28002	4105	82208
合计	376464	350798	28040	755302

说明：资料来源于四川省历年财政总决算表

四、成人教育支出

成人教育支出是指用于举办广播电视大学、职工业余大学和全日制普通高校附设的函授、夜大学等教育事业所需经费，包括成人高等教育经费、广播电视教育经费和普通业余教育经费。

1986年，国家教委对各类成人高等学校实行全国统一招生制度，新生入学需通过全国统一考试，有效提高了新生入学质量。

1993年，省政府批转省教委《关于进一步改革和发展成人高等教育的意见》，提出要逐步增加成人高等教育办学经费，“九五”（1996—2000年）期间所有成人高校的办学条件和规模都达到国家教委《成人高等学校设置暂行规定》要求。

2005年，四川省共有成人高等学校29所，成人中专学校211所，另有59所普通高校设有成人教育学院。当年，四川省成人教育支出4012万元，是1986年1249万元的3.21倍。

1986—2005年四川省成人教育支出统计表

表2－27

单位：万元

年份＼项目	成人高等教育经费	广播电视教育经费	普通业余教育经费	合计
1986	—	—	1249	1249
1987	235	984	1159	2378
1988	393	987	1309	2689
1989	340	990	1438	2768
1990	449	920	1615	2984
1991	393	1193	1524	3110
1992	458	1321	1526	3305
1993	424	1464	1549	3437
1994	506	1793	1734	4033
1995	526	1636	1843	4005
1996	656	1721	1879	4256
1997	515	1670	1275	3460
1998	532	1594	1472	3598
1999	974	1537	1442	3953
2000	782	1852	1373	4007
2001	1218	2122	1100	4440
2002	1174	2779	939	4892
2003	1105	2226	—	3331
2004	1376	2330	—	3706
2005	1659	2353	—	4012
合计	13715	31472	24426	69613

说明：1. 资料来源于四川省历年财政总决算表；

2. 1986年财政预算无专门的成人高等教育经费项目、广播电视教育经费项目，故数据阙如；

3. 2003年调整预算科目，普通业余教育经费项目取消，故数据阙如

五、其他教育支出

其他教育支出是指财政用于上述项目以外的其他方面的教育支出，包括教育进修及干部培训经费、民办教师补助费和其他教育经费。1986年，四川省其他教育支出2.14亿元，2005年达到4.78亿元，是1986年的2.23倍。

教师进修及干部培训经费体现的是教育部门举办教师进修、师资培训班和教育系统在职干部事业培训经费。1986—2005年，该项支出合计161679万元。

民办教师补助费是财政用于补助发放民办教师工资及生活困难补助的经费，1998年该项目取消。1986—1998年，该项支出合计121140万元。

其他教育经费是财政用于不可明确归类的其他方面的教育支出，1986—2005年，该项支出合计

428360 万元。

1986—2005 年四川省其他教育支出统计表

表 2－28

单位：万元

	教师进修及干部培训经费	民办教师补助费	其他教育经费	合计
1986	4607	9140	7680	21427
1987	4231	8286	8718	21235
1988	4561	7992	10262	22815
1989	4675	8535	11627	24837
1990	5236	8481	14678	28395
1991	5421	9515	14876	29812
1992	5743	9587	17587	32917
1993	6213	10786	19233	36232
1994	8759	13246	23095	45100
1995	9023	14107	26118	49248
1996	9440	12622	28958	51020
1997	7758	8843	21929	38530
1998	7958	—	25579	33537
1999	8330	—	23919	32249
2000	9290	—	26813	36103
2001	9737	—	30953	40690
2002	12120	—	36538	48658
2003	12018	—	21030	33048
2004	12911	—	24594	37505
2005	13648	—	34173	47821
合计	161679	121140	428360	711179

说明：资料来源于四川省历年财政总决算表

第二节 科学事业费支出

科学事业费是指财政用于科学技术方面的支出。1956 年，财政预算始设科学支出科目，1976 年改为科学事业费，2003 年实行部门预算后重新改为科学支出。科学事业费具体包括基础研究、应用研究、社会科学研究、科技奖励、科学技术普及以及管理事务等方面的支出。

1986 年，省政府决定实行科技经费匹配制，以促进科技更好地服务经济建设。省与市（地、州）、县设立科技发展基金，按照 1∶1或 1∶0.5 的比例匹配，即省级 1200 万元，市（地、州）、县财政匹配 1200 万元（其中，市［地、州］400 万元，县 800 万元）。基金实行有偿使用，滚动增值。是年，为提高中小企业、乡镇企业和农村的科学技术水平，省政府决定从 1986 年起，建立“星火计划”基金。基金来源于科技三项费和科技基金中划出一定比例、省财政专款补助、国家科委补助和社会集团和个人捐赠。省集中的“星火计划”基金，专户存储、专款专用。

1987年6月，省政府批转《关于进一步放活我省科技机构的意见》，决定深化科学事业费拨款管理制度改革。科学事业费预算安排的原则为：技术开发科技机构的事业费增长幅度高于包干型科学事业机构；直接为国家经济发展的重点行业服务的科技机构的事业费增长幅度高于其他科技机构；在同一类型中，作出突出贡献的事业费增长幅度高于一般科技机构。

1991年，中共中央决定，实施科技、教育兴农战略，进一步推动“星火”“丰收”等计划的实施，地方在建设资金中，要有一部分用于科技推广。11月，省财政厅通知，科技顾问团开支的经费，分别在有关学科的事业费中开支。

1992年1月，省委、省政府作出《关于大力推动科技进步振兴四川经济的决定》，决定大幅度增加科技投入。省级财政保证科技经费逐年有所增加，市（地、州）级科技三项费应达到上年财政支出的1%，县级科技三项费尽可能多安排；建立科技开发风险基金，“八五”（1991—1995年）期间，省财政拨款1000万元，用于有风险的高新技术开发和中间试验。同时，省、市（地、州）每年从机动财力中拿出不低于2%的资金用于增强科研机构科研能力、技术开发能力以及工程技术开发中心建设。

1995年，中共中央、国务院发布《关于加强科技进步的决定》，规定中央和地方每年财政科技投入的增长速度，要高于财政经常性收入的年增长速度。同时，每年在财政基建拨款中安排专项资金用于重点科研基地和重大科技工程建设，改善科研单位工作条件。

1996年5月，全国人大常委会颁行的《中华人民共和国促进科技成果转化法》规定，国家财政用于科学技术、固定资产投资和技术改造的经费，应有一定比例用于科技成果转化，主要用于科技成果的引导资金、贷款贴息、补助资金和风险投资等。10月，省委组织部、省人事厅、省科委、省财政厅、省教委、省扶贫办通知，实行科技副县长工作经费补助制度，按每人每年3000元标准核定，由省财政厅划到科技副县长所在县（市、区）专款专用。

1997年，《四川省科学技术进步条例》规定，县级以上人民政府需将科学技术经费列入同级财政预算，且科技经费年增长速度应高于同期财政收入的增长速度。科技三项费用、科技基本建设费和科技专项经费，占同级财政预算支出的比例应逐年增加。

1998年，《四川省民营科技企业条例》规定，在民营科技企业比较集中的地区，由财政出资、企业募集、社会捐赠方式设立民营科技企业担保金。

是年，省政府发出《四川省进一步深化科技体制改革实施方案》，要求多渠道筹集资金，加大科技投入力度。1998—2000年间，全省集中财力支持重点研究基地建设、新产品研究与开发、应用开发型科研院转制、科技网络建设和重大高新技术产业化等。同时，每年在基本建设投资计划中安排一定数量的基建经费用于重大科研基地和重大科技项目建设。建立科技开发资金，用于科技成果推广，发展科技产业。

2000年6月，省政府发布实施《四川省科学技术奖励办法》，决定设立省级科学技术奖，包括四川省科学杰出贡献奖和四川省科学技术进步奖。省级部门不再设立科学技术奖。四川省科学技术奖每2年评一次，实际奖励人数每项不超过5名，奖励经费由省财政列支。7月，省政府制定《四川省社会科学优秀成果评奖办法》，省社会科学优秀成果奖每2年进行一次评选，评奖活动所需经费，由省财政预算安排。

同年7月，省政府批转省科技厅、省财政厅等部门《关于19个省属科研机构管理体制改革实施意见的通知》，决定对转制为企业的科研机构予以财政支持。省财政对转制科研机构的原有正常事业费继续拨付，用于解决转制前已经离退休人员和转制5年过渡期内退休人员的社会保障问题以及下岗人员的基本生活。省财政对转制科研机构的仪器、设备购置和科技成果转化继续给予支持。转制科研机构从省财政和原省科委借入的科技周转金，可转为政府持股或政府投资，支持科技产业的发展。

2001年，省财政厅、省科技厅发布实施《四川省科技创新资金管理办法（暂行）》。科技创新资金主要由财政拨款，用于支持符合国家产业政策、技术政策和行业发展方向，技术含量高、技术创新性强、产品具有较大的市场和较强的市场竞争力，有良好经济效益和社会效益、有望形成的新兴产业以及国家规定的特殊行业，如医药、医疗器械、邮电通信、农作物新品种及生物制品、公共安全等。

2002年，全国人大常委会颁布实施《中华人民共和国科学技术普及法》，规定各级政府应将科普经费列入同级财政预算，并逐步提高科普投入水平，保障科普工作顺利开展。政府财政投资建设的科普场馆经费困难时，同级财政应予以补贴，使其正常运行。

2004年，为适应建立公共财政框架和WTO规则要求，财政部、科技部发出通知，将科技三项费用（不含科技型中小企业技术创新基金）从原“科技三项费用”中分离出来，更名为“应用技术研究与开发资金”，专项用于支持国家科技攻关计划和科技产业化环境建设及科技成果的转移扩散。主要支持方向是科技攻关计划、火炬计划、工程技术研究中心计划、重点科技成果推广计划、重点新产品计划、科技兴贸行动计划等。

1986—2005年，四川省科学事业费累计支出49.84亿元。

1986—2005年四川省科学事业费支出统计表

表2-29

单位：万元

年份＼项目	自然科学事业费	社会科学事业费	科协事业费	合计
1986	2357	1330	1046	4733
1987	8097	1585	844	10526
1988	9645	1842	941	12428
1989	10164	2072	867	13103
1990	11292	2353	1015	14660
1991	12697	2728	1119	16544
1992	13979	3098	1197	18274
1993	15071	3788	1339	20198
1994	19815	4250	1358	25423
1995	20692	4610	1530	26832
1996	23506	4966	1682	30154
1997	19228	4335	1727	25290

续表 2－29

年份＼项目	自然科学事业费	社会科学事业费	科协事业费	合计
1998	21598	4268	2055	27921
1999	23291	4379	2105	29775
2000	26326	4434	2201	32961
2001	25058	4587	2443	32088
2002	27929	4523	2829	35281
2003	29524	4944	3473	37941
2004	29915	5998	4251	40164
2005	30570	6532	7044	44146
合计	380754	76622	41066	498442

说明：资料来源于四川省历年财政总决算表

第三节　文体广播事业费支出

文体广播事业费包括文化事业费、出版事业费、文物事业费、体育事业费、档案事业费、广播电影电视事业费、计划生育事业费、地震事业费、党政群干部训练事业费和其他文体广播事业费。

1986—2005 年，四川省文体广播事业费支出从 3.47 亿元增长到 28.11 亿元，增长 8.10 倍，累计支出 200.20 亿元。

一、文化事业费

文化事业费是用于文化部门的事业单位支出，包括艺术表演团体经费、艺术表演场所经费、图书馆经费、群众文化经费和其他文化事业费等。

1987 年，省文化厅、省财政厅、省工商局联合发布《四川省文化事业单位开展有偿服务和经营活动办法实施细则》，决定从 1 月 1 日起，文化事业单位，包括专业艺术表演团体、剧场、影剧院、图书馆、纪念馆、文管会（处所）、艺术学校、文化文物研究机构、录相堂（队）等，均可开展有偿服务活动和经营活动。所需资金，原则上自筹解决，确有困难的，经财政部门核定，可从事业费中少量借用。有偿经营收入主要用于弥补经费不足，各级财政不得以收抵支或核减其事业经费预算。

1994 年，根据财政部颁发的《宣传文化发展专项资金管理办法》规定，省财政厅决定，从 1994 年起至 1997 年止，每年由省财政按宣传文化企业上年上缴所得税的实际入库数相应列支出预算，作为专项资金，专款用于省级优秀精神产品生产、宣传文体事业项目补助和宏观调控。

1998 年 2 月，省财政厅、省委宣传部对省级文化事业建设费的使用管理作出规定。市（地、州）、县征收的文化事业建设费，全额缴入省级金库，再由省财政按实际征收入库的 75% 安排给各地，用于文化事业建设。省财政按入库数的 3% 和 1% 分别拨付省地税局和省金库作为业务费。文化事业建设费主要用于社会主义精神文明建设，如重大活动经费、培训经费、优秀作品奖励经费和省级公益性文化事业单位维修购置补助经费等，不得用于办公和人员经费支出。

2002 年 1 月，国务院办公厅发出《关于进一步加强基层文化建设的意见》，要求加大对基层文化建设的投入，确保文化事业经费的增长不低于当年财政收入的增长幅度。加大基层文化基础设施建设，加强民族民间文化遗产保护，扶持有代表性和影响的农村区域性民间文化遗产保护和民间民俗艺术活动。12 月，省委、省政府制定了《关于加快建设西部文化强省的若干意见》，要求各级财政调整支出结构，对文化事业的投入应与经常性财政支出增长同步，重点扶持博物馆、图书馆、科技馆、文化馆、档案馆等公益性单位；扶持体现国家水准和民族特色的重大文化项目和艺术项目；扶持省内重要新闻媒体和社会科学研究机构；扶持重要文化遗产和民间优秀艺术的保护和挖掘；扶持民族地区和贫困地区的文化发展。

1986—2005 年四川省文化事业费支出统计表

表 2 - 30

单位：万元

项目 年份	文化事业费	其中						
		艺术表演团体经费	艺术表演场所经费	图书馆经费	群众文化经费	中等专业学校经费	干部训练费	其他文化事业费
1986	7755	2853	253	967	1772	175	77	1658
1987	7197	2483	156	962	1898	159	34	1505
1988	8474	2637	148	1186	2421	171	44	1867
1989	9298	2796	204	1493	2435	178	46	2146
1990	10037	3241	164	1545	2544	188	28	2327
1991	10784	3397	105	1506	2736	316	31	2693
1992	12681	3755	130	1820	3145	377	35	3419
1993	13214	3935	231	1950	3179	387	46	3486
1994	18201	5822	246	2329	4084	440	36	5244
1995	18208	5672	222	2370	4459	506	44	4935
1996	20443	6087	207	2870	4925	539	54	5761
1997	18937	4944	338	2228	3786	910	57	6674
1998	17199	5352	201	2329	3973	—	54	5290
1999	19450	5732	272	2482	4313	—	66	6585
2000	20525	6268	188	2754	4109	—	183	7023
2001	24355	7474	159	3230	5278	—	289	7925
2002	28728	8568	149	3580	5892	—	137	10402
2003	31736	8234	154	4405	6797	—	92	12054
2004	41335	9439	168	5872	8496	—	239	17121
2005	46584	9433	115	6114	10089	—	39	20794
合计	385141	108122	3810	51992	86331	4346	1631	128909

说明：资料来源于四川省历年财政总决算表

二、出版事业费

出版事业费是财政用于地方出版事业系统的经费，包括出版经费和其他出版事业费。出版经费主要反映的是出版部门的编辑费用，其他出版事业费反映的是出版部门干部培训等方面的开支。

1986—2005 年，四川省出版事业费累计开支 1.43 亿元。

1986—2005 年四川省出版事业费支出统计表

表 2－31　　单位：万元

年份	金额	年份	金额	年份	金额	年份	金额
1986	271	1991	342	1996	409	2001	2297
1987	281	1992	404	1997	638	2002	1080
1988	316	1993	464	1998	476	2003	1219
1989	309	1994	500	1999	509	2004	1316
1990	419	1995	560	2000	562	2005	1908
合计	14280						

说明：资料来源于四川省历年财政总决算表

三、文物事业费

文物事业费是财政用于历史文物保护、研究、收购以及文物管理机构人员、公用经费，包括博物馆经费、文物事业机构经费、文物保护费、干部训练费和其他文物事业费。

1986—2005 年，四川省文物事业费累计支出 7.31 亿元。

1986—2005 年四川省文物事业费支出统计表

表 2－32　　单位：万元

项目 年份	文物事业费	其中				
		博物馆经费	文物事业机构经费	文物保护费	干部训练费	其他文物事业费
1986	1789	559	261	815	—	154
1987	1354	442	234	530	—	150
1988	1221	439	288	345	—	149
1989	1408	500	330	369	—	209
1990	1323	499	331	351	—	142
1991	1796	863	517	248	—	168
1992	2569	1040	797	568	—	164
1993	2970	1238	717	878	—	137
1994	2872	1298	730	629	—	215
1995	3221	1500	791	668	—	262

续表 2-32

项目/年份	文物事业费	其中				
		博物馆经费	文物事业机构经费	文物保护费	干部训练费	其他文物事业费
1996	4357	2402	853	826	—	276
1997	2875	1043	786	855	—	191
1998	2812	1166	845	638	—	163
1999	3500	1297	889	1141	—	173
2000	3133	1283	961	608	—	281
2001	5917	1979	1094	2492	2	350
2002	6046	2148	1202	2255	—	441
2003	6340	1811	1324	2742	14	449
2004	7750	2297	1804	3006	—	643
2005	9874	2798	2112	4149	—	815
合计	73127	26602	16866	24113	16	5532

说明：资料来源于四川省历年财政总决算表

四、体育事业费

体育事业费是财政用于体育事业系统的经费，包括体育竞赛费、优秀运动员经费、业务训练费、体育场馆补助费、中等专业学校经费和其他体育事业费。

1987 年，省体委、省人事局、省财政厅规定，从当年 7 月 1 日起，对省、市优秀运动队的正式运动员退役时发给一次性退役费，分别以 100 元、200 元、300 元、500 元为基数，运动年龄每增加 1 年，增发相当于 1 个月的体育津贴费，但最多不超过本人 10 个月的体育津贴。

1995 年，省政府实施《中华人民共和国体育法》和《全民健身计划纲要》，要求各级财政增加体育事业投入，加快体育场馆的维修建设和开放。

1997 年，财政部、国家体委规定，国家对体育事业单位实行定收定支、定额或定项补助、超支不补、结余留用的管理办法。

2001 年，省政府决定，实施四级健身设施建设，省财政对市（州）和县（市、区）全民健身工程给予奖励补助，对贫困地区、民族地区县给予体育扶贫专项补助。

2002 年，省委、省政府贯彻中共中央、国务院《关于进一步改进新时期体育工作的意见》，规定各级政府增加体育事业投入，按照《中华人民共和国体育法》和《四川省体育条例》规定，将体育事业经费、基本建设资金列入本级财政预算和基本建设计划，确保政府对体育事业的投入随着财政收入的增长逐步增加。

1986—2005 年，四川省体育事业费累计支出 23.97 亿元。

1986—2005 年四川省体育事业费支出统计表

表 2－33　　　　单位：万元

项目 年份	体育事业费	其中					
		体育竞赛费	优秀运动员经费	业余训练费	体育场馆补助费	中等专业学校经费	其他体育事业费
1986	5227	694	4013		433	—	87
1987	4894	655	3428		507	—	304
1988	6488	1012	1781	1758	585	30	1322
1989	7509	1021	1938	1905	972	95	1578
1990	8712	1216	2159	2454	845	102	1936
1991	9019	1092	2574	2501	921	78	1853
1992	9408	1226	2785	2736	690	158	1813
1993	10719	1695	3390	2684	915	195	1840
1994	13103	1569	3402	3403	2190	248	2291
1995	11843	1569	3737	3052	890	274	2321
1996	13943	1407	4270	3236	1149	349	3532
1997	11852	909	4948	2469	993	322	2211
1998	12445	1545	4744	2598	908	—	2650
1999	12046	1235	4578	2462	1063	—	2708
2000	11955	1263	4708	2472	737	—	2775
2001	13659	1424	5792	2220	918	—	3305
2002	16184	2443	6139	2350	991	—	4261
2003	16341	1910	6617	2438	1703	—	3673
2004	19300	2028	7416	2638	1999	—	5219
2005	25014	3332	10454	3207	2009	—	6012
合计	239661	29245	88873	46583	21418	1851	51691

说明：1. 资料来源于四川省历年财政总决算表；
2. 1986 年、1987 年两年，“优秀运动员经费”与“业余训练费”未细分，合称为“体育训练费”

五、档案事业费

档案事业费是财政用于地方档案管理机构的经费以及党政系统单独设立的档案馆的经费，包括档案馆经费、干部训练费和其他档案事业费。

1986—2005 年，四川省档案事业费累计支出 7.06 亿元。

1986—2005 年四川省档案事业费支出统计表

表 2－34

单位：万元

年份	金额	年份	金额	年份	金额	年份	金额
1986	994	1991	1724	1996	3759	2001	4981
1987	865	1992	2021	1997	3375	2002	5514
1988	1287	1993	2348	1998	3412	2003	6240
1989	1361	1994	2746	1999	3454	2004	8286
1990	1575	1995	3281	2000	4107	2005	9314
合计	70644						

说明：资料来源于四川省历年财政总决算表

六、广播电影电视事业费

广播电影电视事业费是财政用于广播电影电视部门的事业支出，包括广播电台经费、电视台经费、县广播站经费和其他广播电影电视事业费。

1986—2005 年，四川省广播电影电视事业费累计支出 27.99 亿元。

1986—2005 年四川省广播电影电视事业费支出统计表

表 2－35

单位：万元

项目／年份	广播电影电视事业费	其中				
		广播电台经费	电视台经费	县广播站经费	中等专业学校经费	其他广播电影电视事业费
1986	6269	1421	2713	1584	23	528
1987	5913	1264	2790	1403	29	427
1988	7392	1650	3403	1639	47	653
1989	7707	1666	3120	1903	72	946
1990	8346	1936	3306	1949	47	1108
1991	9557	2234	4097	1875	61	1290
1992	9465	2283	2975	2269	63	1875
1993	10818	2521	3483	2142	66	2606
1994	13250	2373	5139	2589	88	3061
1995	13933	2698	5167	2710	110	3248
1996	16554	4586	4767	2935	98	4168
1997	13410	2339	5498	2213	111	3249
1998	13532	2862	4452	2126	—	4092
1999	14264	2875	4725	1969	—	4695
2000	15043	3319	4924	1876	—	4924

续表 2－35

项目 年份	广播电影电视事业费	其中				
		广播电台经费	电视台经费	县广播站经费	中等专业学校经费	其他广播电影电视事业费
2001	16990	3345	5424	2170	—	6051
2002	21530	3838	6125	2468	—	9099
2003	21619	3941	5493	2285	—	9900
2004	23132	3944	6570	2546	—	10072
2005	31211	4839	9527	3113	—	13732
合计	279935	55934	93698	43764	815	85724

说明：资料来源于四川省历年财政总决算表

七、计划生育事业费

计划生育事业费是财政用于人口和计划生育工作的各项支出，包括手术减免经费、避孕药具经费、基层计划生育专职干部经费、独生子女保健费、宣传经费、服务站经费、流动人口计划生育管理费和其他计划生育事业费。

1986 年，四川省执行国家计生委、财政部《计划生育财务管理暂行办法》，对没有收入或没有经常性业务收入的计划生育管理单位，其支出全部由国家财政拨款；有经常性业务收入的，支出的一部分由财政给予定额或定项补助。同时，对计划生育专职干部经费实行定额包干办法。

1987 年，省人大常委会发布《四川省人口与计划生育条例》，规定对实行计划生育的育龄夫妻免费发放避孕用具，并对其免费提供孕情检查、放取宫内节育器、终止妊娠、绝育手术等技术服务。其费用，农村人口由各级财政列入预算解决；城镇人口在医疗统筹金中报销，未参保的，由所在单位或者地方财政负担。取得独生子女证者，每月奖给独生子女保健费 5 元，发至孩子 14 周岁为止。

1990 年，国务院规定，计划生育事业费按人均投入 1 元的标准由各级财政负担。四川省当年人均实际投入 0.93 元。

1991 年 10 月，省委、省政府通知，“八五”（1991—1995 年）计划期间，人均计划生育事业投入由 1 元增加到 2 元。增加部分，由省、市、县三级财政按 2∶2∶6 的比例分担。

1995 年，《四川省计划外生育管理办法》规定，各地征收的计划生育费，由县（市、区）计划生育部门提取总额的 10% 作为后备金用于本县（市、区）计划生育事业经费的调剂：4% 用于行政区域的计划生育工作；1% 上交市（地、州）用于计划生育工作；20%—25% 用于调剂补助经费不足的乡（镇）、城市街道、办事处的计划生育机构；60%—65% 按用款计划返回乡镇政府、街道计划生育机构。

1996 年，省计生委、省财政厅通知，“九五”（1996—2000 年）计划期间，省、市（地）、县（市、区）财政继续按 2∶2∶6 的比例分担计划生育事业投入，且人均增长不低于 1.6 元。

1998 年，省计生委、省财政厅通知，对县（市、区）计划生育宣传技术指导站装备技术服务设备、宣传教育设备、信息网络设备的经费，实行定额补助和市、县两级匹配相结合的办法。除三州以外的各市、地为一类资金匹配地区，省定额补助县级指导站10万元，市（地）、县两级匹配资金10万元（其中，市、地级匹配不低于4万元）；阿坝、甘孜、凉山三州确定为二类资金匹配地区，省定额补助县级指导站12万元，州、县两级匹配资金不低于5万元（其中，州级不低于2万元）。

2004年，省政府《四川省独生子女父母奖励实施办法》规定：县级以上人民政府建立人口与计划生育奖励专项经费，列入同级财政预算，按照上年度父母双方均为农民和城镇享受最低生活保障的独生子女人数，省财政每年按人均不低于5元、市（州）财政每年按人均10—15元的标准，安排奖励专项经费。

1986—2005年，四川省计划生育事业费累计支出70.92亿元。

1986—2005年四川省计划生育事业费支出统计表

表2-36

单位：万元

年份	金额	年份	金额	年份	金额	年份	金额
1986	6760	1991	11448	1996	28403	2001	47429
1987	6891	1992	14133	1997	25243	2002	67633
1988	7434	1993	16617	1998	31152	2003	76299
1989	8137	1994	20185	1999	34164	2004	101968
1990	10124	1995	24487	2000	37459	2005	133184
合计	709150						

说明：资料来源于四川省历年财政总决算表

八、地震事业费

地震事业费是财政用于地方地震机构、地震监测预报、地震台站等的经费，包括地震机构经费、地震监测预报经费、地震台站经费、群测群防费和其他地震事业费。

1986年，四川省为保证定点重点地区监测预报需要，加快地震台（站）的改造和建设，改造了甘孜、西昌地震台，修建了攀枝花基准台、成都基准台的Ⅱ类地磁台。

1997年，省政府投资1500万元，建设“四川省地震减灾应急快速反应系统”与“成都地震遥测台网数字化改造”两大工程项目。

1998年，省地震局、省计委、省财政厅《关于建立健全防震减灾计划体制和经费渠道的意见》规定，各级人民政府要根据防震减灾需要，安排必要的经费，列入本级政府年度财政预算，并逐年增加经费投入。省地震局直接管理的区域性地震监测台网等相应的事业经费和基本建设、技术改造投资，由省政府给予必要的资金支持；地方地震台站人员经费、基本建设和技术改造等相应的事业经费，由同级地方政府负责解决。

2000年，四川省已有专业地震台66个（其中国家基准地震台11个）；一般地震台54个；地震遥测台网60个；地方地震台33个；企业地震台25个；群测点396个。有15个市（地、州）和68个县（市、区）设立了地震工作管理机构。

1986—2005年，四川省地震事业费累计支出1.79亿元。

1986—2005 年四川省地震事业费支出统计表

表 2－37

单位：万元

年份	金额	年份	金额	年份	金额	年份	金额
1986	252	1991	425	1996	969	2001	1343
1987	222	1992	459	1997	890	2002	1536
1988	246	1993	496	1998	1125	2003	1615
1989	321	1994	620	1999	1028	2004	2265
1990	319	1995	690	2000	1006	2005	2047
合计	17874						

说明：资料来源于四川省历年财政总决算表

九、党政群干部训练事业费

党政群干部训练事业费是财政用于地方各级党校、政府机关干部、公检法部门干部和党派团体干部训练的经费，包括党校事业费、政府机关干部训练事业费、公检法部门干部训练事业费、党派团体干部训练事业费。

1986—2005 年，四川省党政群干部训练事业费累计支出 19.66 亿元。

1986—2005 年四川省党政群干部训练事业费支出统计表

表 2－38

单位：万元

年份	金额	年份	金额	年份	金额	年份	金额
1986	5291	1991	5917	1996	10949	2001	13209
1987	3985	1992	6651	1997	8850	2002	14936
1988	4427	1993	7043	1998	10144	2003	15435
1989	4639	1994	9032	1999	11406	2004	17322
1990	5093	1995	9862	2000	11989	2005	20394
合计	196574						

说明：资料来源于四川省历年财政总决算表

十、其他文体广播事业费

其他文体广播事业费是财政用于上述项目以外的事业费。1992—1994 年，其他文体广播事业费包括其他文教事业费和对外宣传事业费；其他年份，其他文体广播事业费在财政预算中主要指其他文教事业费或其他文体广播事业费。

1986—2005 年，四川省其他文体广播事业费累计支出 1.57 亿元。

1986—2005年四川省其他文体广播事业费支出统计表

表2－39

单位：万元

年份	金额	年份	金额	年份	金额	年份	金额
1986	100	1991	487	1996	974	2001	771
1987	257	1992	1128	1997	406	2002	907
1988	738	1993	1211	1998	219	2003	957
1989	640	1994	1321	1999	196	2004	1481
1990	534	1995	1306	2000	487	2005	1537
合计	15657						

说明：资料来源于四川省历年财政总决算表

第四章　社会保障支出

社会保障支出是财政向社会成员提供基本生活保障的支出，是公共财政履行的一项重要职能。支出主要内容包括社会保障补助支出、抚恤和社会福利救济支出、医疗卫生支出及行政事业单位离退休支出。从20世纪90年代初开始，为发展社会事业，解决民生问题，四川省逐步推行养老、失业、医疗保险制度改革，财政部门积极参与，不断调整、优化财政支出结构，确保财政对社会保障事业的投入和合理增长，完善困难群体的生活保障体系。2005年，四川省社会保障支出2271330万元，是1986年89781万元的25.3倍。

第一节　社会保障补助支出

社会保障补助支出，是根据社会保障制度改革的需要，从1998年起新设立的政府预算支出科目，主要包括社会保险基金补助、就业补助、国有企业下岗职工补助、企业关闭破产补助和社会保险机构经费。

1998年，中央决定将四川省实施“天保工程”地区的下岗职工、离退休职工纳入社会保险统筹，每年由中央财政补助统筹养老保险基金。1998年补助2941万元，1999年补助3850万元，2000年起，每年补助1.4亿元。是年，国务院规定，下岗职工基本生活和缴纳社会保险费用的资金来源，采取“三三制”的办法解决，即财政预算安排1/3、企业负担1/3、社会筹集（包括从失业保险基金中调剂）1/3。财政承担的部分，地方企业由地方财政解决。

2000年，省政府规定，1997年统一全国企业职工基本保险制度后参加工作人员，其退休后在发给基础养老金和个人账户养老金基础上，再发给过渡性养老金。基本养老金领取者死亡后，其遗属按国家规定领取丧葬补助金，由基本养老保险社会统筹基金支付。

2001年7月，《四川省失业保险条例》施行，规定凡在四川省境内的城镇企事业单位、民办企业、社会团体职工，国家机关中的事业编制人员及劳动合同制工人应按规定参加失业保险。失业保险经办机构所需经费，列入财政预算，由财政拨付。是年，根据财政部规定，四川财政开始安排企业关闭破产补助资金，用于补助经省级企业兼并破产领导小组批准的企业。省级以下企业关闭破产，由当地财政按国家和当地政府的规定办理。

2002年，中共中央、国务院下发《关于进一步做好下岗失业人员再就业工作的通知》，要求各级政府将有劳动能力和就业愿望的50周岁以下男性、40周岁以下女性下岗失业人员作为再就业援助的主要对象，并从再就业资金中给予社会保险补助。补助资金由地方政府解决。同时，在财政预算中增设“就业补助”科目，用于社会保险补贴、岗位补贴、小额贷款担保贴息、再就业培训补贴、职业介绍补贴等支出。

2003年，省政府决定，建立乡（镇）卫生院职工社会保障制度。在基本养老保险制度建立以前，政府举办的乡（镇）卫生院离休人员的离休费，由财政预算安排；按规定招聘的乡（镇）卫生院院长、从事公共卫生的人员，参加社会保障，单位缴纳费部分，由县级财政预算安排，其他职工，由县财政适当补助。

1998—2004年，四川省社会保障补助支出累计352.4亿元。

1998—2005年四川省社会保障补助支出统计表

表2-40

单位：万元

项目／年份	社会保障补助支出	其中					
		社会保险基金补助	国有企业下岗职工补助	就业补助	企业关闭破产补助	社会保险经办机构经费	其他
1998	96323	22675	48239	5157	—	4525	15727
1999	151009	84895	44223	1548	—	7597	12746
2000	277924	161702	81961	2737	—	9908	21616
2001	441005	219333	79323	2684	—	13805	125860
2002	567652	355130	88909	7138	73183	17683	25609
2003	535911	355103	68343	33434	54851	—	24180
2004	649986	341508	74137	34375	108919	26016	65031
2005	804604	384450	85077	42642	173752	33295	85388
合计	3524414	1924796	570212	129715	410705	112829	376157

说明：1. 资料来源于四川省历年财政总决算表；

2. 1998年社会保障支出类级科目下设有“帮困解困资金”款级科目，因为只设置1年，无延续性，将其数额并入“其他”中

第二节　抚恤和社会福利救济支出

抚恤和社会福利救济支出是财政用于保障优抚救济对象、复员退伍军人生活以及发展民政、残疾事业和自然灾害救助事业等方面的经费，包括抚恤事业费、军队移交地方安置的离退休人员费用、社会救济福利事业费、城市居民最低生活保障、救灾支出、残疾人事业费和其他民政事业费。

1986—2005年，四川省抚恤和社会福利救济累计支出206.8亿元。

一、抚恤事业费

1986年6月，省民政厅、财政厅通知，对认定为红军当年的流落人员实行定期补助。在红军服役1年以下者，每人每月15元，1年以上至4年者16—20元，4年以上者21—25元。孤老红军流落人员，在上述标准上，每月增发5元。省委统战部、省财政厅通知，从7月1日起，对辛亥革命老人，没有工资的，生活费在1982年补足60元基础上，每人每月再增加17元；对其遗属中没有工作

和生活来源的，定期补助在原规定住城镇的每人每月 30 元、住农村 25 元的基础上，均每人每月再增加 17 元。8 月，省民政厅、省财政厅通知，对生活困难的在乡复员军人提高定期补助标准：城镇平均每人每月 15—25 元；农村平均 12—18 元；对被授予英雄称号和荣立二等功以上的标准适当提高。

1993 年 1 月，民政部、财政部通知，调整“三属”定期抚恤金基本标准。革命烈士、因公牺牲军人家属，住农村的每人每月不低于45—50 元，住小城镇的每人每月不低于 55—60 元，住大中城市的每人每月不低于 60—65 元。由原人民武装部移交地方管理的原军队家属享受定期抚恤的，在现有标准上，每人每月增加 10 元。同时，提高特等、一等革命伤残人员护理费标准，因战、因公特等伤残人员为本地区当年社会平均工资的 50%；因战因公一等伤残人员为 40%；因病一等伤残人员为 30%。

1994 年，省财政厅通知，在国家提高粮食销价后，从 7 月 1 日起，对定期发放生活费的优抚和城镇救济对象，每人每月再补贴 6 元，并相应提高抚恤金、救济金标准。

2004 年，国务院、中央军委发布的《军人抚恤优待条例》规定，对现役军人死亡遗属一次性抚恤金标准：烈士，80 个月工资；因公牺牲，40 个月工资；病故，20 个月工资。月工资或者津贴低于排职少尉军官工资标准的，按排职少尉军官工资标准计发。获得中央军委授予荣誉称号的，增发 35%；获得大军区级单位授予荣誉称号的，增发 30%；立一等功的，增发 25%；立二等功的，增发 15%；立三等功的，增发 5%。多次获得荣誉称号的，按其最高等级奖励比例发放。其父母（抚养人）配偶无劳动能力、无生活来源，或者收入水平低于居民平均生活水平的，以及子女、兄弟姊妹未满 18 岁，因上学或残疾无生活来源的，发给定期抚养金。对现役军人残废被定为因战、因公或因病致残的，按国家规定享受抚恤。对依靠残疾抚恤金生活仍有困难的，可以增发或者采取其他方法补助。标准由民政部会同财政部确定。对分散安置的一至四级残废军人发给护理费，标准为：因战、因公一级和二级残废的，为当地职工平均工资的 50%；因战因公三级和四级残废的为 40%；因病一级至四级残废的为 30%。

2005 年 7 月，省民政厅、省财政厅通知，从 1 月 1 日起，提高在乡复员军人定期定量生活补助标准，在原基础上，每人每年增加 540 元，其中，中央财政补助 500 元，省财政补助 20 元，市、县财政补助 20 元。同时，提高在乡复员军人中回乡务农抗战老战士的定量生活补助标准，在原基础上，每人每年增加 1080 元，其中，中央财政补助 860 元，省财政补助 160 元，市、县财政补助 60 元。提高后，每人每年不低于 2160 元。

二、社会救济福利事业费

1985 年，民政部、财政部规定，社会救济补助包括复员退伍军人定量补助、光荣院收养人员生活补助、精简退休老职工定期定量救济、城镇社会福利事业单位收养人员生活救济、国民党宽释人员生活救济等。具体补助标准，四川省定为：在成都、重庆、自贡、渡口[①] 4 市的，每人每月 15—18 元；在其他县（市）的，每人每月 12—15 元。

1986 年，省民政厅、省财政厅调整了 1985 年制定的社会救济补助金标准，每人月均提高 3 元。

① 渡口市：1987 年更名为攀枝花市。

1992 年 4 月，财政部通知，在提高粮食统销价格后，对定期发放生活费的优抚救济对象，每人每月补贴 5 元，相应提高其定期定量和救济金标准。

1997 年，《城市居民最低生活保障条例》施行，此后，城镇社会救济对象，基本被纳入城市居民最低生活保障制度，其补助费继续在社会救济专项资金中解决。

2000 年，省民政厅、财政厅通知，从 1 月 1 日起，对 20 世纪 60 年代初期精减退休老职工，户口在农村的，在已享受本人原标准工资 40% 救济和定期定量救济的基础上，每人每月提高救济标准 30%。

2003 年，国务院规定，从 8 月 1 日起，县级以上城市人民政府应设立专门机构，对流浪乞讨人员实行救助，保障其基本生活权益。救助工作所需经费，列入财政预算予以保证。

2005 年，省政府决定加强“五保户”供应工作。从当年起，省财政将符合“五保”供养的“五保”对象全部纳入供应范围，并将“五保”供应经费的保障纳入省对市（州）和县级财政激励约束考核范畴。

三、城市居民最低生活保障

1986 年，省劳动人事厅、省财政厅、省总工会通知，从 1 月 1 日起，国营企业职工因公死亡后，其供养直系遗属生活待遇，住在五类工资区的县（含）以上城市的，每人每月 24—29 元；住在乡镇的每人每月 22—27 元；住在农村的每人每月 20—25 元；孤身一人的，在上述最高标准上，每月可再增发 5 元；五类工资区以上地方的，每高一类增发 1 元。

1988 年 7 月，省劳动厅、省财政厅、省总工会通知，提高城镇职工生活困难补助。对居住在成都、攀枝花市城区且每月人均生活费收入不超过 50 元的，其余各省辖地级市城区、行署所在地城区每月人均生活费收入不超过 45 元的，其他城市和县镇每月人均生活收入不超过 40 元的，由职工所在单位按上述标准补足。甘孜、阿坝、凉山三州城镇职工生活困难补助，在人均生活费收入每月不超过 50 元的标准下，由州政府确定。10 月，中共中央办公厅、国务院办公厅通知，各地区、各有关部门要设立帮困资金，以解决特困职工的生活困难。对一些生产经营十分困难、确无工资支付能力的国营企业，实行地方财政补贴、企业主管部门调剂资金、银行提供工资性贷款“三家抬”办法保障职工基本生活条件。

1997 年，国务院发布实施《城市居民最低生活保障条例》。城市居民最低生活保障所属资金，列入地方政府财政预算，纳入社会救济专项资金支出，实行专项管理，专款专用。按照国务院规定，四川省先行选择成都市的 5 个区、彭州市，内江市的市中区、东兴区，德阳市的绵竹市、什邡市，绵阳的涪城区和南充市的顺庆区实施。是年，省政府办公厅通知，从 7 月 1 日起，将国有企业下岗职工基本生活水平、城镇居民最低生活保障水平提高 30%。

2000 年 5 月，省委、省政府决定进一步完善城市居民最低生活保障制度，把最低生活保障扩大到全体非农业人口。对符合条件的城市困难居民及时给予救助，实施全覆盖。对一些生活困难的企业在职职工、离退休人员和下岗职工家庭，在按当地政府有关标准计算应得收入后，其人均收入仍低于当地最低生活保障标准的家庭，及时给予补助。对尚未参加社会保险统筹的农垦、森工等企业，保障其离退休人员和下岗职工的基本生活。对城镇集体企业未参加社保而又停产多年的退休人员和下岗职工，直接纳入城市居民最低生活保障。对退役士兵安置期间发放生活补助，非个人原因未得到安置的，按不低于当地最低生活水平，按月发给生活补助费。是年，省劳动和社会保障厅、省财政厅通知，将原临时工因致残丧失基本劳动能力的月补助费最低保证数调为：居住在成都、攀枝花和三州所在地城区的按140元发给；居住在其余各市所在地城区的按130元发给；居住在县（市）镇的按120元发给；居住在农村的按110元发给。

2001年，省政府发布实施《四川省城市居民最低生活保障实施办法》，规定对持有非农业户口的城市居民，其共同生活的家庭成员人均收入低于城市居民最低生活保障标准的，享受当地城市居民最低生活保障待遇。城市居民最低生活保障所需资金，由同级人民政府列入同级财政预算，省、市（州）人民政府每年应专项安排城市居民最低生活保障补助资金，用于财政困难和保障任务重的地区的补助。

2002年，省政府发出进一步做好城市居民最低生活保障工作的通知，将低保工作列入2002年省政府为民办10件实事之一。对各地是否留足了低保资金、是否发放到户，实行目标考核。在6月30日前，各级要将符合低保条件的城市贫困居民全部纳入低保范围，做到应保尽保。对本级财政未留足低保资金的，不得新盖办公楼、不准购置轿车、领导干部不准出国。当年，全省共下拨城市低保资金5.7亿元（其中，争取中央财政支持3.18亿元，各级财政安排2.03亿元），全省纳入城市低保范围人员144.1万人，低保标准达到人均每月131元。

2005年，全省共支出城市低保资金11.22亿元，比上年增加1.02亿。其中，中央专项补助资金7.7亿元，增加6900万元，省本级支出1亿元，市县两级支出2.5亿元，增加3300多万元。城市低保对象达158.5万人，比上年增加7万人，全年月人均补差61.1元，比上年月人均补差提高了1.8元。全省符合城市低保条件的农转非人员24.37万人，全部纳入城市低保。

四、救灾支出

1986年，全省20个地（市、州）遭受各种自然灾害，波及185个县，受灾1218.8万户5221万人，其中重灾251万户1072万人，特重灾104万户460万人。省财政先后拨出救灾款6000多万元，使109万多户430多万受灾群众和生活得到救济，7万多无家可归的农民得到妥善安置。

1987年，全省因各种灾害受灾的农户1254.4万户5542.3万人，其中，重灾294.5万户1220.6万人，特重灾104.3万户430多万人；因灾死亡1001人，受伤5769人，损坏住房140万间，其中，倒塌2.7万间，死亡大牲畜37万多头。省财政先后拨出救灾款7000多万元，帮助受灾群众生产自救、恢复生产。

1991年，全省安排各类救灾资金20328万元。

1993年，全省有204个县（市、区）、567个乡（镇），1953万多户7218万多人受灾，直接经济损失63亿元。省财政共发放救灾款7689万元，确保了生产正常运转，促进了经济发展。

1994年，四川省遭受40年来未遇的特大旱灾和各种自然灾害，全省各级财政共下拨救灾款8918.63万元。其中，用于口粮救济5003.76万元，用于住房救济1157.08万元，用于衣被救济444.69万元，用于扶持受灾群众开展生产自救767.8万元。

1995年，全省23个市（地、州）、213个县（市、区）、5496个乡镇的6066万人遭灾，全省各级财政共下拨救济款14850.9万元。其中，用于口粮救济8410.1万元，用于救济434.4万元，用于住房救济1162.5万元。

1996年，全省各级财政共下拨救灾款20129万元。其中，省上安排2049万元，向中央争取下拨新增救济款1200万元，特大防洪经费1650万元（不含重庆），救灾化肥、救灾柴油补贴资金560万元，特大抗旱经费360万元，雪灾及冻害的救灾和恢复生产补助资金1510万元，甘孜州康定县1995年灾后恢复生产应急资金2000万元。

1997年，全省共安排各类救灾资金19985.2万元，其中，中央下拨14680万元，省上安排5305.2万元。救灾粮17.4万吨，其中，中央补助2.85万吨，省上安排14.25万吨。救灾化肥3.36万吨。

1998年，全省出现严重的春旱和暴雨洪涝灾害，省财政先后安排洪涝救灾资金19661万元。其中，中央补助13001万元，省上安排6660万元。分别用于民政救济4830万元，特大防汛6964万元，生产救灾1600万元，教育救灾2250万元，卫生防疫611万元，水利工程修复补助1157万元，水毁公路补助1205万元，邮电救灾500万元，建委系统救灾380万元，农机系统救灾174万元。

1999年，全省21个市（地、州）、139个县（市、区）遭受自然灾害，受灾人口4060.62万人，造成直接损失51.77亿元。全省各级财政拨付的救灾款和救灾捐款合计13971万元，使670多万受灾群众得到救济，6万多间因灾倒塌住房得以恢复重建。

2000年，全省遭受低温、冷冻、雪灾、大风、冰雹、暴雨、洪涝、病虫等多种自然灾害，全年中央和地方共安排下拨救灾资金15063万元，其中，安排口粮救济款5596万元，救济粮4.56万吨。救济灾民192.5万人次，恢复重建因灾倒房11.19万间，使受灾群众生活基本得到了妥善安排。

2001年，由于气候异常，四川遭受严重春旱、夏旱和伏旱，全省152个县（市、区）的4261.86万人受灾，粮食减产2.7万吨，造成直接经济损失113.69亿元。全年各级财政下拨救灾款2.4亿元，争取到中央特大抗旱经费4000万元，争取到中央对四川省农业税灾歉减免指标3.9亿元。

2002年8月，民政部、财政部发出通知，规范特大自然灾害救济补助费的管理。中央财政预算安排的救济资金，一是救灾资金，用于遭受特大自然灾害灾民紧急抢救、转移安置，解决灾民无力克服的吃、穿、住、医等生活困难，以及因灾倒塌房屋的恢复和损坏房屋的修缮补助；二是春荒、冬令灾民生活救济资金，用于补助春荒（3—5月，单一作物区为3—7月）和冬令（12月至下年2月底）期间的灾民口粮以及衣被和医疗救济；三是采购和管理中央救灾储备物资资金，用于民政部门、财政部采购和管理中央救灾储备物资。当地方遭受特大自然灾害，地方政府难以解决时，由省级人民政府向国务院、同时省级民政、财政部门向民政部、财政部申请，中央给予适当补助。当年，四川全省21个市（州）、132个县（市、区）的3469万人受灾，农作物受灾面积241.87万公顷，损坏房屋66.59万间，造成直接经济损失33.42亿元。省财政共下拨救灾补助资金17446万元，其中，中央财政安排16326万元，省级财政安排1120万元，用于灾害救助。

2003年，全省自然灾害频繁，中央和全省各级财政安排救灾资金14664万元，农业生产救灾资金1670万元，基本保证了受灾群众生产生活。

2004年，四川东、北部地区遭受特大暴雨，损失巨大。全省各级政府启动了财政快速反应机制，安排拨付各项救灾资金共8.1亿元，其中，中央财政5.7亿元，省财政专调资金2.4亿元，重点支持了川东、北地区的救灾救济和灾后重建工作。

2005年，全省21个市（州）、165个县（市、区）的3222.23万人遭受不同程度自然灾害，全省各级财政下达各类救灾资金5.56亿元，其中，中央财政2.24亿元，省财政8682万元，各市

（州）、县（市、区）财政2.45亿元。

五、残疾人事业费

1985年，为保障残疾人特殊群体，各级财政将残疾人事业所需经费从其他救济福利事业费内划出，单独列支。

1988年，民政部、卫生部、国家计委、财政部通知，全国实施残疾人三项康复工作，中央和地方财政予以补助。儿童手术麻醉按每人每次30元的标准进行补助；白内障复明手术按每人12元的标准进行补助。同时，对各省级聋儿中心投入20万元作为设备购置费，对各省假肢装修和残疾人用器具服务单位投入4万元作为基本设备购置和人员培训费用。

1994年，《四川省〈残疾人保障法〉实施办法》规定，县级以上政府应当将残疾人事业经费列入本级财政预算，并逐步加大对残疾人事业经费的投入，建立稳定增长的残疾人事业经费保障机制。同时，地方各级政府对贫困残疾人参加城镇居民基本医疗保险、新型农村合作医疗的个人缴费部分按规定予以补助；为重度残疾人参加城镇居民社会养老保险和新型农村养老保险代缴全部最低标准保险费；对生活不能自理的残疾人，应当根据情况给予护理补贴。

1998年10月，财政部、民政部颁布《社会福利基金使用管理暂行办法》，规定销售中国福利彩票总额扣除兑奖和管理费后的净收入，各级留成比例，中央级为销售额的5%，省地两级不超过5%，县级不低于20%，用于资助老年人、残疾人、孤儿、革命残疾军人特殊群体福利事业。是年，全省实施《四川省残疾人扶贫攻坚计划（1998—2000）》，中国残联先后安排扶贫贷款4460万元、5000万元，省财政拨出专项残疾人扶贫资金500万元、600万元，分配到56个县，共扶持32.4万贫困残疾人，使18.41万名特困残疾人的生活得到了基本保障。

2000年，省财政厅、省残联发布四川省残疾康复专项经费补助标准：从事康复训练与社区康复服务的，肢体残疾者康复训练任务每人补贴20元，智力残疾儿童康复训练任务每人补贴50元；从事视力残疾康复的，白内障复明手术任务每例补贴25元，视觉“中国行动”医疗队贫困患者每人补助50元，低视力者配用助视器任务每例补贴30元，建低视力康复部每个补贴3000元；从事肢体残疾康复的，肢体残疾矫治手术任务每例补贴50元，贫困肢体残疾者安装矫形器每例补贴50元；从事聋儿康复的，聋儿培训任务每例补贴250元，建市级培训部每个补助（一次性）5000元，市级培训部配诊断、测试设备补助（一次性）1000元；从事残疾人用品用具供应服务的，建市级站每个补贴（一次性）7000元。补助费由各级财政统筹安排。

2001年，省政府发布《四川省残疾人事业“十五”计划纲要（2001—2005）》，将残疾人扶贫纳入政府扶贫计划。残疾人扶贫贷款和实用技术培训，财政给予贴息。同时，将符合条件的残疾人纳入城市居民最低生活保障体系，城镇残疾职工按规定享受基本养老、基本医疗、失业、工伤保险待遇。是年，省财政共安排残疾人专项扶贫资金600万元，全省有25万残疾人被纳入扶贫范围，有20万残疾人被纳入城市最低生活保障体系。

2003年4月，财政部、中国残联发布通知，决定调整中央财政补助地方残疾人事业专项补助标准。实施白内障复明手术，每例补贴80元；开展视功能训练，每人补助40元；为聋儿进行听力语言训练，每收训一名补贴120元；开展精神病防治工作，每人补贴0.15元，为麻风畸形者实施矫治手术，每例补贴250元；为麻风畸形者进行康复训练，每例补贴30元；肢体残疾人功能训练，每名补贴40元；脑瘫儿童康复训练，每名补贴100元；智力残疾儿童能力训练，每名补贴70元；培训中西部农村贫困残疾人，每人补贴10元。同时规定，残疾人事业专项资金，按照“地方投入为主、中央补助为辅”的原则，由各级财政拨款，辅以国家彩票公益金、残疾人福利基金、企事业单位赞助等资金，主要用于残疾人康复、预防和残疾人用品用具供应服务的补助以及用于残疾人高等教育和职业教育补助等。

六、军队移交地方安置的离退休人员费用

1987年，民政部、财政部规定，移交地方管理的军队退休干部的退休金包括：按比例发给退休干部的退休生活费、生活补助费、副食品价格补贴、粮价补贴。其他经费包括：冬季取暖补贴费、医疗福利费、护理费、遗属生活补助费等。

1990年1月，民政部、财政部、总政治部、总后勤部通知，从1989年10月1日起，增加离退休干部和退休志愿兵的离退休费。增加标准（每人每月）：正军职、专业技术3、4级16元；副军职、5级15元；正师职、6级14元；副师职、7级13元；正团职、8级12元；副团职、9级12元；正营职、10级11元；副营职以下、11级以下10元。

1992年，民政部、总政治部决定对移交政府管理的军队退休干部生活待遇进行调整。公勤费不再划分类区，统一为全费每月100元、半费每月50元、四分之一费每月25元；护理费按调整后公勤全费标准执行。军以上干部退休后，其公勤费按同职级离休干部标准执行。对在军队早期回国定居专家，工作满25年的，1989年调资后的基本薪金低于219元的，按1990年规定每人每月增加离退休费的2倍计发；对按1989年调整国家机关事业单位工作人员工资后，当时工资额低于180元的，每人每月增加退休费按相当于本人当时工资标准的基础上提高两个档次（或级差）的增资额。

1993年6月，民政部、人事部、财政部、总政治部、总后勤部通知，对移交政府安置的军队离退休干部、退休志愿兵增加退休费。从1992年3月1日起，按职务（含相当职务或专业技术等级）增加标准（每人每月）：军职70元、师职60元、团职50元、营职40元、连职30元、排职20元、退休志愿兵16元。

1994年，中组部、财政部决定调整移交政府的军队离休退休干部和志愿兵生活待遇。一是增加退休费。1993年10月1日后退休的干部按其职务、军衔、军龄工资之和计算，军龄20年（含）以下的按85%计发，军龄在20年以上的，从21年起，每增加1年增发1%，最高不得超过100%。退休的志愿兵，比照退休干部增加标准增加退休费。二是归并和保留的补助补贴，由原来按地方政府规定执行的，调整为按军队规定执行，并入退休费的标准为：副团职以上56元，正营职以下54元；保留福利费补助60元，伙食补贴50元；有些地方规定补助补贴标准，副团职以上超过166元的部分、正营职以下超过164元的部分，并入退休费；退休干部的防暑降温费、房租补贴、政府特殊津贴、早期回国定居专家生活补贴，仍按现行规定执行。三是离退休干部、退休志愿兵执行军人职业津贴，按职务待遇、技术及军龄等级分别为：大军区副职以上（含副职）、一、二、三级80元；正军职、四级75元；副军职、五级70元；正师职、六级65元；副师（局）职、七级60元；正团（处）级、八级55元；副团（处）级、九级及退休志愿兵军龄29年以上、四级满10年的50元；正营（科）级、十级及退休志愿兵军龄24—28年、四级满5年的45元；副营（科）级、十一级退休志愿兵军龄19—23年、四级不满5年的40元；正连（一级科员）职、十二级及退休志愿兵军龄

14—18 年、三级的 35 元；副连（二级科员）职、十三级及志愿兵军龄 10—13 年、二级的 30 元；排职（办事员）、十四级及退休志愿兵军龄 6—9 年、一级的 25 元。对 1979 年前批准退休职务等级不明确的退休费和军人职业津贴标准，按工资级别为：14 级的 370 元、60 元；副团、准团 15、16 级的 310 元、55 元；正营 16、17、18 级的 250 元、50 元；副营 18、19、20 级的 220 元、45 元；正连 19、20、21 级的 180 元、40 元；副连 20、21、22 级的 140 元、35 元；正排 21、22 级的 140 元、30 元；副排 22、23 级的 140 元、25 元。

1997 年，民政部、财政部、中国人民解放军总政治部、总后勤部通知，从 1996 年 10 月起，对移交地方安置的干部、退休志愿兵发放生活补贴，每人每月标准按其职务或技术等级认定：正军职 205 元，副军职 195 元，正师职 185 元，副师职 175 元，正团职 165 元，副团职 155 元，正营职以下 150 元；退休志愿兵 150 元。均不作计发有关费用基数。从 1997 年 1 月起，调整护理费等标准：公勤费，全勤费标准由每人每月 160 元调为 200 元，半费标准由 80 元调为 100 元，全费 1/4 标准由 40 元调为 50 元；护理费，按公勤费全费标准每人每月 200 元执行；电话费，退休干部按每月 8 元补贴。

1998 年 6 月，民政部通知，从 1997 年 7 月 1 日起，对移交地方安置的军队离退休干部及退休志愿兵，每人每月增加离退休费 20 元。

2001 年，省民政厅通知，对移交政府安置的退休干部、退休志愿兵增加退休费，并调整年度定期增加退休费标准，按职务、技术级别分别为：退休干部，正军职退休费增加 370 元、年度定期增加退休费 56 元；副军职 310 元、52 元；正师职 260 元、43 元；副师职 220 元、40 元；正团职 190 元、37 元，副团职 170 元、34 元；正营职 155 元、31 元；副营职 140 元、28 元；正连职以下 120 元、25 元。退休士官，八级增加退休费 170 元、年度定期增加退休费 34 元；七级等 155 元、31 元；四级等 140 元、28 元；三级等以下 120 元、25 元。

2002 年 5 月，省民政厅、省财政厅通知，从 2001 年 10 月 1 日起，调整军队离退休干部、退休士官边远地区津贴，增加后计入退休费基数按比例计发。分别为：一类地区（攀枝花、凉山部分市区）7%；二类地区（攀枝花、凉山、阿坝部分县市区）14%—15%；三类地区（攀枝花、乐山、凉山、甘孜、阿坝的部分县市区）28%—34%；四类地区（凉山、甘孜、阿坝的部分县市区）49%—99%。11 月，省民政厅、省财政厅、省军区政治部、后勤部通知，从 2002 年 1 月 1 日起，调整移交政府安置的军队离退休干部、退休士官公勤费、护理费、边远地区津贴。公勤费：全费标准，由每人每月 200 元调为 400 元；半费标准，由 100 元调为 200 元；全费 1/4 标准，由 50 元调为 100 元。护理费：按公勤费全费标准执行，由 200 元调为 400 元。边远地区津贴：驻一类地区的调为 7%；驻二类地区的调为 14%—15%；驻三类地区的调为 28%—34%；驻四类地区的调为 49%—99%。

2004 年，省民政厅、省财政厅、省军区司令部、政治部、后勤部通知，从 2003 年 7 月 1 日起，对移交政府安置的军队退休干部、退休士官增加退休费，以同职级军官、文职干部的职务工资增发额为基数，再按本人退休费计发比例增加退休费。退休干部：正军职增加退休费 235 元、年度定期增加退休费 80 元；副军职 200 元、73 元；正师职 170 元、61 元；副师职 135 元、55 元；正团职 105 元、48 元；副团职 85 元、42 元；正营职 70 元、35 元；副营职 60 元、31 元；正连职以下 50 元、28 元。退休士官（志愿兵）：八级增加退休费 85 元、年度定期增加退休费 42 元；六、七级 70 元、35 元；四、五级 60 元、31 元；三级以下 50 元、28 元。5 月，省民政厅、省财政厅通知，从 2004 年 1 月起，对移交政府安置的军队离退休干部发放交通费，每人每月 90 元，随退休费逐月发放。退休士官（志愿兵）参照执行。

2005年，省民政厅、省财政厅、省军区政治部、后勤部通知，从2004年10月1日起，调整移交政府安置的军队离退休干部公勤费、护理费标准。公勤费：全费由每人每月400元调为800元；半费由200元调为400元；全费1/4由100元调为200元。从2004年5月1日起，调整房租补贴（每人每月）：正军职120元，副军职105元，正师职65元，副师职65元，正团职50元，副团职45元，营职以下40元；六级士官45元，五级以下士官40元；1955年前后复员无工作的女同志35元；领取定期生活补助费的离退休干部遗属35元。

1986—2005年四川省抚恤和社会福利救济支出统计表

表2-41

单位：万元

项目 年份	抚恤和社会福利救济支出	其中					
		抚恤事业费	军队移交地方安置的离退休人员费用	社会救济福利事业费	救灾支出	残疾人事业费	其他民政事业费
1986	25121	6146	4391	7290	6171	—	1123
1987	25558	6787	4622	7299	5658	—	1192
1988	28221	7956	4261	7681	6746	—	1577
1989	32904	10200	3741	8787	7935	—	2241
1990	36961	11560	4339	9908	8987	—	2167
1991	39769	12767	4466	10788	8928	—	2820
1992	44310	14714	5196	11991	8645	—	3764
1993	50460	16884	5589	12962	9870	—	5025
1994	59763	19836	8224	14788	10237	—	6678
1995	71822	22921	8925	16662	14663	—	8651
1996	74792	26029	4858	18974	15190	—	9741
1997	63713	21708	4455	14390	13533	—	9627
1998	70210	22679	5543	14498	15836	1889	9765
1999	81704	30674	6599	20434	11947	2185	9865
2000	100685	38852	9956	24901	13389	2303	11284
2001	130249	42368	12461	39590	20283	2716	12831
2002	197540	53789	23857	83700	18861	3673	13660
2003	254623	63429	29928	122986	17620	3925	16735
2004	301892	66602	39554	139396	32341	4324	19675
2005	377908	91631	53593	171695	34464	5207	21318
合计	2068205	587532	244558	758720	281304	26222	169739

说明：资料来源于四川省历年财政总决算表

第三节　医疗卫生支出

医疗卫生支出是财政用于对各类医院、医疗机构实行定项补助以及用于疾病的防治、防疫和监控的经费支出，包括卫生事业费、中医事业费和公费医疗经费。

1986—2005年，四川省医疗卫生累计支出369.7亿元。

一、城镇卫生事业费

1986年，省政府作出促进中医事业发展的决定，省、地、县三级财政各按1/3的比例安排专款，为每个县建立一所中医院。全年，省级财政和各地财政投资3800万元，为169个中医机构改善了条件，中医院发展到176所。6月，省财政厅、省卫生厅通知，对集体所有制医疗卫生机构的补助，仍按省政府规定的“国家补助水平，全省控制在卫生院集体人员工资的60%以内”执行，列入财政年度经费预算。

1993年，国家确定了四川省10所示范中医院建设单位，全面进行基本建设和业务建设，其资金由国家、省、市、县分别承担。

1997年1月，中共中央、国务院发布《关于卫生改革与发展的决定》，要求地方政府对卫生事业的投入，随着经济的发展逐步增加，增加幅度不低于财政支出的增长幅度。政府举办的各类卫生机构的基本建设经费及大型设备的购置、维修经费，财政予以保障。预防保健机构人员经费和基本预防保健业务经费由财政预算安排。卫生执法监督工作的费用，财政予以保障。

1999年10月，卫生部等十部委发出《关于发展城市社区卫生服务的若干意见》，要求财政和卫生行政部门调整卫生经费支出结构，按社区服务人口安排社区预防保健等公共卫生服务所需工作经费，并适当安排社区卫生服务设备更新等方面的启动经费和人才培养健康教育经费。

2000年2月，国务院发出通知，决定加强城镇医药卫生体制改革，建立新的医疗服务机构分类管理制度。对政府举办的非营利性医疗机构，由同级财政给予合理补助；其他非经营性医疗机构，执行政府指导价，不享受政府补助。同时，规范财政补助范围和方式，按照公共财政和分级财政体制的要求，对医疗机构以及其他卫生机构进行补助，补助范围包括卫生执法监督和预防保健等公共卫生服务、医学科研、基本医疗服务、符合规划的基本建设和设备购置等。12月，省政府批转《关于城镇医疗卫生体制改革的实施意见》，规定：全省各级地方政府对卫生事业的投入，原则上不低于财政支出的增长幅度；规范财政对卫生事业的补助政策，对执法监督机构履行卫生管理和监督职责所需经费由同级财政预算安排；疾病控制和妇幼保健等公共卫生事业机构为社会提供卫生服务所需经费，由同级财政按数量与质量给予补助；对重点学科研究和由于政策原因造成的基本医疗服务亏损，由同级财政予以补贴。

2001年，省财政厅、省计委、省卫生厅发布实施《四川省卫生事业补助实施办法》，规定财政补助范围，根据政府管理卫生事业、行使卫生监督执法的工作职责以及公共卫生工作任务、基本医疗服务和事业发展需要确定，按照定员定额、项目论证立项、零星预算等方式核定。

2002年，《四川省中医管理办法》规定，财政部门要合理安排专项事业经费，支持中医事业发展，政府举办的非营利性中药机构的基本建设、房屋、维修、设备购置、就医环境改善和中医药重点学科建设等专项经费，纳入财政预算统筹安排。

2004年，财政部、卫生部发布实施《中央补助地方卫生事业专项资金管理办法》。中央财政设立卫生事业专项资金，重点支持西部等困难地区卫生机构房屋修缮、设备和免费药物购置、重大疾病控制业务工作经费补助及人员培训等。

2005年2月，国务院办公厅发出通知，决定建立城市医疗救助基金。基金由地方财政每年预算拨款，中央和省级财政对困难地区给予适当补助，用于救助城市居民最低生活保障中未参加城镇职工医疗保险的人员。是年，省委、省政府作出《关于加快建立和完善城乡卫生体系的决定》，决定调整各级财政支出结构，加大对卫生事业的投入，保证各级疾病预防控制、卫生执法监督、妇幼保健、血液中心、中心血站等机构的人员经费、公务费、业务费和发展建设与装备经费。各级财政对一些严重传染病、地方病的防治和降低孕产妇、婴儿死亡率工作及突发公共卫生事件医疗救治，每年要列专项资金予以保障。社区卫生服务机构承担公共卫生任务的补助，按服务人口每年每人不低于5元的标准，由市（州）、县（市、区）财政共同承担。

二、农村卫生事业费

1986年，四川省按不同经济地区（贫困、温饱、宽裕、小康）实施12项初级卫生保健标准，把所有县、乡（镇）初级卫生保健纳入政府工作目标，规定县、乡政府年度卫生事业拨款占两级财政支出的比例不得低于8%。是年，四川开始实施为期3年（1986—1988年）的农村卫生事业重点县建设计划，投入基建费9000万元，重点建设县级医疗卫生技术指导中心和区、乡中心卫生院。

1993年，四川省继续实施农村卫生事业重点县建设计划，投入资金10577万元，开展农村卫生院、妇幼保健站、卫生防疫站3项建设。

1997年5月，国务院发布实施《关于发展和完善农村合作医疗的若干意见》，要求地方各级政府根据财力支持农村合作医疗制度的建立和发展，尽可能安排资金，重点解决贫困地区基础卫生设施，改善饮水条件和防治地方病、传染病。

2001年，国务院办公厅发出通知，决定加强农村卫生事业改革，要求各级财政调整支出结构，加大对农村卫生事业的投入力度。将乡镇卫生机构上划到县级人民政府管理，经费预算指标相应上划县级财政。同时，对政府举办的乡镇卫生机构给予定额和定项补助。

2002年，中共中央、国务院发布《关于进一步加强农村卫生工作的决定》，规定地方各级政府要逐年增加卫生事业投入。增加的事业经费，主要用于卫生监督、疾病控制、妇幼保健和健康教育等公共卫生领域以及农村卫生服务网络建设。同时，建立和完善农村合作医疗制度，救助对象主要是农村五保户和贫困农民家庭。中央财政通过专项转移支付对农村合作医疗给予支持，对西部地区除市区以外的参加合作医疗的农民每年按人均10元安排合作补助资金，地方财政对参加新型合作医疗的补助每年人均不低于10元。

2003年6月，省委、省政府发布《关于进一步加强农村卫生工作的意见》，决定加大农村卫生投入，按建立公共财政预算的要求，调整支出结构，将农村卫生经费纳入财政预算，增长幅度不低于同期财政经常性支出的增长幅度。省财政承担购买全省计划疫苗和相关运输费用，并对重大传染病、地方病和职业病的预防控制等公共卫生项目给予补助。省、市（州）财政对县（市、区）、乡（镇）开展公共卫生、处理突发公共卫生事件工作给予必要的业务经费补助；县级财政对村卫生站

（室）的乡村医生从事公共卫生工作给予适当补助。同月，省政府办公厅转发《四川省新型农村合作医疗制度试点工作意见》，规定经办机构人员经费和工作经费列入同级财政预算，不得从农村合作医疗基金中提取。

2004年1月，财政部发布实施《农村医疗救助基金管理试行办法》，规定县级人民政府要建立独立的农村医疗救助基金，由财政拨款、彩票公益金、社会各界自愿捐赠筹集。用于资助救助参加当地新型农村合作医疗或补助救助对象的大病医疗费用，以及符合国家规定的特种传染病救治费用。

三、疫病（突发）防控事业费

1987年，省委、省政府作出《关于振兴四川卫生防病事业的决定》，决定除各级政府所拨专款外，乡镇企业税前利润上缴10%的社会性支出中也安排一定经费用于卫生防保事业。

1995年7月，《四川省计划免疫工作实施办法》规定，全省实行有计划的预防接种制度，对儿童实行预防接种证制度，所需预防用生物制品经费，列入省财政预算。7月1日，省政府决定成立四川省突发事件急救用储备基金会，省财政厅每年拨款30万元给基金会。

2000年3月，《四川省降低孕产妇死亡率和消除儿童破伤风项目实施方案》公布，全省52个贫困县被列为项目实施单位，所需经费由财政预算安排。是年，中央财政安排经费1980万元，省级配套2020万元。其中，人员培训1203万元，健康教育350万元，设备装备1901万元，监督指导288万元，贫困救助258万元。8月，国务院办公厅发布《国家鼠疫控制应急预案》，由中央财政拨专款，各级财政部门负责做好应急资金划拨。

2001年10月，按照国务院办公厅《全国结核病防治规划》，从当年起，中央财政设立结核病防治专项经费。地方各级财政将结核病防治费纳入地方财政预算，并根据公共卫生事业发展需要，增加结核病经费投入。

2002年4月，省政府办公厅发出《四川省综合治理血吸虫病“十五”规划》，规定血防经费以各地投入为主，省根据疫情给予补助。疫区各级政府要将血防经费纳入年度财政项目预算，保证与血防任务相适应的资金投入。8月，卫生部、财政部通知，自2002年起，将乙肝疫苗纳入全国儿童免疫范围，中央财政安排专项资金，用于国家级贫困县购买乙肝疫苗，省级财政部门也要安排必要的工作资金，保证乙肝疫苗接种工作顺利开展。

2003年2月12日，四川省发现首起非典型肺炎输入性病例，各级财政部门打破常规，特事特办，除中央财政预拨四川“非典”防治经费3300万元外，全省财政系统共安排“非典”防治经费5.6亿元（其中省级财政安排6152万元），用于“非典”防治医疗设备购置、定点医院及留验站建设、医护防疫人员补助、药品储备、困难患者救治及药品检验、检疫等。6月，省政府根据国务院《突发公共卫生事件应急条例》制定了具体《实施办法》，规定除国家对边远贫困地区突发事件应急工作给予财政支持外，县级以上人民政府应当建立突发公共卫生事件应急处理有关的物资、技术和人才储备制度，所需资金列入本级财政预算，对参加突发公共卫生事件的有关人员给予适当补助和保障津贴。6月，省政府发布《四川省传染性非典肺炎防治工作预案》（试行），省政府成立工作领导小组，各级有关部门相应建立应急组织和工作队。省财政厅负责划拨专款，落实各项应急物资储备、疫情应急处置、病人隔离治疗、密切接触者留验观察期间诊疗等所需的费用。省级财政和相关市、县财政建立了“非典”资金保障应急预案。

2004年2月，四川省执行财政部、农业部下发的《高致病性禽流感防治经费管理暂行办法》。高致病性禽流感疫苗和扑杀补助地方配套费，由省财政厅解决；边境和省际间动物防疫监督检查站工作经费，由市级财政负担、省财政给予适当补助；防治禽流感所需的免疫注射监测采样、疫区封锁、消毒、无害化处理、疫苗市场整顿等费用，由市、县财政各负担50%；高致病性禽流感扑杀补助标准（每只）：大鸡10元，中鸡5元，鸡苗1元；大鸭10元，中鸭5元，鸭苗1元；大鹅16元，中鹅8元，鹅苗1.5元；鸽5元；鹌鹑2元。6月，省政府发出《关于进一步加强艾滋病防治工作的意见》，规定各级政府把艾滋病防治经费纳入财政预算，设立艾滋病防治专项经费。同时，实行“四免一关怀”政策，将生活困难的艾滋病毒感染者和病人纳入政府救助范围。8月，省政府发出《关于进一步加强血吸虫病防治工作的意见》，要求各级政府要将血吸虫防治经费纳入同级财政预算，省级财政对血吸虫病流行县（市、区）开展血吸虫病防治工作给予适当补助。

2005年7月15日，省卫生厅首次接到人感染猪链球菌病疫情报告，省委、省政府立即成立突发公共卫生事件应急指挥部及办公室，紧急安排1000万元专项经费，用于应急处置、救治、防疫工作。

1986—2005年四川省医疗卫生支出统计表

表2－42

单位：万元

项目／年份	医疗卫生支出	其中			
		卫生事业费	中医事业费	公费医疗经费	药品监督管理事业费
1986	57147	43131	—	14016	—
1987	58976	38681	3955	16340	—
1988	67790	41897	4508	21385	—
1989	79956	47752	4776	27428	—
1990	91277	54132	5336	31809	—
1991	98541	57301	5913	35327	—
1992	110374	65077	6453	38844	—
1993	129675	72131	7097	50447	—
1994	171404	100728	10679	59997	—
1995	189298	106832	11063	71403	—
1996	213500	118495	12324	82681	—
1997	169737	90606	8935	70196	—
1998	184660	96352	10429	77879	—
1999	201083	102267	11317	86390	1109
2000	218952	109731	11650	95876	1695
2001	248216	132470	14108	98972	2666

续表 2－42

项目 年份	医疗卫生支出	其中			
		卫生事业费	中医事业费	公费医疗经费	药品监督管理事业费
2002	254283	145227	15011	86616	7429
2003	314235	189054	15884	101834	7463
2004	342542	199625	15240	117266	10411
2005	495641	317940	19562	137243	20896
合计	3697287	2129429	194240	1321949	51669

说明：1. 资料来源于四川省历年财政总决算表；
2. 1986 年无“中医事业费”科目；
3. 1999 年新增“药品监督管理事业费”科目

第四节 行政事业单位离退休支出

行政事业单位离退休支出，包括行政事业单位人员待遇经费、公用经费和管理机构经费。1996 年之前，行政事业单位离退休经费在行政事业费中列支，1996 年，统一归口到“行政事业单位离退休经费”预算支出科目。

1986—2005 年，四川省行政事业单位离退休支出共计 324.8 亿元。

1986 年，四川省对因公（工）致残退休人员和由于瘫痪等原因、生活长期完全不能自理的离退休人员享受的护理费进行了调整。由原来的每月 36 元，改为五类工资区的每月 42 元，五类以上的，每高一类增加 1 元。另外，增加副食品价格补贴 2.5 元。

1987 年，《四川省人口与计划生育条例》规定，对机关社会团体、事业单位职工中的独生子女父母，退休时加发 5% 的退休金（加发后不得超过 100%）；企业职工独生子女父母，按规定增发养老金。是年，省人事厅、财政厅通知，国家机关、党派团体、全民所有制事业单位中生活不能自理、饮食起居需人扶持，既无配偶又无子女，且自费雇请护理人员确有一定困难的孤寡退休干部和工人，月收入（含退休费和各种补贴）在 100 元以下的，每月给予最高不超过 30 元的月补助费，成都、重庆两市不超过 40 元。补助后的月总收入最高不超过 125 元，成都、重庆两市区最高不超过 135 元。

1988 年 1 月，省委、省政府决定，从 1 月起，对四川省未参加 1985 年工资改革和套改的离休、退休人员，发给地方生活补贴费。机关、事业单位人员，在原（1978 年）每人每月发给 17 元的基础上，再发给补贴 8 元。12 月，省委组织部通知，从 1 月 1 日起，对工资改革以后至 1987 年底前退（离）休人员，在原规定（1988 年）发给生活补贴 5 元的基础上，再增加 3 元共 8 元。1988 年 1 月 1 日以来，凡符合国家关于离（退）休规定条件人员，在办理（离）退休手续时，可在本人基础工资、职务工资的基础上补贴一级工资额为计发离（退）休费的基数。

1989 年，国务院规定，从 10 月 1 日起，将国家机关、事业单位退休职工退休费最低保证数由原来的 30 元提高到 50 元；将因工（公）致残的退休职工退休费最低保证数由原来的 40 元提高至 60

元；将退职职工退职生活费最低保证数由原来的25元提高到40元。对1957年以来从未升过级的退休干部，按提高一级工资的数额增加退休费，计入退休费总数。

1990年，人事部规定，对1985年工资改革以前退休人员，按本人原工资级别提高一个级差的数额增发退休费；1985年工资改革后至1988年8月24日期间退休人员，按在职人员相应职务普调一级的平均增发额增发退休费；1988年8月25日至1989年9月30日期间退休人员，按在职人员相应职务普调一级的平均增资额增发退休费。

1992年12月，国务院办公厅《机关事业单位工资制度改革三个实施办法》规定，1993年9月30日前已办退休手续和已到退休年龄的机关工作人员（批准留任的除外），按同职务在职人员平均增资额的90%增加退休费。退休人员的退休费，基础工资和工龄工资按本人原标准的全额计发，职务工资和级别工资按本人原标准的一定比例计发。其中，工作满35年的，职务工资、级别工资两项之和按88%计发；工作满30年不满35年的，职务工资、级别工资两项之和按82%计发；工作满20年不满30年的，按75%计发。其中，中华人民共和国成立前参加工作、享受原工资100%退休费的老工人，按同等条件在职工人平均增资额增加退休费。

1994年3月，省政府实施机关和事业单位工作人员工资制度改革。对1993年9月30日前已退休人员，按同职务在职人员平均增资额的90%增加退休费，退职人员按同职务在职人员平均增资额的50%增加退职生活费。对无职务机关事业单位工作人员，其增加的退休费和退职费分别为：工作年限不满25年的增加退休费63元、增加退职费35元；满25年到34年的增加退休费72元、增加退职费40元；满35年及以上的增加退休费90元、增加退职费50元。4月，省人事厅、省财政厅、省教委通知，从10月1日起，对退休（含1978年规定的退职）城镇民办教职工比照同职务同条件退休（退职）的公办教职工增加退休（退职）费，由地方财政负担。具体标准为：中学高级教师40元；中学一级、小学高级教师35元；中学二级、小学一级教师25元；中学三级、小学二级教师20元。无职务的标准为：教龄满30年以上的35元；20—29年的25元；19年及以下的20元。

1995年8月，省人事厅、财政厅通知，对1993年9月30日前已离退休未参加机关事业单位工资改革人员，离退休时评聘为教授及相当专业技术职务的，每月补贴60元；评聘为副教授及相当专业技术职务的，每月补贴45元。获得中国科学院院士、中国工程院院士称号的，每月补贴120元。经国家人事部批准授予国家有突出贡献的中青年科学技术管理专家称号人员，离退休时聘为教授及相当专业技术职务的，每月补贴120元。评聘为副教授及相当专业技术职务的，每月补贴90元。

1996年，省人事厅、财政厅通知，凡授予警衔、在警察工作岗位连续满5年并从本岗位退休人员，在1993年9月底授衔至1994年12月底退休的，每月每月按54元增发退休费，并从1995年1月起，将警衔津贴作为退休金基数，再按退休金比例计发退休金。12月，人事部通知，对机关事业单位因公（工）致残完全丧失工作能力人员，分别按高于现定工作人员最高退休费基准的10%或5%增发退休费，但最高不得超过本人原工资。

1997年，人事部、财政部通知，对机关事业单位人员，在6月30日前已办理退休退职手续和已达到退休年龄人员（经组织批准留任除外）按每人每月20元标准增加退休（职）生活费。从10月1日起，上述人员按同职务在职人员晋升一个职务工资档次的档差每月增加退休费，退职人员按每月15元标准增加退职生活费。

1998年8月，人事部、财政部通知，从7月1日起，对退休人员按下列标准增加退休费：行政人员省（部）级及以上职务210元，厅（局）级170元，处级140元，科级110元，科员及办事员90元；专业技术人员，教授及相当职务170元，副教授及相当职务140元，讲师及相当职务110元，助教及以下职务90元；工人，高级技师和技师110元，高级工及以下（含高级工）及普通工90元。退职人员，每人每月增加80元退职生活费。9月，省人事厅、省财政厅、省教委通知，对退休的城镇民办教职工，按机关事业单位离退休人员增加离退休费的规定相应增加退休和退职生活费，同时，每人每月增加10元的国家补助生活费。

1999年8月，国务院规定，从7月1日起，增加机关事业单位、离退休人员离退休费，按同职务在职人员增资额增加，每人每月增加额不足120元的按120元增加。

2001年2月，人事部、财政部通知，从1月1日起，增加机关事业单位离退休人员离退休费。其中，行政人员（每人每月）：省（部）级及以上职务270元，厅（局）级180元，处级130元，科级100元，科员及办事员80元。专业技术人员（每人每月）：教授及相当职务180元，副教授及相当职务130元，讲师及相当职务100元，助教及以下职务80元，工人、高级技师和技师100元，高级工以下（含高级工）及普通工80元。退职人员，每人每月增加70元退职生活费。

1986—2005年四川省行政事业单位离退休支出统计表

表2－43 单位：万元

年份	金额	年份	金额	年份	金额	年份	金额
1986	7513	1991	19323	1996	52212	2001	312709
1987	8467	1992	26004	1997	100292	2002	418629
1988	10435	1993	34870	1998	140243	2003	465885
1989	12554	1994	60427	1999	160224	2004	543451
1990	16021	1995	65320	2000	200030	2005	593177
合计	3247786						

说明：资料来源于四川省历年财政总决算表

第五章 行政管理支出

行政管理支出是财政用于国家立法、司法、行政机关的行政管理费、公检法司支出和其他部门的事业费。行政管理费包括政府机关经费、人大经费、政协经费、共产党机关经费、民主党派机关经费和社会团体机关经费，按照用途又可分为人员经费和公用经费两部分。公检法司支出包括公、检、法、司等单位的机关经费、业务费以及监狱、劳教、拘押收教场所的各项支出。其他部门的事业费包括财政、税务、统计、审计、工商管理、旅游、海关等部门的事业费，以及农业综合开发事业费、监察纪检业务费、行政机关事业费、党派团体事业补助费等。

1986 年，四川省行政管理支出 14.98 亿元。此后，随着社会经济的发展，社会法制的逐步健全，以及行政机关人员工资、津贴等政策的实施，行政管理支出逐步增长，到 2005 年，四川省行政管理支出达到 245.07 亿元，是 1986 年的 16.36 倍。

第一节 行政管理费支出

1986—1987 年，行政管理费类下设“行政支出”“公安、安全、司法检查支出”“离退休人员费用”3 个款级科目。1988—1997 年，行政管理费分为“行政支出”和“党派团体补助支出”两部分，其中：行政支出包括“人大经费”和“政府机关经费”；党派团体补助支出包括“党派补助费”“政协经费”和“人民团体补助费”。1998—2005 年，行政管理费口径出现变化，不再划分“行政支出”和“党派团体补助支出”，其内容包括：人大经费、政府机关经费、政协经费、共产党机关经费、民主党派机关经费和社会团体机关经费。

1986—2005 年，四川省行政管理费累计支出 893.50 亿元。其中，2005 年支出 1353259 万元，是 1986 年 104411 万元的 12.96 倍。

一、人员经费

人员经费包括行政机关工作人员的工资、津贴、补贴、社会保障、福利费、加班工资以及编制内长期聘用人员和临时工工资等。

1985 年，中共中央、国务院决定对国家机关和事业单位工作人员的工资制度进行改革，实行以职务工资为主要内容的结构工资制。行政机关工作人员工资由基础工资、职务工资、工龄津贴和奖励工资 4 部分组成。其中，基础工资都执行一个标准，六类工资区为 40 元，五类工资区为 39 元；职务工资按工作人员的职务高低、责任大小和业务技术水平来确定，随职务的变动而变动，实行一职数级、上下交叉，最高标准为477元，最低标准为11.5元；工龄工资按年度计算，每工作一年每月增加0.5元，最高限额为20元；奖励工资是对超常劳动的补偿和临时性的物质鼓励，四川省规定每人每月发放最高不超过10元。

1986年，四川省继续执行省人事厅、省财政厅1964年规定，国家机关工作人员福利费，省和市（地、州）级国家机关按工资总额3%、县按3.5%，区（乡、镇）按4%提取，所增加的经费，由各级财政分别负担。2月，省人事厅、财政厅通知，从2月1日起，调整行政事业单位职工的夜餐费补助标准，由0.5元提高为0.6元。

是年，经国务院批准，四川省成都市、重庆市、峨边县、马边县、西昌市、西昌县、德昌县、普格县，由五类工资区调为六类工资区，其机关事业单位相应调整工资标准。是年，省劳动人事厅、财政厅规定，国家机关事业单位工资改革后，工作人员探亲假期内的工资照发，符合规定的往返路费由单位报销。已婚职工探望父母往返路费，在本人基本工资、职务工资、工龄津贴之和30%以内的，由本人自理，超过部分由所在单位负担。

1987年6月，省财政厅、省审计局、省劳动人事厅通知，从7月1日起，凡县（县级市）和大中城市的区审计局的审计人员外出执行审计任务的，按实际从事外勤工作天数计算，每人每天发给外勤补贴0.4元。

1988年，省政府决定，从10月1日起，对国家机关、事业单位从事行政管理且成绩显著的专业技术人员，现工资在97元至122元之间的，提高一级工资。

1991年4月，财政部通知，在国家提高粮油统销价格后，从5月1日起，对国家机关、事业单位、企业单位在职职工，每人每月一律补偿6元；中小学民办教师，每人每月补偿4元。

1992年，省劳动厅、省人事厅、省财政厅通知，调整夜餐补助标准。对实行两班或三班制工作（生产）的事业单位做中班的，每人每天调为0.7元；做深夜班的，调整为2.4元；省级行政机关和事业单位，经批准工作延长到23点以后至次日凌晨2点以前的，按中班夜餐标准执行，连续工作到次日凌晨两点以后的，按深夜班夜餐补贴标准执行，各市（州）可在不高于省级在蓉单位夜餐标准前提下，进行调整。

1993年7月，省人事厅、省财政厅规定，从7月1日起，对四川省行政机关事业单位中生活不能自理的部分孤寡退休干部护理费进行调整。终身无子女（含抱养、过继子女）的工作人员退休后，每人每月给予20元的生活补助费；终身无子女的孤寡退休人员，每人每月给予30元的生活补助费；生活不能自理、饮食起居需要人扶持、自费雇请护理人员确有一定困难的孤寡退休人员，按因公致残人员享受当地国有单位职工平均工资的50%、40%、30%的护理费标准。

同年11月，国务院决定对国家机关和事业单位工作人员现行工资制度进行改革，从1993年10月1日起，一是实行职级工资制。机关工作人员（除工勤人员外）其工资按不同职能，分为职务工资、级别工资、基础工资和工龄工资四部分。职务工资，按职务高低分别为：办事员1—8档，50—120元；科员1—8档，63—147元；副科长、副主任科员1—7档，79—147元；科长、主任科员1—7档，96—216元；副处长、副县长1—6档，118—243元；处长、县长1—6档，144—294元；副司长、副厅局长1—6档，175—350元；司长、厅局长1—6档，215—415元；副部长、副省长1—5档，270—450元；部长、省长1—5档，330—530元；副总理、国务委员1—4档，400—580元；主席、副主席、总理1—3档，480—630元。级别工资，按工作人员的资历和能力确定，共一至十五级，最低十五级55元，最高一级470元，级别与职务分别对照计算工资额。基础工资，按大体维持工作人员基本生活费用确定，各职务人员均执行相同的基础工资，数额为每人每月90元。工龄工资，按工作人员的工作年限确定，工作年限增加1年，工龄工资增加1元，直到离退休当年为止。二是建立正常增资制度。工作人员随职务级别的晋升和工作年限的增长相应增加工资；随工作年限的增长，相应增加工龄工资；随城镇居民生活费用的增长情况、国民经济发展和企业相当人员工资水平，定期调整职务工资、级别工资和工龄工资标准。三是实行地区津贴制度。根据不同地域等因素，建立艰苦边远地区津贴，根据各地经济发展水平等因素，允许一些地方采取地区附加津贴。同月，国务院发布实施《事业单位工作人员工资制度改革方案》，改革内容为：一是对事业单位的工资实行分类管理，全额拨款单位，执行国家统一的工资制度和工资标准，工资构成中活的部分为30%，在核编的基础上，可实行工资总额包干，增人不增工资总额，减人不减工资总额，其节余由单位自主安排使用；差额单位，按国家的工资制度和工资标准执行，工资构成中活的部分为40%，可实行工资总额包干或其他办法；自收自支单位，有条件的可实行企业化管理或企业工资制度。二是对专业技术人员分别实行五种不同类型的工资制度：专业技术职务等级工资制；专业技术职务岗位工资制；艺术结构工资制；体育津贴；奖金制；行员等级工资制。三是对管理人员的工资制度，主要分为职员职务工资和岗位目标管理津贴两部分。四是对工人的工资制度，分为技术工人和普通工人两类，并实行技术等级、普通等级工资和岗位津贴两部分。五是奖励制度，对优秀合格的工作人员，年终发给一次性奖金。六是建立正常增资机制。七是建立地区津贴制度。

同年12月，国务院发布实施《机关工作人员工资制度改革实施办法》，改革实施范围限于下列单位1993年9月30日在册正式工作人员，包括各级党政机关、人大、政协、法院、检察院、民主党派；行使国家行政职能，从事行政管理活动，并实行国家公务员制度或参照国家公务员制度管理、使用事业编制的单位，如税务所、工商所、物价所等；参照国家公务员制度管理的群众团体组织，如工会、共青团、妇联等。新录用人员工资待遇，直接从各类学校录用的人员试用期工资：初中毕业生170元；高中、中专毕业生180元；大学专科毕业生195元；大学本科毕业生205元；获双学士学位的大学本科毕业生、研究生班毕业生和未获得硕士生学位的研究生220元；获得硕士学位的研究生240元；获得博士学位的研究生270元。试用期满后，按确定的职、级别领取相应工资：初中毕业生定办事员一档50元；高中、中专毕业生定办事员二档60元；大学专科毕业生定科员一档63元；大学本科毕业生定科员二档75元；获双学士学位的大学本科毕业、研究生班毕业生和未获得硕士学位的研究生定科员四档99元；获硕士学位的研究生定副主任科员三档109元；获博士学位的研究生定主任科员二档116元。同月，国务院办公厅发布实施《事业单位工作人员工资制度改革实施办法》，规定：全额拨款单位，津贴总额按工资总额构成占30%的比例核定；差额拨款单位按30%比例核定。津贴分别为专业技术人员津贴和管理人员津贴，专业技术人员津贴分为五类。第一类，高等学校，设课时津贴、科研辅助津贴、研究生辅导津贴；中小学校，设课时津贴；研究单位，设科研辅助津贴、科研课题津贴、研究生导师津贴；卫生事业单位，设临床津贴、防检津贴；农业事业单位，设农业技术推广服务津贴；林业事业单位，设护林津贴、林业推广服务津贴、野生动物保护工作津贴；水利事业单位，设水利防汛津贴、血吸虫疫区工作津贴；气象事业单位，设气象服务津贴；地震事业单位，设地震预测预防津贴；技术监督事业单位，设技术监督工作津贴；商品检验事业单位，设口岸鉴定津贴；环境保护事业单位，设环境污染监控津贴；社会福利事业单位，设社会服务津贴。第二类，地质、测绘、交通、海洋、水产、野外和水上作业单位，设岗位津贴。第三类，艺术表演团体，设表演档次津贴，演出场次津贴。第四类，体育运动员，根据在国内外重大体育比赛中获得的成绩，设运动成绩津贴。第五类，金融单位，设责任目标津贴，管理人员津贴，设岗位目标管理津贴。建立以上津贴后，现行教龄津贴、班主任津贴、特殊教育津贴、特级教师津贴、护龄津贴，以及特殊行业和苦、脏、险等特殊岗位设立的津贴仍予以保留。12月，国务院办公厅还发布了《机关、事业单位艰苦边远地区津贴实施办法》，在1983年划分一、二、三类的基础上，将海拔4000米以上地区增列为四类，在以上四类地区工作的机关事业单位工作人员，每人每月平均增加津贴14元、24元、45元、85元。

1994年3月，省政府出台《关于实施机关和事业单位工作人员工资制度改革的通知》，决定执行新工资制度有关政策：1985年工资改革以来，授予全国及省部级的全国劳动模范、先进工作者、有突出贡献的优秀专家等奖励的人员，在套改新工资的基础上，适当提高职务（岗位、技术等级）工资档次；在国家规定的艰苦边远地区机关事业单位参加工作的职工，在三、四类地区的，可高套两档职务工资，在一、二类地区的可高套一档职务工资。套改工资时，现行国家、省规定发放的物价、福利性补贴及各地自行建立的津贴、补贴，纳入新工资标准为64元，高于64元部分暂予保留。机关事业单位工人，试用期工资待遇160元（含津贴40元）；熟练期工资，普工170元，技工180元。11月，四川省调整机关事业单位工作人员死亡遗属生活困难补助标准。从1994年11月起，改以职级工资制的基础工资为基数按一定比例计算补助。遗属居住在成都市、重庆市、省辖地级市和行署所在地城区的，每人每月按基础工资的70%—80%计发；居住在县（市）及以下城镇的按50%—60%计发。对1937年7月6日前参加革命的老同志逝世后，其遗属每人每月按120元计发。

1995年8月，省政府决定对事业单位做出贡献的专业技术人员，在1993年工资改革套改的基础上，适当高套工资：对已获得中国科学院院士、中国工程院院士称号或获国家有突出贡献的中青年科学技术管理专家称号的，在本人工资改革套改的职务工资标准上高套两档职务工资；获得四川省有突出贡献的优秀专家称号的专业技术人员，在本人工资改革套改职务工资标准上高套一档职务工资。10月，省委组织部、省财政厅通知，对省直有关厅局及有关市选派到企业帮助工作的年轻干部，从下派之当月起，每人每天计发生活补助2元，至本人返回单位的下月止。

12月，经国务院批准，机关事业单位工作人员正常晋升工资档次从10月1日起实施。同月，省政府决定，对四川省1995年全国劳动模范、先进工作者中以工资收入为主要生活来源的人员，从5月1日起，奖励晋升一级工资。今后，对劳动模范、先进工作者，只给一次性奖金或物质奖励，不再实行晋升工资奖励。

1996年，省委、省政府决定，从10月1日起，对四川各级司法机关使用行政编制的在编在职干部参照人民警察警衔津贴标准，实行工作补贴，分别按本人所任职务（职级）对应执行：省级副职116元，地（厅）级正职105元，地（厅）级副职100元，县（处）级正职90元，县（处）级副职85元，科级正职80元，科级副职76元，科员72元，办事员64元。7月，省劳动厅、省人事厅、省财政厅通知，调整夜餐补贴标准。实行两班制工作（生产）的事业单位，做中班的，每人每天调为3元；做深夜班的，调为4元；做长白班的，经批准延长到23点以后的，按深夜班标准对待。省级行政机关和事业单位，经批准延长工作到23点以后至次日凌晨2点前的，按中班3元执行；连续工作到次日凌晨2点后的，按深夜班4元执行。省政府机关事务管理局规定，工作人员休假的值班不能补假的，每人每班补6元；国家规定节日值班，每人每班补助10元。10月，省委组织部、省财政厅通知，省级机关干部下派基层挂职锻炼的有关待遇为：下派到甘孜、阿坝、凉山州的雷波、甘洛、越西、喜德、昭觉、金阳、布拖、普格、木里、盐源及乐山市的马边、峨边县的干部，每人每天补助4元，下派到其他市（地、州）、县的，每人每天补助2.5元。对下派三州、攀枝花和乐山的马边、峨边县、金河口及雅安宝兴县的，按规定分别增发地区工资补贴、艰苦地区津贴、民族地区工作补贴，对下派上述地区的干部，每人一次性补助御寒装备费400元。

1997年9月，人事部、财政部通知，从7月1日起，调整机关事业单位工作人员工资标准。一是机关行政人员，基础工资标准，由原每人每月90元提为110元。职务工资调为：办事员1—14档，50—80元；科员1—14档，63—219元；副科长、副主任科员1—12档，79—244元；科长、主任科员1—12档，96—316元；副处长、副县长1—11档，118—368元；处长、县长1—11档，144—444元；副司长、副厅局长1—10档，175—490元；司长、厅局长1—10档，215—575元；副部长、副省长1—9档，270—630元；部长、省长1—8档，330—680元；副总理、国务委员1—7档，400—760元；主席、副主席、总理1—6档，480—855元。级别工资标准，仍设一至十五级，最低十五级55元，最高一级470元。工龄工资仍按工作1年发给1元。二是相应调整机关工人岗位工资。技术岗位等级工资标准：初级工1—13档，144—324元；中级工1—13档，149—353元；高级工1—13档，159—387元；技师1—12档，174—420元；高级技师1—11档，204—456元。技术等级工资标准：初级工至高级技师五等，15—55元；普通工人岗位工资标准，调为1—16档，149—382元。三是适当提高机关录用人员试用期工资标准（每月）：初中毕业生190元，高中、中专毕业生200元，大学专科毕业生215元，大学本科毕业生225元，获双学士学位的大学本科毕业生、研究生毕业班和未获得硕士学位的研究生240元，获得硕士学位研究生260元，获得博士学位的研究生290元。工人试用期工资标准、普通工人，由160元调为180元；熟练期工资标准，普工由170元调为190元，技工由180元调为200元。分配到机关事业单位的高中毕业后入学的中专（技校）毕业生和四年级以上学制的中专毕业生，其见习（试用）期工资标准，由188元调为208元。城镇民办教师和已实行公办教师专业技术职务等级工资的农村民办教师，参照公办教师标准办法执行；未实行教师专业技术职务的，在现有工资基础上增加20元。

1998年3月，省委统战部、省人事厅、省财政厅通知，从7月1日起，适当增加部分党外人士的生活费：凡不享受工资待遇而领取生活费的各级政协委员、政协文史专员、政府参事、文史馆馆员、民族上层人士、宗教职业者以及国民党起义投诚人员、特赦人员等，每人每月增加20元生活费。从10月1日起，对现（曾）任全国人大常委、全国政协常委领取生活费的党外人士，每月增加45元；现（曾）任全国政协委员、中央文史馆馆员中领取生活费的党外人士，每月增加40元；其他党外人士，现本人每月生活费增加20元后，在208元及208元以下的增加18元、209—276元的增加21元、277—344元的增加24元、345—417元的增加27元、418—490元的增加30元、491元以上的增加33元。

1999年，国务院办公厅发布实施《关于实施1999年调整机关事业单位工作人员工资标准的实施方案》，规定从7月1日起，调整机关事业单位工作人员工资标准。一是调整机关工作人员工资标准。行政人员，其基础工资不分职级，由原每人每月110元提到180元；级别工资按本人级别对应，从十五级至一级，每人每月由55元至470元提高到85元至720元；职务工资、工龄工资暂不作调整。机关技术工人，岗位技术等级工资标准调为（每人每月）：岗位工资，高级技师1—11档，254—506元；技师1—12档，224—470元；高级工1—13档，209—439元；中级工1—13档，199—403元；初级工1—13档，194—374元。技术等级（职务）工资，初级工至高级技师30—114元。机关普通工人，岗位工资标准1至16档，调为213—453元。二是调整事业单位工作人员工资标准。高教、科研人员调为：教授、研究员1—11档，544—1024元；副教授、副研究员1—14档，401—881元；讲师、助理研究员1—16档，312—722元；助教、研究实习员1—12档，260—468元。中小学教师调为：中学高级教师1—14档，401—881元；中学一级教师、小学高级教师1—16档，312—722元；中学二级教师、小学一级教师1—16档，260—548元；中学三级教师、小学二级教师1—14档，236—458元；小学三级教师1—13档，231—413元。中专、技校教师调为：高级教师1—14档，401—881元；讲师1—16档，312—722元；助理讲师1—16档，260—548元；教员1—14档，236—458元。卫生技术人员调为：主任医、护、药技师1—11档，544—1024元；副主任医、护、药技师1—14档，401—881元；主治医（主管护、药、技）师1—16档，312—722元；医、护、药、技师1—16档，260—548元；医、护、药、技士1—14档，236—458元。工程技术人员调为：高级工程师1—17档，401—1001元；工程师1—16档，312—722元；助理工程师1—15档，260—528元；技术员1—14档，235—458元。农业技术人员调为：高级农艺师1—17档，401—1001元；农艺师1—16档，312—722元；助理农艺师1—15档，260—528元；技术员1—14档，236—458元。经济、会计、统计专业人员调为：高级经济、会计、统计师1—17档，401—1001元；经济、会计、统计师1—16档，312—722元；助理经济、会计、统计师1—15档，260—528元；经济、会计、统计员1—14档，236—458元。新闻出版、广播电视专业人员调为：高级记者（编辑）、编审、播音指导1—11档，544—1024元；主任记者（编辑）、副编审、播音员1—14档，401—881元；记者（编辑）、一级播音员1—16档，312—722元；助理记者（编辑）、二级播音员1—15档，260—528元；三级播音员1—14档，236—458元。翻译专业人员调为：译审1—11档，544—1024元；副译审1—14档，401—881元；翻译1—16档，312—722元；助理翻译1—12档，260—468元。图书文物博物专业人员调为：研究馆员1—11档，544—1024元；副研究馆员1—14档，401—881元；馆员1—16档，312—722元；助理馆员1—15档，260—528元；管理员1—14档，236—458元。三是同时调整新录用人员试用期的工资待遇。提高后标准（每人每月）为：初中毕业生280元，高中、中专毕业生295元，大学专科毕业生315元，大学本科毕业生330元，获双学士学位的大学本科毕业生、研究生班毕业未获得硕士学位的研究生350元，获得硕士学位的研究生375元，获得博士学位的研究生415元。

2000年9月，省政府决定对公务员以及参照公务员制度进行管理的事业单位工作人员及退休人员实施医疗补助政策。补助范围包括公务员住院费超过基本医疗保险最高支付限额部分、符合基本医疗保险药品、诊疗项目服务和设施范围和标准的医疗费用补助以及个人自付超过一定数额的医疗费用补助等。公务员医疗补助费，按不低于上年度医疗补助人员工资总额的2%由同级财政列入当年预算。

2001年9月，国务院决定，从10月1日起，调整机关、事业单位工作人员工资标准。一是公务员（含参照、依照、公务员制度管理的人员）工资标准：各职务层次职务工资的起点标准，由最低50—480元，提高到100—850元；级别工资，由最低85—720元，提高到115—1166元；基础工资标准，由180元提高到230元；工龄工资标准，仍按每工作1年发给1元。二是机关工人岗位工资标准相应提高，技术工人，提高为最低250—340元，最高为451—665元；普通工人岗位工资标准提高为303—571元。三是适当提高机关单位新录用人员试用期工资待遇标准：初中毕业生400元；高中、中专毕业生418元；大学专科毕业生443元；大学本科毕业生465元；获双学士学位的大学本科毕业生、研究生班毕业和未获得硕士学位的研究生493元；获硕士学位的研究生530元；获得博士学位的研究生590元。新进入优秀体育运动队的试训运动员，临时体育津贴调为每人每月355元。

2002年12月，省财政厅《关于在省级行政事业单位试行公用经费节支奖励办法》规定，对各部门当年公用经费的节余部分，在报财政厅批准后，允许按不超过50%的比例对职工发放奖金。

2003年，国务院决定，从2003年7月1日起，调整机关事业单位工作人员工资标准。机关行政人员各职务起点工资标准由100—850元分别提高到130—1150元，其他各职务工资档次标准相应提高。在调整机关行政人员工资标准的同时，适当调整机关工人的岗位工资标准，机关工人的奖金部分按照其在工资构成中的比例相应提高。同时，适当提高机关新录用人员试用期的工资待遇。提高后的试用期工资待遇标准为：初中毕业生每月425元；高中、中专毕业生每月446元；大学专科毕业生每月474元；大学本科毕业生每月499元；获得双学士学位的大学本科毕业生（含学制为六年以上的大学本科毕业生）、研究生班毕业和未获得硕士学位的研究生每月530元；获得硕士学位的研究生每月570元；获得博士学位的研究生每月635元。从7月1日起，同步调整事业单位工作人员工资构成中的固定部分，固定部分调整后，活的部分按国家规定的工资构成比例相应提高。调整机关事业工作人员工资标准所需财政资金，中西部地区全部由中央财政负担。

二、公用经费

公用经费主要是指行政机关为履行职能用于公务需要的各项费用支出，包括办公费、水电费、邮电费、交通费、差旅费、会议费、培训费、招待费、取暖费、维修费、办公设备购置费、图书资料购置费、交通工具购置费、专用设备购置费、劳务费、物业管理费等。

（一）办公费

办公费包括办公用的文具、纸张、账簿、表册等购置费、印刷费、机关公用书报杂志费以及水电费等，在行政机关、事业单位实行财务包干办法后，其开支标准，各级政府不再作统一的规定，各单位在财政预算核定的定额经费内，自行安排使用。

（二）差旅费

1986年1月，省财政厅对公务人员出差交通费和旅馆费作出规定。正副省长及相当职级人员出差，可乘坐火车软席、轮船一等舱位，乘坐其他交通工具按实报销；住旅馆套间或单间。正、副厅（局）长、地（市）级正、副专员（市长）及相当职级的人员，可乘坐火车软席、轮船二等舱位，乘坐其他交通工具按实报销；住旅馆单间或两人住一间，其他专业技术职务人员比照办理。其余工作人员出差，可乘坐火车硬席、轮船三等舱位，乘坐其他交通工具按实报销；住旅馆普通房间床位。出差伙食补助费标准为：出差到省外的，不分途中和住勤，按到达地区类别，每人每天补助标准为：一类地区2.5元，二类地区3元，三类地区5元；在省内出差，在途期间每人每天补助标准：到甘孜、阿坝、凉山州及乐山市所属马边县、峨边县的3元，到其他地区的2.5元；住勤费每人每天补助标准：到三州及乐山市所属马边县、峨边县的2.5元，其他地区的2元；在县（市）境内出差，途中伙食补助每人每天2元，住勤费每人每天1.5元。工作人员调动工作的交通费、旅馆费、伙食补助费，本人按上述规定标准执行，随同其调动的家属的费用及其他开支为：同居住的父母、配偶、16周岁以下的子女和必须赡养的家属，与调动工作人员随同迁移的交通费、旅馆费和伙食补助费，均按调动人员的标准支报；行李家具等托运费，不分工作人员和家属，每人在不超过250公斤的范围内按实支报。

1987年5月，省政府决定对行政事业单位工作人员出差的住宿费试行限额包干、超支上限自负、低于下限奖励的办法。出差到省外各地，正副厅（局）级住宿费标准为10—20元，正副县（处）级为7—15元，其他工作人员为7—12元，到深圳、珠海各级可按上下限额提高50%；到省内地（市、州），正副厅（局）级住宿费标准为8—14元，正副县（处）级为6—10元，其他工作人员为6—8元；到省内各县，正副厅（局）级住宿费标准为7—12元，正副县（处）级为5—9元，其他工作人员为5—7元；到省内区乡镇，各职级人员均为3—5元。

1989年1月，财政部发出通知，对国家机关事业单位工作人员差旅费开支作出规定。对出差人员的住宿费、市内交通费、伙食补助费，实行“分项计算、总额包干、调剂使用、节约归己、超支不补”的办法。出差期间，交通费标准为：乘坐车船、飞机的等级标准不变，市内交通费不分职务（不含副部长级干部及随行一人）一般每人每天可发1元，包干使用。住宿费标准：到一般地区，副部长、副省长及相当职务人员标准为40元，正副司（局）长、正副厅（局）长、地（市）级正副专员（市长）及相当职务和其他高级职称人员为20元，其余人员为12元；到深圳市、珠海市住宿标准分别为60元、30元、18元。伙食补助费标准：出差人员不分途中和住勤，每人每天，到一般地区4元，到深圳、珠海市7元；到基层实（见）习，支援工作及各种工作队、医疗队、讲师团人员，在基层期间，每人每天补助标准：一般地区2.4元，深圳、珠海市4.2元。

1996年6月，《四川省省级行政事业单位工作人员差旅费开支标准规定》施行。出差人员的住宿费实行限额凭据报销办法；市内交通费、伙食补助费实行包干办法。交通费等级标准：副省长以上及相当职务人员，火车软席、轮船一等舱位、飞机一等舱位；省级正、副厅（局）长以及相当职务人员，火车软席、轮船二等舱位，飞机普通舱位；其余人员，火车硬席，轮船三等舱位，飞机普通舱位；其他交通工具，不分职级，均按实报销。住宿费标准：副省长以上及相当职务人员，省外一般地区100元，特殊地区140元，省内市（地、州）70元，县（市）60元；省级正、副厅（局）长及相当职务人员，省外一般地区60元，特殊地区80元，省内市（地、州）30元、县（市）25元；其余人员，省外一般地区40元，特殊地区60元，省内市（地、州）25元、县（市）20元。伙食补助标准，不分途中和住勤，每人每天补助为：省外一般地区15元，特殊地区20元，省内10元；到基层单位实（见）习、支援工作，以及各种工作队、讲师团等人员，在基层工作期间，只发给伙食补助费，每人每天标准为：省外一般地区4元，特殊地区6元，省内一般地区3元，甘孜、阿坝、凉山州及乐山市的马边、峨边县4元，省级机关选派离开原单位所在地到基层单位锻炼人员，锻炼期间只发给伙食补助费，每人每天标准为：甘孜、阿坝、凉山州所属的雷波、美姑、甘洛、越西、喜德、昭觉、金阳、布拖、普格、木里、盐源及乐山市的马边、峨边县4元，其余市（地、州）、县2.5元。工作人员调动工作交通费、住宿费、伙食费补助标准，按上述标准执行；其同居的家属随同调动时所需的费用，按原规定不变，其行李、家具等托运费，调整为每人在不超过500千克范围内实报实销（其中，生活上急需的物品，每人可在50千克内托运快件），超过部分由个人自理。省政府机关事务管理局补充规定，从7月1日起，对工作人员在成都市城区内（含双流机场）出差确不能回家就餐的，其误餐补助标准为每人每餐3元，出差在市区以外，当天返回的，伙食补助费按10元发给。交通费补助，家居本市、距工作地点2千米以上、公共汽车3站以上的职工，分别给予交通费补助。

（三）会议费

1986年，省财政厅规定，各类会议费开支，包括伙食补助费、公杂费、代表自交伙食费等，其开支标准（每人每天）为：伙食费，党代会、人代会、政协全体委员会，省级5元，市（地）级4元，县（市）级3元，乡（镇）级2.5元；综合性的劳模会、烈军属代表会、群团代表会等，省级4.5元，市（地）级3.5元，县（市）级2.5元，乡（镇）烈军属代表会2.5元；有兄弟省参加的片会、协作会，省级4元；其他会议，省级4元，市（地）级3元。民主党派代表会议的开支标准，分别比照执行。各类会议公杂费，每人每天开支标准为：省级0.3元，市（地）级0.25元，县（市）级0.2元，乡（镇）级0.15元。

1998年9月，省委办公厅、省政府办公厅通知，从严控制会议费支出，凡以省委、省政府名义召开的会议，事前须报省委、省政府批准；每个部门每年原则上只召开一次工作会议，会期不超过2天。省委、省人大、省政府、省政协大型会议，只在四川省会议服务中心召开；各部门的小型会议，只在本机关的招待所或培训中心召开；一律不准在高级宾馆和风景名胜区召开。全省性工作会议，参会人员最多不得超过150人，工作人员控制在代表人数的10%—15%。一般工作会议，只开支食宿费、会议租金和人均每天1元的公杂费，不准发礼品、纪念品，不发笔记本和笔。

（四）邮电费

1986年，四川省继续对邮电费实行限额控制和定额管理。

1994年，省财政厅通知，从7月1日起，省级行政事业单位干部职工家庭公费电话改为私人电话管理，实行电话费限额报销办法。副省级以上干部和省委、省人大、省政协秘书长电话费据实报销；现职厅（局）级（含副厅级）干部每人每月电话费报销限额60元；厅（局）级（含副厅级）离退休干部每人每月报销额为50元。

1997年12月，省委办公厅、省政府办公厅决定严格控制公费配备使用住宅电话和移动电话。公费住宅电话，省级一般单位可按行政在编人员2%—3%的比例配备；省公安厅、省安全厅、省检察院、省法院按3%—4%的比例配备；省委办公厅、省人大办公厅、省政府办公厅、省政协办公厅和省纪委可适当放宽，但最高不超过行政在编人员的5%。公费住宅电话费报销标准改为：副省级以上干部及省委、省人大、省政府、省政协、秘书长电话费报销额为每人每月150元；公费移动电话报销额为：一般单位每机每月200元；省委、省人大、省政府办公厅和省纪委及省公安厅、省国家安全厅、省检察院、省法院可适当放宽，但每机每月最多不超过300元。

（五）设备购置费

1996年12月，省政府机关事务管理局规定，从1997年1月1日起，凡需购置机动车的单位，向机关事务管理局申报，商财政厅后统一购买。省级领导干部配车和单位公用车仍按原规定执行；离退休干部用车，一律实行补助交通费办法，不再按人配车。车辆维修费，由省级机关汽车维修中心或指定的其他维修点修理。车辆报废更新必须符合国家规定，不能将正常使用的车辆变卖转让报废。

1999 年 6 月，省委办公厅、省政府办公厅通知，调整四川省党政机关汽车配备使用标准。正省级干部配备排气量 3.0 升（含）以下、价格 45 万元以内的轿车，副省级干部使用排气量 3.0 升（含）以下、价格 35 万元以内的轿车。省级部门和市（地、州）、县党政机关公务车配备排气量 2.0 升（含）以下、价格 25 万以内轿车。省级部门和市地州领导机关因特殊公务需配备排气量 2.0 升以上、价格 25 万元以上轿车的，由省机关事务管理局从严审批，并送省纪委、省监察厅、省财政厅备案，其排气量不得超过 2.6 升、价格不得超过 30 万元。

（六）业务费

业务费包括行政事业单位为完成专业所需的消耗性费用、宣传招待费和临时出国人员的费用开支。

1986 年 10 月，省政府办公厅出台《关于经济交往中招待费标准的暂行规定》，规定招待费提取标准，市（地、州）级党委、人大、政府、政协按每年 1 万元控制；县（市、区）“四套班子”按每年 4000 元控制；各厅、局在预算包干经费结余中提取，职工人数在 300 人以上的，按每人每年 3 元计提，300 人以内的，按每人每年 4 元计提，提取额不足 100 元的按 100 元计提；个别部门、单位因人数较少，而交往频繁的，全年额度确实不够的，经上级主管和同级财政部门批准，可略高于以上标准。招待费开支标准：属于经常性业务交往，一般在职工食堂按客饭标准用餐。确实需要招待的，在内部小食堂，按每人 3—5 元的标准；在营业性饭店，按每人 8—10 元的标准。特殊情况，必须在宾馆招待的，每人不得超过 150 元。

1991 年，财政部规定，人大代表、政协委员视察费、选举费列“业务费”开支。

1993 年 8 月，财政部规定，出国实习培训人员费用开支标准为：公费派出的短期（3 个月以内）人员，服装补助费，按临时出国人员服装补助标准执行；伙食补助费，均实行包干办法，实习天数在 60 天以内的，按临时出国人员伙食包干标准包干，超过 60 天以上者，自 61 天起，按包干标准的 80% 执行；住宿费，按不超过临时出国人员住宿费标准以内据实报销，零用及公杂费，按每天 5 美元的标准包干给个人，公费派出的长期出国实习培训人员（3 个月以上的），其境外费用标准按公费出国留学人员规定执行。

1998 年 5 月，财政部规定，行政事业单位的业务招待费，地方各级单位不得超过当年单位预算中公务费的 2%，中央级单位不得超过 1%，在一般预算支出中增设“业务招待费”，按实际发生的业务招待费列支。是年，省委办公厅、省政府办公厅规定，省级党政机关内宾接待费开支标准为：中央、国家机关及兄弟省（直辖市、自治区）、副省级（含）以上客人的接待标准，按省机关事务管理局规定执行；副省级以下人员参照省级一类会议标准执行；接待中央、国家机关及兄弟省（直辖市、自治区）司、厅局级客人，食宿每人每天在成都市不超过 150 元，成都市区以外不超过 135 元；其他级别客人，每人每天在成都市区不超过 135 元，成都市区以外不超过 100 元。

1986—1987年四川省行政管理费支出统计表

表2－44

单位：万元

项目 年份	行政管理费	其中		
		行政支出	公安、安全、司法检查支出	离退休人员费用
1986	104411	79314	17584	7513
1987	106735	79335	18934	8466
合计	211146	158649	36518	15979

说明：资料来源于四川省历年财政总决算表

1988—1997年四川省行政管理费支出统计表

表2－45

单位：万元

项目 年份	行政管理费	行政支出			党派团体支出			
		小计	人大经费	政府机关经费	小计	党派补助费	政协经费	人民团体补助费
1988	108338	78133	4514	73619	30205	22207	3564	4434
1989	120692	86876	6581	80295	33816	25091	3760	4965
1990	146717	105074	7267	97807	41643	30910	5273	5460
1991	167711	119384	7752	111632	48327	35787	6149	6391
1992	209725	151234	12551	138683	58491	43881	7220	7390
1993	265919	191689	14442	177247	74230	55894	10204	8132
1994	352038	256876	16261	240615	95162	71242	13048	10872
1995	355491	258883	19801	239082	96608	72131	13435	11042
1996	388652	279235	20772	258463	109417	82816	14979	11622
1997	312984	222276	20033	202243	90708	68096	13255	9357
合计	2428267	1749660	129974	1619686	678607	508055	90887	79665

说明：资料来源于四川省历年财政总决算表

1998—2005年四川省行政管理费支出统计表

表2－46

单位：万元

项目 年份	行政管理费	其中					
		人大经费	政府机关经费	政协经费	共产党机关经费	民主党派机关经费	社会团体机关经费
1998	381519	23566	250818	15463	78187	3401	10084
1999	439949	21926	302785	15716	86339	3512	9671
2000	513038	24549	354338	17845	101348	3994	10964
2001	677156	31958	475837	21945	128850	5157	13409
2002	845046	38153	606261	25677	152885	6653	15417
2003	945994	40373	677118	28478	175017	7035	17973
2004	1139635	47268	817994	33719	210393	8635	21626
2005	1353259	51928	972315	38576	256381	9739	24320
合计	6295596	279721	4457466	197419	1189400	48126	123464

说明：资料来源于四川省历年财政总决算表

第二节　公检法司经费支出

1981年，公检法司（公安、检查、法院、司法、国家安全、监狱、劳教等部门）支出从行政管理费中划出单列，其内容主要包括机关经费支出、业务费支出和其他经费支出。

1986—2005年，四川省公检法司经费支出共计479.08亿元。其中，2005年四川省公检法司经费支出742809万元，是1986年17584万元的42.24倍。

一、公安支出

1986年，公安（国安）业务费，继续执行公安部、财政部规定，开支范围包括侦察破案费、特情费、隐蔽据点建设费、警卫费、技术建设费、通讯费、武器警械费、服装费、宣传教育费及其他业务费等。

1987年，国务院工资改革小组、劳动人事部、财政部通知，从1月1日起，对参加值（备）勤、办案的干警实行值勤岗位津贴。实行范围和标准：市（含直辖市、省辖市，下同）、县级公安部门的治安、侦察、交通、看守（含行署以上看守）干警和国家安全部门（含执行市、县国家安全机关双重领导职能的行署、省级机构）的反间谍、情报、技术安全干警，以及司法部门、劳改、劳教单位和强留场所在队以下单位工作的干警，在值勤、办案时，其值勤岗位津贴标准每人每天0.5元；上述范围的市、县级单位的干部参加值勤、办案的其他干警，每人每天0.4元；行署、省级以上单位，参加一线值勤、办案的干警，每人每天0.3元；公安派出所设有治安、户籍两个警种的，负责治安的值勤岗位津贴每人每天0.5元，负责户籍管理工作的值勤岗位津贴每人每天0.4元。不参加值（备）勤、办案的干警，不享受值勤岗位津贴。

1990年，财政部规定，各级财政部门在年初安排预算时，要考虑公检法部门的特殊情况，除安排正常人员经费和行政办公费外，还要安排办案经费，用于侦缉调查费、办案专用车船燃料费和修理费、罚没或扣留物资的运输费和仓储费、案件告发人接待费、奖励费及其他办案开支。

1992年1月，《中华人民共和国人民警察法》规定，国家保障人民警察的经费，分别列入中央和地方财政预算。人民警察实行国家公务员的工资制度，并享受警衔津贴和其他津贴、补贴以及保险福利待遇。因公致残人民警察，享受国家抚恤和优待。

1994年1月，中央财政对地方公检法司部门在一定时期内补助一次性专项经费，用于补助业务费开支范围中的办案、技术装备、“两庭”（人民法庭、审判庭）配套设施及“三所”（看守所、收审所、拘留所）业务用房修缮等方面的经费。

1995年，国务院规定警衔津贴标准为：二级警员64元，一级警员68元；三级警司72元，二级警司76元，一级警司80；三级警督85元、二级警督90元，一级警督95元；三级警监100元，二级警监105元，一级警监110元，副总警监116元，总警监123元。

1996年，公安部、财政部规定，看守所经费与公安业务费实行分开、单编预算，由同级财政部门解决，具体开支范围包括人犯给养费、公务费、装备购置费、装备消耗费、修缮费及其他费用。

2004年，省委、省政府批准省财政厅、省公安厅《关于建立县级公安机关经费保障机制的意见》，决定在全国率先建立县级公安经费保障机制，改善基层公安部门办案条件。县级财政部门按省核定的公安机关人均经费保障标准安排预算，不留经费需求缺口。原实际执行中已高于省核定标准的，不得减少经费支出水平。对个别支出较大的大要案经费采取个案报批方式，由县级财政部门根据财力优先予以安排。

二、检察院支出

1986 年，最高人民检察院、财政部规定，检察院业务费开支范围为：办案费，包括侦察破案费，派驻监狱、改造场所人员有关费用补助，特情费，来访费，技术检验、鉴定和翻译费，办案的各类公文、表册、诉讼文书的制发费等；购置费，包括警车、囚车等的购置费，器械、仪器设备购置费，枪支、弹药、械具、通讯设备的购置和租赁费，业务资料及专业图书的购置费；服装费；会议费；宣传教育费；奖励费和其他费用。财政部门对检察业务费，实行单立户头，单独列支。

1987 年 1 月，财政部规定，地方执法机关办案经费，纳入执法机关的行政事业经费统一安排，不另专项拨款。对不属正常经费预算范围开支的，如大宗罚没物资保管费用，告发检举人奖金等，以及特殊情况下的、必不可少的办案业务开支，由同级财政安排办案费用补助。

1988 年，最高人民检察院、财政部规定，各级人民检察院干部穿着统一的制服，所需经费，由各级财政列入检察院业务经费，确保着装经费及时到位。

1992 年，最高人民检察院、财政部印发《检察业务开支范围和管理办法的规定》，明确检察院业务费包括办案费、装备费、服装费、消耗费、会议费、宣传费、教育培训费、奖励费、特约检察员经费、其他业务费等。

1995 年，《中华人民共和国检察官法》规定，检察官实行定期增资制度。经考核确定为优秀、称职的，按照规定晋升工资；有特殊贡献的，可按照规定提前晋升工资。检察官享受国家规定的检察津贴、地区津贴、其他津贴以及保险和福利待遇。

1997 年，人事部、财政部、最高人民检察院通知，从 1 月 1 日起，调整检察院办案人员岗位津贴范围和标准。最高人民检察院办案人员每人每天 2 元，地方各级人民检察院办案人员每人每天 2.2 元。

三、法院支出

1986 年，最高人民法院、财政部规定，法院业务费开支范围为：办案费，包括诉讼文书、表册等印刷费，布告、公告费，调查案件差旅费，司法勘验、鉴定费，陪审员公务费，特定律师出席辩护费，证人出庭期间生活补助费，押解执行费，死刑罪犯执行时有关费用，业务设备材料等消耗、保养维修费，申诉来人必须的食宿及路费补助等；服装费；业务设备购置费，包括交通工具、法医器械，审判庭内设备，枪支、子弹、械具等；档案柜、计算机和通讯设备，司法专业资料、图书购置费等；专业会议费；其他费用，包括奖励费、冤错案件当事人或家属遭受重大损失的生活困难补助费。是年，财政部通知，为解决人民法院业务经费困难，从 1 月 1 日起，对人民法院的业务经费和干部培训经费，由各级财政对同级法院实行单立户头、单独列支，切实给予经费保障。

1988 年，法院系统按国家规定统一着装，各级财政核拨着装经费。

1993 年，四川着装经费标准为：寒区新着装人员每人 1118 元，温区每人 844 元；换装人员，寒区 348 元，温区每人 318 元；换发大衣的审判人员，寒区每人 480 元，温区每人 255 元。11 月，财政部通知，从1月1日起，中央财政对地方公检法司部门在一定时期内对特殊需要安排带有补助性质的一次性专项经费，用于补助“业务费开支范围”中的办案、技术装备、“两庭”配套建设。对下拨的专项经费，积压半年以上未运用，省级财政部门报经财政部和中央公检法司主管部门同意后，有权收回重新安排。

1995年2月，《中华人民共和国法官法》规定，法官实行定期增资制度，有特殊贡献的，可提前晋升工资；法官退休后，享受国家规定的养老保险金和其他待遇。

1997年1月，省财政厅、省高级人民法院通知，根据最高人民法院与财政部规定，收取的诉讼费业务开支范围，主要用于补充办案所需业务费、服装费、业务设备购置费、专业会议费、评选先进工作者奖励费及其他有关费用。各中、基层人民法院收取的诉讼费，在交同级财政专户储存前按15%的比例上缴省人民法院（其中5%代收上缴最高人民法院），省法院集中的诉讼费专项用于下级法院的建设，统一购置必需的业务设备，补助贫困地区人民法院业务建设和解决特殊业务困难。

2002年，四川省执行《人民法院财务管理暂行办法》，规定各级人民法院依法收取的诉讼费属于财政性资金，应全额纳入预算内管理。

四、司法支出

1986年，司法部、财政部规定，司法业务费开支范围为：调解费，宣传费，短期培训费，业务设备购置费，专业会议费，业务设备消耗费，公证、律师业务补助费，科研费，其他司法行政业务费用。是年，四川省继续执行《公证收费暂行条例》，规定各地公证处收费，上交财政10%，其余90%用于公证处事业的开支。留给公证处的公证费，上交省司法厅10%、市（地、州）司法局10%、县（区）司法局15%的业务管理费，其余55%留作公证处的公证事业发展基金。2月，省司法厅、省财政厅通知，为完成普及法律常识第一个五年规划所必需的经费，逐年编制专项经费预算列入同级地方财政开支。5月，省司法厅、省财政厅规定，为扶持和发展律师事业，对法律顾问处的经费，由当地财政部门给予定额补助，实行增收节支留用、减收超支不补的办法。对具有一定规模、业务开展全面、收入稳定的法律顾问处，可采取“自收自支、结余留用”办法。对不具备实行“自收自支”条件的，采取“全额管理、定额补助”办法。

1987年4月，省司法厅、省财政厅通知，对法律顾问处（律师事务所）经费继续实行“自收自支、结余留用”“全额管理、定额补助”办法。对实行“自收自支”办法的法律顾问处，全年业务收支节余部分，上缴县（市、区）司法行政机关15%、市（地、州）司法行政机关5%；省属律师事务所上缴司法厅25%；其余部分，由法律顾问处留用，建立事业发展基金、职工福利基金、职工奖励基金。

1992年，人事部、财政部、司法部发出《关于司法助理员实行岗位津贴的通知》，决定从1992年8月1日起，对司法助理员实行岗位津贴。津贴发放范围是乡（镇）、街道以及县辖区的司法助理员，标准为每人工作1天补贴0.6元。

五、监狱、劳教支出

监狱、劳教支出是用于改造犯人和劳教人员、刑满释放留场就业人员的经费，1997年之前，分别称为“劳改事业费”“监狱事业费”和“劳教事业费”，在“其他部门事业费类”中反映。1998

年，“监狱事业费”和“劳教事业费”改称“监狱支出”和“劳教支出”，在“公检法司支出”中反映。监狱支出包括监狱警察经费、罪犯改造经费、狱政设施维修经费、技术装备经费和其他经费；劳教支出包括劳教警察经费、劳动教养人员教育经费、所政设施维修经费、技术装备经费和其他经费。

1995 年，国家对各级司法部门（含监狱、劳教部门）机关中评定授予警衔的在职警察发放警衔津贴，实行警衔津贴的人员，按衔级执行相应的津贴标准。各衔级每月的警衔津贴标准为：二级警员 64 元，一级警员 68 元；三级警司 72 元，二级警司 76 元，一级警司 80 元；三级警督 85 元，二级警督 90 元；一级警督 95 元；三级警监 100 元，二级警监 105 元，一级警监 110 元；副总警监 116 元，总警监 123 元。实行上述警衔津贴标准后，人民警察原工资标准高出其他行政人员的部分不再保留。是年，财政部、司法部下发通知，规定在押罪犯伙食标准为：粮食每人每月 17—25 千克，蔬菜每人每月 15—25 千克，肉食每人每月 1. 5—2. 5 千克，蛋、鱼、豆制品每人每月 1—2 千克。被服标准为：单衣、单裤、内衣、内裤第 1 年两件，以后每年一件；棉衣、棉鞋、绒裤，2—4 年一件（双）；蚊帐、枕头、棉褥，4—6 年一床（个）；枕巾、褥单、草席，1—3 年一床（条）。

2003 年，财政部、司法部发布《劳动教养机关财务管理暂行办法》，规定：劳教机关的支出，包括经常性支出、专项经费支出和基本建设支出。经常性支出包括行政管理支出、劳教业务费支出和劳教人员生活费支出；专项经费支出包括大型修缮经费支出、大型设备购置支出和其他专项经费支出；基本建设支出包括政府计划部门安排经费的基建支出和用财政拨款以外资金安排的自筹基建支出。是年，司法部、财政部下发《监狱基本支出经费标准》，对监狱经费财政全额保障的范围、项目、标准等做出了具体规定。

2004 年，司法部、财政部、人事部《关于监狱单位工人岗位分类设置和管理的通知》规定：根据监狱单位对罪犯实施改造的要求，在监狱单位设置聘用工人从事的监狱辅助管理岗位、监狱生产关键要害岗位、罪犯技术辅导岗位三类岗位。其中，普通生产企业在生产关键要害岗位的配备数量，控制在实有罪犯人数的 1%—2%，其中由财政给予经费补助的岗位数量不超过实有罪犯人数的 1%；安全生产要求较高的煤矿、非煤矿山、化工等企业，配备数量控制在实有罪犯人数的 2%—3%，其中由财政给予经费补助的岗位数量不超过实有罪犯人数的 2%。

1986—2005 年四川省公检法司支出统计表

表 2 - 47

单位：万元

年度＼项目	公检法司支出	其中						
		公安支出	法院支出	检察院支出	司法支出	监狱支出	劳教支出	国家安全支出
1986	17584	10251	7333			—	—	—
1987	18934	11635	7299			—	—	—
1988	41228	26978	14250			—	—	—
1989	54089	34816	19273			—	—	—
1990	60110	38618	21492			—	—	—
1991	74008	40881	9811	7481	4384	10436	1015	—
1992	89622	51936	11740	8704	5298	11386	558	—

续表 2－47

项目 年度	公检法司支出	其中						
		公安支出	法院支出	检察院支出	司法支出	监狱支出	劳教支出	国家安全支出
1993	108967	62996	14564	11868	6000	12035	1504	—
1994	163857	92880	19271	18742	7965	22720	2279	—
1995	197825	115711	21088	24139	8757	25622	2508	—
1996	252363	150531	24184	30379	10464	33433	3372	—
1997	196892	107401	19169	22925	8509	32361	3105	3422
1998	232908	130211	21642	24928	8610	39559	4202	3756
1999	271156	156086	25850	27659	10855	42448	4215	4043
2000	316066	184242	29397	33348	12270	47032	5508	4269
2001	369351	209745	35390	41780	14479	56558	6915	4484
2002	435893	256321	44764	43163	16217	62406	7988	5034
2003	521760	297797	74525	49463	18702	66151	8963	6159
2004	625369	385190	85264	56827	21856	59725	8868	7639
2005	742809	460913	104388	70221	25574	62584	10355	8774
合计	4790791	2825139	610694	471627	179940	584456	71355	47580

说明：1. 资料来源于四川省历年财政总决算表；

2. 1986—1990 年，公检法司支出分为公安安全支出和检法司支出两部分，检法司下未细分法院、检察、司法支出；

3. 1996 年之前，国家安全支出包含在公安支出中

第三节 税务统计财政审计等部门事业费支出

税务统计财政审计等部门事业费是财政用于税务、统计、财政、审计、工商、旅游、华侨、劳动保障、行政机关、党派团体等部门的经费支出。1986—1997 年，税务统计财政审计等部门事业费包括旅游事业费、华侨事业费、劳改（监狱）事业费、劳教事业费、税务事业费、工商管理事业费、统计事业费和其他事业费①。1998 年，财政部对税务统计财政审计等部门事业费口径进行调整，将劳改（监狱）事业费、劳教事业费归入公检法司支出，新增国有资产管理事业费、劳动保障事业费等项级科目。调整后的税务统计财政审计等部门事业费包括税务事业费、统计事业费、财政事业费、审计事业费、工商管理事业费、国有资产管理事业费、旅游事业费、华侨事业费、劳动保障事业费、对外宣传经费、海关经费、行政机关事业费、党派团体事业补助费和其他部门事业费②。

1986—2005 年，四川省税务统计财政审计等部门事业费累计支出 265.12 亿元。其中，2005 年四川省税务统计财政审计等部门事业费支出 354632 万元，是 1986 年 27816 万元的 12.75 倍。

① 其他事业费包括：财政、审计、行政机关、党派团体、村镇建设、国土整治、监察事业费等。

② 其他部门事业费包括：对外经济合作事业费、外资事业费、乡镇财政经费、小城镇建设规划事业费、国土整治事业费、监察纪检事业费、农牧业税征收经费等。

一、税务事业费

税务事业费分为国税经费和地税经费两部分。1994 年国税地税机构分设之前，税务系统经费实行以地方为主的管理体制，税务机关经费由同级财政负担。1994 年分税制财政体制改革之后，国税地税机构分设，国税经费由国家税务总局负担，地税经费由地方财政负担。

1998 年 1 月，省政府决定，从 1 月 1 日起，对市（地、州）、县（市、区）地方税务局实行由省地方税务局和同级政府双重领导，以省地方税务局垂直领导为主的体制。市（地、州）、县（市、区）地方税务局的机构、干部、编制和经费由省地方税务局垂直领导。省以下地税部门经费实行“经费上划、增量挂钩、分级负担、全额返还”的办法。

7 月，省财政厅通知，各级财政部门上划省财政的税务经费基数范围为：预算安排的正常经费，包括人员经费（含 1997 年政策性调资）、公用经费、业务费、征收经费、经常性维修费及基本建设等专项经费；经费与收入挂钩的地区，以 1997 年挂钩经费为基数，包括农业税征收经费没纳入挂钩的，列入基数一并上划。增量经费，从 1998 年 1 月 1 日起，按照各地地方税增长幅度的一定比例，并考虑人员工资增加、政策性调资、新增人员、增加税收必要的业务费开支等正常增长的需要，每年纳入各级政府预算安排。

二、工商行政管理事业费

工商行政管理事业费是财政用于保障工商行政管理部门进行市场监管和行政执法的经费。1998 年之前，工商部门行政管理事业费由各级财政负担，经费来源于预算内经费拨款、企业登记费、外商投资企业登记费、个体工商户登记费、经济合同仲裁费、签证费以及罚没收入返拨款、个体管理费与市场管理费返拨款等。1999 年，四川省对工商行政管理部门实行垂直管理，工商行政部门行政管理事业费也上划到省统一管理。

1999 年 1 月，工商行政管理部门实行垂直管理，省级工商行政管理部门按照收支两条线原则，对全省工商行政管理系统实行统一管理。省以下各级工商行政管理机关的行政性收费和罚没收入，统一由省工商局汇缴省级财政。省财政根据全省工商行政系统的业务支出范围，对其人员经费、公用经费、办案经费、装备经费及基础设施经费等，纳入省级财政支出预算，统一核定和拨付给省工商局。9 月，省财政厅、省工商局通知，工商行政管理部门上划省财政基数为：支出经费，包括人员经费、公用经费、办案经费、装备经费及基础设施经费；公费医疗支出按属地原则暂不上划，由各地财政部门专项上解省财政。

2002 年 10 月，国务院办公厅发出《关于进一步做好工商行政管理和质量技术监督部门经费保障工作的通知》，要求省级人民政府及计划单列市人民政府随财政收入的增长，逐步加大对工商、质监部门经费保障的力度。对其人员工资、津贴等经费，保证按时足额拨付；对开展工作所需的正常公用经费，按照高于当地一般行政机关的标准予以安排；对打假办、执法检查等业务所需经费给予重点保证；对大宗、要案及中央政府交办的特殊任务所需经费，实行专项报批、专项安排、专款使用。

三、统计事业费

统计事业费是财政用于各级统计部门及其下属单位的事业费，包括统计业务费、抽样调查队经费和干部训练费。

1985年，统计事业费上划中央财政负担，但县级以上统计局行政费、城乡抽样调查队经费，仍由地方财政开支。

1986年4月，省政府通知，农村、城市抽样调查经费，由各地（市、州）、县（市、区）统计局提出计划，列入同级财政预算开支。

1991年11月，省财政厅通知，第四次全国人口普查工作经费，列入“其他统计事业经费”开支。

1996年5月，国务院决定建立统计调查体系，实施周期性普查制度，包括人口、工业、农业、第三产业和基本统计，其经费由中央和地方各级政府共同负担，并列入相应年度财政预算。

四、财政事业费

财政事业费是国家预算支出中用于财政部门所属的科研、编辑出版、信息中心等事业单位的经费和财政专项业务费，具体开支范围包括：财政部门所属的科研、编辑出版、信息中心等单位经费；大宗财政、财务资料印刷费；财政干部人员培训经费；财政预算、决算改革经费；财政国库制度改革经费等。

五、审计事业费

审计事业费是财政用于审计部门所属科研、培训、信息中心等单位的事业补助费等经费，具体开支范围包括：审计部门所属事业单位的机构运转经费；审计干部人员培训经费；电子系统维护经费；专项审计、专项调查及聘请专家经费；其他审计经费。

六、华侨事业费

华侨事业费是财政用于安置回国定居华侨、解决归难侨生活困难和支持华侨农场调整产业结构、促进经济发展的经费，包括各级侨务部门接待安置归国华侨的事业费、难民接待机构安置难民的经费、归侨生活困难补助费以及华侨农场的政策性、社会性支出。

2003年，财政部、国务院侨务办公室发布《华侨事业费管理暂行办法》，规定华侨事业费开支内容包括：接待安置费、归侨生活困难补助费、华侨农场事业费和其他华侨事业费。其中，接待安置费是指对在住房、路费、生活等方面有特殊困难的当年回国定居华侨的一次性补助和边境口岸侨办接待费；归侨生活困难补助费是指对收入低于当地最低生活保障线的归难侨或有特殊困难的老归侨的补助；华侨农场事业费是指用于华侨农场调整产业结构、科研推广、“三引进”[①] 工作、教育、培训等方面的费用；其他华侨事业费是指上述规定范围以外的支出，包括侨务干部培训经费，深化华侨农场经济体制改革调研、统计、宣传经费，救灾补助经费和其他开展归侨侨眷工作经费等。年度华侨事业费的结余，可结转下年专项使用。项目经费如需调剂使用，需报财政部和国务院侨务办公室批准同意；接待安置费结余跨年度使用，需报国务院侨务办公室批准同意。

① “三引进”：即引进资金、引进技术、引进人才。

七、旅游事业费

旅游事业费是财政用于宣传推广旅游业整体形象、提高旅游从业人员素质、开发旅游产品、整顿旅游秩序等方面的经费，包括旅游宣传费、干部培训费和其他旅游事业费。

1995 年，国务院办公厅通知，从乘坐国际和地区航班出境的中外旅客缴纳的机场建设费中，按每次每位旅客提取 20 元的旅游发展基金，用于支持旅游事业发展。

1998 年，省委、省政府出台《关于加快旅游业发展的决定》，决定从 1998 年起，全省各级财政都要安排旅游专项资金，并逐年增加；征收的旅游发展基金，按 5∶2∶3 的比例在省、市（地）、县分配，主要用于宣传促销。

2004 年，《四川省省级旅游发展资金管理办法》公布施行。省级旅游发展资金，是由省级财政安排用于支持旅游产业发展的专项资金。使用范围包括：宣传促销费；旅游景区、旅游线路、旅游资源等所发生的前期规划、论证费用；信息网络费；全省旅游景区规划及重点基础设施的建设补助；旅游系统职业教育和岗位培训；旅游统计调查、旅游质量监督、综合治理费、大型旅游专项调研课题费、全省性的大型会议费等专项支出。旅游发展资金由省旅游局根据省委、省政府和省旅游产业发展领导小组确定的工作重点以及各地上报的项目情况提出资金安排的具体意见，商财政厅后，报分管省领导审定。其中由省级直接实施的项目经费列入省旅游局部门预算，财政厅按项目进度拨付资金。由市（州）实施的项目由财政厅将资金拨付各市（州）财政局。

八、行政机关事业费

行政机关事业费是财政用于人大机关和政府机关列入事业编制的附属单位的经费以及专项事业费，包括行政机关附属的研究中心、科研所、报务中心、后勤中心等事业费。

1986—2005 年四川省税务统计财政审计等部门事业费支出统计表

表 2－48　　单位：万元

年份	金额	年份	金额	年份	金额	年份	金额
1986	27816	1991	54863	1996	185901	2001	191158
1987	30299	1992	66552	1997	143962	2002	202926
1988	24610	1993	92826	1998	143878	2003	242844
1989	34652	1994	106542	1999	130746	2004	279603
1990	49218	1995	150402	2000	137757	2005	354632
合计	2651187						

说明：1. 资料来源于四川省历年财政总决算表；
2. 为避免数据重合，本表数据剔除了前文“监狱、劳教支出”中业已反映的“劳改（监狱）事业费”和“劳教事业费”数据

第六章 其他各类支出

其他各类支出是前五章未能反映的其他各项支出，包括政策性补贴支出、国防支出、外交外事支出、专项支出和其他支出。

第一节 政策性补贴支出

政策性补贴支出，是政府在一定时期内对由于受购销价格倒挂和市场供求关系影响，在生产经营和消费中发生政策性和经营性亏损的企事业单位和个人给予的补贴，具体包括国家粮油差价补贴、粮食和副食品风险基金、国家储备粮油利息费用补贴、粮食财务挂账利息补贴、地方粮油价外补贴、农业生产资料价差补贴、地方粮食企业新增挂账消化款和其他政策性补贴。

1986 年，财政部规定，经国家批准的原作预算收入退库处理的价格补贴支出项目，包括棉花加价款、粮油和棉花价差补贴、市镇居民肉食价格补贴、平抑市价肉食价差补贴、平抑蔬菜市价价差补贴、民用煤销售价差补贴、农业生产资料价差补贴、猪皮制革和制皂用价差补贴、工矿区产品价格补贴等国家批准的政策性价格补贴，一律纳入支出预算管理，列“价格补贴支出”，不再从预算中退库。是年，四川省对小化肥实行临时降价补贴。对工业和商业企业库存小化肥降价减值部分，财政给予补贴；对工业生产的小化肥，生产成本超过出厂最高限价、经减免税收仍发生亏损的，由财政给予弥补。

1987 年，省政府决定调整棉花价差补贴标准，1—4 级棉花由原每千克补贴 0. 2 元提高到 0. 4 元，同时，调低使用川棉的工厂纺棉补助标准，由原每 50 千克补贴 10 元调减为 5 元。

1988 年，省政府决定建立生猪价格调节基金，用于在供求关系和价格发生变化时，为解决农民卖猪难，对经营单位执行国家规定保护价进行补偿。是年，国务院发出《关于试行主要以食品零售价格变动给予职工适当补贴的通知》，补贴品种限于猪肉、大路菜、鲜蛋、白糖 4 种，补贴标准控制在当地中等收入户人均消费支出的 20%—25%。省政府补充规定，补贴的品种和标准为：每人每月猪肉 2 千克、大路菜 12. 5 千克、鸡蛋 500 克、白糖 250 克；每个职工按平均赡养系数计算，成都市每月补 10 元，其他中小城市在不超过 10 元的前提下，自主决定。

1991 年，财政部、劳动部、人事部通知，从 5 月 1 日起，在国家提高粮油统销价格后，对职工增加补偿。国家机关、企事业单位在职职工、离退休人员、定期发放生活费的优抚对象，每人每月补偿 6 元；中小学民办教师，普通高等学校、中等专业学校学生，每人每月补偿 4 元。所需经费，分别由中央和地方财政负担。

1992 年，国务院决定，在提高粮食统销价格后，从 1992 年 4 月 1 日起，对城镇居民每人每月增加 5 元补贴。是年，国家决定粮油统销价格提高到购价水平，实行购销同价，财政不再给粮食企业发放价差专项补贴。

1993 年，国务院通知，从当年粮食、棉花年度起，原国家扶持粮棉生产的化肥、柴油，由平价供应实物，改为以货币方式在收购价之外将平议差价以加价形式付给农民。具体标准为：每 50 千克小麦、玉米 4.2 元，每 50 千克大米 5.2 元，每 50 千克大豆 5.5 元，每 50 千克棉花 12 元。

1994 年，在国家提高粮食销价后，根据国家规定，省财政决定对城镇居民发放定向补贴，标准为：定期发放生活费的优抚和城镇救济对象，每人每月 6 元；普通高校学生、中等专业学校和财政拨付经费的技工学校在校生，国家按每个学生每月补助 5 元标准核给学校，由学校区别确定对象和标准发给。

1995 年，省政府决定建立粮食风险基金。其中，省级粮食风险基金主要用于省政府决定平抑粮食价格发生的价差中由省负担部分，省级储备粮代垫的利息费用，省政府决定用于粮食方面的其他支出；市（地、州）级主要用于全省性平抑粮价所发生的粮食差价由市（地、州）负担部分，市（地、州）级政府决定并报省审批同意为平抑粮食所发生的差价，地方储备粮所代垫的利息及贫困地区吃返销粮的农民因粮价提高而增加的补助。

2003 年，国务院《关于促进农民增加收入若干政策的意见》提出，继续对种粮农民实行直接补贴，继续增加良种补贴和农机购置补贴资金，地方财政要安排一定的良种补贴和农机具购置补贴资金。

2004 年，财政部、国家粮食局等通知，对老粮食财务挂账，利息负担按现行政策处理，对新增粮食财务挂账及贴息，在 1992 年 4 月 1 日至 1998 年 5 月 31 日期间发生的，于消化期内，利息由中央财政全额承担；对财力确有困难的省（自治区、直辖市）消化确有困难的，再给过渡期 5 年（2004—2008 年），利息由中央财政地方财政各负担一半，由财政预算单独安排，不能挤占粮食风险基金。9 月，省财政厅设立了“四川省农业产业化省级财政贴息资金”，用于对农业产业化龙头企业或农户使用银行贷款从事农业产业化项目建设的贴息。龙头企业贴息资金不超过 200 万元，每户农户贴息资金不超过 1000 元。

1986—2005 年，四川省政策性补贴累计支出 348.45 亿元。

1986—2005 年四川省政策性补贴支出统计表

表 2-49　　单位：万元

年份	金额	年份	金额	年份	金额	年份	金额
1986	171110	1991	215083	1996	165833	2001	208969
1987	166764	1992	128603	1997	139732	2002	161058
1988	181464	1993	161346	1998	157142	2003	154624
1989	284867	1994	117860	1999	171557	2004	158220
1990	278678	1995	155306	2000	147212	2005	159060
合计	3484488						

说明：资料来源于四川省历年财政总决算表

第二节 民兵事业费支出

民兵事业费是用于民兵训练、设备维修、武器仓库维修等方面的经费，包括军政教育训练费、执勤有功人员奖励费、会议费等。

1986年1月，中共中央、国务院、中央军委发出《关于县（市）人民武装部改归地方建制有关问题的通知》，规定县（市）人民武装部人员改归地方建制后，编制内的现役干部人员的供给、武器、装备等仍由中央财政拨付的经费解决；其他人员及民兵武器装备、仓库、民兵训练基地（中心）和民兵训练补助费、弹药消耗等费用，由县（市）人民政府列入民兵事业费，专项解决。

1993年，国务院下发的《关于机关和事业单位工作人员工资制度改革问题的通知》规定，人民武装部民兵武器装备、仓库、民兵训练基地（中心）的职工执行事业单位工资制度和工资标准，按照全额拨款事业单位进行管理，其工资构成中固定部分为70%，津贴（活的部分）为30%。

1996年5月，省机构编制委员会、省人事厅、省财政厅、省军区后勤部发出《关于县（市）人民武装部收归军队建制后职工管理问题的通知》，各县（市、区）人民武装部的民兵武器装备仓库和民兵训练基地（中心），为县（市）人民武装部直属事业单位，每个民兵武器装备仓库平均保留6名职工，继续实行单列管理，所需经费仍由县（市、区）人民政府列入民兵事业费科目，专项解决、专款专用。甘孜、阿坝、凉山、黔江、巴中等地、州的县（市、区）民兵武器装备、仓库、职工所需经费，由省财政继续补助。

1986—2005年，四川省民兵事业费累计支出12.5亿元。

1986—2005年四川省民兵事业费支出统计表

表2－50 单位：万元

年份	金额	年份	金额	年份	金额	年份	金额
1986	1073	1991	1873	1996	4257	2001	8545
1987	1104	1992	2310	1997	4561	2002	15960
1988	1220	1993	2938	1998	4785	2003	16409
1989	1775	1994	2788	1999	6286	2004	17665
1990	1710	1995	3200	2000	7933	2005	18631
合计	125023						

说明：资料来源于四川省历年财政总决算表

第三节 外交外事支出

外交外事支出是四川省党政机关、民主党派和人民团体招待外宾或出国访问、参加国际会议等所用经费，包括地方外事费和对外宣传经费。

1998年之前，四川省外事支出主要反映为其他支出类的“地方外事费”。1998年，财政部对国家预算科目进行调整，新增“外交外事支出”类级科目，下设“地方外事费”1个款级科目。2000

年，在“外交外事支出”类级科目下又增设“对外宣传经费”1个款级科目，以反映地方外事支出。

1987年6月，财政部、外交部制定因公临时出国人员伙食费、住宿费、公杂费预算标准。11月，省政府制发了《关于加强临时出国团、组或人员的管理，严格遵守外事纪律的暂行规定》，临时出国人员的伙食费、住宿费、公杂费①要在预算标准内掌握开支，不得按预算标准包干（包括按天数或按餐数包干）发给个人或者全额报销。各项费用不得相互挪用，单项不得超支。临时出国人员凡在我驻外机构食宿者，按其有关收费标准开支，按实报销；由飞机上提供膳食或者房费中包含餐费的，不得再报销伙食费。临时出国人员个人洗衣、理发、抽烟及个人其他费用均不得在公杂费中列支。由对方资助而将伙食费、住宿费、公杂费发给出国人员自己掌握，所发标准超过财政部规定的，超过部分应上缴。临时出国人员回国后，应将所用经费单据交组织团、组的单位或派遣单位财务部门审查盖章，15日内向外汇管理部门核销，30日内向财务部门结清账务。

1988年，财政部、外交部发出《关于修订接待外宾费用开支标准和管理办法的通知》，规定招待外宾时，一般只提供在中国期间的食、宿、交通费用，不提供来华国际旅费，对外宾来华期间日常生活费用、宴请费用、零用费制定了开支标准。

1991年，财政部、外交部规定，应邀来中国访问的现职为副部长以上（含副部长）的官员和前总统、副总统、总理、副总理、议长、副议长率领的代表团，赴各省（自治区、直辖市）计划单列市访问、考察期间的食、宿、交通等费用，均由地方接待单位开支；地方接待的外国代表团，属于技术座谈、学术交流、讲学、合作研究、文艺表演、体育比赛和举办各类展览等业务活动的，根据受益情况，事先确定由中央或地方接待单位开支；中央和地方陪同人员的食、宿、交通费用分别由中央和地方单位开支。但中央单位陪同人员在地方的市内交通费因不易划分，由地方开支。

1992年，财政部调整接待外宾费用开支标准。伙食费标准每人每天按外宾职位调整为15—90不等；宴会标准按宴请人职位调整为每人每次35—90元不等。

1997年，财政部调整接待外宾费用开支标准。伙食费标准每人每天按外宾职位调整为100—700元不等；宴会标准调整为每人每次100—200元不等。

2001年，四川省执行财政部《临时出国人员费用开支标准和管理办法》。因公临时出国人员伙食费、住宿费、公杂费预算标准（每人每天）为：到亚洲各国家地区，最低10美元，最高90美元；到非洲各国家地区，最低10美元，最高70美元；到欧洲各国家地区，最低10美元，最高105美元；到美洲各国家地区，最低13美元，最高80美元；到大洋洲各地区国家及太平洋岛国，最低13美元，最高65美元。出国人员乘坐国际列车，国内段按国内差旅费的有关规定执行；国外段超过6小时以上的按自然（日历）天数计算，每人每天补助12美元。出国人员个人国外零用费，按离、抵中国国境之日计算。每人每次出国在10天以内的，发给50美元；超过10天的，从第11天起，每人每天发给5美元。

① 公杂费包括：市内交通费、必要的小费和公用的邮电费等项开支。

1998—2005年四川省外交外事支出统计表

表2－51

单位：万元

项目 年份	外交外事支出	其中	
		地方外事费	对外宣传经费
1998	3003	3003	—
1999	3029	3029	—
2000	3265	3181	84
2001	3276	3141	135
2002	3972	3784	188
2003	2960	2673	287
2004	3689	3530	159
2005	3627	3589	38
合计	26821	25930	891

说明：资料来源于四川省历年财政总决算表

第四节　专项支出

专项支出是与专项收入相对应的支出，主要包括排污费支出、城市水资源费支出、教育费附加支出、矿产资源补偿费支出及其他专项支出①。

1986—2005年，四川省专项支出累计81.17亿元。

一、排污费支出（环境保护补助资金）

1986年，四川省继续执行国务院1982年颁布的《征收排污费暂行办法》，对排放污染物的企业、事业单位征收排污费。征收的排污费，纳入预算内，作为环境保护补助资金。环境保护补助资金，由环保部门会同财政部门统筹安排使用。坚持专款专用，先收后用，量入为出，不能超支、挪用。排污单位治理污染需要补助资金时，中央部属、省属、地属、军队系统企事业向市（地、州）环保部门和财政部门提出申请。县属以下企事业向所在县（市、区）环保部门和财政部门提出申请。补助金额一般不得高于其所缴纳排污费的80%。环境保护补助资金可适当用于补助环境保护部门监测仪器设备的购置和为开展征收排污费工作所需的监测费用开支。是年，省人大常委会作出《关于加强环境保护工作的决定》，决定多方筹集资金，增加环保投入。1986年，全省投入资金18362万元，开展治理污染。

1988年，《四川省建设项目管理办法实施细则》施行，规定全省建设项目建立和执行“三同时”② 的制度。1988年，四川省“三同时”建设项目总投资50亿元，其中用于环保工程的投资3.1亿元。

1991年，《四川省环境保护条例》规定，开发利用土地、森林、矿产、草原、水、渔业、野生

① 其他专项支出包括：2003年新增的“探矿权采矿权使用费及价款支出”，2004年新增的“内河航道养护费支出”“公路运输管理费支出”“水路运输管理费支出”“三峡库区移民专项支出”。

② “三同时”：执行防治污染及其他公害的设施与主体工程同时设计、同时施工、同时投产使用。

动植物以及风景区等自然资源，必须严格执行国家有关资源和环境保护的法律、法规，按“谁开发谁保护，谁破坏谁恢复，谁利用谁补偿”的原则，开发建设项目对自然环境造成影响和破坏的，应由开发建设单位给予补偿和恢复。向环境排放污染物超过污染物排放标准的，按照国家规定缴纳超标准排污费，并负责治理。排污费、超标准排污费，由环境保护行政主管部门征收，按照国家规定范围使用，不得挪作他用。

1993 年，省政府决定设立省级环保基金，由省财政每年拿出 200 万元，滚动积累，实行有偿使用，低息贷款治理重点污染源。6 月，省财政厅、省环保局发出《四川省省级环境保护基金管理办法》，规定环保基金主要用于重点污染源治理项目、“三废”综合利用项目、环境保护示范工程以及其他环境保护项目。

1997 年，省政府制定《四川省环境保护产业的政策措施》，决定加大对环保产业的投入。从 1997 年起，每年从排污费中提取 10% 建立全省环保企业发展资金，重点扶持城市污水处理成套设备和垃圾无害化、资源化、减量化处理成套设备；发展燃煤脱硫技术和设备；发展造纸废水、印染废水、油墨废水、酒醪废水、制革废水、电镀废水、化工废水源的处理技术和设备；发展汽车污染净化设备、废纸、废金属、废玻璃、废橡胶、废塑料回收利用技术和成套设备；发展饮水净化设备和绿色食品、环境标志产品。从 1997 年起，省财政每年拿出 400 万元低息贷款支持符合治理污染的项目，每年继续拨出 100 万元建立自然保护专项资金。

2003 年，省政府发出《关于贯彻国务院〈排污费征收使用管理条例〉的通知》，决定对排污费收入实行财政专项预算管理。排污费作为环境保护专项资金，专项用于重点污染源防治、区域性污染防治、污染防治新技术、新工艺的开发、示范和应用以及国家规定的其他污染防治项目的拨款补助或贷款贴息，不得用于环境卫生、绿化、新建企业的污染治理项目以及与污染防治无关的其他项目。

1986—2005 年四川省排污费支出（环境保护补助资金）统计表

表 2－52

单位：万元

年份	金额	年份	金额	年份	金额	年份	金额
1986	5807	1991	9088	1996	16036	2001	15742
1987	6475	1992	12064	1997	–	2002	19701
1988	7334	1993	13292	1998	12357	2003	23971
1989	7872	1994	15145	1999	14344	2004	26086
1990	8408	1995	15430	2000	17990	2005	34093
合计	161642						

说明：1. 资料来源于四川省历年财政总决算表

2. 1997 年预算科目调整，无排污费科目，故数据阙如

二、城市水资源费支出

城市水资源费，按照取之于水、用之于水的原则，纳入国家及地方财政，作为开发利用水资源和水管理的专项资金。

1993 年，《四川省取水许可和水资源费征收管理暂行办法》颁布实施。凡在四川省行政区域内

利用水工程或者机械提水设施直接从江河、湖泊和地下取水的单位和个人均需缴纳水资源费。各级水行政主管部门收取的水资源费，其自留部分的10%纳入预算外资金管理，用于水资源保护与开发的水政监督工作，其余部分交同级财政。水资源费上交同级财政部分，作为水资源开发利用、涵养保护和规划管理专项资金，专款专用，不得挪用，当年结余可转下年使用，主要用于下列支出：水资源的综合科学考察、科学研究和调查评价；编制江河流域或区域的综合规定和水中长期供求计划；水资源的动态监测、水文测验、水质监测；水资源涵养；水资源的开发利用；水资源管理基础设施及设备；水法规宣传及培训业务经费；水资源开发利用的管理；奖励水资源保护管理、计划用水、节约用水的先进单位和个人。

1986—2005年四川省城市水资源费支出统计表

表2－53　　　　单位：万元

年份	金额	年份	金额	年份	金额	年份	金额
1986	227	1991	255	1996	2208	2001	2057
1987	263	1992	398	1997	—	2002	2028
1988	290	1993	727	1998	2370	2003	2262
1989	315	1994	740	1999	1885	2004	3275
1990	225	1995	1237	2000	1925	2005	5619
合计	28306						

说明：1. 资料来源于四川省历年财政总决算表；
2. 1997年预算科目调整，无城市水资源费支出，故数据阙如

三、教育费附加支出

1986年4月，国务院发布实施《征收教育费附加的暂行规定》。教育费附加纳入预算管理，作为教育专项资金，根据“先收后支、列收列支、收支平衡”的原则使用和管理，主要用于改善中小学教学设施和办学条件，不得用于职工福利和发放奖金。是年，四川省开征农村教育费附加。征收的农村教育费附加以不低于80%的比例用于改善基础教育设施、给付民办教师工资、补充教师福利和教师退休后的生活补助，以不超过20%的比例上交县级财政统一掌握，用于建立教育基金和其他与教育事业有关的杂项开支。

1990年9月，省财政厅决定将教育费附加按照“先收后支、列收列支、收支平衡”的原则纳入预算管理，年终前实际缴库收入未拨部分，全部拨给同级教育部门。

1992年，财政部规定，教育费附加纳入预算管理后，按“先收后支、专款专用、结余结转”的原则管理和使用，地方各级财政部门年初应按收支相等的数额编列预算，在预算执行中，按实际收入安排支出。

1986—2005年，四川省教育费附加累计支出59.44亿元。

1990—2005年四川省教育费附加支出统计表

表2-54

单位：万元

年份	金额	年份	金额	年份	金额	年份	金额
1990	3459	1994	25896	1998	32253	2002	51796
1991	13408	1995	36234	1999	39510	2003	62507
1992	11278	1996	41077	2000	40090	2004	77002
1993	19458	1997	—	2001	45816	2005	94599
合计	594383						

说明：1. 资料来源于四川省历年财政总决算表；

2. 1997年预算科目调整，无教育费附加科目，故数据阙如

四、矿产资源补偿费支出

1992年，《四川省矿产资源补偿费征收管理暂行办法》颁布施行。省征收的矿产资源补偿费和市（地、州）、县（市、区）上交省的矿产资源补偿费，70%用作矿产资源勘查资金，10%用于全省矿产资源保护与矿产资源开发的监督管理工作，20%交省财政统一管理使用。各市（地、州）所得的矿产资源补偿费，60%用作矿产资源勘查资金，20%用于本市（地、州）矿产资源保护与矿产资源开发的监督管理工作，20%交市（地、州）财政统一管理使用。各县（市、区）所得的矿产资源补偿费，80%用于本县（市、区）矿产资源的勘查、保护与矿产资源开发的监督管理工作，20%交县（市、区）财政统一管理使用。

1994年，《四川省矿产资源补偿费征收管理办法》发布施行，规定：矿产资源补偿费纳入财政预算，实行专项管理，主要用于矿产资源勘查、保护和管理。

1998年，四川省执行财政部、国土资源部《关于印发〈矿产资源补偿费征收部门补助经费使用管理暂行办法〉的通知》。补助经费分为工作经费和专项经费两部分。其中，工作经费主要用于补助征收部门在矿产资源补偿费征收工作中发生的经费支出，包括人员经费、公用经费和其他经费；专项经费主要用于补助征收部门为加强征收手段而购置必要的交通工具、通讯设备等费用支出。补助经费专款专用，不得截留、挤占，不得用于与征收业务无关的其他支出。

1996—2005年四川省矿产资源补偿费支出统计表

表2-55

单位：万元

年份	金额	年份	金额	年份	金额
1996	1534	2000	1476	2004	5155
1997	—	2001	2364	2005	7230
1998	1379	2002	1340		
1999	2061	2003	4818		
合计	27357				

说明：1. 资料来源于四川省历年财政总决算表；

2. 1997年预算科目调整，无矿产资源补偿费支出科目，故数据阙如

第五节 支援不发达地区支出

1980 年，中央财政开始在每年的国家预算中设置“支援经济不发达地区发展资金”，由中央财政拨款、专门用于支持老、少、边、穷地区经济和社会发展。

1983 年，财政部颁布实施《关于支援经济不发达地区发展资金管理暂行办法》（以下简称《暂行办法》），规定发展资金以支援农村集体经济和乡村公共设施为主，不得用于行政事业机构开支和人员经费，不得用于提高各种开支标准和福利补助，不得用于弥补企业亏损。发展资金不列入地方财政包干基数，每年由中央财政专项拨款，当年使用不完的，可以结转下年继续使用。

1986—1987 年，支援不发达地区发展资金属于其他支出类中的款级科目。1988 年，在预算收支科目中，正式设置“支援不发达地区支出”类级科目，下设“支援不发达地区发展资金”一个款级科目。1997 年，增加“以工代赈”款级科目。1998 年，增加“少数民族地区补助费”“边境建设事业补助费”“‘三西’农业建设专项补助资金”3 个款级科目。1999 年，增加“扶贫贷款贴息支出”1 个款级科目。2001 年，“支援不发达地区支出”下设款级科目调整为“财政扶贫资金”“边境建设事业补助费”和“民族工作经费”。其中，“财政扶贫资金”科目下设有“基础设施建设资金”“生产发展资金”“科技推广及培训资金”“社会发展资金”“项目管理费”“扶贫贷款贴息支出”“‘三西’农业建设专项补助资金”和“其他财政扶贫资金”等项级科目。

1987 年，财政部对 1983 年颁布的《暂行办法》进行了修订，颁发了《支援经济不发达地区发展资金管理办法》，规定发展资金不得用于行政事业机构开支和人员经费，不得用于提高各种开支标准和福利补助，不得用于弥补企业亏损，不得用于修建楼、堂、馆、所和城镇建设，不得用于弥补预算支出缺口。同时，发展资金也不得用于大中型基本建设投资，但对某些有条件的地区，允许结合其它资金搞一些周期短、见效快、与群众脱贫致富有关的小型基建项目。

1997 年，财政部再次对《支援经济不发达地区发展资金管理办法》进行了修订。强调发展资金不同于扶贫资金，主要用于老区和民族地区，并按老、少、边、穷地区面积、人口、经济基础、财力、自然环境等因素进行分配，对尚未解决温饱的地区予以倾斜。同时，各省、自治区财政部门可从中央财政分配的发展资金总额中安排 5% 作为培训经费，专门用于提高老、少、边、穷地区群众劳动技能和管理水平。是年，省政府办公厅发布实施《四川省扶贫资金管理办法实施细则》，规定各类扶贫资金必须全部用于国务院和省委、省政府确定的 63 个贫困县，否则各级扶贫开发领导小组一律不得立项，财政、银行部门一律不得发放扶贫资金。年度支援经济不发达地区发展资金、新增财政扶贫资金的具体计划，由省财政厅和省扶贫开发办在当年 4 月底前下达，7 月底前将资金全部拨付到各市（地、州）。年度以工代赈资金的具体计划，由省财政厅、省以工代赈办公室在当年 4 月底前下达，7 月底前将资金全部拨付到各市（地、州）。年度扶贫专项贷款的具体计划，按审定权限由省扶贫领导小组立项；由农业发展银行四川省分行在当年初下达到各市（地、州）、县行，3 月底前将计划全部落实到项目，并根据项目进度及时收放贷款。年度省财政扶贫资金的具体计划，由省财政厅和省扶贫开发办在当年 3 月底前下达，6 月底前将资金全部拨付到各市（地、州）。

1999 年，财政部规定，支援经济不发达地区发展资金全部实行无偿使用，并要求地方财政部门按照中央财政安排资金额度的30%—50%落实配套资金，且地方不得从中央财政安排的发展资金中提取任何费用，改由中央财政从中央预算安排的发展资金总额中提取5%作为地方培训经费。

2001年，省委、省政府制定了“十年农村扶贫规划”（2001—2010年），决定实施五大工程：投资150亿元，建设1万个扶贫新村；投资15亿元，解决12万户、50万贫困农牧民搬迁脱贫；投资10亿元，为50个县1000所乡（镇）中心完校改扩建危房及设施；投资3亿元，新建或改建2000所乡（镇）卫生院；投资1.5亿元，在甘孜、阿坝、凉山三州1.5万户贫困牧民中开展“牧民定居、围栏种草、牲畜圈养”的人、草、畜三配套建设。

2004年，省委、省政府决定，实施少数民族住房解困工程，在支援不发达地区发展资金中，专项安排575万元，用于解决少数民族的住房问题。

1986—2005年，四川省支援不发达地区支出共计116.6亿元。

1986—2005年四川省支援不发达地区支出统计表

表2-56

单位：万元

年份	金额	年份	金额	年份	金额	年份	金额
1986	13739	1991	16491	1996	63972	2001	99322
1987	14693	1992	29133	1997	70268	2002	107202
1988	15086	1993	27579	1998	76916	2003	103376
1989	16505	1994	27221	1999	100911	2004	114412
1990	16053	1995	28384	2000	100517	2005	123912
合计	1165692						

说明：资料来源于四川省历年财政总决算表

第六节 其他支出

其他支出类下款级科目每年均有所变动，1986年有8个款级科目，2005年有14个款级科目，主要包括兵役征集费、少数民族地区补助费、人民防空费、边境建设事业补助费、财政贴息支出、行政管理补助支出、国家赔偿费用支出、住房改革支出、城市土地开发建设支出、城镇青年就业补助费、文教企业发展专项资金、宣传文化发展专项资金、中小企业发展专项资金、办案费用补助、补助村民委员会支出等。其中，支出数额较大且延续性较强的有人民防空费、财政贴息支出、国家赔偿费用支出和住房改革支出。

一、人民防空费

1998年，《四川省〈中华人民共和国人民防空法〉实施办法》规定：人民防空经费由国家和社会共同负担，县级以上人民政府按照国家和省的有关规定，将人民防空经费列入同级财政年度预算，并与人民防空需求和国民经济发展水平相适应。国家机关、社会团体、企事业单位和其他社会组织，应当按照国家和省的有关规定，负担人民防空费用。各种渠道筹集的人民防空经费纳入同级预算管理，专项用于人民防空建设，任何单位和个人不得挤占、平调、截留或挪作他用。

二、财政贴息支出

1999 年，四川省建立省级财政贴息资金，分工业、农业和财源建设 3 类。用于扶持以下项目：能够优化调整产业结构的重点技术改造项目；高新技术开发和技术创新应用项目；农业产业化经营项目；能增强政府调控能力的重要项目等。项目贴息实行分级承担，财政与企业共同承担。省级财政承担 2/3，市（地、州）、县（市、区）财政和企业承担 1/3。贴息时间一般不超过 3 年。

三、国家赔偿费用支出

1995 年 1 月，国务院颁布实施《国家赔偿费用管理办法》，国家赔偿费用列入各级财政预算，按照财政体制分级负担。当年实际支付国家赔偿费用超过年度预算的部分，在本级财政预算预备费中解决。3 月，财政部通知，在国家预算收支科目的“其他支出类”中增设“国家赔偿费用支出”一个款级科目。

1999 年 2 月，《四川省国家赔偿费用管理实施办法》施行。国家赔偿费用列入各级财政预算，由财政分级负担，未设立财政机构的乡（镇），其国家赔偿费用，由县级人民政府列入本级预算。国家赔偿费用，由各级财政机关管理，当年实际支付国家赔偿费用超过年度预算的部分，在本级财政预算预备费中解决。实施赔偿时，对返还的财产灭失或者损坏的以当时当地市场价格予以赔偿，难以确定的，委托具有资格的中介评估机构评估后计算赔偿金，评估费列赔偿费用支出。造成身体伤害，支付的医疗费在 5000 元以上的，应委托法定医疗鉴定机构或县级以上公立医院对医疗费用合理性予以审核。财政机关审核赔偿义务机关赔偿费，发现因故意或者有重大过失造成国家赔偿的或者超出国家规定范围和标准赔偿的，可提请本级政府责令该赔偿义务机关自行承担部分直至全部国家赔偿费用。

四、住房改革支出

住房改革支出是财政用于支持住房改革的开支，包括住房公积金和购房补贴两方面的内容。

1994 年，国务院颁布实施《关于深化城镇住房制度改革的决定》，决定将住房建设投资由国家、单位总包干体制改为国家、单位、个人三者结合的负担体制。积极推进住房租金改革，原则上应达到占双职工家庭平均工资的 15%。住房在规定标准之内的职工家庭，用规定的个人合理负担部分加上全部住房补贴，仍不足支付房租的，差额可由所在单位适当给予补助。行政事业单位的补助金，应先在单位住房基金中列支，不足部分经同级财政部门核定，在城市住房基金列支；未建城市住房基金的，由财政预算中列支。同时，全面推行住房公积金制度，住房公积金由在职职工个人及其单位按职工个人工资和职工工资总额的一定比例逐月交纳。

1998 年，省政府发出《关于进一步深化城镇住房改革促进住宅建设发展的通知》，决定从 1998 年 12 月 31 日止，全省城镇一律停止住房实物分配，逐步实行住房分配货币化。各市、县根据住房收入比价实行不同的住房货币分配形式。住房收入比价在 4 倍以上的市、县，停止实物分配后，实行住房货币化补贴。补贴对象是党政机关和由财政拨款的事业单位，夫妇双方均未参加房改购房（含安居房、广厦房、解危解困房等）或集资建房，但住房面积未达到控制标准的职工，可发放住房补贴。同时，继续推行和完善住房公积金制度，到 1999 年底，职工个人和单位公积金缴库率应不低于5%，有条件的地区可适当提高。

1986—2005年四川省其他支出统计表

表2－57

单位：万元

年份	金额	年份	金额	年份	金额	年份	金额
1986	24784	1991	44829	1996	136552	2001	253199
1987	25902	1992	53553	1997	161163	2002	335569
1988	12469	1993	165264	1998	111258	2003	441285
1989	40191	1994	27477	1999	199221	2004	492267
1990	32242	1995	129726	2000	216342	2005	729777
合计	3633070						

说明：资料来源于四川省历年财政总决算表

1985—1993年四川省财政支出分类别情况表

表2－58

单位：万元

类别＼年份	1985	1986	1987	1988	1989	1990	1991	1992	1993
一、经济建设（不含事业费）	156730	188742	190269	197967	206629	266087	275341	364902	499783
二、社会文教费	241602	291264	291271	347375	399128	451684	480456	548894	642973
三、行政管理费	81057	104411	106735	108339	120693	146718	167711	209725	265919
四、其他	162187	292991	289363	377367	545386	562647	705142	475035	687376
财政支出合计	641576	877408	877638	1031048	1271831	1427136	1465130	1598556	2096051

说明：资料来源于《四川统计年鉴（1994）》

1985—1993年四川省财政支出分项目情况表

表2－59

单位：万元

项目＼年份	1985	1986	1987	1988	1989	1990	1991	1992	1993
一、基本建设拨款	101446	108545	95353	90925	88453	100176	105693	122705	129352
二、流动资金	1140	4427	897	1695	3522	2659	1589	1554	1949
三、企业挖潜改造资金	22887	34865	28859	36298	24549	49802	55604	97556	201181
四、科技三项费	6465	9118	9228	7654	8037	8754	9562	11656	16022
五、地质勘探费	—	—	—	—	—	—	—	—	770
六、支援农业支出	48740	68669	77809	88085	110882	141320	142401	167600	117927
七、文教、卫生事业费	194463	234964	232951	279992	331677	363969	384078	445661	517358
八、行政管理费	81057	104411	106735	108339	120693	146718	167711	209725	265919
九、优抚救济费	20906	25121	25558	28220	32904	36961	39769	44310	50460
十、城市维护费	24265	31179	31353	37714	46357	49231	55265	57306	73741
十一、其他	140207	256109	268895	352126	504757	448764	666977	440483	721372

说明：资料来源于《四川统计年鉴（1994）》

1994—2005年四川省地方财政一般预算支出情况表

表2－60　　单位：万元

项目＼年份	1994	1995	1996	1997	1998	1999	2000	2001	2002	2003	2004	2005
地方财政一般预算支出	1813114	2114979	2473046	2750975	3209282	3634981	4520041	5940981	7016201	7322993	8952534	10321769
一、生产性支出小计	404300	430153	489599	589332	661608	666789	932055	1338560	1444119	1571552	2164880	2463878
其中：基本建设支出	129908	156314	182412	206420	273404	281376	482355	783327	968746	750182	848048	1142259
挖潜改造支出	165407	150521	163007	220072	211936	206567	241783	303298	222997	232608	228409	240878
科技三项费用支出	13827	17162	23340	27031	28058	31148	35980	46290	52554	61228	65548	71804
农业支出	89106	71594	78196	89047	93594	80785	77607	81710	83127	91439	328016	416192
二、事业费支出小计	1186331	1316063	1530372	1671163	2034163	2317972	2727016	3807424	4685893	5183844	6787654	7857891
其中：农林水利气象等事业费支出	77536	88452	106169	111692	137112	149722	307943	346587	451922	485793	744718	839188
教育事业费支出	343166	378281	414492	414081	483056	548866	648048	852367	1022588	1089036	1225217	1405260
科学事业费支出	20647	21677	24150	25290	27921	29775	32961	32088	35281	38508	41010	48974
卫生事业费支出	128734	140195	158442	169737	184660	201083	218952	248216	254283	314235	342542	495641
行政管理费支出	266996	267728	284521	312984	381509	439949	513038	677156	845046	945994	1139635	1353259
公检法司支出	97856	119061	149192	161426	232908	271156	316066	369351	435893	521760	625369	742809
三、城市维护建设费支出	55875	76066	101767	119317	117596	117153	138246	167466	207376	241893	254231	310157
四、政策性补贴支出	99239	136885	144227	139732	157142	171557	147212	208969	161058	154624	158220	159060
五、支援不发达地区支出	26402	27469	62979	70278	76916	100911	100517	99322	107202	103376	114412	123912
六、其他支出	16029	92945	101540	161163	111258	199221	216342	253199	335569	441285	492267	729777

说明：资料来源于《四川统计年鉴（2006）》

第三篇 财政管理

1986 年以来，为了适应改革开放的需要，建立与经济体制相适应的财政管理制度，四川财政对管理监督所涉及的职能、权限、方式、方法等进行了一系列改革，主要是：

调整改革财政管理体制。根据事权与财权相统一的原则，从“分灶吃饭”的多种财政包干办法，到实施分税制财政体制，进行所得税分享改革，逐步建立稳定收入、约束支出的管理机制，促进和保障财政收入增长，提升财政宏观调控能力。同时，为解决地区间发展不平衡和财力差距问题，按照标准财政收支，对收不抵支的地方，建立转移支付制度，推进财政公共服务能力均等化和民生财政建设。

改革财政预算管理方式。编制复式预算，细化部门预算，实行零基预算，对各级财政总预算和部门预算，由按基数法编制改为按因素法编制，提高预算编制的完整性、科学性和透明度；实行财政专户储存、收支两条线管理，实施国库集中支付制度和政府采购制度，加强对各类财政性资金的全面有效管理。对行政、事业人员工资和重要专项资金，实行财政部门直接拨付和封闭式运行，保证财政资金的及时足额入库和支付，提高财政资金的使用效率。对政府性债务资金实行项目责任制。

依法行政，依法理财。严格按照程序，制定和审定地方财税法规和财政规范性文件，清理废止不合规定和失效法规。加强对财税法规及财税政策执行的管理和监督，防止随意减免和乱收税费，做好财政行政执法中的案件处理、处罚及行政复议。加强企事业财务管理监督，进一步理顺国家与企业的分配关系，企业由上缴利润为主改为缴纳所得税、上缴国有资产收益及依法缴纳有关税费，使初次分配更加合理。规范企业财务会计行为，贯彻执行符合市场经济体制和国际通行惯例的财务通则、会计准则及新的各行业财务制度和会计制度，保证会计信息科学、真实、完整。

改革和加强对各类国有资产的管理。全面清产核资，进行产权界定、产权登记，明确所有权、占有权、使用权、经营权及其责任，实行国有资产有偿使用和划拨，收取投资效益，确保国有资产的安全、保值和增值。改革财政监督检查方式和方法，监督检查覆盖资金分配全程，收支并举、内外并重，实现财政监督检查的常态化、制度化、法制化。

加强财政队伍建设，改革、调整、充实财政机构。根据财政职能的转变，相应增减内设机构。搞好教育培训，提高干部政治素质和业务技能。深化财政政策研究，提高决策科学化规范化水平。推进“金财工程”信息化建设，采用现代科学技术手段，实施有效的管理和监控，提高工作效率和质量，服务各项财政工作和各项财政改革。

第一章 财政体制

四川省财政体制，1978 年改革开放之前，实行的是计划经济条件下统收统支的管理模式。1978 年改革开放之后，随着经济体制由计划经济向有计划的商品经济再到社会主义市场经济转变，财政体制也随之进行了相应调整。1985 年，中央对四川实行“划分税种、核定收支、分级包干”办法。1988 年，为配合国有企业承包经营责任制改革，四川开始实行“上解额递增包干、定额上解、定额补助、递增补助”等包干办法。1994 年，全国实行分税制财政管理体制改革，按照“统一领导、分级管理”原则，中央对四川、四川对各市（地、州），分别根据事权与财权相一致的原则，划分收入与支出范围。2002 年，按照中央规定，四川开始实行企业所得税和个人所得税中央与地方分享改革。2003 年，根据《国务院关于改革现行出口退税机制的决定》，四川省开始建立省与市（州）共同负担的出口退税新机制。分税制财政体制改革和所得税分享改革，改变了以往按隶属关系和比例划分财政收入的办法，改按税种和比例划分收入，按事权划分财权，辅之以相配套的财政转移支付制度，规范了各级政府之间的财政分配关系。

第一节 中央对四川财政管理体制

一、“划分税种、核定收支、分级包干”财政管理体制

1985—1987 年，中央对四川省实行“划分税种、核定收支、分级包干”的财政管理体制，一定 5 年不变。新体制的基本原则是：在总结“划分收支、分级包干”财政管理体制经验的基础上，存利去弊，扬长避短，继续坚持“统一领导、分级管理”的原则，进一步明确各级财政的权利和责任，做到权责利结合，充分发挥中央和地方两个积极性。上述财政管理体制规定，按利改税第二步改革以后的税种划分各级财政收入，财政支出仍按隶属关系划分。其主要内容是：

地方财政收入，按第二步利改税税种的设置，划分中央和地方财政固定收入以及中央和地方共享收入。地方固定收入包括：地方国营企业的所得税、调节税和承包费，集体企业所得税，农牧业税，车船使用牌照税，城市房地产税，屠宰税，牲畜交易税，集市交易税，契税，地方包干企业收入，地方经营的粮食、供销、外贸企业亏损，税款滞纳金，补税罚款收入，城市维护建设税和其他收入，尚待开征的土地使用税、房产税和车船使用税。石油部、电力部、石化总公司、有色金属总公司所属企业的产品税、营业税、增值税，以其 30% 作为地方财政固定收入。中央和地方共享收入包括：产品税，营业税，增值税（不含石油部、电力部、石化总公司、有色金属总公司所属企业和

铁道部以及各银行总行和保险总公司缴纳的部分），资源税，建筑税，盐税，个人所得税，国营企业奖金税，外资、合资企业的工商统一税、所得税（不含海洋石油企业交纳的部分）。

地方财政支出，仍按隶属关系划分（即按1980年划分范围）。对不宜于包干的专项支出，如特大自然灾害救济费、特大抗旱和防汛补助费、支援不发达地区发展资金、边境建设事业补助等，由中央财政专项拨款，不列入地方财政支出包干范围。

地方财政按照中央划分的收支范围，凡地方固定收入大于支出的，定额上解中央；地方固定收入小于支出的，从共享收入中确定一个分成比例留给地方；地方固定收入加共享收入全部留给地方还不足以抵补其支出的，由中央定额补助。

为了适应经济体制改革中变化因素较多的情况，有利于处理中央与地方之间的关系，中央又规定在1985和1986两年内，除了中央财政固定收入不参与分成外，可以把地方固定收入和中央、地方财政共享收入加在一起，同地方财政支出挂钩，确定一个分成比例，实行总额分成。

1985年中央对重庆市的财政收支包干基数重新作了调整，重庆市的财政收入留解比例相应调整为上解中央39.2%，上解省23.3%，留市37.5%（1987年因中央对省增加三州开发资金，上解省的比例调整为29.7%，上解中央的比例则下降为32.8%）。

二、“包干制”财政管理体制

1988—1993年，中央对四川继续实行包干制财政管理体制，同时针对地方留成比例小、地方组织收入积极性降低、中央财政连年赤字等问题，适时改进具体包干办法。

1988年，国务院决定进一步改进财政包干办法，在全国实行收入递增包干、总额分成、总额分成加增长分成、上解额递增包干、定额上解、定额补助等6种财政包干办法。四川省由于情况特殊，继续执行重庆市计划单列时确定的办法，四川省的收支差额与重庆市的收入挂钩。按调整后的财政收支包干基数计算，重庆市上解省的比例由原来的29.7%调整为10.7%，留市的比例由原来的37.5%调整为33.5%。

是年，中央对重庆市又改为收入递增包干，收入递增率为4%；重庆市上解省的办法也相应改为收入递增包干。

三、“分税制”财政管理体制

1994年，为解决国家财力分散、财政收入增长缓慢、包干体制种类繁多、分配关系不尽规范等问题，中央决定实行分税制财政体制改革。分税制，简而言之就是“分权、分税、分设机构”，即按照中央与地方政府的事权，合理确定各级财政的支出范围；同时，根据事权与财权相结合的原则，将税种统一划分为中央税、地方税、中央与地方共享税，建立中央税收和地方税收体系，并相应分设中央与地方两套税收征管机构；科学核定地方收支数额，实行规范的中央财政对地方财政的税收返还和转移支付制度；建立和健全分级预算制度，硬化各级预算约束。

（一）分税制财政管理体制的主要内容

中央与四川收入划分 中央固定收入：消费税，关税，铁道系统、各银行总行、保险总公司交纳的营业税（包括城建税和教育费附加），海关代征进口商品的消费税和增值税，中央企业所得税（包括上缴的利润和银行系统上缴的收入），地方银行和外资银行及非银行金融企业（包括信用社）

所得税。地方各类外贸企业出口退税，除1993年地方已经负担的20%部分列入地方上交中央基数外，以后发生的出口退税全部由中央财政负担。

四川固定收入：营业税（不含铁道系统、各银行总行、保险总公司交纳的营业税），地方企业所得税（不含上述地方银行和外资银行及非银行金融企业所得税），地方企业上缴利润，个人所得税，土地使用税，固定资产投资方向调节税，城乡建设维护税（不含铁道系统、各银行总行、保险总公司交纳部分），房产税，车船税，印花税，屠宰税，农牧业税，对农业特产收入征收的农业税（简称农业特产税），耕地占用税，契税，遗产和赠与税，土地增值税，国有土地有偿出让收入等。

中央与四川共享收入：增值税、资源税、证券交易税。增值税中央分享75%，地方分享25%。资源税按不同的资源品种划分，其中，海洋石油资源税归中央，其他资源税归地方。证券交易税，中央和地方各分享50%。

中央与四川支出划分 中央支出：国防费，武警经费，外交和援外支出，中央级行政管理费，中央统管的基本建设投资，中央直属企业的技术改造和新产品试制费，地质勘探费，由中央财政安排的支农支出，由中央负担的国内外债务的还本付息支出，以及中央本级负担的公检法支出和文化、教育、卫生、科学等各项事业费支出。

四川支出：地方行政管理费，公检法支出，部分武警经费，民兵事业费，地方统筹的基本建设投资，企业技术改造和新产品试制经费，支农支出，城市维护和建设经费，地方文化、教育、卫生等各项事业费，价格补贴支出以及其他支出。

中央财政对四川财政税收返还 为了保持分税制前后地方既得利益的大致均衡，并逐步达到改革的目标，中央财政对四川财政的税收返还数额按1993年基期年核定，即1993年中央从地方净上划的收入额（上划消费税+上划75%的增值税－中央下划收入+其他调整因素），全额返还地方，保证地方既得财力，并以此作为以后中央对地方的税收返还基数。1994年以后，税收返还额在1993年基数上逐年递增，递增率按省（市、区）增值税和消费税平均增长率1：0.3的系数确定。

实施过渡期财政管理体制 为了顺利推行分税制改革，实行分税制以后，原财政管理体制的分配格局暂时不变，过渡一段时间再逐步规范化。原财政管理体制中央对地方的补助继续按规定补助。原财政管理体制地方应上解中央的部分，仍按不同体制类型执行；实行递增上解的地区，按原规定继续递增上解；实行定额上解的地区，按原确定的上解额继续实行上解；实行总额分成的地区和原分税制试点地区，暂按递增上解办法，即按1993年实际上解数，并核定一个递增率，每年递增上解。

从1995年起，中央又取消原体制递增上解办法，改为以1994年递增上解数为基数，每年定额上解。原来中央拨给地方的各项专款，该下拨的继续下拨。地方财政1993年承担的20%出口退税以及其他年度结算的上解和补助项目相抵后，确定一个数额，作为一般上解或一般补助处理，以后年度按此定额结算。

（二）所得税分享改革

2002年1月，根据国务院所得税收入分享改革方案的具体规定并结合四川实际，省政府决定从2002年1月1日起实施所得税收入分享改革。改革的主要内容是：

级次划分及分享比例 中央下划企业所得税划分办法：中央按相关因素计算下划四川的跨地区经营、集中缴库的中央企业所得税和就地入库中央企业缴纳的所得税地方部分暂作为省级收入。

省级企业所得税、市（州）企业所得税划分办法：四川省地方企业所得税除中央按比例分享外，地方部分暂维持现行体制的划分办法，省、市互不分享。

个人所得税划分办法：个人所得税地方部分仍按现行体制的规定，省、市按35%、65%比例分享；中央下划的储蓄存款利息所得个人所得税（除三州外）作为省、市共享收入，省、市按35%、65%比例分享。其中，由省国家税务局直属征收分局征收的储蓄存款利息所得个人所得税的地方部分，作为省级收入。

基数计算 中央下划的企业所得税以财政部最终计算确定的2001年收入为基数；中央下划的储蓄存款利息所得个人所得税和地方上划的个人所得税均以2001年决算数加上当年个人所得税代扣代缴手续费后的数字为基数；地方企业所得税按2000年决算收入和调整后2001年决算收入的平均数计算各市（州）2001年上划基数。

结算办法 以核定的2001年所得税为基期，按上述级次划分、分享比例和基数确定办法计算上下划基数，如果下划基数小于上划基数，差额部分由省财政定额返还市（州）；如果下划基数大于上划基数，差额部分由市（州）定额上解省财政。

改革方案实施后，如果某市（州）以后年度的所得税收入完成数达不到2001年基数，省将按中央有关规定相应扣减对该市（州）的基数返还或调增其基数上解。

（三）出口退税分担机制改革

2003年，针对出口退税负担机制不科学、缺乏稳定资金来源、欠退税问题严重等问题，根据《国务院关于改革现行出口退税机制的决定》，四川省按照“新账不欠、老账要还、完善机制、共同负担、推动改革、促进发展”的原则，建立了省与市、州共同负担的出口退税新机制，以推动外贸体制深化改革。改革的主要内容如下：

适当降低出口退税率 本着“适度、稳妥、可行”的原则，区别不同产品调整退税率：对国家鼓励出口产品不降或少降，对一般性出口产品适当降低，对国家限制出口产品和一些资源性产品多降或取消退税。调整退税率的详细产品目录，按国务院批准的方案执行。

按现行财政管理体制确定省与市（州）的负担比例 对出口退税地方负担的25%部分，实行分享与分担对等的原则。省与市（州）分担出口退税增量的比例，与四川现行财政管理体制规定的增值税分享比例相同，使受益与负担相适应，以利财政管理体制的平稳运行。具体为：对原中央财政负担的出口退税改为中央与地方财政共同负担以后，从2004年起，以中央核定的2003年出口退税指标为基数，对超过基数部分的应退税额，由中央和地方按75：25的比例共同负担。对地方应负担的25%部分，省与市按35%和65%的比例分别负担，三州与内地3个民族自治县和6个民族待遇县由当地全额负担。

历年累计欠退税由中央财政负担 对截至2003年底累计欠企业的出口退税和按增值税分享体制影响各地的财政收入，全部由中央财政负担。其中，对欠企业的出口退税款，中央财政从2004年起采取全额贴息等办法予以解决。同时，从2003年起中央进口环节增值税、消费税收入增量将首先用于出口退税。

继续维持上划“两税”增量返还政策 对出口退税实行中央与地方共同负担后，增值税地方分享25%部分，省与市按35：65（三州、内地民族自治县及民族待遇县为100%）的分享比例不变，省对市、州税收返还计算方法不变，省仍按原口径计算“两税”增幅并按1：0.3系数返还各地。同时，根据《国务院关于对生产企业自营出口或委托代理出口货物实行“免、抵、退”税办法的通知》及省财政厅《转发〈关于实行抵免退税办法有关预算管理问题的通知〉的通知》有关规定，对符合条件的企业自营或委托出口实行的免、抵税额，继续采取调库办法，确保各级上划中央“两税”的增量返还。

第二节　省以下财政管理体制

一、“划分税种、核定收支、分级包干”财政管理体制

1985—1987 年，省对市（地、州）比照中央办法实行“划分税种、核定收支、分级包干”的财政管理体制，一定 5 年不变。

财政收支划分　财政收入方面，将中央划给地方的各项财政收入，划分为省、地财政固定收入和共享收入两类。省财政固定收入：省级国营企业所得税、调节税、承包费，不实行利改税企业的利润、亏损企业的政策性亏损，棉花价差补贴，猪皮补贴，各银行省分行及省保险公司的营业税，建筑税，其他收入。市（地、州）、县各银行的营业税以其 70% 作为省财政固定收入，石油部、电力部、石化总公司、有色金属总公司所属企业的产品税、营业税、增值税的 30% 作为省财政固定收入。市（地、州）财政固定收入：市（地、州）国营企业的所得税、调节税、承包费，不实行利改税企业的利润、亏损企业的政策性亏损，集体企业所得税，农牧业税，车船使用牌照税，城市房地产税，屠宰税，牲畜交易税，集市交易税，契税，税收滞纳金和罚款补税，其他收入，尚待开征的土地使用税、房产税和车船使用税。中央划给地方财政的共享收入，除建筑税（省固定收入）外，均作为省与地区的共享收入。城市维护建设费，排污费，水资源费，以收入安排支出，用于指定用途。

财政支出方面，省和地区财政支出的范围，除人防经费上划中央和个别事业单位下划以外，其余仍按原隶属关系划分。对不宜于包干的专项支出如特大自然灾害救济费，特大抗旱和防汛补助费，支援经济不发达地区发展资金，补助三州的开发资金，地方统筹基本建设投资，企业挖潜改造资金和科技三项费用等，由省财政对地区专项拨款。

财政收支包干基数　收入包干基数，以 1983 年决算收入数为基础，按照上述收入划分范围和利改税第二步改革后的收入转移情况，调整确定其收入包干基数。支出包干基数按地区应得财力计算，即以 1983 年支出包干基数，加上一个包干期的增长分成数，调整确定其支出包干基数。

4 种包干办法　根据地区不同情况，采取 4 种包干办法，分别为财政收入包干基数大于财政支出包干基数的市、地继续实行定额上解，增长分成。实行这种办法的有成都、自贡、攀枝花、德阳、泸州、内江、乐山、绵阳等 8 个市，增长上解比例最高为 56%，最低为 25%；财政收入包干基数大于财政支出包干基数，其差额不大的市（地），实行定额上解，增长全留的办法。实行这种办法的有遂宁、宜宾、南充、达县 4 个市（地）；财政支出包干基数大于财政收入包干基数的市（地），其差额部分实行定额补助，收入增长全留的办法。实行这种办法的有广元、雅安、涪陵、万县 4 个市（地）。

三个民族自治州仍实行“定额补贴，逐年递增”的办法。

1985年起开征城市维护建设税，用以抵拨城市维护方面的开支，原来的资金供应办法即行废止。县办“五小”（小钢铁、小煤矿、小机械、小水泥、小化肥）企业（包括县车队）县留成60%的规定停止执行，原列入预算外的收支纳入预算内。粮油议购议销利润年终单独结算的办法停止执行，从1985年起应上缴财政的利润部分纳入预算内。上述管理制度所引起的变化，相应调整地区财政收支包干基数。国家调整价格、增加职工工资和其他经济改革措施而引起的财政收支变动，除国务院和省政府另有规定外，一律由各地自行承担，不调整财政收支包干基数和定额上解或定额补贴数。

1986年，为了促进四川主要上解地区发展经济，增加收入，省对上解地区进一步放开体制：提高主要上解市的增长分成比例。上解市当年收入增长超过7%的部分，按“市得大头，省得小头”的办法进行分成。1986年的分成比例：成都市100%，泸州、内江市80%，绵阳市85%，乐山市90%。自贡市的增长分成上解比例，省在年初已将53%调减为50%，当年不执行上述办法。同年，省在调查研究基础上，开始试行递增包干体制，上半年在新都、双流、富顺、泸县、仁寿、广汉、三台等7个县试点，下半年扩大到德阳、攀枝花市。具体办法是：上解基数。按1985年体制上解数（1985年底的定额上解）加1985年财政决算分成收入增长上解数；递增包干上解比例：参照1983至1985年财政决算分成收入比上年的增长幅度和3年平均递增幅度协商确定。各市、县的递增上解比例是：德阳市7%，攀枝花市14%，广汉市14%，新都县8%，双流县7%，富顺县6%，仁寿、泸县、三台县不递增，实行定额上解。上解市1987年当年收入增长超过7%的分成比例，考虑到地区之间的平衡，适当作了调整，成都、自贡市70%，泸州、内江、绵阳、乐山市仍按上年的分成比例执行。

攀枝花市因受收入增长因素的制约，1986年实行财政递增包干办法后，其财力增长不如原来实行的增长分成体制。1987年经省政府领导同意，又改按“增长分成”和“收入超增长另定分成比例”办法执行，即超过7%的部分，市分成70%，省分成30%。

1988年，为进一步调动各地区增产节约、增收节支的积极性，促进四川国民经济正常发展，根据中央对地方财政包干办法改进原则和调整财政收支包干基数有关规定，省对市（地、州）财政收支包干基数又重新作了全面调整，并对主要上解市全面实行“上解额递增包干”办法。具体办法是：以1986年的财政决算分成收入，加（减）应调整的收入项目，确定其财政收入包干基数。按应得财力（1986年底的财政支出包干基数，加1986年累计增长分成），减中央借款，加（减）其他应调整的支出项目（包括1987年帮助地区平衡财政收支困难的补助），确定其财政支出包干基数。根据地区不同情况，实行3种财政包干办法：一是财政支出包干基数大于财政收入包干基数的市（地、州），由省给予“定额补助”。实行这种办法的有甘孜、阿坝、凉山3个民族自治州和广元、雅安、万县、涪陵4个市（地），共7个市（地、州）。二是财政收入包干基数大于财政支出包干基数，上解数额较小的地区，实行“定额上解、增收全留”办法。实行这种办法的有遂宁、南充、达县、宜宾等4个市（地）。三是成都、自贡、攀枝花、泸州、绵阳、德阳、内江、乐山等8个上解额较大的市，实行“上解额递增包干”办法。具体办法是：以上述调整财政收支包干基数后的定额上解数，加1987年调整后的当年财政决算分成收入增长上解数，作为递增包干上解基数。递增上解比例，参照此前3年财政“上解额”平均增长幅度，经过协商并适当照顾后确定，成都市6.5%，自贡市7%，攀枝花市8.5%，泸州市6%，德阳市7.5%，绵阳市7%，内江市6%，乐山市5.5%。

1988年，从涪陵地区划出5个民族县成立黔江地区，涪陵地区的财政收支包干基数经调整变动后，由原来的“定额补助”变为“定额上解”。黔江地区的5个县，均属边远山区贫困县，财政比较困难，按省确定的财政收支包干基数，支大于收的差额部分实行“定额补助”，收入增长全留。

以上办法原为一定3年，由于中央对省的财政管理体制没有大的变化，为了稳定经济，稳定财政，一直延续至1993年。

阿坝、甘孜、凉山3个民族自治州的“定额补助”逐年递增办法，根据中央精神，1988年起停止执行。1989年，根据三州实际情况，省委、省政府决定，从当年起恢复三州的“定额补助”逐年递增办法，递增比例为2%，1992年又提高到5%。其递增补助，指定主要用于教育事业的发展。

1989年，为了加强对省级企业收入的管理，经省政府批准，省税务局成立了直属分局，负责征管在成都市五区范围内省属企业的各项税收。在成都市五区范围内省属企业的各项税收和在蓉的省属预算外国营企业所得税划作省级收入以后，影响成都市的收入部分，1989年和1990年采取年终结算的办法处理，从1991年起，按1989年实际征收的税收数，再递增6.5%（成都市递增上解省的比例），以及1990年在成都市的省属预算外企业实际缴纳的国营企业所得税，调减成都市的财政收入包干基数和递增包干上解基数。

是年，省政府发布实施《四川省乡财政管理规定》，乡财政实行“统一领导、分级管理”的体制，乡财政预算按照“量入为出、留有后备、不打赤字”的原则编制，收支范围由国家预算内、国家预算外和自筹资金三部分组成。预算内收入包括：乡所属的集体企业、个体工商业户、集贸市场和其他划归乡管理的工商税收，以及农业税、牧业税、农林特产税、耕地占用税、契税和其他收入；预算内支出包括：乡所属的行政管理费、文教卫生和农林水事业费，以及其他划归乡管理的经常性支出。预算外收入包括：农业税附加、公用事业附加、公房租金收入和其他预算外收入；预算外支出包括：农村广播网补助、公房维修、小集镇建设、中小学房屋修缮补助、村干部补助、乡村道路桥梁补助和其他预算外支出。乡自筹资金收入和支出主要是指：乡人民政府按国家政策规定筹集的收入和相应安排的支出。上述各种资金，可因地制宜实行4种管理体制：定收定支，收支挂钩，超收分成或增收分成，节余留用；定收定支，收支挂钩，总额分成；划分收支，收支包干，定额上解或定额补助；定收定支，上缴递增包干。

1991年，为了发挥各级财税部门征集国家预算调节基金的积极性，扭转该项收入完成情况差的局面，将预算调节基金留省的50%部分，以70%（即全额的35%）划作各市（地、州）分成收入，上解地区相应调增上解基数，补助地区相应调减补助基数。划归各地的调节基金，实行“固定比例分成，定额基数包干”的办法，即各地实际征集的预算调节基金，按总额35%计算分成，凡超过省下划基数的部分，全部留给市、地、州，统筹安排预算支出。

1992年，为进一步支持农业生产发展，体现照顾基层和搞活企业的精神，并有利于理顺关系，加强管理，将原由省部分集中和全部集中的三次粮食提价增收的农业税，以及平价粮食企业超亏省负担20%的补助下划各地；取消1989年省规定征收的粮食补贴基金，各地相应增加的粮食企业亏损，以及原属省级预算的粮食企业计划亏损补贴纳入各地预算。上述影响收入变动的因素，相应调整了各地财政收入包干基数、定额补助和上解基数。这样调整以后，涪陵和达县两个地区由原来的定额上解变为定额补助，使定额补助的地区增加到9个。其他市（地、州）的体制没有变化。同时，考虑到国家出台的增支政策较为集中，县级财政特别是产粮大县财政十分困难，省把当年国家提高粮食收购价格相应增加的农业税约1亿元，全部留给县，用于平衡预算，不调整收入包干基数。

二、分税制财政管理体制

从1994年起，省对市（地、州）实行分税制财政管理体制，为了避免利益分配格局变化带来更大的震动和更多的矛盾，保护各地发展经济、增收节支的积极性，省不集中原属于市（地、州）的财力。具体办法是：一是除中央按分税制办法划走的收入外，留给地方财政的收入维持原来的归属，省对各地区的税收返还以各市（地、州）1993年上划中央的净收入为基数（上划增值税＋上划消费税75%－中央下划收入±其他调整因素），从1994年起，按各市（地、州）增值税和消费税平均增长率1∶0.3的系数逐年递增返还。二是原省对市（地、州）财政管理体制规定的上解和补助，仍按原规定办法执行，即上解地区仍按原办法逐级上解，补助地区仍按原办法补助。从1995年起，中央取消递增上解办法，省对原递增上解市仍维持不变。三是中央决定从1994年起取消国有企业“两金”。由于预算调节基金是省级原有的固定收入，致使省级减少部分财力。为了不向地、县转嫁负担，决定将中央下划的耕地占用税30%、土地使用税50%留在省级，从1994年起，省分享“两税”的比例改为40%、60%。另外，国有土地使用权有偿使用收入，从1994年起改按省分享15%，市（地、州分享85%。四是省只确定市（地、州）的财政管理体制。市（地、州）对县（市、区）的财政管理体制，建议原则上也比照省对市（地、州）的办法办理。五是实行分税制后，省取消对市、地的资金留解比例，缴入地方金库的财政收入，省不再参与资金分成。

1997年，重庆直辖市成立，所辖包括原属四川的重庆市、涪陵市、万县市和黔江地区。由于重庆市早在1984年就实行计划单列，享受省一级的经济管理权限，且财政收支直接与中央挂钩，故直辖后对省级财政影响不大。涪陵、万县和黔江两市一地的划出，则使得四川面积相对变小，人口减少，经济规模缩减。根据规定，两市一地指标按1995年基数划转，1995年四川省地方财政收入为167.07亿元，划转后减少为121.07亿元，减少46.01亿元；财政支出为277.72亿元，划转后减少为211.50亿元，减少66.22亿元。

2000年，按照分税制财政管理体制改革要求，在维持省与市（州）事权划分的基础上，四川对省与市（州）“双轨”运行的财政管理体制进行了适当调整，调整时，遵循“维护既得利益、实行增量调整”的原则。将金融保险业营业税调整为省级固定收入；将原省级财政分享的耕地占用税、土地增值税、城镇土地使用税、国有土地有偿使用收入4项收入下划市（州）；将增值税（25%部分）、营业税、个人所得税、资源税、房产税、印花税、城镇土地使用税、契税8个税种作为省与市的共享收入，省分享35%，市分享65%。同时，停止执行原包干体制的递增上解、定额上解、定额补助办法，从2000年起，各地税收返还收入以调整后的1999年税收返还收入为基数，按各地当年上划中央增值税和消费税的实际增长率的1∶0.3系数确定返还增量。对甘孜、阿坝、凉山3个民族自治州，除将金融保险业营业税上划为省级固定收入外，省暂不参与对上述8税的分享，并继续维持对三州的递增补助体制，年递增率为5%，以促进少数民族地区经济社会事业的发展。

2003年，省政府决定调整省与内地民族自治县和享受民族待遇县的税收分享政策。即从2003年起，对三州以外的北川、马边、峨边3个民族自治县和享受民族县待遇的仁和区、米易县、盐边县、平武县、金口河区、石棉县等6个区、县，参照三州财政体制，省财政暂不参与增值税（25%部分）、一般营业税（不含金融保险营业税）、个人所得税地方部分、资源税、房产税、印花税、城镇土地使用税、契税等8个税种的分享，除中央参与分享以外的地方部分，全部作为县级收入。

2005 年省对市、州分税制财政管理体制主要情况表

表 3－1

省级财政固定收入	市州财政固定收入		省与市（18 个）共享收入		
	18 个市固定收入	三州及 9 个民族县固定收入	税种	省级分成	18 市分成
金融保险业营业税；中央和省级企业所得税的 40%；省国税局、省地税局直属征收分局和稽查分局征收、稽查入库的税收除中央按体制分成和印花税、城镇土地使用税、城市维护建设税和教育费附加收入应划归成都部分外，其余全部作为省级收入	土地增值税、车船使用和牌照税、城市维护建设税、耕地占用税等全部为市固定收入，省不参与分成。18 个市地方企业所得税 40% 部分作为地方财政收入，省也不参与分成	增值税（地方 25% 部分，包括出口退税）、一般营业税（不含金融保险业）、个人所得税地方 40% 部分、资源税、房产税、印花税、城镇土地使用税、契税、土地增值税、车船使用和牌照税、城市维护建设税、农业特产税、耕地占用税等全部为州固定收入，省不参与分成。地方企业所得税 40% 作为地方财政收入，省也不参与分成	增值税（25% 部分）	35%	65%
			一般营业税	35%	65%
			个人所得税（40% 部分）	35%	65%
			资源税	35%	65%
			房产税	35%	65%
			印花税	35%	65%
			城镇土地使用税	35%	65%
			契税	35%	65%

2005 年，市（州）对县（市、区）的财政体制，在中央、省级参与税收分享的基础上，主要有以下几种类型：泸州、广元、宜宾、广安、达州、资阳、眉山、巴中 8 个市完全按照省的体制调整办法，省参与分享 8 个税种，市不再分享，市本级不集中财力。成都、自贡、攀枝花、德阳、绵阳、遂宁 6 个市比照省的体制调整办法，根据辖下各县（市、区）的实际情况，分别确定税收分享比例，对财力较好的县（市、区）适当集中，财力困难的予以适当补助。如绵阳市对财力较好的涪城区、江油市、游仙区等参与了税收分享，集中了 10% 的财力，而对三台、北川、平武等地的 8 个分享税种省分享 35% 部分，由绵阳市本级承担。内江、乐山、南充、雅安 4 个市在省参与分享 8 个税种的基础上，选择部分税种作为市、县（市、区）共享收入，并根据各自的情况确定不同的分享比例。如乐山市，省分享的 8 个税种，市中区分享 15%，市本级分享 50%，新增税种市分享 85%，区分享 15%。阿坝、甘孜、凉山三州实行符合民族地区实际情形的财政体制。其中阿坝州对九寨沟、松潘、小金 3 县涉及旅游业的营业税、企业所得税和个人所得税实行州、县“三七”分成，对扎谷脑河流域与水电开发相关的税收也实行州、县按比例分成。甘孜、凉山两州继续维持原递增（或定额）包干补助（或上缴）体制。

三、财政转移支付

1995 年，按照分税制财政体制要求，为均衡地区间财力差异，应配套建立规范的转移支付制度。但鉴于条件尚不成熟，从 1995 年起，中央对省实行了过渡期转移支付办法，以各地标准财政收支差额作为转移支付分配依据。2002 年，随着分税制财政体制的逐步完善，过渡期转移支付概念不再沿用，改称为一般性转移支付。

（一）财力性转移支付

财力性转移支付是为弥补财政实力薄弱地区的财力缺口，均衡地区间财力差距，实现地区间基本公共服务能力均等化，由上级财政安排给下级财政统筹使用的补助支出，包括一般性转移支付、民族地区转移支付等。

四川省由于各地（市、州）之间和县与县之间经济发展不平衡，财政收入能力和支出水平差异较大，过渡期转移支付方案总体上以县为单位设计、计算，同时，按照当时财政管理体制，市（地、州）本级财政也拿出一定财力对所属财政困难县实施转移支付，省、市（地、州）共同完成对县的转移支付。具体做法为：一是过渡期按照“财力”低于“标准支出”的差距作为确定转移支付的基础，同时适当考虑各地的收入努力程度及支出结构。收入努力不足的县（市、区），其“财力”低于“标准支出”的差距，通过强化征管、合理利用税基等途径增加收入予以弥补，仍有缺口的，其财力不足额作为计算转移支付的依据。为了保证有限的转移支付资金首先用于最困难的县（市、区），凡1995年人员经费与公用经费占财力的比重低于94%的县（市、区），以及按实际财政供养人数算总账，凡人均财力高于1万元以上的市（地），其所属县（市、区）暂不作为省级财政过渡期转移支付对象。二是各地享受转移支付额的计算总公式是：某县（市、区）转移支付补助额＝该县客观因素转移支付补助额＋该县政策性转移支付补助额。省对县（市、区）的转移支付补助遵循按每年财力情况滚动式计算的原则，补助额一年一定，不作基数。三是过渡期转移支付额的确定。客观因素转移支付额的确定：某地客观因素转移支付补助额＝（该地标准支出－该县财力－该县收入努力不足额）×客观因素转移支付系数。客观因素转移支付系数＝当年可用于客观因素转移支付资金÷（全省县级标准支出－县级财力－县级收入努力不足额）。政策性转移支付的确定：民族地区财源基础薄弱，人均财政收入水平低，财力对财政收入的增长弹性较差，加之民族地区自然条件艰苦，人口过疏，财政支出成本较高，在套用上述计算方法时难以体现中央和省对民族地区的照顾和扶持，因此，在中央财政对民族自治州实施政策性转移支付的基础上，对省内其他民族县、民族待遇县，由省财政实施政策性转移支付补助制度。

1995年四川省过渡期转移支付补助分市（地、州）情况

表3－2　　单位：万元

市（地、州）	客观性转移支付补助额	政策性转移支付补助额	转移支付总额
成都市	—	—	—
自贡市	310	—	310
攀枝花市	—	170	170
成都市	—	—	—
泸州市	911	—	911
绵阳市	—	80	80
广元市	1173	—	1173
遂宁市	119	—	119
内江市	1022	—	1022
乐山市	930	220	1150
南充市	1604	—	1604

续表 3-2

市（地、州）	客观性转移支付补助额	政策性转移支付补助额	转移支付总额
宜宾地区	1062	—	1062
达川地区	711	—	711
雅安地区	656	80	736
阿坝州	834	500	1334
甘孜州	1186	960	2146
凉山州	1287	240	1527
广安地区	759	—	759
巴中地区	1573	—	1573
万县市	1114	—	1114
涪陵地区	235	—	235
黔江地区	228	450	678
合计	15714	2700	18414

1996 年，四川省过渡期转移支付办法在 1995 年办法的基础上，作了适当改进，用“标准收入”替代了“收入努力程度”和“财力”指标，标准支出计算更加明细。

1997 年，四川省过渡期转移支付办法参照财政部 1997 年过渡期转移支付方案，并作适当调整改进。客观因素转移支付补助额的确定，调整为：客观因素转移支付补助额 -（该县标准支出 - 该县标准收入）×客观性转移支付系数。以 1997 年数据分别计算“标准支出”和“标准收入”，对“标准支出 - 标准收入”为负数的县不列入转移支付对象。客观性转移支付系数为中央财政给予四川的客观性转移支付补助额与全省各县“标准支出 - 标准收入”正数部分总额之比。

2001 年，参照财政部《2001 年过渡期财政转移支付办法》，四川财政在维持上年既得财力基础上，实行增量调控，将当年增量资金重点用于丘陵、人口和农业大县，帮助其缓解财政履行基本职能所面临的财力困难。同时，根据市（州）本级财力状况的不同，对实行普通转移支付的县支付系数进行了调整。具体为：市（州）本级 2000 年人均财力在 25000 元以下的，维持不变；人均财力在 25000—30000 元的，补助系数调减 10%；人均财力在 30000—35000 元的，补助系数调减 20%；人均财力在 35000—40000 元的，补助系数调减 30%；人均财力在 40000 元以上的，补助系数调减 40%；新成立的市暂不作调整。

2005 年，省财政加大了对市（州）、县的转移支付力度，将教科文卫等社会事业发展支出和社会保障等公共支出全部纳入一般转移支付范围。2005 年，转移支付资金总额达到 97 亿元，县级人均财力达到 2.6 万元。至此，自 1995 年开始实施过渡期转移支付制度以来，四川省已形成包括过渡期转移支付、天然林转移支付、民族地区特殊转移支付、民族地区政策性转移支付、调整工资转移支付等在内的转移支付体系。

（二）专项转移支付

专项转移支付是为客观特定宏观政策及事业发展战略目标，以及委托地方政府代理事务或上下级共同承担事务进行补偿而设立的补助资金，重点用于公共服务领域，并按规定用途使用。

1999年，根据财政部《1999年实施天然林保护工程后中央对地方财政减收转移支付办法》，并结合四川实际，省财政厅制定并实施《四川省实施天然林保护工程后财政减收转移支付办法》。转移支付范围为实施天然林保护工程引起的财政减收。各地在省林业厅下达减伐计划基础上追加的减伐量、各地对与保护工程相邻区域天然林实施停伐或减伐，以及实施天然林保护工程前实行的限产减伐等，均不予以补助。补助期限为5年，5年以后，根据林区财政收入状况和中央财政补助情况，再制定逐步减少补助的办法。具体实施时，对与林区财政密切相关的原木特产税减收实行全额补助，其他税种①减收按实际影响程度给予适当补助。某地天然林保护工程财政减收转移支付补助额＝该地原木特产税减收额＋该地其他税种减收适当补助额。年终结算时，省财政厅根据各地实施天然林保护工程情况，在省核定的补助数额内，对当年补助数进行清算。对未按天然林保护工程方案执行停伐或减伐木材的地区，如数扣减补助额。

① 其他税种：主要包括增值税、营业税、所得税、城建税、教育附加及其他相关收入。

第二章　预算管理

预算管理由预算编制、预算审批、预算执行、决算编审等组成。四川省预算管理严格执行《中华人民共和国预算法》规定，1986 年实行单式预算，1991 年改为复式预算，1998 年试行零基预算，2000 年按照“零基预算”加“项目预算”的方式编制部门预算。年度预决算经四川省人民代表大会或四川省人大常委会审查批准，并接受人大监督。预决算管理逐步走上法制化、规范化轨道。

第一节　预算

1986—1991 年，四川省实行的是单式预算，财政收支不分经济性质，统一汇编在一个预算表格中。这种预算编制形式，整体性强，且简便易行。但不足之处是没有区分收支类别，不能反映各项支出的规模和结构，不利于分析和掌握财政运行的详细动态。

1991 年，根据国务院颁布的《国家预算管理条例规定》，四川省开始编制复式预算，将财政收支按资金来源和支出性质划分为经常性预算和建设性预算两个部分。其中，经常性预算是各级政府部门为维护和发展各项事业及维持政权运转所筹集和分配的资金，建设性预算是各级政府为进行基本建设、技术改造和增加生产周转金而筹集和分配的资金。经常性预算收入包括：各项税收（城市维护建设税、固定资产投资方向调节税、耕地占用税除外）、经常性专项收入（商业、粮食和外贸企业亏损补贴等）及其他收入。经常性预算支出包括：非生产性基本建设支出、公共事业发展支出、国家政权建设支出、国防支出以及政策性补贴支出等。建设性预算收入包括：经常性预算结余、专项建设性收入（城市维护建设税、耕地占用税、国有土地使用权有偿使用收入、排污费、水资源费等）、生产性企业亏损补贴。建设性预算支出包括：生产性基本建设支出、企业挖潜改造和新产品试制费、支援农业生产支出、扶持不发达地区发展基金等。

1995 年 5 月，省财政厅在转发财政部《关于行政性收费纳入预算管理有关问题的通知》时补充规定：纳入预算管理的行政性收费项目，上缴收入适用第十六类“罚没收入、行政性收费收入类”有关条款；预算支出适用第 270 条之第三款“行政管理补助支出”；纳入预算管理的行政性收费收入由执收单位使用“一般缴款书”直接办理缴库，财政综合计划部门负责监督执收单位及时将收入交入国库；执收单位所需经费支出，归口由有关业务部门管理，预算管理部门按月拨付一笔汇总的资金到综合计划部门的支出暂存专户，年终统一结算，用款单位向有关业务部门报送用款计划，有关业务部门商综合计划部门后下达预算，再由综合业务部门拨付资金；凡纳入预算管理的行政性收费收入，原来实行的预算外管理、收入按比例分成、收支结余上交财政以及在财政预算上列收列支等办法，均不再执行；未纳入预算管理的行政性收费仍按《四川省预算外资金管理条例》的规定进行管理。12月，省财政厅发出《省级单位行政性收费纳入预算管理的补充通知》，要求省级直接收取纳入预算管理的行政性收费单位，在取得收入的3日内全额上缴省金库，零星收费账面余额不足1000元的，经省财政厅综合计划处批准，可每15日上缴一次；经与省财政厅联合发文并按照规定比例集中市（地、州）上解的行政性收费收入，在每月月末5日内或取得下级上解收入5日内将集中的下级收入全额上缴省金库；省级主管部门集中的直属省级执收单位取得的行政性收费收入，在取得收入3日内上缴省金库。

1997年6月，根据《中华人民共和国预算法》《中华人民共和国预算法实施条例》，省政府发布了《四川省省级财政预算管理办法》。其主要内容是：省级财政预算遵循统一领导、分级管理、权责结合的原则；省级预算按照复式预算编制，遵循量入为出、收支平衡的原则，不列赤字；省级财政设置预算周转金，预算周转金的额度应逐步达到省级预算支出额的4%，同时，设置省级财政预备费，其额度为省级预算支出额的1%—3%；省级预算编制时，先由省财政部门根据国务院和省政府编制下一年度预算草案的指示向省级单位部署编制预算草案的具体事项、报表格式、编制方法，提出预算收支建议数，并汇总编制省级财政预算草案，再由各省级单位向所属各机构、单位部署编制预算草案，并汇总编制本单位的预算草案，最后经省政府审定后，由省政府向省人民代表大会报告当年预算草案编列口径及具体方案，预算草案经省人民代表大会审查批准后，成为当年省级财政预算；省级单位收入预算包括省级主管部门及直属国有企业的所得税、上缴利润、政策性亏损补贴、政府性基金（收费）等，支出预算包括财政负担的人员工资、正常的办公业务费、已定用途的专项资金等；省级预算由省政府负责组织执行，具体工作由省财政部门负责，经省财政部门批复的预算，省级单位必须严格执行，不得随意突破，未经省政府同意，不得在预算执行中任意增减；预算执行过程中，省级各主管部门对申请拨付的各类专项资金，应定期向省财政部门反馈使用情况；预算执行项目发生变动时，省财政部门应当在报告预算执行及财政决算情况时汇总，经省政府审定后，报省人民代表大会常务委员会备案；省级财政决算总收入包括省级财政直接组织的收入、下级政府的上解收入、中央补助的收入等，省级财政决算总支出包括省级单位当年决算支出、增列预算周转金支出、地方政府购买有价证券支出、省级财政上解中央财政支出、补助下级政府的支出等；省财政部门根据有关法律、法规和省政府的决定，拟定全省财政政策，审核汇总下级政府预算和全省财政决算，分析、指导和监督检查全省预算执行情况；省级财政接受省人民代表大会及其常务委员会的监督，接受国务院及有关部门对省级预算、预算执行情况和决算的监督，同时，省审计部门对省级预算执行情况、省级单位和下级政府预算执行情况和决算，依法进行审计监督。

1999年，省级部门开始试编复式预算，即根据预算支出的功能和性质，分别编制政府公共预算、经济发展预算和社会保障预算。各部门以一般预算收入、基金预算收入、预算外收入安排的各项支出均纳入以上三种预算。其中，政府公共预算各项支出的编制以零基预算为基础，按因素和核定定额编列；经济发展支出预算按需开支的具体项目编列；社会保障支出预算也以零基预算为基础，按核定定额及具体项目编列。复式预算的编制，打破了预算内资金的界限，全面反映了财政资金收支活动，包括财政预算内一般预算、纳入预算内管理的政府基金预算、各项财政预算外资金等不同管理方式的各种财政性资金，是预算编制方式的一项重大改革。

2000年，为解决部门预算编制粗、批复迟、约束力不强的问题，根据财政部提出的预算编制改革实施意见，四川省先期选择教委、科委、农业、劳动（社会保障）等4个部门进行编制部门预算的试点，即在复式预算的基本框架下，按照“零基预算”加“项目预算”的方式编制部门预算。“零基预算”加“项目预算”，就是在预算编制中不再以上年预算为基数来“套”当年预算，而是根据当年各部门的实际情况，在重新测算每一笔收支的基础上确定预算。上年预算基数与当年预算的编制没有直接关系，一切从零开始。具体的编制方法是：按定员标准足额安排人员经费；按定额标准安排公用经费预算；按调结构保重点的要求安排专项经费。部门预算将以资金性质作为预算编制的对象改为以部门作为预算编制的对象，部门各类不同性质的财政资金都纳入其中，增强了预算的完整性。

2001年，在2000年试点的基础上，部门预算改革推广到省级各部门。部门预算实行财政综合预算管理，全面反映一般预算收支计划（含预算内外收支计划）、政府性基金预算收支计划，并按复式预算编制。部门预算收入包括财政拨款收入、行政单位预算外收入、上级补助收入、事业收入（含预算外收入）、事业经营收入、附属单位上缴收入、其他收入等所有收入。预算支出按复式预算形式包括政府公共支出、经济发展支出和社会保障支出；按核算内容包括一般预算支出、基金预算支出；按资金来源包括财政拨款支出、预算外支出及其他支出；按支出用途包括基本支出（人员支出、日常公用支出、对个人和家庭的补助支出）和专项经费。各部门在编制收入预算时，参考历年收入情况和下一年度增减变动因素，按收入类别和项目逐项测算本部门可组织的非财政拨款收入收取计划（不含国家税收），在此基础上，按规定测算本部门非财政拨款收入预算。财政拨款收入预算在非财政拨款收入抵偿经财政核定的支出需求后按差额编制。支出预算按“零基预算加项目预算”的方法编制，即人员经费按标准、日常公用经费按定额、专项经费按项目分别编制。同时，支出预算中属于政府采购范围内的项目，均按规定编报政府采购预算。

是年，为适应部门预算和财政国库管理改革需要，省财政厅制定了《四川省省级部门财政资金拨付管理暂行办法》，对省级部门财政预算内资金和纳入省级财政专户管理的省级部门预算外资金加强管理和监督。要求省级预算单位原则上只能开设一个支出存款基本账户，需增开账户的，应按规定报省财政厅批准；省级预算单位应根据不同资金性质，按部门预算编报口径编报预算内、外资金年（季）度分月用款计划一式两份，报省财政厅审批；申请专项经费，省级预算单位应按规定填写“预算拨款申请书”或“预算外拨款申请书”，并报省财政厅审核；国债转贷资金的拨付以及追加、追减经费等事宜也由省财政统一管理。

2002年，部门预算改革继续深化。除省级外，各市（州）也开展了部门预算改革试点。在总结前期改革经验基础上，按照“整体抵偿、综合平衡”原则，制定综合预算定额，将部门行政事业性收费、政府性基金和其他预算外收入全部纳入部门预算统筹安排，强化部门预算“综合”特色，以解决预算内外资金“两张皮”的问题。同时，规范预算编制程序，按照“两上两下”的要求编制预算，严格把关，不走过场。此外，为改变2001年专项项目预算过粗的状况，按照省委、省政府“集中财力办大事”的要求，加强项目前期论证、评估和审核工作，建立项目库，并区别轻重缓急；为增强部门预算内容的完整性，在2001年将省级机关购车经费、房屋修缮和设备购置经费、干部培训经费、科研院所项目研究开发和成果转化资金以及部分科技三项费用等纳入部门预算进行批复的基础上，进一步理顺关系，提高企业挖潜改造资金、科技三项费用、基本建设支出等生产建设性资金纳入2002年部门预算批复的比例，并减少执行中的预算追加（减）。

2003 年，根据财政部规定，并结合省政府《关于进一步深化收支两条线改革加强财政管理的通知》，省财政厅决定从当年 1 月 1 日起，将经贸、物价、外经贸、人事、林业、卫生、科技、计划生育、水利、司法、统计、药品监督、知识产权、测绘、质监、检验检疫、审计、新闻出版、国土资源、安全生产、财政、建设、宗教、人防办等部门以及省政府机关事务管理局、省级机关文件交换站的各项收费收入全部纳入预算管理，上缴同级财政金库。上述 26 个部门以后新增的行政事业性收费项目收入，也按此规定一并纳入财政预算管理。纳入预算管理后，属于省级部门及所属单位收取的行政事业性收费，作为省级一般预算收入；属于市（州）、县（市、区）部门及所属单位收取但应上缴省级部门的行政事业性收费收入，其应上缴部分作为省级一般预算收入，其余部分作为地方一般预算收入。

2005 年 12 月，为贯彻落实中共十六届三中全会“关于建立预算绩效评价体系”的精神，规范省级财政支出预算管理，四川省开始实施《省级财政支出预算绩效考评办法（试行）》。绩效考评的目的是通过对省级部门或单位绩效目标的综合考核与评价，衡量财政预算支出编制和执行的经济性、有效性和效率性，以合理配置资源，优化支出机构，规范预算分配，提高财政资金的使用效益和效率。考评的范围为纳入省级财政预算管理的全部预算资金。考评时，可以以部门安排使用的基本支出和项目支出为对象实施部门支出预算绩效考评，也可以以项目支出为对象实施项目支出预算绩效考评。考评的方法主要包括比较法、因素分析法、公众评价法、成本效益分析法、最低投入法等。考评的指标分为共性考评指标和个性考评指标。共性考评指标主要包括以下类型：绩效目标完成程度、预算执行情况、财务管理情况、经济和社会效益指标、资产的配置和试用情况等。个性指标由省级部门（单位）与省财政厅根据被考评对象的绩效目标共同制定。具体实施时，分自评（被考评单位自我评价并提供自评报告和相关资料）、形式审查（考评组对被考评单位自评报告和相关资料内容和格式进行检查）、现场和非现场考评（现场考评是指考评组到现场询查、复核，再经过整理和分析，提出考评意见；非现场考评是指在资料分析的基础上得出考评意见）、综合评价、得出结论 5 个阶段。

2005 年，省级综合财力由 2001 年实施部门预算改革时的 163 亿元，增加到 300 亿元，增长 84%，其中预算外等收入达 59 亿元。截至 2004 年底，省级实行部门预算改革的单位有 137 个，全省 21 个市（州）中除甘孜州本级正在部分试点外，其余市（州）都在本级全面实施了部门预算改革，共有 2976 个市级单位纳入了部门预算；全省 181 个县（市、区）中有 64 个县（市、区）全面推行了部门预算，另有 61 个县（市、区）进行了部门预算试点。部门综合预算的实施为“收支两条线”改革奠定了坚实的基础。

第二节 决算

财政决算是对全省各级政府、各部门、各单位编制的年度预算收支执行情况的总结。1991 年之前，地方财政决算由决算表格和文字说明两部分组成。总决算分列全年的预算数、决算数，对各个科目进行比较分析，并结合国民经济计划完成情况，编造决算总说明。单位决算及附属单位决算的编审，按规定要求表式编成后，逐级报送上级机关审核汇总，由主管部门编成单位决算，送同级财政部门审核汇总成总决算。省财政厅将各地经审核的决算汇总后，提请省人民代表大会或其常务委员会审查批准，并报送财政部汇编国家决算。1991—2003 年，四川省财政决算由财政总决算、预算外资金收支决算和行政事业单位决算 3 套构成。2004 年，按照财政部统一部署，四川省将原来的财政总决算、预算外资金收支决算和行政事业单位 3 套决算，整合为财政总决算和部门决算 2 套决算。

1986 年，财政部发出通知，要求各省（自治区、直辖市）和计划单列市（含重庆）按照新制定的预算外资金收支决算编报口径报送决算。编报口径对财政部门的预算外资金、行政事业单位预算外资金、规费收入、国营企业及其主管部门的预算外资金等的填报科目作了明确规定。

1988 年，按照国家决算编报要求，粮食调拨经营费、电力建设资金在地方预算中列收列支，专项使用。

1990 年，根据国务院《关于清理检查小金库的通知》中相关规定，由地方各级政府税收、财务、物价大检查办公室在同级工商银行开设“清查小金库资金专户”。在 1989 年国家预算收入科目“其他收入”中增设“清查小金库收入”一个“项”级科目，上交财政的小金库清查收入适用本科目。小金库资金由“清查小金库资金专户”缴入国库时使用“一般缴款书”，资金专户中不论数额多少，至少每 10 日缴库一次。

1991 年，省政府决定，1990 年初省确定的各地“贡献”任务，本年如数专项上解。1991 年结转下年支出项目控制在省规定的项目范围之内，除基本建设支出、企业挖潜改造资金、科技三项费用、支援农业生产支出、城市维护建设费、抚恤和社会福利救济事业费、支援不发达地区支出、价格补贴中的粮油加价款和事业行政单位预算包干结余外，其余项目一律不得结转。在上述项目内，各地 1989 年（含 1989 年）以前的结转一律清理压缩用于平衡。财政当年出现赤字的地区，1989 年以后，除中央和省拨付的专项拨款支出结余可以继续保留外，其余一律予以压缩。各地在 1989 年（含 1989 年）以前确需结转的项目，要报上级财政部门审查同意后，方能安排结转。是年，四川省职工养老保险基金和职工待业保险基金开始编入财政决算，收支结余进入“年终滚存结余”，各级财政不得挪用，不得用于平衡预算。

1992 年，四川省财政决算中允许结转的项目比前一年新增了农林水等部门事业费类中的“水利事业费”、专款支出类中的“环境保护补助资金”“城市水资源建设资金”和“教育附加费支出”，其余项目仍一律不得结转。同时，根据财政部下发的《关于 1992 年国家财政决算编审工作的通知》的规定，在 1992 年决算的“决算收支总表”收入合计线下，增设“社会保险基金收入类”，下设“国营企业职工养老保险基金收入”和“国营企业职工待业保险基金收入”两个“款”级科目；在支出合计线下，增设“社会保险基金支出类”，下设“国营企业职工养老保险基金支出”“国营企业职工养老保险基金结余支出”“国营企业职工待业保险基金支出”和“国营企业职工待业保险基金结余支出”4 个“款”级科目；在“国家预算收入科目”中增设 241 款“有价证券利息收入”，作为地方预算固定收入，中央和省财政不参与分成。

1993 年 5 月，根据国务院规定，从 5 月起，商品零售业税税率提高两个百分点。为此，四川省各类企业缴纳的“商品零售”和“其他饮食业”两个税目的营业税，以“商业零售营业税”科目缴库；城乡个体工商业户缴纳的这两个税目的营业税，缴入“城乡个体工商业户零售营业税”科目。以上两类科目收入，除石油、电力、石化、有色金属 4 个行业维持原来的“七三”比例不变外，中央和地方分别分成 24% 和 76%，按缴库级次办理年终决算。

1994年，适应分税制财政体制改革的需要，省与地区年终结算办法进行了改革。具体分3种情况：一是定额结算项目，包括1988年以来企、事业单位上下划补助、三线企业调整基数划转补助、体制调整遗留问题补助、三州森工调节税70%补助、少数民族贫困县烟酒产品税结算返还补助、地方外贸行政人员经费结算、外商投资企业和外国企业所得税补助、向中央、省贡献上解、1988年以来企、事业单位上下划上解、三线企业调整基数划转上解、外贸出口退税上解20%的结算、烤烟产品税增长上解等12项，这些项目均按1993年结算数或有关文件核定数计算；二是继续保留和新增加的结算项目，包括能源交通重点建设基金分成结算、国家预算调节基金分成结算、国家预算调节基金下划基数上解结算、地方检察中央、省级企事业单位违纪补交收入分成结算、地方审计机关审计中央单位补交收入分成结算、审计地方财政应上缴中央、省财政收入的结算、1994年消费税专项检察分成4%的结算、农业税灾情减免的结算、投资方向调节税返还20%的结算、耕地占用税的结算、中央与地方（或省与各级）所属企事业单位组成的联营企业缴纳所得税分成的结算、军工企业增值税退税的结算、股票认购申请表售表收入的结算、矿产资源补偿费的结算、1994年税收返还收入的结算、1993年减免税恢复征收的结算、因电力、天然气征收环节变化致地区间税收转移的结算、超额完成两税增长一次性定额奖励的结算、县级平衡奖励的结算、1991年粮油提价补助的结算、办案费用补助改列支出的结算、国有土地有偿使用收入分成的结算等22项，按照既有的和新设的计算方法进行结算；三是取消的结算项目，包括石油一级站调价影响地方收入的结算、卷烟产品税增长分成的结算、酒产品税增长分成的结算、超计划生产卷烟实现产品税的结算、土地使用税的结算、营业税提高两个百分点的结算等6项。是年，根据财政部对联合企业所得税结算问题的规定，中央、省、市县所属企事业单位组成的联营企业缴纳的所得税，分别就地缴入中央、省和市县金库。中央与地方联合组成的联营企业缴纳的所得税，按协议规定分成。为简化手续，此项收入平时就地缴入中央金库（或省级金库），决算时再由省返还。

1996年，对电力、天然气增值税在成都市征收的部分，按实际转移数分别返还各地。即：75%的部分计入有关地区1996年中央“两税”收入的完成数中，25%的部分增列有关地区的结算补助，随增值税征收的城市维护建设税和教育费附加收入，也如实增列有关地区的结算补助。同时，根据省政府《关于对新投产大中型项目的主体税种按比例分成的通知》规定，对1996年10月1日以后投产竣工的省投资和省筹资大中型项目的主体税种，实行按投资和筹资比例进行税收分成，省分成部分，由相关地区增列1996年决算上解。

1997年，为加强政府性基金预算管理，将其收支决算与一般预算资金决算分开，单独编列，结余结转下年使用；1997年之前的基金滚存余额缴入金库，并在1997年基金收入中单独反映。对于新开征的文化事业建设费和新设立的水利建设基金均纳入预算管理，当年结余结转下年安排使用。同时，根据省财政厅、省地质矿产厅、人行四川分行、财政部驻川专员办联合转发的通知，从1997年11月1日起，对矿产资源补偿费由“平时全额就地上缴中央金库，地方分成部分，年终通过结算由中央财政返还”改为按分成比例分别入库，年终不再结算。

1998年，根据财政部1998年财政总决算编审要求，将已从“城市维护建设税”中按入库数3%的比例调入“地方水利建设基金”科目中第二项“城市维护建设税划转收入”项级科目的数据，更正后调回“城市维护建设税”科目，恢复其实际征收规模。根据财政部《关于增发国债预算管理问题的通知》，对1998年地方财政安排的属于转贷部分的资金，一律作为暂付款核算，不列作当年支出；属于中央直接安排的支出，则列作当年支出，并通过“增发国债安排的支出”科目集中反映。此外，省财政厅发文规定，从当年起，对各市（地、州）、县（市、区）征收的文化事业建设费全额缴入省金库，省财政按地、县缴库数的75%返还各地。按此规定，各地办理结算也分两步进行，一是原已缴入地县库的，由当地地税部门开具通知书调整为省级收入，若年终仍未调整，则一律增列决算专项上解；二是省将各地上缴的此项收入的75%部分，通过年终结算返还各地。是年，为简化决算编制，统一决算口径，保证预算外资金决算和行政事业性收费、政府性基金统计报表之间的衔接，开始将上述两套决算合并为预算外资金、行政事业性收费、政府性基金收支决算表。合并后，收入科目包括行政事业性收费收入、基金和附加收入、主管部门集中收入、乡镇自筹统筹资金、其他收入，支出科目包括行政事业支出、基本建设支出、专项支出、乡镇自筹统筹资金支出、其他支出。

1999年，财政决算新增了烟叶农业特产税税率调整后地方财政补助、天然林保护工程财政减收转移支付补助、中外合资融资租赁公司租金债务、国债转贷资金本息、工商部门支出基数、质量技术监督部门支出基数等6项结算事项。

2000年，实行新老体制并轨，以1999年为基数，将原体制递增上解额、定额上解额和定额补助额，与省财政税收分享收入基数、省财政下划收入基数、上划省级金融保险业营业税、固定结算上解和补助项目基数品迭后的数额，相应调整1999年各地税收返还收入基数。具体包括：一是将原体制上解额与省财政分享税收基数对冲。对原递增包干上解地市，以省财政税收分享额减原上解额，不足部分相应调减税收返还收入基数，多余部分增加税收返还收入基数；对定额上解地市，以省财政税收分享额减原定额上解后，余下部分增加税收返还收入基数；对原定额补助地市，将省财政税收分享额和定额补助额直接增加税收返还收入基数。二是按省下划收入基数调减各地税收返还收入基数，按上划省金融保险业营业税基数调增各地税收返还收入基数。三是将经核定后的固定结算上解和补助项目基数予以品迭，净补助额增加税收返还收入基数，净上解额减少税收返还收入基数。

2001年，《四川省市州财政决算考核评比办法》出台，规定考核对象为市（州）财政局，考核范围为预算内决算、预算外资金收支决算以及乡镇财政决算3套报表，具体考核报表的真实性、决算数字的准备性、决算内容的完整性、决算报表的及时性等方面。

2004年，按照财政部统一部署，四川省将原来的财政总决算、预算外资金收支决算和行政事业单位3套决算，整合为财政总决算和部门决算2套决算。将反映预算外财政专户收支的报表并入了财政总决算，使财政总决算成为包含一般预算、基金预算和预算外财政专户收支的真正意义上的总决算；对原财政统计评价部门的行政事业单位决算报表进行了修改调整，并正式更名为部门决算，强调部门决算与部门预算、财政总决算之间的衔接和协调，使部门决算能够全面、客观、真实地反映行政事业单位收支活动、经营状况和部门预算的执行结果。

第三节 预算外资金管理

在传统的高度集中计划经济体制下，预算外资金项目很少，金额也小。1979年实行经济体制改革后，扩大了地方政府和企业自主权，政府财政收入结构发生了很大变化。在预算内收入逐年增长的同时，预算外资金范围也逐渐扩大，并保持了较快增长速度。这时的预算外资金主要包括地方财政各项税费用附加，行政事业单位统一收费、基金与国有企业折旧基金、税后留利三个方面。1993年，国家颁布了《企业财务通则》和《企业会计准则》，对企业财务和会计制度进行了全面改革。按照新的财务会计制度，国有企业折旧基金和税后留利，由企业自主支配，不再作为预算外资金管理，预算外资金范围相应缩小，只包括各级财政的预算外资金和行政事业单位的收费、基金两部分。改革开放后，中国预算外资金管理主要经历了两个阶段，第一阶段以1986年国务院发布的《关于加强预算外资金管理的通知》为标志；第二阶段以1996年国务院发布的《关于加强预算外资金管理的决定》为标志。随着财政改革的深入，行政事业性收费和政府性基金得到了清理整顿，取消了不少不合法、不合理的收费项目，并将部分事业收费转为经营性收费，由国家对其征税；另一些具有税收特征的收费，则用相应的税收取代。保留部分也尽可能地纳入预算内，实行收支两条线管理。

1986年4月，国务院发出《关于加强预算外资金管理的通知》，对预算外资金的范围、收费标准、提取比例、开支范围和标准、使用程序、管理方式、监督检查等作了原则性规定，并要求各地区、各部门根据自身情况制定相应的具体实施办法。9月，结合四川省实际情况，省政府就上述《通知》作出补充规定：预算外资金项目，按国家统一规定办理，地区、部门、单位无权增设；财政部门对部门和单位抄送的预算外资金收支计划和决算，认真进行审核，逐级汇编上报财政厅，并报同级人民政府，同时，编制半年和季度执行情况报表；用预算外资金进行基本建设投资，必须报经主管部门同意，并转报同级财政部门审批后方能在建设银行存款，计划部门才能安排自筹基本建设项目；对国营企业的预算外资金管理，原则上采取“计划管理、政策引导”的方式，由单位编制预算外资金收支计划，财政部门负责引导和协调资金流向；对事业、行政单位及其下属企业管理的预算外资金，采取“专户储存、计划管理、财政审批、银行监督”方式；管理原则主要是按省、市（地、州）、县（市、区）进行分级管理，在成都市区以外的省级单位，考虑其资金往返在途时间长的问题，可委托当地财政纳入专户储存管理；养路费、育林基金、教育费附加等已制定专门管理办法的预算外资金，维持原办法不变。11月，四川开始对省级行政、事业单位（包括实行企业化管理的事业单位）和省级企业主管部门集中管理的全部预算外资金，在资金所有权、使用权不变的前提下，实行由省财政厅“专户储存，计划管理，财政审批，银行监督”的办法，并确定了具体解缴程序、结算办法和使用办法。是年，四川省开始将中小学杂费收入纳入预算外资金进行管理，在银行专户储存，专款专用。年终结余可转入下年度继续使用，也可上交财政抵缴应拨付的教育经费。

12月，四川省执行财政部《罚没财物和追回赃款赃物管理办法》，规定如下。执法机关依法收缴的罚没款、赃款和没收物资、赃物的变价款一律作为国家“罚没收入”或“追回赃款和赃物变价款收入”，如数上缴国库。任何机关不得截留、坐支。对截留、坐支或拖交的，财政机关有权扣发其机关经费或通知银行从其经费存款中扣交。除因错案可予以退还外，财政机关不得办理收入退库。上缴国库的罚没收入，海关、国家外汇管理局、铁道部等隶属中央的执法机关的罚没收入，50%上缴中央财政，50%上缴地方财政；工商行政管理机关、公安机关、人民检察院、人民法院，以及隶属地方的国家经济管理部门查处或判处的罚没收入，全部上缴地方财政。

1987年，四川省继续推进预算外资金“专户储存，计划管理，财政审批，银行监督”办法，省级25个部门、117个行政事业单位的预算外资金实行了财政专户储存管理。各部门和单位每日新发生的预算外资金收入，在次月10日前解缴省财政厅在各专业银行开设的“省级单位预外资金”专户，存入专户的资金使用时应在额度以内，并经省财政厅审核批准。同时，要求各单位按期编制年度预算外资金收支计划、决算和执行情况报表。1987 年底，全省累计有 6335 个单位的 13.17 亿元预算外资金纳入财政专户管理。预算外资金使用出现了两个积极变化，一是用于企业改造、城市维护等生产建设方面和社会事业发展方面的支出比例比上年所提高，用于职工福利和奖励的支出比例比上年有所下降；二是用于基本建设的增幅比上年有所回落。

1988 年 9 月，财政部发布《事业行政单位预算会计制度》，要求预算外资金管理遵循以下原则：预算外资金范围和项目必须按国家规定执行，不得擅自扩大范围，增加项目资金管理必须坚持“先收后支、量入为出、自求平衡、略有节余”的原则；控制资金流向，养路费、育林基金等专项资金必须专款专用；征缴的税费和基金必须及时足额上交。

1989 年 7 月，为制止乱收费，保护合理收费，《四川省行政事业性收费管理办法》颁布实施。其主要内容为：行政事业性收费应贯彻“取之有度，用之得当”“统一领导，社会监督”的原则；设置行政事业性收费项目，必须以法律、法规或省政府的规定为依据，并具有管理行为或服务事实，严格履行申报、审批程序；行政事业性收费的项目和标准，除国家另有规定外，由省财政部门会同省物价部门审批，其中重要的收费项目、标准，需报省政府批准，并报国家物价局、财政部备案；收费单位必须加强收费管理，使用省财政统一制发的《四川省行政事业性收费专用收据》，并设立行政事业性收费专项账册，定期向同级财政部门报告收支计划和执行情况；行政事业性收费的开支，必须纳入财政部门的监督管理，属于财政预算内收入的行政事业性收费，由财政部门纳入预算管理，属于预算外资金的行政事业性收费，纳入财政专户管理；不按财务管理规定使用行政事业性收费款项的，由同级财政、审计部门按照有关财政法规规定进行处罚。

1990 年 9 月，中共中央、国务院发布《关于坚决制止乱收费、乱罚款和各种摊派的决定》，针对预算外资金，首次明确提出了实行“收支两条线”管理方式。

1991 年，《四川省预算外资金管理条例》颁布实施，预算外资金管理步入法制化、规范化轨道。各级财政部门对企业留用的各种专项基金继续实行“计划管理、政策引导、先提后用、先批后支”原则。不少地方对行政事业单位的预算外资金实行由银行直接划转财政专户储存。全省预算外资金纳入财政专户储存的单位 22977 户，专户储存资金总量 31.8 亿元。8 月，为加强罚没收入管理，使罚没收入管理走上法制化、规范化轨道，省政府颁布了《四川省罚款和没收财物行政处罚管理办法》（以下简称《办法》）。《办法》规定：各级政府财政部门负责对罚没财物实行统一管理；罚没票据由省财政厅统一印制或监制，执罚单位必须使用统一印制或监制的四川省收缴罚没财物专用收据；企业缴纳罚款，一律在其自有资金中开支，不得计入成本费用和营业外支出，不得挤占应当上交财政的收入；行政、事业单位缴纳罚款，一律在其单位的预算包干经费或预算外资金中开支；个人缴纳罚款，由个人承担；执行罚没的机关或组织依法收缴的一切罚没款和没收物品的变价款，按有关规定如数全部上交财政部门，不得截留、挪用、坐支、提成、私分，对截留、挪用、坐支、提成、私分或拖延不交的，财政部门有权扣发其机关经费或由银行协助从其经费存款中强行扣缴；各级执行罚没的机关或组织，必须按规定健全罚没管理制度、财务会计核算制度、凭证领用缴销制度、罚没财物验收移交制度和保管制度；各级执行罚没的机关或组织的办案经费，一律纳入同级财政行政事业经费中统一安排管理，财政部门不得以罚没收入退库返还，不得按罚没收入的一定比例支付办案费用。

1992年，为管理好预算外资金财政专户间歇资金，省财政对其使用原则、使用范围、归口管理等进行了规定。间歇资金有偿使用，数额一般不得超过专户稳定余额的50%，最高不得超过70%，以服务经济建设为主。使用时收取一定的资金占用费，因不以盈利为目的，故费率不得高于银行同期同档贷款利率。间歇资金以短期周转为主，原则上使用期限不得超过1年，所扶持项目必须符合国家政策规定，严禁用于安排预算支出、弥补财政赤字或安排基本建设、弥补企业亏损、借给金融机构作为资本金注册、作为股份制企业投股的股金等违反国家规定的项目。

1993年，四川省行政事业单位预算外资金普遍实行了“专户储存、计划管理、财政审批、银行监督”管理办法。行政事业性收费统一使用财政部门印制的收费使用票据。同时，允许财政专户的沉淀资金适度融通，以解决预算内资金调度困难。7月，《企业会计准则》《企业财务通则》开始实施，对原确定为企业预算外资金部分，由企业自主支配使用，财政不再纳入预算外资金统计范围。

1995年3月，省政府发出通知，要求加强收费管理，制止乱收费。一是严格收费项目审批，行政事业性收费项目的审批、收费标准的制定和调整，必须由省财政厅、省物价局共同批准；重要的收费项目报省人民政府批准；面向农民的行政事业性收费，要经主管农业的部门审核。二是严格收费管理权限，省以下各级政府以及省级各部门不得越权审批、设立收费项目，不得自行提高收费标准、任意扩大收费范围。三是完善收费许可证、收费票据年度审验、稽查制度，收费单位必须使用财政部门统一制发的专用票据，否则视为非法收费予以查处。是年，根据财政部《关于行政性收费、罚没收入实行预算管理的规定》，四川省开始将罚没收入全部纳入预算管理。行政性收费（不包括法院收取的诉讼费）财政部有明确规定的，也纳入预算管理；尚未规定纳入预算的，按预算外资金管理办法实行财政专户储存。

1995年11月，针对罚没收入征缴过程中存在的截留、挪用、坐支罚没收入，以罚代法、以罚代刑、下达罚没指标，自制收据、白条等问题，省委办公厅、省政府办公厅下发《关于进一步加强罚没收入管理的通知》。要求严格罚没收入解缴，执法单位取得的罚没收入，须在5日内全部上缴国库；零星收入，可每20日上缴一次。从取得收入到解缴入库，最长期限不得超过30天，任何单位和个人不得拖欠、截留、挪用、坐支和私分罚没收入款。加强票据管理，执法单位必须使用由省、市（地、州）级财政部门统一印制并盖有“四川省收缴罚没财物专用章”的罚没票据。各级财政部门要建立健全票据领发、使用、缴销、保管制度；执法单位要设专人管理罚没票据，坚决纠正自制罚没收据和白条罚款现象。强化预算管理，严格执行“收支两条线”规定，罚没收入必须全部上缴财政，执法单位所需办案经费，一律纳入各级财政预算内统一安排，不允许将罚没收入与部门的经费划拨和职工的奖金、福利挂钩。基层执法单位下达的罚没收入指标一律作废，特殊急需的单项办案补助费由执法单位或主管部门向同级财政部门申请核拨，严禁任何形式的提留、分成和收支挂钩。同时，加强对执法单位的协调和监督，设立“四川省人民政府罚没收入管理办公室”，在省政府领导下，负责全省罚没收入管理的协调、监督、指导工作，草拟、制发、协调罚没收入有关政策规定，监督检查罚没收入政策执行情况，负责省级罚没收入的收支预算管理。办公室设在省财政厅，人员从省财政厅、省监察厅抽调，不新增编制和经费。

1996年2月，省财政决定将国土部门收取的建设用地批准书工本费、征地管理费纳入预算管理。7月，国务院发布《关于加强预算外资金管理的决定》，对预算外资金的性质、范围、管理方式等作了更明确的规定，内容如下。严格执行《预算法》，禁止将预算资金转为预算外资金；将养路费、车辆购置附加费、铁路建设基金、三峡工程建设基金、公路建设基金、民航基础建设设施建设基金、电力建设基金、新菜地开发基金、市话初装基金、农村教育费附加、邮电附加、港口建设费和民航机场管理建设费13项数额较大的政府性基金（收费）纳入财政预算管理；预算外资金管理范围包括行政事业性收费、基金、附加收入、乡自筹和乡统筹资金以及其他未纳入预算管理的财政性资金；严格控制预算外资金规模，收费、基金必须遵循法律规定并严格按照程序报批，并接受人大、审计和监察部门监督；预算外资金上缴财政专户，实行“收支两条线”管理，并按规定编制预算外资金收支计划和财务收支计划；严禁违反规定挪用预算外资金，资金使用必须严格执行财政部门核定的项目、范围和标准。是年，国土部门土地出让业务费开始由同级财政部门审核核拨，划入同级财政部门预算外资金专户管理，并按业务费收入的15%上交省财政厅预算外资金专户。10月，省财政发出通知，决定继续加强对省级预算外专项基金管理。省级各部门依法设立的未纳入财政预算管理的专项资金（含有偿使用回收部分），在规定时间内，均应缴入省财政厅在指定银行开设的基金专户；需设立收入过渡户的，报经省财政厅审查同意后，可设立一个收入过渡户。社会保障基金，包括城镇企业职工养老保险基金、失业保险基金、工伤保险基金、医疗保险基金、大病统筹基金、机关事业养老保险基金、农村养老保险基金等，在国家财政建立社会保障预算制度之前，也按预算外资金的管理办法实行专户管理。

1997年，根据国务院、省政府有关加强预算外资金管理的规定，省财政先期将养路费、电力建设基金、新菜地开发基金、农村教育费附加、邮电附加和民航机场管理建设费6项政府性基金（收费）以及财政部门管理的各项附加收入纳入基金预算管理，收入全部上缴国库，先收后支，专款专用。未纳入预算管理的行政事业性收费和政府性基金、资金、附加，缴入财政专户。并规定，今后凡涉及企业的行政事业性收费须报省财政、物价部门初审后报省政府审批；确定和调整收费标准，由省物价部门会同财政部门审批；未经报批或不符合审批程序的行政事业性收费，均属乱收费行为。是年，四川对之前未纳入预算管理的法院收取的诉讼费实行“收支两条线”管理。各级人民法院收取的诉讼费扣除用于必要的办案费用后的结余部分，按规定比例上交最高法院、省法院后，按月交给同级财政专户储存。是年，四川加强乡镇预算外资金管理，规定乡镇政府组织和管理的乡镇自筹和乡镇统筹资金均属预算外资金范围，由乡镇财政（税）所统一管理。乡镇预算外资金的收取必须使用财政部门统一印制和发放的专用票据。有预算外资金收入的乡镇行政事业单位、社会团体、企业主管部门，经乡镇财政机关批准，只能在当地国家批准的金融机构开设一个预算外资金支出账户，取消预算外资金收入账户。收入应直接缴入财政（税）所开设的预算外资金财政专户，支出时由财政（税）所按照年初核定的预算外资金收支计划和单位财务收支计划统筹安排，从财政专户中拨付，实行“收支两条线”管理。

1998年5月，省级行政事业单位实行收支统管，其各项收入、支出全部纳入单位预算，实行统一核算、统一管理。纳入预算管理的政府性基金和行政事业性收费收入，由执法单位按规定缴入省金库。预算外资金全部上缴省财政专户，实行“收支两条线”管理，且部门的预算外资金汇缴专户必须在财政部门指定的银行开设，支出在部门和单位的经费账户内分明细账进行核算。省级行政事业单位在清理、归并资金账户的基础上，由财政部门按规定统一开户，全部资金活动须在经批准设置的资金账户内进行核算，不得多头开户；有经营收入来源的事业单位实行内部成本管理，收入与支出按实际发生数计算[1]。8月，根据财政部规定，对公检法、工商行政管理部门的行政性收费和罚没收入实行“收支两条线”管理，纳入财政预算。10月，为加强对罚款收缴活动的监督，保证罚款及时上缴国库，省政府批准实施《四川省罚款决定与罚款收缴分离实施暂行办法》（以下简称《办法》）。《办法》规定：罚款必须全部上缴国库，任何行政机关、组织或个人不得以任何形式截留、私分或者变相私分；行政机关可委托商业银行代收罚款，财政部门在具体代收网点统一开设政府罚款收缴账户和政府暂收款账户，账户由财政部门和代收机构负责管理；代收网点收到罚款，应向当事人出具由四川省财政厅统一制定的罚没收据；代收网点收缴的罚款及暂收款应于当日缴入国库，当日来不及办理缴库的，应于次日（节假日顺延）办理；国库应当按照《国家金库条例》规定，每月将罚款入库数同同级财政部门进行对账，以保证国库收受的罚款和财政上缴国库的罚款数额一致。

1999年1月，省财政对公检法工商行政管理部门行政性收费收入和罚没收入的监缴作出规定：各级公、检、法机关和工商行政管理部门经财政部门批准，并经同级人民银行国库部门同意，可由单位的财务管理部门在指定的商业银行开设一个“待解预算收入账户”，用于管理待解国库的行政性收费收入。部门所收行政性收费应在5日内缴入“待解预算收入账户”，单位财务管理部门每旬将待解预算收入集中缴库，“待解预算收入账户”月末和年终不得留有余额。6月，新修订的《四川省预算外资金管理条例》颁布，界定了预算外资金的范围，明确了省财政部门是全省预算外资金管理的主管机关，并就预算外资金的收入管理、支出管理、财政专户、计划与决算、票据管理、监督检查和违反条例的法律责任等作了详细规定。其主要内容为：预算外资金分为省、市（地、州）、县（市、区）、乡（镇）级收入，上级部门或单位不得违反规定调用下级的预算外资金，下级部门或单位不得挤占、挪用应上缴的预算外资金；预算外资金由部门或单位的财务部门统一管理，按规定及时足额上缴财政专户，不得坐收坐支、账外设账、私设“小金库”和公款私存；预算外资金不得有偿使用，禁止用预算外资金进行股票、期货交易或其他风险性投资；乡（镇）自筹资金和统筹资金，应按规定专款专用，由财政部门按计划从财政专户核拨；经同级财政部门批准，部门或单位只能在一家银行开设一个预算外资金支出账户；预算外资金实行年度收支计划管理，编制时应遵循以收定支、量入为出、零基预算的原则，财政部门在审查决算时，对不符合规定的，应及时予以调整；依法收取行政事业性收费、政府性基金，应使用省以上财政部门统一印制的行政事业性收费、政府性基金专用票据。新条例颁布后，1991年公布的《四川省预算外资金管理条例》同时废止。是年，结合省纪委抓源头、治腐败工作，四川对非税收入采取了“罚缴分离、收支脱钩、适度考核”管理办法，即：通过银行代收直接将资金缴入财政专户；取消原收入按比例上缴财政办法，执收单位上缴收入与支出脱钩，所有非税收入全部纳入综合预算管理；部门业务经费按资金缴纳情况和批准的收支计划来执行。此外，在流程设计上，对非税收入在坚持“三统一”[2]规范化原则的基础上，设计了从缴款凭证领购到执收单位开票、代收银行受理并向财政部门传递记账信息，财政部门记账、对账及缴款凭证核销的主要流程，并通过计算机网络对票据领购和使用、收费项目和标准执行以及收入入库进行全面监控。是年，省财政对企业职工基本养老保险基金、失业保险基金、城镇职工基本医疗保险基金等各项社会保险基金以及国有企业下岗职工基本生活保障和再就业资金等社会保障基

① 省政府各驻外办事处分布全国各地，其预算外资金收入不便于上缴财政专户，因此，省财政同意其将预算外资金收入全部留用，并按《四川省预算外资金管理条例》的规定管理使用。

② “三统一”：统一执法单位编码，统一收费项目编码，统一收费票据。

金设立财政专户，按资金种类分别建账，分账核算，专款专用。专户内资金未经经办机构提出用款、购买国债或转存定期存款申请的，一律不得随意动用。

2000 年 11 月，为加强罚没物资管理，落实行政事业性收费和罚没收入“收支两条线”规定，省委办公厅、省政府办公厅下发《关于进一步加强罚没物资管理的通知》，规定：自发文之日起，除海关缉私罚没物资、法院查封扣押债物资、税务部门收缴的抵税物资按有关规定处理外，各执法部门依法收缴当事人的物资及赃物，均纳入同级财政实行统一管理；省工商行政管理局、省质量技术监督局、省地税局等实行省以下垂直管理的部门依法收缴的罚没物资，由省财政厅罚没物资中心直接管理。财政罚没物资管理机构在罚没物资收缴、处理过程中发生的运输费、保管费、维修费、宣传费、估价鉴定费等，在拍卖或处理的价款中列支。执法部门所需办案费用补助由执法部门向同级财政部门编报专项支出预算，由财政部门核拨。执法部门罚没决定错误的，罚没物资应予返还。原物已拍卖或处理的，应退还拍卖、处理款；拍卖价款、处理价款已上缴财政的，做退库处理。罚没物资的拍卖价款或处理价款，由财政罚没物资管理机构及时缴入同级金库。是年，四川省对公安厅、交通厅等 27 个部门的下属 142 个执收单位，开展“单位开票，银行代收，财政统管”试点工作，省委专门发文对包括票据领购、凭证使用、缴款方式、网上对账等操作方法在内的银行代收工作作了具体规定。2000 年底，全省纳入财政专户管理的行政事业性收费收入达 63 亿元，比上年增长 90%；有 19 个市（州）、78 个县（市、区）和省级 29 个部门的 132 个执收单位实行了银行代收制管理，共计收取资金 37 亿元。

2001 年，在眉山地区和省公安厅试点成功的基础上，非税收入实行银行代收工作在全省展开。省级单位、21 个市（州）及 95 个县（市、区）对非税收入实行了“单位开票，银行代收，财政统管”改革，资金由缴款人直接解缴或通过执收单位集中汇缴，就地当日缴入省级财政非税收入归集账户；取消收入过渡账户，单位的往来资金由省级财政国库支付中心单独记账；部门和执收单位在办理缴款业务时，统一使用缴款凭证，以方便记账、对账。全省当年代收资金 120.5 亿元。非税收入征管模式得到中纪委和财政部肯定，并在全国推广。

2002 年，国务院决定进一步深化“收支两条线”管理改革，在公安部、质检总局等 34 个中央部门进行“收支两条线”管理改革试点，将预算外收入全额缴入财政专户，实行综合预算。是年，四川省将公安、法院、工商、环保、计划生育等执罚部门的预算外收费收入全部上缴地方国库，纳入预算管理；其他行政事业单位收费一律缴入财政专户管理。省级 1005 个执收执罚单位、21 个市（州）和 90 个县推行了银行代收制改革，借助计算机网络化管理手段，初步建立了票据信息化收缴管理体系。

2004 年 1 月，四川省公路运输管理费开始纳入财政预算管理，实行“收支两条线”，收入全额上缴国库，支出通过预算安排，专项用于道路运输行政管理支出，专款专用。全省运管费实际征收数的 10% 作为省级收入，其余作为市（州）收入。年底，省级有 1426 个执收单位实行银行代收，比 2003 年底增加了 402 个。

2005 年，四川省加强国有土地收益管理，全省纳入财政专户管理的土地收入和缴入金库的土地收益资金分别增长了 58.8% 和 23.2%。同时，在全省范围内开展了国有土地有偿使用收入“收支两条线”管理专项检查、核查工作，出台了加强国有土地收益管理相关文件。是年，非税收入银行代收向二级预算单位扩展，实行银行代收的省级执收单位达 1471 个，比上年增加 45 个，全省统一的非税收入管理网络系统初步建立。

第四节 财政信用管理

一、财政周转金

财政周转金制度的实行是改革开放（1978 年）以后针对财政资金使用效益不高，损失浪费严重的问题，对财政资金使用办法进行的较大改革。“六五”时期（1981—1985 年），对部分支农资金实行有偿使用，但是当时没有利息，只是一种无息贷款，称为支农周转金。为了使有限的财政资金充分发挥其应有作用，也为了避免财政资金的损失浪费，“七五”时期（1986—1990 年）进一步改革财政周转金使用办法，相继建立了各种财政周转金制度，包括财政支农周转金、国营工业企业技术改造周转金、商贸企业业务发展周转金和文教行政事业周转金。这些周转金的发放，在扶持使用单位克服临时困难、发展生产、扩大流通、提高经济效益等方面发挥了重要作用。资金的有偿使用，也增强了使用者责任心，提高了资金使用效益，减少了资金浪费现象。但在使用过程中也存在一些问题，如资金投入不准、效益不高、挪用和滥用现象较为严重，沉淀呆滞问题也很普遍。因此，周转金成为预算执行中比较混乱的一块资金。1999 年以后，各地陆续开始清理周转金。

1985 年，省财政厅、省农行对 1982 年印发的《四川省财政支农周转金使用管理暂行办法》第九条规定作了修改。原规定对提前还款的，可以在不超过借款数 10% 的限度内，将部分偿还的财政周转金转作对使用单位的无偿支援。决定取消此项规定，但之前已签定的合同，仍按原合同规定执行；原规定超期月占用费为 3‰—6‰，现改为对超期的借款单位每日加收万分之三的超期占用费。是年，四川对 1980 年开始实行的中小学勤工俭学周转金借款管理办法进行了调整，从 1985 年起，改变以往由财政逐级拨款的办法，改为各地直接向省借款。借款主要用于扶持校办企业和学校开展的其他勤工助学活动，不得挪作他用。借款期限原则上不超过 1 年，个别特殊项目可延长至 2 年，但 2 年期的借款额度不得超过各市（地、州）借款总额的 30%。借款单位按期归还借款，逾期未还的，将从超期之日起每月收取 6‰的贷款利息。

1986 年 7 月，四川省对到期应收回而尚未回收的财政支农周转金进行了清理，并根据不同情况区别处理。凡是债权债务明确、有条件归还而没有归还的，征收逾期占用费，并抓紧催收；按期还款确有困难的，补办延期还款手续，待借款人经营状况改善后，由财政部门促其分批归还借款；经过反复核实，确属难以回收的，可作挂账处理，但不得豁免，且挂账范围仅限于 1980 年以前借出的资金。

1987 年 2 月，四川省修正支援不发达地区财政周转金办法。决定省分配各市（地、州）的发展资金指标不作基数，在一定时期内，按资金使用效益好坏，对分配基数进行调整。有偿援建项目到期收回的资金，留县周转使用，并单独建账，年终决算时逐级上报。12 月，四川省小型农田水利和水土保持补助费开始实行有偿与无偿相结合办法。对经济效益显著、见效快的项目，实行有偿或部分有偿补助办法，偿还年限从投放之日起不超过 5 年。收回的资金作为财政支农周转金，继续专项用于小型农田水利、水土保持和小水电站建设。

1988 年 4 月，省政府决定建立农业发展基金和农村合作基金，农业发展基金中，先建立了粮食和生猪发展基金。其中，粮食发展基金的来源，一是从“议转平”粮食价差补贴款中每千克提取0.128元；二是从粮食和其他经营单位议购粮中，每千克提取0.004元；三是留县的部分耕地占用税；四是从乡镇企业中提取的“以工补农”资金；五是财政以及其他用于农业的资金中调剂的部分。生猪发展基金的来源，一是向国营、集体单位和个人经营生猪者每头收取的技术改进费；二是向生猪屠宰者每头收取0.05元的费用；三是各级财政拨出的扶持商品猪基地建设资金。农业发展基金由县财政代管，专户储存，专款专用，并以有偿使用为主，做到周转使用，滚动发展。农村合作基金的来源，一是农民集资；二是乡财政扶持资金；三是村组织提留；四是乡镇企业筹资。基金由乡镇政府负责管理，用于发展本地农业生产。同月，开始征收财政支农周转金占用费，征收对象为各级财政部门扶持国营农口企事业单位、农村合作生产组织、乡镇企业以及农户的周转金，占用费月费率为：良种繁育、农业技术推广、植物保护、畜禽疫病防治等项目为1.5‰—2‰；种植业项目为2‰—4‰；养殖业项目为2‰—4‰；加工工业项目为4‰—5‰；其他项目为5‰—6‰。超过合同期限的加收逾期占用费，月费率为9‰。5月，四川省对扶持乡村小水电周转金管理使用办法进行改革。1987年及以前省安排扶持各地的小水电周转金，由发放者回收周转使用，继续用于乡村小水电建设；1988年以后，省级小水电周转金由省统一发放回收，发放前分配给各地借款控制指标，由市（地、州）财政局负责统借统还，并按财政支农周转金管理办法进行管理。6月，财政部决定将工交企业技术改造资金由现行的无偿拨款改为有偿使用，建立工业企业技术改造周转金制度。周转金的使用对象限于地方预算内中小型国营工业企业的技术改造项目，而不得用于基本建设项目。申请时由企业按隶属关系逐级上报省级财政部门，再由省级财政部门按项目填写“借款申请书”，向财政部提出申请报告。经财政部审查批准后，将周转金借款发至省级财政部门，再由省级财政部门与单位签定借款合同书。周转金借款期限最长不超过3年，其中，1年期借款月费率为1.6‰，2年期借款月费率为2.5‰，3年期借款月费率为3.4‰。周转金借款由省级财政部门担保，借款单位应按期归还借款本金和使用费，逾期不还者财政部将不再对其发放周转金借款，并在中央财政与地方财政清算时如数扣回所欠借款。

1989年4月，四川省调整财政支农周转金占用费月费率为：良种繁育、农业技术推广、植物保护、畜禽疫病防治等项目为1.5‰—2‰；种植业项目为2‰—3‰；养殖业项目为2‰—4‰；加工工业项目为4‰—5‰；其他项目为5‰—6‰。超过合同期限的加收逾期占用费，月费率为15‰。是年，为发展乡镇经济，四川省建立了省级扶持乡财政周转金，并制定了相应的管理办法。

1991年11月，财政部下发新的《财政支农周转金使用管理办法》（以下简称《办法》），就资金的来源与使用、发放与回收、占用费收取与使用以及决算编报等问题进行了规范和说明。1992年4月，省财政厅就上述《办法》作出补充规定：财政支农周转金统一由各级财政部门农业财务管理机构管理，任何部门不得肢解财政支农周转金的分配、管理权；财政支农周转金使用范围限于支援农业生产和农村经济发展，任何部门和单位不得擅自改变资金性质和用途；财政支农周转金占用费收取及其使用年限按标准执行：种植业，使用年限6年以内，期内月占用费率1‰—2‰；养殖业，使用年限5年以内，期内月占用费率1‰—2‰；先进农业科技成果推广，使用年限2年以内，期内月占用费率1‰—2‰；农副产品加工业，使用年限3年以内，期内月占用费率3‰—4‰；小水电，使用年限8年以内，期内月占用费率1‰—4‰；逾期占用费月费率统一为15‰。此外，下级财政部门转借上级财政部门以及主管部门转借同级财政部门的财政支农周转金，其借款费率不得高于借入费率的0.3‰。

1993年10月，四川省对由于遭受重大自然灾害以及因农村经济体制改革、债务人无法落实，而导致财政支农周转金无法回收的，作为挂账处理。挂账的审批权限由同级财政部门负责，地方汇总后上报省财政厅，并报财政部备案。经批准挂账的财政支农周转金，在1993年终决算时一次性增加待处理支农周转金基金。省级挂账的基金由地方财政部门继续负责回收，回收后留县70%，留市（地、州）30%作为奖励。

1994年2月，四川省执行财政部对中小学校办产业周转金管理的有关规定，并提出贯彻意见：周转金是中央财政用于支持地方中小学校发展校办产业的财政资金，按照"专款专用、有借有还、择优投放、追踪反馈"的原则进行管理；中央财政资金下达后，由省教委和省财政厅安排到具体项目，并与各市（地、州）教育主管部门签订借款协议；在规定的借款期限内，周转金按年率3%收取资金占用费，由借款单位在借款到期时与本金一并还清，逾期未还的，将加收不低于同期银行贷款利率的逾期资金占用费。6月，在总结前几年实施经验基础上，并综合财政部《财政支农周转金使用管理办法》和《财政支农周转金使用管理办法实施细则》，省财政厅制发了《四川省财政支农周转金管理办法实施细则》。文件就财政支农周转金的来源、使用范围、使用期限及占用费的收取等问题作了明确规定。10月，四川省扶持地方工交企业周转金开始按照新的管理办法执行，具体为：工交周转金是有偿使用资金，重要用于企业技术改造项目，设立专户，专款专用，严禁挪用；市（地、州）财政局在上报项目时，必须自配20%以上的资金，否则省上不予安排项目资金；省级直属企业使用周转金借款，必须由具有担保资格和条件的经济实体担保后，方可与财政厅签订借款合同；周转金借款期限一般为1—2年，最长不超过3年；地方财政局统借统还的工交周转金月使用费率为6‰，地方财政局可在省财政借款月使用费率基础上加收0.5‰—1‰的手续费；使用费一年结算一次，逾期未还款的项目单位，从超期之日起，按月费率12‰收取资金使用费。11月，《四川省文教行政事业周转金管理办法》开始施行。周转金的借款对象为教育、科学、文化等文教事业单位，以及公检法、行政机关和党团附属事业单位。用途主要为生产经营性设备购置，补充流动资金不足和技术改造项目，不得用于基本建设、对外投资、参股和经营证券。借款单位需满足以下条件：在银行设有账户，并有专人或兼职人员管理，主管部门与财政部门有经常的经费领拨关系；借款项目具有可行性，具有偿还能力，无拖欠应偿还财政部门有关款项的记录；借款项目在30万元以上的，还需加报可行性论证报告。周转金的借款期限一般为1年，少数项目经批准可适当放宽期限，但不得超过2年。单位所借周转金需按时偿还，并按每月3‰—7‰的比率缴纳资金占用费；逾期不还的，从逾期之日起每天收取万分之三的逾期占用费，并从当年（或下年）有关财政拨款中扣还本金和占用费。12月，四川执行财政部《支援欠发达地区财政周转金管理办法》。四川省的支援欠发达地区财政周转金包括预算扶贫基金、发展资金有偿使用部分、三州开发基金有偿使用部分、温饱基金、散杂居少数民族发展基金有偿使用部分以及其他专项用于老少边穷地区的财政有偿使用资金。资金来源包括：从中央财政申请借入的欠发达地区财政周转金；各级预算安排资金；往年度回收资金；收取的资金占用费和逾期资金占用费；银行存款利息；其他用于支援欠发达地区的有偿使用资金。资金实行有偿使用，坚持有借有还，逾期不还者除加收年率10%—20%的逾期占用费外，还将扣减发展资金或其他财政专款。

1996年6月，省财政厅对财政周转金呆账处理作出规定。周转金呆账是指符合下列情况，确实不能收回的资金：借款人和担保人依法宣告破产，进行清偿后，未能还清的财政周转金；借款人死亡，财产或遗产清偿后，未还清的财政周转金；借款人遭受重大自然灾害或意外事故，损失巨大且不能获得保险补偿，确无力偿还部分或全部周转金，或者以保险补偿后，未能还清的周转金；各级财政部门按规定程序审批后可以作为呆账处理的逾期本级财政周转金。周转金处理时，遵照“谁审定项目、谁承担风险”的原则，严格按照程序进行处理。即：用款单位向经办周转金借款的财政部门提出申请，并提供相关法律文书；经办财政部门进行审核和调查，提出处理意见，报审定借款的上级财政部门；审定借款的财政部门集体讨论研究，作出处理决定，以文本方式将审定结果通知用款单位和经办周转金的财政部门。有条件的企业，按规定核销的财政周转金转增国有资本，交由同级国有资产管理局管理。

同年7月，根据财政部《地方财政周转金管理暂行办法》，省财政厅制定并公布实施《四川省省级财政周转金管理暂行办法》。省级财政周转金来源于省级财政预算支出中按规定可有偿使用的资金、从上级财政部门借入的财政周转金、中央财政专项拨款无偿改有偿资金、周转金占用费与利息收入以及其他允许转入的资金，主要用于支持农业生产与农村集体经济发展、支持科教文卫事业发展和城市基础设施建设、支持地方财源建设、支持企业技术改造和高新技术产品开发等。周转金实行“统一制度、统一管理、统一计划、统一开户、统一核算”，委托金融机构发放①，并实行经济合同制。省级财政周转金使用时收取一定的占用费，占用费对不同行业实行差别费率，并低于银行同期同类贷款利率。按照合同，周转金须如期归还，逾期不归还的，可通过财政手段强制收回。

1998年，根据财政部规定，从1998年8月1日起，四川省取消财政周转金发放，并清收已到期的周转金借款，对已形成呆账的借款，根据《财政周转金呆账处理规定》处理。回收的财政周转金一律由财政部门统一安排使用，重点用于弥补历年财政赤字、解决财政挂账、增补预算周转金等方面，揭开了整顿财政周转金的序幕。整顿分两个阶段，第一阶段从1998年8月1日起，各级财政部门用1年左右时间，完成只收不贷的任务；第二阶段从1999年12月1日起，用1年左右时间，彻底解决整顿工作的遗留问题。在2000年底前，结束整顿工作。

1999年4月，为贯彻执行财政部规定，四川省开始清理收回省级财政周转金，要求省级有关部门和各市（地、州）财政局凡借有省级财政周转金，逾期未还的，必须在财政部规定的清理期限内归还；确需核销的，要从严掌握，严格按照财政部有关财政周转金呆账管理办法处理。10月，四川省省级财政周转金呆账核销审批程序出台，符合下列条件之一的，视为财政周转金呆账：借款人、担保人宣告破产，以其财产清偿后未能还清的周转金；借款人遭受重大自然灾害或意外事故等不可抗力影响，不能获得保险补偿，或在保险补偿折抵后，仍无力归还的全部或部分金额；借款人死亡或依法宣告失踪、死亡，以其财产遗产清偿后尚未能还清的金额；专案报经批准处理的财政周转金。呆账由当地财政部门提出申请，并逐级上报至省财政厅，在经核实后，通过财政厅预算处进行账户处理。

2000年7月，按财政部抓紧清理财政周转金有关文件规定，财政部借给地方的中央财政周转金，统一按1999年末借款余额（含借款合同未到期的款项）的50%扣足，并通过2000年中央财政与地方财政年终结算处理。其余50%的债权债务移交地方财政，由省级财政负责处理回收和核销工作。

① 委托发放：省财政厅与受托金融机构签订委托协议，采取委托管理资金与委托管理项目两种形式。

省财政比照财政部办法，将1999年末借款余额的50%于办理2000年省财政与市（地、州）财政年终结算时一次性扣还，其余50%的债权债务关系移交市（地、州）财政，由其负责回收和核销。资金回收周期为2000—2002年，逾期未还的，将通过财政预算扣还。省财政转借省级单位的中央财政周转金，则务必于12月31日前偿还，到期未还的，省财政即扣收借款单位或主管部门的专项资金。

二、政府性有偿使用资金

1986年10月，省政府决定每年省财政视财力情况安排一定额度资金，加上从上交省计经委的折旧基金中划出10%以上的资金建立省新产品开发基金。基金实行有偿使用，主要安排用于工交企业重点新产品开发项目。

1988年5月，省乡镇企业管理局向省财政厅统借统还的扶持乡镇企业发展基金，从1988年起开始收取占用费，占用费月费率为3‰。乡镇企业管理局需按合同规定按期归还借款，其归还比例为第一年10%，第二年40%，第三年50%。逾期未归还1个月以上的，按月费率9‰计收逾期占用费。是年，四川省改革地方国营工业企业技术改造基金使用管理办法，将原用于地方国营工业企业技术改造的无息周转金，改为低息贷款，贷款月利息率为3.9‰，期限一般为1—3年，主要用于企业技术改造项目。此外，对原无息周转使用的交通企业技改基金，实行有偿有息使用，并收取资金占用费。使用时，年费用率为2.4%，期限一般为1—3年，逾期每天将收取1‰的滞期费。

1989年4月，省发展资金管理小组、省财政厅决定对四川省发展基金和三州开发基金这两项资金实行有偿扶持和收取占用费的办法。占用费实行差别费率，由各市（地、州）按低于银行同档利率原则，根据建设项目的具体内容和经济效益情况确定。逾期占用费费率按银行同档利率计算。占用费、回收的两项资金按项目级次全部留归各级，建立两项资金周转金，由各级财政部门在银行设立专户进行管理。

1990年2月，省财政就“八五”期间（1991—1995年）国家财政预算内专项分配四川的支援经济不发达地区发展资金和三州开发基金的管理和使用办法作了明确规定。其主要内容为：从1991年起，省在下达两项资金年度控制指标时，既要实行总额控制，又要分别下达无偿使用和有偿使用指标，其中，发展资金有偿使用部分应占总额的40%以上，三州开发基金有偿使用部分应占总额的50%以上；从1991年起，上述两项资金（基金）有偿使用部分，由省、地两级集中统一管理；三州开发基金继续按经济建设部分占2/3，科教文卫部分占1/3的规定执行；继续实行与两项资金配套的优惠政策，即对国家预算内安排的两项资金和周转金，免征建筑税、国家能源交通重点建设基金和国家预算调节基金。

1993年，省财政决定在“八五”期间（1991—1995年）由省财政拨款1000万元，建立科技开发风险基金。资金实行有偿使用，主要用于具有一定风险的高新技术开发和试验。

1994年4月，四川省执行财政部《地方财政有偿使用资金管理办法（试行）》（以下简称《办法试行》），对地方财政有偿使用资金的来源、资金使用范围、使用期限、资金占用费、管理与监督等问题作了明确规定。1996年财政部《地方财政周转金管理暂行办法》颁布后，该《办法（试行）》废止。

1995年11月，四川省开始清理财政有偿使用资金（包括财政“扭补”资金），要求借款单位按合同期限如期归还。对财政“扭补”资金，则按扭补资金管理办法的要求和借款合同如数扣回。

1997 年 6 月，省政府设立重点建设债券贴息资金，专项用于补贴重点交通、能源等建设项目和支农建设项目以及新科技开发项目的银行贷款利息和国家规定的债券利率与发行成本的差额部分。按现行银行贷款利率、发行债券利率及发行费用水平，年补贴率确定在 5%—8% 的幅度内。贴息资金使用时以无偿为主，同时，可短期有偿用于经济效益显著且偿还能力较强的建设项目的周转，定期收回，但原则上，有偿使用的贴息资金规模需控制在当年贴息资金总量的 10% 以内。8 月，省财政厅决定“九五”期间（1996—2000 年）每年安排 1000 万元资金，作为机电产品出口技术改造和流动资金周转金，借给企业有偿使用。

1998 年，根据财政部规定，从 1998 年 8 月 1 日起，四川省取消发放财政周转金。为保证省级财政用于生产建设的资金总量不会因此减少，不削弱省级政府调控经济的实力，在借鉴日本、新加坡等国经验的基础上，开设设立四川省省级地方政府经济发展资金。资金由政策性扶持资金、政府投资（含高科技风险投资）、政府政策性补贴资金组成，主要来源于当年预算编制中的生产建设预算和原财政周转金已形成存量回收部分和经政府批准的其他资金。其中，政策性扶持资金分为三大类，即工业发展基金、农业发展基金和财源建设资金。工业发展资金主要用于工业企业的技术改造和现代企业制度试点；农业发展资金主要用于农业产业、支农工业和农产品加工、运输、销售企业，以及农产品批发市场建设；财源建设资金主要用于第三产业及经济欠发达的财政困难县财源建设和高成长、高风险、高科技技术的开发和应用。政府投资主要用于政府需要参与投资的项目，重点是基础设施、生态工程、公用事业和高风险高科技产业。政策性补贴主要是原用于相关部门和产业的补助、贴息等。同时，为规范省级地方政府经济发展资金的使用，省财政厅还相应制定了《四川省省级政府政策性扶持资金管理暂行办法》和《四川省省级政府投资管理暂行办法》。

2002 年 11 月，为促进企业产业结构优化升级和经济增长方式转变，省政府决定对符合条件的企业技术改造项目给予贷款贴息。贴息资金每年由省财政预算统筹安排，根据企业实际贷款金额和财政预算安排的贴息资金总额情况，定额补贴，期限 1 年。

2004 年 2 月，基于四川省之前为解决农村合作基金会清理撤并、供销社社员股金兑付、信托机构和城市信用社清理整顿的个人债务兑付等资金缺口，而以“两税返还”“转移支付”作为还款保证，向中央申请使用了数额巨大的政府专项再贷款的现实情况，为管理好专项贷款，保证能按时足额偿还，省财政要求各地加强对政府专项再贷款使用的监督管理，确保专款专用。同时，认真落实还款责任，督促再贷款使用部门积极筹措还本付息资金，防止金融风险转化为财政风险；并适时建立再贷款的“还款风险保障金”机制，在已有的偿债资金中安排部分专项资金，确保再贷款还本付息。

2005 年 11 月，为发挥财政资金在企业技术改造中的引导、扶持及带动作用，在 2002 年下发的《四川省企业技术改造贷款项目财政贴息资金管理暂行办法》的基础上，省财政厅拟订了《四川省企业技术改造资金管理暂行办法》，进一步明确了企业申请技术改造资金的条件，除贷款贴息外，新增加项目投资补助扶持方式，用于扶持使用银行贷款较少、产品市场潜力大的项目。

三、国债管理

（一）国库券管理

1988 年，为切实解决国债兑付难、变现难，打击国债黑市交易，促进国债一级市场和二级市场健康发展，中国人民银行、财政部先后下发了银发（1988）48 号、银发（1988）55 号和银发（1988）77 号文，要求各省（市、区）财政部门组建财政国债中介机构，承担国债发行、兑付和转让业务。四川省财政国债中介机构因此始建，四川财政国债中介机构自建立以来，在为国家筹集建设资金、平衡国家财政预算、维护国债信誉、方便群众买卖国债、培育国债市场、打击国债黑市交易等方面做了大量工作。

1989 年，财政部门开始办理特种国债发行和还本付息事宜。

1990 年，四川省新建立财政国债服务部 32 个，其中，市（地、州）级 10 个，县级 22 个。4 月，针对泸州、内江、德阳、遂宁、绵阳等市国库券黑市交易泛滥，压低买卖价格的情况，省财政请求财政部开放当地的国库券转让市场，以方便群众，打击黑市交易。6 月，财政部同意泸州市、内江市、德阳市、遂宁市、绵阳市、乐山市、万县地区、涪陵地区、甘孜州、凉山州等 10 个市（地、州）财政局及其所辖部分县财政局（22 个）建立国债服务部，从当年 7 月 1 日起开始办理国债兑付业务。是年，财政部、中国人民银行规定：不论在任何场所交易未经国家批准转让的国债券，或者在经过国家批准的中介机构之外进行国债券交易的，均属非法行为；任何将国债券当做货币进行商品交易的行为，均属非法行为。对于非法交易行为，将根据交易累计面值予以不同数额的罚款，情节严重的，移送司法机关处理。是年，财政部发布《财政部门办理国债券还本付息账务处理及实际兑付办法》，对国债兑付会计科目与账户设置、财政部门账务处理细则、个人购买国债到期兑付程序、单位购买国债到期兑付程序、经办单位账务处理细则以及其他相关事项进行了明确说明。四川省补充规定，凡开办国债券兑付业务的市（地、州）必须于每月终了 6 日内向省财政厅报送当月国债券还本付息月报表，同时，在确保账、款、券不错不乱的前提下，允许各地适当增删变通兑付业务的账务核算。

1991 年 3 月，为促进证券市场发展，遵照财政部、中国人民银行规定，四川省地市级以上城市和地区所在的县级市全面开放国债转让市场。4 月 15 日至 10 月 15 日，发行特种国债，具体收款业务由县级以上财政部门国债管理机构或其委托经办单位负责办理。发行时，采取收款单方式，各单位持同城转账支票到所在地经办单位办理交款手续，并就地入库，由各地国库编入“中央预算收入日报表”随中央预算收入一并上划。是年，根据财政部、中国人民银行要求，四川省改进国库券发行方式，采用分配任务和柜台销售相结合的方式进行。参与柜台销售的各专业银行、财政及其他金融机构在办理国库券领用时，持本部门介绍信到同级人民银行国库部门办理领取手续，所收款项分次定额上划，即分别于 7、8、9 月的 25 日以前，按销售计划的 10%、10%、80% 的比例划原领券行。当年，四川省共发行单位特种国债 3697 万元，两金特种国债 2900 万元，国库券 28350 万元。

1992 年 11 月，四川省财政系统国债券移交操作规程出台，对国债券的具体操作事项即计数、交接、入库 3 部分进行了规范。是年，改变过去每年 7 月 1 日发行国库券的做法，将 5 年期国库券改为 4 月 1 日起发行，3 年期国库券仍从 7 月 1 日起发行。分散发行缓解了国债发行工作人员因兑付期与发行期交叉而工作量剧增的矛盾，提高了发行效率。

1993 年，无券（非实物）发行方式开始实行。7 月，国家确认中国工商银行、华夏证券有限公司、中国国际信托投资公司、南方证券有限公司和中国光大国际信托投资有限公司等 19 家金融机构为首批国债一级自营商。为完善国债一级自营商制度，12 月，财政部、中国人民银行、中国证券监督委员会联合颁发了《国债一级自营商管理办法》，对国债一级自营商的权利和义务作了明确规定。

该项制度的建立，标志着债券市场向规范化运作又迈进了一步。

1994 年，财政部门对 1981—1984 年向单位发行的国库券进行还本付息，限期在该年 12 月 31 日前全部兑付完毕，过期则不再办理。4 月 1 日，四川省开始发行特种定向债券 4000 万元，定向债券向养老保险基金和待业保险基金定向发行，发行时属派购性质。债券期限为 5 年，5 年期满后一次还本付息，年利率 15.86%，发行截止日为该年 4 月 30 日。当年到期的国债有：1991 年发行的 3 年期国库券（年利率 10%），1989 年发行的 5 年期特种国债（年利率 15%）。随着国债发行方式由行政发行改为市场发行，国债一、二级市场的主体地位也相应易位，金融机构和证券机构取代国债中介机构成为市场主体，国债中介机构业务量随之急剧萎缩，不少机构尤其是县级机构入不敷出，面临生存危机。为解决财政国债中介机构生存问题，充分利用国债机构现有网点和人员，1994 年中国人民银行、财政部下发了银发（1994）307 号文件，要求对财政国债中介机构进行清理和规范，规范后的国债中介机构由人民银行总行颁发金融许可证，并转为可从事股票交易业务的证券公司。随后，省财政厅和省人民银行共同组织了对全省财政中介机构的清理整顿，向人民银行总行、财政部转报了《关于申请保留四川省川财证券公司及 19 个地、市、州国债服务部作为营业部的报告》（川人行金（1995）59 号）。与此同时，川财证券公司和成都财盛证券公司等财政国债机构陆续开办了股票交易业务，此举适应了国债发行方式改革和国债市场主体易位的新形势。

1995 年，从该年起，中央不再向地方财政部门分配国债发行任务，各地可完全按照自愿原则承销包销凭证式国库券和无记名国库券。四川省以市（地、州）为单位申报汇总，分别由省财政厅综合处和川财证券公司向财政部签订承销合同，经销条件与中国建设银行、中国农业银行等 5 大专业银行和一级自营商完全一致。3 月，针对国债券代保管业务规章制度不够健全，一些机构借开展国债券代保管业务之便，盗用国家信用，采取在国债二级市场中“卖空”或在一级市场中“超发国债”等手段进行变相集资以及各机构自制国债券代保管单式样繁多、识别困难的情况，从 3 月 15 日起，国债券代保管一律使用财政部监制的《国债券代保管凭证》。凭证作为未到期实物国债券的代保管证明，不具有其他用途，不得在国债二级市场的流通转让业务中作为实物券的交收凭证使用，不能进行转卖、抵押和做回购业务。

1996 年，财政部开始回收 1991 年、1992 年借给四川省各地用于建立国债中介机构的周转金。是年，遂宁市射洪县财政局国债服务部在办理当年到期的国库券业务时，发现了 1993 年发行的 5 年期国库券假券 25 张，每张票面 100 元，共 2500 元。为此，省财政将假券复印件印发全省，提醒各地兑换时注意审验，一旦发现，严肃处理并上报省财政厅。

1997 年，财政部发行凭证式国债，国债分 2 年期、3 年期和 5 年期 3 种，年利率分别为 8.64%、9.18% 和 10.17%。四川省各级财政部门经办的凭证式国债一律从 3 月 1 日起开始发行，5 月 31 日结束，3 种国债按 2∶6∶2 的比例核定。发行时，市（地、州）的手续费为 5.2‰，省留 1‰作为凭证印制、调运、发行宣传等费用。是年，四川对国债中介机构进行改革，将自贡、绵阳、德阳、攀枝花、内江、遂宁、南充、巴中、射洪、温江、绵竹、江油等部分条件成熟的市（地）国债服务部，分批改办为四川省川财证券公司下属的不具法人资格的证券经营部，企业内部按股份制方式运行，试行扩大经营范围。条件不成熟的市（地、州）国债服务部，挂靠到改制后的四川省川财证券公司，仍从事国债经营。9 月 1 日至 11 月 20 日，增发 3 年期凭证式国债，年利率 9.18%，从购买之日起开始计息，期限 3 年，不计复利，到期后由财政部一次还本付息。6 月，鉴于财政国债中介机构职能弱化，国债业务量极度萎缩的现实情况，四川省对财政国债中介机构进行了整顿。将川财证券公司已开展代理股票交易业务的中新营业部、武侯营业部、射洪营业部予以保留，并入四川省建设信托投资公司；已开展代理股票交易业务的五通桥营业部和已作了代理股票交易业务准备但尚未开业的梁家巷营业部等分支机构予以取消，一律转作当地财政部门的事业单位，只办理国债的发行及兑付业务，不得办理证券的交易业务；成都财盛证券公司已开展了代理股票交易业务的上翔营业部、东郊营业部予以保留，并入成都市工商信托投资公司，后子门营业部、西星营业部予以撤销。该年到期国债有：1987 年向单位发行的国库券；1992 年向银行等金融机构发行的财政债券；1992 年向社会发行的 5 年期国库券；1994 年采取填制“国库券收款凭证”方式向社会发行的 3 年期国库券；1996 年向社会发行的记账式（一期）国库券；1996 年向社会发行的记账式（四期）国库券。

1998 年，根据财政部通知，四川省对国债代管凭证进行了清理。共领取国债代管凭证 50 箱，共计 250000 份。其中：市（地、州）财政部门及证券机构共领取 213975 份，使用 52694 份，剩余 161281 份；省本级尚有未领用凭证 36025 份。在国债代管凭证清理回收过程中，未发现有买空、卖空现象。由于该年到期国债品种较多①，兑取手续、计息工作较为复杂，省财政要求各地做好柜前培训和宣传，准确填写兑付报表，并规定了不同国债的兑付手续费。实物国库券兑付手续费为本金的 3.1‰，特种国债为本金的 2.1‰，凭证式国债为本金的 2.5‰，特种定向债券为本金的 0.6‰。是年，财政部发行凭证式国债，从 2 月 20 日开始，10 月 31 日结束。债券分 3 年期和 5 年期两种期限发行，其中，3 年期的利率为 7.11%，5 年期的为 7.86%，均不计复利，到期一次还本付息，逾期不加计利息。该项国债全部面向社会发行，以 100 元为购买起点，超过时以百元的整倍数购买，不上市流通。四川省要求各地财政部门和财政国债中介机构于当年 2 月 18 日前将本地预计承销数（3 年期、5 年期的比例为 3：2），并于发行期结束前的每月 5 日前将实际发行款缴入省财政指定账户。同时，规定凭证式国债发行费为实际缴款额的 5.2‰。截至该年 3 月 20 日，四川省兑付到期国债 25637 万元，兑付率达 77%。

1999 年，在对全省国债中介机构进行调查摸底的基础上，省财政厅拟定了《四川省国债中介机构清理整顿方案》，就整顿原则、任务、组织领导、具体步骤以及人员分流等问题进行了说明，并上报财政部和中国证监会审查。此后，财政部门不再承担国债发行兑付和移交销毁等工作，财政证券公司及其营业网点也与财政部门脱钩。

据统计，从 1988 年国债中介机构建立以来，截至 1999 年底，四川省国债机构国债发行、兑付及柜台转让交易量达 140 多亿元。1999 年 10 月清理整顿之前，全省共有国债中介机构 109 家，其中：省级一家，市（地、州）级 15 家，县级 93 家，从业人员 736 人。经过清理整顿，四川省保留了川财证券公司、成都财盛证券公司及所属营业部、交易点计 9 家机构，撤销 100 家。

（二）国债转贷管理

1998 年 8 月，根据财政部《国债转贷地方政府管理办法》及《四川省转贷国债管理办法》，省财政厅制定并开始实施《四川省转贷国债资金管理办法》。规定：国债资金必须专款专用，严禁任何部门、单位滞留或挪用；国债转贷资金由各级财政总预算部门在国有商业银行或国有控股商业银行开立专户管理，资金的存放转贷以及偿还，一律通过专户办理；国债转贷资金专户所得存款利息与

① 至 1998 年 4 月，累计兑付自 1981 年至 1997 年到期国债券共 21 种，金额总计 7433 万元。

优惠利息持平，利息收入作为各级财政部门还款付息的资金来源；各级财政预算部门将国债转贷资金专户视同预算账户管理，按财政部有关规定进行核算，并按时编报报表，及时向政府和有关部门提供专户资金使用情况；为减少中间环节，在经项目主管部门审核后，财政部门可根据项目建设单位编报的工程建设资金使用计划直接拨付转贷资金到项目使用单位；财政总预算部门按计划及时、足额拨付国债转贷资金，不得滞留、占用；财政部门加强对国债转贷资金监管，不定期进行检查，发现问题，及时处理；财政部门督促项目建设单位和项目主管部门按计划和协议筹措还款资金，并及时足额划转到同级财政部门开设的专户；国债转贷资金专户接受上级财政部门、各级审计部门、财政部驻四川监察专员办的监督和检查。10 月，财政部下发通知，要求加强国债专项资金财务管理与监督，省财政厅补充规定，省级有关部门和地方财政部门按照中央所定项目和基本建设管理程序安排使用资金；严格按工程进度拨款，不得擅自变动项目或调剂使用资金。当年，四川省获得中央国债专项补助和转贷资金 50 亿元，连同地方配套资金和银行贷款，集中投入到交通、环保、农林水利等 80 多个基础设施建设项目。

1999 年，省财政厅决定对国债转贷资金还本付息实行“分批计算、分批支付、年终结算”办法。即：每一批转贷资金自省财政拨付之日后的第五日起开始计息（成都市从第二日起开始计息），按年分批测算应付利息；应付利息在资金到账满 1 年后 7 日起缴到指定账户，应付本金在宽限期后与应付利息同时缴付；省财政与地方年终清算，全年应付而未付本息通过年终结算扣回；没有在规定期限内缴付到位的本金和利息，按逾期转贷资金处理，并按协议规定的利率加倍计收利息。

2001 年，根据财政部规定，从当年起开始偿还国债转贷本金。为便于掌握国债转贷资金还本付息情况，四川省要求各借款部门将应付本金和利息及时足额汇入省财政厅在建设银行开设的专户。

四、政府性外债

四川省自 1984 年开始利用世行贷款，至 1991 年 6 月底，共正式执行项目 18 项，贷款总额 6.3 亿元，加上国内配套资金，总投资规模达 74 亿元。项目涉及工业、交通、能源、农业、林业、文教、卫生等部门。但这时使用的世行贷款均按“条条管理”模式运作，贷款“借、用、还”等环节均通过中央主管部门垂直下达，地方财政部门完全没有介入项目。从而导致贷款“借、用、还”各个环节相互脱节，影响了资金的使用效益和贷款的偿还率。1990 年以后，国家根据外债管理工作的需要，按照“统一领导、归口管理、各司其职、各负其责”的原则，建立了以地方财政部门为主的“块块管理”模式，解决了世行贷款借、用、还各环节脱离的矛盾。

1991 年 9 月，为规范世行贷款管理工作，省委在管理部门、项目建议书申报、前期准备工作、债务代表人以及机构和制度等方面作了规定。省财政厅是全省世行贷款的归口管理部门，按“统一管理、分工合作、各司其职”的原则，与有关部门配合，保证贷款合理使用和项目顺利进行。地方政府授权同级财政部门作为世行贷款在当地的归口管理部门，赋予其相应的权力和责任。省级各主管部门和各地上报的世行贷款（含中央有关部门转贷款）的项目建议书，事前需征得同级财政部门同意；未经财政部门同意的项目，财政部门不予承担资金责任和债务责任。世行贷款项目前期准备工作，应有财政部门参与。财政部门逐步完善世行贷款管理的机构和制度建设。地方各级财政部门开设世行贷款项目专用账户，办理提款和贷款还本付息及付费工作。各级财政部门作为同级政府的债务代表人，负责与上级财政部门签订转贷协议，明确并落实债权债务关系。对统借统还项目，本着“谁用款谁还款、用什么货币还什么货币”的原则，在协议中明确项目执行单位完成项目建设任务和还款责任，明确各级财政部门代表同级政府对还款的担保责任及经济制约关系。各级财政部门协助做好世行贷款项目物资采购工作，赴国外进行有关采购的考察培训经费，按照《因公临时出国人员经费管理办法》办理，并逐步将世行贷款项目纳入财政预算管理。

1994 年，根据财政部《关于颁发〈世界银行贷款项目财会管理暂行规定〉的通知》，结合四川省实际，省财政厅制定了《世界银行贷款项目财会管理暂行规定实施意见》，其主要内容为：各级项目办公室是执行世行贷款项目的唯一会计主体，负责承担项目的会计核算和财务报表工作，并向上级主管部门和当地财政部门及审计部门报送完整的财务报表；各级财政部门作为当地政府的债权债务代表人，负责管理项目贷款专用账户，并按财政部《暂行规定》有关账户核算要求，结合当地项目具体情况，设置相应科目进行核算；各级财政部门应在每笔收支业务发生的同时，填写世行贷款项目记账通知单，并送交项目办，由项目办作为记账依据，定期与同级财政部门对账；以物抵债的债务确认以及项目采购的物资，由项目办组织分割，并填制物资分割单，经同级财政部门确认后，由项目办通知下级项目单位，作为项目登记债务的依据；项目补偿金统一由各级财政部门管理，上级财政部门有权对下级财政部门管理的偿债金进行监督；为加强对贷款债务的了解和管理，各级财政部门应随时根据有关资料填写项目债务登记表；财政部门对项目进行全面财务监督，严格执行有关项目计划审查、物资采购、提款报账、项目管理费等方面的财务管理规章制度；各项目报账归垫资金，首先保证完成项目目标，在此前提下，可用于项目的拾遗补缺和效益好、回收快、符合国家产业政策的项目，以提高其偿债能力。

1995 年 11 月，就世行贷款管理费问题，省财政厅提出意见：各省级项目单位须向中央有关部门上交项目管理费以及省级项目办公室为开展工作需要向项目收取管理费的，经项目单位提出、财政厅核准后，可以按贷款总额收取一定的管理费；各单位收取的管理费支出，实行年度预决算管理；项目收取管理费后，项目执行中所发生的省内公共费用可在管理费中列支；省财政管理的省级项目单位管理费的提取、支用均应接受审计局的定期审计；本通知发布后，各项目单位不得再通过其他办法和渠道向下收取管理费，不能再摊派应由管理费开支的其他支出；通知下达前项目主管部门已有提取管理费办法的，经省财政厅核准后，可执行到项目结束。是年，世行贷款二滩水电站项目正式生效。项目实际利用世行贷款 2.05 亿美元，由国家财政部转贷给四川省人民政府，转贷期 20 年，实行浮动利率，由省电力工业局主持建设，并承担向财政部还本付息的责任。

1996 年，为防范风险，增强还贷能力，四川省各级项目区政府根据省政府要求普遍建立了世行贷款还贷准备金。准备金的来源主要有 3 个方面，一是各级项目区政府根据使用世行贷款项目还本付息付费的情况，每年在财政预算中安排的相应数额的还贷准备金；二是从使用世行贷款部门（行业）安排的专项资金中提取的一部分资金；三是各级项目区财政从项目开始执行年度起，每年对使用世行贷款部门的新增财政预算中提取的一部分资金。还贷准备金的数额由各级政府根据自身债务和本地财力情况安排筹集，但最少不得低于年初已使用但未偿还的世行贷款债务的 3%。以上渠道提取的还贷准备金统一划归各项目区财政部门专户管理，专项用于世行贷款的还本付息，任何单位和个人不得挪用、挤占。

是年，国务院扶贫办选择四川阆中作为世行贷款秦巴扶贫项目的试点县，试图通过在基础设施、教育卫生、种养殖业、劳务输出、乡镇企业等多方面的综合性一体化开发，改善贫困村的环境和生产条件，同时，通过项目开发增加贫困户的经济收入，增强贫困户的能力，以达到农户脱贫和社区开发的双重目的。试点取得较好成果，并陆续扩展到省内其他贫困县。截至2005年，四川省秦巴扶贫项目正式竣工，共利用世行贷款9000万美元，实现了项目设计时帮助农民增收、改善贫困地区基础设施条件、减少贫困人口数量的初衷。是年，成南高速公路项目利用亚洲开发银行贷款2.5亿美元，项目2002年建成。

1997年，省财政决定对还贷及时，项目财务、债务管理好的单位，按年度进行考核评定并给予奖励；对拖欠世行贷款、不按协议偿还的项目单位，在债务未还清之前，停止申报、审批、安排新的国内外贷款项目，并通过财政预算扣收和加收滞纳金。是年，《世界银行贷款项目财务报告暂行规定》开始实施。

1998年，为解决亚洲开发银行贷款和外国政府贷款分别由中国人民银行、国家外经贸部管理，存在着“重引进、轻管理”“重数量、轻质量”“重规模、轻效益”的矛盾，并吸取1997年亚洲金融危机教训，在当年国务院机构改革方案中正式将亚洲开发银行贷款和外国政府贷款业务正式划归财政部管理。四川省于1999年完成这两项业务的划转工作。至此，政府性外债基本完成了由“多头对外借债、多头管理”“借、用、还”脱节的粗放型管理模式向“统借统还、统借自还、统一管理”“借、用、还相统一”的集约型管理方式的转变，并基本与国际外债管理惯例接轨。

1999年7月，四川省凉山州安宁河农业综合开发项目开始实施，共利用世行报账提款6.31亿元。11月，紫坪铺水利枢纽工程申请日元贷款312亿日元。贷款分两批拨付，第一批为2000年度210亿日元，第二批为2001年度102亿日元。

2000年3月，财政部《世界银行贷款项目会计核算办法》（以下简称《办法》）开始执行。《办法》是使用世行贷款的基本建设项目单位执行《国有建设单位会计制度》的实施细则，适用于所有于1998年7月1日起经世行执行董事会批准并执行《国有建设单位会计制度》的项目。《办法》设置了统一的会计科目，并界定了资金平衡表、项目进度表、信贷/贷款协定执行情况表、专用账户收支表等财务报表的具体格式。而在此之前已经世行批准的执行有关会计制度的世行项目，由项目单位自主决定是按本《办法》编制会计报表，还是按照1997年颁布的《世界银行贷款项目财务报告暂行规定》报送会计报表，但同一个项目的各项目单位必须报送相同的会计报表。4月，省财政厅在转发财政部《关于外国政府贷款转贷管理的暂行规定》时进行了补充：省级财政部门审查评估通过并承担偿还责任的项目的转贷（一类项目），省级项目有主管部门的由项目主管部门向省财政厅提供担保，无主管部门的由项目单位选择经财政厅确认同意的国家商业银行或其他有实力的企业（机构）提供担保，省级以下项目由省财政厅与有关市（地、州）财政局签订转贷协议；省级财政审查评估同意提供还款保证，由项目单位承担还款责任的项目（二类项目），转贷时省级项目由项目单位选择转贷银行报经省财政厅确认同意，省级以下项目由项目单位选择转贷银行，通过市（地、州）财政局确认同意后上报省财政厅；对于不能按期还款的以上两类项目，省财政将根据财政部实际扣款数对市（地、州）财政局或省级项目主管部门扣收。是年，经与财政部商议，财政部同意将四川省世行贷款“贫困地区林业发展”项目和“森林资源发展和保护”项目的转贷条件进行调整。将“贫困地区林业发展”项目信贷部分原有的5年宽限期延长为8年，还本期由12年延长为17年；将“森林资源发展和保护”项目的还款期由12年延长为17年，并将贷款年利率由4.5%调减为2%。

2001年10月，为规范外国政府贷款采购业务，提高选定采购公司过程的公平性和透明度，四川省开始施行《外国政府贷款项目采购公司招标办法》，对项目的招标、评审委员会的组成、采购公司的资质、评分标准、垄断倾向的界定、监督检查等进行了规定，同时随文附发了招标邀请书、代理申请书和委托协议书的格式。12月，财政部同意对四川省世行贷款农业项目转贷协议进行调整，将农业项目的还本期限由10年延长到15年，利率由5%下降到2%。调整后，每年还本金额比以前减少33%，利息比以前减少60%，从而减轻了转贷项目的还本付息压力。是年，四川省世行贷款城建环保项目启动，贷款额度为1.02亿美元。

2002年3月，为降低国际农发基金贷款回收风险，省财政对川东北农业综合开发项目的转贷条件进行了调整，将贷款利率由原来的6.5%降为2.75%，并将转贷期限由原来的20年延长为25年。8月，沙特政府批准同意对广安广前高速公路项目提供优惠贷款，额度为2506万美元，贷款期20年（含5年宽限期），年利率3%。9月，财政部对四川省世行贷款“长江中上游农业开发项目”（即水果项目）的转贷条件进行了调整，将转贷期限由原来的17年调整为20年，原7年宽限期不变，还本期由原来的10年调整为13年。同时，从2000年10月起至还本期结束，各项目市（县）特别提款权债务和人民币债务的利率，分别由原来的5.5%和7%统一调整为2%。9月，省财政根据财政部要求，对市（州）财政局所欠世行贷款项目周转金进行了催收。要求各市（州）在当年9月15日前按截止6月30日借款余额的50%清偿，其余50%转为本地还贷准备金。到期仍不归还者在年终决算时一次性扣还，并加收滞纳金。是年，四川省利用日元贷款人才培养项目正式启动，项目利用日元贷款61.31亿日元，覆盖西南科技大学等8所省属高校，主要建设内容包括校舍建设、采购教学实验仪器设备和培训师资等。

2003年2月，四川执行财政部《关于利用国际金融组织贷款企业在偿债责任落实前不得破产问题的通知》，以防止个别企业试图通过破产手段逃废国家债务。而在此之前，为维护国家主权债务信用，保证转贷协议的严肃执行，财政部已相继发布了《国务院批转财政部国家计委关于进一步加强外国政府贷款管理若干意见的通知》（2000年发布）、《关于日元贷款项目有关问题的通知》（2000年发布）及《关于日元贷款有关问题的通知》（2001年发布）等对外国政府贷款资产重组、权益转让等事宜进行明确规范的文件。12月，根据财政部有关地方财政部门参与国际金融组织贷款项目的相关规定，结合四川省政府主权外债管理工作的实际情况，省财政厅下发通知，要求：建立外债信息统计制度和通报制度；对新上外债项目，根据项目类型（中央和省级项目、省级部门和市（州）政府项目）的不同，按规定采用不同的程序处理；及时做好债务催收工作，项目因拖欠导致财政部实施预算扣款的，省财政厅外事外债处应配合预算处和有关业务处室完成对下扣款工作；建立外债偿还激励约束机制，及时足额偿还债务的，予以一定的奖励，拖欠的则予以加收滞纳金的处罚。是年，城建环保二期被正式列入世行贷款滚动计划备选项目，建设内容为绵阳、攀枝花等4城市的城市道路、桥梁、管网及沿江堤防建设等，申请世界银行（以下简称世行）贷款1.8亿美元。2005年，该项目正式通过世行评估。

2004年1月，省财政对国际金融组织贷款及外国政府贷款项目进行了清理，在规定期限内共偿还约760万美元、262.2万欧元和2756.9万元人民币，但尚欠约1.534亿元人民币，为此，省财政要求欠款单位务必于当年1月31日前归还欠款，否则按照财政部规定，在2003年度省级财政预算决算时扣收，并对欠款金额加收至少30%的滞纳金。3月，四川执行财政部《国际金融组织贷（赠）款项目执行监督检查管理办法》，并结合四川省项目实际，作出补充规定：一是省财政监督检查对象包括各级财政部门、项目执行单位和实施单位。二是项目分前期准备阶段、执行阶段和监督检查阶段，各个阶段监督检查的重点不同。前期着重检查贷款项目是否符合国家产业政策和本地经济发展规划、是否属于公共财政支持范围、转贷模式是否选定、债务人的财务状况和信用等级以及配套资金来源渠道和落实情况等；执行阶段着重检查项目档案是否健全、项目经营权或所有权结构的调整是否符合规定等；偿还阶段着重检查项目的实际运行情况、项目本身的盈利及分配情况、中央给予项目的各种税收和债务减免优惠政策是否落实等。三是省财政在每年 12 月 31 日前制定第二年全省国际金融组织贷（赠）款项目执行监督检查计划，确定检查的项目和检查时间。被列入检查计划的项目及项目区先进行自查，写出自查报告，省财政再根据自查情况进行抽查。11 月，财政部决定对四川省“天保工程”区的世行贷款林业项目给予豁免及挂账政策。免除四川省世行贷款林业项目欠款债务约 1.28 亿元，同时由中央财政先行垫付四川省“天保工程”林业项目世行贷款债务 3.7 亿元，延长债务期限（挂账）。是年，四川省世界银行第四期扶贫项目通过世行正式评估，利用世行贷款 3480 万美元，项目覆盖美姑等 6 个国家扶贫工作重点县，包括农业、基础设施等 6 个分项目；长江上游生态项目通过日本国际协力银行的评估，利用日本贷款 65 亿日元，项目于 2005 年上半年正式签署贷款协议。

2005 年 3 月，根据财政部规定，对世行贷款/英国政府赠款“西部地区基础教育”项目提取贷款额的 2.5% 作为项目管理费，四川省有屏山县、叙永县、石棉县等 13 个与该项目有关的县提取管理费共 291.8 万元。其中，中央和省级项目办使用 70%，市、县项目办使用 30%。8 月，为支持农业发展，减轻农民负担，经国务院批准，财政部对四川省世行贷款“四川农业”“长江水果”“林业发展”以及国际农发基金“畜牧发展”等 4 个项目分别给予部分汇率风险补贴。其中，南充市、绵阳市、广安市“四川农业”项目分别补贴 6440 万元、7436 万元和 140 万元，巴中市、达州市、雅安市“四川畜牧发展”项目分别补贴 256 万元、128 万元和 320 万元，宜宾市、泸州市“长江水果”项目分别补贴 3078 万元和 1850 万元，广元市“四川农业”和“四川畜牧发展”项目分别补助 2230 万元和 256 万元。9 月，财政部决定将 15 个在农村地区实施的世界银行贷款教育、卫生和扶贫项目的转贷利率自还本开始降至 0.75%。其中，涉及四川省的项目有秦巴扶贫、传染病与地方病控制、综合性妇幼保健、基本卫生服务和贫困省教育第一、四期，拟返还利差总额约 6296 万元。是年，雅泸高速路项目申请亚行贷款 6 亿美元，该年完成了前期考察和项目正式评审工作，并与亚行签署了谈判备忘录。该项目是继世行二滩项目后，亚行对华最大贷款项目；“红层找水打井工程”项目成功申请世行贷款/英国赠款 2500 万美元。同时，四川省继续加强对外国政府贷款项目的清理和还款测算工作，督促项目单位按时归还到期贷款本息，全年共偿还世行、亚行、国际农业发展基金及外国政府贷款本息折合人民币约 5.76 亿元，其中，世行贷款 3981 万美元、9020 万元人民币，亚行和政府贷款 1990 万美元、5022 万日元。

第三章　国库管理

2001年之前，四川省执行的是《中华人民共和国国家金库条例》，预算收入的收纳、划分、留解和库款支拨均由中国人民银行分行主管，具体业务由各专业银行办理。2001年，中央开始主导国库集中收付制度改革，逐步建立起以国库单一账户体系为基础、国库集中收付为主要形式的现代国库管理制度。财政收入，通过直接缴库和集中汇缴两种收缴管理方式，将税收收入和政府非税收入直接缴入国库单一账户或财政专户。财政支出，实行财政直接支付和授权单位支付两种形式，通过国库单一账户体系将资金直接支付给收款人。

第一节　金库管理

1986年，根据1985年7月国务院颁发的《中华人民共和国国家金库条例》和1986年1月财政部、中国人民银行发布的《中华人民共和国国家金库条例施行细则（试行）》，省财政厅与中国人民银行四川分行联合发出《关于贯彻执行〈国家金库条例〉及〈实施细则〉中几个问题的通知》。要求改变过去以表代账的做法，各级国库设立分科目的总账及分户账。同时，从1986年10月1日起，县支库收纳中央、省级预算收入采取逐级报解办法。

1991年3月，省财政厅、中国人民银行四川分行联合转发了财政部、中国人民银行《关于乡镇国库工作试点的通知》，并提出四川省乡镇国库试点工作必须严格按照通知规定的原则，继续坚持试点，控制试点范围，乡镇金库业务只能由当地专业银行办理。

1993年8月，省财政厅、中国人民银行四川分行等单位在转发财政部《关于做好乡镇国库工作的通知》时，联合制定了补充规定，要求一并执行。其主要内容为：乡镇国库设在专业银行的对外营业机构，新设置乡镇国库的地方，若同时有工行、农行两行机构的，原则上设在工行；乡镇国库的设立须报经上级财政、税务、银行、国库部门研究批准，国库公章统一名称为：中华人民共和国国家金库××县（市）××乡（镇）金库；基层专业银行代办乡镇国库所需业务经费和标准，由当地财政、国库和受委托专业银行共同协商确定。

1994年，国家实行分税制财政管理体制改革，财政收入入库级次随之变化，中央税全额上缴中央，共享税按分税制财政管理体制的规定比例分别缴入中央库和地方库，地方税缴入地方库。

第二节 国库单一账户

国库单一账户主要包括国库存款账户、财政部门零余额账户和预算外资金财政专户、预算单位零余额账户和专用存款账户等，是财政资金存储、支付和清算的基础。

1998 年 10 月，在执行财政部有关清理预算收入过渡账户的规定时，省财政厅、中国人民银行四川分行等单位联合作了如下补充：各级征收机关，除国务院、财政部有明文规定以外，不得以任何理由开设税款、基金及其他预算收入过渡账户；除对国务院、财政部文件规定的已开设的预算收入过渡账户进行清理外，各部门自行开设的预算收入过渡账户在清理中也要全部取消；已清理出的预算收入过渡账户按情况区别处理，一是计付的利息由有关金融机构负责收回，经财政部门开具缴款书后缴入国库，二是撤销违规的税款过渡账户，由同级人民银行向有关金融机构发出限期撤销书面通知；清理采用自查和抽查方式，自查面 100%，抽查面 50%；各地在清理时，填制“预算收入过渡账户清理表”，并逐级汇总上报；清理结束后，补充规定仍将作为清理预算收入过渡账户的具体依据，任何部门此后开设过渡账户，一经查出，将严肃进行处理。

2001 年 4 月，《四川省省级部门财政资金拨付管理暂行办法》开始实施，规定：省级预算单位原则上只允许开设一个支出存款账户；凡属预算内资金和预算外资金，省财政厅均拨付到该账户；各省级预算单位根据《政府预算收支科目》规定，结合实际工作需要，对不同性质的资金进行分账核算；凡需要在支出存款基本账户之外另行开户的，按规定开户程序报省财政厅批准。

2002 年 4 月，为规范省级行政事业单位银行账户的开设和使用，省财政厅发出通知，要求：每个行政事业单位只能在一家国有或国有控股银行开设一个“基本存款账户”，用于办理转账结算和现金收付等业务；进行专项、特殊管理的资金，经省财政厅批准，可开设“专用存款账户”；纳入省级财政国库管理制度改革试点的单位，取消原有银行存款账户；财政拨款及银行贷款不得作为单位定期存款存入金融机构。10 月，经过 2001 年、2002 年两次大规模地清理整顿，截至 2002 年 10 月，四川共撤销银行账户 1.5 万余个，其中省级单位撤销 760 个。

同年 9 月，根据省政府办公厅印发的《四川省级财政国库管理制度改革试点方案》规定，国库管理制度改革在账户设置方面，由省财政厅统一开设银行账户，记录、核算和反映各项财政资金的活动情况。具体包括财政部门管理预算收支的国库存款账户，预算外资金专户，用于直接支付和资金清算的财政零余额账户，以及预算单位使用财政性资金的单位零余额账户和按有关规定开设的特别专户。

同年 10 月，为保证试点工作有序进行，省财政厅先后制发了《四川省省级财政国库管理制度改革试点资金支付管理办法》和《四川省省级财政国库管理制度改革试点会计核算暂行办法》，以完善省级财政收支对账制度和报表体系。前者要求所有的省级财政性资金必须通过国库单一账户体系存储、支付和清算，并对省级国库单一账户体系的设立、使用与管理、用款计划编报与审核、财政直接支付程序、财政授权支付程序、管理监督权责等作了明确规定；后者就财政总预算会计核算、财政国库支付执行机构会计核算、行政事业单位会计核算、建设单位会计核算科目设置及核算方式、工作程序等进行了规范和说明。

2004 年 9 月，为推动和规范省以下财政国库管理制度改革，省财政厅制定了《四川省市（州）、县级财政国库管理制度改革业务操作规范》，对国库单一账户体系的设立与管理、预算指标录入与查询、资金用款计划编报与审核、财政直接支付业务、财政授权支付业务、单位零余额总户或基本存款总户的现金支付业务、凭证的使用与管理、会计账簿和会计核算的具体操作办法和业务程序等做了详细规定。

2005 年 11 月，省财政决定从当年 10 月起，对西南科技大学等 90 个省级二级预算单位实施财政国库管理制度改革。改革的内容为：一是设立“单位零余额账户”。将各预算单位的基本账户统一转为“单位零余额账户”，其余账户一律予以注销，其存款余额清理后转入“单位零余额账户”，并于 10 月 19 日前完成销户手续。二是开通支付网络管理系统。各单位应采用 ADSL 专线接入方式连通省财政厅支付管理系统，登陆“金财网”办理财政业务。三是实行财政资金银行清算办法。四是做好新旧账务的衔接。各预算单位根据《四川省省级财政国库管理制度改革会计核算暂行办法》的规定，增设新的会计科目，完成新旧账务衔接工作。

第三节　国库集中支付

1998 年 11 月，省财政厅在《关于〈四川省罚款决定与罚款收缴分离实施办法〉的说明》中规定：罚款代收机构经财政部门、人民银行、行政机关共同确定后，由同级财政部门在代收机构开设“政府罚款收缴账户”和“政府暂收款账户”，账户由财政部门和代收机构共同管理。

1999 年，省级部门政府采购项目开始实行集中支付方式，部分市、县也实行了国库集中支付办法。

2000 年，省财政厅着手在省级单位进行工资直发的改革试点，并于 6 月下发了《关于实施财政直接支付工资改革的通知》，决定从 2000 年 7 月 1 日起，对行政单位国家公务员工资实行直接支付，从 10 月 1 日起，对教师工资实行直接支付。改革的内容包括：一方面，在资金归集上，要求各级财政在同级国库设立“工资专户”，严格按规定比例，将本级“一般预算收入”“两税”收入就地留库资金、转移支付补助、工资专项补助、政策性减收补助等资金和财政困难补助等资金归集入工资专户，专门用于工资发放，实现“吃饭钱”与“建设钱”分开；另一方面，在发放程序上，实行“编制部门核准编制、人事部门核定人员和工资、财政核拨经费、银行代发到人、单位列支核算”的管理原则。各单位的工资报表先送编制、人事部门核定，再由财政部门审核并按年初安排的工资预算指标将资金从专户拨付给代收银行，最后由代收银行发放到职工个人账户。到 2000 年底，省财政对省本级所有行政单位和部分全额拨款的事业单位共 4 万多人实施了工资直发。绝大部分市（州）、县（区）也都按要求建立了工资专户，为确保工资及时足额发放提供了制度保障。是年，省级 130 个部门及其所属的 272 个二级预算单位推行了国库集中支付制度改革，支付范围拓展到政府采购和部分基建工程项目。

2001 年 6 月，省级预算单位财政直接支付工资范围进一步扩大，从当年 8 月 1 日起，2000 年已实行在职职工工资直接发放的省级预算单位的离退休人员的离退休费也纳入省财政统一发放。同时，省级预算单位财政直接支付工资管理相关管理办法开始实施，明确了财政直接支付工资的管理原则、实施范围、各部门职责、发放程序、管理和监督权限等内容。

9月，按照财政部统一部署和要求，结合四川省实际，省政府办公厅印发了《四川省级财政国库管理制度改革试点方案》，改革的指导思想和原则是：在保持单位资金使用权、财务自主权、会计核算权基本不变的基础上，对财政性资金缴拨方式和程序进行改革，建立以国库单一账户为基础、资金缴拨以国库集中收付为主要形式的财政国库管理制度，以规范财政收支行为，加强财政管理和监督，提高财政资金使用效率，从制度上防范腐败现象的发生，推进廉政建设。省级财政国库支付中心也随之挂牌成立，14个省级部门及其所属73个二级预算单位实行改革试点，标志着四川省国库管理制度改革正式启动。国库管理制度改革在账户设置方面，由省财政厅统一开设银行账户。在支出方式方面，实行财政直接支付和授权单位支付两种形式。财政直接支付的项目主要是行政事业单位职工工资、集中性政府采购和部分基建项目支出；授权支付项目主要是预算单位日常公用经费支出和其他购买性支出。在资金结算上，实行代理银行与国库直接清算的方式。省财政不再将资金拨付到单位账户，单位凭财政资金支付凭证直接到代理银行办理支付手续，再由银行与省级国库支付中心进行资金结算。支付手段上，实行计算机信息化管理。单位申请用款、审核支付、打印凭证、账目处理等全部通过网上操作实现。省级部门所有财政性资金的支付管理都应纳入财政国库管理制度改革范围，包括财政预算内资金、纳入财政预算管理的政府性基金、纳入财政专户管理的预算外资金、其他财政性资金（含上级补助收入）；行政事业单位经营性收支性质有较大差别，虽然纳入了综合预算管理，但暂不列入国库集中支付改革范围；省政府统借统还的世界银行、亚洲开发银行等国际金融和外国政府贷款的支付，按照有关规定或协议执行，不在改革范围之内。2001年，省级单位、21个市（州）、146个县（市、区）的职工工资实现了财政直接发放，直发面达52%；省级单位和部分市、县成立了国库集中支付中心（会计集中核算中心），减少了资金中转环节。

2002年，人民银行成都分行、省财政厅制发了《四川省省级预算单位财政国库管理制度改革资金银行支付清算办法》，以规范财政性资金银行支付清算行为。财政性资金银行支付清算，是指通过中国人民银行和商业银行资金汇划系统，将财政性资金由国库单一账户体系划拨给收款人或用款单位账户，以及国库单一账户体系中各账户之间资金划拨的行为。国库单一账户体系由下列银行账户构成：省财政厅在中国人民银行成都分行开设的国库单一账户；省财政厅在商业银行开设的财政零余额账户、预算外资金财政专户和特设专户；省财政厅在商业银行为预算单位开设的预算单位零余额账户和特设专户。经申请批准承办国库单一账户体系资金支付清算业务的商业银行为代理银行，各代理银行共同代理国库单一账户体系业务。商业银行的省级行为代理银行国库单一账户体系银行支付清算业务的管理行。商业银行的省级行应在成都市区内确定一家支行为代理单一账户体系银行支付清算业务承办行，其余行为协办行。各承办行具体负责与中国人民银行成都分行国库处清算资金。代理银行通过中国人民银行和本行的资金汇划系统，根据支付方式和支付地点的不同，采用同城转账或异地汇兑或现金支付等方式实现财政性资金的支付清算。财政性资金的支付与清算遵循准确、及时、安全的原则。财政性资金银行支付清算方式：由代理银行先垫付资金，通过财政零余额账户或单位零余额账户，将财政资金拨付有关单位后，再按日与中国人民银行成都分行国库处进行资金清算。代理银行应持有中国人民银行成都分行核发的金融机构法人许可证或经营金融业务许可证和工商行政管理部门颁发的营业执照，具备先进的资金汇划系统，保证本行系统同城转账实时到账、异地汇划两小时内到账。同时，经四川省财政厅和中国人民银行成都分行批准参与承办国库单一账户体系业务，并在中国人民银行成都分行国库处办理了有关资金清算手续。

同年7月，省级国库支付中心正式运行，标志着国库集中支付改革的进一步深化。改革是在预算单位的资金使用权、财务管理和会计核算职责保持不变的前提下，对财政资金拨款方式进行制度创新。在2001年14个省级部门改革试点的基础上，又将114个省级部门纳入集中支付范围，支付范围拓展到政府采购、工程基建及其他专项支出，一级、二级单位的拨款时间缩短到2天以内，省级资金的结余率提高到9.57%，并对74个主管部门的453个二级预算单位实行财政直接转拨经费。是年，结合省委"四项清理"① 工作要求，省财政厅全面撤并单位违规账户，统一财政资金支付凭证，强化单位现金支付控制，初步实现了预算编制与执行信息的对接。

是年，省财政厅、中国人民银行成都分行制发了《四川省省级财政国库管理制度改革资金支付管理暂行办法》，规定省财政厅为预算单位开设单位零余额账户和特设专户，用于办理财政性资金支付与清算；改革实施前财政已拨付的资金，原则上转入单位零余额账户。暂未实行改革的预算单位所使用的预算资金，由省财政厅与其上级预算单位按规定划拨。财政性资金包括财政预算内资金、纳入财政预算管理的政府性基金、纳入财政专户管理的预算外资金以及其他财政性资金。财政性资金通过国库单一账户体系存储、支付和清算。国库单一账户体系由下列银行账户构成：省财政厅在中国人民银行成都分行开设的国库单一账户（简称国库存款账户）；省财政厅在商业银行开设的零余额账户（简称财政零余额账户）；省财政厅为预算单位在商业银行开设的零余额账户（简称单位零余额账户）；省财政厅在商业银行开设的预算外资金财政专户（简称预算外资金专户）；经国务院、财政部和省政府或省政府授权省财政厅批准为预算单位在商业银行开设的特殊专户（简称特设专户）。国库单一账户体系中的国库存款账户、财政零余额账户、特设专户和预算外资金专户按专用存款账户管理。财政资金的支付实行财政直接支付和财政授权支付两种方式。财政直接支付是指由省财政厅向中国人民银行成都分行和代理银行（系财政国库管理制度改革中，由省财政厅确定的、具体办理财政性资金支付业务的商业银行）签发支付指令，中国人民银行成都分行和代理银行根据支付指令通过国库单一账户体系的有关账户将资金直接支付到收款人（即商品或劳务供应商等）或用款单位（即具体申请和使用财政性资金的预算单位）账户。财政授权支付是指预算单位按照省财政厅授权，在省财政厅批准的用款额度内，向代理银行签发支付指令，代理银行根据支付指令，通过国库单一账户体系的有关账户将资金支付到收款人账户。

2003年，省财政厅、中国人民银行成都分行发出通知，进一步加强省级财政资金支付管理，要求：预算单位支取现金时，必须按照《现金管理暂行条例》等有关规定执行。现金支付的范围包括：未实行工资直发的职工工资、津贴和离退休人员经费；个人劳务报酬；根据国家规定颁发给个人的科学技术、文化艺术、体育等各种奖金；各种劳保、福利费用以及国家规定的对个人的其他支出；出差人员必须随身携带的差旅费；其他必须直接支付现金的支出（如招待费、交通费、购买对象为个人的小额支出等）；转账结算起点以下的零星支出；中国人民银行确定可支付现金的其他支出；根据实际支付需要，报经财政部门批准的特殊性支出。公用经费累计批复额度中现金支付比例原则上不得超过30%，当日连续提取现金累计金额原则上不得超过5万元。预算单位若因特殊、紧急情况，需要超过限额或比例提取现金的，须通过金财网单独填报《大额现金支付申请书》，报省财政厅审核

---

① "四项清理"：即清理财政专项资金规范使用情况、清理机关私设"小金库"情况、清理干部入股煤矿情况、清理领导干部及其配偶、子女违规经商办企业情况。

确认后，预算单位方能打印支付令提取现金。预算单位除可以向本单位工会账户划拨工会经费外，原则上不得通过单位零余额账户同本单位其他账户和上级主管单位、所属下级单位账户划拨资金。部门财务处零余额账户不得提取现金。预算单位不得在特设专户与本单位其他银行账户之间相互划转资金。预算单位办理单位零余额账户和特设专户资金支付时，必须使用省财政厅统一印制的《财政资金支付凭证》，通过金财网开具支付令，送交代理银行办理资金支付。预算单位若因特殊情况确需通过单位零余额账户向本部门、本单位其他银行账户划转资金的，必须向省财政厅报送《财政资金单位内部划转申请书》，经省财政厅审核同意后，预算单位和代理银行才能办理划款手续。

11月，根据四川国库管理制度改革方案要求和金财工程总体规划，省财政决定从2004年1月起市（州）级财政全面使用工资直接发放管理系统，以实现工资发放与部门预算、国库集中支付管理软件系统的对接，建立全省统一的工资直发管理应用平台。

2004年4月，为深化省级财政国库管理制度改革，提高财政资金支付效率，方便预算单位规范有序地执行收支预算，省财政厅对省级预算单位财政资金支付程序进行了调整、简化。从2004年7月起，预算单位不再按月申报预算内基本支出用款计划，除不宜均衡拨付的支出和财政直发的工资支出外，预算内资金基本支出用款计划由省财政厅按季均衡下达。即：在每季度最后一个月的30日（遇节假日提前），由省财政厅根据预算单位基本支出实际可用预算指标，扣除不宜均衡拨付的支出和直发的工资支出后，按简单算术平均方式计算，通过国库集中支付管理系统分科目自动下达下一季度的基本支出用款计划（部门预算正式批复前，按预算拨款控制数下达用款计划）。预算单位在所下达的用款额度内办理财政资金支付。已下达的各季度用款计划可以累加使用。预算单位若有特殊基本支出需要，可通过金财网另行申报用款计划，经省财政厅部门管理处审核下达后使用。对不宜均衡拨付的基本支出部分，由国库集中支付管理系统予以锁定，预算单位根据用款需要随时在可用预算指标内通过金财网进行申报，经省财政厅部门管理处审核下达后使用。同时，从2004年4月起，在严格执行现金支付管理的有关规定并保持当日提现限额不变的基础上，取消原公用经费累计批复额度中现金支付比例不得超过30%的限制，保证各单位公务活动正常开支需要。

同年6月，省级财政国库制度改革实施范围继续扩大，部分在成都的省级二级预算单位被纳入改革范围。到2004年底，累计有130个省级部门及所属352个二级预算单位实行了国库集中支付改革，552个二级预算单位实行了财政资金直接拨付办法。省级纳入国库集中收付改革的支出总额达161.4亿元，其中直接支付资金87.6亿元，授权支付73.8亿元。

截至2005年底，省级122个一级主管部门及其所属816个二级预算单位全部实行了财政国库集中支付改革，1558个单位实行了银行代收，从2001年试点开始至2004年底，累计代收资金258.93亿元，代收额占财政专户总额的69%。实施国库集中支付或集中支付与集中核算相结合改革的县（市、区）达到143个。

第四节 政府采购

1997年，财政部拟定了政府采购的基本规则，并在四川等地进行了初步试点。7月和9月，省财政相继组织举行了两次政府招标采购会，通过公开招标采购，为下一步全面推行政府采购制度积累了经验。

1999 年 5 月，为规范政府采购行为，节约财政支出，省政府颁布了《四川省政府采购暂行办法》(以下简称《办法》)，决定对省级各行政机关和实行预算管理的其他机关以及国有事业单位、接受财政补助的社会团体实行政府采购制度。《办法》规定：政府采购遵循公开、公平、择优、诚实、信用及维护公共利益的原则；政府采购按计划进行，采购单位应编制采购计划建议书，随同财务收支计划一并报省财政部门，省财政部门根据经批准的财政预算和其他财政性资金使用计划，结合各单位的资产情况编制并公布政府采购计划；采购的主要方式包括公开招标采购、邀请招标采购、议标采购、单一来源采购等，凡一批次政府采购项目估价预算在 5 万元人民币以上的，则应采取公开招标采购或邀请招标采购方式进行采购；招标人组织招投标应遵循下列程序：编制招标文件和标底→发布招标公告或发出投标邀请书→审查投标人资格并向符合投标条件的投标人提供招标文件以及相关资料→投标人按照招标文件的要求编制投标书→成立评标委员会并拟定评标定标方法→评标、决标、确定中标人→发出“中标通知书”并签订书面采购合同；省财政部门负责对政府采购活动进行监督检查，被检查部门或单位应如实提供财政部门所需材料，不得拒绝；采用招标方式进行政府采购的，采购中心或采购单位应当于招标活动结束后 10 日内就评标委员会的组成、招标过程、评标结果等有关情况书面报省财政部门备案，采用其他方式进行政府采购的，采购中心或采购单位应当将采购项目的名称、方式、金额等情况定期报省财政部门备案。同时，为鼓励行政单位实行政府采购办法，对行政单位使用省内财政拨款购买的专控产品减半征收专控商品附加费。

2001 年，根据财政部要求，政府采购管理机构应在指定的媒介进行公告，发布政府采购信息。省财政厅指定《四川日报》和天府热线作为政府采购信息的指定发布媒体。

2003 年 1 月，《中华人民共和国政府采购法》正式开始施行，政府采购制度改革有了明确的方向和准则，为配合该法的实施，省财政厅相继制发了《四川省省级政府采购工作规程（试行)》《四川省省级定点采购管理办法（试行)》等具体执行文件。8 月，为规范省级政府采购运行机制，省财政厅公布并实施《四川省省级政府采购工作规程（试行)》。其主要内容是：省财政厅是省级政府采购的监督管理部门，在每年部门预算编制前拟定下一年度的《四川省集中采购目录和采购限额标准》，报省政府批准后公布实施；省级政府采购实行集中采购和分散采购相结合，集中采购项目由省财政厅统一委托省政府采购中心实施，分散采购项目由采购人自行组织实施；政府采购应当采购本国的货物、工程和服务，除定点采购项目和特殊需要外，采购人不能指定采购品牌或供应商；采购人应根据部门预算编制要求以及限额标准编制年度政府采购预算；公开招标是政府采购的主要方式，达到公开招标数额标准的项目原则上应按公开招标方式实施，特殊情况下需要改用邀请招标、竞争性谈判、单一来源采购或询价方式的，省政府采购中心或采购人应在采购实施前报省财政厅批准；采购人与中标供应商应在中标通知书发出之日起 30 日内，按照采购文件确定的事项签订政府采购合同，并在合同签订之日起 7 个工作日内，将合同副本报送省财政厅政府采购监督管理处备案；政府采购资金实行财政直接支付和授权支付两种方式，全面实行国库管理制度改革后，所有的政府采购资金实行财政直接支付；财政直接支付的程序是：申报用款计划→资金汇集→支付；采购完毕并支付采购资金后 3 个工作日内，省级财政国库支付中心为采购人出具《财政直接支付入账通知书》，采购人按照有关会计制度的规定进行账户处理，采购人应定期与省财政厅、省国库支付中心核对政府采购支出账目；政府采购的统计信息由省财政厅汇总后按规定渠道定期向社会公布，并接受有关部门的监督检查。同月，为减少采购环节，提高政府采购工作效率，降低采购成本，省财政厅制发了《四川省省级定点采购管理办法（试行）》（以下简称《办法（试行）》）。《办法（试行）》规定：省级政府采购项目定点工作按照“公开透明、公平竞争、公开和诚实信用”的原则每年进行一次；政府采购定点供应商应具备具有企业独立法人资格和采购项目所要求的企业规模、具有良好的商业信誉和健全的财务会计制度、有依法缴纳税收和社会保障资金的良好记录等招标文件规定的资格；定点采购供应商的确定原则上通过公开指标进行，为鼓励竞争，供应商应在3家以上，招标结束后，在媒体上公布招标结果，接受社会监督，如在7个工作日内无投诉，则由省政府采购中心与中标供应商签订协议；定点采购项目实行集中管理与分散管理相结合，非经常性的定点采购项目由省财政厅集中管理，经常性定点采购项目由采购人分散管理；定点采购资金由省财政厅直接拨付，根据协议，实行按次结算和定期结算；省财政厅会同政府有关监督部门、省政府采购中心和用户单位代表对定点供应商进行动态管理，不定期对其所提供的产品或服务的履约情况进行检查，检查不符合要求的，取消其供应商资格，并在媒体上公布违约事项。

2004年1月，为加强对政府采购代理机构的监督管理，规范政府采购代理机构的从业资格和从业行为，省财政厅制定了《四川省政府采购代理机构管理办法（暂行）》（以下简称《办法（暂行）》）。其主要内容是：政府采购代理机构资格分甲级、乙级、乙级（预备）三级，具有甲级资质的，可承担3000万元以上政府采购项目的招标代理；乙级及乙级以下资质的政府采购代理机构，承担3000万元以下政府采购项目（不含征地费、大市政配套费、拆迁补偿费）的招标代理；政府采购代理机构承办的业务范围包括纳入政府集中采购目录、但采购人或财政部门尚未委托给集中采购机构实施的政府采购工程项目以及政府集中采购目录以外、采购限额标准以上、由采购人委托的政府采购招投标事项；政府采购代理机构须获得国务院和省政府有关部门颁发的招标投标代理资格证书并通过年检，且必须在省财政厅登记备案，申请备案时，必须具备《办法（暂行）》规定条件；财政部门依法实施对政府采购代理机构的监督检查，根据检查情况，可分别予以责令改正、警告、罚款以及暂停直至取消政府采购代理机构资格的处罚。是年，省财政厅对省内符合规定的13家代理机构进行了审核备案，并统一发放了四川省政府采购代理机构资格证书。获准登记备案的政府采购代理机构从公告之日起2年内，有资格在四川省行政区域内代理采购人委托的政府采购业务。凡政府集中采购目录以外、采购限额标准以上的分散采购项目和集中采购目录以内的专用设备采购项目，可以委托上述政府采购代理机构采购；采购限额标准以上的工程项目必须委托政府采购代理机构采购。同月，四川政府采购网正式上线运行。

第四章　综合管理

财政综合管理包括票据管理、住房基金管理、收费项目与标准管理、彩票基金管理等方面。1986年以来，四川财政逐步将收费票据规范为由财政监制，统一印刷、管理、领用的统一收据或通用票据、专用票据、罚没票据和“非税收入一般缴款书”。逐步实施住房制度改革，建立省级住房基金，补助省级行政事业单位为职工建立公积金的不足、有困难的省级行政事业单位建房以及房改方面的其他支出，全面推行住房公积金制度，实行住房分配货币化，并建立行政事业单位住房基金收支预、决算制度。同时，逐步清理收费项目、规范收费标准，取消部门专户，将部分不体现政府职能并采取自愿原则的行政事业性收费转为经营服务性收费，收费项目均纳入财政预算管理或财政专户管理。逐步加强和规范彩票监管职责，对彩票公益金实行收支两条线管理办法，严格审批彩票发行和销售方案。

第一节　票据管理

1990年，中共中央、国务院发出《关于坚决制止乱收费、乱罚款和各种摊派的决定》，决定从1990年起，各种收费和罚款都必须使用财政部门统一制定的票据，否则单位和个人有权拒付。由此，以票控款、规范的票据管理制度开始逐渐形成。

1992年12月，为治理“三乱”，从该月起，四川省开始使用非经营性结算统一收据。各级机关团体、企事业单位发生非经营性的结算收入，在向交款单位和个人收款出具收据时，必须使用统一收据。否则，交款人有权拒付，交款人单位财务部门不得报销。统一收据由省财政厅制定式样，左上方套印“四川省财政厅收据监制章”，由省财政厅和市（地、州）财政局分别印制和发放。需使用统一收据的单位，应向同级财政部门提出申请，经财政部门审查其使用项目范围后发给统一收据购买证（购买证由省财政厅和各市（地、州）财政局自制），凭证登记购买。下列情况不得使用统一收据：依照《四川省发票实施管理办法》的规定必须使用税务部门印制或监制的发票的；依照《四川省行政事业性收费管理办法》的规定必须使用“四川省行政事业性收费专用收据”的；依照《四川省罚款和没收财物行政处罚管理办法》的规定必须使用“四川省收缴罚没收财物专用收据”的；依照国家有关规定应当使用其他经财政部门印制或监制“专用收据”的。

1994年12月，财政部下发《关于行政事业性收费票据管理的暂行规定》，通过法律条文首次对行政事业性收费票据进行规范化和制度化的管理。内容包括总则、收费票据的种类及适用范围、收费票据的管理与稽查、罚则、附则，对收费票据的定义、票据的格式、票据种类、使用范围、印制与年检、违反票据管理规定的具体行为、处罚细则等进行了规范和说明。

1995年7月，根据财政部《关于行政事业性收费票据管理的暂行规定》，结合四川省实际情况，四川省财政厅制定了《关于行政事业性收费票据管理暂行规定的实施细则》，对财政部有关规定进行了细化说明，内容包括收费票据的具体样式：收费票据左上方必须套印“四川省行政事业性收费专用章”，专用章形状为园形，直径为23毫米，字体为楷体，收据联印色为红色，其他为联次颜色；通用专用票据样式：基本联次为三联，第一联黑色（存根），第二联蓝色（记账），第三联红色（收据）；定额收费票据面额：最大面额不超过20元，如个别特殊需要超过20元面额的，必须报省财政厅单独审批；罚没收入管理：对违反收费票据管理规定的行政处罚、罚款或没收非法所得的，由县以上财政部门决定，并出具“四川省收缴罚没财物专用收据”，罚没收入按规定及时缴入同级国库。

1996年1月，四川省开始统一使用计划外生育费定额收据。收据式样由省财政厅统一制定，套印“四川省行政事业性收费专用章”，面值分10元、20元、50元、100元、200元、500元6种。6月，四川省统一公路运输管理费征收票据，由交通厅公路运输管理局制定运管费征收票据式样和规格，每年四季度提出全年票据使用数量，由省财政厅监章并印制。使用时，按《四川省行政事业性收费票据管理实施细则》的规则领用。

1997年，省财政厅增设面额分别为2元、5元、10元、20元的四种收据，用于城市环卫、义务交通及部分零星小额罚款款额在20元以内的执罚行为。定额收据实行全省统一格式，统一编号。

1998年1月起，省级医疗卫生单位开始统一使用由省财政厅监章印制的《四川省医疗卫生单位统一收费票据》，原来各单位自制的收费票据同时作废停止使用。2月，四川省规范公安交通管理收费票据。新票据定额专用，一项一票，即票面印制有收费项目名称和收费金额。票据由省财政统一编号、统一鉴章印制，并由省财政厅统一管理。是年，执行财政部《行政事业性收费和政府性基金票据管理规定》（以下简称《规定》）①，其主要内容是：财政部门是收费票据管理的主管机关，省级财政部门按照管理权限负责票据的印制、发放、核销、稽查及其他监督管理工作，省以下财政部门负责收费票据的使用监督管理工作；收费票据包括行政事业性收费票据和政府性基金票据，分为通用票据（适用于一般行政事业性收费）和专用票据（适用于特定行政事业性收费和政府性基金）两类，两者之间不得互相串用，也不得转让、转借、代开；通用票据的式样、规格、联次、内容，由省级以上财政部门制定，专用票据，包括使用计算机开具的收费票据和委托银行代收开具的收费票据，其式样、规格、联次、内容，由省级以上财政部门根据有关部门的要求制定；收费票据必须由省级以上财政部门指定印刷企业印制，并加盖省级以上财政部门票据监（印）制章，且监（印）制章不定期进行换版；收费单位实施行政事业性收费或征收政府性基金时，必须使用财政收费票据，若未使用的，被收单位或个人有权拒绝付款；收费票据实行限量购买制度，经财政部门或财政部门委托的票据管理机构审核后，发给收费单位票据领购证，凭此购领收费票据；收费单位开具的票据存根，保管期限一般为5年，保存期满需销毁的，经同级财政部门核准后销毁；收费单位和收费项目变更时，应到同级财政部门办理票据领购证的变更或注销手续，并销毁之前领取的未使用票据。此《规定》颁布后，1994年的《关于行政事业性收费票据管理的暂行规定》同时废止。7月，全省

① 财政票据是指国家机关、事业单位、社会团体、具有行政管理职能的企业主管部门和政府委托的其他机构，为履行或代行政府职能，依据法律、法规和具有法律效力的行政规章的规定，在收取行政事业性收费和征收政府性基金时，向被收取单位或个人开具的收款凭证。收费票据是单位财务收支的法定凭证和会计核算的原始凭证，是财政、审计等部门进行检查监督的重要依据。

统一使用《四川省社会保险基金专用收据》，收据由各级财政部门管理，社会保险经办机构凭批准收取社会保险基金的文件到同级财政部门办理准购证手续，并凭准购证购买收据。

1999 年，省级和各地相继成立了行政事业性收费票据监管中心，以票据的“发、审、验、核、查、销”为手段，以票管费，对过去委托部门发放的票据按规定收回财政部门统一印制、发放、监管，从源头上规范行政事业费收费和政府性基金的管理。10 月，为规范工商行政管理部门的行政事业性收费，从该月起，开始使用由省财政厅统一印制的四川省工商行政管理专用发票，原使用的旧票据自新票据使用之日起停止使用。发票分为“工商行政管理市场管理费专用收据”“工商行政管理个体管理费专用收据”“工商行政管理收费专用收据”等数种，由省财政厅统一印制，并套印“四川省行政事业性收费专用章”。专用票据存根，保管期为 5 年。是年，四川省开始实行统一的行政事业性收费票据购领证制度，购领证由省财政厅统一印制，再分配给各地方财政部门。领购时，工本费标准为每证 30 元，其中：省对市、地、州财政售价 10 元，市、地、州对县财政售价 20 元，各级财政对执收单位售价 30 元。

2000 年，省财政厅、省民政厅对社会团体收取费用时所使用票据作出规定：社会团体按规定收取的会费，统一使用省财政厅印制、委托省民政厅发放的“四川省社会团体会费专用收据”；社会团体按规定收取的会议费、资料费和社会团体单位之间发生的往来结算收入，使用财政部门统一印制的“四川省非经营性结算统一收据”；社会团体收取纳税项目的收费，使用税务部门统一印制的发票；上述票据均不能用于收取行政事业费收费和政府性基金（附加）。

2001 年 1 月起，开始启用“四川省政府非税收入缴款凭证”，以取代之前使用的“四川省行政事业性收费缴款凭证”。同时，为保证平稳过渡，允许各地在 2002 年 1 月 1 日之前继续使用“四川省行政事业性收费缴款凭证”，到期后，则一律停止使用。

2002 年，为规范农村税费改革后涉农筹资票据管理，开始启用“四川省农民筹资专用收据”。收据由省财政厅统一印制，套印“四川省财政厅收据监制章”，并进行特殊防伪处理。启用后，原“四川省农民负担专用收据”同时废止。

2003 年，根据财政部对四川省票据改革方案的批复，从 2003 年 4 月 1 日起，四川省开始启用新版财政票据。新版票据分为通用票据、罚没票据和专用票据 3 类共 25 种。其中通用票据 4 种 16 个票据版面，罚没票据 6 种 9 个票据版面，专用票据 15 种 33 个票据版面。收费项目实行直接缴纳的，使用收据与缴款凭证合一、且含滞纳金的“非税收入一般缴款书”；收费项目实行集中缴纳的，使用“非税收入一般缴款书”或省财政厅统一印制的行政事业性通用票据、专用票据。其中，由执收单位代收代缴的，使用收据与缴款凭证合一、且不含滞纳金的“非税收入一般缴款书”；执收单位当场执收的，使用通用票据或专用票据，并将当日所收款项，按收费项目汇总填写没有收据收据联的“非税收入一般缴款书（集中汇缴）”，于当日将所收款项缴入当地国库或财政专户。此外，新版票据在版面、尺寸、面值、防伪、印章等方面也进行了改革和规范。

2005 年 11 月，《四川省财政票据管理暂行办法》（以下简称《办法》）制定出台。《办法》就财政票据的定义、适用范围、种类和通途、印制管理、购领与核销、管理与监督、罚则等进行了规范和说明。

第二节 住房基金管理

1992年，四川省开始住房制度改革。4月，按照财政部《关于住房基金的财务管理试行办法》要求以及省政府有关住房制度改革意见，四川省建立了省级住房基金。省级住房基金包括省级财政住房专项资金、省级行政事业单位住房基金、省级国营企业住房基金和个人住房基金。省级财政住房专项资金主要来源于省级统筹安排和机动财力安排的基本建设投资中用于省级单位住房建设的资金、年度预算中安排的部分资金、各部门自管旧住房出售收入的能源交通重点建设基金和国家预算调节基金、省级行政事业单位出售公有住房收入的20%以及建行省分行房地产信贷部按规定交纳的营业税和所得税等，主要用于补助省级行政事业单位为职工建立公积金的不足（补助数额最高不超过单位为职工建立公积金的50%）、补助有困难的省级行政事业单位建房以及房改方面的其他支出。省级行政事业住房基金主要来源于省财政安排的行政事业经费中用于住房维修的资金（当年为各单位公用经费的3%—5%）、单位预算外资金中按不低于5%的比例由省财政核定提取的资金、单位住房房租收入、单位出售公有住房收入的80%以及省级财政住房专项资金补助的资金等，主要用于发放提租补贴、为职工建立公积金、单位住房的建设与维修以及房改方面的其他支出。省级国营企业住房基金主要来源于按规定提取的住房折旧费、大修理基金和管理费、单位住房房租收入、出售公有住房收入、经省财政审核从税后留利中按一定比例提取的资金以及向职工收取的租赁保证金等，主要用于发放提租补贴、为职工建立公积金、单位住房的建设与维修以及房改方面的其他支出。个人住房基金来源于公积金和职工个人住房储蓄，主要用于个人购、建住房和私房大修。当年，实施了第一次优惠售房，售房对象为行政事业单位、国有企业的所有职工，享受优惠售房的职工只拥有住房的41.25%的产权，售房收入存入售房单位在银行开设的售房收入专户。

1993年3月，为进一步推动房改，省级行政事业单位住房基金开始实行财政专户储存管理，其公有住房出售收入，在扣缴能源交通重点建设基金和预算调节基金后的余额，20%划入省级财政住房专项资金户，80%划入单位住房基金财政专户。省级财政住房专项资金，以有偿使用为主，无偿使用为辅。使用时，可享受省级财政住房专项资金补助的省级行政事业单位，先提出书面申请，并填报申请补助表，经财政厅会同省级单位房改办审核后，由财政厅办理拨款手续。

1995年7月，省财政转发并执行财政部、国务院住房制度改革领导小组、中国人民银行《建立住房公积金制度的暂行规定》，其主要内容为：住房公积金是一种长期性住房储金，在职工工作期间，职工个人和所在单位均应按职工个人工资和职工工资总额的一定比例逐月缴纳；公积金归职工个人所有，作为职工个人住房基金，专户储存、统一管理、专项使用；起步阶段职工个人和所在单位各按职工个人工资和职工工资总额的5%缴纳，以后随着经济发展和职工工资收入提高，可对缴纳率进行适当调整；职工个人住房公积金只能用于家庭购买、建造自住住房及家庭自住住房大修理支出。8月，执行财政部、国务院住房制度改革小组、建设部规定，行政机关和实行全额预算管理的事业单位、实行差额预算管理的事业单位、实行自收自支预算管理的事业单位、企业，其国有住房出售收入分别按85%、60%、30%、10%的比例上交财政。按照规定，省财政要求各地对之前的国有住房出售收入进行清理，低补高返。9月，四川执行《住房公积金管理机构财务管理暂行办法》（以下简称《办法》)，《办法》规定：住房公积金的经营收益必须按季纳入各级城市住房基金或财政住房专项资金；住房公积金管理机构的管理费用，由财政部门从住房基金或财政住房专项资金中拨付，严禁直接从住房公积金中提取；住房公积金利息支出按中国人民银行规定的利率计算，经同级财政部门核定后列支。

1996 年，省委常委会决定，对省级行政单位职工住房实行统建，统建工作由省政府机关事务管理局和省房地产开发总公司共同承担。此后，按照省委决定，在 1998 年 12 月实行住房分配货币化改革之前，省财政先后从省房改基金、住房公积金和省级财政拨款行政事业单位公有住房出售收入中借给省级机关房屋统建中心和省房地产开发总公司 8500 万元，用于省级行政单位职工住房建设。1996 年底，四川全面推行住房公积金制度，并加快了公有住房出售和部分产权向全产权转换的步伐。

1997 年 2 月，四川省省级单位住房制度改革领导小组发出《关于深化省级单位住房制度改革的实施意见》，要求全面推行住房公积金制度。文件对住房公积金的实施对象和范围、缴交额计算、资金来源及其使用、支取等作出明确规定。省级单位住房公积金实施对象和范围为：四川省所有驻成都省级行政、企事业单位、中央驻成都单位及职工和在省工商局登记注册的外资企业的中方职工；离休干部和退休职工、临时工和外商投资企业的外籍员工不实行公积金办法。公积金由公积金管理中心负责归集、支付、核算和编制使用计划，其存贷款等金融业务由中心委托的银行办理，并根据省级单位房改领导小组批准的住房公积金使用计划，审定、发放和回收贷款。

1998 年 2 月，省财政规定住房资金营运收益分配给同级财政部分，要纳入城市住房基金（或财政住房专项资金）一并核算。3 月，省政府规定：省级行政事业单位住房出售收入统一纳入财政专户管理；省级各单位房改基金由省统筹 30%，自用 70%；国家公务员和国有企事业单位职工只能享受一次按房改成本价购买住房，且购买时仍按省委、省政府下发的《关于清理纠正党政机关干部违反规定建房住房等问题的实施办法》规定的住房面积控制标准执行，不得随意扩大。是年，省政府决定 1998 年 12 月 31 日以后，停止住房实物分配，实行住房分配货币化，房价收入比在 4 倍以上的，单位可发放职工住房补贴。

1999 年 3 月，《四川省行政事业单位住房基金财务管理办法》公布实施，对行政事业单位住房基金来源、用途、预决算编制以及检查等进行了规范和说明。11 月，省财政厅转发财政部《住房公积金财务管理办法》（以下简称《办法》），《办法》依据《住房公积金管理条例》制定，以维护住房公积金所有者的合法权益，规范住房公积金管理中心的财务行为。《四川省住房公积金财务管理办法》随后出台。

2000 年 8 月，财政部下发《财政性住房资金管理办法》，对财政预算安排的住房资金以及各级政府筹集的住房资金的来源及其用途、收缴方式、会计科目的设置等进行了规定。是年，四川省开始建立行政事业单位住房基金收支预、决算制度。住房基金收入项目包括财政预算拨入的住房资金，是指由财政部门从预算中拨给行政事业单位用于缴交住房公积金、发放住房补贴和住房建设的资金；财政专户拨入的住房资金，是指财政部门从预算外资金财政专户核拨给行政事业单位用于缴交住房公积金、发放住房补贴和住房建设的资金；自管住房出租收入，是指行政事业单位出租本单位自管公有住房收取的租金收入；留归单位使用的售房收入，是指行政事业单位从出售其自管公房取得的收入中，扣除政府统筹和按规定比例提取住宅共用部位共用设施设备维修基金后的净收入；提取的住房公积金；提取的住房建设资金；共用部位共用设施设备维修基金，是指售房单位按规定比例从售房收入提取的以及购房者按购房款2%缴交的维修基金；住房折旧、维修和大修理资金；上级主管部门拨付的资金；其他资金；利息收入。住房基金支出项目包括：缴交职工住房公积金支出；发放住房补贴支出；发放住房提租补贴支出（是指1994年《国务院关于深化城镇住房制度改革的决定》发布以前，行政事业单位按地方房改政策规定，发放给职工用于住房提租后交纳房租金的补贴）；共用部位共用设施设备维修支出；自管住房维修、管理和改造支出；住房建设支出；其他支出。各行政事业单位编制的住房基金预、决算，报主管部门审核汇总。主管部门每年3月底前将年度预算及编制说明报送同级财政部门审批，次年3月底前将年度决算及编制说明报送同级财政部门审批。是年，四川对已购公有住房和经济适用房上市销售土地出让金和收益分配作出规定：出售时由购房者按规定缴纳土地出让金或相当于土地出让金的价款，标准为已购公有住房或经济适用房坐落位置标定地价的10%，没有标定地价的为成交价的1%。土地出让金全额上交财政，相当于土地出让金的价款，若产权属行政单位的，全额上交财政；属事业单位的，50%上交财政，50%返还事业单位；属企业的，全额返还企业。上交财政的土地出让金以及相当于土地出让金的价款，专项用于住房补贴；返还给企业和事业单位部分，分别纳入企业和单位住房基金，专项用于住房补贴。

2004年7月，《在蓉省级机关和省级事业单位职工住房补贴资金筹集拨付管理办法》出台。规定：在蓉省级机关和实行全额拨款体制的省级事业单位（大中专院校和干训机构除外）所需住房补贴资金，首先通过各单位公有住房出售收入安排，不足部分再通过财政预算资金以及经省财政厅核准用于住房补贴的其他资金安排；拨付时，一次性住房补贴由省财政厅划拨到职工所在单位，再由单位将住房补贴资金发放到个人，按月补贴资金纳入单位部门预算，随职工工资一同发放。在蓉省级大中专院校、干训机构和实行原差额拨款体制的省级事业单位所需住房补贴资金，首先通过各单位公有住房出售收入安排，不足部分再通过经省财政厅核准用于住房补贴的自有资金安排；拨付时，按《省级单位职工住房补贴实施办法》规定解决，并纳入部门综合预算编制。实行自收自支管理体制的省级事业单位，通过各单位公有住房出售收入和单位自筹资金解决。

第三节　行政事业性收费管理

1994年3月，财政部公布了第一批纳入预算管理的行政性收费项目，涉及司法、公安、民政、工商、劳动等24个部门的80多项。是年，省物价局越权设立了电力价格调节基金，国家审计署对其作了违规处理，并将当年收入没收上缴中央财政。当年全省专项基金共124项，其中：国家批准设立的30项，省、地批准设立的94项，收入规模54.63亿元，支出43.29亿元，累计结余16.01亿元。当时专项基金有3种管理形式：第一种是预算管理形式；第二种为预算外财政专户管理形式；第三种为部门专户管理形式。总的说来，绝大部分基金分散在各部门，缺乏统一规范的管理办法和有效的监督制约机制。

1995年，省政府责成省财政厅对全省1990—1994年的专项基金（资金、附加）进行了清理登记，取消了省级有关部门开征的木节基金、调坯轧材钢铁发展基金、输血事业发展基金、安全奖励基金、自来水、煤气、石油价格调节基金、碳安价格调节基金、新品种开发基金、爱卫基金、工业用电附加，取消了成都市开征的更新维护基金、城市开发基金、节能奖励基金，取消了凉山州开征的水利建设基金，取消了南充市开征的学校建设基金、教育奖励基金、职工人民教育基金、超生子女教育基金，取消了达川地区开征的劳务输出发展基金、人口基金，取消了绵阳市开征的水果发展基金，取消了广元市开征的水利发展基金、工业用水附加，取消了巴中地区开征的水电价格调节基金，取消了内江地区开征的科技基金，取消了万县地区开征的油菜发展基金、普九基金，取消了攀枝花市开征的成品油价格调节基金、用电附加，取消了乐山市财政局开征的大桥建设基金、农村用电附加、防洪基金，取消了德阳市开征的自来水生产发展基金，取消了涪陵地区开征的涪陵长江大桥建设基金、天然气开发建设基金、交通发展基金，取消了遂宁市开征的技术进步基金，取消了泸州市开征的滨江路建设基金、公路建设基金、文化娱乐附加。同时，对1995年之前各地因各种原因已相继停征的以水养水资金、出口风险基金、蚕丝风险基金、造林基金、煤矿发展基金等18项基金进行了正式确认，并规定今后新设立和恢复征收的基金必须按规定程序报财政部审批，重要项目报国务院批准。

1990—1994年四川省专项基金（资金、附加）情况表（不含重庆）

表3－3　　单位：万元

年份	基金项目（项）				基金总额（万元）			
	总计	其中：国批	其中：省批	其中：地、县批	收入	支出	当年贷出	累计结余
1990	81	24	43	14	100612	81644	10147	30777
1991	84	26	44	14	163053	129996	27030	49620
1992	107	29	54	24	234585	199333	60901	65018
1993	112	28	57	27	378050	288146	76572	90248
1994	124	30	57	37	546332	432979	100597	160079
合计	—	—	—	—	1422632	1132098	275247	—

是年，省政府决定开征职工个人教育费，对全省范围内所有行政机关和企事业单位职工按年工资总额1%—1.5%征收，当年共征收6000多万元，主要用于普及九年制义务教育和改善办学条件，以缓解教育经费不足。

1997年，四川省行政事业性收费项目目录显示：全省行政事业性收费项目合计507项，其中中央批准381项、省126项，纳入财政专户管理的402项、纳入预算105项。行政事业性收费类别包括：管理性收费、工本费及证照性收费、资源性、补偿性收费、检测服务性收费、公共工程性收费、公益事业性收费、培训性收费以及其他收费。是年，取消收费项目6项，新设立收费项目19项，重新规范收费减少收费项目11项。2月，开征基本农田造地费。征收对象为在四川省境内进行非农业建设时占用基本农田保护区内耕地而不能按照国家有关规定开垦一定数量和质量耕地的单位或个人。征收标准为：一级基本农田每亩按征地费①的两倍计算；二级基本农田每亩按征地费的一倍计算。征收时坚持“占多少，垦多少”“取之于土，用之于土”的原则。造地费属行政事业性收费，使用财政部门统一制发的行政事业性收费票据。

1998年，财政部、国家发改委联合发出《关于公布取消第二批行政事业性收费项目的通知》，

① 征地费，即土地补偿费、青苗和附着物补偿费、安置补偿费之和。

决定取消涉及文化、公安、建设、旅游、广播电视、林业、口岸7个部门的20项收费项目。5月，财政部、国家经贸委、国家发展改革委等6部委公布了第二批取消的各种基金（附加、收费）项目，其中涉及四川的有地方重点建设基金、旅游发展基金、烤烟风险基金、企业扶持基金、森工基本建设基金、转户安置资金、农电大修基金、蚕种改良费、电力价差费9种。

1999年6月，四川开征文化市场管理费，征收对象对四川省行政区域内依法从事文化市场经营活动的单位和个人，征收标准为营业额或收入的1%—3%。同时，全省娱乐业文化市场管理费改娱乐业营业税后，各地停止收取娱乐业文化市场管理费。8月，省财政厅、省物价局同意注册会计师考试委员会办公室向报名参加注册会计师考试的人员收取考试费，收费资金按预算外资金管理方法进行管理。同月，取消装备管理收费。9月，对省外建筑企业入川管理费收费方式进行了调整。原由市（地、州）建委收取的省外入川建筑施工企业管理费改由省建委统一收费，收费标准仍维持1992年的标准不变，即按照工程承包额的3‰收取。管理费属预算外资金，由省建委统一收取后全额缴入省级财政专户。同月，根据财政部、国土资源部通知，四川省开始征收探矿权采矿权使用费。10月，财政部《关于加大规范收费管理力度，促进国民经济持续快速健康发展的通知》要求各地对1997年以来已取消的收费项目进行清理、检查，四川省经过检查，已取消的收费项目并未完全停止收取，仍在执收且收费金额较大的有3项，即：省财政厅收取的“专控商品附加费”、省工商局收取的“机动车辆交易验证管理费”、省公安消防总队收取的“消防设施配套费”，3项收费中由于专控商品附加费已纳入当年预算安排，故省财政请求省政府保留征收至1999年12月底，次年是否继续执行视情况而定；另两项收费请求省政府裁决是否继续执行。12月，执行财政部、国家经贸委等6部委《关于公布第三批取消的各种基金（资金、附加、收费）项目的通知》，四川省停止征收石油基金、中小水电建设基金、森林资源专项资金、农用化学工业发展基金、专控商品附加、林业发展基金、企业扶持基金、电网地方附加费、农电大修基金9项基金（资金、附加、收费）。是年，四川省行政事业性收费项目目录显示，共有收费项目539项，其中中央批准的项目384项，省批准的项目155项。

2000年2月，财政部对新增建设用地土地有偿使用费使用管理作出规定，土地有偿使用费缴纳标准由全国土地分等和城镇土地级别、基准地价水平、人均耕地状况和社会经济发展水平等确定，并定期进行调整。缴纳时，30%上缴中央财政，70%上缴地方财政。四川省上缴地方财政部分，15%就地缴入省级金库，15%就地缴入市（地、州）级金库，40%就地缴入县级金库。6月，根据财政部、国家计委取消部分交通和车辆收费项目的规定，并结合四川省实际，决定取消省政府及省级部门出台的部分收费项目，以及省级以下各级政府及其所属部门越权设立的收费项目，主要包括成都二环路车辆通行费、公路建设附加费、重点公路建设资金、车辆建勤费、运管部门收费、一环路扩建集资费、占道挖掘许可证费、超限运输许可证费、入城证费、机场建设费、船舶购置附加费、港口管理费等。是年，由省政府研究室牵头，省财政厅、省物价局、省纪委纠风室、省减负办参加，组成了行政事业性收费清理小组，对全省1988—1999年的行政事业性收费文件和收费项目进行了全面清理，共清理出涉及收费的文件563个，扣除国家和省已取消收费项目自动废止文件及部分越权出台的文件，经省财政、物价部门和省委、省政府出台的行政事业性收费文件392份，涉及收费项目562项（大项目），其中：中央出台的收费项目393项，省级出台的收费项目169项。截至2000年底，四川省级批准的行政事业性收费项目共173项。

2001年1月1日，四川省于1988年1月1日开征的电力建设基金和1993年4月1日开征的二滩建设基金，停止征收。从2001年起，开征车辆购置税取代车辆购置附加费。开征后，各地各部门不得在购车环节对机动车辆征收其他任何费用，如车辆增容费、新增车辆附加费等。7月，按照国家统一规定，取消自20世纪80年代以来先后开征的市话初装费、邮电附加费和移动电话入网费等专项用于支持邮电通信事业发展的政府性基金。是年，四川对涉及住房建设的各种收费项目进行了全面清理，以降低住房建设成本，减轻房地产企业负担。一是公布取消了第一批住房建设中不合理、不合法收费项目52项（其中：中央项目47项，省级项目5项）；二是整顿合并收费项目5项，适当降低收费标准7项；三是除国家法律、法规规定之外，短期内不再出台涉及住房建设的行政事业性收费项目。截至2001年底，四川省级批准的行政事业性收费项目共计154项。

2002年1月，财政部决定取消四川省乡镇船舶安全活动经费、乡镇矿山矿长安全资格审查费两项涉及乡镇企业的行政事业性收费。6月，财政部公布取消了一批政府性基金项目，其中，涉及四川的有供配电贴费、副食品风险基金、二滩电力建设基金、以电养电资金、交通建设附加费、蚕桑技术改进费、柑桔基金、林业发展基金、消防设施配套费。此后，除法律、国家行政法规明确规定外，国家原则上不再设立新的政府性基金项目，严禁地方未经国务院或财政部批准越权设立各种基金项目。凡属于企业生产发展所需资金，由企业按照有关规定自行解决或通过资本市场筹资解决；凡属于公共财政支出范围的事务，由各级政府通过财政预算予以安排和保障，不再通过建立政府性基金筹集资金。7月，经过清理整顿，财政部决定：凡属于法律、国家行政法规、党中央和国务院文件以及财政部会同有关部门批准设立，且明确规定征收对象、征收范围和征收标准的政府性基金，予以保留，其余一律取消。保留下来的政府性基金共计26项：农网还贷资金、三峡工程建设基金、碘盐基金、墙体材料专项基金、港口建设费、民航机场管理建设费、民航基础设施建设基金、铁路建设基金、铁路建设附加费、国家茧丝绸发展风险基金、散装水泥专项资金、中央对外贸易发展基金、育林基金①、水利建设基金、库区维护建设基金、新菜地开发建设基金、农业发展基金、城镇公用事业附加、文化事业建设费、国家电影事业发展专项资金、城市教育附加费、旅游发展基金、残疾人就业保障金、能源基地建设基金、水资源补偿费、电源基地建设基金。农村税费改革后，农（牧）业税附加、农村教育事业费附加两项基金并入农业税。此外，公路客运附加费、公路货运附加费、水运客货运附加费3项基金并入燃油税。保留的政府性基金项目中，凡未纳入财政预算管理的，自2002年7月1日起，统一纳入财政预算，实行“收支两条线”管理。四川省批准并上报财政部备案的政府性基金，即：中小学改善办学条件附加、教育费、职工个人教育附加、移民后期扶持基金，在财政部此次清理未作出处理意见前，暂按原办法执行。是年，为促进市场经济发展，减轻企业和农民负担，省财政厅、监察厅、省物价局遵照省政府要求，对国土资源、工商行政、质量监督和建设部门的行政事业性收费进行了清理。取消了农转非退养人员安置统筹费、生猪市场管理费、产品质量监督抽查检验费、房屋纠纷仲裁费等50项行政事业性收费，暂停征收工商企业监督查询卡及个体、私营经济监督服务卡工本费、广告管理费、洗车场管理费等3项行政事业性收费。截至2002年底，四川省级设立的行政事业性收费项目有152项，连同中央设置的项目330项，共计482项。

2003年4月，为促进西部地区建设和发展，财政部、国家计委决定整顿规范西部地区公路建设

① 育林基金：含四川省的集体育林和更改基金、国有育林和更改基金。

税费。取消农田水利有效灌面补偿费（四川眉山）、环境影响评审费等不合法收费项目19项；取消水土保护证照费（四川1995年制定）、农转非人员安置统筹费（四川1999年制定）、林业维护管理费3项不合理收费；降低土地登记费、征地管理费等9项收费标准；免征新菜地开发基金、耕地占用税2项基金和税收；进一步落实已明令取消或停止征收的交通建设附加费、固定资产投资方向调节税等14项收费、基金和税收项目；明确不得对公路建设收取新增建设用地有偿使用费、林木采伐许可证费、育林基金、林业保护建设费4项收费和基金；明确文物勘察费、文物发掘费等8个收费项目可作为费用列支，但不得以收费形式征收；保留土地补偿费、安置补助费、教育费附加、增值税、地方水利建设基金等31项收费、基金和税收项目。5月，为进一步减轻企业负担，根据财政部、国家计委《关于将部分行政事业性收费转为经营服务性收费有关问题的通知》规定，并结合四川省实际，省财政决定从5月1日起将部分不体现政府职能并采取自愿原则的行政事业性收费转为经营服务性收费，项目包括：中标设备服务费、人才和劳动市场服务费、水利工程水费、都江堰灌区工业水源收费、气象有偿服务费、测绘产品收费（不包括测绘成果成图资料收费）、版权代理服务费、出国留学人员服务中心收费、公证费、律师服务费、乡镇法律服务所法律服务费、职业介绍中介服务费、就业训练费和劳务输出服务管理费、求职登记推荐人才服务费、招聘招考服务收费、收养服务费、四川省寻人服务中心服务收费、条形码服务费、省技术监督情报研究所收费、计量器具修理收费、非强制性自愿委托产品质量检验收费、地震安全性评价费、无形资产评估收费、政府采购招标文件工本费、注册会计师考试手册工本费、非刑事案件服务费、有线电视建设费、收视费和维护费、四川国际电视节收费、矿产品测试收费、遥感处理费、建设部门代办手续费、省科技情报研究所技术服务收费、省粮油批发中心综合服务及设施设备租赁收费、专利代理收费、专利检索服务收费。上述行政事业性收费转为经营服务性收费（价格）后，其收入不再作为预算外资金，也不再上缴财政专户实行“收支两条线”管理。从6月1日起，四川省只收取中央设立的“社会抚养费”，取消四川省设立的“计划生育社会抚养费”收费项目。12月，根据《四川省人民政府关于取消第三批行政审批项目的决定》和《四川省人民政府办公厅关于取消第四批行政审批项目的决定》，对涉及这些项目的行政事业性收费予以取消，包括：公安部门收取的“201”运钞免检通行证工本费、自行车分合式号牌工本费、易燃易爆化学物品准运证工本费、文化市场治安管理登记证工本费；体育部门收取的体育经营合格证工本费、体育经营专业人员资格证工本费。截至2003年底，省级设立的行政事业性收费共计100项。

2004年1月，为规范涉农收费管理，减轻农民负担，从2004年起，四川省对农民免征水土流失防治费、河道工程修建维护管理费、水资源费、建设用地批准书工本费、对从事营业性运输的农用三轮车、农用拖拉机收取的公路运输管理费、对自产自销农副产品的农民收取的城乡集贸市场管理费、农村义务教育借读费8项行政事业性收费。同时，取消国内植物检疫费中的检疫证书费、畜禽及畜禽产品防疫检疫费中的兽医卫生条件考核、发证和定期技术监测收费、户籍管理证件工本费中的寄住证工本费3项行政事业性收费；降低畜禽及畜禽产品检疫费、农机监理费、渔业船舶检验费、海事调解费4项行政事业性收费。4月，根据《四川省人民政府关于印发四川省地方教育附加征收使用管理办法的通知》，四川省地方教育附加从2004年1月1日起开始征收；中小学改善办学条件附加、职工个人教育费、宾馆饭店教育费从2004年4月30日起全面停止征收。7月，对在四川宜宾、泸州境内长江干流段河道从事采挖砂、石、取土和淘金活动（不包括长江防汛抗洪进行采砂活动）

的单位和个人，开征长江河道砂石资源费。该项收费属于行政性收费，全额纳入财政预算，实行“收支两条线”管理。征收时，实行省市分成办法，分成比例为：省20%、市80%。截至2004年底，省级设立的收费项目共有75项，连同中央305项，共计380项。管理方式包括纳入预算管理和财政专户管理两种。

2004年四川省政府公布的政府性基金项目目录

表3－4　单位：万元

序号	项目名称	资金管理方式	征收期限
1	农网还贷资金	中央和地方国库	2005年底止
2	三峡工程建设基金	中央国库	工程完工取消
3	墙体材料专项基金	地方国库	2005年底止
4	民航机场管理建设费	中央和地方国库	2005年底止
5	散装水泥专项资金	地方国库	2005年底止
6	育林基金	中央和地方国库	法规未调整前保留
6－1	集体育林和更改基金	地方国库	法规未调整前保留
6－2	国有育林和更改基金	地方国库	法规未调整前保留
7	水利建设基金	中央和地方国库	2005年底止
8	库区维护基金	地方国库	2005年底止
9	库区移民后期扶持基金	中央和地方国库	2005年底止
10	新菜地开发建设基金	地方国库	法规未调整前保留
11	城镇公用事业附加	地方国库	2005年底止
12	文化事业建设费	中央和地方国库	2005年底止
13	国家电影事业发展专项资金	中央和地方国库	2005年底止
14	城市教育附加费	中央和地方国库	法规未调整前保留
15	地方教育附加	地方国库	法规未调整前保留
16	残疾人就业保障金	地方国库	法规未调整前保留
17	公路客货运附加	地方国库	燃油税开征时取消
17－1	公路客运附加费	地方国库	燃油税开征时取消
17－2	公路货运附加费	地方国库	燃油税开征时取消
18	水运客货运附加费	中央国库	燃油税开征时取消
19	森林植被恢复费	中央和地方国库	法规未调整前保留

2005年1月，遵照财政部、国家发展改革委制发的《关于公布取消103项行政审批等项目的通知》，四川省相应取消了卫生部门收取的医疗机构评审管理费、银行部门收取的结算证工本费、成都

市建设部门收取的房屋租赁鉴证费。9月，为解决因征地而失地无业农民的生产、生活问题，四川省设立了征地调节资金。资金实行“政府筹集、专款专用、财政监管、结余留用”的原则，来源于一定比例的政府土地收益（不低于10%）和经同级政府批准统筹安排的其他预算资金，由政府统一筹集，并纳入财政专户管理。

第四节 彩票基金管理

四川省的福利彩票发行始于1988年，体育彩票始于1995年，在2000年2月1日移交财政部门管理之前，一直由中国人民银行成都分行管理。1987年设立四川省社会福利有奖募捐委员会办公室，1998年在办公室下增挂四川省福利彩票发行中心牌子，福利彩票坚持“扶老、助残、救孤、济困”的宗旨，彩票公益金主要用于社会福利事业。1994年3月，四川省体育彩票管理中心开始筹备，1995年经省编委批准后正式成立。1999年之前，彩票销售以即开型为主，电脑型为辅。2000年以后，随着科学技术的进步，电脑型逐渐占据优势，即开型转为辅助类型。彩票公益金为四川省的社会福利和体育事业的发展以及青少年校外活动场所的建设起到了积极作用。其中，福利彩票公益金主要用于为城市社区老年人提供服务的“星光计划”“残疾儿童手术康复明天计划”、敬老院和救济站等福利设施的修建与改造等；体育彩票公益金主要用于“奥运争光”计划、全民健身计划、旨在扶持革命老区体育事业发展的“雪炭工程”、体育扶贫、青少年体育俱乐部建设和体育场馆建设及维修补助等。

1985年，国务院制发了第一个有关彩票业管理的规范性文件《关于制止滥发各种奖券的通知》，其政策取向主要是禁止彩票业发展，内容主要是禁止工商企业举办有奖销售活动，原则上禁止文艺、体育界为举办文体活动搞有奖售票，只允许为兴办社会福利事业举办有奖集资试点。

1991年，国务院制发《关于加强彩票市场管理的通知》，该通知第一次形成了明确的彩票管理政策。内容主要是：针对彩票发行主体的混乱，首次明确发行彩票的批准权集中到国务院，基本程序是由省级政府和国务院有关部门提前半年向中国人民银行报送发行计划及办法，经中国人民银行审查后报国务院批准；额度上实行数量限制，不得突破，实行一事一报批，发行完批准的额度后即告结束。

1993年5月，针对各地违规发行彩票愈演愈烈的现象，国务院发出《关于进一步加强彩票市场管理的通知》，重申彩票发行的批准权集中在国务院，任何地方、部门、组织、个人均不得擅自发行彩票，开始对全国彩票市场进行清理整顿，同时禁止“六合彩”等主动型彩票，禁止外资进入彩票市场。

1998年9月，国家体育总局与财政部、中国人民银行联合制定了《体育彩票公益金管理暂行办法》，对公益金的来源及构成、管理机构、使用、监管和罚则等问题进行了规定。公益金实行收支两条线管理办法，即收入全额缴入同级财政专户，支出由同级财政部门从财政专户中拨付。使用时，体育行政部门或专门管理机构，必须按照同级财政部门审核批准的公益金收支计划合理安排支出，并根据本级公益金收支规模和支出需要编制公益金年度收支计划，在规定时间内报同级财政预算外资金管理部门审批；年终收支决算汇总后，体育行政部门还应编制本级公益金收支决算，在规定的期限内报同级财政部门审批。10 月，财政部、民政部联合发布了《社会福利基金使用管理暂行办法》，规定对主要来源于福利彩票销售收入的社会福利基金实行按比例分级留成使用办法，中央留成比例为销售总额的5%，省、地两级的留成比例不超过5%，县级留成比例不低于20%。福利基金全额纳入预算外资金财政专户管理，实行“收支两条线”；基金年投放率一般不低于70%，结余部分结转财政专户下年专项使用。

1999 年 5 月，随着彩票业发展规模的迅速扩大和管理实践经验的积累，彩票业的金融性被淡化，财政性愈发凸显。鉴于此，中国人民银行向国务院报送了《关于改革彩票管理体制的请示》，请求将彩票主管职能移交财政部并进行彩票管理体制改革。国务院作出了将彩票主管职能移交财政部并由财政部继续对彩票管理体制进行改革的决定。

2000 年 2 月，根据省财政厅《关于四川省内彩票监管工作交接完毕的通知》，从 2 月 1 日起，四川省财政厅正式履行全省彩票监管职责。交接后，各级财政部门根据省财政要求，对彩票发行以来至 2000 年 1 月 31 日前本辖区内彩票的发行、销售、资金财务管理和使用情况进行了一次全面检查。3 月，省财政厅执行财政部《关于认真做好彩票发行和管理工作的通知》，重申除经国务院批准发行的中国福利彩票和中国体育彩票外，任何地区、部门和单位未经国务院批准，不得以任何名义擅自发行或变相发行其他彩票；严格彩票额度管理，各级福利和体育彩票发行销售机构，必须按批准和下达的年度彩票发行额度组织彩票发行和销售工作，严禁超额发行和销售彩票；从 2000 年 4 月 1 日起，福利和体育彩票一律以人民币现金形式兑付奖金，取消实物兑奖；各级财政应配备专人负责本地区彩票发行和销售活动的监管，及时查处违法违规行为，严厉打击各种私彩活动。10 月，国家推出足球彩票，四川是全国 12 个首批试点省市之一。

2001 年，为及时、全面、准确掌握全国彩票销售情况，财政部综合司编制了一套彩票销售统计月度报表，并要求各省（自治区、直辖市）于每月 15 日前，将上月报表送财政部。省财政厅补充要求：彩票公益金解缴财政专户情况反映全省留成部分，不包括上缴中央部分，并按省级和市（州）分别填列；彩票发行费收入反映本级数，市（州）上报表应包括县级收入数。10 月，《国务院关于进一步规范彩票管理的通知》出台，确定由财政部门主管彩票法规、政策、彩票市场和彩票资金，民政和体育部门分别负责组织福利彩票、体育彩票的发行与销售的制度；调整了彩票资金结构与公益金分配制度，核定民政和体育部门公益金基数，超基数部分按一定比例留归民政和体育部门使用外，其余由财政部门统一用于补充社会保障基金。财政部接管彩票市场监管职责后，采取了一系列措施加强管理，并颁布了全国统一的《彩票发行与销售管理暂行规定》和《彩票发行与销售机构财务管理办法》，彩票市场监管制度基本建立。从 12 月 1 日起，即开型彩票单注最高奖金限额从 50 万元提高到 200 万元。

2002 年 1 月，财政部制定并开始实施《彩票发行与销售机构财务管理办法》，对彩票机构财务管理的主要任务、彩票资金及账户管理、财务收支计划管理、收入与结余及其分配、支出管理、返奖奖金、专用基金管理、负债管理、流动资产和长期投资、固定资产和无形资产、机构清算、财务报告和财务评价等进行了规范和说明。2 月，省财政要求各福利和体育彩票机构于每月 10 日前，将按上月彩票销售计提的公益金和属于本级使用的发行费用，通过彩票销售资金专用账户全额缴入省级财政专户。5 月，省财政厅执行财政部《彩票发行与销售管理暂行规定》并进行了补充说明：民政、体育部门销售的即开型彩票，须将具体销售方案会同同级财政部门审核意见一起报省财政部门批准；每期彩票活动销售结束后，彩票机构应在媒体和彩票投注站向社会公布当期销售总额，各奖级中奖情况，奖池奖金等信息；禁止向未满18周岁者出售彩票和支付中奖奖金；彩票机构应将彩票奖金以现金或现金支票方式，一次性全部支付给中奖者。5月15日，统一停止实行保底奖金，省级彩票机构动用调节基金补充奖池，须报经省级财政部门批准。

同年7月，由于福彩“6+1”玩法在实际运行中达不到预期销售结果，省财政厅同意福彩中心取消此种玩法，新增“乐透型22选5”电脑福利彩票。同月，“欢乐彩”电视福利彩票停发。当年，四川省福利彩票公益金分成比例为：电脑型福利彩票公益金按销售总额的20%上缴中央，省级按销售总额的5%分成，市、州按销售总额的10%分成；即开型福利彩票公益金按销售总额的20%上缴中央，省级不参与分成，其余15%全部留给市、州和县（市、区）。体育彩票公益金分成比例为：电脑型体育彩票（含足球彩票）公益金按发行额的18%上缴中央，省级和市（州）级分别按发行额的11%和6%的比例分成；即开型体育彩票公益金按发行额的15%的上缴中央，省级不参与分成。

2003年，四川省对福利彩票公益金分成比例进行了调整。其中，电脑型福利彩票公益金分成比例与上年一致，即开型福利彩票公益金分成比例发生改变：中央分成比例由20%降为15%；省级开始参与分成，分成比例为2%；市（州）级和县（市、区）分成比例由15%提高到18%。12月，省财政厅对停止发行和销售的彩票奖池资金和调节基金余额作出规定：剩余奖池资金和调节基金在报省财政厅审核后，纳入省级彩票机构设立的一般调节基金。12月30日，四川省停止销售29选7和22选5两种电脑福利彩票，奖池余额纳入一般调节基金。

2004年3月，省财政厅转发并补充财政部下发的《即开型彩票发行与销售管理暂行规定》，要求组织集中销售即开型彩票的主管部门或彩票机构，需将彩票销售方案，包括奖组规模、组织方案、宣传方案、销售时间和地点、资金管理等，在经当地政府同意后，报省财政审批；组织销售即开型彩票的主管部门或彩票机构应按照批准的销售方案组织实施并对外公告；在同一县（市、区）不同时集中销售即开型福利彩票和即开型体育彩票；凡参与即开型彩票销售的委托单位，必须经省级彩票机构批准同意，并严格按规定进行管理；集中销售即开型彩票，销售前应在国有及国有控股商业银行开设当期彩票销售收入临时专用账户，以核算当期收支；集中销售即开型彩票的奖池，由省级彩票机构报省财政厅批准后统一设置。5月，由于在即开型彩票销售过程中出现了严重违反国家彩票管理制度、损害国家彩票公信力的恶性事件，尤其是发生了销售现场爆炸事件，财政部决定从5月15日起，在全国范围内暂停集中销售即开型彩票。从开始到暂停，其间，四川省共组织集中销售即开型彩票31次，实现销售2557.95万元，筹集彩票公益金（连同弃奖资金）903.15万元。其中，集中销售即开型福利彩票23次，实现销售2200.62万元；集中销售即开型体育彩票8次，实现销售357.33万元。

2005年，省财政厅综合处对彩票机构彩票资金管理情况的调查报告显示：除发行经费以外，彩票机构还有银行账户的资金利息收入、代扣代缴中奖人员个人所得税手续费收入、投注机保证金收入、房屋租金收入、向投注站收取的维修耗材费、折旧费和违约金收入、中奖信息短信查询费分成收入和兑奖终端机附带销售彩票佣金收入等收入项目。这些收入项目均未纳入财政专户管理，为此，省财政厅建议财政部完善彩票管理财务制度，将彩票机构作为一级预算单位纳入财政部门预算管理，并将以上收入项目纳入财政专户，实行“收支两条线”管理。

1988—2005 年四川省彩票销售统计表

表 3－5　　单位：万元

年份 \ 项目	福利彩票	体育彩票	合计
1988	1795. 63	—	1795. 63
1989	912. 58	—	912. 58
1990	1405. 59	—	1405. 59
1991	2356. 00	—	2356. 00
1992	5907. 00	—	5907. 00
1993	4857. 81	—	4857. 81
1994	3978. 24	—	3978. 24
1995	29952. 38	3300. 00	33252. 38
1996	47906. 70	5720. 00	53626. 70
1997	15683. 90	6000. 00	21683. 90
1998	17793. 10	13040. 00	30833. 10
1999	31239. 10	36275. 00	67514. 10
2000	55473. 45	167341. 78	222815. 23
2001	19000. 56	125496. 72	144497. 28
2002	13806. 77	102926. 55	116733. 32
2003	28635. 87	94128. 67	122764. 54
2004	45672. 66	61579. 07	107251. 73
2005	106713. 86	96130. 18	202844. 04
合计	433091. 20	711937. 97	1145029. 17

说明：资料来源于《中国彩票年鉴（2006）》

1988—2005 年四川省彩票公益金统计表

表 3－6　　单位：万元

年份 \ 项目	福利彩票	体育彩票	合计
1988	816. 55	—	816. 55
1989	277. 96	—	277. 96
1990	165. 22	—	165. 22

续表 3－6

年份＼项目	福利彩票	体育彩票	合计
1991	586.45	—	586.45
1992	1476.70	—	1476.70
1993	1214.50	—	1214.50
1994	990.60	—	990.60
1995	7436.20	990.00	8426.20
1996	11919.10	1373.00	13292.10
1997	3777.40	1533.00	5310.40
1998	4384.90	3169.60	7554.50
1999	7809.80	8740.00	16549.80
2000	16300.60	34145.30	50445.90
2001	3148.34	18896.00	22044.34
2002	2071.02	15954.31	18025.33
2003	4896.20	14394.61	19290.81
2004	6899.19	10487.21	17386.40
2005	18674.93	16362.51	35037.44
合计	92845.66	126045.54	218891.20

说明：资料来源于《中国彩票年鉴（2006）》

第五章 税政管理

中华人民共和国成立初期，为平衡财政收支，尽快恢复发展国民经济，四川省实行的是高度集中的税收管理体制。1958 年，中央决定将主要税种以外的部分税收管理权限下放到省。1977 年，鉴于不少地方在税收管理中出现了任意停征税种税目、擅自扩大减免税范围等不良问题，中央重新收回部分税收管理权限。1988 年，国务院发布《关于整顿税收秩序加强税收管理的决定》，规定任何地区、部门和个人都无权变更国家税法，不得任意减免税。1994 年，实行分税制财政体制后，消费税、增值税的管理权限集中到中央，其他税种管理权限也由中央授权地方执行。同时，对不符合所得税、营业税等新税制条例的减免税政策一律停止执行。1998 年，国务院规定，除屠宰税、牧业税、筵席税的管理权限已经下放地方外，其他税种的管理权限全部集中到中央，地方减免税，必须在中央授权的范围内办理。2000 年，国务院规定，地方自行制定的税收先征后返政策一律停止执行。

随着税制的改革，四川省税收征管模式也相应不断变化。改革开放之前，税制简化，税种单一，四川主要实行的是征、管、查集于税收专管员的征管模式。1987 年，《四川省税收管理实施办法》正式实施，按照征管工作分级负责的原则，对屠宰税、集贸税等制定了单项征管办法，并在全省设立税务检查站 116 个，建立税务稽查队 26 个，以适应税种增多、纳税户大幅增长的新情况。1993 年，为加强对个体、私营经济和个人应税收入的征管，四川省在部分地区试行了个体税收“区域平衡”“双定户”管理办法，通过调查测算，制定分地区、分行业的纳税等级和定额标准，严格执行个人应税收入申报制度和代扣代缴制度。1994 年新税制实施后，四川省贯彻执行国家税务总局规定，实行纳税申报、税务代理、税务稽查“三位一体”的税收征管新模式。2001 年，修订后的新《税收征收管理法》开始施行，提出加强税收征收管理信息系统的现代化建设，建立、健全税务机关与政府其他管理机关的信息共享制度，并进一步规范了税收征收和缴纳行为。

四川作为一个农业大省，农村税费改革尤为重要。2002 年，经国务院批准，四川省农村税费改革正式启动。改革的目标是完善税费管理制度，减轻农民负担水平，确保乡镇基层机构和村级组织正常运行，并优先保障农村义务教育经费的正常需要。改革的内容包括取消乡（镇）统筹费、农村教育集资等专门面向农民征收的行政事业性收费和政府性基金、集资；取消屠宰税；取消统一规定的劳动积累工和义务工；调整农业税和农业特产税政策；改革村提留征收使用办法，即“三取消、两调整、一改革”。

第一节　税收政策

一、地方税收政策

1986年2月，四川省调整了应缴纳生产扶持费的农产品品种，退出兔毛、兔皮、虫草、黄连、白蜡、五格子6个品种，调整为苎麻、茶叶（只限红茶、边茶）、贝母、猪鬃、羽毛、肠衣、羊毛、山羊板皮8个品种。征收对象为省外来川直接采购上述8个品种的单位和个人以及省内受省外委托采购出省的单位和个人。收费标准在成交价格的20%以内，羊毛、羽毛和山羊板皮可酌情提高。

1987年1月，根据国务院《关于对农林特产收入征收农业税的若干规定》，结合四川实际，省政府制定《四川省农林特产农业税征收实施办法》。征税对象为从事农林特产品（水果、核桃、茶叶、药材、食用菌、竹笋、淡水养殖产品等）生产取得收入的单位和个人。税率一般为5%，少数获利大需提高税率的，不得超过15%。以下情形可减免农林特产农业税：科研单位属于试验研究的产品收入；在非耕地上从事农林特产生产初期，或者零星分散以及恢复较慢的农林特产，纳税有困难的；因自然灾害等特殊原因，生活贫困，纳税困难的。4月1日，国务院颁布《耕地占用税暂行条例》，规定1987年、1988两年所征耕地占用税收入50%上解中央财政，50%留地方建立耕地垦复改良基金，专款专用。是年，四川省对奖金税、工资调节税实行区别对待、有所照顾的政策：乡镇企业的奖金、民政部门举办的福利生产企业和事业单位发放给残疾人的奖金免征奖金税；省和主管部门评定的一次性企业安全生产奖，劳动部门核定同意的加班工资和县以上政府部门规定专门发给供销采购人员的一次性奖金，不征或免征奖金税；发给道路、环卫、市政维护等部门工人的奖金和市（地、州）政府发给科研、设计、教育、文艺、体育等优秀成果获得者的一次性奖金，免征奖金税；发电设备缩短检修工期、增发电量所发放的奖金，免征奖金税。

1989年，根据国务院通知，从该年起，耕地占用税分成比例由原来的对半分调整为中央30%、地方70%，中央让出的20%留给县级财政使用。是年，四川开始试行城镇个体工商户税收和个人收入调节税增长分成办法。分成的范围为城镇个体工商业的产品税、增值税、营业税、所得税和个人收入调节税，对上述5种税收，地方税务局单独记账和填写报表，以1988年这5种税收的实际收入数为基数，按增长部分的30%分成。分成部分不能退库，由地方财政列支其中的80%进行预算安排，年终按实际分成数处理。

1991年，省财政厅决定，从该年起，各地征收的耕地占用税款，一律按“三七”比例30%缴入中央金库、70%缴入同级金库，年终省再按省、地、县“一、一、五”的比例结算分成。根据国务院规定，从该年1月1日起，开征固定资产投资方向调节税，其收入作为地方预算收入入库。

1993年12月，按照国务院发布的《土地增值税暂行条例》，四川开始征收土地增值税，凡有偿转让房地产的行为都属于征税范围。征收时实行四级超额累进税率，最低税率为30%，最高税率为60%。此后，根据形势的变化，又对征税手段、减免税范围等进行了完善和调整。

1994年，在进行了全面的、结构性的税制改革后，税种由原来的37个减少为23个，税制简化，结构趋于合理，税负趋向公平，越权减免税有所抑制，税收筹集财政收入和调控宏观经济的功能有所增强。23种税分别为：增值税、消费税、营业税、资源税、企业所得税、外商投资企业和外国企业所得税、个人所得税、城市维护建设税、车船使用税、车船使用牌照税、船舶吨税、土地增值税、城镇土地使用税、印花税、固定资产投资方向调节税、屠宰税、筵席税、关税、农（牧）业税（包括农业特产税）、耕地占用税、契税。在进行税制改革的同时，国务院作出了税政与税务职能分离的决定，在财政部“三定”① 方案中明确：财政部在税政方面的基本职责是制定和解释工商税收、关税和农业税收的税法、条例、规定及有关实施细则，税务局负责税收的征收与管理，从而实现了税制立法与执法的分离。是年，省财政厅设立税政处，主要职责是：根据国家税法或授权拟定、审查、协调地方各税（包括农业五税）的税收政策和有关实施细则；审查和协调地方税收管理权限；管理全省税收减免事项；做好财政与国税、地税之间的政策与业务协调工作；负责税源调查和解释各项税收政策。12 月，为便于新财税体制运行，省政府成立了财税协调领导小组，由省政府分管财税的副省长任组长，财税部门负责人为小组成员，负责联系、协调财政、国税和地税 3 个部门的工作。

1994 年 11 月，由于实行分税制后，国税和地税部门从财政系统单独分设，且原财政系统农税部门也成建制划转地方税务局。为规范财政、税务部门对建设用地粮食附加费管理的权责范围，省财政厅发出通知，规定：省地税局负责建设用地粮食附加费的征收管理以及征收凭证与征收专用章的更换，省财政厅负责建设用地粮食附加费的使用管理。12 月，财政部、国家税务总局决定对列入 1994 年度国家级新产品试制和试产计划的产品实行增值税先征后返政策，省财政厅补充规定：属于减免范围的项目，企业应单独核算和计算缴纳新产品项目的增值税，无法单独核算的，由税务征收机关核定该项目进项税额、销项税额和应纳增值税，单独计征入库；减免期限为 1994 年、1995 两年，原来已享受新产品增值税减免政策的企业，未执行完的，按照新规定继续执行，其中原实行减税的产品，一律按入库税款的 50% 返还。是年，四川省对蚕茧农业特产税按收购单位支付的收购金额的 50% 作为计税收入，按 8% 的法定税率计征，以鼓励蚕农养蚕的积极性。

1995 年 6 月，根据国务院关于屠宰税的有关规定，结合四川实际，省财政厅起草制定了《四川省屠宰税征收办法》。征税对象为：在四川省行政区域内收购或屠宰猪、牛、羊、马、驴、骡、骆驼的单位和个人。屠宰税税率为 3%，应纳税额按应税牲畜实际重量和当地收购价格从价计算，其计算公式为：应纳税额 = 应税牲畜重量 × 收购价格 × 税率。有下列情形之一的，减征、免征屠宰税：少数民族在其宗教节日宰杀应税牲畜，免税；敬老院、孤儿院宰杀自养自食应税牲畜，免税；部队及按部队供给标准供应的单位宰杀自养自食应税牲畜，免税；省政府决定的其他减税、免税情形。

同年 7 月，根据《国务院关于对农业特产收入征收农业税的规定》并结合四川实际，《四川省农业特产农业税征收实施办法》开始施行，将原产品税中的应税农林牧水产品与原农林特产税合并为农业特产税一并征收，征收对象为：烟叶产品、园艺产品、林木及林产品、水产品、食用菌、药材、牲畜产品、贵重食品以及政府确定的其他农业特产品。农业特产税的应纳税额，按照农业特产品实际收入或者农业特产品收购所支付的金额和规定的税率计算。有下列情形之一的，纳税人可以申请减免农业特产税：农业科研机构和农业院校进行市（地、州）以上科委立项的科学试验在试验期间所取得的农业特产品收入；在新开发的荒山、荒地、滩涂、水面上生产农业特产品的，从有收入时起1—3年内准予免税；老革命根据地、少数民族地区、边远地区、贫困地区及其他地区温饱问题尚未解决的贫困农户；因自然灾害造成农业特产品歉收的，酌情准予减税、免税。拟定时，遵循稳定、

① “三定”：是指定职能、定机构、定编制。

合理原则，一是稳定农民负担，除全国实行统一税率的品目外，授权四川省在5%—20%幅度内确定税率的品目，四川省实行轻税政策，执行5%的最低税率；二是稳定地方财政收入，两税归并统一征收农业特产税后，征收范围、征纳环节、税负水平基本不变，保持了税收政策的连续性。与此同时，1987年1月6日省政府发布、1989年7月11日省政府修订的《四川省农林特产农业税征收实施办法》废止。

同年8月，省财政厅对各类“先征后返”“先征后退”业务作出规定。退税范围为1994年1月1日起，国务院、财政部与国家税务总局的联合发文以及省政府、省财政厅明文规定的“先征后返”“先征后退”业务和按有关规定执行的各种手续费的提取业务；凡退“两税”业务，一律由财政监察专员办事组和各级财政部门共同签章上报财政部驻川财政监察专员办事处和省财政厅，再由以上两部门联合下文批复，方能退库；地方企业退“一般营业税”“企业所得税”等采取下管一级办法，即经企业所在地财政部门审核、签章后，报上级财政部门批准后办理退库；税务机关依法委托有关单位代征少数零星分散的税收而需退付手续费的，征收机关在报经同级财政部门审核签章后，方可办理退付事项。

同年9月，在转发财政部、国家税务总局有关国家政策性银行营业税、所得税缴纳及财政返还的规定时，省财政厅补充规定：对1994年7月1日至12月31日省以下农业银行代理农业发展银行将当年营业税已缴入国库部分，并已经进入1994年各级财政总决算的，营业税退付按原缴级次分级承担；从1995年起，省以下农业发展银行（包括省农业发展银行）应纳营业税，由省农业发展银行统一向省地方税务局直属征收分局缴纳，退税时，由省农业发展银行向省财政厅税政处提出申请，并附上税款原始缴款书，经核准后办理退税手续。

同年10月，四川省调整对机动车驾驶、缝纫、美容、烹饪、计算机等各种培训收入的税率，由原来的按“服务业——其他服务”依5%税率征收营业税改为按“文化体育业”依3%税率征收营业税。同时，从10月起，省政府决定定额征收自养自食猪牛羊屠宰税，生猪每头4元，牛每头6元，羊每头1元。

1996年7月，实行新税制后，公路客运附加费和货运车辆附加费按照规定应缴纳营业税，鉴于两费由各地稽征部门征收，逐级上解省交通厅征收专户的实际情况，省政府同意两费应税收入由省交通厅向省地方税务局直属征收分局集中缴纳，在“九五”（1996—2000年）期内由省财政按年度将所征税款集中返还给省交通厅，专项用于重点公路建设。各地税务机关不再向当地征费部门征收营业税。10月，省财政厅决定停止1994年税改前允许各地税务部门经地方政府批准从企业减免税额中提取税务促产增收基金（或减免税基金）的举措，以往年度尚未提取的不再向纳税人追缴，将减免税方式规范为“先征后退”“先征后返”“即征即退”三种。

1997年3月，为加强固定资产投资方向调节税的征管，调动地方征收积极性，省财政调整其征收业务费，即按固定资产投资方向调节税实际入库额的4%计提，其中，1.5%用于税务、计委及其他征管部门征管工作业务开支，剩余2.5%由省财政厅、省地税局用作检查各地征管情况及奖励经费的来源。用于拨付代扣代缴单位的固定资产投资方向调节税的征收手续费仍维持原办法，即按征收入库金额的2%从当地金库直接提退。6月，财政部对攀枝花钢铁公司增值税、资源税政策作出规定，决定对攀枝花钢铁公司生产的钒、钛产品应缴纳增值税实行先征后返，返还时由攀枝花财政监察专员办事组、攀枝花财政局共同审核报省专员办审批；对攀枝花钢铁公司所属矿山开采的铁矿石，以1996年课税总量为基数，每年基数以内的课税数量仍按原规定税额征收资源税，超过基数部分比照独立矿山按规定税额的40%征收资源税。政策有效时间为1997年1月1日至2000年12月31日。7月，从该月起，省财政对省内民族地区到省内其他地方兴办企业的税收征收和返还实行新的规定。税收由企业经营所在地税务部门统一征管，就地入库。每年由民族地区财税部门与经营所在地财税部门对企业纳税情况核对一致，对应返税款双方签署意见，并报省财政厅。应返税款由企业经营所在地财政通过年终结算上报省财政，再由省财政通过年终结算补助到企业所属地财政部门。8月，为防止减免税政策过多过滥，影响财政收入，省政府同意并批转省财政厅拟订的报告，规定：一是即月起，未经省政府批准，各地、各部门不得出台各类减免政策；二是对之前越权制定的减免政策进行清理，凡超越税收管理权限，严重影响本级政府财政预算收支平衡的减免税政策，必须一律取消，并将清理情况上报省政府；三是从该年初起，各级财政以上年实际完成的财政总收入作为基数，以后年度财政收入低于上年基数的，除个别特殊情况外，缓退各类税收，以确保当年收支平衡；财政收入超过基数的，在保证收支平衡的情况下，可量力而行，由财政部门综合平衡；四是各地、各部门今后一律不得擅自减免增值税（地方分成25%部分），农（牧）业税的减免仍按国家现行政策规定执行；五是严格退税管理，未经国家和省政府批准同意实行退库处理减免税政策的有关业务，各级财政、国库部门有权拒绝办理；今后扶持企业主要采用财政列支的办法，以维持正常财税秩序。是年，四川贯彻实施《中华人民共和国契税暂行条例》，并结合四川省实际，确定契税适用税率为4%，市（地、州）需下浮到3%的，须报经省财政厅和省地方税务局批准。

1998年5月，在转发财政部有关民贸企业税收问题的通知时，省财政厅补充规定：享受增值税先征后返的民贸企业是指民族贸易县县级国有商业企业、供销社和医药公司；甘孜、阿坝州的民贸企业向甘孜、阿坝州财政局提出书面申请，乐山、攀枝花、凉山的民贸企业向财政部驻川财政监察专员办事处乐山组、攀枝花组和凉山组提出书面申请。8月，按照保底调高、重税轻费、征管并重的原则，四川省调整了生猪税费征收管理政策。保留屠宰税、增值税、个人所得税、教育附加、工商市场管理费、防疫费、检验费、生猪生产技术改进费等8项税费，缓征建筑税、交通建设附加，停征发展基金和生产组织费。调整后，每头生猪应缴税费为43.74—59.15元。9月，为减少“两税”欠税额，省财政厅、省国税局联合制发了各市（地、州）当年度欠税控制指标，总额为12亿元。对没有实现清欠指标的地区，扣减税收返还；对超额完成收入的，则予以奖励。同月，为促进少数民族地区经济发展，省财政厅、省地税局同意凉山州契税税率定为3%，低于全省统一的4%。11月，省财政厅、财政部驻川专员办共同审定了49个监狱、劳教企业增值税返还名单，并规定在退税期间如企业经济性质、产权发生变更，即不属于退税范围。2000年底该项优惠政策到期后，继续执行，并相应调整了返还名单，增加为53个，有效期截止2003年底。12月，财政部、国家税务总局下发通知，决定对水产种苗生产经营收入征收农业特产税，四川省在执行时，为鼓励水产品行业健康发展，减半征收其农业特产税。是年，四川省规范行政事业性收费（基金）营业税政策，对事业单位和社会团体向社会收取的经营性、服务性收费，无论是否纳入财政预算管理或财政专户管理，均征收营业税；对已列入中央、省级不征收营业税名单的收费项目，暂未纳入财政预算管理或财政专户管理以前，一律照章征收营业税；对已纳入财政预算或财政专户管理，但尚未纳入不征收营业税收费项目名单的，经当地财政局、地税局共同认定，暂不征收营业税，待省级行政事业性收费清理完毕后，仍未纳入不征收营业税收费项目名单的，清理补交营业税。

1999 年 1 月，省财政厅、省地税局发出通知，决定对林业系统的育林基金、集体林更改资金、恢复森林资源专项资金、森林资源补偿金、森林植被恢复费、林业发展基金等 6 项行政性收费项目免征营业税，以扶持四川林业事业发展。

2000 年 1 月，四川省调整地方企业计税工资扣除限额，由之前人均每月扣除限额 550 元调整为 800 元。同时，对未实行工资总额与经济效益挂钩办法和事业工资制度的企、事业单位、社会团体、民办非企业单位，实行计税工资办法。即按省级和市（地、州）确定的标准计算税前扣除工资总额，发放工资在计税工资标准每人每月 800 元以内的，在计算应纳税所得额时，准予据实扣除；超过计税工资标准部分，不得扣除。2 月，为防止税收流失，从该年起，四川省停止执行省和地方各级政府自行制定的税收先征后返（列收列支）政策，并对其进行清理。原则上通过财政支出渠道安排资金，确需通过税收先征后返政策予以扶持的，由省级有关部门和各市（地、州）政府向省政府提出申请，经省政府审定并报国务院批准后实施。凡拒不纠正、擅自保留的，按国务院规定相应扣减该市（地、州）的财政转移支付资金和专项补助资金。12 月，适应卫生体制改革需要，省政府决定对非营利性医疗机构按照国家价格取得的医疗服务收入，免征各项税收。

2001 年 1 月，省财政厅、省地税局联合公布了第二批行政事业性收费不征营业税项目名单，共涉及财政、建设、国土、物价、交通等 13 个省级部门的 23 项收费。同时规定，未纳入财政预算管理或财政专户管理，或已纳入财政预算、财政预算管理但未列入中央、省级行政事业性收费（基金）项目名单的，一律按规定征收营业税。9 月，省财政厅、省地税局同意泸州市契税按 3% 的税率征收。10 月，财政部、国家税务总局对个人与用人单位解除劳动关系取得的一次性补偿收入应征所得税作出规定：凡一次性补偿收入在当地上年职工平均工资 3 倍数额以内的部分，免征个人所得税，超过部分则需按规定缴纳。根据四川省职工实际工资水平，省财政厅、省地税局规定，一次性补偿收入在 3 万元（含 3 万元）以下的，免征，超过部分计征个人所得税。是年，四川开始对省电力公司通过二滩电站送出工程销售二滩电站的电力产品增值税实行“先征后返”。为便于操作，减少程序，将各地预缴的属二滩电站送出工程通过省网销售的电力增值税，以及二滩电站送出工程通过省网在成都清算汇缴的电力增值税，由省财政厅在办理财政年终结算时，从原应返还各地的电力增值税中扣除，由省电力公司在成都市金库集中退付。此项政策一直持续到 2002 年底。是年，经国务院批准，财政部、国家税务总局决定对攀枝花钢铁公司及其所属企业生产销售的钒钛产品在“十五”期间（2001—2005 年）继续实行增值税先征后返政策。返还时，返还比例逐年递减 20%，即 2001 年返还 100%，2002 年返还 80%，以此类推。省财政厅补充规定，钒钛产品实现的销售收入、销项税、进项税、应交增值税、已交增值税要与其他产品分别核算，不分别核算的，不退付增值税；若当年已交增值税大于应交增值税，按应交数额和当年文件规定的返还比例计退增值税；若已交增值税小于应交增值税，则按已交增值税和当年文件规定的返还比例计退增值税。

2002 年，从该年起，代扣、代收和代征税款手续费纳入预算管理，由财政通过预算支出统一安排。

2003 年 6 月，适应农村税费改革需要，四川省从该年 6 月 1 日起停征农业特产税及附加，停征后财政收入每年减少收入 2.98 亿元，农民每人可减负达 5 元左右。县、乡财政和村级集体组织的减收部分，省、市（州）财政给予相应的财政转移支付补助。同时，鉴于烟草行业的特殊性，停征的烟叶农业特产税及附加作为政府对烟农的扶持资金，其数额经各地地税部门核定后，由烟草收购部门直接转入同级财政开设的专户进行管理。9 月，省政府决定调整省与民族自治县和享受民族待遇县的税收分享政策。参照三州财政体制，省财政不参与北川县、马边县、峨边县 3 个民族自治县及仁和区、米易县、盐边县、平武县、金口河区、石棉县 6 个享受民族待遇区、县的增值税（25% 部分）、一般营业税（不含金融保险营业税）、个人所得税地方部分、资源税、房产税、印花税、城镇土地使用税、契税等 8 个税种的税收分享。

2005 年，从该年起，四川省在全国率先免征农业税。据统计，全省每年免征农业税及附加总额为 14.29 亿元，免征后，农民人均增收 21.6 元。县乡财政因免征农业税形成的财力缺口，全部由中央、省、市（州）财政予以转移支付。

二、税收优惠政策

1986 年 4 月，省政府确定对 100 个重点骨干企业，在计划安排、贷款、税收、折旧费、出口创汇等方面实行优惠政策，具体为调减调节税：从 1986 年起，在 2 年之内全部减免调节税，减免下来的调节税，全部用于技术改造和技术进步；扶持重点企业进行技术改造：在省财政机动财力中划出一部分，建立重点企业技术改造基金，以低息或无息贷款形式，拨给企业用于技术改造；提高固定资产折旧率：从 1986 年起，这一百个重点企业的固定资产折旧率，按财政部下达的特殊优惠折旧率执行；对企业自筹资金建设综合利用项目生产的产品，在一定年限内免征产品税和调节税；综合利用项目的折旧基金，也全部留给企业使用。同月，对国营企业兴办的综合利用项目，实行减免所得税和调节税的税收优惠政策。具体为，项目投产后新增利润首先用于国营企业归还贷款，若还款期超过 5 年，其项目新增利润还清贷款后，应按规定上缴税利；5 年内还清贷款的，按自筹资金在项目总投资的所占比率进行利润分享，并继续减免自筹资金部分的所得税和调节税，直至 5 年期满。7 月，四川省决定对共同投资建设、改造项目，根据具体投资情况分别予以免征或减征建筑税、所得税、能源交通基金、产品税、增值税的政策优惠，以鼓励横向经济的联合与协作。

1987 年，财政部决定对电子计算机、集成电路、软件和程控交换机 4 种产品在 1987 年 7 月至 1990 年 12 月实行免征产品税（增值税），减半征收所得税，并按最高不超过销售收入 10% 的比例提取研究开发费的优惠政策。享受此优惠政策的四川企业有华西电子计算机厂、成都市电子研究所、四川省计算机技术推广服务公司、四川仪表六厂等 8 家企业。

1988 年，四川省对粮食、植物油料、棉花、生猪、烤烟、蚕茧、甘蔗、化肥、农药、农用塑料薄膜等重要农副产品和农业生产资料，采取了一系列优惠、扶持政策：将全省粮食合同定购任务在原定购基础上适当调减，“议转平”任务通过加强市场收购和向省外议购保证完成，不落实到户，以稳定农民负担，提高其种粮积极性；继续实行每定购 100 千克贸易粮向农民供应平价优质化肥 10 千克、柴油 3 千克的鼓励政策；继续发放粮食合同定购预购订金；在收购生猪时，继续实行计划内收购 1000 万头每头奖售 35 千克平价饲料的政策，其中，由各地上调省的 700 万头，每头再给调出地增加换购粮 35 千克；对蔬菜，要求各地以需定产，按城市居民人均不少于三厘地安排种植基地面积，明确规定严格控制占用菜地，必须占用的要先交纳菜田建设补助费。5 月，为改善投资环境和生产经营条件，更好地吸引外资，扩大出口创汇，省政府发布了《四川省鼓励外商投资的规定》。对外商投资企业予以一定期限内免征或减征地方所得税、房产税、车船使用牌照税、场地使用费的政策优惠。同时，外商投资企业购买办公和生活用品，也不受社会集团购买力控制的限制。此项规定发布后，

1986年12月发布的《四川省鼓励外商投资的若干规定》同时废止。同时，对乡镇企业除保留原有的扶持政策外，对新办的乡镇工业企业，根据实际情况确定一个试产期，其减免税时间，从开始投产后开始计算。核准关、停的乡镇企业，经批准转产和税务机关认可，可比照新办企业减免税收办法给予定期减免。获国优和部、省优的乡镇企业产品，从获得称号之日起，分别免征所得税2年和1年。乡镇企业开发新产品，凡列入国家、部、省计经委、省科委新产品开发计划、科研计划、中间试验及“星火计划”试验项目的，从试产销售之日起免征产品税和增值税两年；被列入市、地科委、经委以及省乡镇企业局新产品计划的，也给予定期减免税照顾。乡镇企业因开发新产品或扩大生产规模而进行的基建工程项目，总投资在50万元以内的，可免征建筑税；凡利用“三废”为主要原料的乡镇企业，5年内免征所得税，2年内免征产品税或增值税。

1989年4月，为扶持发展城镇集体经济，省政府要求各级财政视财力建立城镇集体企业发展基金。同时，对生产小商品的城镇集体企业，全年实现利润在5000元以下的，给予免征所得税照顾；对以利用“三废”为主要原材料的企业，予以5年内免征所得税，2年内免征产品税或增值税的照顾。

1991年7月，执行财政部规定，对外商投资企业予以所得税减免的税收优惠政策。其主要内容有：外商投资企业的所得税税率为30%，地方所得税税率为3%，合计为33%；对生产性外商投资企业，经营期在10年以上的，从获利年度起，第1年和第2年免征企业所得税，第3年至第5年减半征收企业所得税；外商投资举办产品出口企业，在依照税法规定免征、减征企业所得税期满后，凡出口产品产值达到当年企业产品产值70%以上的，可以按照税法规定的税率减半征收企业所得税；外商投资企业的外国投资者，将从企业取得的利润直接再投资用于该企业，且经营期不少于5年的，经投资者申请，可退还其再投资部分已缴纳所得税的40%税款。

1992年12月，为鼓励外商投资，《四川省鼓励外商投资条例》（以下简称《条例》）颁布实施。《条例》中对外商来川投资企业实行了一整套财税优惠政策，比较重要的有：一是外商投资企业从国外进口的机器设备、零部件、原材料、燃料等物资免征进口关税和工商统一税。二是外商投资企业所得税税率为30%；实行沿海开放城市政策的地区投资兴办的生产性外商投资企业，减按24%的税率征收企业所得税；从事技术密集型、知识密集型或外商投资额在2000万美元以上、回收周期长的以及交通、能源、港口建设项目，减按15%的税率征收企业所得税。三是生产性外商投资企业，经营期在10年以上的，从开始获利年度起，第1、2年免征企业所得税，第3年至第5年减半征收企业所得税。四是产品出口企业在规定的减免企业所得税期满后，凡企业出口产品产值占当年产值70%以上的，当年可减半征收企业所得税。符合上述条件的按15%的税率缴纳企业所得税的企业，减按10%的税率征收企业所得税。五是当年出口产品产值占企业年产值50%以上的出口企业，当年免征地方所得税。六是外商投资企业的外国投资者将所得利润再投入企业，增加注册资金，或作为资本开办其他投资企业，经营期不少于5年的，经投资者申请，税务机关批准，可退还其再投资部分已缴纳所得税的40%税款；若再投资举办的企业是先进技术企业，且经营不少于5年的，则全部退还其再投资部分已缴纳的企业所得税税款。七是非生产性外商投资企业3年内免征房地产税和车船使用牌照税；生产性外商投资企业10年免征房地产税和车船使用牌照税。八是外商投资企业开办初期，或经营期内因特殊原因造成企业纳税有困难的，经企业申请，税务机关批准，可减免工商统一税及其附加。九是外商投资企业的场地使用费一般按国家规定的50%缴纳；先进技术企业和产品出口企业，经营期在5—10年的，免收场地使用费3年；10年以上的，免收5年。十是外商投资企业缴纳场地使用费后，免缴城镇国有土地使用税。

1993年3月，为扶持旅游业发展，四川省采取财税优惠政策，将各旅游直属企业上交财政的利润，全部返还给同级旅游主管部门用于旅游业的建设和发展；旅游基础设施和旅游饭店建设投资项目，固定资产投资方向调节税上缴确有困难的，经财税机关批准，可减免；从1999年起，涉外旅游企业的折旧基金不再计提和解缴"两金"。

1995年1月，省财政决定对省属冶金有色矿山企业予以财政扶持。泸沽铁矿、拉克铁矿、汉源锰矿、拉拉铜矿4户矿山企业，从1994年起至1995年止，继续实行"以矿养矿"政策，其实现利润按税法规定照章缴纳所得税后，由财政列支，专户储存，统筹安排用于上述企业的配套项目建设。同时，上述企业从1988—1993年期间欠缴的"以矿养矿"基金，必须全额上缴省财政专户，由省统筹安排。鉴于西昌冶金矿山公司承担的成昆铁路湾丘电站电气化改造工程急需完善，同意该公司1993—1994年所上缴的所得税，由财政列支，专项用于湾丘电站建设，1995年以后，不再享受此项优惠政策。省钢铁联合工业公司在1994年、1995两年间所缴纳的所得税，省财政将还10%，1995年后则不再享受此项优惠政策。5月，执行财政部规定，对从事废旧物资回收的企业所缴纳的增值税，在1995年内，实行先征后返的政策。即由企业提供纳税凭证，经审核批准，按已入库增值税税额的70%返还企业。此后一年，财政部下发通知，继续执行此项增值税优惠政策。8月，为帮助部分试点国有困难企业解困，省政府采取了一系列财税扶持措施。一是试点困难企业下岗职工兴办的企业，两年内免征各种地方税收。二是试点企业在解困期间应缴纳的地方税费，实行先征后返的政策。中央税和共享税允许缓交，已上交部分，由当地财政尽量予以返还或补助。试点企业欠缴的"两金"，由企业提出申请，国税部门按规定程序上报申请减免。三是对因拨改贷和财政借款形成的债务，由企业向债权部门提出申请，经批准后可转为国家资本金。是年，为鼓励企业争创名牌，省政府决定对已被确认为四川名牌，列入省规划发展的重点产品生产企业进行技术改造所交纳的投资方向调节税，实行先征后返的办法。

1996年12月，在继续执行《四川省鼓励外商投资条例》基础上，省政府对鼓励外商投资财税优惠政策进行了一些补充和调整：对外商投资兴建的高速公路，其车辆通行费应缴纳的营业税，由省地税局统一征收，再由省财政厅在外商投资回收前返还给外商；外商投资企业场地所用费仍按《条例》缴纳，其场地使用费标准每5年调整一次，若一次性缴纳15年的，在有效期内不作调整。10月，省财政厅、国税局、地税局联合发出通知，决定停止征收从企业减免税额中提取的税务促产增收基金（或减免税基金），以往年度尚未提取的不再向纳税人追缴。11月，为控制高档房地产开发，四川省对国有土地有偿使用收入的分成比例进行了调整。一般房地产开发，扣除成本费用和业务费的土地出让金净收入，15%上交省财政，10%上交未直接取得收入的市（地、州）财政，75%留给直接取得收入的财政部门。上交财政部门的土地出让金净收入，专项用于城市基础设施建设、土地开发和发展农业。高档房地产开发，其土地出让金净收入，30%上交省财政集中使用，10%上交未直接取得收入的市（地、州）财政部门，60%留给直接取得收入的财政部门。上交省财政集中使用的土地出让金净收入，50%用于发展农业，30%用于重点建设项目，20%用于城市基础设施建设。留归市（地、州）、县的土地出让金净收入，专项用于城市基础设施建设和土地开发。

1997年1月，经国务院批准，攀枝花钢铁公司从1997年1月起至2000年12月止，享受增值税和资源税减免的优惠政策。具体为：对公司生产的钒、钛产品应缴纳的增值税实行先征后返；对公司所属矿山开采的铁矿石，以1996年保税总量为基数，每年基数以内的保税数量仍按原规定税额征收资源税，超基数的保护数量比照独立矿山，减按规定额的40%征收资源税。4月，为扶持三线单位调整改造，四川省实行了一系列税收优惠政策：对列入国家和省"九五"（1996—2000年）三线调整计划的地方企业上缴所得税，超过1995年上缴部门，由同级地方财政采取列收列支办法返还给企业，专项用于调整改造；"九五"（1996—2000年）期间三线调整单位新征土地应缴耕地占用税，经省财政和税务部门批准，可于三年内分期缴纳；"九五"（1996—2000年）期间三线调整单位缴纳土地使用税确有困难的，经省财政和税务部门批准，可予减免；列入"九五"（1996—2000年）三线调整计划的建设项目，仍享受"八五"（1991—1995年）期间制定的固定资产投资方向调节税优惠政策。6月，省政府决定对实施再就业工程实行税收优惠政策。包括：对特困企业下岗职工和国有企业分流人员新办的实行独立核算的旅游业、商业、服务业、饮食业等第三产业企业，免征所得税1年；对安置上述人员比例超过从业人数总数60%的企业，免征所得税3年，若当年安置上述人员占企业总人数30%以上的，则减半征收所得税2年；上述再就业人员从事个体经营所取得的经营收入，若月营业收入不足400元，经税务机关审核，可免征当月营业税；从事煤炭开采或生产的特困企业所售产品，应征收资源税的，经财政和税务机关批准，可在一定期限内暂缓征收；林业森工特困企业应纳农业特产税的，经财政和税务机关批准，可在规定期限内暂缓征收。6月，省政府对1992年颁发的《关于我省民族地区到我省内地兴办企业实行税收优惠政策有关问题的通知》进行了修订，规定：民族地区在内地兴办企业应缴纳的营业税、所得税按实际入库数，增值税按地方分享总额，实行"二八"分成，即企业经营所在地留20%，其余80%由财政返还给民族地区；民族地区在内地兴办企业应纳的教育费附加、交通费附加、主副食品调控基金等附加税费全部留给企业经营地；民族地区与内地联营、联办以及合资企业的税收，原则上根据民族地区出资额再按"二八"比例返税。7月，省政府下文，对成渝高速公路股份有限公司予以财税优惠，具体为：公司从注册成立之日起按33%的税率缴纳所得税，由省财政厅返还18%给公司列作税后利润，公司实际按15%水平负担；公司经批准为中外合作企业后，可享受所得税在15%的基础上实行2年免征、3年减半征收以及免征房地产税和车船使用牌照税、在有效使用期内免缴土地使用税的优惠政策。同月，为扶持全省重点建设项目和补贴企业因发行债券筹集基本建设资金的利息支出，省政府决定设立重点建设债券贴息资金。资金实行"计划管理、按期拨付、专款专用"办法，年补贴率一般确定在利息总额5%—8%的幅度内。资金使用期原则上不超过2年，实行有偿与无偿相结合的办法，以无偿为主，有偿使用部分不得超过总量的10%。

同年8月，为扶持机电产品出口，省政府决定：经批准，经营加工贸易的机电产品出口企业可设立保税仓库和保税工厂；进口材料经海关审核，免征进口关税和增值税；加工出口的成品，免征出口关税。10月，省财政厅转发并补充财政部《关于"九五"期间国有农口企事业单位上交所得税实行财政返还有关财务管理规定的通知》，决定对农口企事业单位所得税超包干上缴财政部分按逐年逐减的办法给予财政返还。返还比例：1996年80%；1997年60%；1998年40%；1999年20%；2000年10%。企业所得税返还资金，可用于解决企业的政策性、社会性支出和弥补企业流动资本，也可用于弥补企业经审定后的政策性亏损。事业单位返还资金，可用于发展事业、弥补事业经费的不足。是年7月，省财政厅、省地税局联合发出通知，要求各地严格执行财税优惠政策。享受"列收列支”“先征后退”“先征后返”等优惠政策的企业和单位，必须严格按税法规定及时、足额缴纳税款，再由同级财政部门按规定列支返还。确有困难的，须由企业或单位所在地征收机关报请省地税局审批同意后，办理缓交手续，否则，各级财政一律不再列支返还。

1998年5月，为促进攀西地区生物资源开发及产业化发展，省政府决定对到攀西地区进行生物资源开发的区外企业（含外资、内资及民营企业）根据经营期限、出口产值、科技含量等参数分别予以免征或减征地方所得税，退还企业所得税，免征或减征城市地产税、土地使用税、车船使用牌照税，免征关税和进口环节增值税的优惠政策。

同年6月，四川执行财政部规定，对下岗职工从事社区居民服务业的，3年内免征营业税、个人所得税以及各种行政性收费。7月，为培育和发展四川优势消费品工业，如食品、饮料、中成药、家用电器、服装等行业，省政府决定对其实行财税优惠政策。对属于扶持范围的国有企业上缴所得税，经地方政府同意，由同级财政按一定比例返还企业，以补充企业的流动资金；对列入发展“大轻工”项目表的股份制企业的国有股红利部分，经同级财政和国资部门批准，留给企业有偿使用；在川的外商投资企业和省外投资企业，涉及该计划的，参照《四川省鼓励外商投资条例》优惠政策执行。

1999年5月，《四川省开发区管理条例实施办法》（以下简称《办法》）公布实施。《办法》规定：凡生产性外商投资企业经营期在10年以上的，从开始获利年度起，第1年至第2年免征企业所得税，第3年至第5年减半征收企业所得税。经营期不满10年的生产性外商投资企业，从开始获利的年度起，第1年免征地方所得税，第2年减半征收地方所得税。外商投资企业的外国投资者，将从企业所得利润用于企业增资或兴办其他外商投资企业，经营期不少于5年的，经财税机关批准，退还其再投资部分已缴纳企业所得税税款的40%；如再投资举办的是产品出口企业和先进技术企业，且经营期不少于5年的，则全部退还其再投资部分已缴纳的企业所得税税款。开发区内企业为开发高新技术产品或生产出口产品需进口的原材料和零部件，经有关机关批准，免征进口关税和进口环节增值税。高新技术企业生产的出口产品，除国家另有规定外，免征出口关税。

同年7月，为加快经济发展，四川建立省级财政贴息资金，资金分工业、农业和财源建设三类。贴息资金主要来源于省级财政年度预算安排，使用时须符合国家产业政策要求和省制订的区域经济发展战略目标。主要扶持以下项目：能够优化调整产业结构的重点技术改造项目；高新技术开发和技术创新应用项目；农业产业化经营项目；能增强政府调控能力的重要项目等。贴息资金项目按企业隶属关系，分别向所属主管部门和同级财政部门申报，由省级有关主管部门和省财政厅进行审查，提出评估意见，作出筛选，最终形成项目计划，由省财政厅下达。项目贴息实行分级承担，财政与企业共同承担。省级财政承担2/3，地县财政和企业承担1/3。财政贴息时间一般不超过3年。10月，为鼓励扩大出口，省政府决定对财务关系隶属省财政厅的省级各类外贸企业，其收汇较上年同期增长部分，予以每1美元0.1元人民币的贴息。资金来源于中央增量贴息资金省级部分，不足的由省财政给予补贴。同时，对机电出口产品，按当年出口总额算，每美元省财政补贴0.02元；当年较上年增长部分，再给予每1美元0.06—0.1元人民币贴息。此外，对省级外贸企业1999年和2000年上缴的所得税实行全额返还，作为国有资本注入。

2000年1月，为鼓励科技创新，四川省制定了积极的财税扶持政策。对经省级科技行政管理部门认定的高新技术成果产业化项目，自认定之日起3年内，返还项目用地的土地使用权出让金的地方收入部分，并由同级财政部门按规定对其应缴的企业所得税实行先征后返，此后2年内，按规定返还50%。经认定的拥有自主知识产权的高新技术成果产业化项目，则自认定之日起5年内，对其应缴企业所得税实行先征后返，之后3年内，返还50%。经认定的民营科技企业，经省财政厅批准，3年内所得税按33%征收，按18%返还。是年，《四川省关于鼓励外商投资的若干政策规定》所涉及的税收优惠政策，在2004年《四川省人民政府关于加强涉外税收管理和服务的意见》中明确废止。

2002年7月，省计委归口管理的“重点高技术产业化项目资金”和由省经贸委归口管理的“技术创新重点项目资金”统一更名为“产业技术研究与开发资金”，并统一实行新的管理办法。资金主要用于扶持关键性技术研发以及技术成果的推广试用，实行合同制管理，开支范围包括项目管理费、项目费和其他经财政部门批准与产业技术项目研究开发有关的支出。10月，为促进全省产业结构优化升级和经济增长方式的转变，省政府决定对符合条件的企业技术改造项目予以贷款贴息。贴息资金每年由省财政预算统筹安排，主要用于列入全省企业技术改造项目计划并已取得银行贷款的项目，补贴标准根据企业的实际贷款金额及财政预算安排的贴息资金总额情况决定，定额补贴，期限1年。

2003年5月，四川省对受“非典”疫情影响比较严重的行业，如餐饮、旅游、酒店、民航、娱乐、运输等企业，从5月1日起至9月30日止，减免其城镇公用事业附加、地方水利建设基金、文化事业建设费、国家电影事业发展专项资金、残疾人就业保障金、三峡工程建设基金、农网还贷资金、库区维护建设基金、民航基础设施建设基金、公路客运附加费、水陆客运附加费各种价格调节基金、帮困资金、城市教育费附加、地方教育费附加等15项政府性基金。6月，为保证省政府省级调控农膜财政补助政策的贯彻落实，省财政厅制发了《四川省省级农膜调控专项项目资金管理暂行办法》，规定：省级农膜调控专项资金由省财政预算安排，使用时，坚持专款专用、保证重点、突出实效的原则；项目申报由县级计划部门会同财政等部门进行，申报时，必须报送项目实施地点、建设内容、资金管理、经济社会效益、项目责任制等资料；资金管理实行报账制和公示制，分级负责，计划部门负责项目管理和协调，财政部门负责资金使用监督，农业部门负责项目实施和技术指导。

2004年2月，四川省执行财政部有关教育税收的优惠和扶持政策。对从事学历教育的学校提供教育劳务取得的收入、学生勤工俭学提供劳务取得的收入、学校从事技术开发和转让以及与之相关的技术咨询和服务取得的收入、托儿所和幼儿园提供养育服务取得的收入，免征营业税；对政府举办的高、中、初等学校举办进修班或培训班取得的收入，免征营业税和企业所得税；对特殊教育学校举办的企业比照福利企业标准，实行增值税和企业所得税的优惠政策；纳税人通过中国境内非营利的社会团体或国家机关向教育事业的捐赠，准予在企业所得税和个人所得税前全额扣除；对学校经批准收取并纳入财政预算管理的或财政预算外资金专户管理的收费、学校取得的财政拨款以及从主管部门和上级单位取得的用于事业发展的专项补助收入，不征收企业所得税；对个人教育储蓄利息所得、各个组织颁发的奖学金所得，免征个人所得税；高等学校以股份或出资比例等股权形式给予个人奖励，获奖人在取得股份、出资比例时，暂不缴纳个人所得税；对国家拨付事业经费和企业办的各类学校、托儿所、幼儿园自用的房产、土地，免征房产税和城镇土地使用税；对财产所有人将财产赠给学校所立的书据，免征印花税；对学校、幼儿园经批准征用的耕地，免征耕地占用税；国家机关、事业单位、社会团体、军事单位的土地房屋用于教学和科研的，免征契税；对农业院校进行科学实验的土地免征农业税，其在实验期间取得的农业特产品收入，免征农业特产税；对境外捐赠人无偿捐赠的直接用于各类职业学校、高中、初中、小学、幼儿园教育的教学仪器、图书、资料和一般学习用品，免征进口关税和进口环节增值税（不包括国家明令不予减免进口税的20种商品)；对教育部承认学历的大专以上全日制高等院校以及财政部会同国务院有关部门批准的其他学校，不以营利为目的，在合理数量范围内进口国内不能生产的科研用品，免征进口关税和进口环节增值税、消费税（不包括国家明令不予减免进口税的20种商品）。是年，为帮助下岗失业人员再就业，四川省制定并实施了一系列财税优惠政策。下岗失业人员从事个体经营，3年内免征营业税、城市维护建设税、教育费附加和个人所得税，免收税务登记证工本费。3年免税期满后，如果达不到规定起征点，可免缴个体经营增值税和营业税。在2005年底前，对新办的服务型企业，吸纳下岗失业人员达到企业职工总数30%以上的，给予3年免征营业税、城市维护建设税、教育费附加和企业所得税的优惠；吸纳的比例不足30%的，按吸纳下岗失业人员占企业职工总数比例的倍数给予减免企业所得税优惠。对新办商业零售企业只从事零售业务的，可享受除营业税以外的政策优惠。对现有服务型企业以及从事零售业的商业零售企业，在2005年前，如果其新增岗位中吸纳下岗失业人员达到企业职工总数的30%以上，可在3年内每年享受减征30%企业所得税优惠。对于兼营批发业务的零售商业企业，以及劳动服务企业中的加工型企业、街道社区具有加工性质的小型企业实体，在2005年底前，每吸纳一个下岗失业人员再就业，即可按每人每年2000元的标准扣减企业所得税。

2005年9月，为支持地方科研机构改制，对四川省酒类研究所、机械设计研究院等13个转制科研机构和进入企业的科研机构，从转制注册之日起执行7年（原先5年，后追加2年）内免征科研开发自用土地、房产的城镇土地使用税、房产税和企业所得税的优惠政策。12月，为应对致病性禽流感疫情，对家禽行业实行有关财税优惠政策。具体为：自2005年11月1日至2006年6月30日，对属于增值税一般纳税人的家禽加工企业和冷藏冷冻销售家禽企业，实行增值税即征即退政策，并免征城市维护建设税和教育费附加；免征2005年家禽养殖、加工和冷藏销售企业的企业所得税；对企业和个人由于家禽扑杀所取得的财政专项补助，免征企业所得税和个人所得税；减收的增值税和所得税由财政负担。

第二节 税收征管

1950年1月，政务院颁布了中华人民共和国成立后的第一部统一的税收法规《全国税政实施要则》。该要则规定了高度统一的税收管理体制，税收的立法权和税种的开征、停征、税目与税率增减调整的权力都归中央，税收的减免权大部分由中央政府掌握，各级税务机关受上级局和同级政府双重领导。在此之后的很长一段时期内都没有制定专门的税收征管法，有关税收征管的规定散见于各单行税收法规之中，原则性较强且相对来说比较简单。

1986年4月，为改变税收征管制度分散和不规范的状况，国务院颁布了《税收征管暂行条例》，并于同年7月1日开始正式实施。这标志着中国税收管理制度开始单独立法，初步实现了税收实体法和程序法的相对分离，对于促进依法治税，加强税收监督管理，保证国家财政收入起到了积极作用。

1987年，针对税款流失严重的状况，四川省在贯彻执行国务院《税收征收管理暂行条例》的过程中，因地制宜，草拟了《四川省税收管理实施办法》，充实了控制流动税源的内容。同时，按照征管工作分级负责的原则，对屠宰税、集贸税等制定了单项征管办法，并在全省设立税务检查站116

个，建立税务稽查队26个，以适应税种增多、纳税户大幅增长的新情况。

1991年，全省财政系统推广了青神县农林特产税“思想先导、自愿申报、民主评定、公开税负”的征管办法，以杜绝预征、平摊现象。

1992年9月，第七届全国人大常委会通过《中华人民共和国税收征收管理法》（以下简称《税收征收管理法》），这是中国第一部税收程序法，也是税收征管的基本法。为保证其顺利实施，国务院以及财政部、国家税务总局又陆续颁布了《中华人民共和国税收征收管理法实施细则》《关于实行分税制财政管理体制的决定》《中华人民共和国发票管理办法》《税务稽查工作报告制度》等一系列法规和规章。

1993年，为加强对个体、私营经济和个人应税收入的征管，四川省在部分地区试行了个体税收“区域平衡”“双定户”管理办法，即通过调查测算，制定分地区、分行业的纳税等级和定额标准。同时，严格执行个人应税收入申报制度和代扣代缴制度。这两项措施取得了明显效果，该年全省个体税收收入12.34亿元，比上年增长25.8%。是年7月，国务院下发了《关于加强税收征管和严格控制减免税收的通知》，要求各地停止一切临时性、困难性的减免。为此，四川省对减免税到期的全部恢复征税，并对1991年以来的越权减免税进行了清理，共清理出越权自定的减免税规定634条。其中属于市、县两级自定的一律停止执行，属于省政府批准而且有利于地方经济发展的，按照规定上报财政部和国家税务总局审批。

1994年，地方财政部门开始设置税政机构，负责税源调查和税收政策监督检查工作。

1995年7月，四川省改进了屠宰税征收管理办法，明确了征收对象、纳税人、税率、征收方式、免征情况以及罚则。

1998年11月，省政府办公厅发出《关于进一步加大财政监管力度、开展经常性监督检查工作的通知》，要求对地方税务部门征收、解缴、入库的税收情况进行监督检查，并延伸检查一些重点行业、重点税源和纳税大户，检查验证税收征管质量，防止和制止越权减免、缓征、退付、应征不征税款及收过头税等问题。

2001年，省财政厅对事业单位、社会团体、民办非企业单位企业所得税征收管理有关问题作出明确规定：凡从事生产、经营的事业单位、社会团体、民办非企业单位，以及非专门从事生产经营而有应税收入的事业单位、社会团体、民办非企业单位，均应按照《税收征收管理法》和《税务登记管理办法》的规定，依法办理税务登记或税务注册登记；上述单位生产经营用的固定资产按税法规定标准提取折旧并进入专用基金科目以及职工工会经费、职工福利费和职工教育经费，允许税前扣除；固定资产修缮费在2000元以内的，允许税前扣除；应税收入及支出的核算采用权责发生制原则。

第三节　宣传、培训与税源调查

1994年，为让社会各界了解新税制实施以来国家发布的新的财税法律、法规政策，省财政厅在公开发行的核心刊物《四川财政》以及省政府《决策要情》中开辟了税政专栏进行政策的解读与宣传，并通过电视、电台和报纸加大宣传力度。

1995年10月6—18日，为适应财税改革需要，提高干部业务素质，省财政厅在绵阳组织举办了第一期全省税政业务培训班，全省22个市（地、州）以及部分县（区）的税政科长和税政干部132人参加了培训，培训内容为新税制的税收政策、税收政策的立法原则及程序、减免税的申报与审批程序、税源调查方法、微机操作知识等。是年，针对中央“两税”收入完成较差的问题，省财政厅税政处组成4个小组深入到12户纳税大户核查原因，通过查账，收缴入库增值税和营业税1.3亿元。

1996年3—6月，按照财政部统一部署，省财政厅选择自贡市作为1995年度地方税税源调查点，这也是财政税政部门成立以来四川省组织的第1次全省范围内的税源调查。调查内容为市本级房产税、车船使用税、城镇土地使用税的收入规模、结构及分布等情况。为保证调查质量，调查组从市本级1000多户纳税企业中选择了500户会计核算健全、有一定代表性的企事业单位作为调查对象，类型涵盖国有预算内企业215户、国有预算外企业27户、城镇集体企业220户、上市公司6户、非上市公司10户、有限责任公司13户、外商投资企业3户、其他类型6户。通过调查，发现了房产税计税依据不合理、城镇土地使用税税率设计不合理等问题，并相应提出了建议，从而为国家统一的财税改革提供了参考依据。

同年7月，应财政部要求，省财政厅组织成都、自贡、泸州、绵阳、南充、万县、攀枝花7个市（地）从事税政工作的同志，在调研的基础上，对调整房地产税收政策提出了建议。内容包括纳税义务人的确定、计税依据、征税范围、税负水平以及减税、免税情形等。是年，根据财政部《关于对农村试行税费合一征收农业税的改革进行调查的函》的精神，省财政厅组织人员对乐山市以及所辖的眉山县、仁寿县税费合并征收情况进行了调查。调查情况显示，上述地区通过改变以往乡统筹和村提留费用均按农民承包的耕地面积或人口平摊的办法，采用新的按产业收入收取农民负担的方式，即：总量控制、区别对待，对从事二、三产业收入较高的农民适当多征，对单纯从事农业生产的农民适当减征，确保税负公平。同时，在下达农民负担任务时将农业税一并下达，有些一并由粮食部门征收，向税费合一征收迈出了很大一步。

1998年，财政部税政司委托省财政厅代其起草《屠宰税暂行条例》（修订）。为确保立法依据充实、合情合理，省财政厅组织3个调查组，分赴内江、南充、达川等8个市（地）的20多个县（区）和部分乡村，分别召开了国税、地税、财办、畜牧、工商、食品公司等有关单位参加的座谈会，就现行屠宰税政策执行情况、存在问题及其对策等问题广泛听取征收人员和纳税义务人的意见，在此基础上，起草了《屠宰税暂行条例》草案，报送财政部税政司审核。并就立法原则、税目及税额确定的依据、纳税义务人与纳税环节的确定等问题进行了解释说明。是年，省财政厅税政处编辑了《税收政策汇编》一书，书中收集了1997年度财政部、国家税务总局、省委、省政府、省财政厅、省地税局出台的税收法律、法规。

1999年3—4月，为配合做好四川省农村税费改革方案的研究制定工作，省财政厅选择南充市的高坪区、自贡市的荣县、内江市的资中县、资阳地区的乐至县等4个粮食主产县的138个乡（镇）进行农村经济和农业税费情况调查。调查内容包括行政乡（镇）的农村经济基本情况、农业税、农业特产税有关情况、债权债务情况等。调查发现，农村中有地无税、有税无地的情况仍然存在，计税的常年产量设置过时（1958年制定），征管手段低效繁琐。对此，省财政厅向财政部建议：对农村生、死和迁进、迁出人口科学统计，使耕者有其地，减少土地资源的浪费；重新审定计税常年产量；简化征管手段，建议将农业税附加、乡镇统筹的征收统一纳入农业税，村提留部分，在确定征收农业税的基础上，确定一个农业税附加率进行征收，专项用于村一级公益事业开支；农业税的计征依据仍应坚持“耕地面积×常年产量×税率”和征收实物的原则。7－8月，根据财政部《关于做好城市建设和房地产业费转税改革调研工作的通知》要求，省财政厅除组织召开由财政、国资、地税、国土、建委等部门参加的专题座谈会外，还将调研内容分解落实到各市（地、州），要求结合当地情况进行调查研究。在听取相关部门建议并综合各地调研材料的基础上，向财政部呈送了调研报告。

2000年，省财政厅完成财政部税政司布置的企业所得税调查工作。

2001年5月，省财政厅组织召开《企业所得税法（草案）》座谈会，讨论其中涉及的内、外资各类企业的税前列支、抵扣等费用以及财务管理，国税、地税部门征收范围划分等一系列问题。9月，按照财政部部署，省财政厅在全省范围内开展了企业所得税税源调查工作，调查范围为企业（内资、外资企业）、事业单位、社会团体和民办非企业，调查内容为企业（单位）基本财务状况，收入、成本费用，所得税纳税申报和汇算清缴等。为确保调查顺利进行，省财政厅对具体从事此项工作的地方税政人员进行了业务培训，并下发了调查考核评分标准以及调查最低样本量。整个调查工作共历时3个多月，查出不少问题，如有的企业虚增成本，转移收入，以减少应税所得额；个别地方政府为确保地方财政收入的完成，不顾企业实际情况，下达硬性征收指标；部分税收征管人员征税的随意性较大等。11月，遵照财政部部署，省财政厅对全省科研开发税收优惠政策执行情况进行调研。调查内容为外商投资研发中心、在川的中央级、省级、市级企业技术中心、转制科研机构的资金来源、在科研开发活动中实际享受到的国家税收优惠政策的范围、数额以及这些政策对企业技术进步所起的作用。调查结果显示：四川省共有外商投资研发中心、企业技术中心、转制科研机构130个，1999年通过成都海关审批的科教用品减免税6938万元，2000年减免9354万元，2001年1—10月底减免9509万元，呈逐年上升趋势。政策依据主要是《财政部、国家税务总局关于促进企业技术进步有关财务税收问题的通知》中的规定：“企业研究开发新产品、新技术、新工艺所发生的各项费用应逐年增长，增长幅度在10%以上的企业，可再按实际发生额的50%抵扣应税所得额。”“企业进行技术转让，以及在技术转让过程中发生的与技术转让有关的技术咨询、技术服务、技术培训所得，年净收入在30万元以下的，暂免征收所得税”等条款。通过调查发现，科研开发税收优惠政策存在覆盖面较窄、科研转制单位税负过重等问题。对此，省财政厅在向财政部税政司呈送的报告中提出建议：按照税收公平、公正、公开的原则，让不同经济成员在同等条件下享受一样的税收优惠政策，扩大政策覆盖面；适当减轻转制科研单位税负，帮助其发展壮大。12月，财政部决定调减资源税税率，为此，省财政厅对联合矿山铁矿石资源税进行了调查和测算，发现调减后四川省将减少1亿元左右的资源税，即便中央承担其中的70%，尚存在近4000万元的缺口。因此，省财政厅建议：考虑到西部地区财政承受能力，建议中央财政增加补助力度，应根据2001年已经入库的资源税作为基数，由中央全额补助①，从2002年起，新投产矿山资源税因降低税率而影响地方财力部分，由中央承担80%，地方承担20%。

2002年4月，省财政厅对校办企业所得税优惠政策执行情况进行调查。调查时，选择成都市青羊区、武侯区和绵阳市60户企业作为样本，其中成都市56户，绵阳市4户，全部为学校出资自办并

---

① 因此前1994年财税体制改革时，攀钢铁矿增值税转移到资源税增加的1亿元部分，按财政部规定，已从增值税返还基数中扣除，地方财政未受益。

负责经营管理的中小企业，从事的行业大部分是工业生产型企业，小部分为科研企业。调查结果显示，90%以上的校办企业为微利企业，2000年度实现的利润仅为3833.05万元，经批准减免的所得税只有1141.43万元，减免后的所得税收入全部用于企业的生产发展和购置固定资产等。调查中发现，由于对享受所得税优惠政策的校办企业限制条件较多，不少有较强实力、对学校贡献也较大的校办企业因不是学校独资而未能享受政策优惠。此外，由于连续多年对校办企业实行所得税减免的优惠政策，造成大部分校办企业纳税意识弱化，企业往往疏于申报，致使财政部门不能及时审核校办企业所得税减免资格。对此，省财政厅建议，适当扩大受惠企业范围，取消校办企业在征收环节的减免政策，实行按学校出资比例直接纳入预算管理给予财政支持的方式。同时，改变现有经营收入归学校所有的做法，规定校办企业必须按现行财务制度的规定进行利润分配，保证企业有必要的资金积累和正常的经营资金，以促进企业发展壮大。5月，根据财政部、国家税务总局《关于调整冶金联合企业矿山资源税适用税额的通知》，省财政厅对四川省范围内的两个联合矿山企业，即：攀钢集团、重刚集团矿业有限公司太和铁矿，进行了调查和测算。据调查，2000年、2001年上述两企业资源税实际入库数分别为18437万元、12413万元，按照财政部联合矿山企业铁矿石资源税减按原税额标准40%征收的规定，省财政将减收9027万元，且减收集中在财政相对困难的攀枝花市和凉山州。对此，省财政厅建议财政部2001年给予全额补助，从2002年起，减收影响财力部分，由中央承担80%，地方承担20%。是年6—7月，省财政厅对天然林资源保护工程财政政策和西部大开发税收优惠政策进行了调研，调研的内容主要包括：天保工程有关职工安置、养老保险政策的执行情况、存在问题；天保工程财务制度建立情况；实施天保工程地区的剩余劳动力出路问题；西部大开发税收优惠政策所涉税种2000年、2001年、2002年上半年征收与减免情况；税收减免对地方财政和税收收入的影响；西部大开发税收优惠政策与所得税分享改革的相互影响及实际表现等。

2003年10月，为了解城建和房地产税费情况，改革相应税费制度，省财政厅对成都、绵阳、泸州、南充、广安、乐山、宜宾7市进行了调研。调研主要针对在城市建设和房地产开发至使用过程中的税收以及中央与地方出台的行政性收费和政府性基金情况。

2005年，按照财政部统一部署，省财政厅对全省矿产资源储量、相关费用、资源税收取等情况进行了调查。调查发现，从1998年四川省开始对矿山实行有偿开采和勘探以来，资源税及相关行政事业性收费征收额呈逐年上升态势，具体情况如表3－7所示。

1994—2004年四川资源税及相关行政事业性收费情况

表3－7 单位：万元

项目＼年份	1994	2002	2003	2004
资源补偿费	—	1833	2397	3115
国土资源行政性收费	—	13939	58123	60309
探矿权、采矿权使用费及价款	—	—	3051	5472
资源税	20443	28290	29744	31189
合计	20443	44062	93315	100085

说明：资料来源于《关于资源税调研情况的报告》

同时，对其中有代表性的企业芙蓉煤矿（大中型企业代表）以及攀钢矿业公司（小型企业代表）的生产销售情况、利润、税负进行了调查分析，并提出了资源税调整建议：以回采率、开采量和资源品位高低相结合的办法计征资源税，以促进企业更新技术，提高资源利用率；适当提高煤炭资源税现有定额税率，并确定一个税率幅度，由中央授权省级政府根据煤炭市场供需情况适时调整；对铁矿石按品位、开产量以及回采率制定定额税率；对利用国家资源较多、利润很高、成本很低的水电企业征收资源税，具体征收时，以发电装机容量为依据。11 月，按照财政部办公厅通知，省财政厅对中央与地方税权划分问题进行了调查研究，并形成了书面的研究报告。报告认为：我国现行税权划分存在立法层次低，立法权过度集中，税收政策制定权过度集中，收益权分配不合理等弊端；对此，省财政厅建议：提高税权立法层次，科学划分税收收益权、培养地方主体税种，分层次赋予地方相应税收立法权，赋予地方政府对中央税及中央与地方共享税的税收建议权，坚持责、权、利相结合的政策。

第四节　农村税费改革

2000 年，中共中央决定在安徽全省进行农村税费改革试点，其他省、（市、自治区）选择少数县进行试点。试点取得成效，减轻农民负担逾 20%，并规范了农村分配关系，提高了透明度，有效遏止了农村“三乱”。11 月，省政府召开农村税费改革工作会议，传达了全国农村税费改革工作会议精神，决定从 2001 年起在四川进行农村税费改革。

2001 年 5 月，四川省确定在双流、万源、安岳 3 县（市）先行进行试点，试点改革的内容包括改过去的“三提五统”（村级三项提留和五项乡统筹）为统一征税、简化征管手段等。6 月，财政部、国家税务总局下发了《关于调整农村税费改革试点地区农业特产税若干政策的通知》，其中规定，试点地区的蚕茧不再作为全国统一开征的税种，考虑到四川省实际情况，蚕茧一直是地方财政收入的大宗税源，故继续保留此税种，按蚕茧收购金额计税，税率为 4%，在收购环节征收。

2002 年 3 月 27 日，四川省农村税费改革经国务院批准正式启动。28 日，省委、省政府召开全省农村税费改革工作会议，对全省农村税费改革试点工作进行具体部署和安排，并下发《关于全省农村税费改革试点工作的实施意见》，确定改革的目标是：改革现行税费管理制度，理顺国家、集体、农民三者之间分配关系；减轻农民负担水平 20% 以上，人均负担控制在 80 元以内，并保持不反弹；确保乡镇基层机构和村级组织在税费改革、经费减少的情况下正常运行，并优先保障农村义务教育经费的正常需要。改革的内容主要是：取消乡（镇）统筹费、农村教育集资等专门面向农民征收的行政事业性收费和政府性基金、集资；取消屠宰税；取消统一规定的劳动积累工和义务工；调整农业税和农业特产税政策；改革村提留征收使用办法。综上，即“三取消、两调整、一改革”。4 月，四川省农村税费改革小组①决定在办公室内部分设 3 个小组，即：综合协调组、政策方案组和宣传联络组。此后，各地参照省上机构设置，分别建立了税费改革办公室。机构设置和人员配备工作完成

① 四川省农村税费改革小组由 7 个成员单位组成，为省财政厅、省委农工办、省农业厅、省地税局、省编办、省体改办、省计生委。

后，宣传和培训工作陆续展开。省税改办在新闻媒体上发表了《中共四川省委、四川省人民政府致全省广大农民群众的一封信》并印发了《四川省农村税费改革宣传提纲》，各地税改办也组织人员到乡镇、村社和农户家中，宣传农村税费改革的意义、目的、基本原则、主要内容和相关政策等。为确保改革顺利实施，各市（州）制定了试点方案，各县（市、区）制定了试点实施方案。试点方案包含农村税费改革试点工作的目标任务、配套措施、组织领导等内容，着重反映税费改革前后乡、村两级收支测算情况、基层政权和基层组织正常运转的经费保障措施、税费改革前后农民负担情况、农民减负目标、市（州）对县转移支付情况以及农村中小学义务教育正常开支经费来源等内容。试点实施方案主要体现农村税费改革各项政策措施的落实，如：计税土地面积、农作物计税常年产量等结合县情如何确定，确定多少，如何落实到乡镇、村和农户等。同时，省上组织了农村税费改革试点工作有关政策培训班，学习中央和省委、省政府有关税费改革的各项政策和要求，介绍、交流各试点市（县）的改革经验，并对实施过程中的一些热点和难点问题进行了讨论和解答，以明确改革任务，统一政策，确保改革顺利实施。为加强对农村税费改革工作的领导，省上还下派了 6 个督导工作小组，负责指导联系各地农村税费改革工作方案的实施，并协调处理改革过程中出现的新情况、新问题。5 月，针对各地在改革工作中反映的政策性问题，诸如自留地、机动地、非政策性占地和退耕还林还草减少耕地是否应纳入计税面积，计税面积单位，农作物常年产量的确定，屠宰税和农业特产税的处理，减负比例和减负比较基期，部分地方预征税费和集资问题，农民负担尾欠清收等，省税改办一一作出处理意见。8 月，根据《中共中央、国务院关于进行农村税费改革试点工作的通知》和《中共四川省委、四川省人民政府关于全省农村税费改革试点工作的实施意见》精神，省委办公厅、省政府办公厅下发了《四川省农业税征收管理暂行办法》《四川省农业特产税征收管理暂行办法》《四川省关于调整农村中小学校布局和精简优化教职工队伍的意见》《四川省关于对乡村报刊订阅实行限额管理的意见》《四川省村级范围内筹资筹劳管理暂行办法》《四川省村级集体财务管理试行办法》《四川省关于在农村税费改革中清理有关法规、规章和规范性文件的意见》《四川省关于切实加强农村基层组织建设保障农村税费改革顺利实施的意见》《四川省关于严肃纪律确保农村税费改革顺利进行的若干意见》和《四川省农村税费改革转移支付办法》等 10 个农村税费改革试点工作配套文件。9 月，四川各地对农村税费改革前一阶段情况进行了自查，自查内容包括方案审批情况、计税面积落实情况、经常产量确定情况、农业特产税征收情况、村社筹资筹劳情况、农业税预征情况、屠宰税取消后政策落实情况、公益事业金收取情况等。12 月，按照国务院通知要求，各地暂停清收农民税费尾欠。是年，四川省共落实农业税计税面积 5394 万亩，计税平均常产为每亩 560 千克，农业税率执行 7%。三个民族自治州税率低于全省，其中，甘孜 3%，阿坝 4%—5%，凉山 4%—6.5%。在税费改革的同时，适当增加了对农业大县、产粮大县和民族地区的转移支付，以保证其乡村两级基层组织的正常运转和农村义务教育的正常需要。同时，取消了长期存在的“三提五统”和农村教育集资等专门面向农民的收费，清理整顿了各种摊派和达标升级活动，减轻了农民人均负担。

2003 年 6 月，从该月起，全省范围内对从事农业特产品生产、收购的单位和个人停止征收农业特产税及附加。停征农业特产税及附加后，县、乡财政和村级集体组织的减收部分，由省、市（州）财政给予相应的转移支付补助。8 月，为规范涉农收费管理工作，省财政厅发出通知，要求各地在全面清理涉农收费项目和标准的基础上，实行收费和价格公示制度；农村义务教育除国家统一规定的杂费、借读费、代收课本费外，不再向学生收取其他任何费用；国家扶贫开发工作重点县的农村小学和初中，严格执行“一费制”收费办法。是年，各级财政部门继续推进与农村税费改革相适应的一系列配套改革。各地对涉农收费项目进行了专项治理，实行价格公示制度，同时健全农民负担监督及追责制度，防止农民负担出现反弹。达州、巴中等地区，对乡镇机构和农村教育布局等进行了配套调整。2003 年，省财政共下拨农村税费专项转移支付资金 26.8 亿元，并与市级财政共同负担了停征农业特产税后各县（市、区）的政策性减收部分。

2004 年，四川税费改革继续推行。为减轻农民负担，全省降低农业税税率 3 个百分点，并免征 57 个民族县（含民族待遇县）的农（牧）业税及附加。是年，省政府发布《关于进一步加强农村教育工作的决定》，要求：保证税费改革专项转移支付资金主要用于农村义务教育，确保改革后农村义务教育投入不低于改革前的水平并有所提高。

2005 年，国务院发出《关于 2005 年深化农村税费改革试点工作的通知》，决定对国家扶贫开发工作重点县免征农业税，2004 年农业税税率降低 1 个百分点和 3 个百分点的省份分别再降 4 个百分点和 2 个百分点，农业税附加与正税同时减征或免征，全面取消牧业税。根据要求，四川省在平原地区确定德阳市、双流县，丘陵地区确定资阳市、武胜县，盆周山区确定通江县，少数民族地区确定茂县，开展农村综合改革试点，探讨“省直管县”财政管理体制改革和“乡财县管乡用”财政管理方式改革。该年初，四川省宣布全面停征农牧业税，提前实现了中央提出的取消农业税的目标。是年，农村“两工”（农村劳动积累工和义务工）全部取消，全省农民实现零税负。农村税费改革 3 年来，中央和省、市、县各级财政均加大了对下的转移支付补助，到 2005 年底，全省农村税费改革转移支付总额达到 75.25 亿元，农民人均负担比试点前的 2001 年减少 90 多元。与此同时，各项配套改革也较有成效。全省乡镇机关职能机构减少 1165 个，事业单位减少 18510 个，精减乡镇人员约 2 万人，清退临时聘用人员近 10 万人。“乡财县管”得到推行，以县为主的农村教育、医疗卫生管理体制基本建立。

第六章 企业财务管理

1978年改革开放之前，四川省企业财务管理实行的是计划经济体制下统收统支模式。1978年以后，实行从计划经济下的企业财务管理体制向市场经济下的企业财务管理体制的变革，大致可分为三个阶段：1978—1986年，以对企业放权让利为主要内容（1983年第一步利改税，1984年第二步利改税，企业由交税交利逐步过渡到以交税为主，扩大了自身财权）；1987—1991年，以全面推行承包经营责任制为主要内容；1992年起，以转换企业经营机制和建立现代企业制度为主要内容。1985年以来，四川省企业财务管理体制改革与全国同步，主要包括4个方面的内容，即：对国营大中型企业实行承包经营责任制；对国营小型企业实行租赁经营责任制；对少数有条件的大中型企业实行股份制试点；组建企业集团。其中，承包制是改革的主要内容。企业承包经营责任制财务管理体制的主要内容表现在分配环节上，企业承包上交国家利润，实行工资与效益挂钩。承包上交国家利润的形式有上交利润递增包干，上交利润递增包干、超收分成，上交利润基数包干、超收分成等。企业完成承包指标后的留利，按规定建立生产发展基金、职工福利基金和职工奖励基金。1989年，财政部、国家体改委下发了《关于国营企业实行利税分流的试点方案》，提出将企业实现的利润分别以所得税和利润的形式上交，税后还贷，上交的利润采取多种形式承包的办法。税利分流促进了政企分开，有利于完善企业经营机制，为此后税制改革和建立现代企业制度作了必要铺垫。1993年11月，中共十四届三中全会《关于建立社会主义市场经济体制若干问题的决定》对国有企业改革提出转换国有企业经营机制、建立现代企业制度的目标。这一阶段的国有企业财务管理体制改革主要表现在两个方面：一是《企业财务通则》和新的分行业财务制度的的确立；二是企业内部财务管理办法的逐步健全。1992年11月，财政部发布《企业财务通则》，随后又颁布了全国统一的10个行业的财务制度，包括工业、运输、商品流通、邮电通信、金融保险、旅游饮食服务、农业、对外经济合作、施工、房地产、电影新闻出版等行业。与以往财务制度相比，新制度在建立企业资本金制度、固定资产管理和折旧制度、成本核算制度和成本费用开支范围、利润分配、财务报告体系等方面作了重大改革。此外，1994年，四川与全国同步，开始全面推行国有企业利润分配制度改革。具体内容为：统一企业所得税税率，实行比例税制；逐步建立国有资产收益按资分利、按股分红的分配制度；取消对国有企业征收的能源交通重点建设基金和国家预算调节基金；取消企业包税，强化税收征管等。

第一节 工交企业财务管理

1985年，为扶持城镇集体企业发展，根据省政府决定，省财政建立了城镇集体企业发展基金。

基金委托工行四川省信托投资公司管理，无偿使用，到期后须及时返还，否则加收超期费用[①]。是年，对小型工业企业实行八级累进税，并调减企业基期利润，减免承包费，以提高企业留利水平。

1986 年，为使 1984 年拟订的第二步利改税方案适应新形势的变化[②]，按照国家统一规定，并结合四川实际，省财政对部分企业的第二步利改税方案进行了调整：减免纺织行业和一大批大中型骨干企业的调节税，减下来的税收收入全部用于企业技术改造；提高固定资产折旧率，增提的折旧资金全部留给企业用于折旧更新；设置节约奖，鼓励企业节约原料和能源，且不计征奖金税；支持企业综合利用“三废”，“三废”利用项目 5 年内免征所得税和调节税，其折旧基金也全部留给企业使用。当年，省财政厅核定利改税企业 1569 户，其中：大中型企业交调节税 271 户，不交调节税 73 户；小型企业 1058 户；微利企业 167 户。实际执行利改税企业 1443 户，其中：大中型企业交调节税 245 户，不交调节税 114 户；小型企业 921 户；微利企业 163 户。是年 10 月，省政府决定每年省财政视财力情况安排一定额度资金及从上交省计经委的折旧基金中划出 10% 以上的资金建立省新产品开发基金。基金实行有偿使用，主要安排用于工交企业重点新产品开发项目。

1987 年 1 月 1 日起，各级石油销售公司全部由商业系统划转工业系统，财务体制也从商业厅划出，直接与财政厅联系，并报送财务会计报表。企业所得税、调节税（含利润）按照企业隶属关系，分别就地上缴中央和地方金库。4 月，省政府发出《贯彻国务院关于深化企业改革、增强企业活力的若干规定的通知》，决定开展企业所有权与经营权分离试点工作，鼓励全民所有制大、中型企业以及国有大、中型企业试行企业经营责任制，全民所有制小型企业、微利企业和亏损企业，试行租赁和承包经营。各地可选择效益好、信誉高的个别大、中型企业进行股份制试点，试点方案除重庆、成都两市外，报省体改办、计经委和财政厅共同审批后试行。全省 587 个大、中型工业企业和县以上 2/3 的预算内全民所有制工业企业，在当年内要实行厂长（经理）负责制，其余企业可延后 1 年。7 月，四川省对国营工交企业全面实行分类折旧，分类折旧低于原综合折旧的，其差额部分允许 1990 年在成本中列支。国营大中型企业用税后留利进行生产性投资所增加的利润，2 年内全部留给企业用于技术改造，第 3 年投资按 40% 的税率征收所得税，免征调节税；对国营企业开发的新产品减征免征产品税（增值税），减免税的税款专项用于技术开发。当年，全省在成本中列支的技术开发和新产品试制费用达 6125 万元。

1988 年 6 月，四川省执行财政部《全民所有制工业企业推行承包经营责任制有关财务问题的规定》。全民所有制工业企业都要推行承包经营责任制，盈利企业和亏损企业可根据自身情况选择具体形式，但不能包肥不包瘦，包盈不包亏。所有承包企业都要确保上交国家财政收入，增强企业自我发展能力。盈利企业承包上交利润范围是所得税、调节税、利润，实行所得税税后承包的，是所得税后的调节税和利润。亏损企业承包范围是国家拨补的亏损。不论是盈利企业还是亏损企业，都不得承包除所得税、调节税以外的其他各项税收。承包上交国家利润的主要形式有：上交利润递增包干；上交利润递增承包，超收分成；上交利润基数包干，超收分成；微利企业上交利润定额包干；亏损企业定额补贴包干，或亏损补贴递减承包、减亏分成；企业上缴所得税后的利润承包；国家批

---

① 1994 年 10 月，省财政厅对基金管理办法进行了修订，规定：发展基金借款的期限一般为 2 年，最长不超过 3 年；基金实行有偿使用，使用费率为每月 6‰，超期每月加倍增收使用费，长期不还者，将向法院起诉，直至收回资金。1995 年，根据新的基金管理办法，省财政将贷款权收回，改由省财政厅系统内管理。

② 即减免了部分企业的调节税，开征了一些新税种等。

准的其他形式。企业留利中的生产发展基金、福利基金和奖励基金的分配比例，由财政部门会同企业主管部门核定。财政部门根据国家法规和承包合同规定，对承包企业的生产、财务活动进行检查和监督，并帮助承包企业准确核算产品成本和利润，正确提取折旧基金和大修理基金。承包企业要严格遵守国家物价管理制度，不得随意涨价或变相涨价，若发现有违法行为，其非法所得全部没收上交财政，并按规定进行处罚。

是年，为理顺国家与企业间的财政分配关系，四川省采取了一系列措施：一是选择10户大中型企业进行超前试点改革，划分国家资产和企业资产，在划分的基础上，将试点企业的所得税税率调整为35%，企业的税后利润，实行国家和企业资产按股分红或企业对国家资金付费的办法；二是扩大全民所有制企业股份制试点，对试点企业国家资产和企业资产作了类似超前改革试点企业的划分；三是实行工资总额与经济效益挂钩，挂钩的形式主要有工资总额同上缴税利挂钩、同实现税利挂钩、同实物量挂钩、同实际工作量和实现税利双挂钩等。

1989年2月，为鼓励企业改善经营管理，四川省决定对达到等级标准的企业进行奖励，奖励标准为：获得国家级称号的企业，当年可对职工实行一次性奖励。其中，国家一级企业人均奖励一个半月的平均工资，国家二级企业人均奖励一个月的平均工资，且免征奖金税和工资调节税。此外，国家级企业领导人的工资可按一定比例上浮，厂长晋级权也可在原3%的基础上适当增加。8月，四川执行财政部《关于国营企业兼并财务处理的暂行规定》，其主要内容为：企业兼并其他企业时，须向主管部门、同级财政部门和国有资产管理部门提出书面报告，主管部门会同财政部门根据企业的书面报告和会计报表，审查企业是否具有兼并其他企业的能力；确定被兼并的企业，在被兼并前，应对企业的各项资产负债进行全面清理，编造清册，向国有资产管理部门移交资产负债清册，并分别向主管部门、财政部门和国有资产管理部门报送自本年度开始到清理截止日期的会计报表，财政部门负责审批企业会计报表，并提出是否同意企业被兼并的意见；被兼并企业的产权转让成交后，应编制结束完竣时的会计报表，分别报送给企业主管部门、财政部门和国有资产管理部门，产权转让成交价款加上兼并方企业分期付款的利息，扣除清理评估及公证等费用后的净收入，由被兼并企业的国有资产管理部门组织解缴国库，纳入预算管理；国有资产管理部门负责被兼并企业产权转让收入清算工作，并于年终向同级财政部门报送被兼并企业的清算报表。

是年，四川省对全民所有制企业推行税利分流、税后承包的试点。为此，省政府印发了《关于全民所有制企业试行税利分流、税后承包的意见》。主要内容为：明确可试行税利分流、税后承包的企业，包括原定分配政策已到期的预算内利改税和非利改税的企业、经过清理整顿新纳入预算内管理的企业等；这些企业统一按35%的比例税率缴纳所得税，同时取消调节税；企业上交税后利润，实行承包上交或比例分成办法，承包形式包括：上交利润递增包干；上交利润基数包干，超收分成；上交利润递增包干，超收分成；上交利润比例包干；上交利润定额包干等。实行税利分流、税后承包的企业留利，原则上按1988年度留利水平，并参照同行业平均留利水平核定。到1989年底，全省试点国营企业达到313户。当年，全省国营企业亏损严重，亏损大幅度上升。全省预算内国营工业企业亏损总额3.21亿元，比上年增亏1.1亿元，上升48.51%；亏损企业573户，亏损面20.09%，比上年增加3.88%。造成亏损的原因主要是之前几年经济过热造成总量失衡、结构性矛盾突出，资金、原材料供应紧缺，影响企业生产，造成亏损；以及部分政策性亏损企业，如原盐统配、煤炭等由于生产成本高于国家控制价格而导致亏损大幅度上升。对此，省财政厅、省计划经济委员会采取了一系列扭亏增盈的政策措施，即：落实扭亏增盈目标责任制、促进企业兼并和横向经济联合、扶持新兴产业、挖掘企业内部潜力、压缩亏损补贴以防止新亏损户的出现、对完成年度扭亏增盈目标的企业给予物质奖励和表彰等。

1989 年，省财政厅对国营企业职工增加工资作出如下规定：实行工资总额与经济效益挂钩的国营企业，在国家政策规定范围内，增加职工工资所需资金从企业新增效益工资中解决；未实行工效挂钩的国营企业，在完成承包和上缴任务的前提下，职工增加工资所需资金，在企业成本中列支；经营性亏损的国营企业，在完成国家下达的生产经营计划和减亏任务的前提下，职工增加工资所需资金由企业自行解决，可在企业留利的奖励基金中开支，不得在企业成本中列支；国营企业离退休人员增加的离退休费和生活补助费，其所需资金凡实行退休费用社会统筹的由各级保险机构在统筹基金结余中解决，未实行社会统筹的，在企业营业外支出中列支。

1990 年 1 月，参照国家计划委员会、财政部颁发的《新产品新技术开发推广基金管理办法》，省财政厅、省经委联合发布了《四川省新产品新技术开发推广基金管理办法》，用于支持企业开发新技术、新工艺、新材料以及引进技术的消化吸收和国产化。基金主要来源于国家计委的技术开发拨款、地方财政的技术开发拨款、原国家经委下拨的技术开发费回收部分、本基金的回收部分以及国家、地方银行的科技贷款。基金实行有偿使用，使用费由企业用税后留利和超承包多得留利归还，科研单位和大专院校用自有资金或该基金项目实现的收入归还。9 月，四川省设立了皮革工业发展基金。基金来源于财政拨款，实行有偿使用，并收取资金占用费，月费率为 4.8‰，借款年限一般为 3 年，最长不过 4 年。逾期未还者，由省财政从有关市（地、州）财政和项目的担保单位扣收借款本、费，并不再安排此项基金。12 月，为增补地方国营企业流动资金，省财政厅、中国工商银行四川省分行联合决定从 1991 起至 1992 年底，允许地方国营企业每月按国家流动资金的一定比例提取流动资金占用费，用于补充国家流动资金（国营外贸、建安企业暂不实行此方法）。各级财政部门从提取流动资金占用费的企业中适当进行再集中，集中的比例不低于提取占用费总额的 25%，用于补充国家流动资金占定额流动资金比重偏低企业的流动资金，以及企业临时急需的流动资金周转。凡由中央、省批准统一调整物价而引起企业库存物资、产品增值的部分，一律相应调增企业国家流动资金。企业内部发行的债券以及社会集资（包括内部集资）筹集的资金，除经批准可以用于固定资产投资部分外，只能用于企业流动资金周转。

是年，省政府制发了《关于加强企业职工标准工资管理的意见》。工效挂钩企业实发工资（包括标准工资）的多少主要取决于企业的经济效益和工资基金的来源情况。因此，当企业经济效益下降，工资基金入不敷出时，职工的工资总额（包括标准工资）相应下浮。企业退出“工效挂钩”办法后，职工因此增加的标准工资改由企业奖励基金列支，具体发放金额视企业奖励基金来源的多少确定，不得挤占或挪用生产性资金或其他专用基金。

1991 年 1 月，广汉市（县级）国营企业实行税利分流试点。该市共有国营企业 45 户，除少数亏损、特困企业暂不实行税利分流外，其余 34 户均实行试点。基数利润参照 1989、1990 年平均实现利润和 1991 年生产经营情况进行确定，所得税税率统一按计税利润额的 33% 缴纳，取消调节税，实行税后承包上交利润或定额补贴办法。企业上缴利润水平不低于原承包上缴水平，微利企业所得税后不能保住最低留利水平的，在一定时期内由财政核定定额补贴，但执行年度中实现利润超过基数利润部分所得税后依旧实行分成。11 月，在转发财政部《关于编制 1991 年国营工业企业年度决算的通知》时，省财政厅补充规定：国营工业企业增提折旧额、增提（或按实列支）技术开发费和提取流动资金占用费补充流动资金等，由企业自行消化，不得调整承包上交任务，工效挂钩企业不得调整效益基数。同时，严格控制企业福利基金、奖励基金（工资基金）超支以及挤占挪用企业各项生产性资金。企业进行各种形式的工资制度改革，都必须以自身经济效益和支付能力为前提，不得互相攀比。凡违反国家规定超过奖励基金（工资基金）、福利基金支付能力，挪用生产性资金发放奖金、实物、津贴补贴、浮动升级工资等，除如数追回外，还将按照国务院关于违反财政法规处罚的暂行规定进行处理。

为推进大中型企业技术进步，增强企业活力，是年，财政部、国家计划委员会、国务院生产委员会决定对部分经济效益好、有承受能力的国营大中型企业在"八五"期间（1991—1995年）实行加速折旧，其中四川省（含重庆市）有长城钢铁公司、成都无缝钢管厂、重庆钢铁公司等39户企业符合条件。"八五"期间（1991—1995年）这些企业在生产线上使用的机器设备折旧年限在《国营企业固定资产折旧试行条例》规定的折旧年限的基础上，可加速10%—30%，且增提的折旧基金在国家规定的额度内，免交能源交通重点建设基金和国家预算调节基金；非产品生产线上使用的机器设备和房屋建筑物等，则不得缩短折旧年限。

是年，省委、省政府决定进一步搞活国有大中型企业，制定了一系列财政政策，包括：对骨干企业实行加速折旧、适当提高国营大中型企业技术开发费提取比例、建立国营企业增补流动资金制度①、有选择地继续实行税前还贷、管好用好企业因调减指令性计划任务增加的销售收入、提高企业闲置设备使用率、建立企业技术改造贷款贴息基金等。当年，成都市的机械、化工、医药3个行业共44户企业进行了税利分流试点，广汉市预算内工业企业34户全面实行税利分流试点②，其余市（地）共有45户企业进行了试点。鉴于"三线"（指长城以南、广东韶关以北、京广铁路以西、甘肃乌鞘岭以东的地区）企业搬迁时，不少企业上缴税收基数口径不尽相同，以及原定对企业的优惠政策及企业搬迁过程中的非正常生产等情况发生变化的情况。经省政府批准，省财政厅决定，从1992年起，凡是国家批准调整搬迁的"三线"企业，由迁出、迁入地政府签订财政收入划转基数的协议（包括划转基数和划转时间等主要内容条款）后，方能搬迁，省财政只负责根据双方政府签订的协议和现行财政体制办理迁入、迁出地财政收入基数划转基数，不再负责协调工作和补助差额。

1992年，全省绝大多数预算内工业企业的第二轮承包工作基本完成，30余户企业实行了投入产出总承包，大部分试点企业所得税降至33%，30%的交通运输企业实行了单车承包。在进行第二轮承包的同时，各地还注重将承包指标考核与先进企业管理指标对接，以加强企业管理。同时，进一步扩大了"税利分流"试点，并在部分企业开展了清产核资试点，参与国有企业股份制试点和企业兼并、重组、破产等工作。据1991年底统计的数据，在1064户签订新一轮承包合同的企业中，承包期限为1年、2年、3年、4年、5年、5年以上的分别有100户、395户、434户、32户、10户、3户。其中，采用上交利润基数包干或递增包干的企业有213户，采用上交利润基数承包或递增承包、超收分成的企业有416户，采用比例分成的企业有16户，采用承包实现利润目标、超收分成的企业

① 国营企业增补流动资金制度主要内容：一是从留利中按10%～20%的比例补充流动资金；二是企业库存物资因中央和省统一调价的增值部分，按规定调增国拨流动资金；三是对符合产业政策的国营企业，经同级财政部门批准，按月提取流动资金占用费，全数用于补充国拨流动资金。

② 广汉是全省第一个在辖区范围内全面进行试点的城市。

有110户，采用税利分流、税后承包的企业有45户，采用其他承包形式的有168户。5月，为深化企业改革，强化企业工资总额与经济效益挂钩办法的作用以及建立企业自我约束机制，省财政厅制发了《关于进一步完善国营工交企业工效挂钩有关财务规定的通知》。决定继续坚持“总挂分提”办法，企业根据核定的工效挂钩方案，环比计提新增效益工资。盈利企业因新增效益工资而减少的利润不调整承包基数，亏损企业因此增加的亏损不增加财政补贴。同时，挂钩企业继续按规定提取工资基金，基金结余数在确保一定的储备基金后，剩余部分可用于生产资金周转和补充福利基金不足，主要用于医疗费和职工住宅建设。6月，按照财政部、国务院经贸办公室的通知精神，省财政厅对全省工交生产企业进行了潜亏清理。清理时，采用抽查和重点检查相结合的方式，对地方企业进行抽查，对省直企业则逐户进行排查。在检查的1281户生产企业中，清理出有潜亏企业764户，占清理户数的59.64%，清理出潜亏61627万元。从行业情况看，潜亏比较严重的是轻工、机械、化工3个行业，潜亏数占全行业的67.78%；从时间情况看，潜亏比较多的是1987—1990年，潜亏35730万元，占总数的57.98%；从潜亏构成看，各项应收账款的坏账损失最大，达19504万元，占总数的31.65%。潜亏的原因：从主观方面看，一是企业内部基础管理差；二是企业行为短期化。从客观方面看，一是企业从计划经济环境向市场经济环境转变尚未适应；二是企业技术改造欠账过大，资金紧张，机器设备及新的技术手段更新过慢，致使产品不能适应市场需求，造成原材料积压和报废，产生潜亏。7月，为支持企业增强技术进步资金的自我积累机制，省财政厅决定：工业盈利企业可按当年销售收入的1%—2%提取技术开发费；工业亏损企业在不增加财政负担的前提下，可按不超过当年销售收入的1%提取技术开发费；高技术企业按当年销售额的3%提取技术开发费，其中集成电路、程控交换机、计算机行业经国家批准实行优惠政策的企业，在不发生亏损的前提下，可按当年销售收入的10%提取技术开发费。8月，按照财政部、国务院生产办：“从1992年起，用3年时间分期分批免征国营大中型工交企业折旧基金交纳的能源交通重点建设基金和预算调节基金”的有关规定，省财政、省经委决定对省内31家国有大中型工业企业和22家国有大中型交通企业的折旧基金免征“两金”，因此所减少的财政收入，能交基金地方分成部分，省负担20%，地方负担10%；预算调节基金地方分担部分，除省直接负担15%外，影响各地收入基数部分，年终决算时，省按1989年各地企业实际上缴数的35%予以补助。同时，省政府决定，对折旧基金减免“两金”的企业提取的折旧基金，由同级人民政府筹借15%，5年内全数返还给原企业。从当年起，四川省国营大中型工业企业开始实行主要财务指标季报制度。主要财务指标包括：工业总产值、产品销售收入、产品销售税金、实现利润总额、应上交利润（含所得税、调节税）、企业及主管部门留利、增提折旧基金、从销售收入中提取的技术开发费、从销售收入中补充的流动资金、固定资产原值等。

1993年2月，省财政厅、建行四川分行对省属施工企业利润分配作出规定：从1992年起，省属施工企业实现的利润首先用于弥补以前年度的挂账亏损，之后按33%的比例计征所得税，上缴省金库，省财政于次年3月退还18%用于企业发展生产；省属施工企业在省外及国外承包工程及从事其他经营业务所得收入，在按当地规定上交税费后，省内不再征税，其净收入首先用于弥补省内亏损，其余作为企业留利。2月，《四川省全民所有制工业企业转换经营机制实施办法》公布施行。主要内容：在调整企业所得税税率的基础上，统一企业所得税税率；逐步免除能源交通建设基金、预算调节基金等税后负担；企业上缴所得税后国家应分得的利润，作为国家的投入返还给企业用于再生产；有进出口经营权的企业，在获得进出口配额、许可证和出口退税等方面，享有与外贸企业同等的待遇；企业以留利安排生产经营性建设项目或者补充流动资金，可退还其再投资部分已缴纳所得税的40%税款；企业的折旧费和新产品开发基金，任何部门不得抽调；企业必须建立工资储备基金，并将企业工资、奖金分配结果报财政部门和劳动部门备案；企业必须严格执行国家财政、税收和国有资产管理的法律法规，如实记录和反映企业经营成果；企业停产整顿时，由政府授权部门与财政部门及企业开户银行协商落实，准予企业在规定期限内暂停上交利润、延期支付贷款利息；企业兼并时，其经过核实的固定资产亏损，包括隐亏，由财政部门审核批准，按规定核销或弥补。为推动《办法》的顺利实施，取消了省下达的工业指令性计划，落实企业14项自主权，将由省管理的54个品种定价权下放企业自主管理，并对加工企业总投资在3000万元以下、原材料工业总投资在5000万元以下，且能自行平衡资金、能源、原材料的企业技改项目，改由企业自行确定。当年，转制试点企业由1992年的493户增加到2000户。7月，四川省贯彻执行财政部颁发的《工业企业财务制度》《运输企业财务制度》《施工、房地产开发企业财务制度》。三者分别适用于各类工业企业、运输企业和施工、房地产开发企业，包括：全民所有制企业、集体所有制企业、私营企业、外商投资企业等各类经济性质的企业，有限责任公司、股份有限公司等各类组织形式的企业以及非本系统然而进行独立核算的企业；从财务管理的任务与方法、资金筹集、流动资产、固定资产、无形资产、递延资产及其他资产、对外投资、成本和费用、销售收入、利润及其分配、外币业务、企业清算、财务报告与财务评价等方面对工业企业、运输企业和施工、房地产开发企业的财务管理进行了规范和说明。

1994年2月，四川省对国有企业利润分配制度进行了改革。一是统一所得税税率，增设两档照顾税率。从1994年起，国有企业所得税税率统一降为33%。部分经济效益不理想的企业，实行过渡期27%和18%两档照顾税率，即：年实现利润额在3万元以下的企业，按18%的税率征收；年利润额在3万元以上、10万元以下的企业，按27%的税率征收。二是严格企业收入管理。企业的一切收入，包括生产经营收入、财产转让收入、利息收入、租赁收入、特许权使用费收入、股息收入以及其他收入等，都必须入账核算，不得作为账外收入，以统一企业所得税税基。三是对缴纳所得税的国有企业，从1994年起，不再征收能源重点建设基金和预算调节基金。四是禁止随意减免税收，对微利企业缴纳的所得税也不再退库，个别企业确有困难的，由同级政府按国家产业政策予以扶持。五是为吸引外商投资，外商投资企业和外国独资企业的利润分配按有关规定执行，劳改、劳教企业暂不执行此办法。3月，为落实企业自主权、维护企业和所有者权益，省政府发出通知，要求除中央和省审批的收费项目外，各级政府企业主管部门和其他部门一律不得擅自向所属企业收取管理费用，或将机关职责范围内的公务活动变无偿为有偿，或把一部分国家机关的职能转移、分解到下属从事第三产业的经济实体，变相收费提成。在统一、规范的利润分配制度下，企业留用资金由企业依法自主分配，原“利改税”规定的“主管部门可适当集中企业税后利润”的政策从1994年1月1日起停止执行；原已集中的资金，主管部门需向同级财政部门报送使用及管理情况。完善工效挂钩办法，取消企业工资总额以外计提的各种单项奖，包括原材料、燃料节约奖、节能奖、节电奖等，企业节约价值集中反映为经济效益，纳入与工资总额挂钩范围，并建立工资储备基金，由企业自主决定工资分配。5月，财政部印发了《关于工交企业制定内部财务管理办法的指导意见》，对制定企业内部财务管理办法的必要性、基本原则、结构体系、注意事项进行了说明。7月，《四川省企业国有资产出售管理暂行办法》开始施行。该办法适用于省属及省属以下的企业出售国有资产的行为，规定：

企业国有资产经主管部门批准后，可采取协议、招标、拍卖或法律法规允许的其他方式出售，出售的程序为：资产清查→资产评估、产权界定→确定出售底价→协议、招标、拍卖及签订成交合同→办理产权转移手续；购买时，可采取出资、承担企业对等债务、融资租赁以及国家允许的其他方式，但购买土地、公路、河流等企业资源性国有资产时，购买者只能按国家规定获得该资产的使用权、经营权，出售方不得转让所有权；企业为迁移、转产、处理闲置设备等整体或部分出售国有资产的净收入，留企业支配使用，不核减国家资本金，县级以上人民政府或其授权部门为调整投资方向出售企业全部或部分产权的收入，则由同级国资部门负责收取，缴入由同级财政、国资部门建立的国有资产保值增值专项资金专户，首先用于偿还企业债务和安置企业职工，剩余部分由财政、国资部门共同管理，年终在财政决算列收列支。9 月，省财政厅对工交企业财政周转金的使用管理进行了修订。修订的主要内容是：周转金应当投放在投资少、见效快、经济效益显著的技术改造项目，不得用于行政事业单位的行政支出；市（地、州）财政局上报项目时，须配套 20% 以上的资金，否则不予签订借款合同；周转金实行有偿使用，月使用费按 6‰收取，借款期限最长不超过 3 年，逾期加倍收取资金使用费；借款企业须按照财务制度规定如实反映自身财务收支情况，定期向同级财政部门报送会计报表，不按规定报送者，省财政厅将停止借款和拨款。

1995 年 1 月，成都、重庆被国务院确定为首批优化资本结构试点城市，试点城市除实行所得税退库办法的省级工业企业外，所有国有工业企业均由国家拨补流动资本。具体实施时，由同级财政部门将企业实际上缴所得税收入的 15% 拨给企业，用于补充企业流动资本。企业收到国家拨补的流动资本，作为国家投资处理，在资本公积金中单独反映。使用时，优先满足企业生产经营资金的需要，在保证流动资本充裕的情况下，适当安排长期投资项目。2 月，财政部发布实施《国有企业兴办企业若干财务问题的暂行规定》，规定：国有企业兴办的企业应在依法注册登记之日起 30 日内，向同级主管财政机关提交设立批准证书、营业执照、章程等文件的复制件，并按经济业务的性质和范围执行《企业财务通则》和相应的行业企业财务制度，制定内部财务管理办法，建立和完善成本、费用、收入核算与管理制度；国有企业兴办的企业，应在资产、机构、人员等方面与原国有企业划清界限，实行财务脱钩，彻底分离；地方国有企业兴办的各类企业，所得税上缴地方金库；股份制企业、联营企业、中外合资和中外合作企业，所得税的缴纳办法，分别按财政部相关规定执行。3 月，四川省贯彻执行财政部《国有企业公司制改建有关财务问题的暂行规定》，对财政机关参与企业公司制改建过程中应履行的职责作了规范说明：一是参与确定实行公司制改建的企业；二是参与审批公司制改建的总体方案；三是审批企业财产清查结果和资产评估中各项财产损失的确认、处理；四是审批企业公司制改建中债权债务清理情况、账务分设方案、资产分离情况、财务收支情况、留存收益分配情况；五是对企业公司制改建中其他各项财务活动实施管理和监督检查。同时明确规定：企业进行公司制改建时，其资产负债表、损益表和利润分配表，连同财产清册须报主管财政机关审批；国家有关部门在对企业资产评估结果进行确认时，对有关资产损失等处理，应当以主管财政机关的审批意见为依据，未经主管财政机关批准的，不得核销；企业实行分立式改建，分立企业应自负盈亏，企业发生的经营性亏损，在国家规定的期限内用税前利润予以弥补，企业发生的政策性亏损，经主管财政机关审批，可在一定期限内按企业隶属关系由主管财政机关予以适当补贴，具体采用核定亏损定额、逐年递减的办法，主管财政机关弥补的亏损数额不得大于改建的公司制企业实际上缴国家的股利。5 月，四川省贯彻执行财政部《关于财政部门进一步做好工交企业工作的意见》，要求财政工交部门转变职能，改进工作方法。具体为：在管理对象上，从侧重于企业微观事务管理转向加强宏观管理为主；在管理方式上，由直接管理为主转为间接调控为主；在管理范围上，从单纯管理国有企业逐步转向对全社会所有企业的监督和管理；在管理内容上，由以财务管理为主转向参与经济建设全过程的管理；在管理目标上，由侧重于预算收支管理转向通过支持企业技术进步和技术改造，扶持重点行业或产业发展，实现提高整体经济效益和培植财源的目的。7月，为促进企业建立现代企业制度，省政府决定建立企业补充生产经营资金的机制。对试点企业实行按33%上交所得税后，由同级财政列支返还18%，作为国家资本金的投入；或将企业对地方财政的债务，用于企业技术改造和补充生产经营资金。此外，对已实行股份制的试点企业，国家股的分红，经投资主体批准，按照法定程序，可留归企业，作为企业增资扩股时的资金来源，用于发展企业的生产经营。试点企业的公积金，增提的折旧资金，通过拍卖、出租、转让资产等形式取得的净收入必须用于补充生产经营资金。

1996年1月，财政部决定四川省自贡、绵阳两市比照执行“优化资本结构”试点城市国有工业企业补充流动资本政策。4月，为加快四川工业发展，省委、省政府决定在“九五”期间（1996—2000年），将国有企业的技术改造占固定资产投资的比重由27%提高到40%以上，省财政预算内安排的省技术改造基金、技术改造贴息基金和新产品技术开发推广基金，逐年增加。9月，四川执行财政部《企业兼并有关财务问题的暂行规定》，要求财政机关参与企业兼并的全过程，履行以下职责：参与审批企业兼并的总体方案；审批被兼并企业的财产清查结果及其财务处理；会同国有资产管理部门审批资产评估中各项财产损失的处理结果；会同国有资产管理部门审批资本金的合并，划转被兼并企业的财务隶属关系；会同国有资产管理部门收缴应上缴的被兼并企业产权转让收入以及其他国有资产经营收益；对企业兼并过程中的其他各项财务活动实施管理和监督检查。同时规定：在财产清查和资产评估中，被兼并企业清理出来的各项资产盘盈、盘亏、毁损、报废等，计入企业当期损益；尚未处理的潜亏、亏损挂账、产成品清查损失，报经主管财政机关审批后冲减盈余公积金和资本公积金，不足部分冲销资本金；经批准采取划转方式取得被兼并企业资产的，应办理企业产权和财务体制划转手续，属于同一财政体制的企业兼并，由同级国有资产管理部门和主管财政机关负责办理；属于不同财政体制的企业兼并，由上一级国有资产管理部门和主管财政机关负责办理；被兼并企业的产权转让成交后，被兼并企业应编制兼并成交日的财务报告，报其主管财政机关备案；兼并方企业接收被兼并企业的各项资产和债权债务后，应及时组织入账，并编制兼并成交日的财务报告，报送主管财政机关审批。12月，成都、自贡、绵阳作为“优化资本结构”试点城市，当地财政部门对所属国有工业企业补拨流动资本情况进行了严格的考核和审查，对不按规定补充流动资本或未足额安排流动资金的企业，财政一律不再拨补资金，并收回已拨补的流动资本。

1997年5月，省财政厅制发了《工交周转金管理办法》，明确了工交周转金的来源和性质，规定了工交周转金的使用原则、对象和范围、借用条件与借用期限等。具体为：工交周转金是财政扶持工交企业生产经营发展的财政性建设资金，来源于每年省财政预算中安排的各项有偿使用资金、从上级财政部门借入的周转金、回收的本金及占用费以及其他按规定允许的资金；使用时以国家产业政策为导向，立足于培育财源，增加财政收入，专款专用，到期回收，周转使用；借用周转金的项目，必须符合国家技术改造发展方向，并已列入省或地方技术改造规划，且项目实施所需的资金、材料、燃料、动力和交通运输条件均已落实并有切实可行的“三废”治理方案；周转金借用期限一般为1年或2年，使用费按照财政部和省财政厅统一规定执行，省级直属企业借用时由主管部门审查后报省财政厅审批，地方企业借用时由市（地、州）财政局审查后报省财政厅审批；为保证资金使用效益，对周转金实行借还挂钩、有奖有惩办法，拖欠本金和使用费的企业，省财政厅除收回已下达的借款指标外，一律不再受理该地该部门上报的申请报告，并在其预算中扣还所欠款项。10月，省政府发文，要求加强对省属企业的管理和监督。一是实行分类指导管理，现有省属国有独资企业除个别改建为国有独资有限责任公司外，有条件的逐步改建为投资主体多元化的有限责任公司或股份有限公司。已经严重资不抵债又没有经营前景的少数省属企业，依法注销营业执照或依法实施破产。没有省财政直接投资关系的原省属企业，应及时与省政府及其主管部门挂钩，使其成为自主经营、自负盈亏的独立法人实体。二是落实国有资产经营管理责任制。国有独资公司的董事由省政府授权的部门任免，监事由省国有资产管理部门任免；有限责任公司和股份有限公司的董事，由省政府授权部门提出侯选人，监事由省国有资产管理部门提出侯选人，选举产生。三是对省属企业资产重组予以政策扶持。即对市场发展前景较好的产品和项目，经批准后可发行专项债券，或由财政进行一定的资金投入。四是加强省属企业财务管理。省属企业必须纳入省级财政预算管理，并与省级财政建立财务关系，严格按照《企业财务通则》《企业会计准则》和财务制度、会计制度有关规定进行会计核算。

1998年1月，省委、省政府决定设立财政工业发展资金，并成立由一位副省长任主任，省财政厅、省经贸委为成员的资金管理委员会。资金主要包括：重点技改资金、皮革发展资金、“小巨人”资金、企业科技三项费中有偿使用部分以及重点企业重点技改债券财政贴息资金等。资金由省级财政预算统一安排，实行有偿使用，滚动周转，使用期限为1—2年，最长不过3年，年使用费率为3.6%。使用时，由项目所在地的市地州财政局先进行审查，再经省财政厅、省经贸委共同初审，最后报资金管理委员会审批。3月，为提高国有企业财务管理水平，建立企业外部财务监督与企业内部财务约束两个机制，省政府公布实施了《四川省国有企业财务监督办法》（以下简称《办法》）。《办法》适用于财务隶属关系在四川省内的国有企业、国有独资有限责任公司、国家出资额所占比例超过50%或实际上拥有控制权的公司制企业，按照分级管理的原则，企业外部财务监督由各级政府授权其主管财政机关负责，内部财务监督由企业内部财务管理职能部门负责。同时，《办法》还就企业的资金、资产、成本、费用、收入、利润、财务报告以及关联企业的财务监督等具体要素进行了规范说明。7月，为支持企业和科研单位加速新产品开发和产业化进程，鼓励企业开展技术创新，省财政决定对部分重点新产品予以适当财政专项补助，范围仅限于已列入省科委编制的《四川省重点新产品试制鉴定计划》中的省级重点新产品项目。补助经费专款专用，由项目承担单位的主管部门在收到拨款通知后直接向同级财政部门申请拨款。10月，适应国家改革国有重点煤矿管理体制、实行“归口管理、分级负责”的新形势，四川省广旺矿务局、芙蓉矿务局、攀枝花矿务局、华蓥山矿务局、达竹矿务局等11户企业的财务及亏损补贴由省下放到各企业所在地市财政负责管理，企业应交的所得税也不再上缴中央财政，而是就地缴入归口管理的同级金库，并由同级财政返还给企业。是年，全省军队、武警和政法机关所办企业全部移交地方管理，党政机关与所属企业脱钩工作也全面展开。根据国家规定，移交企业的财务关系对口财政部门。

1999年3月，为帮助国有大中型亏损企业脱困，省委、省政府下发意见，决定加大财政扶持力度，主要措施有：1999—2000年安排一定数量的扭亏资金，集中用于重点亏损企业流动资金贴息、开发新产品、实施资金重组以及改善经营管理条件等方面；对扭亏脱困企业的负债进行重组，各级财政“拨改贷”资金和财政性借款，可按规定转为企业国家资本金，企业欠交地方政府的各种行政性收费，将予以减免或转为向企业的投资；对重点脱困企业的不良资产进行清理，对企业的呆账和财产损失，在审计核实的基础上，经有关部门批准后，按财务制度和税法规定处理；有计划地出让部分企业国有资产，专项用于支持国有大中型亏损企业扭亏脱困。4月，为提高省属国有企业年度会计报表质量，发挥中介机构在企业财务监督中的作用，省财政厅制发了《四川省省属国有企业年度会计报表注册会计师审计实施办法》，规定：省属物资、粮食收储、副食品政策性储备企业暂不实行注册会计师审计制度，其年度报表仍报主管财政机关审批；省属农口企业、文教企业、城市公用企业及其他实行财政补贴的企业，其年度会计报表经注册会计师审计后，报财政厅审批；审计时，重点关注企业资金的筹集与使用，企业资产管理，企业成本与费用开支，企业收入与利润等内容。

2000年11月，省财政厅对省级党政机关与所办经济实体和管理的直属企业脱钩后资产财务管理作出规定。脱钩企业移交省管理的，其财务隶属省财政并纳入省财政预算管理，国有资产以经会计师事务所审计或财政部门审批的1999年度财务决算报告为准，由省政府授权大型企业、企业集团或行业重点企业经营管理，并在省财政厅进行产权登记；脱钩下放地方管理的企业，其资产财务关系一并划转企业所在市（地、州）管理，并由省财政厅办理财务关系、产权隶属划转手续，企业债权债务一同划转；脱钩破产企业在宣告破产，对资产进行清理登记后，优先支付破产费用（按安置职工所需费用、拖欠税费、债权的清偿顺序），剩余部分及处置收入，由省财政厅收缴，列入政府国有资产经营预算；脱钩兼并企业，在对资产进行全面清查后，编制资产负债表、损益表和利润分配表，连同财产清册报省财政厅审批，然后进行产权转让，并编制兼并成立日的财务报告，报省财政厅备案；撤销、关闭的企业，由主管部门按规定进行债权、债务清理和资产处理工作，国有净资产移交省新组建的资产经营公司，转让或拍卖的国有资产净收入由省财政厅监缴入库，清理完成后企业到省财政厅办理国有资产产权登记注销手续；脱钩企业借用的财政周转金，由省财政厅根据企业不同情况，分别按收回、转股（投资）、核销三种情况处置。

2001年1月，从当年起，按照财政部规定，“国有工业企业主要财务指标快报”“外贸企业月份财务快报”合并为“国有企业主要财务指标快报”，各市、州财政局按月报送省财政厅，再经省财政厅汇总报送财政部企业司。编报范围为省级和各市、州直属国有及国有控股企业、县级大中型国有及国有控股企业（金融、粮食、农业企业除外）。快报内容包括资产负债表（含资产总额、负债总额、所有者权益等指标），利润表（含销售成本、销售费用、管理费用、投资收益、利润总额、净利润等指标），税收及其它（含应交税金总额、已交税金总额、工资总额、职工总人数等指标），附表（含总产值、增加值、自营出口额、自营出口总成本、出口收汇净额等指标）①。4月，为规范财政补助资金管理，省财政厅制定了《企业关闭破产财政补助资金监督管理办法》，规定补助资金的使用原则是：专户存储、专款专用，并严格遵照审批程序，不得随意提高支出标准。补助资金使用的对象为全国企业兼并破产和职工再就业工作领导小组通知关闭的原中央所属现下放地方管理的有色金属矿、煤矿、核工业矿山等企业；省企业兼并破产领导小组批准的省级企业；市（州）、县级企业关闭

① 2004年1月，按照财政部统一规定，省财政将“国有企业主要财务指标快报”更名为“企业财务会计主要指标月报”，开始将大中型非国有企业（包括集体企业、外商投资企业、私营企业等）纳入编报范围，按月单独向财政部门报送。编报内容包括资产负债表指标、利润表指标、税收指标、进出口指标和企业基本情况。

破产由当地财政部门按照国家和当地政府的规定办理。拨付时，省根据市（州）财政部门上报的用款计划拨付；市（州）根据企业的破产进度和清算小组申报的金额拨付；用款单位收到资金后设立专户，严格按审查后的资金使用计划开支。补助资金使用过程中，主管财政部门负责监督和检查。同时，使用中央和省财政补助资金的企业在关闭破产完毕一个月内，企业所在地市（州）财政局应将补助资金使用情况、关闭破产实施情况、职工安置情况、资产处置情况、社会职能分离情况等进行总结，并形成专题报告送省财政厅备案。是年，为规范省属国有企业改制，加强资产财务管理，省财政厅制发了《关于省属国有企业改制资产财务管理有关问题的通知》（以下简称《通知》），规定：改制企业应对各项资产进行全面清查，编制清查日资产负债表、财产清册和债权债务清单，与债权银行依法订立债务转移协议，制定包括职工安置、债权债务承继、转让价款结算、企业重组等内容的总体方案。财产清查过程中，涉及资产损失的，须按规定报省财政厅批准进行账务处理，并申报资产评估立项备案，委托评估机构对资产进行评估，评估结果报省财政厅确认。同时，《通知》还对企业资产损失的核销范围及程序、存货与固定资产损失核销须满足条件、原占用国有土地处理方式、职工内部集资处理方式、国有住房出售收入处理方式、因改制导致的下岗职工补偿方式、离退休人员经费处理方式等作出了规定。

2002 年，从当年起，按照国务院统一部署，国有企业花 3 年左右时间逐步推行《企业会计制度》。企业申请执行《企业会计制度》时，按照《财政部关于印发〈国有企业申请执行企业会计制度的程序及报送材料的规定〉的通知》做好财产清查、审计等工作。为此，财政部于 2002 年 7 月下发了《关于国有企业执行〈企业会计制度〉有关财务政策问题的通知》。省财政厅转发时补充规定：企业按照原制度清查的资产损失，应当按照财政部有关资产损失确认的规定进行清理；按照新会计制度预计的损失，应当按照财政部有关规定预计。清查和预计的资产损失均应报同级财政部门审查批准。财政部门在批准按照原制度清查的资产损失时，严格执行财政部有关资产损失确认的规定，对缺乏事实依据，不符合确认规定的，不得批准为按原制度清查的资产损失处理；批准企业按照新会计制度预计的损失时，严格按照《企业会计制度》有关制度审查批准。9 月，在转发财政部《企业公司制改建有关国有资本管理与财务管理的暂行规定》时，省财政厅补充规定：企业在公司制改建过程中，对解除劳动合同的职工给付的经济补偿金按以下标准执行：一是各市（州）县企业公司制改建时，支付的经济补偿金，按所在地县级以上人民政府制定的标准执行；没有规定标准的，按照原劳动部印发的《违反和解除劳动关系的经济补偿办法》规定的标准执行。二是省属企业公司制改建时，经济补偿金按职工在本单位的工作年限，每满 1 年发给改制前 12 个月企业正常经营情况下的职工个人月平均工资；亏损且资不抵债的企业，支付给职工的经济补偿金，不得高于按企业所在地职工月平均工资标准计算的经济补偿金数额。企业公司制改建时，离休干部的离休费、医疗费，按照省委、省政府《关于落实离休干部离休费、医疗费问题的通知》的规定执行。改建时不得以任何形式将国有资产无偿或低价转让给经营者及职工个人，改建企业账面原有的应付福利费、职工教育经费余额，仍作为流动负债管理，不得转作职工个人投资。企业实行公司制改建，母体企业或者存续企业必须与公司制企业实行人、财、物和经营业务分开，防止国有资产流失。12 月，针对企业应收款项数量较大、变现能力较差、周转速度较慢、坏账损失严重的问题，省财政厅要求企业建立健全应收款项管理制度。应收款项管理制度包括台账管理制度、催收责任制度、年度清查制度和坏账核销管理制度。各级财政部门负责对企业应收款项管理制度的建设进行指导和帮助，并负责监督和管理。

2003 年 2 月，省财政厅就国有企业改制过程中工资基金结余的处理方式发出通知，明确工资基金是国有企业职工权益，在国有资本整体退出国有企业时，企业出售价格若包含工资基金结余，应由新企业承接；若出售价格不含工资基金结余，则由政府统筹用于解决本企业职工安置，不得无偿转让给非国有企业经营者或个人。

2005 年 3 月，为推进第 2 批中央在川企业分离办社会职能工作，省财政厅成立了专门的工作领导小组，会同企业按政策要求以 2003 年 12 月 31 日在职人数和 2003 年企业财务决算数为依据，核对办社会机构的资产、人员、当年收入、当年经费支出、企业支付的日常经费补助额等指标。6 月，四川省涉及中央 24 个集团、160 余个机构的对账审核工作结束，经费移交基数经财政部审核后通过。7 月，根据财政部、国家发展改革委《关于印发中小企业发展专项资金管理暂行办法的通知》和财政预算管理的有关规定，并结合四川省实际，省财政厅制发了《四川省中小企业发展专项资金项目申报管理实施办法》，规定：专项资金扶持的对象为在四川境内依法设立并符合《中小企业促进法》和《中小企业标准暂行规定》的中小企业；扶持方式包括无偿资助和贷款贴息两种，其中，无偿资金额度一般不超过项目总投资的 20% 且不超过企业自有资金的投入额度，最高资助额不超过 200 万元，贷款贴息分 2 年拨付，最高额度不超过 150 万元；申请资金的中小企业必须具备规定的资格条件，即：法人治理结构规范、财务管理制度健全、经济效益良好、信用良好，同时申报的项目也必须符合规定条件，即：符合国家产业政策和区域经济发展方向、能在 2 年内完成、总投资在 2000 万元以下、符合国家环保和资源综合利用的有关规定；企业收到的无偿资助项目专项资金，计入资本公积，由全体股东共享，收到的贴息资金，冲减财务费用；财政部门负责专项资金的分配和资金拨付，并对资金使用情况进行监督检查。

第二节　商贸企业财务管理

1985—1987 年，四川省粮食财务体制为省财政厅对省粮食局实行粮食商业亏损和提价补贴总额包干。重大政策出台和重大自然灾害增销粮食在 1 亿千克以上所增加的亏损由省财政另行解决。同时，为平衡全省粮食开支，改委托代购为议转平收购，实行中央财政、省财政分别进行价格补贴，每千克粮食（不分品种）由中央财政补贴 0.128 元，省财政对每千克大米再补贴 0.182 元，每千克小麦、玉米再补贴 0.052 元。

1988 年，为搞活流通、增加商品供应，以及打压市场上的商品抢购风、涨价风，四川省采取了以下措施：首先，对粮食、植物油料、棉花、生猪、烤烟、蚕茧、甘蔗、化肥、农药等关系国计民生的重要农副产品和农业生产资料，从生产到收购，采取一系列优惠扶持措施。对粮食的收购，一是将全省粮食合同订购任务在原定的基础上适当调减，“议转平”任务通过加强市场收购和向省外议购保证完成，不落实到农户，以稳定农民负担，提高其种粮积极性；二是继续实行每定购 100 千克贸易粮向农民供应平价优质化肥 10 千克、柴油 3 千克的鼓励政策；三是继续发放粮食合同定购预购定金。对生猪的收购，继续实行计划内收购的 1000 万头生猪每头奖励 35 千克平价饲料粮的政策，其中：由各地上调省的 700 万头，每头再给调出地增加换购粮 35 千克。其次，对国营商业和供销合作社商业明确职责，赋予必要的经济手段和行政管理手段，使其更好地发挥主渠道作用。一是国家给主营单位拨付一定数量的物资，作为换购、奖售农副产品的手段；二是建立健全各种发展基金、调节基金、扶持资金和国家财政补贴制度，由各级政府和主管部门分别掌握使用，以丰补歉，以销补购，余缺调剂，使经营单位减少风险损失；三是对某些市场紧缺的日用工业品，采取临时拨付原材料，由工业部门加工、国合商业收购安排供应的办法。最后，从严控制社会集团购买力，开展财经物价纪律大检查，查处违纪违规商业单位，吊销“皮包公司”和非法经营单位的营业执照，加强市场监督管理。

1989年，四川省继续贯彻执行国家“双紧”方针，全省城乡市场呈平稳发展趋势，货源充足，流通秩序有所好转。但仍然存在很多问题：生猪购大于销的矛盾十分突出，有的地方被迫停工停宰，且受资金紧缺影响，收猪向农民“打白条”的情况较为突出；下半年食糖销售疲软，特别是10月新榨季开始以后，省内加价糖价格偏高，加上省外糖低价竞销的冲击，省内加价糖销售更加困难；工业品市场销售疲软，出现了“万千商品无俏货”的情况。为搞活流通，一方面全省进行了治理流通秩序的工作。一是清理整顿公司，撤并公司近3000户，并要求党政干部在公司兼职的一律要辞去一头，不得“两边挑”；二是查处了流通领域内一批违法违纪案件，重点审计了全省粮食经营企业的平价粮食财务管理，打击了一批“粮耗子”；三是将棉布、衣絮棉、食糖、食盐、彩色电视机等13种重要商品，作为第一批归口批发的重要生活消费品，并将钢材、生铁、铜、铝、铅、化肥、农药等23类商品列为重要生产资料，确定归口经营单位。另一方面也采取了一些针对性措施，拓宽某些产品的销售渠道。如继续对农民售猪实行保护价收购，对降价销售实行财政补贴；削减收费项目，使省内柑桔具有一定价格竞争优势；召开各种订货会和展销会，开展多种形式的工业品下乡活动，扩大工业品的销售等。

1991年，四川省内一些重要农副产品流通仍然不畅，购销调存各个环节存在不少矛盾。当年省内国营商业收购粮食总量626万吨，比1990年多收55万吨，导致原本不足的仓容更加紧张，各地粮仓普遍超储。全面收购油菜籽145万吨，增加43.5万吨，由于省内食用油消费量没有大的增长，加之成本偏高，在省外市场竞争力差，因而库存增大，加上油罐容量不足，使大量油菜籽不能加工压榨。此外，甘蔗、柑桔、蚕茧、竹制品等也分别由于成本偏高或国内外市场需求变化等原因，出现销售不畅。为改善流通不畅的局面，四川省进行了一系列改革：一是建立储备和风险基金制度，缓解流通企业压力。二是清理阻碍流通的各种关卡。2月，省政府工作组检查了各地乱设关卡的情况并形成书面材料转发各地，要求采取措施，限期撤销一切针对商品流通乱设的关卡，制止非法收费；8月，省政府重申放宽出省商品审批、价格、收费方面的限制；12月，省政府发出紧急通知，要求各地自行设立的柑桔检查站（点）务必于当月24日前全部撤除，自定的有关收费、罚款要限期取消。三是继续推行粮食改革。从当年4月1日起，在广汉市推开了粮油购销价格彻底放开的试点。四是组建了成都肉类产品批发市场。到年底，全省95%以上的肉类产品生产经营企业成为市场的会员单位，成交量大增，缓解了农民卖猪难的问题。

1992年，为搞活流通，四川省实行了5项措施：一是推广重庆“四放开”（经营、价格、分配、用工放开）经验，以国合商业、物资企业尤其是国合大中型商业批发企业为主，激励个体、私营商业在搞活流通、方便生活方面发挥作用。二是开放猪肉市场，允许经批准且具备经营条件的企业和个体屠户经营生猪，开展县内外及省外的运销经营。同时，适当放活和分级管理生猪及猪肉制品的购销价格，用好各级财政用于生猪的补贴款。三是缩减国家平价粮食供应范围，转变国营粮食企业经营机制。同时，继广汉、绵阳两市进行粮食购销体制改革试点后，省政府决定从当年11月起，将试点城市扩大到成都、重庆、内江、自贡、泸州、乐山、攀枝花、宜宾、德阳9个市（地）。改革的主要内容是：这些地区的粮食（包括饲料及粮食制品）购、销调价全部放开，实行市场调节，并相应调整“三挂钩”（粮食合同定购同供应平价化肥、柴油及发放预购定金“三挂钩”）政策；取消凭票、凭证供应城镇居民平价口粮的办法，给城镇职工适当经济补偿。

1993年，全省粮食购销体制在经历了1991年5月1日提高粮食购销价格，1992年4月1日实行粮食购销价格同价，1992年11月1日放开粮食购销价格三次重大变革之后，最终实现了计划经济向市场经济的过渡，结束了近40年的统购统销历史。当年，为搞活商品流通，省政府在第一批62个重点市场建成的基础上，决定再建166个重点市场。这批市场设施好、功能全、辐射面大、成交量高，对全省市场体系的培育起了很大作用。此外，省政府于4月发出了《关于进一步深化改革、转换国合商业企业经营机制的通知》，对487户国有商业企业进行了转型试点。全省国有商业企业组建企业集团5家，有限责任公司29家，定向募集公司14家，公众公司2家，上市公司1家；供销系统定向募集公司4家，并有54个县（市）供销社成立了集团总公司或企业集团。

1994年1月，四川省执行财政部《关于对外经济合作企业财务管理若干问题的通知》，规定：外经企业及其所属境内外分公司、经理部、办事处以及全资子公司境内外业务应分别进行盈亏核算并按税法规定就地缴纳所得税。年末，当外经企业（不含境内所属机构）境内外业务均有盈利时或境内外一方盈利抵补另一方的亏损后仍有盈余的，按国内企业所得税法规定的33%适用税率缴纳所得税。对企业境外经营所得由于按新的企业所得税制缴纳所得税后增加税负的，在“八五”（1991—1995年）期间可对企业实际缴纳的所得税实行财政返还办法（返还比例不得超过境外所得13%），即由企业提出申请，经主管财政机关核准后，向企业退还部分所得税额。企业收到返还税款后，计入税后可分配利润。企业对境外应收账款确应列作坏账损失，每笔损失在20万美元以上或全年累计坏账损失达到50万美元以上的；对境内应收账款确应列作坏账损失，每笔损失在人民币20万元以上或全年累计坏账损失达到50万元以上的，需报经主管财政机关审批。低于上述标准的由企业按规定列作坏账损失。为改善外经企业资本结构，对盈余公积金、资本公积金比较多的企业（股份制企业除外），主管财政机关有权决定将盈余公积金、资本公积金适当转增资本金并督促企业依法变更有关注册资本数额的工商登记，但必须以留存的法定公积金不低于注册资本的25%为限。外经企业在合并、分立或股份制改造过程中，主管财政机关负责国有资产产权变动转移的具体财务管理工作，确认资产评估结果，审查坏账等资产损失，核实投资者权益。外经企业清产核资时，对查出的各项资产盘亏、损失、挂账按照有关政策规定进行处理，需要冲减公积金和资本金的，一律上报主管财政机关审核批准。外经企业内部财务管理办法的制定，必须遵循《企业财务通则》和外经企业财务制度，体现企业经营特点及其管理要求。

1995年3月，省财政厅下发了《关于省属旅游企业有关财务问题的通知》，规定省级旅游企业按33%适用税率缴纳的企业所得税款（省级旅游企业发展周转金），由省财政列支，财政厅商贸处专户储存，省旅游局、省财政厅共同研究、管理使用和回收。省级旅游直属企业在完成年度考核利润前提下，省旅游局、省财政厅可从省级旅游发展周转金中安排部分有偿或无偿资金，用于企业周转和改造，支持企业发展。6月，为保护企业合法经营，制止各种乱收费，省财政厅下发了《关于各地不得擅自对省级商贸企业征收各种费用的通知》，规定：省属商贸企业不得按建设工程投资总额的一定比例以及销售额的一定比例提取商业网点建设费等并交给当地有关部门，当地也不得出类似政策向省属商贸企业征收各种费用；若当地政府部门强行向省属商贸企业征收各种名目的费用，省财政在核实有关情况后除对企业财务决算报表剔除外并相应扣减当地财政财力指标。同月，省财政厅制发了《商贸企业周转金管理办法》，规定：周转金主要用于国家政策需要，有利于促进大流通发展，壮大各级财源的投入少、见效快、效益高的商贸流通项目；扶持时坚持效益原则，即投资少、工期短、见效快、效益高，坚持信誉原则，即内部核算管理严格完善、偿还能力强、无不良信誉，坚持借还挂钩原则，即以市（地、州）为单位，先还后借、借还挂钩、优还优借、前账不还、后账不借；周转金中除自来水、生猪发展基金使用期限为 3 年外，其余均为 2 年，除生猪发展基金、自来水、民贸网资金占用费率按规定办理外，其余均为年 7.2%，占用费按月核算，每半年归还一次。12 月，省财政厅转发并执行财政部《关于国有商品流通企业有关财务管理若干问题的通知》，要求：企业必须加强各项资产的管理与核算，有效控制资产损失，包括坏账损失，存货损失，对外投资股本损失、固定资产损失等。企业处理资产损失，必须由经办人填报能够列明具体事项、损失的原因及金额的资产损失审批单，经部门负责人审核，财务部门审查并提出处理意见，报企业法定代表人审批。如属于超出权限的资产损失，由企业提出处理意见，报经主管财政机关审批。企业在年终决算前，必须对各类固定资产建设项目进行全面清查，已经完工并交付使用的建设项目，必须及时验收并办理竣工手续；对于已交付使用但尚未办理竣工决算的建设项目，按照《商品流通企业财务制度》规定，估价转入固定资产，并按照规定计提折旧，待办理竣工决算以后，再按竣工决算数调整原估价和已提的折旧。企业购建固定资产和对外投资落实内部专人管理责任制，实行全过程负责，并遵守国家有关投资政策、法令。在投资之前必须进行有财务部门参与的可行性研究，并经企业领导集体讨论通过，其中重大投资方案应交付职工代表大会审议。企业账面固定资产净值（包括在建工程）占上年末总资产的比重达到或者超过 20% 的，新购建固定资产时，必须报经主管财政机关会同国有资产管理部门审核批准。企业对外长期投资，不得超过上年末企业净资产的 50%，控股公司的权益性资本的投资和购买债券除外。企业递延资产必须严格按照财务制度规定的摊销期限或受益年限进行摊销。预提费用不得跨年度使用，待摊费用摊销期限不得超过 1 年，往来账款必须每年清理。各级主管财政机关应加强对企业递延资产、预提费用、待摊费用的核算项目及其管理情况以及往来账款清理情况的检查监督，防止企业任意调整本期损益。企业按国家规定提取的公益金属于所有者权益的一部分，主要用于企业职工集体福利设施支出，不得用于职工个人消费性支出。企业发生亏损时，或者实现利润不足以弥补以前亏损时，不得提取公益金，企业投资购建职工集体福利设施，不得超出公益金账面数额。各级主管财政机关审查企业内部财务管理办法，对违反《企业财务通则》和分行业财务制度的，予以纠正；在企业财务管理中，尽可能发挥具有专业技能的会计师事务所等中介机构的作用，加强对企业的社会经济监督。

是年，四川流通企业纳入省上现代企业制度试点的有 7 户，国家建立现代企业制度的试点企业 1 户，组建股份有限公司和有限责任公司的 179 户。同时，继续组建和培育大型商贸企业集团，并放开小型商业企业，允许其拍卖和合并。为规范期货市场行为和加强监管，省政府出台了专门通知，打击非法期货交易行为，取缔了一批非法期货公司，合并组建了成都联合期货交易所，期货市场发展无序化状态得到控制。

1996年1月，鉴于国家对涉外税收制度作了3项重大改革：一是大幅度降低关税税率，同时取消进口税收减免的优惠政策；二是进一步调低出口货物退税率；三是对加工贸易实行进口料件保证金台账监管制度，这3项改革对四川外贸企业的发展造成了一定影响。为支持外经贸企业发展，省政府决定对外经贸企业1996年上交的所得税实行先征入库，再通过预算安排支出用于扶持。即对外经贸企业1996年实际入库的所得税，由同级财政列支返还50%给原企业，作为国家资本金注入，用于企业技术改造和补充生产经营资金；另外50%由同级财政部门和外经贸部门掌握，建立扶持外经贸出口发展专项基金。是年，省政府与各市（地、州）政府签订了消化粮食政策性财务挂账责任书，并将销售平价周转库存粮所取得的差价收入包干上交，以帮助解决粮食财务挂账。是年，针对商贸周转金回收难的问题，省财政厅试行了预算扣款办法，催收逾期借款。

1997年3月，为规范商品期货交易财务行为，省财政厅转发了财政部制定的《商品期货交易财务管理暂行规定》，对会员制期货交易所有关资产处理、盈余公积金、提取公益金、会员保证金及财产抵押、风险准备金等作了详细规定。

1998年，为贯彻执行国务院进一步深化粮食流通体制改革的决定，四川省开始实行“四分开一完善”① 政策，推进粮食流通体制改革。按照中央确定的粮食风险基金地方配套比例，完成了粮食风险基金地方配套任务。年底累计拨付粮食风险基金9.41亿元，其他粮食政策性补贴4.28亿元，超额完成了资金拨付任务。同时，为消化完成1991粮食年度末粮食政策性财务挂账，省政府决定抛售老平价周转库存量，其实现的价差用于消化挂账。

1999年，为深化粮食流通体制改革，省政府10次召开粮改领导小组会议，研究粮改中的重大问题；两次召开全省粮改工作会议，并两次组织工作组赴各地检查粮改政策执行情况。省政府对市（地、州）实行了粮食购销、粮食风险基金、粮食购销企业盈亏“三包干”政策，市（地、州）对下属县（市、区）也实行了包干，从而进一步落实了粮改责任。为督促市（州）及时上缴新增粮食财务挂账贴息款，省财政厅规定，凡不能如期付款的，省财政将直接从当地财政预算中扣除贴息款拨给省农业发展银行。当年，中央核定的四川省粮食风险基金包干基数总额为10.73亿元，其中，中央财政负担5.32亿元，省财政配套5.41亿元。各级财政利用粮食风险基金，共拨付各项粮食补贴资金13.05亿元，支持了粮食流通体制改革。

是年，全省国有商业企业继续进行资产重组和产权制度改革。到年底，全省275户市（地、州）属商业企业，实施了产权制度改革的有193户；全省2712户县（市、区）属商业企业，实施了产权制度改革的有2305户。纳入省政府37户扩张型企业的6户名酒企业和3户流通企业通过配股、参股、控股等方式，进行了多元化投资经营，扩大了资本规模。但受有效需求不足和通货紧缩的影响，国有商业企业经营惨淡，亏损面高达69.9%，加之新的消费热点和引导居民消费的举措不多，市场开拓难度很大，商品流通依旧面临不少问题。

2000年9月，为加强粮食补贴资金管理，及时掌握情况，省财政决定对部分产粮大县（市）建立粮食财政财务管理工作联系制度。这些县（市）有：崇州市、泸县、中江县、三台县、营山县、安岳县、仁寿县、渠县、巴中市、岳池县。以上县（市）在向所属市（地）财政局报送粮食财务有关资料时，需同时抄报省财政厅。报送内容包括粮食流通体制改革情况，粮食风险基金与粮食财务

---

① 即政企分开、中央和地方责任分开、储备与经营分开、新老财务账目分开，完善粮食价格体制。

挂账情况，粮食购销企业财务月报、季报和年报以及粮食补贴、市场粮食价格等情况。同时，贯彻执行中央有关进一步改革粮食风险基金拨付办法的通知，除将粮食风险基金纳入财政预算外，还要求地方自筹配套资金必须在每季度第2个月底前按季足额拨付到财政专户，不得延压。

2001年4月，为防止划转地方的中央储备陈化粮销售时对市场形成冲击，省财政决定对市（州）实行划转储备粮差价补助包干。包干额由新陈品质差价补助和合理损耗补贴组成，包干资金实行专户管理，销售多少，补贴多少，不实行预拨。

2002年1月，经省政府批准，《四川省粮食风险基金监督管理暂行办法》开始施行。决定从2002年起，由省政府改为由省财政厅对市（州）实行粮食风险基金包干。基金继续实行农业发展银行专户管理，使用时，由市（州）政府决定具体的补贴范围、补贴标准和补贴方式，同时抄报省财政厅、省计委、省粮食局和省农业发展银行备案。

2004年，为深化粮食流通体制改革，省政府印发了《关于进一步深化粮食流通体制改革的方案》，开始对种粮农民实行直接财政补贴。补贴的品种为稻谷、小麦和玉米（民族地区补贴品种适当放宽），补贴方式为按农业税计税面积进行补贴，补贴的粮食数量由近3年国有粮食购销企业收购的保护价粮食的平均数量确定，补贴的标准按市场价低于保护的目标价格的差价予以核定。每年的粮食补贴资金从现行包干的粮食风险基金中优先安排，市（州）资金缺口部分可向中央申请借款，再由省财政将借款资金拨到市（州）粮食风险基金专户。在实行对种粮农民直接补贴及粮食流通体制市场化改革后，粮食风险基金的使用范围调整为：对种粮农民的直接补贴；省级储备粮食的利息费用补贴；对政策性挂账的利息补贴。当年，全省共兑现粮食直补资金5.22亿元。同时，为消化国有粮食购销企业财务挂账，省财政厅、省发改委、省审计厅、省粮食局、农行四川分行联合发文决定：对1992年3月31日之前发生的且经省清理核实，尚未消化的粮食财务挂账，其本金消化和利息负担政策保持不变。新增粮食财务挂账，即1992年4月1日至1998年5月31日期间发生的，按各地财力情况区别对待，即：财力较好的市（州）能在规定年限内消化新增粮食财务挂账本金的，经财政部、省政府核准，在现行中央财政和地方财政共同贴息的挂账总额内，从2004年起按规定的年限消化本金，消化期内，利息由中央财政全额负担；财力确有困难的市（州），尚无能力消化挂账本金的，再给5年过渡期（2004—2008年），5年内新增粮食财务挂账，纳入中央财政和省、市（州）财政共同贴息的部分，利息由中央财政负担一半，过渡期内有能力消化本金的，经财政部、省财政厅核准，中央财政从市（州）开始消化本金的年度起，全额负担利息。新老财务挂账利息，均不得挤占粮食风险基金。

是年，为鼓励商品流通，省政府制发了《四川省商品市场体系建设发展纲要》，全省以成都为中心的多层次的商品市场体系基本形成。同时，在全省范围内开展了打破地区封锁的清理活动，共审核文件54255件，清理后保留54018件，修改24件，废止213件。同时，继续推动国有流通企业改革，对其进行分类定位，扶优汰劣。此外，外商投资领域进一步扩大。从事批发和零售的外商投资商业企业分别从2004年6月1日和12月11日起取消地域限制，10月29日起允许外商投资设立出口采购中心。根据《内地与香港关于建立更紧密经贸关系的安排》（CEPA）有关规定，从2004年1月1日起，中国香港、澳门投资者先期进入设立外资商业企业，零售企业地域范围扩大到地级市。会展、影院、广告、运输、电信、货物租赁、证券、基金、保险等行业开始允许外资进入。

2005年11月，省政府决定，在2006年3月底前积极稳妥销售处理完原保护价库存粮食。为调动企业销售积极性，省财政决定对销售库存粮实行奖励补贴政策，即以2005年6月末农业发展银行库存粮实物台账为限，凡在2006年3月底前销售完毕的市（州），每销售500克库存粮，省财政奖励补助0.02元。

是年，成都、绵阳被列为国家流通体制改革试点城市，并制定了改革实施方案和配套措施，建立了流通业发展引导、扶持资金。全省大中城市国有流通企业改制基本完成，在中小型批发、零售和餐饮服务业等一般竞争性行业以及县以下流通领域，国有资本基本退出。

第三节 基本建设财务管理

从1985年起，由国家安排的基本建设投资全部由财政拨款改为银行贷款，即实行“拨改贷”。之前由各家专业银行经营的自筹基建资金统一划转四川省建设银行接办。地方“拨改贷”资金由地方财政预算拨给，并实行差别利率：电子、纺织、轻工、石油化工、原油加工项目年利率4.2%；钢铁、有色、机械、汽车、森工、化工、电力、石油开采、铁道、交通、民航项目年利率3.6%；农业、林业、农垦、水利、畜牧、水产、气象、国防工业、煤炭、建材、邮电、粮食和节能项目年利率2.4%；长线产品的建设项目和在能源紧张地区建设的耗能高的项目年利率12%；其他行业的项目年利率3%。借款期限，包括建设期和还款期，一般不得超过15年。是年，全省共有2406个项目实行“拨改贷”，投资额为8.94亿元。

1986年4月，四川省对新、扩建企业执行“谁安排建设项目，谁负责解决项目竣工投产所需的30%的自有流动资金”的规定。对确能很快形成生产能力，原料有来源，产品有销路，经济效益好的，自有资金不足30%的部分，经审核批准，银行可发放特种贷款。各级财政如有余力，可增拨资金用于补充新、扩建企业流动资金不足。7月，国务院发出通知，要求控制固定资产规模，具体措施有：第一，新增建设项目，必须严格按程序办事，先提交项目建议书（投资额在300万元以下的非生产性建设项目除外），经审查批准后，方可开展前期工作。第二，控制银行基本建设贷款。第三，对固定资产投资征收土地占用税。第四，严禁提价或变相提价筹集资金，扩大基建规模，凡未经国务院批准的提价或变相提价筹集的资金，或上交国库，或退还单位。第五，自筹资金按资金来源规定使用方向：地方超收留用的能源交通重点建设资金，只允许用于能源交通建设；城市维护建设税资金，首先用于保证城市现有市政公用设施的维护和更新改造，当年若有结余，可于第二年用于城市建设；企业自有资金，重点用于企业技术改造；地方机动财力，重点用于农业、文教、卫生和第三产业建设；以上资金以及其他自筹资金拟用于基本建设的，必须专户存入建设银行并存足半年方能使用。10月，省政府下发文件，对基本建设投资项目实行分项分级管理制度，并落实项目承包责任制，以提高投资效益。在推行财政预算内基建拨款“拨改贷”时，对科研、文教、行政事业单位等社会效益大、本身无收益的建设项目，坚持拨款制，实行拨贷并存。

1987年2月，按照全国核定的各省地方固定资产投资总规模，四川省按照“三保三压”① 方针，重新核定了全省各地、各部门的建设规模。省政府原则上不再批准新项目，计划外工程一律停止，

① “三保三压”：即保计划内建设项目、压计划外建设项目；保生产性建设项目、压非生产性建设项目；保国家重点建设项目、压非国家重点建设项目。

新建的楼、堂、馆、所，不论计划内外，除经特殊批准，一律不准开工。同时，将非生产性建设投资压缩到占总投资的40%左右。

1988年，在基本建设投资中，四川省广泛采用了项目招标、择优投资的办法，以增强投资责任，提高投资效益。是年9月，国务院发布施行《楼堂馆所建设管理暂行条例》。

1989年，四川省坚持对基本建设项目进行清理，明令不准再新建小棉纺厂、小烟厂和小酒厂，截至当年底，全省共停、缓建项目767个，压缩投资15.53亿元。在完成的基建投资中，生产性投资占近70%，比上年提高了约5个百分点。此后几年，由于实行财政紧缩政策，基本建设投资需求继续压缩，到1991年，全民所有制施工项目11631个，比1988年减少了11.4%。

1991年，四川省适当调整了建设项目审批权限和审批程序。省审批的小型和限额以下项目，凡税率在10%以下，符合国家产业政策和总体规划，资金全部自筹，且能源、原材料、运输等外部条件基本自行平衡的生产性基本建设项目，市（地、州）和省级部门立项审批权限由原来的500万元以下扩大到1000万元以下，楼堂馆所等非生产性项目由原来的300万元以下扩大到500万元以下。是年，执行财政部规定，对使用国家财政、银行、债券等各项基本建设投资形成的各项工程建设副产品变价净收入、负荷试车和试生产收入以及其他收入，按不同比例进行分成。其中应上缴财政部分，通过建设银行汇缴同级财政。

1993年12月，省财政厅发出通知，要求除经主管财政机关审核批准，于1993年7月1日转轨实行相应行业财务制度的建设项目按相应行业编报企业财务决算外，其他所有建设项目均按当时基建财务制度规定编报建设单位财务决算，以逐步将建设单位财务纳入企业及行政事业单位财务管理体系。

1994年11月，省财政厅收回原委托建设银行四川省分行代行的财政职能，并进行预算交接和资金交接。建设银行四川省分行划拨1994年度的基本建设支出预算的时间截止于1994年10月5日，下达基本建设拨款限额时间截止于1994年10月15日。从11月1日起，由省财政厅对各部门、各地区下达基本建设支出预算，调整、划转预算指标，以及下达基本建设经营性基金指标。

1995年8月，根据财政部、中国人民建设银行关于财政部收回原委托中国人民建设银行的财政职能的通知精神，决定从1994年10月起，由省财政将预算安排的省级基本建设有偿使用资金按省计委下达的基本建设投资计划划拨到四川省投资公司，委托省投资公司管理。由省投资公司与项目单位签订贷款合同，并负责资金回收。1994年10月以前的省级基本建设有偿使用资金①贷款余额由省建行全部划转到省投资公司。

1996年8月，四川对基本建设投资项目试行资本金制度，投资项目必须首先落实资本金后才能进行建设。投资项目资本金占总投资的比例，根据不同行业和项目的经济效益等因素确定，具体规定是：交通运输、煤炭项目，资本金比例为35%及以上；钢铁、邮电、化肥项目，资本金比例为25%及以上；电力、机电、建材、化工、轻工等其他行业的项目，资本金比例为20%及以上。资本金的来源包括财政预算内资金、专项建设资金、国有企业产权转让收入、社会个人合法所有资金等方面。至此，四川省在全国率先推行的投资体制改革的四项基本制度，即法人责任制、资本金制度、招标投标制和工程建设监理制度完全建立。9月，省财政要求各地、各部门尽快建立行政事业单位自

① 即历年“拨改贷”未收回的本息。

筹基本建设资金财政专户储存管理制度。凡有财政性资金与其他资金拼盘的项目，其配套资金不落实或不按规定将自筹基建资金专户储存管理的，将暂停财政预算资金的拨付。同时，对有财政性资金投入的基建项目，财政部门将直接参与工程概算的审查工作，实行招投标的，其标底造价应接受财政部门审查。财政部门应对基建项目的财务决算进行严格审查，不得以竣工决算审计结论代替财务决算审批。凡未经财政部门审批的竣工财务决算，不得作为交付使用资产入帐。12 月，财政部决定将 1979—1988 年由中央财政安排的国家预算内基本建设投资中有偿使用部分（扣除已经偿还、豁免和核转部分的本息），从使用贷款之日起至 1996 年 12 月 20 日止的本息余额，不包括特种“拨改贷”、煤代油基金和中央基本建设预算内经营性基金，全部转为国家资本金，作为中央对企业的投资。地方与中央共同投资的国有企业，中央转换后，地方原则上也应当将“拨改贷”资金余额转为国家资本金，并报财政部备案。是年，接财政部通知，继续将 1989—1996 年底中央财政安排的国家预算内基本建设投资中有偿使用部分（扣除已经偿还、豁免和核转部分的本息），从使用之日起至 1997 年 12 月 20 日止的本息余额，不包括特种拨款改贷和煤代油基金，转为国家资本金。相关企业持批准文件到同级财政部门办理国家资本金和国有资产产权登记手续。

1997 年 12 月，省委办公厅、省政府办公厅联合制发了《关于严格控制党政机关新建和装修办公楼的实施办法》，规定：党政机关现有办公楼已达到国家规定建筑面积标准的，不准改扩建、新建或购买办公楼，贫困地区在未脱贫前党政机关一律不准新建或购买办公楼；因危房改造或新增机构确需新建或购买办公楼的，须按 1988 年国务院发布的《楼堂馆所建设管理条例》的规定程序逐级上报省计委，由省政府审批或转报国家计委审批立项；各级机关在编定员每人平均建筑面积不得超标，总面积使用系数也须遵照规定严格执行；违反规定擅自修建或扩建办公楼的，将给予直接负责人严肃处分。

1998 年，为应对亚洲金融危机，中央采取了积极的财政政策。国务院决定增发 1000 亿元国债，专项用于加快基础设施建设。四川省共有 73 个项目，需地方相应落实配套资金 44.8 亿元。为合理利用好国债专项资金，省财政厅要求各市（地、州）财政以及省有关部门严格按规定安排使用国债专项资金，严格按工程进度拨款，不得擅自变动项目或调剂使用资金。同时，属于中央财政投资的部分，考虑到各地资金调度比较困难，省财政采取专项调拨资金方式，以确保国债项目资金到位。省内一些财政状况较好的地区，如成都、绵阳、德阳等，为尽快启动项目建设，在国债资金到位之前，当地财政还对部分急需资金的国债项目代垫建设资金，以保障工程顺利进行。2 月，执行财政部《基本建设财务管理若干规定》，其主要内容为：各级财政部门负责对基本建设财务活动实施管理和监督；有财政性资金投资的项目，建设单位要及时向同级财政部门提交项目建议书、初步设计的批准文件和项目概算，并提供可行性研究报告、施工图、施工图预算、施工合同、开工许可证等文件资料的复印件；建设项目涉及停建、缓建、迁移、合并、分立以及其他主要变动事项时，应在确立和办理变更手续之日起 30 日内，向财政部门提交有关文件、资料的复印件；经营性项目建设期间的财政贴息资金，作冲减工程成本处理；非经营性项目实行投资包干责任制的，其包干结余按投资来源比例分别用于归还贷款和进行分配，其中国家财政性资金投资形成的包干结余，30% 上交同级财政部门，20% 上交主管部门，50% 作为建设单位的留成收入；应交财政的包干结余和竣工结余须在办理竣工决算后 30 日内上交财政；竣工决算内容包括两个方面，一是竣工财务决算报表，二是竣工财务决算说明书。4 月，省财政厅下发通知，将自筹基本建设资金纳入基本建设财务管理，对其实行

“专户存储，先存后批，先批后用，监督拨付”的管理制度。各地各部门在使用自筹资金从事基建时，须向财政部门报送用款计划、财务报告、工程进度报表等基础资料，经审核通过后，由财政部门拨付资金。是年7月，四川对列入发展“大轻工”项目表的企业，其省级及省以下的基本建设拨改贷资金，转作国家资本金投入。同月，在转发财政部《基本建设财务管理若干规定》时，省财政厅作出如下补充规定：使用财政贴息资金的建设项目，其贴息资金的财务管理须报省财政厅批准；经批准设置了临时筹建机构的大中型项目或重点项目，其管理费用须经同级财政部门审批后方可列支。同年10月，四川省加强对中央直属储备粮库建设资金的管理，对粮库建设资金实行统一专户存储（统一在中国建设银行设专门帐户）和专人管理制度。各级财政、审计部门定期对项目单位进行检查，并将检查情况上报省财政厅。

1999年3月，《四川省省级基本建设项目资金管理办法》公布并实施。规定省级预算基建资金的使用原则是：省级为主，地区为辅；统一计划，集中安排；公益性和基础性项目为主；先续建，后新建；按资金规模确定建设规模。每年财政可预留不超过预算总额15%的资金等待安排，用于年初计划未考虑到的重大问题和其他不可预知的投资安排。项目立项时以资金落实为前提，省级行政事业单位须及时报送项目基本建设资金预算，财政部门据此审核项目资金是否落实，资金来源是否合理，并出具证明，否则计划部门不予立项。5月，省财政厅在转发财政部《财政基本建设支出预算管理办法》（以下简称《办法》）时要求：凡使用财政性资金的在建和拟立项的建设项目，均应按照《办法》规定向同级财政部门报送含有各种资金渠道来源的基本建设支出预算。经财政部门审核后，作为下达基建预算和拨付资金的依据。不按规定报送的，财政一律不予拨款。省级行政事业单位除报送基本建设支出预算表外，还要按规定将自筹基本建设资金纳入财政专户存储管理。7月，为加强基础设施建设资金的管理与监督，省政府在转发财政部相关通知时，着重强调了以下几点意见：要认真做好项目的可行性研究，确保项目投资效益，对前期工作准备不充分、设计质量低劣、概算有缺口或缺乏还款能力的项目，财政部门要及时向计划部门反映，不予拨款；要严格概算关，批准后的概算不得随意变更，特殊情况确需调整的，在经同级财政部门同意后，报同级政府审批；要严格建设项目财务资金管理；确保还贷，各部门所借国债转贷资金一定要明确责任，建立有效的还贷机制。8月，省财政厅转发财政部、水利部《水利基本建设资金管理办法》（以下简称《办法》），对纳入国家基本建设投资计划，用于水利基本建设项目的资金进行规范管理。资金管理的基本原则是：分级管理、分级负责；专户储存、专款专用；注重效益。资金主要来源于财政预算内基本建设基金、水利建设资金、金融机构贷款和发行债券筹集等几个方面，在拨付时，出现违反程序、改变项目建设内容、未实行专户储存等情形时，可暂缓或停止拨付资金。另外，《办法》还就资金使用程序、监督检查等问题作了说明。

2000年3月，国务院规定：大中型水利基础设施的修建和维护，所需资金在国家和省级基本建设投资计划中予以保证；农村小型水利建设项目，从地方基本建设计划中安排资金。取消基本建设投资中要求农民出资出劳进行配套的做法。

2001年起，省级财政性投资项目的资金拨付一律以施工图预算评审结论、工程进度表、用款计划表为依据。财政投资超过100万元的项目，省财政均预留10%的工程尾款，待项目竣工验收，作出评审结论后再根据情况予以清算、拨付。新开工投资项目预算总额超过500万元（其中财政性投资250万元）的项目，其施工图预算须报省财政投资评审中心评审，并出具评审结论后方能拨付资金。

2002年，四川省贯彻执行中央实施的积极财政政策，充分利用国债资金和民间资本，加大对基础设施领域的投资力度。同时，改进基本建设投资管理体系。结合部门预算管理改革，逐步将基本建设项目预算内外资金全部纳入部门预算统筹管理，部分地区（如广安）还实行了自筹基本建设资金财政专户管理办法；结合国库管理改革的扩面增量工作，对省本级和部分市、县财政部门实行用款申请和审核办法，减少资金拨付中间环节；推行重大项目委托监管制度，探索建立基建项目资金全过程监管机制。此外，广泛开展财政投资评审业务。各级财政部门普遍采用了“先期介入，关口前移”办法，严格监控合同与造价条款的签订，工程量清单和标书的精核，工程设计变更的审查，材料价格的确定等重要关口。省级财政投资项目竣工后，必须委托有省级财政投资项目结算评审资格的中介机构或单位对工程竣工结算进行审核并出具报告，在此基础上编制竣工决算。2月，省财政厅委托省财政投资评审中心对4个拟立项的农业综合开发省级地方项目进行评审，标志着财政投资评审机制开始进入农业综合开发等专项资金领域。到2004年6月，全省各级评审中心共完成各类评审项目1673个，项目送审投资额616.96亿元，审查减少投资额49.19亿元，平均审减率为8%，节约了大量财政资金。9月，财政部发布修订后的《基本建设财务管理规定》（以下简称《规定》），明确各级财政部门是主管基本建设财务的职能部门，对基本建设的财务活动实施财政财务管理和监督；使用财政性资金的建设单位，其主管部门要及时向同级财政部门提交初步设计的批准文件和项目概算，待财政部门审核确认后，作为安排项目年度预算的依据；此外，《规定》还对经营性和非经营性项目结余资金的处理、项目决算报批、项目投产后税后收入的分配等进行了规范和说明。

2003年3月，省财政厅对《基本建设财务管理规定》作出如下补充规定：非经营性项目的结余资金中，归还投资方部分的计算基础为各方实际投资额。应归还财政部门的结余资金，财政部门可首先在预留工程尾款中抵扣，不足抵扣的，建设单位应在财政部门批复后30日内缴入财政部门指定帐户；列入待摊投资中的税（费）支出，国家有规定税（费）率的，应以国家规定税（费）率计算的税（费）额作为最高支付限额，小于限额的按实际支付额列支；财政部门可按不低于财政性投资总额5%—10%的比例预留工程尾款，待竣工财务决算批复后再行清算；建设单位应于项目竣工后90日内向同级财政部门报送基本建设项目竣工财务决算报告，迟报或者不报的，财政部门可扣收预留尾款；基本建设项目竣工财务决算审批时，经营性项目省以上政府性资金投资额在5000万元以上，非经营性项目省以上政府性投资额在3000万元以上的大中型项目，由省级主管部门审核后报省财政厅审批，其余项目由同级财政部门负责审批；非经营性项目补充增加：人畜饮水、以工代赈、氟砷改水、生态环境治理、乡村道路建设等；建设单位应健全内部财务管理制度，包括财务处理程序制度、原始记录管理制度、财务收支审批制度、借款及费用报销制度、工程款拨付联签制度等。

2004年1月，《四川省国家投资工程建设项目招标投标条例》（以下简称《条例》）开始施行。《条例》对使用国有资金投资或者国家融资项目的招标原则、招标范围、招标方式、招标组织形式、监督管理等作出了明确规定。

2005年11月，为强化重大政府性投资项目财务管理，保障国家建设资金安全，充分发挥政府性资金的使用效益，四川开始实行《四川省政府性投资重大基本建设项目财政财务委托管理办法》，以代替之前印发的《四川省重大基本建设项目财政委托管理试行办法》《四川省财政厅重大基本建设财政委托管理项目管理工作考评办法》和《关于完善重大基本建设财政委托管理项目管理工作考评办法的补充通知》。《四川省政府性投资重大基本建设项目财政财务委托管理办法》决定对纳入全省统一监管范围的重大项目实行聘请专业技术人员（即“监管员”）或社会中介机构（即“监管机构”）协助财政部门进行监督管理，监管员或监督管理机构需具备规定条件，且必须与财政部门签订相关协议或劳动合同。监管员或监督管理机构具有审查项目实施和资金筹措方案、审查项目单位制定的内部财务管理规章制度、审核项目工程进度和政府性资金使用计划、查阅建设单位账簿、凭证、报表等会计资料、监督建设项目工程价款支付和结算等权力，同时承担向同级财政部门及时报送项目基本情况、项目各类合同与协议及招标文件等审查情况、项目工程进度和各类投资资金到位及使用情况、项目绩效评价等相关资料的义务。省财政厅每年度对重大项目监管工作实施考评，考评内容包括执行国家和省有关法律、行政法规和制度情况，监管工作开展情况，监管经费使用情况，投资资金管理及拨付情况，数据收集、汇总及统计分析工作情况等。考评结果与重大项目监管经费挂钩，成绩突出的市（州）财政局在监管经费上给予倾斜；不合格的，省财政厅可要求其更换监管员或监管机构，并相应扣减其监管经费。12 月，省政府决定对政府投资工程建设项目，包括使用各级财政预算资金的项目、使用纳入财政管理的各种政府性专项建设基金项目、使用国家发行债券所筹资金项目、使用国家对外贷款或者担保所筹资金项目、省政府认定的其他政府投资工程建设项目，总投资额在 3000 万元以上的进行比选。比选遵循公开、公平、公正原则，对符合要求的参选法人或其他经济组织按要求进行筛选。财政、审计部门在比选活动中履行监督职能。

第七章　农业财务管理

1986年，四川省农业事业财务管理继续实行预算包干制度，节余留用，增收归己。在预算管理形式上，实行全额预算管理、差额预算管理和自收自支三种管理办法。1997年，财政部发布实施《农业事业单位财务制度》，四川省农业事业单位开始实施“核定收支、定额或定项补助，超支不补，结余留用”的预算管理办法。1998年，四川省农口事业单位开始执行综合预算管理制度，实行预算内外收支统管。2000年之后，在推进部门预算、国库集中支付等财政改革的基础上，四川省创新农业财政资金投入机制、运作模式和管理办法，制定了一系列规范化的支农资金管理制度，如《四川省省级农业专项资金管理暂行办法》《四川省农业产业化银行贷款项目省级财政贴息资金管理暂行办法》等。同时，四川省改进支农项目资金的分配管理方式，按照公开、公平、公正的原则，广泛采用因素法、公式法等科学分配办法，减少人为分配、人情分配现象，并积极推行支农项目专家评审竞争立项制度；探索管好用好农业财政资金新途径，如重点项目实行县级报账制，大宗批量材料、物资实行政府采购制度，资金使用实行公示制，以及实施农业财政资金专项调度制度；此外，强化农业专项资金监管，对支农专项资金进行追踪问效，并根据检查结果进行奖惩。

第一节　农业综合开发财务管理

1989年，经国家农业综合开发领导小组批准，四川省中部丘陵区8市（地）、42个县开始实施以改造中低产田土为主要内容的农业综合开发项目（川中项目）。项目资金实行财政统管，专账核算，专户存储，专人审批，专款专用，严格按照工程量核定投资，按工程进度和质量拨款。项目县工程开工拨付30%，工程进展过半再拨付40%，完工后付款总额达到90%，余下的10%作为工程质量保证金，待工程运行1年无质量问题后再予以拨付。

1991年，经国家农业综合开发领导小组批准，四川省东部地区6市（地）、20个县开始实施以改造中低产田土为主要内容的农业综合开发项目（川东项目）。开发时，坚持各级财政投入不高于40%，农民投入（含投劳、投资）不低于60%的原则。

1993年，四川省攀西地区1993—1995年农业综合开发项目开始实施，涉及攀枝花市、凉山州、宜宾地区、泸州市等4个市（地、州）的17个县（市、区），122个乡镇。项目是在原“凉山项目”的基础上不断扩大而来，3年总投资11955万元，其中，中央财政资金5500万元，省级财政配套资金2300万元，市（地、州）级财政配套1030万元，县（市、区）财政配套1880万元，农村集体和农民自筹资金1245万元。1996年3月，项目全面竣工，共治理中低产田土38.99万亩，开垦宜农荒地0.59万亩。

1995年1月，为贯彻《国务院办公厅转发财政部关于农业综合开发若干政策的通知》，省农业发展基金管理领导小组制定了《关于贯彻农业综合开发若干政策的意见》，明确农业综合开发以农民增收为目的，以效益为中心的开发原则。同时规定，农业综合开发一律按项目管理，坚持择优立项，重点投入，集中成片的原则。资金投入以国家投入为导向，农民投入为主体，适度集中，分级承担。结合四川省实际情况，对国家立项的地方配套资金，按省60%、市（地、州）20%、县（市、区）20%的比例执行。10月，《国家农业综合开发资金管理办法》（以下简称《办法》）开始施行。农业综合开发资金是指纳入国家批准的农业综合开发项目总投资计划内的各种资金，包括中央财政投入的资金，地方财政投入的资金，农村综合开发专项贷款，农村集体组织和农户自筹的资金，国家农业企业自身积累投入的资金以及经过法定手续筹集投入的其他资金。《办法》适用于1994年1月1日起国家新批复立项的农业综合开发项目（1993年底前批复的项目仍按原制度执行）。省财政厅在转发时，结合四川实际情况做了相关补充：农业综合开发财政资金（包括中央和地方各级配套）必须专款专用，任何单位和个人不得截留或挪作他用；项目市（地、州）、县（市、区）财政配套资金是农业综合开发项目资金的组成部分，市（地、州）级不得把应由本级承担部分转由县（市、区）级承担；农业综合开发项目的前期工作费按财政投资总额的1.5%提取，农业综合开发办公室的业务费按本级财政配套资金的1%提取，除此之外不得再提取任何费用；县（市、区）对乡（镇）或工程建设单位，可按工程投资总额的10%预留工程质量保证金，验收合格后及时拨付；项目市（地、州）、县（市、区）、乡（镇）必须设立农业综合开发资金专户，开支范围由项目财务负责人一支笔审批，以确保资金拨付畅通。

截至1996年，中央对四川的农业综合开发投入由1989年的7818万元，增加到1996年的18871万元；省级财政分配由1989年的1400万元增加到1996年的9818万元。1989—1996年，项目区累计投资及投劳折资合计132亿元，其中中央投入117171万元。累计完成中低产田改造1175万亩，治理水土流失15649平方千米，完成工程造林1430万亩，为改善四川农业生产条件和生态环境，促进农业及农业经济发展作出了积极贡献。

1999年6月，财政部综合往年制订的有关国家农业综合开发项目和资金管理方面的政策，印发了统一的《国家农业综合开发项目和资金管理暂行办法》（以下简称《办法》）。《办法》对农业综合开发项目的分类、投入机制、资金筹集与使用原则、组织协调、立项条件、申报审批、项目实施、竣工验收、运行管护、组织管理等进行了规定。原《国家农业综合开发项目管理办法》《国家农业综合开发资金管理办法》同时废止，但该办法公布以前批准立项的农业综合开发项目在建设期内仍按原办法进行管理。9月，财政部又特别下文，对暂行办法中部分条文进行了解释说明。

1999年1月，财政部制定了统一的农业综合开发资金会计制度，对农业综合开发资金会计制度的一般原则以及资产、负债、净资产、收入、支出、会计科目、年终清理结算和结账、会计报表编审等进行了规范和说明，并附有会计报表格式、会计报表编制说明以及主要会计事项核算举例。实施后，各地区、各部门自行制定的农业综合开发资金会计制度同时废止。

2001年3月，四川省执行财政部制定的《农业综合开发财务管理办法》。农业综合开发财务管理的一般原则是以项目定资金，专款专用，专账核算，专人管理，实行县级财政报账制。各级农业综合开发管理部门和项目建设单位须编制财务计划，包括资金筹措计划和项目用款计划。农业综合开发资金必须在国家规定的项目范围内使用，项目建设单位对实施的土地治理项目、科技示范项目所形成的实物工程发生的全部费用进行成本核算。

2001年8月，《农业综合开发资金报账实施办法》开始实施，农业综合开发从当年起开始实施财政无偿资金县级报账制度。

1999—2001年，四川省农业综合开发完成投资216627.37万元，其中，中央财政资金77911.1万元，地方财政配套资金75173.27万元，群众自筹53863万元，银行贷款9680万元。

2002年1月，按照国家农发办要求，四川省选择雅安和广安两市的农业综合开发项目县以及当年农业综合开发水利骨干工程项目开展招投标试点；其余市（州），各选择本地一个项目县进行试点。招投标工作原则上由县级农发部门负责组织，项目跨市的，由上级农发部门负责组织。招标分为公开招标和邀请招标，其基本程序为：临时成立招标机构、编制招标文件、发布招标公告或发放招标邀请书、发放或出售招标文件、投标、开标、评标、中标、签订合同。招投标时，遵循公开、公平、公正和诚实信用原则。是年，财政部对1999年实施的《农业综合开发资金会计制度》进行了修订，总条数由之前的71条精简为65条。

2003年1月，财政部对农业综合开发资金投入比例进行了调整。中央财政资金与地方财政资金配套比例调整为100∶72；中央财政无偿、有偿投入比例根据项目类型分别调整为：土地治理项目无偿、有偿资金比例由85∶15调整为90∶10；多样经营项目由15∶85调整为20∶80。3月，四川省对农业综合开发产业化项目招商引资作出规定。参与项目招商的企业实收资本金须不低于1000万元，现有固定资产原值不低于2000万元，从事农产品加工、流通的增加值占总增加值的70%以上，年销售收入不低于3000万元，资产负债比例不高于50%，银行信用等级不低于AA级。企业还应当按照市场经济规则和农业产业化经营要求，通过与农户签定购销合同和服务合同、生产要素入股、二次分配利润等多种方式，与农民建立规范、密切的利益关系。是年，按照国家农发办要求，四川省对2000—2002年立项实施的822片土地治理项目、163个多种经营项目、6个科技示范项目以及水利骨干工程、良种推广、育草基金、水土保持、秸秆养畜、名优经济林、菜篮子工程等部门项目建设和资金管理情况进行了全面自查、检查和整改。

2004年，根据财政部《关于调整农业综合开发资金若干投入比例的规定》，并结合四川省实际，省农发办对农业综合开发资金投入比例进行了调整。中央财政资金、中央农口部门项目资金与地方财政资金配套比例均调整为2∶1。其中，中央财政资金无偿、有偿投入比例具体为：土地治理项目100%无偿投入；产业化经营项目中产业化龙头项目无偿、有偿比例仍为20∶80，多种经营项目无偿、有偿比例调整为30∶70。中央农口部门项目资金无偿、有偿投入比例具体为：水利骨干工程、长江中上游防护林、防沙治沙示范、原种扩繁、育草基金项目仍全部实行100%无偿投入；水土保持项目、良种繁育基地项目调整为100%无偿投入；秸秆养畜、优势特色农产品开发示范、名优经济林和花卉项目无偿、有偿比例仍为30∶70。中央财政有偿资金占用费仍按2‰的月费率收取，收取后留给地方用于支付委托银行贷款的手续费，未进行委托贷款的地区，或支付贷款手续费后占用费仍有结余的转为农业综合开发财政资金，继续用于农业综合开发项目。地方配套财政资金省、市（州）、县三级投入比例由7∶1∶2调整为8∶1∶1，国家扶贫工作重点县的县级配套资金由省财政负担。地方财政资金按项目无偿、有偿投入比例与中央财政资金保持一致，但产业化经营项目省级财政资金不再收取占用费。产业化经营项目的有偿资金回收期限，由第4年延长至第5年开始回收，每年回收50%，第6

年全部还清。

2005 年 7 月，为贯彻省委农村工作会议建好“第一车间”的要求，四川省开始启动农业综合开发大中型基地项目建设，即通过财政资金扶持大宗、优势、特色农产品的种植与养殖，让农户直接、广泛地直接参与其中，为重点产业化龙头企业提供加工原料。基地项目实行“省级立项，市（州）监管，县乡组织，任务到村，分户实施，竣工验收”的管理模式，建成后，其所有权、使用权、收益权均归属农户。项目要具备一定规模，原则上，养殖业单个项目直接参与的农户户数不低于 1000 户，种植业不低于 5000 户（其中设施栽培的不低于 2000 户）。财政补助资金由省、市、县三级按“八一一”比例分担，市、县财政不能足额落实分担资金的，不予安排项目。每个项目一般只扶持一次，在一个年度内安排，财政资金总额一般不低于 300 万元，不超过 600 万元；个别规模较大的项目，第 2 年可安排续建，续建时财政资金总额不超过 200 万元，并实行县级财政报账制。

同年 10 月，财政部《国家农业综合开发投资参股经营试点管理办法》施行。中央和四川省级财政资金以参股形式投入的农业综合开发产业化经营项目，按投入比例分享投资收益，承担投资风险。财政资金只参股，不控股，但财政部门可根据需要授权资产运营机构进行资本运营。资本运营机构与项目实施企业之间，按照《中华人民共和国公司法》有关规定确认国有股投资收益。项目建成并正常运转后，国有股权按照市场经济规则适时从项目实施单位退出。四川省财政资金投资参股委托的出资人代表为四川省国有资产经营投资管理有限责任公司，委托形式为省财政厅与被委托人签定代理投资委托协议。同时，为保证投资质量，省财政厅采取了两项措施，即实行企业资产预评估制度，消除申报企业资产不实、会计失真的问题；实行项目公示制度，对拟建投资参股项目在《四川日报》上进行公示，接受社会监督。

第二节 农业专项资金管理

1987 年，为促进畜牧业生产发展，四川省设立了省级育草基金。基金来源于省级预算安排以及中央财政安排给四川的牧区育草基金，主要用于甘孜、阿坝、凉山等牧区的抗灾保畜打贮草基地、商品草基地、草畜配套试验示范及新技术推广等项目建设，适当兼顾基层畜牧兽医服务体系建设。基金实行项目管理，按一次性投资设计，当年安排当年建设，原则上不安排跨年度项目。

1990 年，财政部农财司选择仁寿、泸县作为培植产粮大县财源试点县，为配合财政部试点，四川省选择了达县和内江市东兴区同时进行试点。在试点地区实行支农周转金的发放同粮食产量和外调商品粮数量、财政收入的增长挂钩的方式。安排资金的原则和具体做法是：受援县从使用周转金的第二年起，其粮食产量必须每年以 3% 的幅度递增，每年为国家提供的商品粮数量只能增加，不能减少。受援县必须及时足额建立本级农业发展基金。受援县在受援期内财政收入的增长幅度不得低于同期全省平均水平。投放资金前受援县财政部门与省财政厅签订合同，对于省财政投放的周转金既可直接用于支持粮食生产的环节和方面，也可以用于培植县级财源的其他方面。每年终了，省财政对受援县履行合同进行考核，符合要求者继续投放下一年度资金，未能履行者，如数收回已投放支农周转金，并根据实际情况加倍收取占用费直至取消其受援县资格。1990 年、1991 年两年，在试点地区累计扶持项目 42 个，项目总投资 4163.05 万元，其中财政部投入 800 万元，省财政投入 2100

万元。是年，省财政一次性安排小家禽发展资金 100 万元，用于建设一定规模的城市商品蛋鸡生产场及相配套的代种鸡场，内容包括鸡舍土建、鸡笼及孵化设备购置安装、引种鸡等。

1993 年 9 月，为加强四川省粮食生产专项资金项目管理，省财政厅制定了专门的评价标准。评价时满分 100 分，其中，项目工程任务完成情况评价总分 50 分，奖金、财务管理评价总分 30 分，资金后续管理工作评价总分 10 分，项目建成后主要经济效益指标评价 10 分。每年，省财政厅和项目主管部门按受援县得分的高低评选出全省粮专资金管理工作先进县（分一、二、三等），并分别奖励其工程项目资金和一定的工作经费。

1995 年 3 月，省财政厅与省农牧厅、省水电厅、省林业厅、省农机局、省畜牧食品办等部门协商，对过去各项涉农专项资金管理办法进行清理和修订，制发了统一的《四川省省级农口七类专项资金管理办法》（试行）。办法适用于农业、林业、水利（含水产）、农机、畜牧等方面用于支援农村生产合作组织的所有无偿资金①。具体使用对象包括水利方面的渠系配套、水利工程水毁修复、微型水利建设、人畜饮水、水土保持；农业方面的改田改土、农作物病虫害防治、地膜玉米补助、丰收计划；林业方面的农村造林（含林业结构调整资金）、速丰林、森林病虫害；畜牧方面的商品牛羊发展资金、草原灭鼠治虫、育草基金（或草场建设）、基层兽医站建设补助、小家禽畜发展资金；农机方面的农机提灌修复；水产方面的农村水产补助资金。《办法》对上述各种资金的补助额度、经费开支范围进行了规定，并要求各级财政部门对资金使用进行监督。同月，为强化国有农口企业财务管理，指导、帮助、督促农业企业制定内部财务管理办法，财政部印发了《关于农业企业制定内部财务管理办法的指导意见》。《意见》对坏账损失的处理办法，存货领用或发出的计价方法，低值易耗品的摊销方法，固定资产目录的制定，折旧年限、折旧方法的选择、残值率的确定，固定资产修理费用核算办法，无形资产、递延资产的摊销期限等，作了原则性规定。同时赋予企业相当大的理财自主权，允许企业在不违背原则的前提下，按照生产经营的需要具体选择和制定内部财务管理办法。9 月，四川省设立农村水产周转金。周转金严格按《财政支农周转金使用管理办法实施细则》执行，由市（地、州）财政统借统还，还款期 3 年，借用期内占用费率为 1.5‰，1 年结算一次。还款及缴纳占用费的时间在每年 11 月底以前。

1996 年 1 月，四川省开征农作物新品种开发专项资金。专项资金的征收对象为四川省境内具有合法经营粮、棉、油种子的种子公司（站）、国有农业良种场（站）、科研单位及院校。征收时由种子经营单位按经营粮、棉、油种子经营额的 1.2% 计提，以“其他收入”科目进入国库。年终由同级财政部门按省下达的计划数逐级上交省财政，专项用于农作物育种攻关。使用时，专项资金分为两块，其中用于新品种选育、原种的提纯复壮、繁殖及新品系的中间试验、示范的占 80%，用于区域试验的占 20%。一般新品种项目按照试验结果是否全面超过指标、全面达到指标或部分达到指标依次分为三等，补助标准分别为 15 万元/个、10 万元/个、5 万元/个，再按该作物在全省所占地位（或育种难度）乘以一个调整系数，分别为：1.0、0.9、0.8；已获重大增产、增收效益的新品种按照覆盖度和增产、减损比例实行重点补助，其中，覆盖度 60%、增产或减损 10% 的为一等，补助额为 60 万元；覆盖度 40%、增产或减损 8% 的为二等，补助额为 50 万元；覆盖度 20%、增产或减损 5% 的为三等，补助额 40 万元，再按该作物在全省所占地位（或育种难度）乘以一个调整系数，分

---

① 有偿资金按支农周转金管理办法执行。

别为：1.0、0.8、0.6。5月，为有效利用科技兴农资金，省财政厅制定了《四川省科技兴农资金项目管理办法》。科技兴农资金包括农口主管部门的新技术推广资金、地方财政新增的科技兴农资金、粮油技术改进费以及向中央财政争取的科技兴农资金。资金由各级财政统一管理，使用时实行项目制，并坚持相对集中投放、良种与良法配套的原则。是年，根据财政部、农业部、水利部建立粮食自给工程资金的通知精神，并结合以往发展粮食生产专项资金管理使用的经验，四川省决定规划建设6个粮食自给工程项目区。分别为：自贡项目区、大渡河流域项目区、川北项目区、岷江流域项目区、川南项目区、川东项目区。项目区主要建设内容包括：水利设施建设、土壤改良、农业新技术推广、农机更新等。工程分为三个阶段，1996年为第一阶段，1997—1998年为第二阶段，1999—2000年为第三阶段。项目实行目标承包责任制，6个项目区的建设总目标由省向中央总承包，各项目县的建设目标由县向省分承包，各项目乡的建设目标由乡向县子承包，各级承包单位的责任通过签订任务合同书明确。项目区建成后，减少粮食调入量5.38万吨（玉米、小麦），增加粮食调出量2.5万吨（水稻），缺口粮食品种增加量达4.37万吨，对于稳定全省粮食生产，提高综合生产能力，起了积极作用。为确保资金合理使用，根据财政部、农业部、水利部颁发的《粮食自给工程资金项目管理办法》，四川省制订了实施细则，规定资金的筹集为中央、省承担80%，市（地、州）配套10%，县配套10%；资金的分配与拨付为“九五”期间（1996—2000年）分三个投资期进行：1996年第一投资期，1997—1998年度第二投资期，1999—2000年度第三投资期。县以上建设项目由县财政直接拨付，县以下项目由乡（镇）财政所监督拨付。项目区的确定原则为：区内普遍缺粮或发展粮食生产潜力大；自然资源及粮食生产条件基本一致；政府重视粮食生产，农民种粮积极性高，愿意种植缺口粮食品种；财政有匹配资金能力。

1998年5月，四川省对监狱农业发展专项资金的使用与管理作出规定（劳教单位参照执行）。监狱农业发展专项资金包括省农业专项补助资金、农业综合开发资金和单位配套自筹资金，主要用于小型农田水利修建与改造、土地资源的整治与开发、农业新技术和新品种的开发与推广等。监狱农业专项投资项目必须符合国家产业政策，并坚持无偿与有偿使用相结合的原则。基础设施建设、土地资源开发、农业新技术和新品种的开发与推广等实行无偿拨付，多种经营项目采取有偿使用。项目申请方须与监狱局签订项目责任书，并报省财政厅备案。项目竣工验收时，由财政厅和监狱主管部门共同组织实施，验收不合格者，除限期补建或纠正外，还将在今后2年内取消其项目投资资格。11月，为贯彻中共十五届三中全会《中共中央关于农业和农村工作的若干重大问题的决定》及省委、省政府《关于加快我省农业产业化进程的若干意见》精神，省财政决定安排部分农业产业化专项无偿补助资金。资金重点用于支持建设优质农产品商品生产基地、推广农业高新技术、培植骨干龙头企业、完善包括流通在内的农业社会化服务体系。

2001年4月，针对财政农业专项资金存在的种类多、“小而散”，设置时间长、没有明确终止时限，设置不科学、存在重复交叉，预算管理方式陈旧等问题，财政部制定了专门的《财政农业专项资金调整和改革方案》，将45个专项资金调整归并为16个，取消了9项贷款贴息，停止执行14项要求地方配套的资金项目。5月，财政部又制定了《财政农业专项资金管理规则》（以下简称《规则》）。《规则》适用于具有专门用途、适合项目管理的农业专项资金，特大防汛抗旱资金、农业救灾资金、农业税灾情减免补助、农业基本支出等资金或经费则不适用。农业专项资金由财政部门负责分配管理，扶持项目注重社会效益和生态效益。农业、水利、林业、气象主管部门在设立农业专项资金时，须按规定的预算编制时间报送同级财政部门审批，并报专项资金的项目支出预算。

2002 年 8 月，为增强专项资金分配、使用的科学性、公正性和透明性，提高资金使用效率，依据《预算法》《会计法》和财政部《财政农业专项资金管理规则》等法规，并经与省农口部门商讨，省财政厅制定了农业、林业、水利、畜牧、农机等 5 类专项资金管理暂行规定，适用于管理和使用专项资金的各级财政部门、农业部门、项目建设单位和其他资金使用单位。其中，农业专项资金主要有优质无公害农产品基地建设、农业服务体系建设、农业重点先进实用技术推广、种子工程建设、植保植检工程建设等项目资金；林业专项资金主要有防灾救灾类补助资金（包括护林防火资金和森林病虫害防治资金）、林业发展类项目资金（包括林业科技推广资金和良种引进资金等）、林下资源开发资金等；水利专项资金主要有防汛报汛及抢险、防汛岁修、水利工程水毁修复、渠系配套、病害水库整治、旱山村雨水集蓄利用工程、人畜饮水工程、水产新品种繁育体系建设及新技术推广、水土保持、城市水资源费安排使用的资金等；畜牧专项资金主要有畜禽良种工程建设、草地建设与保护、牲畜疫病防治、畜牧新技术推广、畜牧兽医服务体系建设等资金；农机专项资金主要有农机新机具新技术推广及农机化先行县建设、提灌机械维修改造更新、秸秆气化建设、乡村机耕道建设等资金。专项资金的设立遵循轻重缓急、重点排序的原则；分配时，遵循兼顾效率与公平的原则；使用时，遵循适当集中、专款专用、讲究效益、权益明确、财权与事权一致的原则。专项资金一般采用因素法进行分配，确不适合用因素法分配的，由省财政厅与省农口部门组织专家或委托评审机构对上报的项目建设与资金使用方案进行评审，择优选择。项目实施时，项目建设单位定期向所在地财政、农口主管部门报告项目资金使用和项目实施情况，财政及农口主管部门在进行检查时，若发现专项资金使用有不符合规定的地方，视情节可暂缓、停止拨付资金或取消项目资格、扣减预算指标，并追究相关责任单位和人员的责任。

2003 年 2 月，四川省对省级财政劳务开发培训专项资金管理作出规定。劳务培训资金重点用于省级劳务开发基地县和劳务输出大县为培训农村劳动者举办的各类培训班进行补助。每年补助规模由省级预算视情况安排，并采用因素法分配给各地。因素及其权重为：获得岗位证书和技术等级证书的人数占 70% 的权重，受训人员输出人数占 30% 的权重。4 月，根据《四川省省级财政农业专项资金管理暂行规定》《四川省省级财政畜牧专项资金管理暂行规定》《四川省省级财政水利专项资金管理暂行规定》《四川省省级财政农机专项资金管理暂行规定》，省财政厅联合省林业厅、省畜牧局、水利厅、省农机局分别制发了《省级林业专项资金项目指南》《省级畜牧专项资金项目指南》《省级水利（水产）专项资金项目指南》《省级农机专项资金项目指南》，对项目的立项条件、补助环节、分配因素、投资控制规模及范围等作了规范和说明。同月，四川省决定对农业产业化银行贷款项目予以财政贴息。享受财政贴息的农业产业化项目必须是按照“公司＋农户＋基地”模式运作的并具有一定规模的各类农产品生产、加工和营销项目，农业投入品的生产与经营项目则不属贴息范围。龙头企业享受财政贴息的银行贷款限于固定资产投资贷款（含基建和更新改造），企业流动资金贷款及其他贷款不予贴息；农户享受财政贴息的银行贷款限于农业产业化大型原料基地建设项目的贷款，其他贷款不予贴息。贴息额按实际到位的贷款金额和相应的国家基准利率计算，贴息期限为 12 个月，不足的，按实际贷款月数计算。一个项目只能享受一次贴息，且龙头企业最高贴息金额不超过 200 万元，农户每户贴息金额不超过 1000 元。

2004 年 6 月，四川省执行财政部制发的《农业科技推广示范项目资金管理办法》，规定：农业科技推广示范项目资金采取项目投资单位为主、国家财政适当补助的方式解决。财政补助资金主要用于项目区基础设施建设、农业新品种繁育、新技术应用示范、必要的仪器设备购置以及开展技术培训和咨询等方面的支出。申请补助时，先由县级财政部门组织项目单位编制建设规划并逐级上报省级财政，再由省级财政组织专家对上报项目进行论证并形成可行性报告上报财政部，最后经财政部审核后下拨补助资金。项目建设时，各级财政部门对资金到位与使用情况、项目建展情况进行监督，并逐步推行项目资金的报账制管理，以提高资金使用效益。8 月，财政部印发了《中央财政支持农业产业化资金管理暂行办法》，对农业产业化资金的支持对象、支持条件以及申报程序等进行了规范和说明。省财政在转发时，作出补充：要求各地建立农业产业化项目库；规定项目资金严格实行县级报账制；每年终，县级财政部门应对项目建设情况和资金使用情况进行总结，项目完成时要组织验收，并将总结报告和验收情况报送省财政厅。是年，中央财政下拨四川该项资金 420 万元，扶持了罗江肉牛产业化、犍为优质鹅基地等 7 个项目（每项 60 万元）。同月，财政部制发的《中央财政农民专业合作组织发展资金管理暂行办法》开始施行。此项资金主要用于扶持农民专业合作组织引进新品种、推广新技术、雇请专家、组织标准化生产、品牌培育、改善服务手段和提高管理水平等，由项目所在地县级财政部门具体负责管理，实行严格的现金报账制度。是年，中央财政下拨四川此项资金 200 万元，用于扶持德阳市旌阳养殖技术协会、仁寿县羊业股份合作社、三台县花园麦冬专业技术协会等 10 个农村合作组织的项目（每项 20 万元）。2003—2005 年，中央财政共支持四川省农民专业合作组织 29 个，补助资金 585 万元。其中，2003 年补助资金 105 万元，2004 年补助 200 万元，2005 年补助 280 万元。11 月，为加强农业专项资金管理，省财政厅、监察厅、审计厅联合发文，决定适当下放项目审批权、推行“四制”（法人制、招投标制、监理制和报账制）办法、项目信息公开公示以及加大对违规行为的处罚力度。具体而言，项目审批时，原则上单个项目财政补助资金在 50 万元（含 50 万元）以上的实行省级项目管理，由省级有关部门组织审查并下文批复，50 万元以下的实行市级或县级项目管理；所有实行项目管理的农业专项资金，逐步推行项目法人制、招投标制，监理制和报销制；专项资金分配、支付等管理与使用环节的信息均须公开、公示，以提高其透明度；对存在擅自更改项目资金计划、更改资金用途、转移挪用资金、财务管理混乱以及不遵循“四制”等违规行为的地方和部门，一旦查出，责令其限期整改，整改措施不得力的，取消其以后年度的项目资金申请资格。

2005 年 8 月，中央 1 号文件决定加强小型农田水利基础设施建设，为此，财政部门设立了小型农田水利工程设施建设补助专项资金。申请补助资金的对象包括农户、用水者协会或其他农业专业合作组织、村组集体，补助额不超过试点项目总投资的 15%。四川省规定，项目选择时尊重地方意愿，由地方财政自愿安排资金投建项目；尊重农民意愿，农民有兴建水利的愿望并具备一定自筹能力；项目县属于干旱突出或工程性缺水严重的粮食主产区，并具备一定的工程建设经验。同时规定，补助资金以外的项目资金缺口由市县财政及农户自筹解决。

第三节　财政支农与扶贫资金财务管理

1980 年，中央财政开始在每年的国家预算中设置“支援经济不发达地区发展资金”，由中央财政拨款、专门用于支持老、少、边、穷地区经济和社会发展。1983 年，财政部专门制定了《关于支援经济不发达地区发展资金管理暂行办法》（以下简称《暂行办法》），明确规定发展资金以支援农村集体经济和乡村公共设施为主，不得用于行政事业机构开支和人员经费，不得用于提高各种开支标准和福利补助，不得用于弥补企业亏损。使用时，实行无偿和有偿两种办法，以无偿为主。发展资金不列入地方财政包干基数，每年由中央财政专案拨款，当年使用不完的，可以结转下年继续使用。1987 年，根据形势需要，财政部对 1983 年颁布的《暂行办法》进行了修订，颁发了《支援经济不发达地区发展资金管理办法》（以下简称《办法》），鼓励受援地区有重点地使用发展资金，克服和消除等、靠、要思想，将有限资金用在投资少、见效快，能带动本地区经济发展、改善群众生活、提高群众收入水平的生产建设项目上。同时，改变发展资金之前以无偿使用为主的方式，规定以有偿使用为主，凡是有经济效益的项目或有偿还能力的受援对象，都实行有借有还、有偿使用办法。按照《办法》规定，四川省在资金分配管理上实行了指标控制、定向投放、项目管理、分级审批、滚动增值的管理办法，全省共有 16 个市（地、州）享受了该项资金。1997 年，财政部再次对《办法》进行了修改。强调发展资金不同于扶贫资金，主要用于老区和民族地区，并按老、少、边、穷地区面积、人口、经济基础、财力、自然环境等因素进行分配，对尚未解决温饱的地区予以倾斜。同时，各省、自治区财政部门可从中央财政分配的发展资金总额中安排 5% 作为培训经费，专门用于提高老、少、边、穷地区群众劳动技能和管理水平。资金使用继续实行有偿与无偿相结合的方式，但取消了以有偿使用为主的规定，对有经济效益的项目者有偿还能力的支援对象，实行有偿使用；对只有社会效益没有经济效益的项目可实行无偿使用。1999 年，财政部重新规定，发展资金全部实行无偿使用，并要求地方财政部门按照中央财政安排资金额度的 30%—50% 落实配套资金，且地方不得从中央财政安排的发展资金中提取任何费用，改由中央财政从中央预算安排的发展资金总额中提取 5% 作为地方培训经费。

1990 年，四川省设立农业（种植业）“丰收计划”。“丰收计划”以推广、应用农业科技成果为重点，以提高农业经济效益为中心，通过高产示范，把现有适用的科技成果和先进技术综合应用于大面积、大范围的生产中去，实现高产、优质、低耗、高效，达到增产增收目的。其主要内容是：推广农作物优良品种、高产模式栽培、耕作改制技术、土壤改良、科学施肥、地膜栽培、病虫草综防、耕地深度开发、农作物新品种与新技术的试验与示范等。项目经费属一次性补助，以乡为建制实施。项目下达时拨 70%，履行良好，补拨余下的 30%，以促进项目按合同计划实施。

1992 年，省财政决定对全省农业社会化服务体系建设项目酌情予以补助。补助资金实行无偿补助和有偿使用相结合的办法。无偿补助的资金主要用于支持县、乡两级农业服务体系购置必要的仪器、设备，开展技术培训，引进和推广新技术、新品种等；有偿使用的资金重点用于支持有直接经济效益的服务项目。资金专款专用，年终如有结余，可结转下年继续按规定用途安排使用。1996 年，农业社会化服务体系建设省级试点市由之前的德阳、绵阳、乐山、泸州 4 个市扩大为 5 市（地），即：内江、宜宾、巴中、绵阳、黔江。指导思想依然是“以市场为纽带，富民富县富财政为目的，缺啥补啥”。

1993 年，四川省对财政支农周转金进行清理汇总，对申请挂账的周转金查清原因，分类处理。对因遭受特大自然灾害，造成不可挽救损失，确实无法回收；或因农村经济体制改革，债务人无法落实的周转金准予挂账。挂账审批权限由同级财政部门负责，且挂账数额只能小于 1992 年清理的上报数，不得扩大范围和项目。经批准挂账的财政支农周转金，由财政部门内部掌握，对外一律不得宣布豁免，仍要组织回收。省级挂账的基金由地、县继续负责回收，回收后留县70%，留地30%作为奖励；地、县挂账基金是否奖励基层，由各地自定。

1994年6月，在总结前几年实施经验的基础上，并综合财政部《财政支农周转金使用管理办法》和《财政支农周转金使用管理办法实施细则》，省财政厅制发了《四川省财政支农周转金管理办法实施细则》。财政支农周转金是由各级财政设立的财政支农资金中的有偿部分，来源包括当年预算安排的资金、上年结转的支援农村生产资金中的有偿使用部分、占用费与逾期占用费以及存款利息收入转作支农周转金部分、从上级财政部门借入的资金以及其他用于支农的有偿资金。使用时遵循为农业生产和农村经济服务、集中使用、重点投放、专款专用的原则，不得挪作他用。其具体使用范围是：种植业、养殖业、农副产品加工业、先进农业科技的推广与应用、农业社会化服务体系建设以及适合财政支农周转金支持的其他项目。扶持对象为实行独立经济核算的乡、村、社三级集体经济组织、农村种养专业大户、国有农口企事业单位和乡镇企业。

支农周转资金占用费率及其使用年限按标准表

表3-8

扶持类别	期内月占费用率（‰）	使用年限
（一）种植业	1—2	5年以内
（二）养殖业	1—2	3年以内
（三）先进农业科技成果的推广	1—2	2年以内
（四）农付产品加工业	3—4	3年以内
（五）乡镇企业	4—6	2年以内
（六）小水电	1—4	8年以内
（七）流动资金	略低于同期银行贷款利率	1年以内

逾期占用费率视逾期时间长短确定，逾期越长，费率越高，原则上按期内占用费的3—6倍加收。借款时，由申请借款单位向当地财政部门提出书面申请报告，报告内容应包括：项目申报的背景、建设内容、投资概算、资金来源渠道、项目效益以及还款计划等，同时附送可行性研究报告并报由产品归口的当地主管部门审批、批复及有关附件。

1996年，为调动全省各级财政部门优化财政支农资金管理，省财政决定对各地财政支农支出预算执行进度进行考核评比。该年财政支农支出（包括支援农村生产支出类、农林水气等部门事业费类、农业综合开发支出类）决算数占该年调整预算数的比例达到90%以上，且该年调整预算数（扣除上级专项拨款数）比上年同口径增长10%以上的市（地、州）财政局具有评奖资格，省财政将根据评比等级予以财政支农项目指标奖励，对预算执行进度没有达到85%的则予以通报批评。是年，四川清理省级支农周转金呆账，对经省财政厅呆账清理核销领导小组同意核销的逾期支农周转金借款作核销处理。9月，财政部发出通知，之前通过国家计委下达的以工代赈资金扶持项目将于1997年全部到期，以后的项目计划由各级财政部门组织实施，并下发了《以工代赈资金拨付财务管理办法（暂行）》。省财政厅在贯彻实施时作了补充规定：以工代赈资金由省财政根据国家以工代赈计划和四川省确定的项目计划以及中央拨付资金到位情况分期拨付给市（地、州）财政在银行设立的专户上，再由市（地、州）逐级拨付，省财政不直接与县财政及施工单位发生关系；该项资金专项用于扶持贫困地区基础设施建设、改善农村生产生活条件和促进贫困地区经济发展，支出时由省级列入“支援不发达地区支出类”；每年度终了后的一个月内，各市（地、州）财政向省财政报送上一年的以工代赈资金决算和当年的以工代赈资金预算，汇总后报送财政部并作为下一年度资金安排计划和拨付的依据。

1997 年 1 月，为管好、用好中央和省用于贫困地区扶贫开发的各项资金，加强扶贫资金项目管理，提高扶贫资金使用效益，省政府制发了《四川省扶贫资金项目管理办法实施细则》。规定各类扶贫资金必须全部用于国务院和省委、省政府确定的 63 个贫困县，否则财政、银行部门一律不得发放。同时，明确了支援经济不发达地区发展资金、以工代赈资金、扶贫专项贷款的使用范围，即：支援经济不发达地区发展资金和新增财政扶贫资金主要用于改善贫困农牧民的农牧业生产条件，解决人畜饮水困难，发展多种经营，修建贫困乡村道路，普及义务教育和扫除文盲等；以工代赈资金主要用于修建贫困县、乡公路（不含省道、国道）和为扶贫开发项目配套的道路，兴修农田水利，解决人畜饮水问题等；扶贫专项贷款主要用于扶持农村种植业、养殖业以及农副产品加工业中效益好、有还贷能力的项目。市（地、州）、县（市、区）两级的扶贫资金投入须达到中央投入的 10%以上，并从 1997 年起列入考核内容，未达到这个比例的省上将相应扣减次年的扶贫资金投入数额。是年，为提高扶贫资金使用效益，真正做到资金到村入户，省财政安排财政扶贫资金 1600 万元（其中省财政配套资金 1000 万元，中央安排的财政扶贫资金 600 万元）用于全省小额信贷扶贫试点工作，试点县 12 个。1998 年安排 500 万元，试点县财政也配套了部分资金。通过试点发现，小额信贷扶贫具有一定的优越性，表现在资金到户率高，且农民切身参与，脱贫积极性高。试点工作也因此得到了国务院扶贫办的好评。但也存在一些弊端，即：信贷机构属临时性机构，设置不规范，另外，具体放贷时，必须到村到户，工作成本和人力成本也较高。1999 年，财政部规定，财政扶贫资金不得用于小额信贷扶贫。从该年起，四川省也不再安排财政扶贫资金用于小额信贷。

1998 年 1 月，为建立财政支农周转金管理工作激励机制，省财政厅制定了《四川省省级财政支农周转金管理工作考核评比办法》，按照分级管理的原则，实行分级考核评比。考核采用百分制记分法，按照考核项目逐项定分，累计计分。其中，基础工作情况占 20 分，扶持项目情况占 40 分，周转金回收情况占 40 分。对得分在 90 分以上的（含 90 分），给予基金和优先安排项目奖励；得分在 80 分以上的（含 80 分），给予优先安排项目奖励。此规定发布后，1992 年开始实施的《四川省财政支农周转金管理工作考核评比条件规定》同时废止。

1999 年 2 月，省财政决定对广元市国家扶贫基础工程试验项目予以贴息。扶贫基础工程项目在广元市苍溪县和旺苍县境内实施，项目资金不得超越项目区以外使用。项目贷款按照“统一规划、集中投放、成片开发、扶贫到户、确保还贷、严禁挪用”的原则发放和使用，主要用于基本农田建设、集雨节灌工程、种植业与暖棚蔬菜种植及其产业建设、购买农机具和原材料、为农民增收提供产前、产中、产后服务的项目。项目贷款期限最长不过 10 年，贷款利率按当时再贷款年利率 5.13%执行。其中，贷款期限低于 5 年（含 5 年）的，贷款利息省级承担 3.13 个百分点，广元市、苍溪县和旺苍县各承担 1 个百分点；贷款期限超过 5 年的（不得超过 10 年），5 年以后省财政负责对再贷款利率和扶贫贷款利率的差额予以贴息，其余利息由地方自行负担。8 月，为适应扶贫攻坚工作和财政职能调整对资金管理提出的新要求，财政部对1997年12月颁布实施的《支援经济不发达地区发展资金管理办法》进行了修改。重点对发展资金的使用范围、分配依据、地方配套额度、管理方式进行了明确。结合四川省实际情况，省财政确定四川省市、县级财政部门配套资金为中央财政安排资金额度的20%—40%（中央规定为30%—50%），并要求发展资金的使用须与支农资金相配合，做到优势互补，相互协调，且市、县级财政部门不得在发展资金中安排培训经费。

1999年8月，省政府印发了《关于进一步加强财政扶贫资金管理的意见》，提出：多渠道、多层次筹集扶贫资金，建立以财政投入为导向，银行及贫困地区集体和贫困户投农折资为主体，企业及社会各类资金为补充的多元化投入机制。同时，加强财政扶贫资金有偿部分清理回收，在使用扶贫资金时，将解决现有农村人口的温饱问题放在首位，其次用于农村基础设施建设和发展种养业。意见还要求各级财政部门对扶贫资金实行专户储存、专项下达、专款专用，并按项目工程进度拨付资金。县、乡两级财政部门应做到事前有预算，建设中有核算，完工后有决算，有条件的地方，还可实行项目报账制。

2000年1月，根据财政部有关对扶贫贷款财政贴息的新规定，省财政决定从该年起对在年度扶贫贷款计划规模内的贷款在规定的年限内进行贴息，1998年底前发放的所有扶贫贷款均不再贴息。所有扶贫贷款均实行优惠贷款利率3%，该利率与商业银行同期同档次正常贷款基准利率之间的差额由财政贴息，康复扶贫贷款贴息由中央与省财政各贴一半，其余扶贫贷款贴息全部由中央财政负担。贴息年限原则上为1年。

2002年8月，省财政厅制定了《四川省财政科技扶贫项目申报指南》，对财政科技扶贫项目的立项原则、项目选择范围、申报条件、立项程序、资金使用范围及管理等进行了规范和说明。

2003年，省财政开始对农业机械购置进行补贴。该年的补贴标准为不超过机具价格的30%，且单机总额不超过2万元。2005年，补贴标准改为不超过机具价格的30%，且单机总额不超过3万元[①]。补贴资金以农民差价购机方式兑现，即农民购机时，直接扣除应享受的补贴额，只付差价款提货。截至2005年，共补贴农业机械6336台，补贴1753万元。其中，中央财政补贴1600万元，地方补贴153万元。

2004年3月，省委、省政府决定加大对粮食主产区扶持力度，实施“332”优质粮食产业工程，即将水稻基地县由30个扩大到50个，新设玉米（苕豆）生产基地县30个。水稻基地县每亩补助0.54元，玉米（苕豆）生产基地县每亩补助0.84元。补助时，先由县农业部门统计汇总每家农户的种粮面积并提出补助资金安排意见，县财政部门根据意见将补助资金拨付到乡（镇）财政所，由乡（镇）财政所采取现金发放的方式发放到村，再经由村兑现到种粮农户。11月，四川省对红层（丘陵）区找水打井工程补助资金的使用与管理作出规定。补助资金对象为已列入规划、自愿申请建设且经济比较困难的农户，建卡贫困农户每户补助600元，其他困难农户每户补助300元。补助资金来源于省级安排的支农资金、中央财政安排的扶贫资金和以工代赈资金、省级基本建设用于“六小”[②]工程的资金以及市、县匹配资金，中央、省级安排的补助资金不足部分，由市、县两级财政负担。工程建设和资金安排遵循“一年一定，解决一个县，销号一个县”的原则，并实行专账核算。是年，省委、省政府决定实施农村劳动力转移培训阳光工程，重点支持农业人口大县、农业劳动力

① 久保田和洋马联合收割机每台省财政再补贴3万元。

② “六小”工程：即节水灌溉、人畜饮水、农村沼气、农村水电、乡村道路、草场围栏工程。

大县、劳务大县、贫困地区和革命老区。是年，省财政采取因素法确定首批项目县 20 个，每县任务 8000 人，人均补助 100 元。补助资金统一采取发放培训券的补助方式，学员入学时凭券报到，结业时签字确认，培训部门最后凭学员签字的培训券到财政部门报账。通过这种方式，确保资金直补到培训学员。2005 年，阳光工程人均补助标准提高到 156 元，项目县也增加到 33 个，每县任务 2000—6000 人。

2005 年 11 月，四川省开始对扶贫资金实行县级财政报账制。报账资金包括以工代赈资金、少数民族发展资金、扶贫信贷贴息资金、国有贫困农场扶贫资金等。县级财政部门指定专人负责扶贫资金账务管理，进行专账核算，且资金使用实行公示制。报账时，启动阶段由项目实施单位根据建设需要提出用款申请，县扶贫项目主管部门提出初审意见，经财政部门审核同意后，预拨 30% 的项目启动资金；建设过程中由项目实施单位根据工程进度和相关原始凭证提出报账申请并填制报账申请书，按规定程序报经主管部门审核同意后，财政部门在 5 日内拨付资金。是年，四川省承担实施了国家“优质专用小麦良种推广补助”项目，项目实施面积 320 万亩，每亩中央财政补贴 10 元，共补贴资金 3200 万元。

第四节　国营农场、林场与农业企业财务管理

四川省从 1979 年开始，对农口企业实行财务包干体制，改变以往统收统支的财务体制，初步理顺了国家与企业之间的分配关系，扩大了企业自主权，使企业逐步成为自主经营、自负盈亏的相对独立的经济实体。1990 年以后，又改革了传统的财政支持农口企业发展生产的资金扶持办法，实行与企业经营业绩挂钩的奖惩激励机制，并建立了农口企业扭亏增盈专项资金，有力支持了农口企业发展。

1985 年，四川省开始对国营林场试行自收自支、自求平衡政策，不少林场兼营种植、加工、采矿、运输以及旅游、商业、服务等产业，由单一的林业生产向多行业的综合经营发展转变。同时推行林业生产责任制，采用综合承包、项目承包、分段承包、定额承包、联产与联责承包等多种方式，以调动林场干部职工积极性。

1986 年 3 月，省财政厅转发财政部通知，决定对各类国营农口事业单位，分别实行预算和财务管理办法：没有收入的事业单位，实行“核定支出，包干使用，超支不补，结余留用”的办法；对有经常性、稳定性收入来源，但不能做到经费自给的事业单位，实行“定期定额补助，增收节支留用，减收超支不补，一定几年不变”的预算包干或财务包干办法；已按照企业化管理要求建立经济核算制（包括提取固定资产折旧和大修理基金），并已能够做到经费自给的事业单位，实行“独立核算、自负盈亏”的办法，除政策另有规定外，国家不再拨给事业费，其中盈余较多的单位，也可实行“定额上交、一定几年不变”财务包干办法；凡属名义上是事业单位，实际已不承担事业任务的场（站），国家不再拨给事业费，其财务独立核算，自负盈亏；科研研究和勘察设计单位的预算管理，按照中央科技改革的有关决定试行技术经济责任制。事业单位的包干结余和收支相抵后的余额，建立事业发展基金、职工福利基金和职工奖励基金，其中，事业发展基金的比例不得低于 50%；收入不稳定、受自然灾害影响较大的事业单位还应建立后备基金。为推动农口事业单位改善经营管理，

提高其经费自给水平，各级财政部门可把节减下来的事业费转作支农周转金，用于扶持农口事业发展。农口事业单位的人员和定员定额，超编人员只给个人经费，不安排公用经费。

1991年5月，省财政厅、省农牧厅转发并执行财政部《关于“八五”期间国营农垦企业财务包干的几项规定》。“八五”期间（1991—1995年），根据各类国营农垦企业的不同情况，分别实行以下财务包干办法：国营农牧场，一般实行“盈利不缴、亏损不补、自负盈亏”办法，少数盈利较大的，实行“定额上缴”办法；国营橡胶农场、国营农工商联合企业（经济实体）、农垦部门直属的工、商、交、建企业，实行“定额上缴”办法，其中微利企业，可实行“盈利不缴、亏损不补、自负盈亏”办法；个别确因自然条件太差，暂时还有亏损的国营农牧场，必须限期扭亏。在限期内实行“定额补贴”，或提前拨给一部分亏损补贴，以“扭亏措施费”的方式给予扶持。逾期仍未扭亏者，停止上述补贴。实行上述财务包干办法的企业，其事业费拨款，仍列入各级财政预算，实行“定额包干、一年一定、结余留用、超支不补”办法。国营农垦企业上缴财政利润指标或财政补贴指标，先由各级财政部门核定到同级主管部门，然后由财政部门和主管部门共同核定到企业；无主管部门的企业，由财政部门直接核定。在核定企业包干指标时，可留一定的机动数，主要用于解决企业遭受较大自然灾害后的困难，在保证这一用途的前提下，如有结余可作为周转金用于扶持条件较差的企业发展生产，但不得用于主管部门自身的建设和其他行政性开支。国营农垦企业包干结余资金坚持“先提后用”的原则，当年的结余，只能在下年安排使用。企业的包干结余资金，应大部分用于建立生产发展基金，少部分用于建立职工福利基金、奖励基金和储备基金。各项基金提取的比例由财政部门和主管部门共同确定，实行专户管理。是年，四川省省级扶持乡镇企业发展资金的发放和回收管理改由之前委托乡镇企业主管部门统借统还为财政部门和乡镇企业管理局联合审批项目，项目审查批准后，财政部门凭批文办理借款合同和拨款手续，到期由财政部门负责回收。

1993年3月，四川省贯彻执行财政部《关于支持农口事业单位开展有偿服务和兴办实体的意见的通知》。农口事业单位开展有偿服务和兴办实体后，各级财政安排的事业费预算指标不减少，并保持一定增长水平。财政部门对农口事业单位继续实行不同的预算包干管理办法，实行全额预算管理的农口事业单位，通过组织收入，逐步向差额预算管理单位过渡；差额预算管理事业单位，通过拓宽收入来源，逐步向自收自支单位转化；自收自支事业单位，上交给财政部门的收入，不得用于平衡财政预算，而是继续用于支持农口事业单位发展事业，且免征能源交通重点建设基金和预算调节基金。4月，财政部下发了《对乡镇企业贯彻执行〈企业财务通则〉和分行业的企业财务制度若干问题的规定》和《对乡镇企业贯彻执行〈企业会计准则〉和分行业的企业会计制度若干问题的规定》，与分行业的财务会计制度同时施行。《对乡镇企业贯彻执行〈企业财务通则〉和分行业的企业财务制度若干问题的规定》主要规定：实行经营承包制的乡镇企业，所有权归投资者所有，承包人须与乡、村主管部门或董事会签订合同，明确双方的责任和权益，并提供必要的财产担保；乡镇企业筹集的资本金分为国家资本金、乡村集体资本金、法人资本金、个人资本金以及外商资本金等，其中，乡村集体资本金为有权代表乡或村农民的部门或组织以乡或村集体资产投入企业形成的资本金；乡镇企业按国家规定上交乡镇企业管理费，在管理费用中列支；乡镇企业用于补助社会性开支的费用按利润的10%在交纳所得税前列支，提取后上交乡、村。《对乡镇企业贯彻执行〈企业会计准则〉和分行业的企业会计制度若干问题的规定》主要规定：在会计科目表负债表类增设“应交管理费”和“应交乡村款”两个科目；乡镇企业在执行企业会计制度时，可在不影响会计核算要求和会计报表指标汇总以及对外提供统一的会计报表格式的前提下，根据实际情况自行增设、减少或合并某些会计科目。6 月，财政部对森工企业执行新财务会计制度时的育林费、维修费和设在森工企业的公、检、法等机构经费列支渠道处理以及增设会计科目的使用进行了说明；同时允许森工企业根据业务需要，参照《工业企业财务制度》和《工业企业会计制度》增设有关科目和报表。9 月，根据实际情况，省财政厅做了补充规定，对国有林区采伐企业（含地方小型采伐企业）和水运企业按规定的比例提取的森工（扶持）专项基金、维持简单再生产和零星的基本建设资金、森工转产安置基金、林业发展基金等“四项基金”的收支处理和三州地方小型采伐企业路转水运材价外补贴的处理①做了具体说明。同时，要求国有林区采伐企业（含地方小型采伐企业）和水运企业应在“专项应付款”下增设“四项基金”以及“陆转水运材价外补贴”共 5 个明细科目进行核算，以反映和监督上述资金的提取和使用情况。

1994 年，分税制改革实施后，国家对企业开始统一实行所得税制度。鉴于四川省国有农口企业生产基础薄弱，结构单一，经济效益普遍较低等实际情况，并参照财政部有关对中央国有农口企业继续执行财务包干体制的规定，省财政决定在“八五”期间（1991—1995 年）后两年对省属农口企业②继续实行 1991 年制定的“利润定额上交”办法。省以下地方国有农口企业是否执行原规定由地方政府决定，省财政不负责弥补因执行原办法而减少的各级财政收入。11 月，省财政开始向市（地、州）拨付小型农田水利“以奖代补”项目奖励经费。奖励经费为一次性补助，不作基数，列入当年“小型农田水利和水土保持补助费”支出预算科目。是年，财政部调整了国有林场与苗圃财务制度，并对新旧制度如何衔接作出规定：场圃固定基金、周转金、专用基金中提取的固定资产折旧形成的更新改造资金作为国家资本金；从木、竹销售收入中提取的更新改造资金作为“专项应付款——维简费”；场圃接受其他单位投入的资金，作为法人资本金；场圃的林木基金作为林木资本；职工福利基金余额转作流动负债管理；场圃超过 3 年确定不能收回的应收账在经主管财政机关批准后列作坏账损失；固定资产划分标准改变后，原固定资产转为低值易耗品的，其净值部分按照低值易耗品摊销办法一次或分期摊入成本、费用，原低值易耗品达到固定资产标准的，不转作固定资产，继续按低值易耗品管理；税前还贷方法依旧，归还借款的利润转作盈余公积金。

1995 年 4 月，四川执行财政部《关于农业企业制定内部财务管理办法的指导意见》（以下简称《意见》）。《意见》要求农业企业在制定内部财务管理办法时必须遵循国家统一规定，必须充分体现企业生产经营特点及其管理要求，必须全面规范企业的各项财务活动。同时，《意见》对农业企业内部财务管理办法的结构体系，包括内部财务管理体制、内部财务管理基础工作、资金筹集管理制度、货币资金及往来户结算管理制度、存货管理制度、固定资产管理制度、在建工程管理制度、无形资产、递延资产和其他资产管理制度、对外投资管理制度、成本与费用管理制度、销售收入管理制度、企业利润及其分配管理制度、家庭农场财务管理、财务报告与财务评价制度等的制定进行了指导和规范。6 月，四川省对国有农垦、水产企业扭亏增盈专项资金管理作出规定。专项资金主要用于扭亏增盈项目的技改、扩建、设备的购置安装、工程土建、补充生产周转金，以及个别市场前景看好，有一定经济效益的短平快新建项目。使用时遵循“相对集中、重点投放、择优扶持、有偿与无偿相

---

① 价外补贴由省林业主管部门从大渡河、雅砻江流域集中后返还三州企业，用于小型采伐企业的木材运输费用补贴，企业收补贴后冲销木材运输费用。

② 省属农口企业：包括农垦、农牧、水产、森工、劳改、劳教企业。

结合、效益第一”的原则并实行项目管理。12 月，财政部对 1987 年发布的《关于国营农场事业费管理的几项规定》进行了修订，事业费中新增加了集体转业人员离休费补助。根据修订后的《规定》，国有农场事业费包括小型农田水利支出、政策性社会性支出和集体转业人员离休费补助；事业费专款专用，财政部门和主管部门不得截留和减少；对于国有农场的小型农田水利支出分配指标根据农场的耕地面积、农田水利情况确定，政策性社会性支出和集体专业人员离休费补助严格执行国家规定的补助范围和标准，国家没有统一标准的，由省（直辖市、自治区）财政部门和物价管理部门规定开支标准；事业费在执行过程中如有结余，留归农场，如有超支，财政部门不补。超支部分，属政策性社会性支出的在营业外支出中列支，属集体专业人员离休费补助在管理费用中列支。

1996 年 1 月，按照财政部规定，“九五”期间（1996—2000 年）对农口企、事业单位上缴的所得税在原定包干上缴财政的基数上，超包干上缴财政部分按逐年递减办法给予财政返还，返还比例为：1996 年返还 80%，1997 年返还 60%，1998 年返还 40%，1999 年返还 20%，2000 年返还 10%。企业返还资金主要用于解决企业的政策性社会性支出和补充企业流动资本，事业单位的所得税返还资金主要用于发展事业，弥补事业经费的不足。四川省补充规定，企业的所得税返还资金还可用于弥补企业经审定后的政策性亏损。是年，省政府决定“九五”期间（1996—2000 年）省级乡镇企业发展资金主要支持以农副产品深加工为主的农业产业化项目，资金占用费按支农周转金项目分档次计算，月费率为 4‰—6‰。按照合同规定，借款分两期归还，逾期未还者，除限期追回本金及期内占用费外，还按月加收 15‰的超期占用费。同时，决定对资金使用进行考核，实际回收的发展资金数占全年合同到期应回收数 80% 以上的，次年，省财政继续安排资金；到期回收率在 60%—79% 的，次年只安排上年基数的 80%；到期回收率低于 60%，次年不再安排发展资金。是年，遵照国务院规定，四川省将粮食部门承担的粮食政策性业务与商业性业务分开，实行两条线运行，以彻底分清国有粮食企业政策性盈亏和经营性盈亏，合理核定粮油政策性补贴范围与标准，理顺粮食企业财务管理规则。粮食政策性业务包括：国家定购粮、中央和地方储备粮油的收购、进出口、储存、批发、调运；城镇低收入居民基本口粮及农村需救助人口的粮食供应；军粮、救灾救济粮和水库移民口粮的供应；吞吐粮食平抑市场粮价。政策性业务范围之外的粮食经营活动即为商业性经营业务。粮食政策性业务所需费用主要通过粮油购销价差解决，购销差价解决不足的，报经省政府批准由财政给予补贴。补贴和垫付的款项包括：省专项储备粮费用、利息补贴、军供粮油补贴以及三州调拨粮油定额包干补贴等。粮油政策性业务单位的核算体制统一实行权责发生制，收入与支出全额入账计入单位盈亏，并接受主管财政机关和审计部门的财务管理、监督，按要求及时报送会计报表和有关资料。商业性粮食经营企业的财务，视其主营业务的性质分别执行《商品流通企业财务制度》或相应的其他行业财务制度，承担政府委托的政策性业务时，与单位主营业务财务分开，单独核算。

1998 年 9 月，“天保工程”开始实施，为此，四川省制定了专门的资金管理办法。工程资金来源由中央投入和地方配套资金构成。中央投入的资金包括：国家发改委安排的生态公益林预算内基建投资补助、财政部安排用于森工的离退休养老保险金、森林管护事业费、林区社会性支出专项补助、商品材项目和转产项目贷款财政贴息资金等；地方配套资金包括：省财政、社保部门筹集的配套资金，1998—2000 年地方政府转借的中央财政债券用于天然林资源保护工程的资金及按照省政府要求应由各州（市、地）、县（区）和项目实施单位配套的资金。工程资金实行项目管理，专户存储，专款专用，单独核算，专人管理，并实行预决算制度。工程资金的会计核算办法和财务报表格式由省财政厅另行发布。项目实施单位和各级项目管理部门必须接受上级审计部门、财政部门、项目主管部门及同级审计部门、财政部门的专项审计和监督检查。

1999 年 8 月，四川省对省级财政扶持乡镇企业发展项目贴息资金作出规定：省级财政扶持乡镇企业项目贴息资金主要用于农业产业化经营骨干龙头项目、调整和优化产业结构的重点技改项目、出口创汇项目、节能降耗项目以及采用新技术、新设备、新工艺生产新产品的项目。贴息资金项目按照企业隶属关系，分别向所属企业主管部门和同级财政部门申报，经省财政厅和省乡镇企业管理局审核确定后，项目单位凭银行贷款凭证和结息清单到同级财政部门申领贴息资金，贴息期限为 1 年。

2001 年 1 月，四川省对省级农业事业单位专用基金的提取和管理作出补充规定：农业事业单位的修购基金按照事业收入和经营收入的 20% 提取，在修缮费和设备购置费中各按 50% 比例列支；农业事业单位审批权限范围之内的固定资产变价收入全部转入修购基金，国家另有规定的除外；农业事业单位的结余，除专项资金按照国家规定结转下一年继续使用外，可以按不超过结余 30% 的比例提取职工福利基金，剩余部分作为事业基金用于弥补以后年度单位收支差额。8 月，财政部印发了《天然林保护工程财政资金管理规定》，对天保资金所包括的森林管护事业费、基本养老保险补助费、政策性社会性支出补助费、下岗职工分流安置费和其他补助的使用范围及其预算管理作出了明确规定，并要求各级财政部门和林业主管部门对天保资金使用和管理情况进行监督检查，发现问题及时纠正。省财政厅在转发时补充规定：各市（州）、县财政部门在收到上级拨入的天保资金 2 个月内，必须将资金拨付给项目单位；天保资金用于设备购置、修缮费的，在确保人员经费和正常业务开支需要的情况下，不得超过森林管护事业费和政策性社会性支出补助两项资金总额的 20%；项目单位用天保资金购置固定资产必须报同级财政部门审批，资产价值超过 5 万元的，要纳入政府采购管理。

2002 年 7 月，根据财政部规定，从该月起，育林基金由预算外基金调整为预算内基金，其资金结余全部缴入省金库。

2003 年 3 月，针对“天保工程”实施过程中出现的截留、抵扣、挤占、挪用、套取和贪污工程资金等严重违规违纪甚至违法犯罪行为，省政府下发了《关于进一步加强天然林资源保护和退耕还林工程资金管理的通知》，要求严格按照“专户存储、专项管理、专款专用，单独建账、单独核算”的原则，对工程投资计划下达、资金拨付、资金使用和账务处理的全过程实行规范化管理。任何单位和个人不得擅自变更工程计划、建设内容和资金用途；确需调整的，须报原审批机关批准。工程实施单位列支的管理费用，严格按照财政部实施天然林资源保护工程的有关规定开支，且坚持实行“报账制”。各级财政、林业、粮食、银行等部门和工程实施单位及个人，不得抵扣、代扣、截留、挤占、挪用和侵吞两大工程资金；不得用工程资金支付各种摊派和赞助、缴纳各种经营税费、偿还银行贷款和其他各类债务；不得用大额现金直接支付；不得公款私存和私设“小金库”。6 月，省财政对检查出来的有以上违规行为的项目县 2003 年度“天保工程”专项资金进行了扣减或暂缓拨付处理。

2004 年 7 月，为扶持乡镇企业发展，根据省委决定，乡镇企业贷款贴息向丘陵地区重点倾斜。贴息资金主要用于农业产业化经营骨干龙头项目、资源综合利用及节能、降耗项目、出口创汇项目以及采用新技术、新设备、新工艺生产新产品的项目。每个项目省财政贴息率为 3%，贴息期限 12 个月，不足者按实际贷款月数计算，补助额最高不超过 15 万元。

2005年7月，中央财政对林业贷款贴息资金管理进行了规范。规定：金融机构1年期贷款利率为3%（含）—5%、5%（含）—7%、7%（含）以上时，中央财政对贷款项目分别按年利率1.5%、2%、3%给予贴息。工业原料林和种植业林业贷款项目，中央财政贴息期限为3年，其余林业贷款项目贴息期限为2年。四川省在转发时补充规定：一旦发现项目贷款单位有伪造涂改原始凭证、以新贷还旧贷、只签合同而贷款不到位等违规行为的，一律不安排财政贴息资金，并取消以后年度申请财政贴息贷款项目的资格。对骗取冒领的财政贴息资金，将如数追回，并按照《财政违法行为处罚处分条例》规定，追究单位和相关个人责任。9月，《四川省国有贫困林场扶贫资金管理实施细则》（试行）开始实施。扶贫资金主要用于林场基础设施建设、发展生产以及职工培训，而不得用于发放机构与人员经费、弥补经营性亏损、修建楼堂馆所、建设大中型基建项目以及发放各种奖金、津贴、福利补助、社会保障费用等。基础设施建设项目补助标准为：新建林区断头公路每千米补助5万元；改建无通车能力的林区公路每千米补助2万元；林场危、旧房改造每平方米补助200元；解决林场职工饮水每立方水补助30元；通电、通信线路建设每千米补助1万元。生产发展项目补助标准为：笋材两用、纸浆竹林、木质原料林等每亩苗木补助180—300元；经济林（药材、干果、茶叶）每亩补助350—650元；养殖业用于良种畜禽引进的大牲畜每头补助60—100元。职工培训补助标准：用于林场职工技能培训的经费开支不得超出省安排林场扶贫资金的5%。

第八章　社会文教与行政事业单位财务管理

从1979年开始，四川省在一部分农、林事业单位进行经费包干改革试点，以后逐步在所有行政事业单位实行“预算包干”办法。1986年，四川省行政事业单位继续实行“预算包干、结余留用、超支不补”预算包干办法。各单位年度预算核定以后，执行中没有特殊情况不予追加追减，年终结余经费不收归财政，由单位结转下年继续使用，用于发放集体福利和个人奖励。1992年1月，四川省社会文教行政单位开始实行预算支出定额管理，制定预算支出定额时遵循量力而行、多渠道筹集资金、勤俭节约、简易便行的原则。1998年，财政部发布实施《行政单位财务规则》和《事业单位财务规则》，四川省据此制订了《关于省级行政事业单位实行收支统管的规定》，单位财务部门将单位的各项收入、支出全部纳入单位预算，实行统一核算，统一管理。省级行政事业单位的预算外资金全部上缴省财政专户，实行“收支两条线”管理办法。2001年，四川省行政事业单位开始实行部门预算，各单位在编制年度预算时，其主管部门根据工资统发数据和定员定额标准审核人员经费，根据分类分档分项定额标准，确定基础数据后自动生成公用经费财政拨款数，专项经费实行备选项目库管理。部门预算改革，限制了行政事业单位随意调整项目经费、虚列人员经费的行为，提高了行政经费使用效率。在保证行政事业经费支出的同时，四川财政还设立专项资金扶持文教事业发展，支持农村教育事业，实施“广厦工程”，设立科技事业发展专项资金，并加强资金收支管理和监督，提高财政资金使用效益，规范社会文教和行政事业单位财务行为。

第一节　行政事业单位财务管理

1986年9月，四川省就党政机关、民主党派、人民团体、企事业单位的临时出国人员用汇来源、使用范围等作出规定。上述机构的临时出国人员所需外汇主要是非贸易外汇，根据国家外汇留成办法，财政部门经核定后下达各单位留成外汇额度，用汇实行单列项目、专项管理，主要用于控制地方、部门使用自有外汇出国进行综合经济考察、贸易展览、引进技术、吸收国外直接投资、进修、培训等用汇。

1989年1月，经国务院批准，财政部发布《关于事业单位财务管理的若干规定》（以下简称《规定》）。《规定》按预算管理形式将事业单位分为全额预算管理、差额预算管理和自收自支管理3类，在确定类型的基础上，对全额事业单位实行多种形式的预算包干、结余留用、超支不补办法，并鼓励其向差额事业单位过渡。对差额预算管理单位实行稳定收支、定额（或定项）补助、增收节支留用、减收超支不补办法，并鼓励其向自收自支管理过渡。对自收自支预算管理单位实行核定收支、增收节支留用、减收超支不补办法，并鼓励其向企业管理过渡。事业单位建立基金制度，全额事业单位建立事业发展基金、职工福利基金和职工奖励基金；差额拨款事业单位和自收自支单位逐步建立修购基金制度，有条件的自收自支单位还可建立后备基金。基金主要从经费和收入中提取，提取比例由高到低是自收自支事业单位、差额拨款事业单位、全额拨款事业单位。此外，为扶持有收入的事业单位开展业务经营活动，各级财政部门可设立事业周转金。周转金有偿使用，定期收回。

1989 年，新的《四川省省级行政事业单位工作人员差旅费规定》开始试行。出差人员的住宿费、市内交通费、伙食补助费，实行分项计算、总额包干、调剂使用、节约归己、超支不补的办法。

1990 年 2 月，根据执行中反映出来的主要问题，即：住宿费省外标准偏低；省内不分地、县、乡均一个标准，偏高、不合理且报销存在漏洞。省财政进行了适当修改，一是将住宿费由定额计算、总额包干改为幅度控制、限额包干，并适当降低标准，规定低于下限奖给个人，超过上限自行负担，从而减少和限制了职工个人所得；二是将省内各地出差标准执行一个定额标准改为按市（地、州）、县（市）、区（乡、镇）级次执行不同标准①；三是将出差住宿费发票只作为备查资料改为在省内全部实行凭据报销，旨在杜绝未开支住宿费也报销住宿费的漏洞。工作人员到省外出差，仍实行“大包干”办法，超支不报，节约归己，具体报销标准为：副省级干部到一般地区出差每人每天 40 元，深圳、珠海每人每天 60 元；厅局级干部一般地区每人每天 22 元，深圳、珠海 30 元；其他干部一般地区每人每天 15 元，深圳、珠海 20 元。

1992 年，为控制行政经费支出，财政部决定在四川等 12 个省份实行行政经费“下管一级”试点，对省级行政单位进行预算支出定额管理。预算支出定额包括综合定额和单项定额，综合定额包括人员经费②和正常公用经费③，不包括离退休人员费用、5 万元以上的设备购置费和修缮费；单项定额主要是行政人员数、交通费定额和会议费定额。支出定额确定后，除国家和省有重大增支调整外，一律不再变动。在核定定额内，各项开支都必须按照国家统一规定的开支标准和开支范围执行，严格区分预算内与预算外开支、行政费与事业费开支、行政费与基本建设开支，不得转嫁开支。

1993 年，为加强事业单位收入管理，增强事业单位资金自给能力，在 1989 年颁布实施的《关于事业单位财务管理的若干规定》的基础上，财政部制发了《关于加强事业单位财务管理的规定》（以下简称《规定》）。新《规定》中事业单位收入范围包括事业性收入、生产经营收入、上缴收入和其他收入，各项收入不论实行何种预算管理方式，均全部纳入单位预算统一管理，并向主管部门和财政部门报送财务收支计划和决算报表。其中，全额预算管理事业单位的收入，实行独立核算，按扣除成本（费用）后的纯收入计算；差额预算管理事业单位和自收自支管理事业单位的收入，按毛收入计算。事业单位建立专用基金（资金），全额预算管理单位使用年终结余建立事业发展基金（一般不低于 50%）、职工福利基金和职工奖励基金，差额预算管理单位和自收自支管理单位除上述全额预算单位建立的基金外，还应建立医疗基金、修购（折旧）基金和周转（流动）资金。上述专用基金（资金）中，除职工福利基金、职工奖励基金照章缴纳能源交通重点建设基金和预算调节基金外，其他基金（资金）全部免征“两金”。

---

① 副省级干部到市地州出差每人每天报销标准为 35 元，县市级 30 元；厅局级干部市地州报销标准为 9—16 元，县市级 7—14 元，区乡镇级 5—7 元；其他干部市地州级报销标准为 7—10 元，县市级 6—9 元，区乡镇级 4—6 元。

② 人员经费：含工资、补助工资、职工福利费和主要食品价格补贴。

③ 正常公用经费：含公务费、一般设备购置费、一般修缮费、业务费和其他费用。

1994 年，为解决下放地方管理的外经贸系统行政主管部门的经费问题，省财政厅作出规定：对下放无收入的行政事业单位，其经费支出纳入同级财政预算管理，按规定核定并统筹解决；有收入的行政事业单位，其收入纳入同级财政预算管理，财政部门对其经费支出予以核定预算，保证日常工作开展。

1995 年 1 月，为贯彻落实中央适度从紧的财政政策，控制行政经费过快增长，省财政决定从该年起，对市（地、州）实行行政经费定额考核办法。考核的原则是：支出与财力挂钩、体现差别、动态考核与调节相结合。支出与财力挂钩是指市（地、州）每年行政经费增长幅度不得高于同期财力增长幅度的 90%，支出决算超过定额而影响到全省定额考核的，在超过部分的 30% 以内扣减下年度专项补助经费。体现差别是指不搞“一刀切”，对于上年有净结余或有赤字的地区，其考核定额可作适当调整。动态考核与调节是指各市（地、州）可根据收入预算执行情况，遵照支出与财力挂钩的原则，自行调节执行定额。考核内容包括省对市（地、州）行政费支出总额的考核以及对市（地、州）本级行政费支出的考核。其中，市（地、州）本级的考核又分为人均支出综合定额、行政人员数和机动车辆控制数 3 项指标。

1997 年 1 月，新的《事业单位财务规则》（以下简称《规则》）开始实施。与之前的《关于事业单位财务管理的若干规定》相比，新《规则》作了不少改革，主要体现在：改革了事业单位预算管理形式，取消了事业单位三种预算管理形式的划分，规定事业单位统一实行“核定收支、定额或定项补助、超收不补、结余留用”的预算管理办法；改革了事业单位收入管理办法，改变以往单纯反映财政拨款及其支出的财务管理体系，将单位在财政拨款之外获得的收入，全部纳入单位预算，统一核算，统一管理；规范了事业支出管理，根据收支统管的要求，建立了“大支出”的概念，按资金性质将事业单位的支出划分为事业支出、经营支出、对附属单位补助支出和上缴上级支出 4 类；改革了事业单位财务报表体系，建立了以资产负债表、收支情况表以及有关附表为特征的具有统一性、适用性的新的事业单位报表体系。《规则》实施后，1989 年财政部发布的《关于事业单位财务管理的若干规定》同时废止。新财务制度实施后，由于配套的事业单位会计制度尚未出台，为避免执行过程中新财务制度与《事业行政单位预算会计制度》出现冲突，财政部就有关协调衔接问题作了规定：在新的事业单位会计制度出台前，仍按原会计制度执行；为满足《规则》关于事业单位实行收支统一管理的要求，在编制预算、决算报表时，对《规则》中有关项目按照现行会计制度的科目做相应转换，但这种转换仅限于事业单位填报预算、决算表时使用，日常会计核算则不需按此记账。

同时，根据新的《事业单位财务规则》，结合文化事业单位实际情况，财政部制发了《文化事业单位财务制度》和《体育事业单位财务制度》以取代 1993 年颁布实施的《文化事业单位财务管理办法》、1989 年颁布实施的《文物、博物馆事业单位财务管理办法》和 1993 年颁布实施的《体育事业单位财务管理办法》。新《制度》规定对文化（文物、体育）事业单位实行核定收支、定额或者定项补助、超支不补、结余留用的预算管理办法。定额或者定项补助标准根据文化（文物、体育）事业特点、事业发展计划、单位收支状况、财政政策和财力可能确定。财政部门和主管部门根据单位不同业务性质和收支状况，分别实行不同的补助办法。定额或者定项补助可以为零。少数非财政补助收入大于支出较多的文化（文物、体育）事业单位，可实行收入上缴办法。是年，《科学事业单位财务制度》《计划生育事业单位财务制度》颁布实施。

1998年1月，《行政单位财务规则》（以下简称《规则》）开始施行。行政单位财务管理的基本原则是：执行国家有关法律、法规和财务规章制度；厉行节约、制止奢侈浪费；量入为出、照顾重点、兼顾一般；注重资金使用效益。基本任务是：编制预算；编制财务报告；建立内部财务管理制度；管理单位国有资产；对所属单位的财务活动进行指导和监督。行政单位应单独设置财务机构，并配备专职财务会计人员，进行独立核算。按照经费领拨关系和预算管理权限，行政单位预算管理分为主管预算单位、二级预算单位和基层预算单位3个级次。财政部门对行政单位实行收支统一管理，定额、定项拨款，超支不补，结余留用的预算管理办法。年终结余资金不提取基金，全额结转下年使用；其中，已完成项目的专项经费结余，在报经主管预算单位或财政部门批准后，方可使用。行政单位的各项收入和支出全部纳入单位预算统一管理，统筹安排使用，预算外资金收入和其他收入首先用于弥补经常性支出不足和必要的专项支出。行政单位的收入包括财政预算拨款收入、财政部门从财政专户核拨给行政单位的预算外资金、经财政部门批准不上缴财政专户的少量预算外资金以及其他收入，行政单位依法取得的应当纳入财政预算的罚没收入、行政性收费收入和基金（取得时，须使用合法票据），以及应纳入财政专户的预算外资金，不属于行政单位收入，须及时足额上缴。行政单位支出包括经常性支出、专项支出和自筹基本建设支出。行政单位开设银行存款账户，须报主管预算单位或同级财政部门审批，并严格控制暂付款规模，不得长期挂账。行政单位的固定资产不计提折旧。此外，《规则》还就预算管理、收入管理、支出管理、结余管理、资产管理、应缴款项和暂存款项管理、划转撤并的财务处理、财务监督等具体问题进行了规范和说明。5月，为进一步加强行政事业单位收支统管，根据《行政单位财务规则》《事业单位财务规则》，省财政厅制订了《关于省级行政事业单位实行收支统管的规定》，即由单位财务部门将单位的各项收入、支出全部纳入单位预算，实行统一核算，统一管理。省级行政事业单位的预算外资金全部上缴省财政专户，实行“收支两条线”管理办法。单位预算外资金账户只能由本单位财务部门在指定银行开立，有下属单位的主管部门须设立预算外资金汇缴专户，于每月25日前将汇集的本部门（含下属单位）的预算外资金缴入省财政专户，汇缴专户不核算支出事项。行政事业单位的全部资金活动必须在经批准设置的资金账户内进行统一核算，统一管理，不得多头开户。7月，财政部发布实施《行政事业单位业务招待费列支管理规定》。业务招待费包括在接待地发生的交通费、用餐费和住宿费；业务费的开支标准不得超过当年单位预算中“公务费”的2%；招待费一律通过现有资金渠道解决，对公务费中财政安排的专项会议费、专项器具设备车船保养修理费及其他一次性专项经费，在计算业务招待费时应予以扣除；从该年起，在“政府预算收支科目”“一般预算支出目级科目”中增设“业务招待费”一项，行政事业单位实际发生的业务招待费必须统一在此科目中列支。

1999年6月，财政部、监察部、中国人民银行发布实施《行政事业单位预算外资金银行账户管理的规定》。规定行政事业单位的预算外资金收入，应全部直接上缴同级财政部门设立的预算外资金财政专户。确有必要的，经财政部门批准，并凭人民银行颁发的“开户许可证”，可在银行开设一个预算外资金收入汇缴专用存款账户，用于核算本部门和单位应上缴的预算外资金收入。该账户只能核算预算外资金收入上解款项，单位不得直接支用，并按规定及时足额上缴同级财政专户。相应地，行政事业单位的预算外资金支出，也应通过经财政部门批准的支出专用存款账户。该账户只办理和核算同级财政部门从财政专户核拨给单位使用的资金及该部分资金的支出，不发生资金收入款项和其他业务。

2000 年，国家安全机关领导体制调整，全省各级国家安全局的行政经费全部上划由省财政供给。

2001 年起，行政事业单位的财政财务管理执行部门预算和国库集中支付的有关规定，统一编制预算内外资金，规范预算编制程序，逐步建立公开、公平、规范、高效的预算编制运作机制。同时，逐步建立起以国库单一账户体系为基础，以国库集中收付为主要形式的现代国库管理制度。

2004 年，《四川省省级旅游发展资金管理办法》施行。省级旅游发展资金，是由省级财政安排用于支持旅游产业发展的专项资金，使用时遵循突出重点、集中使用、保证效益的原则。具体使用范围包括宣传促销费、景区规划和论证费、信息网络费、重点基础设施建设补助、职业教育和岗位培训费、大型会议费以及省旅游产业发展领导小组确定的其他支出项目。资金扶持项目由省旅游局具体安排，其中由省级直接实施的项目经费列入省旅游局部门预算，省财政按项目进度拨付资金；由市（州）实施的项目由省财政厅将资金拨付市、州财政局安排使用。资金使用单位在每年度终了后第一季度内，将资金使用情况向当地财政和旅游部门作出书面报告，再由当地财政部门逐级汇总上报到省财政厅。

2005 年，根据财政部《关于深化收支两条线改革进一步加强财政管理意见的通知》，四川省对全省法院系统收取的诉讼费，包括案件受理费、申请费和其他诉讼费，实行银行代收制度，收取后全额上缴国库，纳入预算管理。诉讼费收入缴入国库后，其履行职能所需的经费由各级财政部门安排，同时由省级统筹 6%，用于贫困地区法院业务经费补助。法院因诉讼费收入纳入预算所形成的基本建设债务，对符合“两庭”（人民法庭和人民法院机关审判庭）建设标准范围内的，经审计部门审计后，由各级政府统筹解决。

第二节　教科文卫事业单位财务管理

一、预算管理

1988 年之前，四川省对文教科学卫生事业单位和行政机关实行“预算包干、结余留用、超支不补”的预算包干办法。各单位年度预算核定以后，执行中没有特殊情况不予追加追减，年终结余经费不收归财政，由单位结转下年继续使用，用于发放集体福利和个人奖励。这种办法有效调动了单位、职工当家理财的积极性，也有效防止了年终突击花钱现象的发生。但不足之处是，由于文教行政事业单位中既有非生产性和社会福利性单位，也有生产性单位；既有有支无收单位，也有有收有支单位，因而，这种“一刀切”的预算管理办法就造成了单位之间经济利益上的不均，不利于事业发展。为此，1988 年 5 月，财政部颁发了《文教科学卫生事业单位、行政机关“预算包干”办法》，根据单位不同特点，实行四种不同的包干办法，即：一是经费和任务挂钩，一年一定。主要适用于计算任务量和开支定额、经费全部或基本依靠财政拨款的全额预算单位。二是核定基数，比例递增。主要适用于需要发展而难以计算工作量和开支定额的全额预算单位。三是包死基数，一定几年不变。主要适用于收支比较稳定的全额预算管理单位和一般差额预算管理单位。四是核定基数，比例递减。主要适用于收入较多，有条件逐步实现经费自给的差额预算管理单位。

1992 年 1 月，四川省社会文教行政单位开始实行预算支出定额管理，制定预算支出定额时遵循量力而行、多渠道筹集资金、勤俭节约、简易便行的原则。工作量易于计算，成果易于量化考核的单位，如学校等，以工作量或成果为预算支出定额的计算对象，确定定额；工作量不易计算的单位，以人员编制为计算对象，确定定额。具体的制定程序为：收集整理数据资料，如前3年平均开支数，各“目”级科目费用支出数额及占全部费用比例，编制人数，设备数等；分解实际开支数，即人员经费和公用经费；形成基准定额；以基准定额为基础进行适当调整，确定支出定额。同时，对经费使用效果按年度进行考核，考核内容分为综合指标和单项指标两类。其中，综合指标含经费占财政支出比重、增减速度、人年均开支水平、经费自给率等项目；单项指标又分为社会效益指标和经济效益指标两小类，下含文化事业费、体育事业费、广播电视事业费、教育事业费、卫生事业费、计划生育事业费、科学事业费、抚恤和社会福利救济事业费等项目。

1993年，财政部对社会文教事业全额预算管理单位、差额预算管理单位、自收自支管理单位的财务管理作出规定。事业单位财务管理的范围包括预算管理、收入管理、支出管理、财产物资管理、财务分析和财务监督等。其中，国家对全额预算管理单位实行预算包干、结余留用、超支不补的预算办法，主要形式有：经费与任务挂钩，一年一定；核定基数，比例递增（减）；包死基数，一定几年等。各单位结合自身实际情况，报经主管部门或财政部门批准，执行其中一种形式。差额预算管理单位实行核定收支、差额（定额或定项）补助、增收节支留用、减收超支不补的管理办法。有条件的差额管理事业单位还可实行多种形式的承包经营责任制，采取确定差额（定额或定项）补助，一定几年不变或逐年递减的管理办法。自收自支管理单位实行核定收支、增收节支留用、减收超支不补的办法。收大于支较多的单位，在核定其收支数时规定其收入的一部分上交财政或主管部门。上交财政部门的收入，用作社会文教行政事业周转金；上交主管部门的收入，用于抵顶财政部门对该部门的事业费拨款。事业单位组织收入，均应将社会效益放在首位，且严格遵循国家有关行政事业性收费政策及管理制度，各种收入都必须交由单位财务部门入账，不得坐支。事业单位安排支出应厉行节约、量力而行，兼顾社会效益和经济效益，发给职工的各种奖金、津贴、补贴，应遵照国家有关规定执行，不得自行规定。专用基金（资金）实行计划管理，先提后用，量入为出，专款专用。事业单位的财产物资管理遵循统一领导、计划供应、定额配备、归口管理的原则，注重发挥固定资产的效益，对材料使用实行定额管理，对低值易耗品使用实行以旧换新的办法。

1997年5月，为贯彻实施新颁布的《事业单位财务规则》，省财政厅提出如下意见：根据《规则》，取消全额、差额、自收自支三种预算管理形式，各级财政对本级各类事业单位实行核定收支、定额或者定项补助、超支不补、结余留用的预算管理办法。同时，改变事业经费“基数加发展”的方法，逐步实行“零基预算法”，按照“社会共同需要”的原则，确定财政资金的供给范围，对共同的支出项目制定统一的补助定额。事业单位的资金账户在清理、归并的基础上，由财务部门统一开户，全部资金活动必须在经批准设立的账户内进行统一核算、统一管理。

是年，按照财政部颁发的《事业单位财务规则》和财政部、国家教委联合制定的《高等学校财务制度》和《中小学校财务制度》规定，四川对省属高校原则上实行“统一领导、集中管理”的财务管理体制。高等学校根据事业发展计划和任务与财力可能编制年度预算，在编制预算时，坚持“量入为出、收支平衡”的总原则，不搞赤字预算。学校根据财政补助收入预算控制数，结合学校事业发展计划与组织收入的能力，编制单位财务收支计划。报省教委审核汇总后，经财政部门批复，省教委下达的财务收支计划作为预算执行依据。中小学校实行“核定收支、定额或者定项补助、超支不补、结余留用”的预算管理办法。定额或者定项补助标准根据中小学校特点、学校收支情况和国家财政政策和财力可能确定。学校预算必须保持平衡，不得编制赤字预算。预算执行过程中，财政补助收入和从财政专户核拨的预算外资金收入一般不予调整，确需调整的，报请主管部门审核并报财政部门批准后可调整预算。收入预算调整后，相应调增或调减支出预算。全日制学校实行全额预算管理形式，即学校的各项经费，由国家预算拨款。民办学校的经费主要由其自行筹集，国家给予一定补助，补助时，采用专项拨款补助形式。教育部门创办的广播电视大学、函授大学、夜大和全日制普通高校附设的函授大学、夜大，以及城乡业余专科学校、中等技术学校的经费，原则上也由国家预算拨款。

二、教育事业单位财务管理

1986年8月，省政府下发《关于收取小学、初中杂费的通知》，规定：经济条件好，能够承担小学、初中杂费开支项目的地方，可减收或免收杂费，减免的具体办法，由乡镇人民政府制定，县级政府批准执行；高中和幼儿园继续收取杂费；需要继续收取杂费的地方和学校，按照省政府规定的杂费标准执行，同时对贫困学生实行减免；杂费开支按预算外资金进行管理，在银行专户存储，专款专用，年终结余可转入下年度继续使用，可上交财政，也可抵减应拨付的教育经费；小学杂费收入，主要用于学生茶水，学校的因公业务以及教学器材购置等项开支；中学的杂费收入，学校可留成10%—15%，余额上交县级教育行政部门集中掌握，留校部分主要用于学生茶水，公共环境卫生等项开支，上交部分主要用于校舍修缮和教学仪器、家俱和体育设备购置等项开支。

四川省1986年小学、中学杂费收取标准表

表3－9　　单位：元

类区		数额（元/人）				减免比例（%）	
		高小	初小幼儿园	初中	高中	人数	金额
大城区市区	城区 乡村	3.5 3.2	3.3 3.0	4.0 3.6	4.4 4.0	不超过20	不超过15
经济条件较好地区	城区 乡村	3.2 3.0	3.0 2.8	3.6 3.4	4.0 3.8	不超过20	不超过15
一般地区	城区 乡村	3.0 2.8	2.8 2.6	3.4 3.2	3.8 3.6	不超过20	不超过15
边远山区	城区 乡村	2.2 2.0	2.0 1.8	2.6 2.4	3.0 2.8	不超过30	不超过20

1993年，为保证教师工资及时、足额发放，省政府与市（地、州）政府签订了按时发放教师工资责任书，省财政在资金调度上设立了教师工资专项。

1995年1月，四川省对在蓉中央和省级行政机关、人民团体、企事业单位以及外地驻蓉单位具有城镇户口的在职职工起征职工个人教育费，征收额为职工个人工资总额的1%。教育费专款专用，主要用于普及九年制义务教育、改善办学条件，同时对办有子弟小学的企业，征收后再予以返还，但返还数不超过该企业职工缴纳的个人教育费的总额。

1997年6月，根据《事业单位财务规则》，财政部、国家教委颁布了《高等学校财务制度》，并从该年起开始施行。1999年1月，根据省属高校的实际情况，四川省提出贯彻意见：省属高校原则上实行“统一领导、集中管理”的财务管理体制，即由学校统一财经方针政策，统一财务收支计划，统一财务规章制度，统一资源调配，统一财会业务领导，学校有对财权、财务规章制度制定和执行、会计事务的集中管理权；确有必要实行“统一领导、分级管理”财务管理体制的个别学校，需报请省教委批准。省属高校的财务处是学校唯一的一级财务机构，各学校不得在此之外，另设置同级财务机构。省属高校在编制年度预算时，遵循“量入为出、收支平衡”的总原则，不得实行赤字预算，执行过程中，应加强预算控制和分析，努力增收节支，确保收支平衡。学校结余资金，除专项资金按国家规定结转下一年度继续使用外，可按不超过结余额的40%提取职工福利基金，其余作为事业基金弥补以后年度收支差额。省属高校的专用基金，主要包括修购基金、奖贷基金和勤工俭学基金，其中，按事业收入和经营收入的25%提取修购基金，修购基金中80%用于购置设备，20%用于固定资产维修；按学费收入的20%—25%提取奖贷基金和勤工俭学基金，用于奖励优秀学生和补助困难学生。专项基金单设账户进行管理和核算，专款专用，且产生的利息只能用于增加基金本金。

1999年1月，四川省开始执行财政部、国家教委颁布的《中小学财务制度》（以下简称《制度》），《制度》适用于公办普通中小学校、职业中学、特殊教育学校、工读教育学校、幼儿园、成人中学和成人初等学校，企业事业组织、社会团体及其他社会组织举办的上述学校参照执行。中小学校财务管理实行“统一领导、统一管理”体制，学校的财务活动在校长领导下，由财务部门统一管理；不具备条件或不需要单独设置财务机构的中小学校，实行“集中管理、分校核算”的体制，即在一定区域内，设置中心财务机构，统一管理区域内中小学校的财务活动，学校只设报账员，由报账员向中心财务机构报账。财务管理的基本原则是：遵守国家法规和财务规章制度，勤俭办学，正确处理事业发展需要与资金供给关系、社会效益与经济效益关系、国家、集体和个人三者利益关系。主要任务是编制学校预算，筹集事业资金，资金核算，国有资产保值增值和财务分析。转发时，结合四川省实际，省财政补充规定：中小学校按年度事业收入和年度经营收入的10%—30%提取修购基金，提取的修购基金在修购费和设备购置费中各列支50%，用于固定资产维修和购置；中小学校固定资产的变价收入，除国家另有规定外，直接转入修购基金。中小学校医疗基金，未纳入公费医疗开支范围的，按当地财政部门规定的公费医疗开支标准提取；已参加医疗保险制度改革试点，即实行按职工工资比例上缴医疗保险金给社会统筹机构管理的，按医疗保险制度改革试点方案的规定执行。中小学校的结余，除专项资金按国家规定结转下一年度使用外，可提取25%—40%作为职工福利基金，用于集体福利设施建设和改善集体福利待遇。中小学校的各项专用基金，要编制收支计划，量入为出，遵循“先提后用、专账管理、专款专用”的原则。

2000年，为解决教师工资拖欠问题，四川省开始实行教师工资财政直接支付制度。为确保其顺利实施，四川省采取了多项措施，一是将农村中小学教师工资管理权限上划至县，由县级财政统管，或由县级财政按月代发，年终由县级财政与乡级财政进行体制结算；二是在编制预算时，优先保障教师工资支出，同时对财力确有困难的县，由省、市财政采用体制照顾或补助倾斜的方式给予资金支持，部分特困县补助系数达80%以上；三是建立教师工资发放情况统计通报制度，加强社会和行政监督。12月，省政府决定实施《四川省民族地区教育发展十年行动计划》。2001年到2010年间，除向中央积极争取民族地区教育专项补助外，省级有关部门以及民族地区保证每年共筹措资金1亿元以上用于民族地区教育，其中省财政每年新增2000万元。同时，为保证教育经费及时、足额到位，中央和省划拨给民族地区的教育专项经费按财政体制改革要求，实行归口管理，由教育行政部门统一安排，财政直接拨付。是年，为支持省内丘陵大县巩固和完善普及九年制义务教育工作，省财政安排了丘陵大县“普九”经费计划。此项经费专款专用，用于项目县的学校修建校舍、购置教学仪器、图书资料、师资培训等改善办学条件支出。项目县按不低于省级补助专款1：1的比例安排配套资金，且项目须在一年之内完成，完成后，由省财政组织抽查。经费分两批下拨，2001年下达第一批资金2050万元，补助项目129个；2002年下达第二批资金1000万元，补助项目71个。是年，在全省全面推进乡镇财政“零户统管（国库单一账户）”过程中，各地对中小学校收取学生的代管费是否纳入乡镇财政“零户统管”范围产生了分歧。为此，省财政厅统一规定：代管费是学生预付给学校，由学校代学生购买学习用书等的经费，用于学生个人的消费支出，既不属于预算外资金，也不是学校可以支配的收入，故不将其纳入乡镇财政“零户统管范围”。

2001年6月，为推动中小学布局调整工作，加快中小学规范化、标准化建设，财政部制定了《中小学布局调整专项资金及项目管理暂行办法》。四川省按照规定，省、市（州）两级财政按照因素分配法，即按中小学布局调整成效、财力状况、建设成本等因素，计算分配专项资金，并通过增大布局调整成效所占权重，突出以奖代补的分配原则。在高效利用中央专项资金的同时，全省各级财政从年度预算、城市教育费附加、职工教育费中安排配套资金。省级财政设立的中小学危房改造和发展基础教育、职业教育、特殊教育、民族教育等方面的专款，也全部用于布局调整规划中保留的学校。

2002年7月，按照财政部、教育部通知精神，四川省在当年秋季开始免费提供教科书。先期提供的对象为国家扶贫开发县中到2000年底尚未普及初等教育的县的全部农村小学生、未通过国家基本普及九年义务教育和基本扫除青壮年文盲验收县的农村贫困家庭初中生，以及特殊学校的学生。提供时，采用将补助经费分配下达给各市（州）的办法，再由市（州）财政、教育部门根据各县上报的取得免费教科书书面证明，在核实所有免费教科书发放到位后，一个月内将相应款项拨付给发行单位。

2003年9月，省政府发出《关于资助特困家庭子女入学的通知》，决定设立中小学特困学生助学金，对城市低保家庭、农村绝对贫困户、家境困难的烈士及伤残军人家庭、因疾病或意外灾难导致不能维持基本生活的特殊困难家庭的子女予以义务教育阶段全免杂费和书本费的照顾。助学金由教育和财政部门负责管理，拨付到受助学生所在学校。同月，《四川省贫困大学生奖学金管理办法（试行）》开始实施。奖学金的资助对象为省属普通高等学校的家庭经济困难、品学兼优的全日制本专科学生，包括当年考入省属普通高校的全日制本专科生以及在校全日制本专科生。奖学金分为两个等级，每年定额发放给1500名学生，其中300名特别优秀的学生享受一等奖学金，标准为每人每年4000元；1200名学生享受二等奖学金，标准为每人每年3000元。奖学金获得者，其所在学校减免该年的学费。奖学金专款专用，不得截留、挪用和挤占。发放时实行公示制，以防止不正之风，同时接受省财政厅、省教育厅的检查与监督。

2004年，为建立教育经费保障激励约束机制，省财政开始将农村中小学公用经费保障纳入省对市（州）、县的财政激励约束考核范围，按照省定预算内生均公用经费拨款标准，督促、检查、考核同级财政对生均公用经费投入情况，达到或超过年度投入标准的，省财政增加其一般转移支付补助系数；反之，则扣减其转移支付补助系数。

同年4月，根据《财政部关于四川省中小学改善办学条件附加费等政府性基金有关问题的复函》，省政府决定从即日起取消中小学改善办学条件附加、职工个人教育费和宾馆饭店教育费等“三项教育附加”，改按单位和个人缴纳的增值税、营业税、消费税的1%征收地方教育附加。依照有关规定，对从事卷烟生产企业减半征收地方教育附加；对“三资”企业暂不征收地方教育附加。征收的地方教育附加作为同级地方政府性基金收入；省地税局直属征收分局征收的地方教育附加作为省级基金收入，缴入省级国库。地方教育附加主要用于中小学危房改造以及扶贫开发工作重点县和革命老区的农村义务教育，使用时，由教育部门提出使用计划，经财政部门审核后下达基金支出预算。是年，为达到省政府关于农村税费改革转移支付资金主要用于农村义务教育的要求，省财政厅规定：农村税费改革转移支付资金（包括市、县配套部分）安排用于农村义务教育的比例不得低于45%。低于这一比例的，该年起必须对资金使用方向进行调整，确保达到这一比例；已达到者，不能降低目前投入水平，按照国家预算内教育经费增长高于财政经常性收入增长的要求，在以后年度逐年提高比例。

2005年3月，省财政厅、省教育厅联合发文，决定从该年起对全省国家扶贫开发工作重点县农村义务教育阶段贫困学生免除杂费，免除费用由省级财政全额负担；非国贫县农村义务教育阶段贫困家庭学生免除杂费，按照“一费制”收费政策中乡镇小学、初中杂费标准，省财政负担省定标准低限部分，市（州）财政负担当地实际收费标准高于省定标准低限部分。补助资金专款专用，不得用于抵顶应由本级财政预算安排的农村中小学公用经费。9月，四川省开始执行财政部、教育部下发的《国家助学奖学金管理办法》。国家助学奖学金由中央政府出资设立，面向全国公办全日制普通高校在校本专科学生中的贫困家庭学生，分为国家奖学金和国家助学金两种形式。国家奖学金额度为每人每年4000元，每年资助5万名学生，由各高校统一发放给获奖学生本人；国家助学金标准为每人每月150元，每年按10个月发放，每年资助约53.3万名学生，由学校按月发放给学生，或直接打入学生每月的伙食卡。参照中央规定，省政府相应制定了《四川省政府助学奖学金管理办法》。省奖学金标准为每人每年3000元，每年资助2000名学生；省助学金标准为城镇学生每人每月90元、农村学生每人每月120元，每年按10个月发放，每年资助2万名学生。原《四川省贫困大学生奖学金管理办法》（2003年）同时废止。

2006年，四川省农村义务教育阶段学生免收学杂费政策从春季学期开始执行。具体范围包括：在农村地区（含乡镇、县镇）公办学校就读的义务教育阶段学生；在三州民族地区、内地少数民族县、民族待遇县和国家扶贫开发工作重点县公办学校就读的义务教育阶段学生；在市、区政府所在地城区公办学校就读的享受城市居民最低生活保障政策家庭的义务教育阶段学生和其他困难家庭的义务教育阶段学生；在特殊教育学校、普通中小学附设特教班和随班就读的义务教育阶段残疾学生；在农村地区收费标准不高于同类公办学校的民办学校就读的义务教育阶段学生。

三、文化事业财务管理

1987年，根据文化部、财政部、国家工商行政管理局下发的《文化事业单位开展有偿服务和经营活动的暂行办法》，四川省制定了实施细则，规定：文化事业单位可根据业务特点和社会需要，开展各项有偿服务活动。活动收入作为单位业务收入，纳入单位预算管理。开展有偿服务和经营性活动所需资金，原则上由单位自筹解决，自筹有困难的，经财政部门批准，在不影响事业单位正常开支的前提下，从核定的事业费中少量借用，定期归还；也可报请文化部门和财政部门核给一定的资金或周转金；也可向银行申请优惠贷款或利用合作经营、群众集资等方式解决。单位有偿服务收入是弥补文化事业费的不足，各级财政予以支持，不得以收抵支或核减事业单位的经费预算。

1994 年 7 月，四川省设立省级文化企业发展专项资金。资金从 1994—1997 年止，每年由省级财政按省本级的文化、广播电影电视、新闻出版等宣传文化部门所属纳入预算管理、从事精神产品生产和服务的企业，按规定税率（33%）上缴所得税的实际入库数，列支出预算，在财政部门专户存储，专款专用。资金前 3 年为无偿使用，最后 1 年转为有偿使用，重点用于党和国家提倡的优秀精神产品的生产与推广以及省委、省政府确定的精神文明重点工程建设。分配时，省委宣传部、省财政厅各集中 10% 以便调控，其余 80% 由企业财务主管部门提出用款计划，经省委宣传部和财政厅共同审查研究后，予以拨款。

1995 年 10 月，为推动文教行政财务改革，财政部制定了新的《文教行政财务管理与经费使用效益考核办法（试行）》（以下简称《考核办法（试行）》）以取代 1992 年制定的《社会文教行政经费使用效果考核办法（试行）》。考核对象为财政部门、财务主管部门和基层预算单位，范围涵盖文教行政财务管理工作、财政部门拨付给文教行政单位的经费、单位组织的各项收入以及文教行政周转金。为使考核落到实处，财政部建立了详细的考核目标体系。按使用范围，分为综合指标（适用于文教行政经费两个及以上费类，如经费支出占财政支出比重、增减速度等）和单项指标（适用于文教行政经费某一个款项或费类，又可分为经济效益指标和社会效益指标，如文化事业费经济效益考核指标为剧团年人均财政补助数，社会效益考核指标为剧团年均演出上座率等）两大类；按性质和用途，分为政策性指标、结构性指标、收入管理指标、定额指标、周转金指标、辅助指标 6 大类。同时，明确了各项考核指标的内容、计算公式以及适用范围。1996 年 1 月，根据上述《考核办法（试行）》，四川省确定了省对市（地、州）文教行政财务管理和经费使用效益考核指标 29 项，包括经费增长速度比同期财政收入增长速度增减百分点、经费支出占财政支出比重、中小学危房比例等，并就每项指标的内容、计算公式、适用款项进行了说明。

1997 年 1 月，根据新的《事业单位财务规则》，结合文化事业单位实际情况，财政部制发了《文化事业单位财务制度》《文物事业单位财务制度》和《体育事业单位财务制度》以取代 1993 年颁布实施的《文化事业单位财务管理办法》、1989 年颁布实施的《文物、博物馆事业单位财务管理办法》和 1993 年颁布实施的《体育事业单位财务管理办法》。新制度规定对文化（文物、体育）事业单位实行核定收支、定额或者定项补助、超支不补、结余留用的预算管理办法。定额或者定项补助标准根据文化（文物、体育）事业特点、事业发展计划、单位收支状况、财政政策和财力可能确定。财政部门和主管部门根据单位不同业务性质和收支状况，分别实行不同的补助办法。定额或者定项补助可以为零。少数非财政补助收入大于支出较多的文化（文物、体育）事业单位，可实行收入上缴办法。文化（文物、体育）事业单位收入预算包括财政补助收入、上级补助收入、事业收入（含财政专户核拨的预算外资金收入）、经营收入、附属单位上缴收入和其他收入。

1998 年 1 月，根据财政部、文化部颁发的《文化事业单位财务制度》，结合四川省实际，省财政厅、文化厅联合发文，对文化系统事业单位专用基金，包括修购基金和职工福利基金的提取和管理进行了补充规定。其中，修购基金按事业收入和经营收入的 15% 提取，收取后在修缮费和设备购置费中各列支 50%，用于固定资产的维修与购置；固定资产变价收入和有偿调拨收入，除国家另有规定外，直接转入收购基金；固定资产出租收入的 50% 转入修购基金，余下部分转入其他收入。职工福利基金按结余的 30% 提取，用于集体福利设施建设和集体福利。同时，文化事业单位对各项专用基金，编制收支计划，安排支出时量入为出，对专用基金管理严格遵循“先提后用、专设账户、专款专用”的原则。2 月，四川省对省级文化事业建设费的使用管理作出规定。文化事业建设费由地税机关征收，省级地税部门征收的文化事业建设费全额缴入省级金库，市（地、州）、县征收的文化事业建设费，全额缴入省级金库后，由省财政按实际征收入库的 75% 安排给各地，用于文化事业建设。省财政按入库数的 3% 和 1% 分别拨付省地税局和省金库作为业务费。文化事业建设费主要用于社会主义精神文明建设，如重大活动经费、培训经费、优秀作品奖励经费和省级公益性文化事业单位维修购置补助经费等，不得用于办公和人员经费支出。10 月，《四川省级文物保护专项补助经费使用管理办法》开始施行。省级文物专项补助经费遵循统一领导、分级管理、分级负责的原则，实行专项申报、逐项核定、按项拨款、年终上报、项目完成后结报的财务管理办法。用于补助省级文物保护单位和少数重要省级以下文物保护单位的抢救、维修、保护、安全消防；经国家文物局批准的重要考古发掘项目的发掘及资料整理、生产建设中突发性的文物抢救与清理；国家征集和收购三级以上（含三级）的珍贵文物；出土重要文物和馆藏二级品以上（含二级品）文物的技术保护以及经批准补助的其他项目。具体开支内容包括维修、保护及安全、消防费，考古发掘及资料整理费，文物技术保护费以及经批准的其他开支项目。是年，在转发执行财政部《广播电视事业单位财务制度》时，四川省补充规定：广播电视事业单位的财务活动在单位负责人领导下，由单位财务部门将各项收入、支出全部纳入单位预算，统一核算，统一管理；广播电视事业单位按事业收入和经营收入的一定比例提取修购基金，修购基金的提取比例不低于 15%，在修缮费和设备购置费中各列支 50%，用于事业单位固定资产维修和购置；广播电视事业单位的结余，除专项资金按规定结转下年度继续使用外，可提取职工福利基金，提取比例由各市、地、州广播电视部门会同当地财政部门商定，但最高不超过 40%，剩余部分作为事业发展基金，用于弥补以后年度单位收支差额。

1999 年 1 月，财政部修订《文教行政财务管理和经费使用效益考核办法》，综合考核指标由 1995 年的 14 项减为 12 项，单项考核指标中经济效益指标由 1995 年的 26 项减少为 24 项，社会效益指标由 24 项减少为 23 项。四川省相应调整了省对市（地、州）的考核办法，考核指标由之前的 29 项减少为 20 项，分为政策性指标、结构性指标、收入指标、定额指标和辅助指标 5 大类。6 月，四川省开征文化市场管理费，征收对象为四川省行政区域内依法从事文化市场经营活动的单位和个人，征收标准为营业额或收入的 1%—3%。同时，全省娱乐业文化市场管理费改娱乐业营业税后，各地停止收取娱乐业文化市场管理费。2002 年 9 月，省财政厅、物价局联合下文，决定从 6 月起，在全省范围内停止征收文化市场管理费，并明确该项收费取消后，有关部门或单位行使行政管理的工作经费，由同级财政部门纳入预算管理。

2005 年 5 月，《四川省省级文化专项资金管理办法》开始施行。省级文化专项资金包括：“两馆”建设专项经费①、文化设施维修专项经费、基层文化信息共享工程及示范性乡镇文化服务中心建设专项经费②、人才培养专项经费、舞台艺术精品创作及剧目生产专项经费、民族民间文化保护工程专项经费③等。专项资金申报审批遵循项目管理、逐级申报、逐级审核的原则，项目方案内容须包括可行性、社会效益和经济效益、项目预算、经费内容等，实行“专项申报、逐级审核、专款专用、

---

① 主要用于补助县级及县级以上文化部门所管辖的文化馆、图书馆、群艺馆、文化中心的建设和维修改造设备购置等项目。

② 此项经费是为加快推进农村文化设施建设，从 2003 年起用 5 年时间，兴建 300 个示范性乡镇宣传文化中心和 300 个基层文化信息资源共享工程示范点的专项配套资金。

③ 主要用于民族民间文化保护工程重大项目的保护和研究、珍贵资料与实物的征集和收购、传承人的培养和资助以及省级保护名录的建立等。

跟踪绩效”的财务管理办法。省财政厅、省文化厅不定期组织检查组对专项资金的使用情况进行检查，并对违规违法行为进行处罚。

四、科技与卫生事业单位财务管理

1992年，省委、省政府作出《关于大力推动科技进步振兴四川经济的决定》，决定在“八五”（1991—1995年）期间，科研机构经主管部门批准，在保证事业发展的前提下，收入由单位自主支配、事业费部分自立的科研机构，以奖励和集体福利基金占纯收入50%为基数，事业费每减拨10%，奖励和集体福利基金增提2%。

1996年7月，四川省转发并执行国家《科技三项费用管理办法（试行）》（以下简称《办法（试行）》），《办法》适用于由财政核拨的民口科技三项费用安排的各级各类重点科技计划项目经费的管理。科技三项费用按项目进行核算管理，建立预算和决算管理制度，其开支范围包括：设备购置费、能源材料费、试验外协费、资料费、印刷费、租赁费、差旅费、鉴定验收费、管理费和其他费用，使用时实行合同化管理，经费包干，专款专用，严禁截留、挪用。因特殊原因，需要中途撤销或更改的科技三项费用项目，在项目主管部门做出撤销或更改项目的决定后1个月内，项目承担单位须做出经费决策，连同固定资产购置情况一并报送项目主管部门和原拨款财政部门核批，剩余的科技三项费用应全额上缴原拨款财政部门，由原项目主管部门继续用于安排国家重点科技项目计划。项目完成后，项目承担单位须及时清理，并区别不同情况进行处理；已完成并通过鉴定、验收后的项目结余经费，可提取不超过10%的经费作为对项目研究人员的奖励；属于按规定准予核销的部分，报经批准后冲销科技三项费用拨款；其余部分作为国家投资，在资本公积金或固定基金中单独反映。转发时，省财政厅补充规定：省级预算安排的科技三项费，由省科技计划管理部门分别提出项目计划，会同省财政厅联合下达，项目经费由省财政厅层层下达。

1997年8月，四川执行财政部、国家科委《关于执行〈科学事业单位财务制度〉若干具体问题的通知》（以下简称《通知》）。《通知》对科学事业单位的专用基金的提取比例作出规定。一是修购基金，未实行内部成本费用核算的单位，按照当年事业收入的1%—5%提取，在修缮费和设备购置费中列支（各列50%）；实行内部成本费用核算的单位和单位内实行内部成本费用核算的研究室、业务部、生产经营部门以及单项科研课题、项目和产品，其实行内部成本费用核算的部分，对在用的仪器设备每年按原值的3%—5%计提修购基金，在用的房屋建筑物每年按原值的1%—2%计提修购基金。二是福利基金，职工福利基金，一般科学事业单位按当年结余的40%提取，减拨事业费已经到位的技术开发类型单位按当年结余的50%提取。三是科技成果转化基金，基金来源于事业收务费中列支转入和按当年经营收支结余的10%分配转入。四是医疗基金，按照当地财政、卫生等部门规定的标准提取，并在社会保障费中列支。

2002年10月，《四川省计划生育事业专项补助经费使用管理办法》开始施行。专项补助经费包括中央专项补助经费和省级专项补助经费，主要用于基层县（市、区）以及乡镇，且必须保证60%用于乡镇计划生育工作。具体开支范围包括计划生育避孕节育手术补助费、独生子女父母奖励补助费、设备购置补助费、干部津贴补助费、宣传教育与业务培训补助费以及省计生委和省财政厅共同确定的其他补助项目。分配时，按照公开、公正、效率的原则，依据上年末总人口数、已婚育龄妇女人数、落实计划生育手术例数、上年度财政收支状况等指标进行核定。

2004年4月，财政部印发《中央补助地方科技基础条件专项资金管理办法》。专项资金由中央财政设立，用于支持地方科技事业发展、改善地方科研单位工作条件和提高地方科学普及水平，使用时遵循择优扶持、向中西部地区倾斜以及专款专用的原则。申请时，由地市级以上科研单位或地市科协所属单位先填报项目申报书，再报送省财政厅，经省财政厅审核汇总后向财政部提出申请。财政部对专项资金实行追踪问效制度，不定期组织专家或委托中介机构对项目进行绩效考评。7月，按照财政部、科技部规定，省财政将科技三项费用（科技厅归口管理）更名为“应用技术研究与开发资金”，专项用于支持科技攻关计划和科技产业化环境建设及科技成果的转移扩散，包括星火计划——主要支持农业科技产业化示范项目的开发与应用、乡镇企业技术创新等；火炬计划——主要支持高新技术产业化项目的开发和应用、科技企业孵化器的培育与发展等；科技兴贸行动计划；重点新产品计划等。为加强资金管理，省财政厅、科技厅制定了《四川省应用技术研究与开发资金管理暂行办法》，明确资金来源于省财政拨款，由省财政厅与科技厅共同管理，使用时遵循“集中资源、突出重点、合理安排、讲求效益”的原则，并按财政项目支出预算管理的要求建立项目库。研发资金的开支范围包括项目费和计划管理费，项目费包括人员费、设备费、能源材料费、试验外协费、会议费、差旅费等；计划管理费为资金管理部门开展项目评审或评估、招标、监督检查、项目验收及绩效考评等工作发生的费用。8月，《四川省市州农科所科学事业补助专项资金管理暂行办法》开始实施。此项资金是省财政为支持农业科技创新与发展，促进农业科技与经济的结合而设立的专项资金，主要用于农作物新品种培育及栽培技术研究、农作物新品种中试及示范、联合育种与联合试验组织管理、仪器设备购置以及其他应用技术研究与开发方面的项目。补助资金来源于省财政拨款，由省财政厅、农业厅共同管理，开支范围包括项目费和联合育种、联合试验组织费。其中，项目费中的管理费比例不得超过项日经费总预算的5%。项目经费按年度拨付，未完成项目年度结余经费，结转下一年度继续使用；已完成并通过验收的项目结余经费，用于补助单位科研事业发展支出；项目因故终止，项目承担单位报农业厅批准后，将剩余经费归还原渠道，剩余资产按照国家有关规定处置。

五、文教行政事业周转金

1986年，四川省建立文教行政事业周转金，周转金的发放坚持“重点扶持，照顾一般”以及“小额、有偿、短期、高效”的原则。投放以后，为确保其使用效率，省财政通过地方财政部门以及主管部门的反馈信息对用款单位进行监督。贷款到期后，采用重点验收检查的办法，对资金使用效果好，又按期还款的单位，在以后的贷款中予以优先考虑。通过这种方式，调动各部门、各单位管好用活文教周转金的积极性和责任感，提高资金使用效益。同时，在很大程度上改变了文教卫生事业单位一切靠财政、财政资金无偿使用的观念，变“输血型”为“造血型”，增加了文教卫生事业单位的造血功能。1989年，省级财政贷款1050万元，市（地、州）、县财政和用款单位自筹2536万元，总投资3586万元，用于扶持全省167个项目。借款期内即实现总收入6034万元，上交税金215万元，实现纯收入797万元。截至1990年底，全省设置文教周转金累计达6000多万元，投入项目3095个。1990年实现总收入12733万元，纯收入2865万元，其中用于生产发展1103万元，补充事业经费1078万元，一定程度上缓解了文教卫生事业发展资金不足的困难。

1992年，各地和省级有关部门要求增加文教行政周转金的呼声很高，1—10月，向省财政申请周转金贷款累计已达1亿多元。当年，省财政筹集2000多万元，并就重点项目向财政部申请借款570万元。截至1992年底，全省设置文教事业周转金17532万元。1992年，投入文教周转金10823万元，实现总收入38137万元，税金1506万元，纯收入7137万元。其中：补充事业经费2085万元，生产发展基金2834万元，职工福利基金868万元，职工奖励基金818万元。

是年，为深化文教行政事业单位财务体制改革，减轻财政负担，四川省对文教行政事业周转金的使用办法作了一定改变。首先，改变以往平均分配的做法，突出重点，重视效益。如：勤工俭学周转金主要用于发展高校校办产业，重点支持高新技术项目，以及扶持中小学骨干企业发展；行政周转金重点用于小汽车维修点的改造。其次，提高周转金占用费率，由之前的月息2‰—4‰提高到月息3‰—7‰。由于上述改变，当年全省文教事业创收效果显著。全省勤工俭学纯收入31799万元，用于补充教育事业费16975万元；“以文补文”收入2444万元，用于补充文化事业费2079万元；广播电视差额预算管理事业单位发展迅速，由上年的43个发展为55个，四川自修大学由差额预算单位过渡为自收自支事业单位。

1993年，为改进文教行政事业周转金管理，省财政厅制定了《四川省财政厅社会文教行政事业周转金借款暂行办法》。借用周转金时，借款单位须有稳定收入，具备还款能力，且申请项目符合政策规定，并具备投资少、技术新、效益好、周转快的特点。省级部门和一般地区择优支持借款额20万元以上的项目；少数民族地区及边远地区，择优支持借款额10万元以上的项目；借款额在30万元以上的项目，需加报可行性论证报告。周转金借款期限一般为1年，最长不过2年，还款期限从签订合同之日起延后30天开始计算，占用费为月率3‰—7‰。周转金专款专用，不得改变用途。借款到期，由借款的市、地、州财政局和省级有关部门将借款本金及占用费一并归还省财政厅。逾期未还者，除按月收取12‰的逾期占用费外，还将从当年或下年有关财政拨款中扣还本金和占用费，并不再办理新的周转金借款。

1994年，为完善对周转金借款的管理，省财政厅制定了《文教行政事业周转金管理办法》。明确周转金借款必须符合国家财政政策、产业政策和文教行政事业发展规划，讲究经济效益，注重社会效益，不放高利贷，不搞商业性金融活动，重点支持教育、科学事业单位，优先安排投资少、技术新、效益好、周转快的项目。借款期限一般为1年，最长不过2年，在规定的借款期限内，按月率3‰—7‰收取资金占用费。逾期未还款单位，从逾期之日起每天收取万分之三的逾期占用费，并从当年（或下年）有关财政拨款中扣还本金和占用费，并停办以后年度周转金借款事宜。

六、广厦工程

1994年省政府决定实施“广厦工程”，对全省教育系统教职工住房建设予以财政专款补助，以解决教师住房难问题。遵循“国家、集体、个人”共同负担原则。1995年全省高校财务、基建工作会议决定，省属高校教职工住宅建设项目，学校筹集资金15%，教职工个人自筹35%，且全部自筹资金到位后方能开工。当年，全省“广厦工程”补助投资共1600万元，其中省属高校400万元，市、（地、州）教育部门1200万元。1996年，全省“广厦工程”补助投资600万元。1997年，省政府继续专款支持建设教职工住房，专款与中央补助城市中小学教职工住房建设投资统筹安排，互不重复。分配时，主要依据省政府与各市（地、州）签订的“广厦工程”责任书，重点考虑各地建房工作量的大小、经济状况以及教师住房建设进展情况，补助项目主要依据各地申请报告。

七、教育费附加

1986年1月，四川省开征农村教育费附加，征收对象为从事农、林、牧、渔业生产的农业人口，从事农村工业、商业、建筑、运输和其他服务业经营的农户和联户，乡镇非农业个体户和乡镇企业。征收标准为：以乡为单位，农业人均每年纯收入在120元以上的征收1%的附加，120元以下的免征；从事服务业经营的农户和联户按销售金额的0.5%计征，不再按农业人口重复征收；乡镇企业按税前企业利润总额的3%计征。征收的农村教育费附加以不低于80%的比例用于改善基础教育设施、给付民办教师工资、补充教师福利和教师退休后的生活补助，以不超过20%的比例上交县级财政统一掌握，用于建立教育基金和其他与教育事业有关的杂项开支。7月，四川省除缴纳农村教育附加费的单位外，其他缴纳产品税、增值税、营业税的单位和个人，按照国务院《征收教育费附加的暂行规定》，开始缴纳教育费附加。缴纳时，以单位和个人实际缴纳的产品税、增值税、营业税的税额为计征依据，教育费附加率为1%，与上述税收同时缴纳；从事生产卷烟和经营烟叶产品的单位，减半征收。地方征收的教育费附加，按专项资金管理，用于改善中小学教学设施和办学条件，不得用于职工福利和发放奖金。

1990年9月，省财政厅决定将教育费附加按照“先收后支、列收列支、收支平衡”的原则纳入预算管理，年终前实际缴库收入未拨部分，全部拨给同级教育部门。中国人民银行省分行、各专业银行省分行缴省的营业税相应征收的教育费附加收入，由省税务局直属征收分局征收，作为成都市固定收入，缴入市金库；市（地、州）、县（市、区）各银行营业税交省70%相应征收的教育费附加收入，以及其他单位和个人缴纳的该项收入，全部作为当地财政的固定收入，就地缴入同级金库。

1992年12月，教育费附加纳入预算管理后，根据财政部通知，地方各级政府年终决算时，教育费附加收入按实际入库数编报，支出按教育部门汇总的银行支出数编报，收大于支的余额列入“财政收支决算表”“年终滚存结余”的“结转下年的支出”中。

1996年2月，根据国务院加强预算外资金管理的有关规定，农村教育费附加纳入财政预算管理。收入全部上缴国库，先收后支，专款专用。

2004年4月，省政府决定从即日起取消中小学改善办学条件附加、职工个人教育费和宾馆饭店教育费等“三项教育附加”，改按单位和个人缴纳的增值税、营业税、消费税的1%征收地方教育附加。地方教育附加属政府性基金，由各级地方税务部门在征收教育费附加的同时征收，纳入财政预算管理。

第九章 社会保障与医疗卫生财务制度

社会保障由社会保险、社会救济、优抚安置等组成，主要目的是保障劳动者在年老、失业、患病、工伤、生育时的基本生活不受影响，增进公共福利水平，提高国民生活质量。财政不仅直接参与制定社会保障法规制度，还承担着社会保障资金筹集、使用及监督管理职责。1986 年以来，四川财政积极参与全省养老、失业保险制度改革，对企业职工基本养老保险基金以及机关事业单位养老保险基金实行“收支两条线”管理，扩大基本养老保险统筹范围，并严格征缴，对有能力上缴而不缴的企业实行财政扣缴。同时，积极筹措下岗职工基本生活保障和再就业所需资金，规范失业保险缴费基数和征缴行为，将符合城镇居民最低生活保障条件的下岗职工纳入城市居民最低生活保障范围，充分发挥了财政对完善社会保障制度的积极作用。

在健全和完善社会保障财务制度的同时，这一时期，四川省逐步加强了医疗卫生财务管理工作。对公费医疗采取多种形式进行管理，对医院药品实行收支两条线管理办法，规范卫生事业专项经费管理。同时，加快发展城市社区卫生服务，改善农村卫生基础设施条件，建立了四川省新型农村合作医疗基金。通过这些改革，有效促进了全省医疗卫生事业的发展。

第一节 抚恤和救济

1985 年，四川省对抚恤、救济标准作了适当调整。复员退伍军人定期定量补助，每人每月提高 3 元；光荣院收养人员生活补助，每人每月提高 3 元；“五保户”定期定量补助，每人每月提高 3 元；麻风病院收治的病人生活救济，每人每月提高 4 元；敬老院收养人员生活救济，每人每月提高 3 元；城镇社会定期定量救济，每人每月提高 3 元；城镇社会福利事业单位收养人员生活救济，每人每月提高 3 元；国民党宽释人员生活救济，每人每月提高 3 元。

1986 年 6 月，根据中央统战部、民政部、劳动人事部、财政部通知，四川省对宽大释放和转业安置的原国民党党政军特人员的生活待遇有关问题做出规定。从发文之日起，在企事业单位和劳改单位工作，不参加工资改革的人员，在原工资或生活费基础上，每人每月增加 12—17 元的生活补助费；年老无子女赡养，生活困难又重病急需治疗的人员，由当地政府帮助解决。同月，对被认定的红军流落人员，四川省开始发放定期定量补助费。标准为：在红军服役 1 年以下者，每人每月 15 元；服役 1 年以上 4 年以下者，每人每月 16—20 元；服役 4 年以上者，每人每月 21—25 元；孤老流落红军，在原有基础上，每人每月增发 5 元。7 月，根据财政部、民政部制发的《民政事业费使用管理办法》，四川省制定了实施细则。民政事业费预算安排，优先保证国家规定的定期定量补助和定期定量救济，其次保障临时发放的非定期定量补助和救济。对扶持灾民、贫困户生产自救和社会福利生产的资金，在上述情况满足之后，再量力而行；民政事业单位的公用经费以及其他民政事业费，则严格按规定精打细算，节约使用。民政事业费中除自然灾害救济费外，其余各款在保证固定开支的前提下，可以互相调剂使用，各级民政事业费年终结余，跨年度继续使用，列入下年度预算，但不抵顶指标。8 月，为解决在乡复员军人生活困难，四川省扩大了定期定量补助面，提高了补助标准。城镇复员军人平均每人每月 15—25 元；农村复员军人平均每人每月 12—18 元。在这个幅度内，根据各地经济条件，条件好的适当缩小补助面，提高补助标准；条件差的适当扩大补助面，降低补助标准。同时，对被授予英雄称号和荣立二等功以上的或生活特别困难的复员军人，以及建国前入伍的复员军人予以优先照顾。

1995 年 5 月，四川省《残疾人就业保障金管理暂行规定》开始施行，规定：机关、团体、企业事业单位、城乡集体组织应按不低于本单位在职职工 1.5% 的比例安置有一定劳动能力的残疾人就业，未达到此比例的，则应缴纳残疾人劳动就业保障金。其中，企业、城乡集体经济组织缴纳的保障金从管理费用中列支；机关、团体和事业单位缴纳的保障金从单位预算经费包干结余或收支结余中列支。保障金专项用于补贴残疾人职业培训费用、奖励超比例安排残疾人就业的单位以及有偿扶持残疾人集体从业、个体经营等，收取时必须使用财政部门印制的“残疾人就业保障金专用票据”，票据套印“四川省财政厅收据监制章”。

1998 年 1 月，四川省开始在全省范围内实施按比例安置残疾人就业办法。要求国家机关、社会团体、企业事业单位按不低于本单位在职职工人数 1.5% 的比例安置残疾人就业，安置一名盲人就业按安置 2 名残疾人计算。单位安置残疾人就业，可以向社会招聘，也可在残疾人就业服务机构推荐的残疾人中选聘。残疾人被录用后，录用单位须依照劳动、人事等方面的规定办理录用手续，安排其从事与其身体情况相适应的工作，支付合理劳动报酬，并不得虐待和歧视残疾人。未达到安置残疾人就业人数的单位，必须按年度缴纳残疾人就业保障金，标准为：（单位上年度在职职工总数 × 1.5% - 已安排残疾职工人数）× 本地区上年度职工年平均工资。保障金分级缴纳，并实行财政专户储存、计划管理，主要用于补贴残疾人职业培训费用、有偿扶持残疾人集体从业和从事个体经营等事业。2000 年，省委省政府再次发出通知，要求各地全面落实按比例安置残疾人就业规定。未达到规定比例的单位，从当年 1 月起，按照规定必须缴纳残疾人就业保障金。拖欠单位在收到残疾人就业服务机构下发的“缴款通知书”后，30 天内尚未将应缴款项全额交到残疾人就业服务机构在银行开设的专用账户的，每天按应缴金额的万分之五加收滞纳金。

1999 年，四川省提高了部分优抚对象的补助标准。具体为：在乡老复员军人定期定量生活补助每人每月提高 20 元；二等甲级以下在职伤残人员伤残保健金标准调整为：二等甲级每人每年 75 元、二等乙级每人每年 60 元、三等甲级每人每年 40 元、三等乙级每人每年 35 元。

2001 年 1 月，四川省提高了 20 世纪 60 年代初期精减退职老职工的生活困难救济标准。户口在城镇的精减退职老职工，在原来享有的本人原标准工资 40% 和定期定量救济的基础上，凡符合《城市居民最低生活保障条例》中低保条件的，纳入城市居民最低生活保障范围。户口在农村的精减退职老职工，在现享有的本人原标准工资 40% 和定期定量救济的基础上，每人每月提高救济标准 30%。是年，《四川省城市居民最低生活保障实施办法》开始施行，凡持有四川省非农业户口的城市居民，其共同生活的家庭成员人均月收入低于当地城市居民最低生活保障标准的，可申请享受当地城市居民最低生活保障待遇。最低生活保障实行政府分级负责制，主要采用货币补助的形式。所需资金由各级政府列入同级财政预算，划归民政部门后，实行专户管理。此外，省、市（州）政府每年专项安排一定数量的城市居民最低生活保障补助资金，用于对本行政区域内财政困难和保障任务重的地区补助。12 月，省政府决定在全省建立优抚对象抚恤补助标准自然增长机制。抚恤补助标准自然增长基数和比例按以下办法确定：对享受在乡定期抚恤补助标准的优抚对象，含享受定期抚恤的烈属、因公牺牲军人家属、病故军人家属、在乡革命伤残军人和享受定期补助的在乡退伍红军老战士、在乡西路红军老战士、红军失散人员、在乡老复员军人、带病回乡退伍军人，每年以各县（市、区）统计部门公布的上年度农民人均纯收入增长额（与前年比较）为基数，按不低于 20% 的比例增长；对享受城镇定期抚恤标准的烈属、因公牺牲军人家属、病故军人家属，每年以各县（市、区）统计部门当年公布的上年度职工平均工资增长额为基数，按不低于 5% 的比例增长。抚恤补助标准自然增长所需经费按属地原则，由市（州）、县（市、区）财政列入预算解决。省财政对个别优抚对象较为集中，财政又特别困难的地区，通过财政转移支付的办法予以适当补助。

2002 年 7 月，四川省提高在乡老复员军人的定期生活补助标准，每人每月提高 20 元，提高后，每人每月不低于 90 元。并对尚未享受定期生活补助的在乡老复员军人从 7 月 1 日起按照每人每月不低于 90 元的标准全部予以补助，所需经费列入当地财政预算解决。12 月，省民政厅、财政厅对自然灾害救济补助资金（特大自然灾害救济及一般自然灾害救济补助费）的分配管理作出规定。救灾资金由各级财政预算安排，用于遭受自然灾害地区在安排灾民基本生活经费发生困难时给予的专项补助。具体使用范围包括：新灾救济资金，用于对遭受自然灾害灾民的紧急抢救、转移安置，解决灾民临时吃、穿、住、医等生活困难，以及因灾倒塌房屋的恢复重建和损坏房屋的修缮补助；春荒（3—5 月）、冬令（12 月至下年 2 月底）灾民生活救济资金，用于补助灾民救济口粮、衣被和医疗救济；采购和管理本级救灾储备物资资金，用于本级民政、财政部门采购和管理本级救灾储备物资。市（州）、县（市、区）储备救灾物资，不得动用省下拨的救灾资金，只能用当地列支的自然灾害救济事业费。救灾资金分配时，上级政府根据下级政府的书面申请及受灾情况，由民政部门提出救灾资金补助分配方案，商财政部门意见一致后办理。资金拨付程序为：上级民政、财政部门在资金补助方案确定后 3 个工作日内联合下文拨付，在下达财政预算的同时，专项调度资金，同时将拨款文件报同级政府、上级民政、财政部门。市（州）在收到省补助的救灾资金后，按上述办理程序在 20 日内将资金拨付到县（市、区）。是年，为进一步做好城市居民最低生活保障工作，省政府发出通知，要求各地根据经济社会发展情况调整最低生活保障标准时，要注意与企业最低工资、下岗职工基本生活费、失业保险金等标准衔接；在审核低保对象情况时，凡领取工资或最低工资、下岗职工基本生活费、养老金和失业保险金及有其他劳动收入的，都要按规定计算其收入。

2005 年，四川省提高回乡务农抗战老战士等在乡复员军人的生活困难补助标准。从当年起，在乡复员军人的定期定量生活困难补助，在原标准基础上每人每年增加 540 元，增加部分中央财政每人每年补助 500 元、省财政每人每年补助 20 元、市县财政每人每年补助 20 元。提高标准后，在乡复员军人的定期定量生活补助标准为每人每年不低于 1620 元。同时提高了在乡复员军人中回乡务农抗战老战士的定期定量生活补助标准，在原标准基础上每人每年增加 1080 元。增加部分中央财政每人每年补助 860 元，省财政每人每年补助 160 元，市县财政每人每年补助 60 元。提高标准后，回乡务农抗战老战士的定期定量生活补助标准为每人每年不低于 2160 元。

是年，根据《中共四川省委、四川省人民政府关于推进城乡社会救助体系建设的意见》，四川省开始启动和建立农村居民最低生活保障制度。凡省内农业户口、家庭人均收入低于户籍所在地确定的农村居民最低生活保障标准的农村居民，均属于农村居民最低生活保障范畴。

第二节　养老保险财务制度

1991年，国务院下发《关于企业职工养老保险制度改革的决定》，改变了养老保险完全由国家、企业承担的办法，改由国家、企业、个人三方共同承担。职工缴纳的费用，开始时不超过其标准工资的3%，以后随经济发展及其工资收入的增加逐步提高。企业缴纳的基本养老保险费，按本企业职工工资总额和当地政府规定的比例在税前提取。企业也可根据其自身经济能力为本企业职工补充养老保险，所需费用从企业自有资金中的奖励、福利基金内提取。

1998年，基本养老保险行业统筹由中央移交地方管理。从当年9月1日起，原参加基本养老保险行业统筹现移交四川省管理的企业、单位，按照先移交后调整的原则，统一参加四川省企业职工基本养老保险省级统筹，由省社会保险机构进行管理，并负责征缴基本养老保险费和发放离退休人员基本养老金。企业和职工个人缴纳的基本养老保险费的比例当年保持不变，仍按行业原规定执行；1999年起，调整企业缴纳基本养老保险费的比例，起步时不低于企业缴费工资总额的13%。煤炭、银行、民航系统的企业、单位在5年内逐步过渡到与四川省地方企业相同的缴费比例，铁道、邮电、电力、石油、有色、中建、交通系统的企业、单位，原则上经过3年时间逐步过渡到与四川省地方企业相同的缴费比例。从1999年起，职工以本人上年月平均工资①作为缴纳基本养老保险费的缴费工资。职工本人上年月平均工资超过上年全省职工月平均工资300%以上部分，原则上不计入缴费工资，低于上年全省职工月平均工资60%的，按60%计算缴费工资。企业以全部职工上年缴费工资总和为基数缴纳基本养老保险费。

1998年，四川省开始对企业职工基本养老保险基金实行收支两条线管理办法，即将企业职工养老保险基金纳入社会保障基金财政专户，实行“收支两条线”，专项管理，专款专用。方式主要有社会保险经办机构征收和税务部门代征两种，前者由企业按照社会保险经办机构核定数额开出社会保险费征收凭证及转账支票等银行结算凭证，然后将款项直接划入基本养老保险基金收入户或银行根据社会保险经办机构开出的托收凭证将企业和个人缴纳的基本养老保险费从企业账户中划入基本养老保险基金收入户；后者先由社会保险经办机构向税务部门提供有关企业和职工个人缴费的基本数据，税务部门再根据数据向企业开出社会保险费征收凭证，最后银行根据税务部门开出的凭证将企业和职工缴纳的基本养老保险费划入基金专户。以上两种方式征收的基金，在月末终了10日内全部划入社会保障基金财政专户。养老基金存入国有商业银行，社会保险经办机构和财政部门在确定的银行分别开设“基本养老保险基金收入户”“社会保障基金财政专户”“基本养老保险基金支出户”等专用账户，用于暂存征集的基本养老保险费、接受社会保险机构收入户划入的基本养老保险费和支出基本养老保险金。基本养老保险基金结余额，除按规定预留相当于2个月的支付费用外，全部购买国家债券和存入财政专户。任何部门、单位和个人不得利用基本养老保险基金在境内外进行其

① 月平均工资按国家统计局规定的列入工资总额统计项目的实际收入计算。

他形式的直接或间接投资。

1999 年 1 月，四川省机关事业单位养老保险基金实行“收支两条线”管理。是年，为维护社会稳定，改善中低收入居民生活状况，党中央、国务院决定提高国有企业下岗职工、失业职工、城镇贫困居民收入水平。即从 1999 年 7 月 1 日起，国有企业下岗职工基本生活费标准提高 30%；失业保险金水平提高 30%；城镇居民最低生活保障标准提高 30%。

2000 年，根据中共十五届四中全会提出的“进一步完善基本养老保险省级统筹制度，增强基金调剂能力”的要求以及财政部、劳动保障部《关于建立基本养老保险省级统筹制度有关问题的通知》，四川省先期将省内国有企业、城镇集体企业、外商投资企业、城镇私营企业和其他城镇企业的在职职工和离退休、退职人员纳入基本养老保险省级统筹范围，统筹调剂线为工资总额的 22%。仍实行职工工资总额和离退休费总额两项之和为基数征缴基本养老保险费的市、地、州、县，从当年起统一改按职工工资总额一项为基数征缴基本养老保险费。各市、地、州将应征基金总额的 4% 上解省财政作为省级统筹调剂金，由省财政根据应缴省级统筹基金情况、基本养老保险覆盖情况、基金征缴率、基本养老金社会化发放情况和执行退休政策情况等因素，合理安排。

2004 年，省政府发布通知，规定从当年 1 月 1 日起，全省参加城镇企业基本养老保险省级统筹的各类用人单位缴费费率统一为 20%，职工个人缴费费率为 8%；个体工商户和灵活就业人员缴费费率为 20%。各市（州）按省级统筹核定应征基金的 1.5% 上缴省级调剂金，与中央分配四川省的缺口补助资金统筹调剂安排，调剂时与市（州）参保扩面、基金征缴完成情况以及基金缺口、财力情况挂钩。同时，为确保基本养老金按时足额发放，加强分级负担责任，省政府当年选择了德阳、内江两市进行市级统筹试点工作。

2005 年，省政府决定提高市（州）上缴省的企业基本养老保险基金的比例，由原来应征基金的 1.5% 提高到 2%，作为省级调剂金。并从当年起，统一计发基本养老金基数和缴费基数，全省参加企业基本养老保险的新增退休人员计发基本养老金时依据的上年度全省职工平均工资基数，以省劳动保障厅、省统计局共同发布的《四川省劳动和社会保障事业发展统计公报》公布的年度数据为依据。

第三节　失业保险财政财务制度

1986 年 7 月，国务院发布《国营企业职工待业保险暂行规定》。10 月，结合四川实际情况，省政府制定了《关于贯彻执行国务院〈国营企业职工待业保险暂行规定〉的实施意见》（以下简称《意见》）。《意见》明确了待业保险的适用范围和对象，即在四川省境内的国营企业以及国家机关、事业单位、社会团体所属的独立核算的全民所有制企业中处于待业期间的固定职工和劳动合同制工人。企业以及国家机关、事业单位、社会团体缴纳待业保险基金的数额，为职工标准工资总额的 1%。各市（地、州）从企业缴纳的保险基金总额中每月提取 10%，上交省劳动服务公司（省社会劳动力管理局）调剂使用。职工待业保险基金按照如下标准进行发放：参加工作在 5 年以内（含满 5 年）的，最多发放待业救济金 12 个月，其中工龄在 2 年以下的，每月为本人标准工资的 60%；工龄满 2 年不满 3 年的，为本人标准工资的 65%；工龄满 3 年不满 4 年的，为本人标准工资的 70%；工龄在4年以上5年以内的，为本人标准工资的75%；参加工作在5年以上的，最多发放待业救济金24个月，其中第1年为标准工资的75%，第2年为标准工资的50%。

1994年6月，根据国务院发布的《国有企业职工待业保险规定》，省政府制发了《四川省企业职工失业保险规定》，将待业保险改名为失业保险，并对失业保险基金的适用范围和对象、筹集与管理、基金使用原则、管理机构及职责等进行了明确规范。企业缴纳失业保险费的标准为上年末全部职工工资额的1%，市（地、州）人民政府在失业保险基金积累较多时，可适当降低失业保险费的缴纳标准，但不得低于职工工资总额的0.6%，且每季度须将本地区收缴失业保险基金总额的8%上缴省就业服务管理机构用于全省调剂。单位缴纳的失业保险费，转入就业服务机构在银行开设的"失业保险基金专户"，专项储存，专款专用，任何部门、单位和个人不得挪用，也不得用于风险性投资。失业保险基金存入银行后，按照城乡居民存款利率计息，所得利息纳入基金。基金收支实行预决算管理，按照统筹范围，由就业服务机构编制预、决算方案，经同级劳动、财政部门审核后，纳入本级预、决算，报本级人民政府审定，不得用于平衡财政收支。失业救济金的发放标准按四川省城镇职工生活困难补助标准的150%确定，救济期限最长不得超过24个月，其中：工作时间1年以上不满2年的为3个月；工作时间2年以上不满3年的为6个月；工作时间3年以上不满5年的为12个月；工作时间5年以上不满8年的为18个月；工作时间8年以上的为24个月。

1998年，四川省贯彻国务院确定的"三三制"① 筹资原则，在编制年度预算时将这部分资金足额安排，如数列入预算，并及时拨付到企业再就业服务中心。同时，调整支出结构，砍掉一些应由企业承担的生产性支出，压缩一些除科教、农业以外的事业性经费支出，压缩行政费支出，以保证国有企业下岗职工基本生活和再就业经费等各项社会保障性支出的安排。对企业和社会应筹集的资金督促其尽快筹措，企业和社会筹资确有困难的，经过调查核实后，再由财政兜底。要求企业再就业服务中心在银行开设"下岗职工基本生活保障和再就业资金专户"，专人负责，专账核算。未按要求建立专户的企业，不予拨付基本生活保障资金，直到专户开立为止。为防止虚报冒领，对申请补助下岗职工基本生活保障资金的省属企业，在每月申请前，必须向省财政厅上报上月本企业下岗职工领取生活费时签名的相关原始资料，以及新增下岗职工的协议文本，待审核确认后再行拨付生活费。6月，为保障国有企业下岗职工基本生活水平和帮助其实现再就业，省委、省政府发出通知，要求将国有企业下岗职工基本生活保障和再就业资金纳入财政预算，各级政府要把个人所得税（以1996年实际入库数为基数）新增部分，各级财政要将总预备费中用于社会稳定方面的支出部分，当年收入预算的超收部分以及压缩的会议费、通讯费、出国经费、购车经费等，重点用于国有企业下岗职工基本生活保障和再就业。对困难企业职工工资性贷款，财政部门负责贴息。

1999年5月，四川省贯彻实施国务院《失业保险条例》（以下简称《条例》），为有效衔接《条例》与《四川省企业职工失业保险规定》，省政府下发了《关于贯彻实施〈失业保险条例〉有关问题的通知》，提出如下实施意见：一是四川省行政区域内的城镇企业事业单位及其职工、社会团体及其专职人员、民办非企业单位及其职工、机关中的事业编制人员及劳动合同制工人按照《条例》规定均须缴纳失业保险费，其失业人员享受失业保险待遇。二是城镇企业事业单位和民办非企业单位按照本单位上月全部职工工资总额的2%缴纳失业保险费，其职工按照本人上月工资的1%缴纳失业

① 即从1999年7月1日起，国有企业下岗职工基本生活费标准提高30%，失业保险金水平提高30%，城镇居民最低生活保障标准提高30%。

保险费；社会团体按照本单位专职人员上月工资总额的2%缴纳失业保险费，其职工按照本人上月工资的1%缴纳失业保险费；机关按照本单位事业编制人员和劳动合同制工人上月工资总额的2%缴纳失业保险费，其职工按照本人上月工资的1%缴纳失业保险费。三是市（地、州）按当年征收失业保险基金总额的8%，按季向省就业服务管理局足额缴纳调剂金，调剂金用于全省调剂。筹集地区的失业保险基金不敷使用时，由失业保险调剂金调剂，地方财政补贴。四是失业保险金的标准按照失业人员所在地最低工资标准的70%执行。五是失业人员领取失业保险金的期限，根据失业人员失业前所在单位和本人按照规定累计缴费的时间确定，其中：累计缴费时间1年以上不满2年的为3个月；累计缴费时间2年以上不满3年的为6个月；累计缴费时间3年以上不满5年的为12个月；累计缴费时间5年以上不满10年的为18个月；累计缴费时间10年以上的为24个月。

2001年10月，《四川省失业保险条例》正式实施，其主要内容与1999年省政府下发的《关于贯彻实施〈失业保险条例〉有关问题的通知》大体一致，补充规定了劳动保障行政部门所属就业服务管理机构具体负责失业保险费的征缴、失业保险基金的管理和失业保险金的发放，每年至少向社会公布1次失业保险基金收支情况，并接受财政部门和审计部门的监督；失业人员领取失业保险金后，符合城市居民最低生活保障条件的，还可享受城市居民最低生活保障待遇。

2002年1月，按照省政府下发《关于推动国有企业下岗职工基本生活保障向失业保险并轨及促进再就业有关问题的通知》，为推动下岗职工基本生活保障向失业保险并轨，全省所有国有企业不再建立新的再就业服务中心，企业新的减员原则上不再进入中心，由企业依法与其解除劳动关系，并按规定享受失业保险待遇。同时，鼓励下岗职工提前出再就业服务中心。对提前与再就业服务中心解除协议、与企业解除劳动关系的下岗职工，将其在服务中心期间应领取的基本生活费余额一次性支付给本人，企业按规定支付其经济补偿金，符合条件的按规定享受失业保险待遇。企业终止、解除出再就业服务中心下岗职工劳动关系后，应当为其出具终止或解除劳动关系的证明，并在7日内将其名单报送当地失业保险经办机构备案，职工本人应按规定在与企业终止或解除劳动关系后的60日内，持有关证明材料到本人户口所在地的就业服务管理机构进行失业登记，领取有关证件，按规定享受失业保险待遇。下岗职工经审查符合城镇居民最低生活保障条件的，纳入城市居民最低生活保障范围。

2004年12月，为更好地贯彻落实失业保险政策，省政府发出通知，要求进一步规范失业保险缴费基数和征缴行为，切实做到应收尽收。财政补贴的事业单位缴纳失业保险费按其工资来源渠道列支，各级政府应将由财政负担的部分列入年度财政预算并按时划拨到位。公务员从机关进入企业、事业单位工作之月起，按规定参加失业保险，其在原机关工作时间视同缴费时间。职工由企业、事业单位进入机关工作，其个人的失业保险缴费记录予以保留，原单位及其个人缴纳的失业保险费不转移。参保职工按照国家或省的有关规定领取一次性自谋职业安置费而未享受失业保险待遇的，其原有的失业保险缴费时间（包括视同缴费时间）予以保留，重新就业后再次失业的，前后缴费时间合并计算，但领取失业保险金的期限最长不得超过24个月。对为失业人员提供职业培训、职业介绍服务的培训机构和职业介绍机构，从失业保险基金中给予相应的职业培训补贴和职业介绍补贴。职业培训补贴按当地物价部门核定的专业工种培训的收费标准执行。职业介绍补贴按每介绍成功1人不超过200元的标准执行，未成功的每人补贴不超过20元的建档费。

第四节 卫生事业财政财务管理

1997年，四川省贯彻落实卫生部、民政部、财政部《关于落实救灾治病防病经费的通知》精神，从1997年起，由省财政从中央下拨的特大自然灾害新灾救济补助费和省本级安排的自然灾害救济经费中统一提取4%，国内外捐赠款（定向捐赠的除外）提取10%，用于因灾引起的疾病治疗和扑疫，各市（地、州）、县（市、区）不再提取，所提款列入预算，可跨年度结转使用。使用时，由灾区卫生、民政、财政部门联合申请，经省级卫生、民政、财政部门审核后联合行文拨款，专款专用。12月，根据《国务院批转卫生部等部门关于发展和完善农村合作医疗若干意见的通知》和《中共四川省委、四川省人民政府关于卫生改革与发展的决定》精神，省卫生厅、财政厅等部门联合发出《关于发展和完善农村合作医疗制度的实施意见》，提出发展和完善农村合作医疗，应遵循民办公助，自愿量力、受益适度，因地制宜、形式多样等原则。农村合作医疗资金的主要来源以农民个人投入为主，个人缴纳标准，在确保合作医疗正常运转的前提下，由县级人民政府根据当地经济发展水平确定，但一般不得低于10元/人·年。村提留要有一定数额用于合作医疗，乡镇企业和其他乡村集体经济的收入按1%—3%的比例提取专项资金，用于合作医疗的集体补助。合作医疗资金专户储存，专款专用，具体实施形式各地可因地制宜，如合医不合药、合药不合医、减免部分项目或合医合药、大病统筹以及其他形式，主要根据当地经济发展水平和群众意愿确定，并逐步向高层次合作医疗形式和社会医疗保险过渡。

1998年，四川省执行财政部、卫生部《医院财务制度》。医院实行“统一领导、集中管理”的财务管理体制，医院医疗收支和药品收支分开管理，分别核算。国家对医院实行“核定收支、定额或定项补助、超支不补、结余留用”的预算管理办法。定额或定项补助的具体内容和标准，根据各级各类医院不同的特点和业务收支状况以及财力可能进行确定。大中型医院一般以定项补助为主，小型医院一般以定额补助为主。编制预算时，坚持以收定支、收支平衡、统筹兼顾、保证重点的原则。医院收入包括财政补助收入、上级补助收入、医疗收入、药品收入和其他收入（包括培训收入、救护车收入、废品变价收入、不受用途限制的捐赠和对外投资收益、利息收入等）医院支出包括医疗支出、药品支出、财政专项支出和其他支出（包括被没收的财物支出、各项罚款、赞助、捐赠支出、财产物资盘亏损失、基础性科研支出、医疗赔偿支出等）医院收支结余包括业务收支结余和财政专项补助结余两种，业务收支结余首先支付超收上缴款，支付后结余为负数的由事业基金弥补，不得进行其他分配。事业基金不足以弥补的，保留待分配结余；为正数的，按规定提取职工福利基金，计入专用基金，剩余部分转入事业基金。财政专项补助结余按规定结转下年继续使用。

1999年10月，四川省执行财政部《关于加强职工基本医疗保险财务管理工作的通知》。《通知》规定：各地应根据上一年度或前三年用人单位和财政支付职工医疗费用的实际或平均数额（不含个人负担的医疗费部分），在进行必要的扣除后合理确定一般职工医疗费支出基数。根据一般职工医疗费支出基数占职工工资总额的比例，考虑企事业单位、财政的实际承受能力、个人缴费情况等因素，合理确定城镇职工基本医疗保险的单位缴费率。用人单位缴费率实际测算小于6%的，按实际测算数确定；实际测算高于6%的，按国家规定的6%左右的缴费率从严控制、严格审批后确定。国家公务员和依照公务员序列管理的有关人员，其单位应缴纳的基本医疗保险缴费，由同级财政部门按规定在预算中足额安排。原享受公费医疗的事业单位职工的基本医疗保险缴费按应缴纳职工基本医疗保险费的一定比例由同级财政在各项事业费预算中适当补助，与单位预算一并下达事业单位，由事业单位按规定的缴费率向税务机关或社会保险经办机构缴纳职工基本医疗保险费。财政部门不再单独安排事业单位的公费医疗经费。基础教育等主要由财政拨款的特殊类型的事业单位，其医疗保险缴费主要由财政拨款安排。财政对不同事业单位医疗保险缴费的具体补助比例，随着事业单位的改革，由同级财政部门确定。职工基本医疗保险基金按照国家规定全部用于职工基本医疗。社会保险经办机构开展职工基本医疗保险业务工作所需经费，由同级财政部门在预算中安排。

单位缴纳的职工基本医疗保险费：行政机关列"经常性支出"下的"社会保障费"；事业单位列"事业支出"下的"社会保障费"（专职从事经营活动的职工缴费列"经营支出"）；企业在职职工列支"应付福利费"，企业离退休人员列支"劳动保险费"。同时，取消政府预算收支科目中"公费医疗经费"款级科目，设立"行政事业单位医疗经费"款级科目。《通知》同时要求加强职工基本医疗保险基金管理，一是按照"以收定支、收支平衡"原则，既保障职工基本医疗，又量入为出，做到统筹基金不出赤字；二是按照社会统筹和个人账户分开核算的原则，严格界定各自的支付范围和责任；三是不得擅自扩大开支范围、增加开支项目和提高开支标准；四是将保险基金纳入单独的社会保障基金财政专户，实行收支两条线管理，专款专用，不得用于平衡财政预算。

是年，国务院决定取消公费医疗制度，代之以城镇职工基本医疗保险制度。为加强转轨期间的公费医疗管理，防止突击医疗消费，省财政厅、卫生厅联合发出《关于加强公费医疗管理工作的通知》，决定在省本级实行"预算定额包干"的管理办法，省本级公费医疗经费实行核定预算定额包干到单位管理，超支原则上不予补助。仍然超支的单位，如实写出报告，经省公医办审核后，确属发生大病或特殊情况的，给予适当超支补助，但原则上以1998年度超支补助为最高限额。

2000年，为发挥财政资金的黏合作用，优化和合理配置卫生资源，省财政厅、省计划委员会、省卫生厅联合下发《关于四川省卫生补助实施办法的通知》。卫生事业财政补助是指各级政府用于公共卫生事务和卫生机构的资金补助，补助范围根据政府管理卫生事务、行使卫生监督执法工作职责，以及公共卫生工作任务、基本医疗服务和事业发展需要等确定。补助资金按照定员定额、项目论证立项、零基预算等办法核定。具体而言，各级政府卫生行政部门及卫生执法监督机构履行卫生管理和监督职责所需经费由同级财政预算安排，包括人员经费、公务费、业务费和发展建设支出；其对食品、化妆品、药品等进行执法监督过程中取得的各项收入，全部纳入同级财政预算管理，就地缴入同级金库。疾病控制和妇幼保健等公共卫生事业机构，向社会提供公共卫生服务所需经费，由同级财政预算和单位上缴的预算外资金统筹安排；其从事疾病控制、妇幼保健工作所取得的各项收入全部上缴同级财政预算外资金专户，实行"收支两条线"管理。政府举办的县及县以上非营利性医疗机构以定项补助为主，社区卫生服务组织以定额补助为主，由同级财政予以安排。对中医、民族医和传染病、精神病、肿瘤、儿童、口腔等专科医疗机构的特殊性予以适当照顾，有条件的地方可拿出部分资金专项用于对其基本医疗、教学、科研、生产的重点建设项目进行扶持。对大中型医疗机构临床重点学科研究项目的补助，通过公开招标、医疗机构申报、专家评审后立项，实行项目管理，根据财力状况按项目适当予以资助。基本医疗服务原则上通过收费补偿，由于政策原因造成的亏损和因处理突出事件造成的医疗欠费，先由药品收支结余和其他收支结余弥补，弥补后的差额由财政给予适当补助。补助数额按照基本医疗服务数量和单位服务的社会平均成本或先进成本核定。房屋设施大型修缮和符合区域卫生规划的大型医疗设备添置等发展建设项目，经专家论证并经财政和卫生等有关部门批准后，进入财政专项资金补助滚动项目库，由各级财政按轻重缓急、立项顺序、所需经费数额和当地财力状况逐年安排，有资金回收能力的项目可试行银行贷款、财政贴息等办法。社区卫生服务组织的定额补助根据完成的社区人群基本医疗服务和预防保健等任务的数量、质量核定财政补助。

2001 年 3 月，为控制药品费用不合理增长，促进医院合理用药，省卫生厅、财政厅联合制定了《医院药品收支两条线管理实施办法》（以下称简《办法》）。《办法》规定：县及县以上公立非营利性医院实行药品收支两条线管理，农村卫生院、民办非营利性医院和只经销由省级卫生、药品监管部门审定的常用和急救用药的社区卫生服务组织、诊所以及药品收入占医院业务收入比例在 30% 以下的医院不实行药品收支两条线管理。医院严格执行《医院财务制度》和《医院会计制度》，对医疗收支、药品收支进行分开核算。在严格界定各项业务收入性质的基础上，分别将各项业务收入计入医疗收入和药品收入科目中；医疗服务和药品经销、药品管理的各项支出，分别计入医疗支出和药品支出。医院药品收入扣除药品支出后的纯收入即药品收支结余，实行收支两条线管理，由医院上交卫生行政主管部门后统一缴存财政社保基金专户，经考核后合理返还。卫生行政部门须按照同级财政部门的要求在开设财政社保基金专户的同一银行开设药品收支结余资金收入过渡账户，专项用于医院药品收支结余款项的收取、汇缴，该账户只收不支。药品收支两条线管理按药品收入占医院业务收入的比例分两种办法：一是上年药品收入比例在 30% 以下（含 30%）的，当年各季度都暂不上缴药品收支结余，年终结算时，若全年药品收入比例在 30% 以下，不上缴结余；若超过 30%，则一次性上缴全年结余。二是上年药品收入比例在 30% 以上的，当年各季度都应按规定上缴药品收支结余，年终结算时，若全年药品收入比例在 30% 以下，其上缴的结余全部退还；若超过 30%，仍实行药品收支两条线管理。卫生行政主管部门和财政部门集中的药品收支结余资金，主要用于医院发展建设和社区卫生服务、预防保健事业，其中用于社区卫生服务、预防保健事业的资金按弥补医疗成本后的药品收支结余的 5% 提取，并实行项目管理。

2002 年，四川省贯彻国家卫生部、体改办等 11 部委《关于加快发展城市社区卫生服务的意见》，决定对政府举办的社区卫生服务机构，根据其所承担的社区人口预防保健和基本医疗服务任务，由同级财政安排必要的工作补助经费和基本的房屋、设备等专项补助经费，并落实药品收支结余资金按比例提取用于社区卫生服务的政策。同时，对企事业单位、社会团体、个人的房屋、土地等不动产，无偿提供给非营利社区卫生服务机构使用期间，免征其房产税和城镇土地使用税。此外，从 2002 年起直至 2007 年，在国家支持下，四川省儿童计划免疫所用乙肝疫苗及疫苗注射器由中央财政和省财政免费提供。

2003 年 4 月，为改善农村卫生基础设施条件，省财政决定对农村卫生建设项目进行专项补助。农村卫生建设项目包括农村乡镇卫生院、县级医院、疾病控制中心、妇幼保健机构的基础设施建设、医疗设备配置等。项目建设资金以项目单位和所在政府投入为主，财政补助为辅。省、市财政在部门预算中安排一定数量的资金用于项目补助，市（州）安排资金不得低于省投入的一半。项目实施期限为 1 年，每年终，由项目所在市（州）卫生局组织人员对项目进行验收，并将验收报告报省财政厅、卫生厅。省财政厅、省卫生厅根据专家评估认定，对项目完成好的地方，下年度优先安排补助资金；对完成差的地方进行通报批评；在项目执行年度内，对未完成项目计划的市（州），不安排下一年度项目。8月，按照中共中央、国务院《关于进一步加强农村卫生工作的决定》，从2003年起，中央财政每年通过专项转移支付对中西部地区除市区以外的参加新型农村合作医疗的农民按人均10元标准安排补助资金，地方财政每年对参加新型农村合作医疗农民的资助不低于人均10元。四川省结合实际情况，决定省级财政承担部分原则上按上年省本级可用财力占全省可用财力的比重确定，适当照顾民族地区，即2003年省对试点地区（彭山县、武胜县、叙永县、金阳县、都江堰市）参加新型合作医疗的农民平均每人补助2元，市（州）和县（市、区）级财政补助8元。并规定，当出现农民缴费不到位、下级财政补助资金不到位、参加新型合作医疗农民人数不实等情况时，省级财政将暂缓下拨省级补助资金。是年，为贯彻国家《关于农村卫生机构改革与管理的意见》，四川省开始建立乡镇卫生院职工社会保障制度。具体措施是：在事业单位职工基本养老保险制度建立以前，政府举办的乡镇卫生院离退休人员的离退休费按国家有关标准核定，并按时发放，由县级财政预算安排。按规定程序招聘的乡镇卫生院院长、从事公共卫生的人员，参加社会保险，单位缴费部分由县级财政预算安排，其他职工的单位缴费部分由县级财政给予适当补助。

2004年1月，四川省执行财政部、民政部《农村医疗救助基金管理试行办法》（以下简称《办法》），并结合四川实际情况，作出如下补充规定：一是各级民政部门从留归本级使用的彩票公益金中提取20%用于农村医疗救助；二是县级财政部门按照《办法》要求，在社会保障基金财政专户中建立农村医疗救助资金专账，及时将筹集到的救助资金划入专账管理；三是大病医疗救助资金支付时，由县级财政部门从财政农村医疗救助资金专账核拨到县级民政部门农村医疗救助资金专账，再由县级民政部门通过银行、邮局等直接支付给救助对象，也可由县级民政部门拨付给乡镇人民政府代发，采用此种方式时，乡镇人民政府应凭县民政局的审批文件以及发放救助金的三联单在县民政局报销。

同年6月，四川省《新型农村合作医疗基金财务管理暂行办法》施行。新型农村合作医疗基金由农民个人自愿缴纳、集体扶持、政府资助、社会捐赠等多方筹集，主要用于补助参加新型农村合作医疗农民的大额医疗费用或住院医疗费用。参加合作医疗的农民个人所缴纳的资金，由各乡镇财政所代收，并统一使用省财政厅印制的四川省新型农村合作医疗基金专用票据。基金坚持以收代支、保障适度、自求平衡的原则，实行“收支两条线”、县级财政社保专户管理。各级财政部门在代理银行开设“新型农村合作医疗基金财政专户”，对农民缴费、社会筹集、财政补助的农村合作医疗资金实行专户管理、专款专用。暂实行乡（镇）统筹的县（市、区），所设专户暂以乡（镇）为单位，分别核算，自求平衡。县级财政部门安排的基金，按季度转入财政专户；上级财政部门资助的补助资金，县级财政在收到后5个工作日内转入财政专户。乡村集体经济的扶持资金和农民个人缴费由代收机构于每月的最后一天缴入财政专户，代收机构可设短期过渡户，但过渡户月末须无余额。基金支出实行财政专户集中支付制度。定点医院的农民医疗和检查费用由新型农村合作医疗经办机构负责审核汇总并开具申请支付凭证，经财政社保机构审核后，直接从财政专户拨付到定点医院开设的银行账户上。零星医疗费用报销，由经办机构提出用款计划，经同级财政社保机构审核后，从财政专户预拨不超过一个月的零星医疗费用到经办机构在开设财政专户的银行所设立的“新型农村合作医疗基金支出账户”作为支付周转金，先付后核；“新型农村合作医疗基金支出账户”除用于接收财政部门从财政专户拨入的资金外，只支不收。年度终了，经办机构按照新型农村合作医疗会计制度的统一要求编报基金年度决算，经中介机构审计签字后，报同级财政部门审核批复。基金年度结余结转下年度继续使用，不得改变用途。6月，为规范和加强中央、省补助各地卫生事业专项经费的管理，省财政厅发出通知，决定从2004年起对省级补助各地农村的卫生事业费按因素法进行分配。其公式为：省补助某市（州）农村卫生事业费金额=专项资金来源×｛〔（机构因素×权重）+（服务人口因素×权重）+（财政困难程度因素×权重）+（民族因素×权重）+（上年项目完成情况因素×权重）〕×市（州）本级财力因素｝×专项资金来源占资金需求额的比重。其中，机构因素=某市（州）乡镇卫生院个数÷全省乡镇卫生院总数，其权重为25%；服务人口因素=某市（州）农村居民人数÷全省农村居民人数，其权重为35%；财政困难程度因素=某市（州）基本支出需求占其可用财力比重÷全省县级基本支出需求占全省县级可用财力比重，其权重为20%；民族因素=某市（州）民族县个数×0.1，其权重为10%；上年项目完成情况因素=某市（州）上年完成项目数÷省补助该地上年项目总数，其权重为10%。市（州）本级财力因素是考虑到在计算各市（州）财政困难程度因素时没有考虑市本级财力状况，而对农村卫生的投入，市（州）级财政也应承担一定责任，因此对市（州）本级财力较好的地方，省级只按一定比例给予补助。12月，《四川省省级卫生事业财政专项资金管理暂行办法》开始实施。省级卫生事业财政专项资金是由中央财政转移支付、省级财政预算安排用于全省公共卫生事业的资金，实行“统筹规划、严格预算、统一分配、分级管理、各负其责、专款专用、追踪问效”的分配管理方式。根据需求调查、事业发展规划和疫情报告等情况，专项资金按照因素法进行分配。

2005年，为保证农村新型合作医疗基金安全运行，防范非正常超支的合作医疗基金临时周转困难，四川省成立了新型农村合作医疗风险基金。基金筹集规模按各试点县（市）参加农村合作医疗人数每人每年30元标准计算，原则上为年筹资总额的10%，省财政厅和卫生厅可根据每年基金实际运行状况适时进行调整。2005年，已进行新型农村合作医疗试点的都江堰市、彭山县、武胜县、叙永县、金阳县按上述规定一次性、足额提取风险基金；新启动的试点县（市）和今后启动的试点县（市）按当年筹资总额的3%左右提取，也可按各县（市）“农村合作医疗基金统筹结余”的20%左右划入风险基金。为保证风险基金的安全、完整，试点期间，试点县（市）的风险基金一律上缴市（州）财政专户集中管理。任何单位和个人不得挪用和改变其用途，也不得在试点县（市）之间调剂使用。风险基金动用的前提条件为当地合作医疗基金统筹结余不足10万元，此时，试点县（市）可填报申请表，报市（州）财政局、卫生局审核，符合条件的由市（州）财政局从风险基金财政专户直接拨付到县（市）财政局合作医疗基金财政专户。是年，省委、省政府发布《关于加快建立和完善城乡卫生体系的决定》，要求调整各级财政支出结构，加大对卫生事业的投入。政府举办的乡镇卫生院，其人员工资和退休人员退休金、医疗保险金由县级财政预算安排。设立民族地区、贫困县医疗卫生机构及乡镇卫生院技术骨干培训专项资金，由省、市（州）、县（市、区）财政共同负担。政府举办的社区卫生服务机构，其人员经费、建设与装备经费由县级财政预算安排。社区卫生服务机构承担公共卫生任务的补助，按服务人口每年每人不低于5元的标准，由市（州）、县（市、区）财政共同承担。村卫生站承担公共卫生的补助，按所服务人口每人每年不低于0.5元的标准执行，其中，对民族地区村卫生站的补助，每年不得低于600元，由县级财政预算安排，乡镇卫生院考核发放。

第十章 会计管理

1986年以来，适应改革开放和经济社会发展的需要，四川省全面贯彻国家对会计制度的各项改革措施，逐步形成了以《中华人民共和国会计法》为统领，会计准则、会计制度、专业会计核算办法等为辅，同时规范企业会计核算的制度体系。会计管理内容从以管理会计核算制度为主，逐步向包括会计机构人员管理、会计核算制度管理、会计基础工作管理、会计电算化管理等在内的多方面发展。会计管理范围从以管理国有单位会计为主向管理全社会会计工作方向发展，覆盖所有会计机构和会计人员。会计管理方式逐渐多样化，从以行政手段为主，向经济、法律、行政等手段并用转变。同时，财政还进行了会计委派制改革，并加强了对注册会计师行业的规范管理。

第一节 预算会计

1986年，四川省继续执行财政部1983年制发的《财政机关总预算会计制度》，总会计基本任务为：处理日常会计事务，定期反映预算执行情况，妥善调度预算资金，保证按计划及时供应，协助国库工作，制定会计制度、国库制度和有关实施办法，组织和指导本地区预算会计工作。各级财政库款，统一在国库开立国库存款和财政预算外存款两个账户。财政机关内部各职能机构经管的专项资金，一律通过总会计办理，专户登记。总会计预算科目分3类共设23个科目；预算外资金和专项资金科目，分3类共设13个科目。账簿设总账和收入、拨款、支出、往来明细账，总账按科目设户，预算外资金账簿比照设置。记账方法一律采用资金收付记账法。

1988年，财政部修订了上述《财政机关总预算会计制度》。会计要素划分为资金来源、资金运用和资金结存3项，会计科目按预算资金、预算外资金和专项资金分别设置，会计核算以收付实现制为基础，采用收付记账法，会计平衡公式为：资金来源－资金运用＝资金结存。年度会计报表由各级财政部门逐级汇总编报，主要是反映一年来预算执行情况的财政决算报表和反映资金与财力状况的资金活动情况表以及相应的附表。总预算会计报表分一般预算收入表、一般预算支出表、基金预算收支表等。其中，预算收入以缴入基层国库的为准。预算支出分3种情况：行政事业费支出以基层单位的银行支出数为准；建设银行经办的基本建设支出以建设银行的银行支出数为准；财政机关直接经办的支出，以财政机关拨款数为准。

是年，四川省执行财政部制发的《事业行政单位预算会计制度》。会计科目按全额预算单位、差额预算单位和自收自支预算单位分别设置，分为资金来源、资金运用和资金结存三大类，总账会计共设50个科目。会计核算一般实行收付实现制，简单的成本费用核算可用权责发生制，采用资金收付记账法，会计平衡公式为：资金来源 - 资金运用 = 资金结存。会计的主要职责是进行会计核算，实行会计监督，参与经济事业计划管理。具体为：按照事业行政计划和预算，及时合理地供应资金，执行单位预算计划；做好预算内资金、预算外资金和各种专项资金、专用基金的记账、算账、对账、报账等日常会计核算工作；拟订本单位的事业行政业务计划和单位预算计划，定期检查分析单位预算执行情况；进行会计监督，维护国家财经纪律。各单位均须设置总账和明细账，总账采用三栏式账簿，按照规定的总账会计科目名称设置账户，根据记账凭单或者总账科目汇总表记账；明细账是总账的分析说明，按用途分为预算拨款明细账、支出明细账、收入明细账、往来款项明细账、固定资产明细账以及库存材料明细账。

1991 年，为促进住房制度改革顺利进行，四川省执行财政部对《事业行政单位预算会计制度》所作的补充规定，在资金运用类增设“住房基金支出”总账科目，用于核算单位各项住房基金支出；在资金来源类增设“住房基金收入”“住房基金结余”和“个人住房资金”总账科目，分别用于核算单位的各项住房基金收入、收支结余和职工个人租用单位公房预付保证金的缴退情况；在资金结存类增设“缴存公积金”总账科目，用于核算单位公积金缴存情况。

1997 年 1 月，四川省执行财政部规定，对《财政机关总预算会计制度》中的政府性基金会计核算作了修改。将核算“财政预算外资金和专项基金”的会计科目改为“基金”会计科目；取消资金来源类中的“财政专项周转金”和资金运用类中的“财政专项周转金贷款”科目，地方各级财政部门有关财政专项周转金的会计核算执行《地方财政周转金会计制度（试行）》；将资金来源类中的“预算外收入”“预算外补助收入”“预算外暂存”“预算外结余”“预算外购入有价证券”科目名称改为“基金收入”“基金补助收入”“基金暂存”“基金结余”“基金购入有价证券”；将资金运用类中的“预算外拨款”“预算外支出”“预算外补助支出”“预算外暂付”等科目名称改为“基金拨款”“基金支出”“基金补助支出”“基金暂付”；在资金结存类中取消“预算外在途款”科目，将“预算外存款”“预算外库存有价证券”科目改为“基金存款”“基金库存有价证券”。7 月，为进一步规范预算外资金的会计核算，根据《国务院关于加强预算外资金管理的决定》精神，财政部对 1988 年制定的《事业行政单位会计制度》做了补充规定。在资金来源类中增设“预算外资金收入”和“应缴财政专户款”总账科目。前者用于核算各事业行政单位收到的从财政专户核拨的预算外资金和部分经核准不上缴财政专户管理的预算外资金。经财政部门核准实行按确定比例或收支结余的数额定期上缴财政专户管理的预算外资金，单位在收取时，也在本科目核算。后者用于核算行政事业单位按规定收取的应上缴财政专户的预算外资金收入。在资金运用类中增设“预算外资金支出”总账科目，用于核算全额预算单位用“预算外资金收入”安排的各项支出。相应地，取消资金来源类的“预算外收入”科目、资金结存类的“财政专户存款”科目和资金运用类的“预算外支出科目”。同时，在全额预算单位资金来源类中增收“结余”科目，用于核算年终其他资金的收支结余，并将其使用的“服务收入”科目定义改为：用于核算全额单位通过市场取得的不体现政府职能的经营、服务性收入。是年，财政部将 1988 年颁布的《事业行政单位预算会计制度》分为《行政单位会计制度》《事业单位会计制度》及《事业单位会计准则》，1998 年 1 月 1 日起执行。与旧制度相比，《行政单位会计制度》一是将适用范围界定为各级行政机关和实行行政财务管理的其他机关、党政组织；二是将会计要素按会计对象特点和核算要求重新划分为资产、负债、净资产、收入、支出五要素；三是实行预算内外收支统一核算、综合平衡；四是将收付记账法改为借贷记账法；五是将会计平衡公式改为“资产＝负债＋净资产”，同时，鉴于全部收入和支出只有年终才能得出结余并转为净资产，因此，年度内各个月的平衡公式为：“资产＋支出＝负债＋净资产＋收入”；六是会计报表体系包括资产负债表、收入支出总表、支出明细表、附表和报表说明书。

1998年1月，财政部新制定的《财政总预算会计制度》开始实施。与之前的《财政机关总预算会计制度》相比，新制度将乡镇财政总会计纳入财政总预算会计的范围，适用范围扩大为中央、省（直辖市、自治区）、市（州）、县和乡（镇）五级总预算会计。并对总预算会计要素重新进行了划分，由原来的资金来源、资金运用、资金结存三要素，改为按预算会计的对象特点和核算要求划分的资产、负债、净资产、收入、支出五要素，相应地，会计平衡公式由“资金来源－资金运用＝资金结存”改为“资产＝负债＋净资产”①。在会计科目设置上，新制度将旧制度的预算内外合并，重新设置了一般预算、基金预算和专用基金预算分别核算收支结余，并设置了一系列财政周转金科目。在记账方法上，新制度改旧制度的收付记账法为借贷记账法。报表方面，新制度按照新的会计要素编制了资产负债表，并按各类资金统一核算的要求增加了专用基金和财政周转金等报表。

第二节 基础管理

一、会计基础工作

1996年8月，省财政厅印发《四川省会计基础工作规范化检查标准》和《四川省事业行政单位会计基础工作规范化检查标准》，两个《标准》分为考核（检查）内容、评分基本原则和标准分三项，评分时原则上以85分为分界线，85分以上为合格，70—85分为基本合格，否则为不合格。合格单位由同级财政部门发文通知并颁发合格证书。

1997年12月，《四川省会计基础工作规范化实施意见》（以下简称《意见》）开始实施。《意见》确定了会计基础工作的总体目标，即在3—5年内，全省独立核算单位的会计基础工作逐步达到规范化。会计基础工作规范化实行“财政牵头，分级管理，统一发证”的管理办法，各单位按照财务隶属关系，由主管部门负责考核确认，无主管部门单位，由同级财政部门考核确认，并发放会计基础工作规范化证书。

1998年4月，在调查研究和广泛征求意见的基础上，省财政厅拟订了《关于贯彻四川省会计基础工作规范化实施意见的具体办法》，并在5月、7月先后提交四川省经委、审计、人事、国税、地税、工商等有关部门和全省会计工作会议讨论、修改。9月，经省政府同意，由上述7个厅（局）联合下发了该办法，会计基础规范化工作在全省范围内全面展开。

1998年，全省各地配合财政监督工作，结合行政执法检查，将执行《四川省会计条例》《会计基础工作规范》《罚款收入与缴款分离》等会计法律、法规的情况，作为财政监督检查的重要内容之一进行。8—9月，省财政厅组织专门检查组，对金堂、绵阳、青川、旺昌等市（县）进行重点检查，对会计基础工作差、滥用职权、会计财务管理制度不合规等违法违纪现象进行了纠正。

① 鉴于全部收入和支出只有到年终才能得出结余，并转为净资产，因此，年度内各月的平衡公式为“资产＋支出＝负债＋净资产＋收入”。

1998年4月，为进一步规范会计工作秩序，推动会计基础工作开展，省财政厅经过调查研究，在总结试点情况并借鉴外省、市经验的基础上，拟定了《四川省建账监管暂行办法》。9月，经省政府批准，由省财政厅等有关的6个厅（局）联合下发全省执行。11月，全省建账监管工作会议召开，确定广元、广安、凉山、宜宾等4个地（市）从1999年1月1日起全面推行建账监管，其余地（市）在本地选择20%以上的单位逐步推广实行。12月，省财政厅制定《关于贯彻执行〈四川省建账监管暂行办法〉有关问题的通知》和《省级各部门实行会计账簿建账监管暂行办法的通知》，规定了总分类账、现金日记账、银行日记账等3本主体账簿和“建账注册登记证”“印刷许可证”“销售许可证”的设计、印刷、销售和实行分级管理的具体办法。

2000年5月，省财政厅联合审计、国税、地税、工商等相关部门联合印发《关于进一步加强依法建账、实行会计建账监管有关问题的通知》，要求全省全面开展建账监管工作。每个单位的总账、银行存款日记账和现金日记账，实行财政部门统一印制、统一销售、统一监章、统一年检，以保证每个单位一套账目。当年，全省约有4万多个单位实行了建账监管，占总数的85%以上，其中省级直属单位已办理建账注册登记单位894家，占90%。

2001年4月，根据《会计法》《行政处罚法》《企业财务会计报告条例》等有关法律、行政法规规定，财政部发布了《财政部门实施会计监督办法》。对会计监督检查的内容、形式、程序、财政部门实施行政处罚的种类和适用罚则以及处罚程序等作了规定。

2002年，为规范会计基础工作，省财政厅组织编写了《内部会计控制制度基本知识》和《会计基础工作规范化考核验收文件资料范本》。同时，在税务、工商等部门的配合下，将工商注册登记的单位打印成册，归档备查，据此逐一建账。全省建账监管单位74560多户，年检55476多户。在年检中推广使用了会计账簿建账监管系统软件，实行IC卡管理，对建账、购买、使用及结存等方面的情况，通过计算机网络，做好数据汇总上报和档案管理工作。

2003年，会计基础工作规范化和账簿财政监管纳入《四川省会计管理条例》。

2004年上半年，为配合《行政许可法》的贯彻实施，四川省取消了与其不相适应的会计基础工作规范化、账簿财政监管以及计算机替代手工记账等会计审批许可事项。是年，根据全省反映的突出问题，省财政厅联合审计、税务等部门对《会计法》等规章制度执行情况进行了专项检查。

二、会计电算化

1996年，《四川省会计电算化培训管理办法》出台，培训遵照“财政审批、财政发证”的管理原则，统一使用省财政厅根据财政部的教学大纲要求编写的《四川省会计电算化初级培训教材》，并实行考教分离，全省共设置76个培训点负责教学，考试则由考务中心负责。考试合格者领取合格证书，并与会计证一起接受年检。是年，四川省正式成立商品化会计核算软件评审委员会，按照省财政厅制定的《四川省商品化会计核算软件管理办法》，对符合条件的营销公司颁发营销许可证，实行亮证经营。当年，评审通过3个行业内部软件、2个商品化软件。

1998年，四川省继续普及会计电算化，实行“统一审批、统一教材、统一培训、统一考试、统一证书”的原则，分级管理。并制定了《四川省以计算机替代手工会计核算管理办法》，拟定了新编《四川省会计电算化初级知识培训教材》的编写大纲，组织编写新教材。截至年底，全省累计培训初级会计电算化合格人员达12万人，累计批准通过了260家企事业和行政单位的以计算机替代手工记账，其中省级110家，市、地、州150家。

第三节　会计机构人员管理

1990年，财政部在总结各地已实行会计证管理办法经验的基础上，广泛征求意见，制定了《会计证管理办法（试行）》，决定对全民所有制企业、事业单位、国家机关、社会团体的会计人员统一实行会计证管理制度。会计证由财政部统一印制，按财务隶属关系分别由县以上（含县）财政部门和省以上（含省）业务主管部门的财务部门负责颁发和管理。取得会计证的人员，方可依法独立行使会计人员的职权。符合基本条件，且已评定会计员以上（含会计员）会计专业职务任职资格或取得中专以上财经专业学历（含中专及中专专修班）的会计人员，可直接发证。不具备上述条件者，即使从业多年也须经考试合格方可发证。专业知识考试由省级以上财政部门统一部署、各级发证机关统一组织。考试科目定为：财务会计法规、会计基础知识、专业财务（分工业、商业、农业、预算、金融、交通运输、基本建设等专业）、会计计算技术（会计应用数学和珠算）四门。持证会计人员，严重违反财经纪律，受到两次记大过行政处分的，或弄虚作假骗取会计证的，发证机关可根据情节吊销或暂时收回其会计证。

1993年，根据财政部规定，并结合四川实际情况，省财政厅会同省人事厅、省工商行政管理局、人行四川分行制定《四川省会计证管理办法》。明确了会计证按地区负责制的原则，实行分级管理。中央及外省驻川单位按属地关系，原则上由市（地、州）财政部门负责发证和管理。会计专业考试科目为《财会法规》《会计基础知识》《新财会制度》和《计算技术》四门课，省财政厅统一指定培训教材，各市（地、州）财政部门负责命题、制卷、组织考试等考务工作。并规定从1994年起，全省一律使用财政部统一标准制式的会计证，原来制发的证件须在当年换成新证。同时，从1994年起，每2年进行一次会计证检查验证工作，验证结果在会计证的有关栏目作相应记载，发证机关将验证工作总结报财政厅备案，未经检查验证的会计证予以注销，并自行失效。对于非财经专业的大专毕业生，从事会计工作1年以上，中专毕业生从事会计工作2年以上，同时具备基本条件并取得财政部门颁发的新财会制度培训结业证书者，可直接发证。

1995年，为区分会计上岗和就业前待岗培训人员，省财政厅单独制订了《临时会计证管理办法》。当年，全省89%的上岗会计人员都取得了会计上岗证，另颁发了2万个临时会计证。此外，为防止会计人员任免的随意性，德阳市和巴中市财政局先后制订了《关于加强会计人员管理的暂行规定》和《关于贯彻实施会计法中有关会计人员任免管理实施细则》，其他部分市、地、州也比照两市制订了相应规定。

1998年，四川省试行了会计证考试制度，取消免试办证办法，并于3月、8月先后制定了《会计证考试办法》《四川省会计证管理办法的补充规定》《四川省会计证年检办法》等规定。对申领会计证的人员实行考前培训，通过考试进行资格确认。全省统一制定了教材、教学大纲，统一了考试科目和考试时间，按规定颁发会计证，并坚持持证上岗。同时，严格会计证和会计证年检管理，要求会计证年检时一并出具会计人员继续教育和会计电算化合格证明。当年，全省全年参加会计证考前培训和考试者近万人。

1996 年，会计人员管理体制改革试点工作继续在全省推广，各地主要采用了以下两种方法：一是统管任免制，即由财政部门统一规定会计机构负责人、会计主管人员的任职资格和条件，并对其进行审核认定。上述人员的任免，行政事业单位由组织人事部门任免，股份制企业由董事会任免，国有企业由财政部门直接任免。二是聘用委派制，即由财政部门统一规定各级会计机构负责人、会计主管人员的任职资格和条件，由财政、人事和主管单位等联合对会计机构负责人、会计主管人员进行任职资格考试考核，合格人员发给聘书，并委派到指定单位任职。被委派人员的人事、福利、社会保险等关系保留在原单位，其工资由财政部门向所在单位收取，由主管部门发放。

1998 年，全省近 30 个县（市）分别实行了会计科长年薪制、会计统管统派制、会计双重管理制和财务总监制等形式的会计委派制。

2003 年，为严格会计准入制度，省财政厅组织开发了会计从业资格考试软件，建立题库，实行微机考试。7 月，第一次试行此种考试方式，全省 1.2 万余考生通过了资格考试。同时，建立了会计从业资格退出机制，对违反《会计法》有关规定的会计人员，吊销其从业资格证书；对未按期接受继续教育、无证上岗的会计人员限期进行培训、考试，考试不合格者，限期调离会计岗位。当年，雅安市对无证上岗、不具备会计从业资格的 91 人限期调离了会计岗位，全省共吊销从业资格证书 35 个。

2004 年，全省扩大了会计委派制改革试点。各地从实际出发，实行了多种形式的会计委派制。如实行财政基本建设投资项目财政监管、向国有独资企业和国家控股公司委派财务总监、集团和部门实施内部会计委派以及国库集中支付与会计集中核算相结合的多种改革形式。成都市将市公安局、交通局、国土局等 14 个部门纳入扩大试点单位；德阳市结合农村费改税试点工作，进行了村账镇管试点；乐山市所有乡镇的 200 多个行政事业单位，全部纳入集中核算支付中心。

2004 年，四川省首次进行了高级会计师专业技术资格考评结合的试点。省人事厅、省财政厅联合下发了《关于认真做好高级会计师资格考评结合试点工作的通知》，明确了相关政策。从当年起，高级会计师任职资格的取得实行考试与评审相结合的办法，考试合格者方可申报参加评审。参考者以及破格报考者须具备学历、职称、资历等方面的条件，考试时，实行全国统一的考试科目、考试大纲、考试命题、考试时间以及统一的全国合格标准，科目为《高级会计实务》。在试点期内，考试成绩达到国家合格标准的人员，由全国会计考办核发高级会计师资格考试成绩合格证，在全国范围内 3 年有效；达到四川省合格标准的人员，由省会计考办核发考试成绩证明，并报全国会计考办备案，在当年省内评聘工作中有效。考试合格人员在成绩有效期内，按照《四川省高级专业技术职务任职资格评审工作规范》的要求和程序申报评审相应资格，经逐级审查合格后，送省高级会计师职务评审委员会评审，通过者报省职改领导小组审核批准，取得高级会计师资格，并发给证书。

第四节 注册会计师行业管理

四川省于 1983 年开始恢复和重建注册会计师制度，并于 1989 年 10 月正式成立四川省注册会计师协会。

1993 年 5 月，省财政厅对会计师事务所的管理作出如下规定：申请新建会计师事务所须满足申请有10人事业编制、具有5名注册会计师、具有法定注册资金及章程、具有固定办公场所等条件，并将上述情况报经市（地、州）财政局审查同意后转报省财政厅审批并备案；会计师事务所设立分支机构须由事务所代管机关报省财政厅审批，跨地区设立分支机构的须征得当地财政机关同意并由当地财政机关报财政厅审批；注册会计师须加入会计师事务所才能接受委托办理业务，注册会计师退出所在会计师事务所应报主管财政机关注销注册资格并缴还注册会计师证书。

1995年，根据《中华人民共和国注册会计师法》及有关规定，省注协明确了会计师事务所必须达到的具体标准，并组织人员对部分会计师事务所进行了检查、整顿，全省136个会计师事务所基本达到了独立所所需条件，同时有10多个符合独立建所条件的分支机构设立为独立会计师事务所。

1996年12月，四川省注册会计师协会和四川省注册审计师协会实行联合。联合后的协会在统一法律规范、统一执业标准、统一监督管理的基础上，继续履行对注册会计师的“服务、监督、管理、协调”职能。1996年底，全省共有会计师（审计）事务所359所，执业注册会计师3803人。

1997年7月，四川省注册会计师协会全省特别代表大会在成都召开。

1998年，遵照中央关于各类会计、审计事务所一律与各部门脱钩的要求，四川省开始实施事务所脱钩改制工作，即在人员、财务、业务、名称4个方面进行脱钩。具体工作开展之前，省注协派出调查小组，到深圳、海南进行了调查研究，提出了具体实施建议。到年底，除已完成具有执行债券、期货相关业务资格的泸州会计师事务所和德阳会计师事务所的改制工作外，四川省审计师事务所、四川银建会计师事务所、达县民信会计师事务所等7家事务所也完成了脱钩改制工作。

是年，全省注册会计师行业开展清理整顿工作，对73家事务所给予行政处罚，其中撤销21家，停业整顿17家，警告35家，撤销或批准注销150家分支机构；同时对476名不合格的执业注册会计师给予撤销注册处罚。通过整顿，全省事务所由1997年底的374家减少到1998年底的362家，执业注册会计师由3084人减少至2871人。

2001年11月，根据《中华人民共和国行政处罚法》和财政部《违反注册会计师法处罚暂行办法》规定，省财政厅制发了《关于委托省注协实施行政处罚的函》，将对全省注册会计师和事务所的行政处罚权限正式委托省注协行使。

2003年，按照财政部要求，省财政厅收回了由注册会计师协会行使的行政审批及监管职能。

2004年10月，为规范会计师事务所执业收费行为，防止低价恶性竞争导致执业质量下降，《四川省会计师事务所执业收费标准及管理办法》开始实施。新的收费办法规定，会计师事务所承办的报表审计、验资两个部分的收费实行政府指导价，其余实行协商定价。同时，根据企业注册资本或资产总额的不同设定7个档次的收费标准，明确规定收费标准为最低限价，事务所收费不得低于此价格。是年，省注协继续开展执业质量检查。检查以随机抽样为主，兼顾日常管理中掌握的可能涉及不正当竞争、事务所内部矛盾以及具有大型国有企业审计资格等诸多因素，内容包括：事务所和注册会计师遵循独立审计准则情况；事务所和注册会计师执业道德情况；事务所内部控制情况。同时，对15家事务所进行了现场检查，查阅年报审计业务档案115份，验资业务档案69份。根据检查结果，协会对12家会计师事务所进行了内部惩戒，对6家事务所谈话提醒、2家书面批评、2家实施强制培训、2家限期整改。

2005年4月，结合财政部《注册会计师注册管理办法》的要求，省注协制定了《关于注册会计师注册有关问题的通知》，对受理注册申请、按条件审核资料、按时限作出准予注册决定、及时上报文件数据、公示、发放证书等具体环节均作出了明确规定，从而使注册工作更规范、更公开透明。同时，将以往每年受理注册申请两次改为日常受理注册申请，并按规定在20个工作日内完成注册的批准程序。

是年，省注协完成了对全省286家会计师事务所3770名注册会计师的任职资格年检工作，其中合格3699名，因各种原因未通过71名，并将年检情况在《华西都市报》上向社会进行了公告。

第十一章 财政法制

1986—2005 年，四川财政严格贯彻落实中央和省委、省政府关于法制建设的各项工作任务，不断推进财政法制建设。1990 年 3 月，省财政厅正式设立财政会计法规制度处，负责相关工作。在规范性文件制定与清理方面，四川财政积极参与相关法律、行政法规、地方性法规等规范性文件的制定、修改与审核，明确了地方财政法规、规章和规范性文件的主要内容及起草时应遵循的主要原则。并根据经济社会发展变化，及时对财政规范性文件进行清理，将废止、失效的财政规范性文件目录予以公布。在行政执法方面，四川财政认真贯彻执行《中华人民共和国行政诉讼法》《行政复议条例》《中华人民共和国行政处罚法》《四川省行政执法规定》等文件规定，依法开展财政行政诉讼、财政行政复议、财政行政处罚等工作；制定了《四川省财政厅行政执法责任制度》及与之配套的《四川省财政厅行政执法公示制度》《四川省财政厅财政法制工作厅内运作程序》《四川省财政厅行政执法证管理办法》《四川省财政厅行政执法人员管理办法》等配套制度，规范了财政执法行为。在普法宣传教育方面，四川财政根据不同时期的普法任务，确定了每个阶段的工作重点和普法重点对象，同时在每年的年度计划中将新出台的法律法规补充列入当年普法重点，增强了普法时效性。通过宣传教育，向全社会普及财政法律意识和财政法制观念，提高各级财政部门和广大财政干部的依法行政水平。

第一节 规范性文件制定与清理

1989 年，为贯彻中共十一届四中全会精神，继续加强民主与法制建设，财政部先后在浙江省宁波市和北京市召开了两次法制工作座谈会，强调了财政法制建设的必要性和紧迫性。

1990 年 3 月，四川省财政厅党组决定，并经省编委同意，将原会计事务管理处更名为财政会计法规制度处，增设财政法规科负责法制工作。同时明确财政法制工作的主要职责是：对省财政厅制发的规范性文件进行审核；组织并参与起草报送省人大、省政府发布的地方性财政法规、规章送审稿；定期对已颁发的财政法规进行清理和总结；监督检查财政法规的贯彻与执行；配合有关部门做好涉及财政、税务条款的法律、法规草案的审查和协调工作；实施财政法规的宣传与教育等工作。5 月，鉴于当时全省各地财政系统基本没有设立财政法制机构的实际情况，省财政厅发出《关于加强财政法制工作的通知》，要求各地加快建立财政法制机构，充实法制人员。市（地、州）财政部门在法制机构建立前，须在内部确定一个科（处）负责管理财政法制工作；县级财政部门也需配备专人负责此项工作。同时，为及时反映财政法规在各地的执行情况，省财政厅建立了信息反馈制度，要求各市（地、州）财政局在每年度终了后3个月内，向省财政厅报送上年财政法规贯彻实施情况的书面报告。内容主要包括：上年本地执行中央和省发布的财政法规基本情况；对新颁发的财政法规有何修改意见；有关经济法规与财政法规执行时是否存在矛盾，该如何改进等。此外，还建立了省与市（地、州）财政法制联络员制度，以加强上下联系，交流经验。9月，根据财政部《地方财政规范性文件备案办法》和省政府办公厅《关于贯彻实施法规规章备案规定的通知》，结合四川省财政工作实际，省财政厅制发了《四川省财政规范性文件备案办法》，并从是年10月1日起开始实施。规定：省财政厅经省政府批准后发布的规章，以及省财政厅、市（地、州）财政局根据国家现行财政法律、法规和规章，按照法定程序单独制定或与其他部门联合制定的普遍适用于本地区财政管理工作的规定、办法、规则、通知等规范性文件，均需上报上一级主管财政机关备案；省人大及其常委会、省政府制定的地方财政法规、规章，由省财政厅报财政部备案。下列文件不需备案：具体工作事项的布告以及处理决定；经费指标分配和工作部署的通知；有关会计报表和预算、决算表格的通知；省财政厅原文转发财政部或财政部与其他部门联合制定的规范性文件的发布通知；市（地、州）财政局原文转发省财政厅或省财政厅与其他部门联合制定的规范性文件的发布通知。

1991年1月，为规范地方财政法规、规章的起草和财政规范性文件的制定工作，根据《四川省人民政府制定规章和起草地方性法规草案程序规定》和《财政部立法规则》，《四川省财政厅起草地方财政法规、规章和制定财政规范性文件的工作规则》出台并开始试行。规定：地方财政法规，是指经省人民代表大会及其常委会批准发布，普遍适用于四川省财政管理工作的条例、细则、办法等的总称；地方财政规章，是指由省人民政府根据法律和行政法规制定或批准制定，普遍适用于四川省财政管理工作的规定、办法、制度、标准等的总称；财政规范性文件，是指四川省财政厅根据国家现行财政法律、法规和规章，按规定程序单独制定，以及与其他部门联合制定的，普遍适用丁四川省财政管理工作的规定、办法、制度、通知等文件的总称。地方财政法规、规章和规范性文件包括以下内容：财政综合类，预算管理类，税收政策性，财务管理类，国有资产管理类，财政信用类，会计管理类，财政监督类，其他类。省财政厅各业务处室具体负责起草和制定主管业务范围内的地方财政法规、规章和规范性文件，起草时应明确立法目的、依据、适用范围、调整对象、基本原则、主管部门、具体规范、罚则、解释权属和施行日期，并在每年10月10日前向财政会计法规制度处提交该年计划草拟的规范性文件目录，再经财政会计法规制度处综合后编制年度规划，报厅领导或厅务会审定。经省政府批准由省财政厅发布的地方财政规章，由厅领导签署发布。省财政厅与其他部门共同起草的地方性法规、规章，经会签后，由主办部门报送省人民政府，经省政府批准同意后，联合发布。地方财政法规、规章和财政规范性文件的清理工作，由财政会计法规制度处定期联系各业务处室进行，清理结果分为有效、失效和废止3类，在经厅领导或厅务会审定后，按规定程序，分别报省人大常委会、省政府或以省财政厅名义，明文宣布废止或失效。是年，省财政厅对中华人民共和国成立以来至1989年底，由省财政厅发布或与其他部门联合发布的财政规范性文件共1655件进行了清理和鉴定，并于11月底公布了清理结果及目录。其中，应予废止的有222件，自行失效的有631件，自公布之日起，上述853件文件停止执行。

1995年，全省财政系统贯彻实施《四川省行政执法规定》，明确财政行政执法的主要依据有《中华人民共和国预算法》《中华人民共和国会计法》《中华人民共和国注册会计师法》《国务院关于违反财政法规处罚的暂行规定》及其实施细则、《四川省预算外资金管理条例》及其他实施中的财政法规等。财政行政执法的范围包括：一是预算方面，主要是对违反预算法规的行为进行处罚，如：擅自改变预算的，隐瞒、转移、截留国家预算收入的，越权作出减收增支规定的，虚报冒领预算资金的，编报假决算的，擅自将预算内资金转为预算外或将预算外支出转为预算内支出等；二是农业财务方面，主要是对逾期不能归还的支农扶贫周转金收取延期占用费，对挤占挪用支农扶贫资金的如数追还等；三是企业财务方面，主要是对随便摊提成本费用、挤占国家收入，弄虚作假、成本严重不实，超越权限、擅自提高补贴标准，扩大补贴范围、提高工资等违法违规行为进行处罚；四是会计管理方面，主要是对伪造、变造、故意毁灭会计凭证、会计账簿、会计报表和其他会计资料，注册会计师违反工作规则造成不良后果等违规行为进行处罚；五是综合管理方面，主要是对“小金库”、罚没收入隐瞒不交等违法违规行为进行处罚；六是控制社会集团购买力方面，主要是对违控出售或购买专控商品的行为进行处罚；七是税收、财务、物价大检查及其他方面，主要是对违反税收、财务、物价法规、规章的单位的违纪收入经催缴无效的强行划拨等。

1997 年 5 月，为推行行政执法责任制，四川对地方性财政法规、省政府发布的财政规章和中华人民共和国成立以来仍在执行的财政规范性文件进行了清理，凡与《中华人民共和国行政处罚法》相抵触的一律进行了修改或废止。

1998 年 12 月，《四川省财政系统财政法制工作考核评比暂行办法》出台。考核评比对象为各市（地、州）财政局，考核的主要内容为财政立法前期和后续工作、财政法规执行情况的监督检查、财政法制宣传教育工作、财政行政复议、应诉及国家赔偿费用的管理等。

1999 年 2 月，《四川省国家赔偿费用管理实施办法》开始实施。国家赔偿费用按照财政管理体制分级负担，由各级财政机关负责管理，以支付赔偿金为主要方式。赔偿时，由赔偿义务机关从本单位预算经费中先行支付，再向同级财政机关申请核拨。对赔偿金额较大、赔偿义务机关无力先行支付的，赔偿义务机关可向同级财政机关申请预拨部分国家赔偿费用。财政机关对赔偿义务机关核拨、预拨国家赔偿费用或者返还财产的申请予以审核，审核通过者，作出拨付决定；审核时，发现赔偿义务机关因故意或者有重大过失造成国家赔偿的，或者超出国家赔偿法规定的范围和标准赔偿的，由财政机关提请本级政府责令该赔偿义务机关自行承担部分直至全部国家赔偿费用。赔偿义务机关赔偿损失后，按照《中华人民共和国国家赔偿法》规定，对有故意或者重大过失的工作人员追偿赔偿费用。6 月，省财政厅对地方财政法规、规章和财政规范性文件的起草制定以及备案制度进行了修订。地方财政法规、规章和规范性文件分为财政综合类、预算管理类、税收政策类、财务管理类、国有资产类、会计管理类、财政监督类和其他类，起草时，不得与法律、法规、规章和本级政府的规范性文件相抵触，且未经法定授权和省政府批准，规范性文件不得设定行政许可、行政事业性收费和行政强制措施。起草的地方法规、规章，应明确立法目的、依据、适用范围、遵循原则、主管部门、具体行为规范、法律责任和实施日期，并作出说明，即制定的意义、起草的依据和经过、需解决的主要问题、有关部门和地区的意见是否一致以及其他需要说明的问题。所起草的地方法规和规章，在经省财政厅领导审签后按公文处理程序报送省政府，并附送起草说明和相关参考资料；省财政厅与其他部门共同起草的，经会签后，由主办部门报送省政府。文件正式发布后，需在 15 日内报财政部和省政府法制局备案。

2001 年 10 月，省财政厅对川府发、川府函、川办发、川办函和省政府议事纪要 5 个文种涉及财政的文件进行了清理，重点清理了 1990 年以后的上述文件。共清理文件 122 件，其中，拟保留 67

件，废止18件，废止部分条款29件，规范修改8件。

2004年4月，对照财政部于2003年公布取消的行政审批项目，省财政厅逐一进行对照清理。其中，同财政部保持一致，予以取消的15项；属于中央财政审批事项，省财政无审批权的20项；同时结合四川省实际情况，增报3项，并对之提出了处理建议。

2005年10月，根据《四川省行政规范性文件制定和备案规定》，省财政厅制定了具体的实施细则。制定规范性文件，应遵循以下原则：国家法制统一原则；依照法定职权和程序制定原则；职权与责任一致原则；维护公民、法人和其他组织合法权益原则；精简、统一、效能和公开原则。财政规范性文件草案，应报送财政厅法制机构审查，报送时应提供材料包括：由起草机构负责人签署的提请审查申请书；起草说明；起草时所依据的法律、法规、规章和国家方针、政策以及征求意见的有关材料；规范性文件草案。财政厅法制机构在15个工作日内对报送审查的草案提出审查意见书，意见书包括：制定的必要性、可行性和适当性；是否超越制定机关法定的职权范围；是否与相关的规范性文件相协调、衔接；是否征求相关机关、组织和管理相对人的意见和意见采纳处理情况；对重大分歧意见的协调处理情况；其他需审核内容。

第二节　财政行政执法

1989年9月，《四川省行政执法程序暂行规定》（以下简称《暂行规定》）经省政府常务会议批准通过，并于1990年1月1日正式实施。根据《暂行规定》，所有财政执法行为，都必须有法律依据，有事实材料，有严格的审批手续和法律文书，且必须有处罚记录。

1990年10月，《中华人民共和国行政诉讼法》正式实施。在正式实施之前，全省财政部门对财政具体行政行为进行了一次系统清理，清理的重点是收费、罚款、吊销许可证或执照、没收财物、冻结财产等行政行为，看其是否有法律、法规、规章依据，无上述依据的，则依法进行纠正。同时，为适应《行政诉讼法》施行后的新形势，依法理财，做好财政行政复议、应诉和赔偿等工作，省财政厅于是年7月成立了行政复议委员会，由分管财政法制的副厅长担任委员会主任。委员会下设办公室，其日常工作由新成立的财政会计法规制度处负责办理。

1991年3月，财政部对财政部门如何贯彻实施《中华人民共和国行政复议条例》作出若干规定。具体内容包括：可向财政复议机关申请复议的具体行政行为、复议案件的管辖、复议委员会及其办事机构的人员构成和职责、复议受理程序和复议决定等。省财政厅在转发时补充要求各市（地、州）财政局应及时将本地区发生的财政复议和应诉案件报省财政厅行政复议委员会，所作出的复议决定应在作出之日起2个月内将副本送省财政厅备案，并在每年3月5日前将上年度本地区财政复议和应诉情况书面报告省财政厅行政复议委员会。

1992年1月，根据《行政复议条例》，省财政厅拟定了《四川省财政行政复议规则》（以下简称《规定》）和财政行政复议文书格式。《规则》对复议原则、受理复议范围、复议管辖、复议机构、申请与受理程序、审理与决定以及行政复议使用文书等进行了规范和说明。

1995年2月，为贯彻实施《四川省行政执法规定》，维护行政执法工作的正常秩序，省财政厅向省政府法制局申请颁发了行政执法证，并列举了执法依据：《中华人民共和国预算法》《中华人民共和国会计法》《中华人民共和国注册会计师法》《四川省预算外资金管理条例》《违反财政法规处罚暂行规定》及其实施细则等。财政行政执法涵盖领域有对违反预算法规的行为进行处罚，如擅自改变预算、无故拖欠应上交国家预算收入、越权作出减免增支规定、虚报冒领预算资金、擅自将预算内外资金互换等；农业财务方面，如对逾期不能归还的支农扶贫周转金收取延期占用费、对挤占挪用的支农扶贫资金如数追还等；对违反企业财务规定的行为进行处罚，如擅自提高或扩大开支范围、随意摊提成本费用、擅自提高补贴标准、浪费严重等；依据《会计法》和《注册会计师法》，对违反会计制度的行为进行处罚；综合财政管理方面，对私设“小金库”以及罚没收入隐瞒不交等行为进行处罚；对违规出售专控商品的单位及相关负责人进行处罚；三大检查及其他方面，如对违反税收、财务、物价法规和规章的单位的违纪收入经催缴无效后的强行划拨等。

1997 年 3 月，针对各地财政部门在贯彻实施《行政处罚法》过程中遇到的具体问题，财政部下发了《财政部门贯彻实施〈行政处罚法〉若干问题的意见》，就行政处罚听证、较重处罚集体讨论决定、证据登记保存、控制社会集团购买力办公室和财政税收财务大检查办公室执法主体资格认定、合同工与临时工执法、行政处罚监督等问题进行了解答。是年，全省财政系统对行政执法人员的执法资格进行了审查，对不具备执法主体资格的机关和组织，责令其终止执法活动。

1998 年 7 月，财政部《财政部门行政处罚听证程序实施办法》开始施行，以规范财政部门行政处罚行为，维护公民、法人和其他组织的合法权益。

2000 年 11 月，四川省开始使用财政部制定的新的财政行政复议法律文书参考格式，包括行政复议申请书、不予受理决定书、行政复议告知书、责令受理通知书、行政复议决定书等 13 项文书的格式。同时，停止使用 1993 年财政部制定的格式。

2001 年，为健全行政执法各项制度，省财政厅制定了《四川省财政厅行政执法责任制度》以及与之配套的《行政执法公示制度》《财政法制工作厅内运作程序》《行政执法证管理办法》《行政执法人员管理办法》《行政执法内部监督检查制度》《行政复议和行政诉讼应诉工作规则》《行政执法责任制考核办法》《行政执法过错责任追究制度》八项配套制度。其中，《行政执法公示制度》对执法主体的资格公示、执法政务公示、法律责任公示、文明服务公示等进行了规范说明；《行政执法责任制度》对行政执法工作规则以及省财政厅行政执法责任、厅领导执法责任和厅属行政执法机构及其人员的执法责任进行了规范说明；《财政法制工作厅内运作程序》对财政立法程序、财政执法监督检查等进行了规范说明；《行政执法证管理办法》对执法证的申领、发放、注销以及年检进行了规范说明；《行政执法人员管理办法》对行政执法人员必备条件、执法资格管理、执法人员应遵守规则等进行了规范说明；《行政执法内部监督检查制度》对内部监督检查范围、规范性文件检查重点等进行了规范说明；《行政复议和行政诉讼应诉工作规则》对受理行政复议和行政诉讼时应履行原则、处理程序及时限、被申请人提供证据种类、具体行政行为审查内容等进行了规范说明；《行政执法责任制考核办法》对考核原则、考核机构、考核方法、考核标准及奖惩措施进行了规范说明；《行政执法过错责任追究制度》对应予追究责任的具体行为、过错责任划分、不予追究责任的具体情形以及复查申请等进行了规范说明。

2004 年 7 月，《中华人民共和国行政许可法》开始实施，财政部公布了一批取消或改变管理方式的行政审批项目，四川省依次对照进行了清理。行政审批项目分为两类，一是法律、行政法规规定的事项，二是法律、行政法规以外的文件设定的事项。自《行政许可法》实施后，第一类审批项目依法继续实施，第二类项目则自上而下进行了一系列清理活动，国务院分三次（2002年、2003年、2004年）清理了1600多项（其中取消1500多项）审批事项，确需保留的，也作了明确规定。对于第一类项目，省财政厅严格依据相关法律和行政法规进行清理，第二类项目则依据国务院三次取消审批项目的决定以及财政部、省政府有关清理审批项目的规定进行。截至2005年底，清理工作告一段落，共涉及财政行政审批事项69项，其中：保留许可事项8项，保留非许可审批事项14项，取消37项，划转10项。

2000—2004年，全省财政系统共受理行政复议案件24件，其中：2000年1件，2001年10件，2002年6件，2003年3件，2004年4件，各年受理行政复议案件数量基本持平。同一阶段，全省财政系统共办理行政处罚案件5259件，其中：2000年232件，2001年588件，2002年803件，2003年1781件，2004年1865件，行政处罚案件数量呈上升趋势。处罚案件多集中在基层，且以财务类处罚案件居多。以2004年为例，当年全省财政行政处罚案件共1865件，其中，县级财政部门受理1469件，占78.77%；市（州）财政部门受理396件，占21.23%。所涉及的财政业务范围，预算类64件，占3.43%；税收类32件，占1.72%；国有资产类5件，占0.27%；财务类1479件，占79.3%；会计类241件，占12.92%；注册会计师类无；其他44件，占2.36%。

2005年2月，国务院颁布的《财政违法行为处罚处分条例》（以下简称《条例》）开始实施，对各种财政违法行为及其处罚处分进行了具体规定。《条例》实施后，1987年6月国务院发布的《关于违反财政法规处罚的暂行规定》同时废止。7月，省政府发布省财政厅代拟的《关于贯彻实施〈财政违法行为处罚处分条例〉的意见》，从《条例》的重要性和必要性、加强宣传和培训、组织自查自纠、履行监督检查职责四个方面对贯彻实施工作作了安排和部署。10月，省财政厅对政务公开作出规定，明确了公开的事项范围，规定除涉及国家机密之外的公共管理和公共服务事项，都要如实向社会公开；坚持依法、真实、便民的原则，建立健全依法公开和依申请公开制度，对于应当让社会知晓或参与的事项，及时主动向社会公开，暂时不宜公开或不能公开的，要上报上级主管机关备案，公开的政务事项如有变更、撤销或终止的，要及时公布并作出说明；政务公开采取召开专业会、听证会、新闻发布会，发布政务信息、政务公开和政务指南，开辟厅办公业务资源网和公众网等方式进行；政务公开由行政领导负责、办公室组织协调、纪检监察机构监督检查、业务职能机构组织实施，并把各处室政务公开工作纳入内部目标管理予以考核，实施奖惩。是年，以“四五”普法检查验收为契机，全省财政系统建立了重大行政处罚备案、行政执法案卷评查制度。①

第三节　法制宣传与教育

1990年，省财政系统两次组织人员参加省政府法制局和省经济干部管理学院组织的《行政诉讼法》研讨班学习，并在省财政厅内举办了《行政诉讼法》骨干培训班，组织处级以上干部进行集中学习，同时将这项工作在全省财政系统进行了推广。

① 据统计，四川省财政厅具有行政执法主体资格的单位共2个，其中法定行政机关1个（四川省财政厅），依法受委托行使行政执法权的单位1个（四川省财政厅收费票据监管中心），行政执法主体执行的现行有效的法律、法规、规章及重要的规范性文件共66部，具体行政执法权共68项，其中行政处罚38项，行政许可9项，其他具体行政执法职权21项。

1992年2月，《四川省“二五”财政法制宣传教育规划》制定出台。对“八五”（1991—1995年）时期财政法制宣传教育的基本要求、主要内容、实施步骤和方法、组织领导、经费保障等进行了详细说明。“二五”普法（1991—1995年）期间，全省财税系统重点宣传学习了《税收征收管理法》《会计法》《注册会计师法》《国家赔偿法》《国家赔偿费用管理条例》和各项税收暂行条例。

1995年，财政“二五”（1991—1995年）普法考核验收，考核的内容包括预算管理类的《预算法》《国务院关于实行分税制财政管理体制的决定》《国家金库条例》；税收管理类的《增值税暂行条例》《营业税暂行条例》《消费税暂行条例》除组织自查外，全省财税干部3万余人参加了财政部普法验收试题作答，平均成绩90分，参考率逾95%。

1996年7月，《四川省“三五”财政法制宣传教育规划》制定出台。明确了“三五”（1996—2000年）期间普法的主要任务是学习邓小平关于社会主义民主与法制建设的理论、学习与财政工作密切相关的市场经济法律、宣传普及与社会主义市场经济相适应的财政法律法规、在实际工作中践行依法理财和以法治财，并将5年的工作分为宣传发动、具体实施、总结考核验收3个阶段，明确每个阶段的工作重点和普法重点对象，同时在每年的年度计划中将新出台的法律法规补充列入当年普法重点，以增强普法时效性。是年，省政财厅开始实行行政部门执法责任制，成立了以主要负责人为组长，财税法规、人事教育、机关党委等相关机构负责人参加的依法理财工作小组。小组下设办公室，负责具体的组织、指导、协调和日常督促检查工作。11月，全省财政系统“三五”（1996—2000年）普法骨干培训班在成都开班，各市（地、州）负责财政法制工作人员参加培训。

1997年，《四川省财政厅法制工作考核评比办法》（以下简称《办法》）制定并实施，各市（地、州）财政局及绝大多数县级财政局也制定了相应的考评办法，《办法》规定了各级财政部门的普法规划和年度计划的制定和报送、实施情况监督检查、经验交流和总结考核等制度，从而在全省财政系统范围内形成了普法工作制度体系。

1998年5—9月，省财政厅在全省范围内组织财政系统干部及各企事业单位财会人员参加了全国财政法规知识竞赛。竞赛活动中，各级财政部门进行了广泛的宣传和动员，除要求全体财政干部参加本次竞赛外，还利用电视、广播、报刊等媒介宣传比赛的意义，动员社会公众参与竞赛。各地还将竞赛成绩与平常的考核有效结合，如将竞赛成绩与会计基础工作规范化检查验收相结合、与年度考核和执法人员执法证年检相结合等。此次竞赛全省共印发试卷11万多份，回收有效答卷近10万份，参赛率达91.5%，其中财政系统干部职工参赛率为100%。省财政厅还依照公平、公正的原则，在成都市公证处公证下，采取公开抽签的形式，从各市（地、州）上报的推荐名单和省级各部门参赛人员得分最高者中抽取产生了四川省全国财政法规知识竞赛获奖人员名单。是年，四川省被财政部授予全国财政法规知识竞赛组织工作优秀奖。

2001年8月，省财政厅举办了“四五”（2001—2005年）普法首期培训班，厅内各处室干部100余人参加了培训。培训时，财政部条法司和税政司负责人分别作了关于依法行政、依法理财和WTO相关法律知识的讲座，川大法学院教授和省法制办工作人员分别作了关于法律法规基础理论知识和行政处罚法的讲座。11月，《四川财政法制宣传教育第四个五年规划》制定并实施。规划提出了“四五”（2001—2005年）普法时期的总体目标是：增强全省全社会的财政法律意识和财政法制观念，实现由提高财政干部法律意识向提高其法律素质的转变、由注重依靠行政手段管理向注重运用法律手段管理的转变，全面提高各级财政部门和广大财政干部依法行政水平。为实现这个目标，一是健全相关宣传教育制度，建立领导干部法制讲座制度、理论中心组学习制度、法律培训制度、重大决策前的法律咨询审核制度及任前法律知识培训考核等制度；二是完善财政干部法律知识培训、考试、考核制度，组织财政干部学法用法，统一组织考试，并颁发合格证，将其作为考核、任职、定级和晋升的重要依据；三要坚持学法与用法相结合，实行执法责任制、执法公示制，并总结财政部门依法行政的成功经验，进行广泛宣传。

2002 年 7 月，省财政厅在四川省财政学校组织行政执法培训班，培训对象为省财政厅干部职工，培训内容包括行政处罚法、行政复议法、行政诉讼法、行政许可法等法律法规。11 月，省财政厅组织“四五”（2001—2005 年）普法培训班，对市（州）财政局相关人员进行法学基础理论与行政法规培训。

2003 年 9 月，省财政厅在宜宾组织“四五”（2001—2005 年）普法培训班，对各市（州）财税法规干部及厅机关公务员进行行政复议法、行政处罚法、民商法等内容培训。

2004 年 2 月，全省各级财政部门积极组织本地区财税系统干部、财务会计人员和普通公民参与财政部组织的全国财政法规知识竞赛活动。12 月，围绕全国法制宣传日“弘扬宪法精神、增强法制观念”的主题，全省各级财政部门开展了依法行政专题讨论会，并学习、宣传了《中华人民共和国宪法》和国务院《全面推进依法行政实施纲要》。

2005 年 5 月，省财政厅组织各市（州）财政局分管财政法制的局长以及厅机关全体公务员及直属事业单位副处级以上干部参加《财政违法行为处罚处分条例》（以下简称《条例》）专题培训。同时，在《四川财政与会计》杂志上以连载的方式对《条例》有关问题进行解答，并在厅内信息网“法制宣传专栏”刊载了大量宣传资料，以提高宣传效应。7 月，四川财政系统“四五”（2001—2005 年）普法培训班在成都开班，全省各级财政部门近百名财政法制工作人员参加了培训。培训的内容为：《财政部门全面推进依法行政依法理财实施意见》《中华人民共和国公务员法》以及依法行政中存在的问题与新的工作思路和方法。是年，法制宣传教育纳入省财政厅内部目标考核范围，并作为重要组成部分，与责任人和责任单位的创先评优及目标责任奖金挂钩。宜宾、达州、自贡、巴中等大多数市级财政部门也制定了专门的法制宣传教育目标考核制度，将其纳入责任制考核并根据考核结果进行奖惩。是年，为宣传新颁布实施的《中华人民共和国行政许可法》，全省各级财政部门先后组织了专题讲座，省财政厅邀请财政部条法司负责人为财政厅干部职工作了题为“行政许可法与财政工作”的专题讲座。7 月 1 日，省财政厅联合成都市财政局在成都市中心发放宣传资料，进行宣传。

第十二章　监督检查

1986—2005 年，四川财政遵照国务院统一部署，认真组织开展税收、财务、物价大检查，积极组织开展县、乡级财政预决算执行情况、涉农收费项目、税收执法等重点专项检察，同时，加强财政系统内部监督检查，制定了《关于建立内部监督检查制约机制的暂行规定》《财政部门内部监督检查暂行办法》等规章制度。财政监督检查逐渐从单一的收入监督检查转变为收支并举的监督检查，从事后检查为主转变为事前、事中、事后全过程的监督检查，从以对外检查为主转变为内外并重的监督检查，从集中大检查专项检查改为加强平时监督检查。

第一节　财政驻厂员监督

1962 年，中央决定由财政部门对国营企业实行财政驻厂员制度，当时对帮助企业改善经营管理，加强经济核算，严肃财经纪律，促进经济调整起到了积极作用。1987 年，财政部开始在川派设中央企业财政驻厂员，以便就地加强对中央企业的财务管理和财政监督。其主要职责是宣传、执行党和国家制定的各项财经方针、政策和财政法规，帮助企业加强财务管理和建立健全各项财务会计制度；督促企业严格遵守国家规定的成本、费用开支范围、标准，检查企业是否按规定提取、使用基本折旧基金、大修理基金、留利资金[①]等各项专用基金，以及贷款的使用、归还情况；对企业的生产经营和财务情况进行调查研究，并对存在问题提出意见和建议；监督企业及时足额将应上缴国家的利润、所得税、调节税、固定资金和流动资金占用费等缴入国库；审核企业年度会计决算，办理财政部交办的事项，并参加全国企业财务大检查。

1991 年 4 月，省财政厅、省编委、省人事厅联合发出《关于在我省国营工交企业恢复财政驻厂员制度和设立驻厂员机构的通知》，决定恢复国营工交企业财政驻厂员制度，驻厂员机构按省、市（地、州）两级设立。通知还随文附发了《四川省国营工交企业驻厂员机构设置和干部管理暂行办法》。是年，财政部驻四川省财政厅中央企业财政驻厂员处（以下简称中企处）对 985 户在川中央企业的 1990 年度会计决算进行了审查，定性违纪金额 4533 万元，其中应上缴财政 177.4 万元；调账金额 4484 万元，相应增加财政收入 668 万元。遵照财政部安排，中企财政驻厂员处还组织驻厂员对安徽、湖南两省国家储备棉、黑龙江七台河煤炭、上海市粮食、宁夏邮电、福建省农行等进行了专项财务检查，查出违纪金额 121976 万元，建议上交财政 8445 万元。同时，组织在川中企开展税收财务

① 留利资金包括税后留利、利润留成、企业基金、减亏分成。

物价大检查，实行自查与重点检查相结合的方式。自查出违纪金额 40167 万元，其中应上交财政 30865 万元；重点检查了 71 户企、事业单位，查出违纪金额 13122 万元。

1992 年，中企处重点审查了冶金、烟草、有色、铁路、煤炭、电力、石油、邮电、金融等行业的盈亏大户的年度会计决算。审查方法采取参与企业决算编制与深入企业审查财务收支相结合，全面审查企业各项财务收支的真实性与合法性。同时，对利（亏）税大户，重庆、成都选择 10 户企业，甘孜、阿坝、凉山、黔江选择 2 户企业，其余市、地选择 3—5 户企业，分管行业的驻厂员选择 1 户企业作为监督检查的重点。监督检查其折旧基金、大修理基金、留利、新产品开发基金和技术开发基金等专项资金的使用情况，确保专款专用。

第二节　财政监督检查

1991 年 2 月，根据国务院《关于违反财政法规处罚的暂行规定》和审计署、财政部《关于在检查地方财政收支中对经济违纪问题处理规定》精神，省审计局、财政厅联合制发了《对地方财政收支中违纪问题处罚的暂行规定》，规定：财税部门在自查期限内查出的违纪问题，对违纪收入，及时办理清缴入库；对违纪支出，立即予以纠正和调整账务，审计机关则不予追究。对查出的问题没有自行纠正的，审计机关除责成其按规定纠正外，可处以违纪款额 10% 以下的罚款。对越权违规减免税收等乱开减收增支口子的，除责成其立即纠正外，凡影响上级财政收入的，由本级财政用自有财力补缴，其中：税务部门越权减免的税收，由税务部门纠正并如数补征入库。已支和其它原因造成国家财力损失浪费的，视情节处以 20% 以下罚款。对应作预算内收入而被截留、坐支、转移、隐瞒以及违规退库等违纪款额，影响上级财政收入的，全部追缴入库；不影响上级财政收入的，处违纪额 20% 以下罚款。对虚列支出、多报补贴、预算外支出挤入预算内列支，以及虚列结转等违纪问题，按规定冲减支出或作以前年度支出收回、或减少结转。对已造成损失无法归垫、情节严重的，处以违纪款额 20% 以下罚款。对违反规定用退库或减免税方式提取各种基金、超收分成、承包奖、目标奖或扩大范围提高比例多提集贸税分成，多提征收手续费等，其非法所得，全额没收，情节严重者，处以相当于非法所得 10%—20% 的罚款。对挪用、挤占、克扣支农、救灾、防灾、抚恤、救济、教育、扶贫和农税减免等专项资金的，除责成追回归垫外，处以相当于违纪款额 10% 以下的罚款，无法收回、造成国家损失者，处以 10%—30% 的罚款。财税部门坐支、挪用专项基金的利息、占用费，化大公为小公的，一律追回没收，并处以相当于违纪款额 20%—30% 的罚款。以上各项，属于应缴中央和上级财政的收入以及罚没款，由被审单位按级次分别上缴财政。税务部门因多提集贸市场税收分成、税款征收手续费等而支付的罚款在集贸市场税收分成中列支。

1995 年 1 月，财政部驻四川财政监察专员办事处成立，其职责职能主要为：为在川中央及地方部分企业办理退税、核销银行坏账等业务；宣传财税法规政策，保证国家财经法规在四川省正确贯彻执行；对驻川中央企事业单位的财务进行监督管理和服务；对地方财政实施监督检查。是年 3 月，财政部对财政监督机构即财政税收财务大检查办事机构和财政监察专员办事机构的工作职责、工作权限、工作程序、工作制度、与本级财政各业务部门的工作关系以及人员设置等作了规定。财政监督机构负有监督本级和下级政府及其所属各部门预算执行情况、监督检查社会经济中介机构执行财税法规情况、受理违反财税法规举报事件、研究制定财政监督政策、配合有关部门进行财政法制宣传等相关职责；具有要求被检查单位提供财务收支计划、财务报告等有关资料，检查被监督单位会计凭证、账簿、报表以及其他与财务收支有关的资料和资产，向被监督单位进行调查取证，对查出的违反财税法规问题进行处理、处罚等权利；监督检查时遵循制定检查工作计划、向被检查单位送达检查通知书、进驻实施检查、拟订检查报告、下达处理决定、归结整理档案的工作程序；财政业务部门制定的与财政监督有关的文件，应及时抄送财政监督机构。5—8月，按照财政部要求，全省财政系统组织17个检查组检查了20个社会中介机构，包括15个会计师事务所、3个审计师事务所、1个税务咨询所以及1个资产评估所。检查发现，部分中介机构存在验资失准造成企业单位资本金虚假、降低收费标准影响事业发展、执业程序不规范等问题。是年，万县、乐山、绵阳、泸州、涪陵、宜宾、巴中等地财政部门联合审计部门，开展了县、乡级财政预决算执行情况复查工作，对查出的虚列预算内、外支出问题，按照国务院《关于违反财政法规处罚的暂行规定》和《财政预算会计制度》的规定，作出调整决算和罚款处理。

1998年5月，为减轻农民负担，全省各级财政部门对涉及农民负担的收费、集资进行了清理，对中央和省已取消的收费、集资项目坚决停止执行，对各地擅自设立的收费项目则坚决予以取消。同时，省财政要求各地财政部门加强收费票据管理，所有对农民的行政事业性收费必须使用财政部门统一监章印制的专用票据。10月，财政部制发了《财政检查工作规则》，对财政监督检查的依据、检查规则、检查内容和范围、处理规则等作了明确规定。财政机关实施财政检查必须依照法律法规规定进行；检查人员应具备规定资格，并实行回避制度；检查的对象为单位或部门执行预算、税收、财务、会计、国有资本金管理等方针政策的情况和涉及财政收支、会计资料、国有资本金管理的相关事项；检查结束后应在10日内拟定书面财政检查报告，报告应当涵括被检查单位基本情况、检查时间、检查内容、检查方式、检查结果、处罚依据和处罚决定等内容；检查报告经审核后，应及时下达财政检查决定书，决定书应包含送达单位、违纪事实、处罚依据及决定、执行期限、被检查单位依法享有的权利、申请复议期限等内容；财政机关依法作出的财政检查决定，在提出行政诉讼复议期间，不停止执行财政检查决定，除法律法规另有规定。11月，省政府办公厅发出《关于进一步加大财政监管力度、开展经常性监督检查工作的通知》，要求对财政工作全过程即财政资金的筹集、分配、使用、效益评价各环节进行法制化、制度化、规范化的监督与管理，对财政收入征收、划分、留解、退付全方面进行监督，对财政支出的申请、审批、拨付、使用的全过程跟踪监控。具体内容为：对地方税务部门征收、解缴、入库的税收情况进行监督检查，并延伸检查一些重点行业、重点税源和纳税大户，检查验证税收征管质量，防止和制止越权减免、缓征、退付、应征不征税款及收过头税等问题；对国库收纳、划分、留解、退付等情况进行经常性检查，督促国库严格执行《中华人民共和国国家金库条例》，对擅自动用和退付国库款、违反规定挪用国库款或者以其他方式支配已入库国库款、不及时收纳留解预算收入或者延解、占压国库款等问题，查出后按规定严肃处理；加大对各项基金预算收入的征管力度；对下级财政应缴上级财政预算收入情况进行监督检查；对世行贷款、中央转贷资金、省委省政府确定的重大投资项目以及教育专款、“两保”（社会养老保险和医疗保险）专款、财政扶贫款、防汛抗旱款、救灾款等专项资金进行专项重点检查；认真贯彻落实国务院《关于加强预算外资金管理的决定》，规范预算外资金管理；按照国务院《关于整顿会计工作秩序、进一步提高会计工作质量的通知》要求，开展以强化基础管理和依法建账为中心内容的会计基础工作规范化活动；注重内部监督，健全财政部门内部约束机制；总结经验，建立科学的财政资金使用反馈制度和评价体系，逐步推行政府采购，减少分散的行政性拨款，节约财政支出；依法行政、严格执法，对违法违纪问题，依照《中华人民共和国预算法》及其实施条例、《中华人民共和国会计法》《四川省会计管理条例》《国务院关于违反财政法规处理处罚暂行规定》《中华人民共和国行政处罚法》等有关法律、法规、规章进行检查处理，不能“以补代罚”或者“以罚代刑”。

1999 年 5 月，为加强内部监督检查，省财政厅制定了《关于建立内部监督检查制约机制的暂行规定》，要求通过严格执行《预算法》、改革预算管理方式、严格审批专项资金、推行政府采购制度、加强决算管理、规范财政资金账户管理等途径来强化预算约束；通过按月对账、严格执行资金拨付程序、执行“收支两条线”规定等途径来加强预算外资金管理；提倡干部廉洁自律、执行公务回避制度、财政拨款严格遵从受理程序以规范财政工作行为；通过开展自查、内部审计、离任审计等具体方式加强内部监督检查，并对查出问题严肃处理。

2000 年 9 月，为加强财政监察工作，在当年进行的机构改革中，成立了四川省财政监督检查局，为财政厅直属县（处）级执法监督机构。局内设 5 个科，即综合科和 4 个检查科。其主要职责是：拟定地方性财政稽查政策和制度；监督检查财税法规、政策的执行情况；检查反映财政收支和国有资产经营管理中的重大问题，提出加强财政管理和国有资产管理的政策建议；依法查处重点违反财经法纪和打击报复的案件；监督检查厅内各单位在预算编制和执行过程中执行财政法规、政策和制度的情况；监督检查厅属各单位财务收支情况；监督检查社会审计机构出具的审计报告程序的合法性和内容的真实、完整性；负责审计机关对省财政实施审计的业务协调工作等。

2002 年，四川省出台《财政部门内部监督检查暂行办法》，对内设机构和离任干部进行审计监督，并着手将财政投资评审机制引入专项资金分配领域，以加强监管。

第三节 控制社会集团购买力

1986 年 12 月，四川省控制社会集团购买力领导小组规定，除省政府指定的 6 种专控商品，即录音机、多用机、照相机、放大机、高级乐器和家具，继续由各市（地、州）审批外，再将大轿车、摩托车、电冰箱、洗衣机等 10 种专控商品委托市（地、州）代省审批。

1988 年 10 月，四川执行国务院规定，各级党政机关、人民团体、企事业单位以及基本建设单位 1988 年、1989 两年的社会集团购买力指标，一律在上年实际支出的基础上压缩 20%；在 1988 年内，停止购买小汽车、大轿车、摩托车、空气调节器、录相机、复印机等 19 种国家规定的专控产品。

1989 年，四川对省境内的专控商品实行征收“社会集团商品附加费”的办法，费率分品种定在 10%—30% 之间，收费所得纳入预算外资金管理，主要用于各地普通中、小学危房改造。同时，严格控购指标管理，在原有指标基础上，将指标管理范围扩大到 200 人以上的乡镇企业和城镇街道企业，并将指标考核与企业管理费、企业承包经营责任制等结合起来，以增加控购指标的约束力；严肃纪律，要求各地、各部门务必完成国家下达的全年社会集团购买力压缩 20% 的任务，对突破指标的如数扣减下年指标，且视情节轻重予以处罚。对企事业单位购买小汽车，实行“专户储存，先存后购”方法，购车款要在省控办开设的专户存足 3 个月后，再按规定批准购置。通过以上措施，当年全省社会集团购买力扣除物价因素比上年下降 0.89%，达到了国家规定的压缩要求，专控商品也由 1988 年的 19 种增加到 32 种。

1990—1991 年，为控制社会集团消费，四川省全面推行指标管理控制办法。全省党政机关 2 年内不许购买小汽车，连续 2 年压缩集团消费 20%。社会集团购买力支出被纳入会计科目核算，并按地区逐年核定社会集团购买力指标。同时，集中专控商品审批权限，将高档消费品集中到省控办审批，对专控商品实行定点供应。

1994 年，省政府决定适度放宽专控商品控购审批。企业和自收自支的事业单位购买国家小汽车、大轿车和其他专控商品，不再办理控购审批手续，但亏损企业购买以上商品仍需经过审批；取消对国产小汽车、大轿车和其他专控商品征收附加费的办法，但购买进口小汽车和进口原件在 90% 以上的组装小汽车的，仍需按规定经过审批，并按审批金额征收 10% 的专控商品附加费。是年，全省继续实行以动态调控的弹性工资计划与企业工资总额分类管理办法有机结合的调控机制，通过实行"工效挂钩""自主分配、国家征税""按'两低于'① 原则自主确定工资总额"以及"工资总额包干"等办法，加强了对企业工资总量的宏观调控。

1995 年 1 月，省政府对专控商品附加费征收标准进行了调整：进口小汽车，按单价的 20% 计征附加费；省外小汽车，按单价的 15% 计征附加费；摩托车、录相设备、空气调节器、音响设备、照相机、放大机、无线移动电话及省产小汽车、大轿车按 5% 计征附加费。行政单位用省内财政拨款及公检法部门、交通运输公司和公共汽车公司购买营运出租小汽车、大轿车减半征收专控商品附加费。调整后所得附加费收入，依旧纳入各级财政专户储存，作为预算外收入，由各级财政部门统筹安排用于教育重点项目。

1996 年 1 月，财政部下发文件，对各地控制社会集团购买力办公室的职责进行了说明。具体职责为：结合本地情况，贯彻执行上级有关控制社会集团购买力的方针、政策和规章制度，指定有关具体规定和方法；研究、制定地区性控制社会集团购买力的管理制度并组织执行；负责分配、执行上级下达的年度专控商品指标，负责本地区社会集团购买力支出的统计和报表工作；审批专项控制商品；负责对小汽车实行定额管理；组织指导和监督检查本地区的控购工作，直接查处严重违纪行为。

第四节 税收、财务、物价大检查

1978 年改革开放以后，由于正常的经济秩序包括财政秩序还没有完全建立，财政领域监督机制不完善，财经领域的问题突出。一方面，企业税收"跑、冒、滴、漏"情况严重，一些部门和单位转移、截留、挪用国家财政收入的现象时有发生，财政收入流失情况随处可见；另一方面，一步二步利改税后，财政收入比较紧张，收支缺口较大。1985 年 8 月，为了实现财政收支平衡，狠刹铺张浪费风，国务院决定设立非常设机构"国务院税收、财务大检查办公室"，专门负责一年一度的税收、财务、物价大检查工作。大检查内容包括税收、财务、物价等多个方面，范围涉及企业、事业和行政单位。检查环节包括生产、分配、交换、消费等所有领域，社会经济活动基本纳入其监督之

① "两低于"原则：工资总额增长速度低于经济效益增长速度；平均工资增长速度低于劳动生产率增长速度。

下。检查一般从每年的第四季度开始，实行自查和重点检查相结合，自查从宽，被查从严。自查完毕后，再进行重点检查，由各级大检查办公室确定重点检查单位，检查面一般在40%左右。大检查结束时应缴违纪金额入库率一般不得低于90%。1994年以后，大检查办公室一方面继续开展大检查，另一方面开始探索从一年一度的大检查逐步向以日常监督为主转变，并将财政监督的重心转到对财政收支的监督上来。1998年，国务院宣布取消一年一度的大检查，大检查办公室随之撤销，转为财政监督机构。自此，历时13年的大检查退出历史舞台，财政监督进入新的发展阶段。

1985年8月，国务院正式批转财政部《关于开展税收、财务大检查的报告》，首次在全国范围内开展税收、财务大检查。9月，四川省成立了税收、财务大检查领导小组，由省领导担任组长，成员包括财政、税务、物价、审计、工商行政等部门的负责人，并成立了具体负责大检查事务的领导小组办公室，设在省财政厅。当年，检查的主要内容除了国务院规定的八条外，还包括擅自购买专控商品特别是违章购买小汽车的问题、职工长期拖欠公款或由单位代垫公款给职工购买高档耐用消费品的问题，检查范围延伸到了预算外资金和乡财政收支。当年，全省税收财务大检查共查出各种违纪金额4.59亿元。

1986年，税收、财务大检查扩展为税收、财务、物价大检查。负责检查事务的领导小组办公室也更名为四川省人民政府税收财务物价大检查领导小组办公室（以下简称川检办），仍设在省财政厅。当年，四川省“三大检查”共查出违纪金额1.5亿元。

1987年，全省“三大检查”共查出各种违纪金额33129万元，应交财政金额22991万元。

1988年，“三大检查”中，对非法侵占、偷漏、截留、私分应交国家款项；虚报亏损、骗取国家财政补贴；乱涨价、倒卖重要生产资料和紧俏消费品，非法牟取价差收入；滥发奖金、补贴、实物；用公款请客送礼、出外游玩、违章购销专控商品等行为进行了重点检查。同时，扩大了对省属企业、经济主管部门和有罚没收入的机关单位的检查面。共查出违纪金额5.11亿元，应交财政3.37亿元。

1989年，“三大检查”中，对经济主管部门、有罚没收入的执法机关、盈亏大户和问题较多的单位进行了重点检查，检查内容为：一是各项应交财政收入。包括偷税漏税和越权减免税、乱挤乱摊成本，侵占、截留和私分应交国家收入，虚报亏损骗取国家财政补贴，以及违反国家规定乱开口子，乱支各项财政资金等。二是各种预算外资金。包括化预算内为预算外，化全民为集体，私设“小金库”，以及擅自挪用生产性资金作非生产性开支等。三是各项消费基金。包括滥发奖金、补贴、实物，用公款请客送礼、游山玩水，违纪购建私房，乱买控购、禁购商品等。四是各种违价问题。包括违反国家规定乱涨价、乱收费、高价转手倒卖重要生产资料和紧俏耐用消费品，以及变相涨价、加价、非法牟取价差收入等。对查出的各种违纪问题，本着“自查从宽，被查从严，实事求是，宽严适度”的原则，进行了严肃处理。全年共查出各种违纪金额8.15亿元，应交财政4.85亿元。

1992年，“三大检查”共查出违纪金额4.58亿元，应入库3.17亿元。

1995年，财政部下发《财政税收物价大检查工作规定》，对各级大检查办公室的职责任务、权限义务、工作程序、机构人员等作了明确规定。当年，全省三大检查自查和重点检查共查出各种违纪金额12.68亿元，收缴财政10.55亿元。同时，各地结合检查，清理收回了各项拖欠税款4.84亿元。受到经济处罚的单位73个，受到经济处罚的责任人员314人，受到党纪政纪处分的86人，移交司法机关立案处理的62人。

1996 年，按照财政部规定，大检查取消了企业自查，直接进行重点检查和总结整改。适应分税制财政体制的要求，四川省三大检查查处的违纪资金上缴途径也作了相应改变。按照规定，违纪款项，必须在接到处理决定后 15 日内全部缴入中央、省级或地方国库，应缴省财政的部分，一律由被检查单位直接缴入省大检查办公室开设的“过渡存款户”。同时，着重对在川中央单位进行了重点检查，发现存在挤占成本费用、截留隐瞒收入、私设“小金库”、超标发放应纳税工资、漏计投资收益等问题，查出违纪金额 13286 万元，应交中央财政违纪款 2744.7 万元，实际入库 2086 万元。当年，“三大检查”共清理检查违纪资金 9.6 亿元，应入库 8.79 亿元。

1997 年，为充分发挥社会审计机构的作用，规范社会审计机构参加税收财务大检查的执业行为，四川省税收财务物价大检查领导小组办公室制订了《委托社会审计机构参加税收财务大检查暂行管理办法》。受各级大检查办公室委托参与大检查的审计机构必须具有执业资格，且执业 2 年以上，注册会计师在 5 名以上，专业助理人员在 10 名以上，近 3 年内无违法执业行为。同时，双方须签订委托检查协议书，内容包括委托检查的依据、人员构成、检查时间与报告提交期限、报酬及支付方式等。社会审计机构在检查中有权了解被查单位与检查有关的生产经营和财务收支等情况；有权要求被查单位提供与检查有关的凭证、账册、报表和其他资料；有权向与所查问题有关的单位和个人调查取证；有权对违反财经法纪的行为进行检查，其活动不受其他机构、组织和个人干扰。对涉及国家机密的单位不委托社会审计机构检查。当年，全省税收、财务、物价大检查共清理检查出违纪资金 8.17 亿元，应入库 7.07 亿元。

1985—1997 年，连续 12 年的税收财务物价大检查，四川省共查出各种违纪金额 85.4 亿元，上交财政 58.3 亿元，为严肃财经法纪、净化经济环境、促进财政平衡做出了应有贡献。

1998 年以后，随着法制的逐步完善，财政、审计、税务等部门更多地承担起经济监管的职责。2000 年 4 月，全省财政系统进行了机构改革，四川省税收财务物价大检查领导小组办公室撤销，大检查随之取消。

第十三章 机构沿革与人员管理

1986—2005 年，四川省财政机构和干部人事工作适应社会经济发展及财税体制改革需要，服从中央和省委、省政府决策安排，稳步推进各项改革措施。1994 年，按照分税制改革要求，四川省地方税务局和四川省国家税务局相继挂牌成立。1996 年，根据省委、省政府《关于四川省党政机构改革方案的实施意见》，省财政厅调整内设机构，设有 19 个职能处室和直属机关党委，并重新确定了省国有资产管理局的职能配置、内设机构和人员编制。2000 年，四川财政部门开展了以“三定”① 为主要内容的机构改革，减少具体审批事项，强化财政宏观调控职能，精简厅机关内设处室，处室数（含国资局）由 29 个减少到 20 个。与此同时，四川财政加强干部人事管理，大力解决乡镇财政所招聘干部“聘转录”问题，推行处级干部提前离开领导职务岗位制度，督促财政干部职工廉洁自守，提出 8 条具体要求，并严格规范和管理机关职工脱产学习、参加各种培训的行为。

第一节 机构沿革

1986 年，为加强对全省日益增多的预算外资金的分配、使用与监督，掌握内债外债情况与外汇收支变化，以及做好国库券的认购、分配和缴款，经省编制委员会审批，省财政厅设立了综合计划处，所需人员从财政厅现有编制中调剂解决。7 月，省税务局在 1984 年内设办公室、税政一处、税政二处、税政三处、计划会计处和基层工作处基础上，增设人事监察处、征收管理处、研究处，撤销基层工作处。

1987 年，省财政厅根据国务院批转财政部《关于派设中央企业财政驻厂员机构的报告》，组建了中央企业财政驻厂员处（对内称中央企业财务处）。中央企业财政驻厂机构为财政部的派出单位，委托省财政厅代管，干部为事业编制，经费由财政部单独拨款。其主要任务是：监督检查企业各项财务收支及专用资金、贷款的使用和归还情况；审查企业财务收支计划和财务会计报表，提出初审意见；检查企业有无违反财经纪律事件，反映企业生产经营中的问题，提出改进建议。

1989 年 1 月，省财政厅根据国务院批准的国家国有资产管理局“三定方案”的规定，向省政府提出建立四川省国有资产管理局的报告。1989 年 5 月，省政府下文批复同意成立四川省国有资产管理局，明确省国有资产管理局归口省财政厅管理，其主要任务是对省内的全部国有资产（包括固定资产和流动资产）行使管理职能，重点是管理国家投入各类企业（包括中外合资、合作企业）的国

① “三定”：定职能、定内设机构、定人员编制。

有资产。批复还明确了省国有资产管理局的主要职责。省国有资产管理局根据工作需要，内部设立5个处室，包括办公室、政策法规处、一处（工交）、二处（商贸）、三处（农业、行政和文教）。以后又根据工作需要设立了四川省资产评估管理中心（直属事业单位）、四川资产评估事务所和四川资产经营公司（直属企业）。7月，省委财经领导小组研究决定并经省机构编制委员会批准，建立省税务局直属征收分局，以加强省级企业税收征管工作。其主要职能是对省级在蓉单位和"三资"企业税收进行征收管理，并将属于省级、成都市财政的固定收入分别缴入省金库和市金库。是年，省税务局从省财政厅划出单列，全省省以下税务机关的机构、编制、经费、干部由省税务局实行垂直管理。

1990年3月，省财政厅会计事务管理处更名为财政会计法规制度处，增设财政法规科，负责法制工作。6月，省财政厅行政复议委员会成立，下设办公室负责日常工作。

1994年8月，按照全国统一部署，四川省地方税务局和四川省国家税务局相继挂牌成立。到9月底基本完成了省及市（地、州）国家税务局和地方税务局的组建工作，年底前县以下税务机构彻底分开，并投入正常运行。8月，根据财政部要求并经省机构编制委员会批准，省财政厅开始筹备组建税政处、社会保障处和基本建设财务处。9月，社会保障处正式成立，其主要职责是：参与研究社会保障制度改革，拟订社会保障改革的有关政策和制度；制定社会保障资金财务管理制度，监督社会保障资金使用情况；管理社会保险方面的财务和资金等。同月，税政处正式成立，其主要职责是：根据国家税法或授权负责拟订、审查、协调和解释工商税收、农业五税税收政策和有关实施细则；根据国家授权，审查、协调地方税收管理体制，研究地方各级政府之间管理权限划分；根据地方税收管理体制拟订地方税的减免规定，管理全省税收减免事项；管理、审批税制改革后，对某些企业实行"先征后退"的有关事项；负责地方税收法规、条例、决定、实施细则的起草工作等。10月，接财政部、中国人民建设银行通知，省财政厅商得建设银行四川省分行同意，从1994年11月1日起，收回原委托建设银行四川省分行代行的财政职能，并进行了预算接交、资金接交和文件资料接交等有关事宜。同月，在收回原委托建行代行的主要财政职能后，基本建设财务处正式成立，其主要职责是：参与全省投资政策的中长期投资计划的研究，参与预算内基本建设年度投资计划的安排；分配下达分部门、分地区基本建设支出预算，调整划转基建支出预算指标；负责办理基本建设财政资金的拨付与调度；负责基本建设财务和施工、房地产开发企业财务的管理等。

1995年，省财政厅将综合处的国债发行职能与外经外事处、农业财务处、文教行政处的世行贷款管理职能进行整合，成立了债务处，统一管理内外债务。是年12月，根据《国务院批准中国人民银行关于中国工商银行等四家银行所属信托投资公司脱钩意见的通知》中"银行参股的信托投资公司，银行一律不再保留股份"的规定，经中国人民建设银行四川省分行与四川省财政厅共同协商，将前者所持四川省建设信托投资公司48.96%的股份全额转让给后者，省财政厅用财政节余资金购买以上全部股份。省财政厅与省农行、省工行合资的两家公司，因省财政厅属参股性质，未达到控股，退出相应股份。

1996年，根据中央批准的《四川省党政机构改革方案》（以下简称《改革方案》）和四川省委、省政府《关于四川省党政机构改革方案的实施意见》（以下简称《实施意见》），省财政厅内设办公室、综合与改革处、预算处、工业交通处、商贸金融处、税政处、外经外事处、文教行政处、社会保障处、农业财务处、基本建设处、债务处、法规会计制度处、财政监督处（四川省税收、财政、物价大检查领导小组办公室）、社会集团购买力管理处（四川省控制社会集团购买力办公室）、人事教育处、行政管理处、行政监察处（与省纪委派驻纪检组合署办公）、离退休人员工作处19个职能处室和直属机关党委。同时，根据省政府规定，管理四川省国有资产管理局、代管四川省信托投资公司；根据省政府授权，协调四川省地方税务局工作。财政厅机关行政编制305名，其中：厅长1名，副厅长5名（不含兼职）；直属机关党委书记、派驻纪检组长按省委规定配备；处级领导职数60名（含厅长助理1名，直属机关党委专职副书记2名）。同时，根据《改革方案》和《实施意见》，重新确定了省国有资产管理局的职能配置、内设机构和人员编制。其主要职责包括制订地方国有资产管理政策、法律和法规草案及规章制度；负责清产核资、产权界定、处理产权纠纷，进行产权登记、资产统计和汇总报表等基础性管理工作；培育和发展国有资产产权交易市场并对其进行监督管理；审批企业国有资产的经营形式和国有企业的设立、合并、分立、终止、拍卖，并会同有关部门管理境外国有资产；参与研究国有企业税收利润和国家股权收益的分配方案并监缴国有资产产权收益；制订国有资产评估的法规草案和管理制度并监督检查执行情况，对资产评估机构进行资格审查、颁发评估资格证书并对其进行管理和监督，决定重要评估项目的立项并负责确认评估结果；推动国有资产管理体制改革试点等。根据上述职责，省国有资产管理局设有7个职能处室，分别为：办公室、政策法规处、产权处、企业处、行政事业资源处、地方综合处和资产评估管理处，共有行政编制75名。省政府清产核资办公室参照中央做法设在省国有资产管理局，负责制定全省统一的清产核资政策与制度、进行清产核资试点、组织指导全省清产核资工作。省国有资产管理局下设有全额拨款事业单位2个，即：四川省国有资产管理宣传教育培训中心和四川省资产评估协会；自收自支事业单位2个，即：四川省资产评估事务所和四川省产权界定事务所。

1999年5月，经省编办批准，四川省财政厅收费票据监管中心和四川省财政厅罚没物资中心相继成立。6月，根据省委、省政府下发的《四川省省级党政机关与所办经济实体和管理的直属企业脱钩工作的实施意见》，省财政厅与下属的企业在职能、财务、人员（干部兼职）、名称四个方面彻底脱钩。

2000年，按照省委、省政府的统一部署，省财政厅于当年4月正式开始了机构改革。改革经历了宣传动员、落实“三定”和人员分流三个阶段，到9月初基本完成了职能转换、机构设置和人员精简工作。在职能调整方面，减少了具体审批事项，强化了财政宏观调控职能。其中，划出4项职能：将税政调查研究职能和国家授权省制定的地方性税收法规、规章的起草和执行过程中的一般性解释工作交省地方税务局承担；将国有企业所得税征管职能交税务部门承担；经费由财政预算安排给省政府机关事务管理局管理的省属单位政府采购具体组织实施工作，交省政府机关事务管理局承担；受省政府委托，将原国有资产管理局承担的省级行政事业单位国有资产管理工作，交省政府机关事务管理局承担。划入9项职能：原省对外贸易经济合作委员会承担的外国政府贷款管理职能、原中国人民银行四川省分行承担的亚洲开发银行贷款管理职能、中国银行四川省分行承担的日本国际协力银行贷款管理职能等政府性外债工作；省审计厅承担的指导和管理社会审计的职能；负责会计委派制试点工作的职能；省地方税务局承担的供销社系统财务管理职能；地方金融机构的财务监管职能；彩票的监管和发行规模的审核上报职能；政府采购监督管理职能；对本级行政性收费收入和罚没收入的监缴、催缴及罚没物资监管职能；原省国有资产管理局承担的行政职能。转变13项职能：（1）强化对宏观经济运行的分析预测和中长期财政规划的执行情况的分析研究；加强财政改革重大问题的研究，进一步提高财政工作的前瞻性和主动性；充分运用财政杠杆参与区域宏观经济调控；积极探索建立地方公共财政体系框架，发挥财政在社会主义市场经济体制下合理配置资源、公平收入分配、调节社会经济的职能作用。(2）改进预算管理方式、强化预算约束，实施预算内外资金的统筹管理，逐步建立适应社会主义市场经济体制要求的政府公共预算、国有资本金预算和社会保障预算制度。(3）根据建立现代企业制度的要求，不再承担审批国有企业具体财务事项、下达财务计划和考核指标的职能，扩大企业理财自主权。(4）改革国有事业单位财务管理制度，减少具体审批事务，扩大事业单位财务管理自主权。(5）建立和完善规范的转移支付制度，提高和均衡政府公共服务能力。(6）取消省级财政周转金制度，不再发放周转金和审批与之相关的生产经营项目，探索、建立和完善地方政府投融资体系。(7）改进对全省社会集团消费的控制管理办法，在强化预算和财政监管的同时，不再审批对省级部门社会集团消费的专项控制商品，改为运用政府采购办法对社会集团消费进行调控和引导，相应撤销四川省控制社会集团购买力办公室。(8）强化财政监督职能，取消每年一次的税收、财务、物价大检查，建立对预算收入、预算支出和国有资产管理实施有效监控的新机制，相应撤销四川省税收财务物价大检查领导小组办公室。(9）转变国有资产经营管理方式，按照“国家所有、分级管理、授权经营、分工监督”的原则，建立省级国有资产管理、监督、营运体系，实现国有资产的保值增值。(10）省属高等学校的教育专项经费（含教育事业费）经批准后的组织实施工作，由省教育厅承担，省财政厅负责监督。(11）不再直接管理省级住房公积金，省级机关住房公积金管理中心成建制划转给省政府机关事务管理局。(12）撤销四川省扶持丘陵大县财政困难县协调小组办公室，原承担的有关职能分别划归厅农业处和省农业综合开发办公室承担。(13）机关后勤服务工作交给事业单位。在内设机构方面，厅机关内设处室（含国资局）由原来的29个减少到20个。省财政厅设19个职能处室和机关党委，具体为：办公室、政策法规处、财税法规制度处（原税政处、财法处和原国有资产管理局法规处的职能合并，新建财税法规制度处，专门分管财税法规工作）、预算处、国库处、非税收入管理处、行政政法处、教科文处、经济建设处、社会保障处、农业处、企业处、投资管理处、金融处、外事外债处（省外国政府贷款办公室）、会计处、统计评价处（省清产核资办公室）、省农业综合开发办公室、人事教育处、机关党委。同时，成立四川省财政监督检查局，为省财政厅直属县（处）级执法监督单位。

2000年8月，省国有资产管理局并入省财政厅。

2002年7月，四川省财政国库支付中心正式运行。

2003年，省财政厅国库处加挂“政府采购监督管理处”牌子。

2004年2月，四川省国有资产监督管理委员会正式成立。原分散在各部门的国有企业资产、人事和相关事务管理权限统一归口到新成立的国资委。省财政厅管理经营性国有资产的职能于此时划转。

第二节　直属事业（企业）单位

1986年3月，中共四川省委组织部、省编制委员会核定四川省财政厅直属事业单位3个，即四川省财政学校、四川省财政科学研究所、成都会计师事务所，级别均为县级。

1988年7月，省财政厅组建四川省川财证券公司，负责办理国库券的代理发行、兑付、转让和代保管业务。公司注册资本金1000万元，从省财政自筹预算外资金中安排，核定企业编制20名。是年，全省各级财政部门共成立了158个财政证券机构，其中，省级2个，市（地、州）级21个，县级135个。

1989年，在清理整顿公司的过程中，川财证券公司被撤销，但公司实际业务仍然保留。10月，四川省注册会计师协会成立。

1992年10月，经省编委批准，四川省财政信息中心成立，为省财政厅直属处级事业单位。

1993年1月，省财政厅主管的四川天海贸易公司成立。公司注册资金500万元，主要经营各型汽车及零部件、摩托车、建筑材料、通讯设备和现代办公用品等。9月，适应证券市场的发展，省政府批准同意恢复四川省川财证券公司，并更名为四川省财政证券公司，公司在财务上完全同省财政厅脱钩，实行独立核算，自负盈亏，但行政上仍挂靠在省财政厅，业务上则接受人行四川分行的领导和管理。

1995年8月，四川省省级住房公积金管理中心经省机构编制委员会批准设立，为省财政厅直属正处级事业单位，具体负责省级住房公积金的归集、支付、核算和编制使用计划等管理工作。

1996年12月，省注册会计师协会与省注册审计师协会合并，改名为注册会计师管理中心，为省财政厅直属县级事业单位。

1997年11月，按照中国人民银行、财政部《关于清理规范财政系统证券机构的通知》，川财证券公司已开展代理股票交易业务的营业部予以保留，并入四川省建设信托投资公司，成都财盛证券公司已开展代理股票交易业务的营业部并入成都市工商信托投资公司，其他分支机构一律撤销，转作当地财政部门的事业单位，统一取名为“××国债服务部”，只办理国债的发行及兑付业务。

1998年5月，四川省世界银行贷款工作领导小组办公室成立，为省财政厅直属事业单位。其职责是审核、协调、监督全省世行贷款项目，汇总分析项目信息，协调与世行、亚行的合作，保障贷款项目顺利实施。同时，协助落实项目配套资金，监督资金使用。

1999年4月和5月，经省编办批准，四川省财政厅收费票据监管中心和四川省财政厅罚没物资中心相继成立，两者均为省财政厅直属事业单位。票据中心的主要职能是：负责全省政府非税收入专用票据、非经营性统一结算票据的印制、发放、收缴、核销及稽查、年度审验工作。罚没物资中心的主要职能是：负责省级公、检、法、工商、质量技术监督、药品监督等执法部门收缴的赃物和其他罚没物资的接收、入库、保管、出库和委托拍卖工作。12月，省编委同意成立四川省政府采购中心，为财政厅直属事业单位。

2000年2月，四川省中小企业信用担保中心成立，为省财政厅直属事业单位。6月，四川省财政投资评审中心正式挂牌成立，为省财政厅直属事业单位。其主要职责是承担省级政府（财政）投资项目概（预）算、决算的审查工作及财政专项资金项目的预算评审、核查工作；负责省级政府（财政）投资基本建设项目财政监管工作；开展财政支出绩效评审和重大基本建设项目评价等。8月，省财政厅执行省政府关于省级机关后勤体制改革的实施意见，成立四川省财政厅机关服务中心，为机关直属事业单位。2003年底前，财政对机关服务中心按核定的财政拨款事业编制人员定额拨付个人经费和公用经费，2004年后按比例逐年递减。此后，对机关服务中心的定额补助列入“行政机关事业费”或“党派团体事业补助费”科目核算，并要求服务中心逐渐开展有偿服务，与机关建立经济核算关系。是年，省政府进行机构改革，省级住房公积金管理中心从省财政厅划归省直机关事务管理局管理。

2001 年 2 月，四川省中小企业信用担保中心划归省经信委管理。3 月，根据全国清理整顿经济鉴证类中介机构的有关精神和财政部要求，经省财政厅批准，省注册会计师协会与省资产评估协会实行合并并合署办公。合并后对外统一名称为“四川省注册会计师协会”，同时保留了“四川省资产评估协会”的牌子。

2002 年 7 月，为加强国库管理，四川省财政厅国库支付中心正式运行。

2003 年 7 月，重新组建四川省政府采购中心，由省政府办公厅委托省政府机关事务管理局管理。

至 2005 年底，省财政厅共有直属事业单位 11 个：四川省财政科学研究所、四川省财政信息中心、四川省财政学校、四川省世界银行贷款工作领导小组办公室、四川省财政投资评审中心、四川省财政厅机关服务中心、四川省财政厅收费票据监管中心、四川省财政厅罚没物资中心、四川省财政厅国库支付中心、四川省注册会计师协会、四川省财政厅印刷所。

第三节　代管机构

一、中央企业财政驻厂员处

1986 年 12 月，根据国务院批转财政部《关于派设中央企业财政驻厂员机构的报告》的通知，省财政厅组建了中央企业财政驻厂员处（对内称中央企业财务处），以加强对中央各部在川企业的财务管理和财务监督。中央企业财政驻厂机构为财政部的派出单位，委托各级财政部门代管，财政部负责人员领导。其主要任务是：帮助企业健全财政会计制度，加强经济核算，改善经营管理，提高经济效益；监督检查企业各项财务收支、专用资金和贷款的使用及归还情况；审查企业的财务收支计划和财务会计报表，提出初审意见；检查违反财经纪律事件，反映企业生产经营中的问题，并提出改进建议。中央企业财政驻厂员编制分行业配备，经财政部、人事部核准，四川省中央企业财政驻厂员编制共 175 人，其中，中央企业财政驻厂员处编制 17 人，工交企业编制 90 人，商业企业编制 40 人，外贸企业编制 15 人，金融保险企业编制 10 人，农林企业编制 1 人，文教企业编制 2 人。

1991 年 4 月，省财政厅、省编委、省人事厅联合发出《关于在我省国营工交企业恢复财政驻厂员制度和设立驻厂员机构的通知》，决定恢复财政驻厂员制度。驻厂员机构按省、市（地、州）两级设立。

1995 年 1 月，根据财政部规定，原由省财政厅代管的“财政部驻四川省财政厅中央企业财政驻厂员处”更名为“财政部驻四川省财政监察专员办事处”，并由财政部实行垂直管理。与此同时，全省大部分市（地、州）（除成都、巴中、广安、甘孜、阿坝外）也设立了财政监察专员办事机构。

1999 年 11 月，财政部驻川专员办决定撤销各市（地、州）财政监察专员办事机构，有关专员办的收入对账工作，由各地财政局具体负责。

二、四川省农业综合开发领导小组办公室

1988 年，省政府决定成立扶持丘陵大县、财政困难县协调小组办公室，负责对省定的 52 个丘陵

大县、财政困难县的具体扶持工作，办公室挂靠省财政厅。

1989 年，为贯彻国家实施农业综合开发的宏观决策，省政府成立四川省农业发展基金管理领导小组及其办公室，办公室设在财政厅，负责协调全省农业综合开发有关事宜。

1990 年 1 月，省政府设在财政厅的“扶持丘陵大县、财政困难县协调小组办公室”和“农业发展基金领导小组办公室”内部归口农财处管理。

1995 年，四川省农业发展基金管理领导小组及办公室更名为农业综合开发领导小组及办公室，办公室挂靠省财政厅。

1997 年，为加强四川农业综合开发协调管理，经省委省政府同意，农业综合开发领导小组办公室明确为行政机构。

三、四川省控制社会集团购买力办公室

1991 年 3 月，根据工作需要和全国控办的要求，省财政厅决定对省控制社会集团购买力办公室实行机构单设。其主要职责是：贯彻执行中央关于控制社会集团购买力的规章制度，并结合本省实际情况，制定具体实施办法；负责分配、执行上级下达的年度专项控制商品指标，负责全省社会集团购买力支出的统计报表工作，为上级决策提供依据；审批专项控制商品；负责对小汽车实行定额管理；对全省控制社会集团购买力工作进行监督，查处违纪行为。

1995 年，省政府在批准省财政厅的机构设置时，将原属于省政府的四川省控制社会集团购买力办公室划入财政厅建制，机构单设，职能不变。内称为四川省财政厅社会集团购买力管理处，对外仍保持原称谓不变。

2000 年 4 月，四川省改进社会集团消费的控制管理办法，在强化预算和财政监管的同时，不再审批对省级部门社会集团消费的专项控制商品，改为运用政府采购办法对社会集团消费进行调控和引导，四川省控制社会集团购买力办公室相应撤销。

四、四川省信托投资公司

1992 年 7 月，省委决定将四川省信托投资公司①与开源服务公司（省财政信用机构）进行合并，组成新的四川省信托投资公司，由省财政厅代管。新公司作为省政府直属大型地方非银行金融企业，实行自负盈亏，按规范化的股份制设立和运作。公司金融业务受人行四川分行领导和管理，财务关系隶属省财政厅，各项应交财政收入直接交省财政。省财政厅对公司的代管关系明确为三个方面：一是代省政府行使对公司的行政管理职能；二是省政府有关公司的经营方针、发展前景的指示，由省财政厅与公司董事会共同拟订实施方案；三是省政府在公司的国家股由财政厅持有，并作为股权代表，行使股东权利，承担管理责任与相应的股东义务。

五、四川省国有资产经营投资管理有限责任公司

2000 年 7 月，省政府批复省财政厅《关于组建四川省国有资产经营投资管理有限责任公司的请示》，同意请示意见，并委托省财政厅对该公司进行管理。公司成立的目的是实现国有资产的保值和

---

① 1986 年 11 月经中国人民银行、四川省政府批准，由四川省财政厅、中国建设银行四川省分行联合开办，成立之初主要经营人民币信托投资业务。

增值，经营范围包括：负责原省级财政有偿使用资金债转股工作，行使出资人权利；以政府产业政策为导向，通过参股、控股等方式进行项目投资；受政府委托对上市公司的省级国有股权及改制企业的国有资产进行管理；为企业改制、资产重组、项目投资提供咨询策划服务等。8月，省国有资产管理局并入省财政厅，初步实现了企业资产、财务的统管。

第四节　人员管理

1988年8月，省财政厅拟订了6条关于机关保持廉洁的规定，如下。严守法纪：禁止贪污、索贿、受贿、敲诈勒索、弄权渎职等违法犯罪行为；秉公负责：严格依照财税法规办事，拨、贷资金或减免税款不讲人情，不拉关系；保持艰苦奋斗的作风：在基层出差，不接受宴请，住宿不超标准；严格控制会议：不开纪念性、庆祝性会议，召开必要的会议时勤俭节约，不铺张浪费；机关不经商、不办企业：机关劳务公司开办的第三产业，应同机关脱钩，机关工作人员不得经商谋取私利，不准利用职权套购国家平价物资和紧俏商品倒手牟利；规定执行情况，每半年进行一次检查，并将检查结果上报省委、省政府。

1989年，为稳定乡镇财政干部队伍，省编委、省人事厅和省财政厅联合下发《关于理顺区乡财政人员编制的通知》，除原有的人员编制外，另下达了部分事业编制。

1995年3月，为规范机关职工脱产学习、参加各种培训的行为，省财政厅、省地方税务局、省国有资产管理局对此制定了管理办法，规定：每年在各类学校学习的人数不超过职工总数的15%，其中全脱产学习的人数不超过职工总数的6%；报考各类学校的职工，由本人提出书面申请，经所在处室领导同意（处级领导经主管厅、局长同意），厅人事处综合平衡后，方可报名；入学考试脱产复习最多不超过5天，自学考试脱产复习不超过7天；参加脱产学习和业余学习的，厅机关报销学杂费，自学考试获得大、中专毕业文凭者，单科每科奖励40元，再给予一次性奖励：中专300元、大专400元、本科500元。

1996年6月，为解决乡镇财政所招聘干部“聘转录”问题，省财政厅向省政府提出申请，当年解决乡镇财政招聘干部转为国家录用干部指标2000名，并在“九五”（1996—2000年）期间逐步解决全省乡镇财政所招聘干部共14158人的“聘转录”问题。

1997年4月，为督促财政干部职工廉洁自守，省财政厅提出8条要求：一是不准接受礼金、礼品，不准接受基层单位和部门宴请，不准进入营业性歌舞厅、夜总会，并管理好家属子女，做到“对外廉、对内严”；二是不准用公车办私事和学习驾驶技术；三是要严格按照规章制度和审批程序来分配资金；四是厅内干部不得帮家乡或亲属所在单位申请财政资金；五是同事之间和睦相处，不勾心斗角；六是业务工作不得相互封锁，处（室）之间应互帮互助；七是职工住房、子女上学、就业等要求不能过高；八是工作安排和人员调动必须服从组织安排。

同年5月，为推进领导干部年轻化，经请示省政府领导和省委组织部同意，省财政厅决定逐步实行处级干部提前离开领导职务岗位制度，即男同志年满59岁，女同志年满54岁时，不再担任中层领导职务，将领导职务让给组织安排的年轻干部，中层干部退居二线后享受待遇不变，在非领导岗位上工作到退休为止。

1999年1月，省财政厅于春节前夕发出《关于进一步加强春节期间廉洁自律工作的通知》，对全省财政系统干部职工提出7点要求：认真学习中央下发的《关于实行党风廉政建设责任制的规定》，增强廉洁从政意识；不得接受以任何名义赠送的礼金和有价证券；不得发放任何形式的代币购物券，不得在节日期间突击花钱；上下级之间以及业务部门之间不得相互宴请；严禁在春节期间参加赌博和迷信活动；本着从俭的原则安排春节期间必要活动；领导干部应当以身作则，并管理好自己的下属和家属。

2003年7月，《四川省财政厅廉政建设规定》出台，要求各处（室）和所属单位工作人员，不得在办理财政业务事项时利用职权或工作便利谋取私利、循私舞弊；在职人员不准经商；不准用公款报销应由个人负担的费用；禁止用公款参加高档消费娱乐活动；禁止滥发钱物、公车私开；不准举办各种庆典活动，严格按照规定配备和更换交通工具；重大决策、干部任命、重要项目安排和大额度资金使用，实行集体讨论决定的办法。

第十四章　财政教育与科研

1986年以来，在《中共中央关于教育体制改革的决定》的指导下，伴随着经济条件的改善以及教育体制改革的深化，四川省财政教育事业发展迅速，已经形成了普通高等财政教育（含研究生、本科、专科）、普通中等财政教育和财政成人继续教育相结合的比较完善的教育体系。财政科研立足现实，坚持服务中心工作，根据不同时期财政改革的重点、热点问题，深入进行纵向和横向研究。《四川财政》①《四川会计》②《四川财政与会计》③《四川预算与会计》④《四川注册会计师》⑤ 等专业性刊物出版发行；财政学会、会计学会、注册会计师协会、珠算协会等学术团体经常举办学术交流活动；财政研究专著和单篇论文为数众多，并有不少获得国家部委及省政府的表彰。此外，通过参与《中国财政年鉴》《中国会计年鉴》《四川年鉴》等资料汇编式出版物的编撰，以及内部汇编的相关政策法规文件等工作，财政史料也在一定程度上得到了妥善保存。

第一节　财政教育

一、普通高等教育

四川省开设有财政学专业的普通高等学校有两所，一所是西南财经大学，一所为四川大学。前者设有专门的财政税务学院，后者则是在经济学院下设有财政税务系。两校都具有财政学专业的学士和硕士学位授予权，西南财经大学则具有省内唯一的财政学博士学位授予权。

1985年11月，四川财经学院更名为西南财经大学。1995年，学校进入国家“211工程”建设。2000年，学校以独立建制划转教育部直接管理。是年，四川银行学校并入该校。

西南财经大学的财政学教育由来已久，1952年建校之初，就荟萃了一批知名财政专家如李锐、许廷星、左治生、谭本源、张国干等。1991年，该校成立财政税务学院，是全国最早成立的财政税务专门学院。学院成立之初，开设有财政学、税务、投资经济、财务管理等专业，经教学调整，现设有财政学专业、税收学、投资学专业。其中，1983年，财政学经国务院学位委员会批准为硕士授权点，1986年，经国务院学位委员会批准为博士授权点。1995年被评为省（部）级重点学科。2000

① 《四川财政》：1992年前名为《四川财政研究》，1993年更名。
② 《四川会计》：1981年创刊，2004年停刊。
③ 《四川财政与会计》：2004年创立、内部发行。
④ 《四川预算与会计》：1991年创立、内部发行，双月刊，1999年6月停办。
⑤ 《四川注册会计师》：不定期出版，内部发行。

年批准为四川省唯一建设的财政学本科人才培养基地建设项目。

财政学开设的主要课程有政治经济学、西方经济学、统计学、计量经济学、财政学、财政管理、国家税收、国家预算、货币银行学、资产评估学等科目，目的是培养掌握财政经济理论和现代经济管理、国有资产管理、公司理财理论与技能，能从事财政管理、财政投资与评审、国有资产管理等工作的中、高级专门人才。2005 年，学校共有财政学在读博士生 63 人，在读硕士生 78 人，在读本科生 446 人。

四川大学经济学院财政税务系成立于 1994 年，财政学硕士点设有四个研究方向：社会主义财政理论与实践研究、社会主义税收理论与实践研究、产权理论与财政制度研究、公共财政理论与实践。开设的课程主要有财政学、财政支出学、地方财政学、西方经济学、中国税制、公共经济学、资产评估学等。2005 年，学校共有在读硕士生 36 人，在读本科生 173 人。

此外，四川经济管理干部学院曾于 2003、2004 年招收了两批财政学普通专科学生，共计 102 人。

截至 2005 年，全省四个专门的财经院校，即：西南财经大学、四川商务职业学院、四川管理职业学院、民办四川天一学院共有在校财经类学生 26455 人，其中本科 15075 人，专科 11380 人；当年毕业生共 4198 人，其中本科 2718 人，专科 1480 人。全省其他院校在读财经类专科学生共 45088 人，当年毕业学生 7197 人。

二、中等教育

创建于 1963 年的四川省财政学校是经四川省教育厅批准，四川省财政厅主办的一所普通中专学校。同时，也是财政厅批准设立的四川省财政干部业务培训基地和四川省会计学会设立的国家会计专业技术资格考试培训中心。多年来，为四川省经济建设和财政金融管理输送和培训了大批人才，并于 1999 年在国家级重点中专复评中，被国家教委批准为“国家级重点中专”。

学校设有税务、金融管理与实务、会计、审计实务、财务管理、工商企业管理、市场营销、法律事务、计算机信息管理、经济信息管理 10 个专业。2005 年，共有在校生 1478 人，当年毕业的有 419 人。

除四川省财政学校外，尚有成都财贸学校、泸州财经学校、达州财贸学校、绵阳财经学校、自贡财经学校、阿坝财贸学校等普通中等财经专业技术学校。2005 年，这些学校共有财经类在读学生 33878 人（含普通中专学生、职业高中学生、成人中专全日制和非全日制学生），当年毕业学生 9962 人。①

三、继续教育

财政成人继续教育是财政教育的重要组成部分，是培训在职干部、提高其理论素养和实际操作能力的重要途径。财政成人继续教育的手段主要有专修学校、函授、自学考试、电大、夜大、岗位培训班以及各种专门的短训班等。在职培训的内容主要有新财会制度培训、新税制培训、会计电算化上岗培训、计算机操作应用能力培训等。

四川省财政学校是省财政厅指定的财政干部业务培训基地，长期以来，举办了多次地方财政局

① 资料来源于《四川省教育事业统计年鉴》。

长短训班，并协助省财政厅对乡财政人员进行岗位培训。1992年，被财政部评为“全国财政教育先进单位”；1993年，被省财政厅、省人事厅评为“财政教育先进集体”。除省财政学校外，四川省中华会计函授学校和四川省干部函授学院财政分院以及西南财经大学财税学院也是全省财政系统接受继续教育和培训的重要基地。此外，与上述长期专门负责继续教育培训的机构相补充，财政系统各种短期在职培训也较多。

1986年，为提高全省财税干部的文化、业务素质，省财政厅制定了《四川省财税系统“七五”期间干部教育培训规划》，决定采用委托、自办、联办、送培、自学等办法，对全省财税干部展开多层次、多渠道的学历教育和专业培训。

为此，一方面委托大专院校办专修科进行专业培训，组织全省财税干部参加脱产、半脱产和业余学习；另一方面，按照“缺什么、补什么”的原则，举办了财政业务、税收专业知识、财税法规政策等多种类型的干部短训班，并注重新进人员和转岗人员的岗前培训。经过几年努力，到“七五”（1986—1990年）末，全省财税系统干部学历和专业业务知识都有了普遍提高。仅1990年一年，全省就开展财税干部短期培训500多期，培训人次逾3万。而干部中有大中专以上学历的也由之前的仅占20%左右达到了近40%。

1988年，借助于全省财税系统“四职”教育经验交流会召开之机，全省各级财税部门普遍开展了对职工职业理想、职业道德、职业技能以及职业纪律的教育和培训，采用方式包括建立干训基地、年终整训、举办展览、开展竞赛、树立典型等。通过这种教育和培训，提高干部的政治素养和业务知识。

1990年8月，全省财政系统粮食财务管理培训班在成都举行，培训班为期10天，培训的主要内容是粮食企业财务管理制度，参加培训的有部分地（市、州）财政局商贸科长和县财政局长。

1991年6月，省财政厅在广元市举办第一期全省财政系统行政复议和应诉研讨班，与会学员研究学习了国务院1990年颁布的《行政复议条例》和财政部下发的《财政部门贯彻实施〈行政复议条例〉的若干规定》。

1992年11月，经省教委批准，四川省会计函授学校成立，学校归属省财政厅管理，以成人中等专业教育和培训为主。开设的专业主要有财务会计和电脑财会，学员以各类在职人员为主，修完规定课程、考试合格者，学校将颁发毕业证书，并可按规定发给《会计证》或《临时会计证》。

1993年，为落实财政系统干部教育“八五”（1991—1995年）规划提出的任务，四川省开展了以县财政局长和乡财政干部岗位培训为重点的在职培训和考试，培训内容为乡镇财政管理与改革、农村税收管理、会计基础知识、财税法制等实用性知识。同时，注重考核和考评，以激励干部的学习积极性。12月，为配合税制改革后新的会计核算办法的顺利推行，省财政厅在新都组织举行了为期两天的全省税制改革会计核算短训班，参加培训的为省以下各级财政部门的会计机构负责人员。

1995年，为做好乡财政人员岗位培训扫尾工作，省财政厅在西南财经大学举办了一期县财政局长、两期县地税局长岗位职务培训班，培训人员400余名。同时，根据财税体制改革需要，厅预算处与人事教育处共同举办了一期分税制财政体制师资培训班。此外，省财政厅还组织一批基层干部分别参加了在四川行政财贸管理干部学院开办的财政电大普专班和税收电大普专班。据统计，截至“八五”（1991—1995年）末，全省财政干部已有55%达到了中专以上文化程度，较“七五”（1986—1990年）末相比有所提升。

“八五”（1991—1995 年）期间，全省财政系统参加各类岗位培训的干部共 13476 人，其中：厅局级 11 人，地市财政局长及厅机关处级领导 109 人，县财政局长 165 人，乡镇财政人员 13191 人。参加新财会制度和分税制知识专项培训和继续教育 30363 人，19816 名乡镇财政人员接受了轮训。同一时期，省财政学校培养中等财经人才 2769 人，并于 1993 年、1994 年两年被国家教委评为全国重点中专。

1995 年底，全省财政系统有 4830 人获得中专文凭，4841 人获得大专文凭，267 人获得本科文凭，2 人获得研究生文凭；中等以上的专门人才从 1990 年的 10780 人增加到 17336 人，专门人才占职工比例由 1990 年的 30% 提高到 53.24%。

1996 年，省财政厅制定《四川省财政教育事业“九五”（1996—2000 年）计划和 2010 年发展规划》，提出了今后 5 年和 15 年全省财政教育事业的发展目标和实施步骤、措施。“九五”（1996—2000 年）期间，四川省财政教育事业继续坚持社会主义办学方向，坚持“教育必须为社会主义现代化建设服务，必须同生产劳动相结合”的方针。计划到 2000 年，全省财政职工队伍中中专以上专门人才占职工总数的比例从 1995 年末的 53% 提高至 65%，专门人才中，研究生占 1.5%，本科生占 9%，专科生占 45%，中专生占 44.5%。是年，省财政厅继续开展学历教育，与省电大共同举办专科班，委托四川行政财贸管理干部学院举办了财政、税务专业大专班和财税专业专升本班，并选送部分骨干人才参加了研究生班学习。

1997 年 2 月，省级行政事业单位事业财务规则培训在什邡举行，省级行政事业单位的财务负责人参加了此次培训。9 月，省财政厅与省政府法制局在什邡联合举办了全省财政系统监督干部培训班，培训内容为行政处罚法、行政赔偿法、行政复议条例、国有企业财务监督检查和财政监察若干问题、四川省行政执法规定等规章制度，各市（地、州）检查办专职主任、副主任和业务骨干共 70 余人参加了培训。是年，省财政厅在西南财经大学财税学院举办了一期县财政局长岗位职务培训班，时间 3 个月，参训人员 44 名。此外，还为财政部举办的各种专业知识培训班送培学员 55 人。

1998 年 2 月，全省纪检监察干部会计专业知识培训班开课，来自全省纪检监察系统的 80 名学员参加了培训。4 月，省财政厅对机关各处室共 40 余名干部进行了计算机操作应用培训。培训采用理论学习与实际操作相结合的方式，重在培养机关工作人员对计算机的运用能力。培训结束后，经考核，给合格者颁发了结业证书。10 月，省财政厅与国际医疗服务机构联合举办了两期国际审计与管理会计培训班，特邀新加坡、香港等地 8 名会计专家讲解国际会计准则等最新会计知识。共有 130 余名会计师事务所的主任会计、所长以及大中型企业的总会计师、高级会计师参加了培训。

1999 年 12 月，《会计法》师资培训班在成都举办，全省各市（地、州）财政局的 80 余名师资人员参加了培训。

2000 年 11 月，省财政厅举办省本级部门预算编制改革厅内培训班，厅内各处室共计 100 人次参加了培训。培训班着重讲解了部门预算编制改革的总体情况以及编制省级 2001 年部门预算的实施办法，通报了省本级支出定额的测算、单位编码的确定和 2001 年省本级部门预算报表的填报方法和系统的操作方法。

2001 年 3 月，为规范公文应用格式和处理方式，省财政厅举办了全省财政系统公文处理培训班，讲解了最新颁布的《国家行政机关公文格式》、重新修订的《四川省财政厅公文处理办法》及《四川省财政厅归档文件整理办法》。各市（州）财政局办公室主任、厅机关各处室有关人员参加了培训。4 月，全省县级财政局长培训班开班，56 名县（市、区）财政局局级干部和市州财政局科级干部参加了培训。培训班主要学习了财政部制订的《全国财政系统科级公务员岗位培训教学方案》中设置的课程和四川省人事厅指定的四川省国家公务员培训公共必修课，并针对当前财政改革的形势，结合实际工作，做了相关专题讲座。10 月，厅国库处在龙泉驿区举办了省级财政国库管理制度改革试点单位培训会，省级 14 个试点单位的财务负责人和经办人员就省级财政国库管理制度改革的相关制度和操作办法等接受了培训。

2002 年 4 月，全省财政系统企业绩效评价培训班在成都举行，各市（州）财政部门、省属企业监事会的有关人员参加了培训。培训内容为：企业绩效评价体系、方法、指标及工作组织、实施程序和要求；企业绩效评价工作软件的应用等。6 月，为统一规范外商投资企业的会计核算和信息披露，掌握新旧会计制度衔接知识，省财政厅在成都举办了全省外商投资企业执行新《企业会计制度》培训班。10 月，全省财政系统纪检监察干部培训班在成都举办，培训内容为案件检查及审理工作的基本程序、国库集中支付、非税收入、金财工程等。11 月，全省财政系统教科文干部业务培训班在南充举办。培训内容包括《事业单位财务规则》、支出管理改革的主要内容、教科文事业财务管理工作的基本情况及改革的各项方针、政策等。

2003 年 3 月，由省财政厅组织的社会审计机构企业绩效评价培训班在成都举办，培训内容包括：企业绩效评价基本理论；绩效评价的基本内容、评价工作组织和评价操作方法；绩效评价软件操作系统；企业绩效评价发展概况等。6 月，《四川省财政厅干部教育培训工作管理暂行办法》发布，规定：实行年度培训计划申报审批制度，厅内各处室于每年 12 月 20 日前申报次年培训计划，经厅党组批准后实施；除情况特殊并报经厅领导批准外，培训工作定点举办，以使用现有财政系统教学资源为主；业务培训实行质量评估和达标验收制度。

2004 年 9 月，全省财政系统社会保障制度和财务管理培训班在简阳举行，各市（州）财政局相关人员参加了培训。10 月，为加强基本建设投资项目管理，提高财政投资管理干部队伍业务素质，省财政厅在德阳、广安、宜宾分别举办了 3 期财政投资管理业务培训班，全省财政系统投资管理人员、财政监管人员和财政投资评审人员参加了培训。

2005 年 5 月，为贯彻执行国务院于 2004 年 12 月底颁布的《财政违法行为处罚处分条例》，推进依法行政、依法理财，省财政厅举办了专题培训，全省财政监督检查系统的近 300 名人员接受了培训。10 月，全省市州财政总预算会计培训班在成都举办。11 月，全省财政系统基本建设投资管理业务培训班在西昌举办。同月，省财政信息中心在雅安举办培训班，对国库集中支付系统“年终处理”模块使用进行了培训。

2005 年，为宣传新颁布的《小企业会计制度》《村集体经济组织会计制度》和《民间非营利组织会计制度》，省财政厅先后与省地税局、农业厅、民政厅联合发文，布置宣传培训工作，除安排 15 万元用于与农业厅联合举办的 3 期村集体经济组织会计制度师资培训班外，还与民政厅联合举办了 10 期民间非营业组织会计制度培训班，培训人员 2500 人。同时，全省还开展了小企业会计制度培训。据统计，当年全省举办以上 3 个新制度培训班超过 3000 期，培训 20 多万人。

第二节 财政科研

1980年10月，四川省财政科学研究所成立。1981年四川省财政学会、会计学会、珠算协会相继成立。此后，全省各市（地、州）也陆续成立了财政学会、财政会计学会、税务学会、珠算协会等研究机构，全省财政科研体系逐渐得到完善，财政科研工作也得到展开和深入。

1985年2月，《四川通志·财政志》编纂委员会正式成立并召开了第一次会议。编纂委员会由段秉仁、康振农、汤象龙、杨希闵、隗瀛涛、李道南、贾大泉、何金文、程启昌、金汇海、张俊、张世维、李牧、任国玺、鲁世溶、周平浓、杨学义、陈思俊、言仁共19人组成。省财政厅厅长段秉仁为编委会主任，省财政厅副厅长康振农、中国社科院经济研究所研究员汤象龙、四川大学副校长兼四川省文史馆馆长隗瀛涛为副主任。编委会的主要任务是决定编纂工作计划、方案及编纂篇目，指导编写工作，审定终稿。编委会第一次会议讨论了《四川通志·财政志》编纂方案（草案）和新中国部分的篇目（第一次稿）。至此，《四川通志·财政志》编纂工作正式开始。

1986年，财政部发出《进一步加强财政科研工作的通知》，内容如下。一是进一步加强对财政科研工作的领导。各级财政部门，尤其是省级及地市级财政领导机关，要充分认识财政科研工作的重要性，把财政科研工作列入议事日程，一把手或二把手要亲自抓。二是进一步端正财政科研工作的指导思想，坚持为党的中心工作服务，为现实服务。对现实课题的研究，必然带动理论的研究和外国财政（洋为中用）、财政历史（古为今用）的研究。三是健全科研机构，充实人员，提高科研人员的素质。

1987年，由周仁庆主笔的《税收史话》在《四川财政研究》上连载近5年之后，由省财政科学研究所、省财政学会和税务学会编辑成书，通过中国财政经济出版社在全国公开发行。该书夹叙夹议、一文一事，融古代税收知识于真实的历史事件之中。

1988年1月，《四川省财政大事记》（1949年11月至1985年12月）正式出版发行。该书选辑了四川省36年来有关财政、税务工作的法令规章和机构设置、改革措施、收支数据、领导任命等资料，为《四川省志·财政志》的编修作了充分的先期准备。11月，由四川省财政学会和省财政科学研究所编辑的《四川十年财政改革的理论与实践》一书正式出版，全书汇集了之前十年具有代表性的研究成果，涉及财政学科的各个方面，反映了之前十年四川省财政科学研究的发展历程。1988年底，在财政部科研所组织的首次地方财政科研系统优秀科研成果评奖活动中，四川省有多篇论文获奖。其中，杨学义的《县级财政初探》、四川省财政科学研究所的《农村资金积累问题研究》被评为一等奖。是年，在四川省社科联第二届理事会上，四川省财政学会被评为先进学会，并有4名学会成员被评为先进工作者。

1989年5月10—11日，四川省中青年财政研究会召集省内部分中青年学者，在乐山召开了以“近期财政经济形势分析与对策”为主题的专题研讨会。是年，四川省财政学会与万县地区财政学会联合举办了财政界老同志“缓解四川财政困难献计献策座谈会”和“贯彻治理整顿方针中如何发挥财政宏观调控作用”的理论研讨会。

1990年7月，全省财政系统首届珠算技术比赛在成都举行，经过5项10场比赛，达县、南充、成都、黔江、涪陵和内江分别夺得团体前6名。

1991年7月，四川省预算会计研究会成立。9月，西南财经大学与省财政科学研究所合作的《四川省财政中长期发展战略》报告完成并出版发行。是年，四川省财政科学研究所原所长杨学义与西南财大副教授汪叔九、讲师程谦合作写成的《地方财政学》一书，由中国财经出版社出版发行。

1991年，《四川会计》被评为全国100种“中文经济学核心期刊”，1992年被评为“全国中文核心期刊”。

1992年10月，在济南举行的第三届全国珠算技术比赛上，四川代表队夺得团体第三名，荣获一等奖。12月，经国家新闻出版署批准，原由四川省财政科学研究所和四川省财政学会主办的《四川财政研究》，从1993年1月起更名为《四川财政》，刊号为CN51—1426/F，由四川省财政厅、四川省财政学会主办，并在全国公开发行。

1993年，针对财税改革等热点问题，省财科所完成全国性课题2项，全省性课题12项。省财政学会组织开展了“三峡工程四川库区财政经济问题”专题研究，并组织了两个省级协作课题，一是由广元市财政学会牵头，达州、广安、南充、巴中等地市协作参加的“革命老区财政问题研究”课题；另一个是由阿坝州财政学会牵头，凉山、甘孜、黔江等地州参与的“少数民族地区财政经济问题研究”课题。是年5月，川黔湘鄂四省边区财政信用协作研讨会分别在四川省黔江地区、湖南省大庸市举行，四省财政信用工作者就当前财政信用存在的问题及其改革方向进行了发言讨论，并相互签订了财政信用协作书，达成了资金拆借、证券代理发行、投资融资等意向性协议。此外，在当年的中国财政学会年会上，《四川财政》获全国财政系统优秀期刊一等奖；由四川省财政学会牵头的1992年度重点课题“关于完善财政运行机制、实现分配渠道合理化问题的研究”获全国财政系统协作研究课题三等奖。

1994年，经财政部和四川省新闻出版局批准，由四川省财政厅主管、文教行政财务处承办的专业内部刊物《文教行政财务》开始刊行（季刊，16开本，于3月、6月、9月、12月刊行）。刊物坚持为中心、为现实、为基层服务的“三为”方针，融指导性、应用性、研究性、知识性、可读性于一体，侧重于应用，为全省文教行政财务战线的广大实际工作者提供了交流和学习平台（1996年，《文教行政财务》由季刊改为双月刊）。是年，由四川省财政厅主编的《财源建设之路—四川省发展县经济、振兴县财政》一书由四川人民出版社出版发行。该书汇集了36个地、县（市、区）改革开放以来在发展经济、培植财源、深化改革、改善管理等方面的经验。

1995年，在全国第二届优秀财政科研成果（1990—1994年）评选会上，省财科所提交的《国民收入分配主体界定及行为规范》论文获一等奖。

1996年，《四川财政》被确定为中文期刊财政类核心期刊。

1997年8月，历时13年，搜集资料约5万件、近6000万字，初稿写成近95万字，最终定稿约50万字的《四川省志·财政志》正式出版发行。该志记叙了自鸦片战争（1840年）至1985年共146年里四川省财经领域的沿革，是建国后四川省修成的第一部财政志。是年，该书获“一九九七年全国地方志奖二等奖”。

1998年7月，四川省1996—1997年财政科研优秀成果获奖名单公布，“财政通论”“行政费增长预测模型研究”等5项成果获评为一等奖，“四川藏区财政发展战略初探”“财政职能转换与振兴财政”等22项成果获评为二等奖，“消化财政赤字的思路及对策”“防止国土流失的思考”等46项成果获评为三等奖。8月，中国财政学会民族地区财政研究会组织的第十次民族地区财政理论讨论会在四川凉山彝族自治州西昌市召开，财政部财政科学研究所、国家民委、全国14个省（自治区）的代表参加了此次会议。会议就如何振兴民族地区财政经济、完善其财政体制、财源建设以及民族地区财政支出的特殊性等诸多问题进行了专题讨论。

1999年6月，《四川预算与会计》停刊，并入《四川财政》，原刊物主刊的有关预算管理、预算会计和国库管理的稿件，也相应转刊于《四川财政》上。是年，为化解乡镇财政债务出谋划策，省财政厅组织了“乡镇财政负债问题研究”和“乡镇规范管理问题研究”两个专题，成立了专门的课题研究小组，并形成了研究报告。

2000年8月，由省财科所编辑、省财政学会会员班远创作的《财税史话》一书在四川人民出版社出版发行。该书上溯远古原始社会、下迄唐末，用通俗演义的方式叙述了古代历史中与财税相关的史实。11月，四川省财政学会与西南财经大学财税学院联合主办了“全国财税与西部大开发高级研讨会”。是年，为规范行政事业性收费管理、落实“收支两条线”，省财政厅会同省经贸委、省物价局等部门对四川省现行收费管理的法规、政策文件进行了收集整理，汇编成《收费管理手册》一书，以辅助和指导执法部门的收费行为。

2001年，省财政学会举行成立20周年纪念活动。20年来，学会会员共撰写调研报告和理论文章1500多篇，学术专著15部，在省以上报刊发表论文1100多篇，获省政府授予的哲学社会科学奖22项，获中国财政学会优秀科研成果奖18项。

2002年，四川省2000—2001年财政科研成果获奖项目及作者名单公布。《投资规模调节论》（专著，张合金、张伟、杨明洪等著）、《反金融风险的财政与财务政策研究》（专著，尹音频、胡小莉、廖常勇著）、《当代财政改革与社会主义建设》（论文，作者：王宁）、《西部大开发的财政政策探讨》（论文，作者：胡容邦、黄吉秀、陈柏源）等8项研究成果获得一等奖；《实施乡镇财政综合预算与财务统管、积极探索增收减负新机制》《民族·财政·经济问题研究》（专著）等22项研究成果获得二等奖；《加快贫困地区财政建设的思考》《西部财政的历史责任》等34项研究成果获得三等奖。

2004年，《四川财政》《四川会计》停止公开发行。《四川财政与会计》创立，从2004年6月起内部发行，继续为全省财政、会计理论探讨和交流提供窗口和平台。7月，四川省2002—2003年财政科研成果获奖项目及作者名单公布。《四川省国库集中收付制度改革实践与探索》（调研报告，省财政厅国库处课题组撰）、《我国财税支农政策调整思路》（论文，作者：朱明熙）等5项研究成果获得一等奖；《财政国库收付管理》（工具书，王宁等编著）、《本级预算管理中若干问题的探讨》等17项研究成果获得二等奖；《分税制的立宪选择》《经济杠杆调控新论》等48项研究成果获得三等奖。

第三节　信息化和档案管理

1984年6月，财政部、国家档案局联合发文规定：各级财政机关的总预算会计、各级机关、团体和事业单位的单位预算会计、各级税务机关的税收会计、建设银行会计以及所有国营企业和建设单位的会计档案，包括会计凭证、会计账簿和会计报表等专业材料，均需建立档案，妥善保管。档案保管期限，分为永久、定期两类，定期保管期限分为3年、5年、10年、15年、25年5种。各级主管部门在销毁会计档案时，应接受同级财政和审计部门的监督。

1989年1月，修订后的《事业行政单位预算会计制度》对事业行政单位不同会计档案的管理年限作了具体规定：涉及外事的会计凭证和单位年度决算永久保管；月份、季度会计报表的保管期限为5年；各种原始凭证和记账凭证、总账、明细账的保管期限为15年；现金出纳账、银行存款账的保管期限为25年。

1995年，省财政厅安装了中国第一套UNISYSU6000/520（优利微机）计算机系统，在此基础上，建立了省财政厅计算机局域网、四川省财政系统省、市（地、州）计算机广域网以及四川省财政综合信息数据库，并存储了400多万条历史数据，开发了各类财政业务管理软件。

1996年8月，省财政厅印发《四川省财政系统计算机使用技术安全保密规定的通知》，要求各级财政部门重视计算机使用中的保密工作，无论是软件的开发、使用、更换、终端的安装，进、联网等各个方面和环节都要符合安全保密规定，并及时向当地安全、保密机关报告，主动接受监督检查，防止发生失密、泄密问题。10月，《四川省财政系统省、市（地、州）计算机网络管理暂行办法》开始实施。《办法》对网络设备、网络地址、远程网络的功能、联接方式、工作制度以及传输限定均作了明确规定。省财政厅网络管理中心与各市、（地、州）财政局分别配置一套网络设备，实行两级工作站联网，市（地、州）财政局还可与本地党政机关联网。远程网络主要传输四川省财政系统内部经批准可以上网传输的旬报、月报、财政总决算、各类公文、通知以及各类业务数据的交换与清算。工作站传输范围、传输内容须经审批，不允许传输个人信函和商业信息。

1998年8月，财政部、国家档案局对1984年发布的《会计档案管理办法》进行修订，对会计档案的范围进行了更明细的划分，将其分为会计凭证类（原始凭证、记账凭证等）、会计账簿类（总账、明细账等）、财务报告类（会计报表、附表等）和其他类（银行存款余额调节表、银行对账单等）。并补充规定：保管期满但尚未结清的债权债务原始凭证和涉及其他未了事项的原始凭证不得销毁，应单独抽出立卷，保管到未了事项完结时为止；采用电子计算机进行会计核算的单位，应当保存打印的纸质会计档案。

2001年，省财政系统全面完成了财政厅局域网和省级接入网一期项目建设，省级各部门接入财政网的用户达1000户，财政厅机关办公系统初步具备了数字智能化特征。在应用服务方面，初步建立了由基础数据库、业务数据库和9类应用软件模块组成的省级财政资金计算机管理系统，实现了预算编制、执行、调整、资金拨付和财务核算的网络联机操作。

2002年5月，为保证省级财政国库管理制度改革试点工作顺利进行，省财政厅组织举办了改革试点单位网上业务操作培训班。培训的内容包括：国库集中支付网信息系统申报和查阅资金分月用款计划；一级部门审核二级部门用款计划；国库集中支付网上信息系统填报和打印财政资金凭证；国库集中支付网上信息系统填报直接支付用款申请书。9月，省财政信息中心制定《四川省市县级财政局局域网建设技术标准》（以下简称《标准》），要求各地在规划、设计和实施局域网建设中必须参照执行这一技术规范。《标准》要求各地局域网设计应遵循四项原则，即“安全性；服从改革需要；统一领导，统一规划，统一系统平台，统一技术标准，统一组织实施；量力而行”。同时，对综合布线系统应遵循的设计依据及标准、设计目标、具体要求和网络设备的配置模式、参数要求、机房条件、安全措施等都在技术层面上予以明确界定，从而为市县级财政局局域网建设提供了可供操作的技术蓝本。是年，四川“金财工程”开始启动。“金财工程”又称为政府财政管理信息系统，以覆盖各级政府财政管理部门和财政资金使用部门的大型信息网络为支撑，以细化的部门预算为基础，以所有财政收支全部进入国库单一账户为基本模式，以预算指标、用款计划、采购订单以及财政政策实施效果评价和宏观经济运行态势跟踪分析为预算执行主要控制机制，以出纳环节高度集中并实现国库现金有效调度为特征，体现了公共财政改革的要求。

2004 年 1 月，根据国库管理制度改革方案要求和金财工程总体规划，省财政厅决定从当年起，市（州）级财政全面使用工资直接发放管理系统，以实现工资发放与部门预算、国库集中支付管理软件系统的对接，建立全省统一的工资直发管理应用平台。5 月，省财政厅信息中心在雅安组织举办了“金财工程”网站、机房建设培训班，对市（州）财政局网络管理员进行了包括“金财工程”市、县级财政局局域网建设，预算单位 ADSL（非对称数字用户环路）接入技术方案，二、三级骨干网建设，应用系统、数据系统托管协议，机房建设管理等在内的专题培训。

2005 年 11 月，财政部信息网络中心和 9 个省（市）财政厅（局）信息中心专家对四川财政 IT 服务管理项目进行了验收。是年，“金财工程”网络从省、市连接到县一级，有 70 个县（市、区）建成了三级骨干网，为预算编制、预算执行和财政资金运行的全程监督提供了技术支撑。是年，为准确、全面反映部门（单位）财务体制、人员编制、人员构成、工资状况和资产情况等基本信息，加强项目预算管理，提高部门预算科学性、合理性，省财政自主开发建立了省级部门（单位）基础信息资料数据库和专项项目库管理信息系统，并在编报 2005 年部门预算时投入运行。

四川省志·财政志

附　　录

一、名　录

1983—2005 年财政部门领导干部名录

表附－1

厅　长			
姓名	职务	任职期	备注
段秉仁	厅长	1983 年 4 月—1987 年 12 月	1987 年 12 月病逝
李达昌	厅长	1988 年 4 月—1996 年 4 月	兼任四川省地方税务局局长
黄工乐	厅长	1996 年 4 月—1998 年 8 月	兼任四川省地方税务局局长
周维莲（女）	厅长	1998 年 8 月—2003 年 1 月	1996 年 12 月确定为正厅级
王　宁	厅长	2003 年 1 月—2005 年 1 月	
泽巴足（藏）	厅长	2005 年 1 月—	
副厅长（含副厅级）			
姓名	职务	任职期	备注
乔梓荣	副厅长	1980 年 4 月—1988 年 3 月	1987 年 4 月确定为正厅级
张连海	副厅长	1980 年 4 月—1992 年 6 月	
康振农	副厅长	1980 年 4 月—1987 年 9 月	
黄工乐	副厅长	1984 年 12 月—1996 年 4 月	
梁昌飞	副厅长	1985 年 11 月—1989 年 11 月	
李达昌	副厅长	1987 年 7 月—1988 年 4 月	
许文炯	副厅长	1988 年 10 月—1995 年 9 月	
何明刚	副厅长	1988 年 10 月—1994 年 6 月	兼任四川省税务局局长
康博九	四川省国有资产管理局局长（副厅级）	1989 年 8 月—1993 年 1 月	
邓学安	副厅级巡视员	1990 年 3 月—1993 年 6 月	
	四川省国有资产管理局局长（副厅级）	1993 年 6 月—1996 年 3 月	
	副厅长	1996 年 6 月—1999 年 1 月	兼任四川省国有资产管理局局长
周维莲（女）	副厅长	1990 年 2 月—1998 年 7 月	1996 年 12 月确定为正厅级
任国玺	机关党委书记（副厅级）	1991 年 4 月—1993 年 5 月	

续表附－1

姓名	职务	任职期	备注
副厅长（含副厅级）			
廖冬冰	副厅长	1992 年 6 月—1997 年 8 月	
郭万仁	机关党委书记(副厅级)	1993 年 5 月—1996 年 11 月	
刘守森	副厅级巡视员	1993 年 7 月—1995 年 7 月	
袁成禄	纪检组长（副厅级）	1994 年 8 月—2000 年 11 月	
王　宁	副厅长	1995 年 9 月—2003 年 1 月	2001 年 9 月明确为正厅级
王雪梅（女）	副厅级巡视员	1996 年 9 月—1997 年 12 月	
	副厅长	1997 年 12 月—2005 年 1 月	
谢维勤	副厅长	1996 年 7 月—	2005 年 1 月明确为正厅级
张兴德（女）	机关党委书记（副厅级）	1996 年 12 月—	
高仁全	副厅长	1999 年 1 月—	兼任四川省国有资产管理局局长 2002 年 1 月兼任四川省国有资产管理委员会办公室主任
王一宏	副厅级巡视员	2002 年 6 月—2003 年 9 月	
	副厅长	2003 年 9 月—	
帅　克	纪检组长（副厅级）	2000 年 11 月—2005 年 2 月	
	副厅长	2005 年 2 月—	
郑建新	副厅长	2005 年 8 月—	
中共四川省财政厅党组正副书记			
段秉仁	党组书记	1983 年 4 月—1987 年 4 月	
乔梓荣	党组书记	1987 年 4 月—1988 年 4 月	
李达昌	党组书记	1989 年 12 月—1996 年 2 月	
黄工乐	党组书记	1996 年 2 月—1998 年 7 月	
周维莲（女）	党组书记	1998 年 7 月—2003 年 1 月	
王　宁	党组书记	2003 年 1 月—2005 年 1 月	
泽巴足（藏）	党组书记	2005 年 1 月—	
乔梓荣	党组副书记	1980 年 11 月—1987 年 4 月	
李达昌	党组副书记	1987 年 7 月—1988 年 3 月	
黄工乐	党组副书记	1989 年 12 月—1996 年 2 月	
詹君美	党组副书记	1994 年 8 月—1996 年 12 月	
周维莲（女）	党组副书记	1996 年 2 月—1998 年 7 月	
王　宁	党组副书记	1998 年 7 月—2003 年 1 月	
谢维勤	党组副书记	2003 年 1 月—	

说明：1. 1988 年 8 月，省委同意撤销中共四川省财政厅党组，中共四川省财政厅纪律检查组和中共四川省税务局分党组同时撤销，领导成员职务自然免除。1989 年 12 月，恢复设置；

2. 詹君美：财政厅党组副书记，兼省地方税务局常务副局长

二、大事记

1986 年

1 月 1 日 四川省财政厅（以下简称省财政厅）印发修订后的《四川省国家机关、企业、事业单位工作人员差旅费、会议费开支规定》。

1 月 3 日 四川省工资制度改革领导小组办公室转发省财政厅《关于乡财政所干部工资改革问题的意见》。

2 月 11 日 中国共产党四川省委员会（以下简称省委）、四川省人民政府（以下简称省政府）转发《四川省农村综合体制改革试点县纪要》，对试点县继续贯彻放权、让利原则，地（市、州）可选择一个试点县进行财政递增包干试点，县对乡镇可实行财政包干分成办法。

2 月 19 日 四川省财政厅、中国人民银行四川省分行发出《关于贯彻执行国务院清理整顿“小钱柜”有关事项的通知》。各个地区、部门凡化大公为小公、化公为私、公款私存、收支未经本单位财务会计部门列支做账务处理的各种资金，均认作“小钱柜”，必须结合税收、财务、物价大检查进行专题清理整顿。

2 月 27 日 省委、省政府发出《关于贯彻落实〈中共中央、国务院关于制止向农民乱摊派、乱收费〉的通知》，要求在采取果断措施减轻农民负担的同时，教育农民正确处理国家、集体、个人三者关系，使其自觉承担合理的集体提留，履行对国家应尽义务。

3 月 27 日 省财政厅发出《关于扩大出口创汇和加强外汇管理的通知》，决定对出口生产企业和供货单位实行奖励，继续执行外汇留成办法，并按国家规定，通过省外汇管理局进行调剂。

4 月 18 日 省政府发出《关于搞活 100 个大中型重点企业的通知》，决定在省、地（市、州）两级财政建立重点企业技术改造基金，以低息或无息贷款形式，帮助企业实施技术改造；提高企业固定资产折旧率，除执行财政部的特殊优惠折旧率外，企业还可实行分类折旧，折旧年限可缩短 10%—20%，增提的折旧金留企业用于技术改造。同时，减免上述企业调节税，减免下来的调节税，全部用于技术改造和技术进步。

6 月 11 日 省政府发出《关于实施“星火计划”若干政策问题的暂行规定》，决定建立“星火计划”基金，提高中小企业、乡镇企业和农村的科学技术水平。基金来源于科技三项费、科技开发基金、国家科委资助、省财政拨专款补助以及社会集团和个人的捐赠。凡列入“星火计划”的项目，除享受优先、优惠贷款，还享受一定期限的减免税照顾。

6月14日 省政府发出《关于贯彻国务院〈关于坚决制止向企业乱摊派的通知〉的通知》，要求对不符合规定的摊派项目，立即停止执行；除另有规定外，任何单位不得向企业集资。各级财政部门要从自身业务方面，加强对向企业乱摊派问题的检查、稽核，并将之作为税收、财务、物价大检查的一项重要内容。对乱摊派的行为，企业有权抵制，抵制无效时，可向上级经委、审计、财政和税收、财务、物价大检查办公室反映追责。

7月9日 四川省财政厅转发财政部《关于对沉淀的支农周转金处理的意见》，对有条件归还而未按期归还支农周转金的单位，征收逾期占用费；确属难以收回的，可作挂账处理，但不得豁免。

7月11日 省政府制发《关于收缴土地荒芜费的规定》（以下简称《规定》）。《规定》要求：凡造成荒芜土地的建设用地单位，必须缴纳土地荒芜费。土地荒芜费标准：菜地、鱼塘每亩300—500元；耕地、园地每亩200—300元；其他土地每亩100—200元。各类建设用地的土地荒芜费，由县级政府土地管理机关核定数额，并通知造成土地荒芜的建设用地单位向当地财政缴纳。

8月11日 四川省计划经济委员会、四川省财政厅、四川省劳动人事厅发出《关于工交企业落实经济责任制几个问题的通知》，决定对工交企业继续实行利改税、微利包干、亏损包干、超额分成等形式。

8月13日 省政府发出《关于贯彻执行国务院〈征收教育费附加的暂行规定〉的通知》，以单位和个人实际缴纳的产品税、增值税、营业税的税额为计征依据，税率为1%，分别与产品税、增值税、营业税同时缴纳。对从事生产卷烟和经营烟叶产品的单位，减半征收。

9月6日 省政府发出通知，决定将省内粮食商业企业财务管理由县级财政管理改为省级财政管理，由省财政厅对省粮食局实行粮食商业企业亏损和粮油提价补贴总额包干节余全留、超亏不补的办法。

9月30日 省政府发出的《关于贯彻执行国务院〈关于加强预算外资金管理的通知〉的通知》规定：对不纳入预算管理的财政性资金，在所有权不变的前提下，采取不同方式。对事业、行政单位的预算外资金，采取“专户储存、计划管理、财政审批、银行监督”方式；对国营企业的预算外资金，原则上采取“计划管理、政策引导”方式。

10月1日 中国人民银行四川省分行、省财政厅发出《关于贯彻执行〈国家金库条例〉及实施细则中几 个问题的通知》，决定从10月1日起，县支库收纳中央、省级预算收入采取逐级报解办法。

11月24日 四川省财政厅、四川省乡镇企业局发出《关于贯彻执行全国乡镇企业财务会计制度的补充规定》（以下简称《规定》），就乡镇企业的财务计划、固定资产、流动资产、成本费用、收入和利润、专用基金管理等作出规定。《规定》适用于农民联办的集体企业。

11月 经中国人民银行、四川省人民政府批准，由四川省财政厅、建设银行四川省分行开办四川省信托投资公司，主要从事吸收委托、信托存款和贷款、办理信托投资、融资租赁、办理证券发行及买卖、承办外汇业务、办理人民币债务担保以及见证和咨询等业务。

12月 四川省财政厅根据国务院批转财政部《关于派设中央企业财政驻厂员机构的报告》，组建中央企业财政驻厂员处（对内称中央企业财务处）。中央企业财政驻厂机构为财政部的派出单位，委托省财政厅代管，干部为事业编制，经费由财政部单独拨款。其主要任务是：监督检查企业各项财务收支及专用资金、贷款的使用和归还情况；审查企业财务收支计划和财务会计报表，提出初审意见；检查企业有无违反财经纪律事件，反映企业生产经营中的问题，提出改进建议。

1987 年

1 月 1 日　《四川省人民政府关于省级单位预算外资金管理试行办法》开始施行，决定对省级行政、事业单位和省级企业主管部门集中管理的全部预算外资金，在资金所有权、使用权不变的前提下，实行由省财政厅“专户储存，计划管理，财政审批，银行监督”的办法；对省级企业留用的各项专用基金，仍按原办法进行计划管理。

1 月 14 日　省政府召开全省税收、财务、物价大检查电话会议，副省长顾金池要求结合大检查，稳定春节期间市场物价，从严查处乱涨价者，刹住用公款请客送礼、铺张浪费之风。

2 月 15 日　四川省支援经济不发达地区发展资金管理小组、四川省财政厅转发了财政部《支援经济不发达地区发展资金管理办法》。发展资金是国家财政设立的用于支援经济不发达的“老、少、边、穷”地区的专项资金，主要用于改善当地农牧业生产条件，发展多种经营，促进农村商品经济的发展，不得用于行政事业机构开支和人员经费。发展资金使用时坚持有偿与无偿相结合、以有偿为主的原则。四川省补充规定：发展资金指标，省对市（地、州）不设基数，视效益好坏作必要调整；市（地、州）不得用于本级项目；跨县项目，可以组织有关县统一安排；有偿建设项目到期后收回的资金，留县周转使用。

3 月 21 日　经四川省人民政府研究，并报国家经济体制改革委员会同意，自贡、攀枝花、德阳、乐山成为全国和四川省的综合改革试点城市。试点城市享有省级行政税收减免权和扩大部分工业品价格的审批权，并可进行各种工资分配形式的改革试点、金融体制改革试点和建立生产资料市场的试点。

4 月 2 日　省政府发出《关于贯彻国务院关于深化企业改革增强企业活力的若干规定的通知》。《通知》规定：根据企业所有权与经营权分离的原则，给经营者以充分的经营自主权；加快企业领导体制改革，搞好企业内部分配，增强企业自我改造、自我发展能力；改进企业工资、奖金分配制度；推进横向经济联合，继续清理行政性公司等。

4 月 7 日　四川省劳动人事厅、四川省财政厅制发《四川省国营企业职工待业保险基金财务管理暂行办法》，对基金的筹集、管理、使用范围等作出规定。

4 月 28 日　省政府发出《关于清理整顿各项收费的通知》，决定在全省范围内对各项收费进行一次全面清理整顿，作为“双增双节”和稳定物价的一项重要措施。

5 月 3 日　四川省人民政府办公厅转发四川省财政厅《关于贯彻实施〈注册会计师条例〉的意见的通知》，对如何申报成立会计师事务所、会计师事务所结余资金如何分配等问题提出了具体贯彻意见。

7 月 1 日　省财政厅发布通告，规定从即日起，使用《四川省收缴罚没财务收据》，原来各地区、各部门印制的罚没收据同时作废。

8 月 14 日　省政府制发《四川省耕地占用税实施办法》（以下简称《办法》），从 1987 年 4 月 1 日起施行。《办法》规定：耕地占用税以纳税人实际占用的耕地面积计税，按照规定税额一次性征收；以县（市、区）为单位，耕地占用税的税额根据所在城市及人均耕地面积的不同而分别计征，并报省财政厅备案；耕地占用税由财政机关负责征收，获准占用耕地的单位和个人，应持当地土地管理部门的批准文件在30日内向被占地所在地财政机关申报办理耕地占用税的征、免手续，未在规定日期内申报纳税的，按日加收滞纳金；单位或个人获准占用耕地超过2年而不使用的，按规定税额加征两倍以下的耕地占用税；耕地占用税留给地方部分，建立农业发展专项资金，纳入各级财政预算管理，专门用于开垦宜耕土地和整理、改良现有耕地。

12月1日　《四川省农业发展专项资金使用管理暂行办法》（以下简称《办法》）施行。《办法》规定：资金重点用于整理、改良现有耕地，其次用于开垦宜耕土地及改善相应的农田水利配套设施，优先安排用于发展粮食生产项目。

1988年

1月1日　经国家经济体制改革委员会同意、财政部批准，重庆市开始对市属国营企业试行“税利分流、税后承包、税后还贷”改革试点。

1月5日　省政府在《一九八八年四川省城市经济体制改革工作要点的通知》中决定，逐步开放外汇调剂市场，及时调剂资金余缺，在有条件的城市，适时开放债券（包括国库券、各种财政性债券）二级市场。

1月26日　省政府发出《关于扶持生猪生产改进生猪购销政策的通知》（以下简称《通知》）。《通知》指出：调节省内外市场价差的矛盾和计划内、计划外销售出省的矛盾，在外销市场价格过高于省内价格的时候，向省内经营单位提取生猪价格调节基金；提取的原则是根据省内外市场价差的大小，计划内少收、计划外多收，可多可少，可收可停；调节基金省、市（地）不分成，归县掌握；凡调销省外猪肉及制品的经营单位，按规定标准及时将调节基金解交当地财政部门，按预算外资金管理，在银行开设专户储存，专款专用。

2月22日　四川省人民政府同意并印发四川省经济体制改革办公室、四川省计划经济委员会、四川省财政厅《关于扩大全民所有制大中型企业股份制试点的意见》（以下简称《意见》）。全民所有制大中型企业试行股份制，是从调整和改革所有制关系入手，改善企业经营机制，增强企业活力的新尝试。其基本作法是将企业现有资产（不含借贷资金）按照不同的资金来源划分成不同性质的股份，并通过集资入股，组建成股份制企业。它是国家股份占主体地位，国家、企业和个人联合的所有制形式。其组建原则是自愿入股、股权平等、按股分红、共担风险。《意见》对股份的划分和管理，股票的发行和管理，收益分配，企业组织管理机构，股份制试点企业与国家的关系，亏损、破产清算等进行了规定。

2月28日　省政府发出《关于贯彻〈国务院关于严格控制社会集团购买力压缩开支的紧急通知〉的通知》，要求：1988年全省社会购买力指标，一律在上年实际基础上压缩20%；19种专控商品中，收回6种由省审批，专控商品实行定点供应；严格整顿小汽车、大轿车价格和控制小汽车编制，严禁用公款购买实物和购货券发给职工，商业部门也不得向单位发行购货券；各部门、各单位不得以做广告名义向有关单位和个人赠送物品。

3月11日　四川省工资制度改革领导小组办公室、四川省财政厅发出《关于我省国家机关、事业单位工作人员增加奖励工资问题的通知》，决定从1988年1月起，适当提高四川省国家机关、事业单位工作人员的奖励工资。

4月21日 省政府下发《关于建立农业发展基金和农村合作基金的通知》，决定在县建立农业发展基金，在乡建立农村合作基金。在农业发展基金中先建立粮食、生猪发展基金。

5月25日 四川省控制社会集团购买力办公室、四川省计划经济委员会、四川省财政厅、中国人民银行四川省分行、四川省商业厅、四川省公安厅转发全国控制社会集团购买力办公室等部门《关于违反控制社会集团购买力规定的处理暂行办法》，并作出相关补充规定。

6月29日 四川省农牧厅、四川省财政厅发出《关于建立生猪发展基金有关问题的通知》，建立生猪发展基金。

7月1日 四川省计划经济委员会、四川省财政厅、四川省物价局、四川省煤炭工业局发文，决定从7月1日起开征煤炭勘探开发基金。

8月4日 省政府发出《关于进一步发展省际间横向经济联合的暂行规定》，决定对外省（市、区）来川兴办、承包、租赁、联办企业，或从事技术咨询、服务、培训、转发、承包等，实行财税优惠政策。

8月25日 省政府发出《关于进一步鼓励扶持乡镇企业发展的补充规定》，要求全省各级财政部门建立乡镇企业发展基金，并对乡镇企业继续实行财税扶持优惠政策。

10月1日 四川省执行国务院《印花税暂行条例》及财政部《印花税暂行条例施行细则》，恢复征收印花税。征收税率分比例税率和定额税率，比例税率分别按0.03‰、0.05‰、0.3‰、0.5‰、1‰征收；定额税率，每件（个）贴花5元。

11月20日 省政府发出《关于推进我省企业产权转让工作有关问题的通知》，对企业产权转让的原则、产权转让的范围和形式、转让程序、产权转让的组织领导及相关政策进行了规范和说明。

1989年

1月4日 省委、省政府发出《关于清理整顿公司的暂行规定》，重点整顿1986年下半年以来成立的公司，两块牌子的公司。要求必须政企分开，各级机关均不得用行政费、事业费、专项拨款、预算外资金和银行贷款投资开办公司。已经开办的公司，限期在财务和物资上与机关彻底脱钩。已向公司投入的资金，一律作为国有资产，由各级财政部门统一管理。

3月27日 省政府颁布实施《城镇土地使用税实施办法》（以下简称《办法》），规定土地使用税以纳税人实际占用土地面积为计税依据，每平方米税额为：大城市最高一级5元，最低一级0.5元；中等城市最高一级4元、最低一级0.4元；小城市最高一级3元、最低一级0.3元；县城（不含三州的县城和民族自治县的县城）最高一级2元、最低一级0.2元；建制镇、工矿区及三州的县和其他民族自治县城最高一级1元，最低一级0.2元。《办法》同时规定了免、减税适用对象与范围。

4月11日 省政府发出通知，决定对四川省境内的全民所有制企业、集体企业、私营企业以及个体工商业户征收粮食补贴基金，征收标准为每人每年40元。粮食补贴基金一律上缴省财政，专项用于粮食价格补贴。同时，在1989年国家预算收入科目其他收入类增设“粮食补贴基金”款级科目，属省级预算收入。

5月 省政府同意成立四川省国有资产管理局，明确省国有资产管理局归口省财政厅管理，其主要任务是对省内的全部国有资产（包括固定资产和流动资产）行使管理职能，重点管理国家投入各类企业（包括中外合资、合作企业）的国有资产。

7月13日 省政府颁布实施的《四川省行政事业性收费管理规定》要求：凡设置行政事业性收费项目，除国家另有规定者外，由省物价部门会同财政部门审批，其收费收入，分别纳入预算管理或纳入财政专户管理，并使用省财政部门统一制发的“四川省行政事业性收费专用收据”。

7月24日 省政府颁布《四川省农林特产农业税征收实施办法》，对农林特产农业税的征收范围、税率、具体征收办法以及减免或缓征情况进行了规范和说明。

9月4日 省政府颁布实施《四川省乡财政管理规定》（以下简称《规定》）。《规定》要求，有条件的乡（含乡级镇）都应建立乡财政，乡财政执行“统一领导，分级管理”的原则，其主要任务是负责乡人民政府按国家政策规定的自筹资金的筹集、分配，办理税务部门委托代征的农村有关税收以及协助和指导农村合作经济组织、乡镇企业和事业单位建立健全各项财务、会计制度。乡财政管理体制，实行“划分收支，分级管理”和“责、权、利”相结合的原则。

10月 四川省注册会计师协会成立。协会是注册会计师行业的自律性社会团体，主管部门为四川省财政厅。协会的主要职责是监督注册会计师执业准则、规则的执行，制定本省注册会计师行业发展规划并组织实施，对注册会计师的任职资格、注册会计师和会计师事务所的执业情况进行年度检查，指导、检查和督促会计师事务所规范化运作等。

12月29日 四川省人民政府批准同意四川省财政厅提出的《关于改进耕地占用税征收办法的意见》，决定从1990年起，在不改变现行体制分成比例的前提下，对耕地占用税实行“同级批地、同级预征税款”的办法。

1990年

2月2日 省财政厅发出《关于严格执行罚没收入管理制度等有关问题的通知》，重新明确执法机关的罚没收入和办案补助费缴拨管理，要求各级执行机关的罚没收入必须全额及时足额解缴财政，所属办案经费一律纳入其正常的行政事业经费统一安排，严格执行“收支两条线”管理办法；办案补助费的开支范围严格按有关规定执行。

2月16日 省财政厅发出《关于修改省级行政事业单位工作人员差旅费规定的通知》，规定从1990年3月1日起，出差住宿费改按新的标准执行“大包干”办法，超支不报，节约归己；省内出差一律凭据在规定的限额内报销住宿费，低于下限部分留归个人，超过上限部分自行负担。

2月20日 中国人民建设银行总行行长周道炯到四川省财政厅座谈，听取四川省财政工作汇报。

2月22日 四川省财政厅、四川省税务局发出《关于纳税人被没收的非法收入已纳税款不予退还的通知》（以下简称《通知》）。《通知》规定：对各级执法机关依法查处的各种违章违法案件的罚没收入均应如数上交国库；纳税人被没收的非法收入，未纳产品税、增值税、营业税的不再补征，已征的税款不予退还；纳税人违反物价政策被没收的非法收入，已纳税款不予退还。《通知》还对被没收非法收入是否可抵减以后年度销售收入等问题作了统一规定。

3 月 17 日 为加强财政法制工作，省财政厅党组决定将会计制度处更名为财政会计法规制度处，处内设财政法制科。

4 月 1—4 日 世界银行主管贷款业务的高级副行长库莱希一行 7 人对四川省进行访问考察，主要了解工业、农业、财政、金融等主要经济部门深化改革的情况。

5 月 3 日 四川省财政厅、四川省税务局发出《关于对县属镇（含镇）以上基层供销社恢复征集能交基金的通知》，将原从 1984 年起对基层供销社一律免征能源交通重点建设基金的规定，改为从 1990 年 1 月 1 日起，按财政部有关规定，对县属镇（含镇）以上基层供销社按 15% 恢复征收能交基金。

5 月 16 日 中国财政学会副会长、财政部科学研究所名誉所长许毅，在成都为四川省财政厅机关干部作财政经济形势分析学术报告。

5 月 17—18 日 国务院清理拖欠税款领导小组办公室一行到四川，与四川省财政厅及部分市（地）、县座谈了解税利拖欠及清理情况。

6 月 26 日 四川省财政厅行政复议委员会成立，设主任 1 人，副主任 2 人，委员 12 人。委员会下设办公室，日常工作由财会法规处负责。

9 月 15 日 省财政厅发出《关于教育费附加纳入预算管理有关问题的通知》，要求各级财政部门将教育费附加纳入预算后，按“先收后支、列收列支、收支平衡”的原则进行使用和管理，并对教育费附加的预算科目、级次及征收管理等问题作了规定。

9 月 18 日 四川省财政厅转发财政部《关于重申不得将国家资金转存银行储蓄的通知》，重申各事业行政单位要严格执行财政部《事业行政单位预算会计制度》，对各项国家资金，都要按规定存入银行开立的有关存款账户内，不得转作储蓄，公款私存。凡按规定在银行开户存储计息的，其利息收入应用于规定的开支范围，不得用于单位福利开支。

10 月 16 日 省财政厅发出《关于控制动用上年净结余和今年超收安排支出的紧急通知》（以下简称《通知》）。《通知》重申，为确保全省财政收支平衡，各地必须严格按全省财政工作会议精神和省人大常委会要求，大力组织收入，严格控制支出，尚未动支的预备费和上年净结余一律不得动用，当年超收也不再动支。

11 月 26 日 四川省财政厅、中国人民银行四川省分行、四川省税务局发出《关于贯彻执行〈国家金库条例实施细则〉的补充规定》，对有关国库机构与人员管理、各级专业银行办理国库经收业务以及小额税款缴划、收入对账和凭证传递等问题，作出进一步规定。

1991 年

1 月 26 日 四川省审计局、四川省财政厅制发《对地方财政收支中违纪问题处罚的暂行规定》（以下简称《规定》）。《规定》要求：财税部门在自查期限内查出的违纪问题，对违纪收入，及时办理清缴入库，对违纪支出，立即予以纠正和调整账务，审计机关则不予追究；对查出的问题没有自行纠正的，审计机关除责成其按规定纠正外，可处以违纪款额 10% 以下的罚款；对越权违规减免税收等乱开减收增支口子的，除责成其立即纠正外，凡影响上级财政收入的，由本级财政用自有财力补缴。

2 月 28 日 省财政厅发出《关于进一步加强支农周转金管理工作的通知》，提出进一步加强财政支农周转金管理的几项措施。

3 月 4—17 日 财政部副部长张佑才一行 4 人到四川检查指导工作。张佑才在四川期间，于 3 月 5—9 日在三台县蹲点，全面调查三台县财政经济情况，对该县经济工作提出建议和意见。此外，他还调查了南部、仪陇、阆中、梓潼、北川、绵阳、乐山、沐川、成都等地的经济和财政工作情况。

3 月 19 日 根据工作需要和全国控制社会集团购买力办公室要求，四川省财政厅党组决定，四川省控制社会集团购买力办公室从即日起实行机构单设。

4 月 23 日 四川省财政厅、四川省机构编制委员会、四川省人事厅发出《关于在我省国营工交企业恢复财政驻厂员制度和设立驻厂员机构的通知》（以下简称《通知》），决定恢复国营工交企业财政驻厂员制度，驻厂员机构按省、市（地、州）两级设立。《通知》还随文附发了《四川省国营工交企业驻厂员机构设置和干部管理暂行办法》。

5 月 20—25 日 全国税收、财务、物价大检查座谈会在乐山市召开，国务院大检办及有关部委和各省（市、自治区）大检办负责人参加会议。会议传达了国务院总理李鹏的讲话精神，讨论修改了《中华人民共和国税收财务物价大检查条例》（讨论稿）。

6 月 22 日 四川省财政厅、四川省税务局发出《关于加强集体所有制企业财务会计工作的通知》，对加强集体所有制企业财务会计工作和管理，健全税收征管制度等作出规定。

7 月 26 日 省财政厅向各市（地、州）发出《关于坚持抗灾救灾努力做好财政工作的通知》。

8 月 8 日 四川省控制社会集团购买力领导小组发出《关于进一步加强控购管理制止社会集团非生产消费膨胀的紧急通知》（以下简称《通知》），要求各地严格执行国家和省的现行控购政策，下达各地的社会集团购买力支出总指标和专控商品指标一律不得突破。《通知》还对小汽车特别是高档小汽车的控购管理作了规定。

8 月 16 日 省政府印发第 22 号令《四川省罚款和没收财物行政处罚管理办法》，对罚没处罚项目的设立、罚没处罚的实施、财务管理及奖惩等作了详尽规定。

9 月 11 日 省财政厅发出《关于贯彻落实国务院和省委、省政府进一步搞活国营大中型企业有关政策的通知》，对全面贯彻落实国务院和省委、省政府关于进一步搞活国营大中型企业的若干政策措施，提出了四条贯彻意见。

9 月 17—21 日 财政部副部长项怀诚到四川检查工作，考察乐山、雅安等市（地），并在乐山市召开的全国农业财务工作会议上讲话。

10 月 9 日 省政府发出《关于进一步完善股份制试点的决定》，对企业进行股份制试点的基本原则、设立条件、股份构成、组织结构、财务与税收等具体问题进行规范说明。

10 月 18 日 四川省农牧厅、四川省财政厅发出《关于印发〈四川省农村集体提留和统筹费财务管理试行办法〉的通知》，对农村集体提留和统筹费的提取、使用及财务会计管理等作了规定。

11 月 28 日 省财政厅发出《关于公布废止和失效财政规范性文件目录的通知》，在清理 1954 年以来省财政厅规范性文件的基础上，公布失效、废止文件 876 件，需修改文件 43 件。

12 月 18 日 四川省农业发展基金管理领导小组办公室发出《关于加强农业综合开发项目资金管

理的通知》，要求把农业综合开发资金纳入各级财政统一管理，主要用于改造集中成片的冬水田、下湿田、坡薄地、土变田及开发非耕地。

12 月 20 日 四川省财政厅、四川省农牧厅发出《关于印发〈四川省国营农场会计内部控制制度〉的通知》。

1992 年

1 月 1 日 省政府发布《四川省矿产资源补偿费征收管理暂行办法》。

1 月 20 日 省财政厅发出《关于从严控制行政事业经费支出的通知》。

1 月 23 日 省财政厅发出《关于进一步加强国营商业企业有关财务管理问题的通知》，要求各级财政部门针对当前商业企业经营管理中存在的突出问题，把帮助企业加强商品购销存财务管理作为提高经济效益的突破口，加强对国营商业企业代销商品监督管理。

2 月 9 日 为进一步理顺粮食财务关系，省财政厅发出通知，决定从 1992 年起，将平价粮食商业亏损超亏省负担部分下划各市（地、州），进入各地财政包干基数。

2 月 10 日 四川省财政厅、四川省生产委员会发出《关于国营工交企业重点技术改造基金使用管理办法的通知》，明确了基金使用范围、申报审批程序、财务管理办法等。

3 月 21 日 四川省财政厅、四川省经济委员会印发《四川省技术改造基金使用暂行管理办法》，对基金的使用范围、申报审批程序、财务管理、占用费收取等作了规定。

4 月 16 日 省财政厅发出的《关于在全省停止征收粮食补贴基金的通知》指出，1992 年因国家再次提高了粮食统销价格，同时，四川实行了工种粮议价供应，为不再增加企业负担，省委、省政府决定，从 1992 年 1 月 1 日起，停止征收粮食补贴基金。

5 月 3 日 省财政厅发出《关于国营大中型企业转换经营机制、增强活力试点有关问题的通知》，明确规定：试点企业中承包上交不到实现利润 33% 的企业，可继续按原承包方式进行承包；承包上交超过 33% 的企业，可试行“税利分流”办法，将所得税税率降为 33%；在企业自愿的前提下，在试点企业中选择部分企业报同级财政部门批准，执行中外合资经营企业财务制度和政策，企业的会计科目、会计报表相应按中外合资经营企业的有关规定执行；积极支持企业技术进步和改造，帮助企业搞好产品结构调整。积极支持企业劳动用工、工资分配和会计保险制度改革，为企业转换经营机制创造条件。

5 月 25 日 四川省卫生厅、四川财政厅发出《关于省级公费医疗实行与个人挂钩和现金看病办法的通知》，对省级公费医疗与个人挂钩的范围和对象、挂钩比例和办法、经费结余和超支的解决办法等作了规定，并要求完善门诊现金、住院记账、审核报销等管理办法，强化医疗和药品管理。

6 月 12 日 四川省财政厅、四川省经济委员会等单位转发国务院生产办公室、财政部、中国人民银行、国家税务局、海关总署下发的《推进企业技术进步的若干政策措施》，并提出贯彻意见。

7 月 3 日 省财政厅发出《关于加强预算外资金财政专户间歇资金有偿使用管理工作的通知》，对运用间歇资金的原则、范围以及有偿使用工作的管理等进行规定。

7 月 23 日 四川省财政厅、四川省外事办公室印发《四川省接待外宾费用开支标准和管理办法》，对外宾日常生活费用、宴请费用、礼品、差旅费、接待外宾工作人员费用标准等作了规定。同时明确，各部门在接待外宾过程中应本着“勤俭办外事”的原则，严格执行各项费用开支标准和管理办法，不得自行突破和改变，对违反规定的开支，财务部门不予报销。

8月4日　省财政厅印发《四川省利用世行贷款财务管理办法（试行）》，对项目实施前的准备提出明确要求，并对项目建设投资管理、项目资金管理、项目管理费的收取、物资材料采购及管理、固定资产管理、会计制度及会计报表、财务监督等问题作了规定。

8月25日　省财政厅制发《四川省省级行政事业单位会议费开支规定》和《四川省省级行政事业单位工作人员差旅费开支规定》。

8月30日　四川省财政厅、四川省劳动厅印发《四川省社会保险财务管理暂行办法》，对社会保险财务管理的基本任务、保险基金的筹集、支付、管理、调剂及社会保险机构经费开支、固定资产管理、财务报表等作了规定。

9月16—21日　财政部副部长金人庆一行到四川，重点考察了四川省藏区经济发展及财政运行情况。

10月17日　四川省财政厅、四川省住房制度改革领导小组印发《关于省级住房基金筹集、使用和管理的实施意见》，就省级财政住房专项资金、行政事业单位住房基金、国营企业住房基金、个人住房基金的来源、用途及财务管理等问题作出规定。

11月25日　经四川省机构编制委员会批准，四川省财政信息中心成立，为省财政厅领导的处级事业单位，暂挂靠厅办公室。

1993年

1月21日　省财政厅主管的四川振兴企业会计师事务所正式成立，以适应企业转换经营机制、加强企业财务监督管理的需要。该所实行独立核算，自收自支。

1月29日　省财政厅发出《关于进一步开展促产增收活动推动农村市场经济发展的通知》，要求各级财政部门进一步解放思想，发挥财政职能作用，采取多种形式，持久开展农村促产增收活动，促进农村市场经济的建立与发展，实现农业增产，财政增收。

2月6日　四川省教育委员会、四川省计划委员会、四川省人事厅、四川省财政厅转发了国家两委两部下发的《关于进一步改善和加强民办教师工作若干问题的意见的通知》。

2月8日　省财政厅发出《关于农业税征实若干问题的通知》，针对四川省大部分地区粮食购销价格放开后农业税改为征收粮食实物的新情况，就进一步做好农业税征收管理工作等若干问题作了规定。

2月11日　四川省民政厅、四川省计划委员会、四川省财政厅、四川省劳动厅等8个单位印发《四川省社会福利企业管理暂行办法》，对社会福利企业的设立、变更、终止、生产、经营活动、劳动工资、财务管理以及对社会福利企业的保护扶持等作了规定。

2月16日　省财政厅印发《四川省农业税收征收经费管理规定》，对农业税收征收经费的来源、使用范围、经费管理等问题作了规定。

2月18日 省政府发布《四川省全民所有制工业企业转换经营机制实施办法》。《办法》规定：在调整企业所得税率的基础上，统一企业所得税率；逐步免除能源交通建设基金、预算调节基金等税后负担；企业上缴所得税后国家应分得的利润，可作为国家的投入返还给企业用于再生产。

4月11日 省财政厅发出《关于修订我省地方国有工交企业技术改造周转金管理办法的通知》，对周转金的投放原则、投放程序、借款担保、回收、监督检查等重新作了规定。

4月13日 省财政厅印发《关于四川省农业税收征解会计制度实施细则的通知》，就农业税收征解会计的作用、基本任务和职责，农业税基础资料的计算、核定、整理、汇总、报表编制、会计核算办法，以及征解会计事务处理、票据和会计档案管理等若干问题作了规定。

5月5日 省财政厅发出的《关于抓紧组织收入入库、严格控制财政支出、加强财政预算资金调度管理的紧急通知》指出：针对1993年以来四川财政预算资金调度困难加剧，供求矛盾十分突出，财政收入增长远远低于支出增长水平等问题，要求各级财政部门加强对预算收入的管理；严格控制收入退库，杜绝无预算退库和超进度退库，合理安排支出，首先保证工资发放和农副产品收购资金，严格禁止拨付无预算的开支。

5月14日 四川省财政厅、四川省粮食局发出《关于粮食企业提取粮食风险调控基金有关财务会计处理问题的通知》，就1993年起改进粮食“三挂钩”兑现办法后建立粮食风险调控基金有关财务会计问题作了规定。

5月17日 省财政厅发出《关于确保教师工资按时发放的通知》，就确保按时兑现教师工资问题，向各级财政部门提出了具体要求。

6月5日 省财政厅发出的《关于部分外贸、工贸进出口企业补充国家流动资金财务规定的通知》指出：根据国务院有关文件规定，从1993年起允许主营机电产品的外贸、工贸进出口企业，按出口销售收入的1%补充国家流动资金。

6月14日 省政府常务会议决定，为逐步解决四川省环境问题，从1993年起，由省财政每年拿出200万元设立省级环境保护基金。基金有偿使用，由省财政厅、省环保局负责监督管理。

6月18日 四川省财政厅、四川省三峡移民办公室印发《三峡工程四川库区开发基金管理办法》，对基金的使用范围及对象、基金来源、使用原则、投放回收、检查监督等问题作了规定。

7月6日 省委、省政府发出《关于限期完成国库券发行任务的紧急通知》，要求各级党政和有关部门限期在当年7月15日前全额完成省分配的任务。

7月20日 省财政厅发出的《关于加强农业税征收入库工作的紧急通知》指出：针对1993年全省农业税改为征收实物后入库进度较慢的情况，要求各地加强对农业税征收管理工作的领导和宣传；配合粮食购销体制改革，做好农业税征收工作；抓好农业税结算入库；核实灾情，正确执行减免政策。

7月25日 四川省财政厅、四川省国土局印发《四川省建设用地粮食附加费征收暂行办法》，对建设用地粮食附加费的征收对象、征收标准、征收办法、免征范围以及征收手续费的提取使用等作了规定。

8月16日 四川省控制社会集团购买力领导小组发出《关于加强控购管理、严格控购纪律的通知》，就1993年后几个月专控商品审批原则及违控的清理与处罚等作出规定。

8月26日 四川省财政厅、四川省税务局发出《关于调查新旧会计制度对接工作的通知》。就开展对接工作调查提出要求。

9月3日 省财政厅发出《关于四川森工企业贯彻执行新的财务制度有关问题的补充通知》，结合四川森工企业实际情况，就有关财务处理问题作了补充规定。

9月22日 四川省财政厅、四川省教育委员会发出《关于建立教师工资发放月报制度的通知》，要求各地从1993年9月起，必须在每月10日前将上月教师工资的发放情况汇总上报省财政厅和省教委，以便政府进行检查监督。

10月17日 四川省财政厅、四川省国有资产管理局、四川省经济委员会、四川省税务局发出《关于贯彻执行省委省政府探索建立企业新体制试验决定的试行意见》，就省委、省政府对在全省选择的20户大中型企业的财务及国有资产管理等问题作了规定。

10月19日 四川省政府办公厅转发四川省财政厅《关于加强行政事业单位机关经费管理的意见》，提出6条措施。

11月15日 四川省财政厅、四川省税务局、四川省旅游局发出《关于建立四川省省级旅游发展基金的暂行规定》，要求省属各行政企事业单位以及社会团体、协会等兴办的旅游企业，包括涉外旅游饭店、宾馆企业（含国营、集体、联营、中外合资、合作、外商独资），各类旅行社，旅游车船公司，包机公司，旅游定点餐厅、商店，旅游商品定点生产企业等均须缴交旅游发展基金；征收标准为纳税营业额的1%，在成本费用中列支。

11月24日 省财政厅发出《关于抓紧拨付粮食补贴力争不挂新账的紧急通知》，要求各级财政部门抓紧最后一个多月时间，采取有效措施，妥善调度资金，严格按计划和目标责任书的规定，及时足额拨付与粮食收购相关的各项财政补贴。同时，财政部门要加强对粮食企业的财务管理，力争1993年不出现新的挂账。

12月7日 省财政厅印发《四川省会计证管理办法》，就会计证的发证机关、发证对象、发证条件、发证办法以及会计证的管理等有关问题作了规定。

12月8日 省财政厅发出《关于迅速解决欠拨教师工资问题的紧急通知》，再次强调凡有财政拖欠教师工资的地方，必须坚决按照省委、省政府要求，在年底前全部发放兑现，并采取切实有效措施，杜绝出现新的拖欠。

12月16日 省财政厅发出《关于1993年工资制度改革有关账务处理的紧急通知》，要求各地1993年财政预算超收收入，必须按有关规定统一预留半年的增资额转到1994年，并就有关帐务处理问题作了规定。

12月18日 四川省税务局、四川省财政厅、中国人民银行四川省分行发出《关于税票使用的通知》，就1994年1月1日起执行新税制和分税制财政体制后，使用税票有关事项作了规定。

12月28日 省财政厅印发《关于国有土地使用权有偿使用收入征收管理暂行办法》和《关于国有土地使用权有偿使用收入若干财政问题的暂行规定》，就国有土地使用权有偿收入的征收管理及有关财政、财务管理问题作了规定。

12月31日 四川省财政厅、四川省经济体制改革委员会、四川省税务局发出《关于做好股份制试点企业财务登记和1993年度财务决算工作的通知》，就股份制企业财务登记、年度财务决算、会计报表等有关问题作了规定。

1994 年

1 月 22 日 省委办公厅、省政府办公厅发出《关于确保按时发放行政事业单位职工工资的通知》，要求：各级财政在办理 1993 年度决算时按规定留半年的调资增资额；在编制 1994 年预算时严格按照支出序列留足工资，不准摆硬缺口；严格控制支出，坚决杜绝无预算的开支；加强资金调度，全力保证春节前工资的兑现。

1 月 24 日 省财政厅发出《关于补充修改〈四川省财政行政复议文书格式〉的通知》，根据《行政复议条例》和财政部门有关规定，对《四川省财政行政复议文书格式》作了补充修改。

2 月 8 日 四川省财政厅、四川省国有资产管理局发出《关于有计划出售国有资产有关问题的通知》，就企业有计划出售一部分国有资产的范围、出售对象、立项审批程序、出售办法等有关问题作了规定。

2 月 17 日 省政府办公厅发出《关于贯彻财政部取消轿车控购审批通知的通知》，规定：企业和自收自支的事业单位购买国产小汽车、大轿车和其他专项商品，不再办理控购审批手续，但企业购买上述商品仍应审批；行政事业单位用预算内外资金购买小汽车、大轿车及其他专控商品，仍按原审批权限和程序办理审批手续；社会团体单位购买进口小汽车和进口原件 90% 以上的组装小汽车，仍按审批权限和程序报批，并按审批金额征收 10% 的专控商品附加费；取消对国产小汽车、大轿车和其他专控商品征收附加费的办法。

3 月 17 日 省政府发出《关于实施机关和事业单位工作人员工资制度改革的通知》。

3 月 23 日 省政府发出《关于加强国有资产评估管理的通知》。对国有资产评估机构的资格、国有资产评估市场的规范、国有资产的评估确认等问题作了规定。

5 月 4 日 省政府颁布《四川省企业职工失业保险规定（修正）》，从 1994 年 6 月 1 日起执行。

5 月 6 日 四川省农业综合开发办公室转发国家农业综合开发办公室《关于组织检查农业综合开发投入的财政有偿资金使用回收情况的通知》（以下称简《通知》），要求各地对 1989 年以来农业综合开发投入的财政有偿资金进行全面的情况检查，摸清家底，掌握使用情况，弄清债权债务关系，落实回收措施，保证滚动发展。《通知》还就检查的目的、范围、内容及检查的方法、要求等作了规定。

5 月 20 日 省财政厅发出《关于对蚕茧征收农林特产税问题的通知》，对四川蚕茧农业特产税的计算、征收方法等作了统一规定。

6 月 18 日 省财政厅发出《关于提高粮食销售价格后对城镇部分居民实行定向补贴的通知》，就粮食销售价格提高后对部分城镇居民实行定向补贴的范围、对象、标准、形式、资金来源及执行时间等作了统一规定。

6 月 29 日 省财政厅印发《四川省财政支农周转金使用管理办法实施细则》，就财政支农周转金的分配、使用、管理及回收等问题作了规定。

7 月 16 日 省财政厅发出的《关于农业税计税价格的通知》指出，国家决定从 1994 年 6 月 10 日起提高国家定购粮食的收购价格，省财政厅决定 1994 年下达各地的农业税计税价格和收入任务不再变动，从 1995 年起按调整后的中等定购价格执行。

7 月 25 日 省财政厅制发《四川省省级文教企业发展专项资金管理使用实施细则》，对省级文教企业发展专项资金的实施范围、资金来源、使用分配原则、管理监督和检查等作了规定。

8 月 17 日 根据财政部要求并报四川省机构编制委员会批准，四川省财政厅党组决定筹建税政处、社会保障处和基本建设处。

10 月 7 日 四川省财政厅、四川省地税局发出《关于农税部门划入地方税务局后有关职能划转的通知》，要求：原财政农税部门承担的农业税、牧业税、农业特产税、耕地占用税、契税随同农税人员的划转，一并列入同级地方税务部门负责征收管理。

11 月 16 日 受四川省人民政府委托，由四川省财政厅牵头，四川省国税局、四川省地税局、四川省人民银行、四川省经济委员会等部门组成的省政府财税促收 9 个工作组，即日起赴四川 18 个市（地、州）开展帮促活动。工作组深入到部分县和重点税源企业实地了解情况，要求各地在不加重企业负担、不加剧资金紧张、不影响企业发展的原则下，抓好各项收入特别是中央“两税”收入的入库工作。

12 月 19 日 省政府发出《关于征收职工个人教育费的通知》，决定从 1995 年 1 月 1 日起，向四川省境内国家机关、人民团体、全民和集体所有制企事业单位以及其他所有制单位（含中央在川单位）工作且具有城镇户口的职工开征职工个人教育费。计征率为职工本人年工资总额的 1%—1.5%，具体征收比例由各市（州）政府、地区行政公署在此幅度内确定。职工个人年工资总额按单位报统计部门的劳动工资统计资料为依据。

1995 年

1 月 6 日 省政府发出《关于调整专控商品审批管理和恢复征收专控商品附加费的通知》，就专控商品的审批权限、资金渠道、附加费的征收标准及征收管理等问题作了规定。各级机关、团体、全民和集体企事业单位，购买小汽车等 8 种专控商品，一律由省控办审批。恢复征收专控商品附加费，费率为 5%—20%，所征费用全部用于支持教育事业发展。

3 月 1 日 1995 年度国库券开始在四川省工商银行、四川省农业银行、四川省建建设银行、中国人民银行四川省分行、交通银行和邮政储蓄网点以及财政部门的国债服务部发行。

3 月 14 日 省政府发出《关于粮食风险基金试行办法的通知》，决定从 1994 年粮食年度起，省和各地（市、州）都建立粮食风险基金，并对风险基金的最低规模、资金来源、具体用途、使用办法、财政财务管理等作了规定。

3 月 20 日 省财政厅发出《关于省属旅游企业有关财政问题的通知》。

4 月 11 日 四川省财政厅党组作出《关于不准接受可能对公正执行公务有影响的宴请的规定》，对四川省财政厅、四川省地税局、四川省国资局全体干部职工提出 6 条具体要求。

4 月 20 日 四川省财政厅、四川省纪委、四川省监察厅代中国共产党四川省委员会、四川省人民政府起草《关于进一步加强罚没收入管理的通知》。

5 月 15 日 四川省财政厅向四川省人民政府报送《关于贯彻执行〈预算法〉确保实现财政收支

平衡的意见》（以下简称《意见》）。《意见》分析了四川财政特别是县级财政赤字状况，提出贯彻省委、省政府“努力增收节支，实现当年收支平衡，力争有所节余或消化一部分滚存赤字”目标的3条具体意见：一是建立各级自求平衡的约束机制；二是进一步挖掘潜力，强化征管，努力增收；三是坚持有保有压原则，从严控制支出增长。

6月15日 省政府发布《四川省屠宰税征收办法》。

7月11日 省政府召开全省清理检查“小金库”工作电话会议。省委副书记、常务副省长兼省三大检查领导小组组长蒲海清提出4点具体要求：一是加强对清理工作的组织领导，指定一名主要领导负责抓出成效；二是把舆论宣传贯穿于整个清查工作的全过程，广泛发动人民群众举报，对举报有功的人员兑现奖励；三是抓紧抓好自查善后扫尾工作；四是各级大检办、财政、审计、银行、监察等部门互相配合、互相支持，共同完成清查“小金库”各项工作任务。

7月13日 为防止国有资产流失，省政府发布《四川省企业国有资产有偿转让管理暂行办法》，对省属及省属以下企业（含实行企业化管理的事业单位）实行有偿转让的国有资产范围、审批程序、产权交易、收入管理、法律责任等作了规定。

7月14日 省委、省政府发出《关于建立现代企业制度试点的通知》，明确对试点企业按33%上交所得税后，由同级财政列支返还18%，作为国家资本金投入，用于企业技术改造和补充生产经营资金。

7月27日 省政府颁布《四川省农业特产农业税征收实施办法》。《办法》规定：农业特产税的应纳税额，按照农业特产品实际收入和规定的税率计算征收；1987年1月省政府发布、1989年7月省政府修订的《四川省农林特产农业税征收实施办法》同时废止。

8月17日 省委、省政府发出《关于做好部分国有困难企业解困试点工作有关问题的通知》，要求采取特殊政策，切实减轻企业负担。企业解困期间，地方征收的税费，征收后由同级财政及时全额退还；拨改贷和财政借款形成的债务，可转为国家资本金；企业应上交的各种基金、费用、附加费，全部免征。任何单位和个人不得向试点企业摊派集资。同日，省政府发出《关于定额征收自养自食猪牛羊屠宰税的通知》，决定从1995年9月1日起，凡在四川省境内宰杀自养自食的生猪、牛、羊，每头分别征收屠宰税4元、6元、1元。

9月8日 省财政厅制发《关于加强省级财政有偿使用资金管理暂行办法》。《办法》规定：在资金性质、管理权限、资金投向及回收权“四不变”的前提下，省级财政预算安排的并以省财政名义开户的各种财政有偿使用资金实行统一专户、统一计划、统一会计核算、统一审批程序管理，并按此进行考核。

10月10日 四川省控制社会集团购买力办公室发出《关于认真开展清理公车私户的通知》，要求对各级行政、事业、企业单位用公款购买而上私人户口的小汽车、大轿车进行全面清理，并对有关具体问题作了规定。

11月16日 省委办公厅、省政府办公厅下发《关于进一步加强罚没收入管理的通知》，决定设立“四川省人民政府罚没收入管理办公室”，在省政府领导下，负责全省罚没收入管理的协调、监督、指导工作，草拟、制发、协调罚没收入有关政策规定，监督检查罚没收入政策执行情况，负责省级罚没收入的收支预算管理。办公室设在省财政厅，人员从省财政厅、省监察厅抽调，不新增编制和经费。

12 月 12 日 省政府下发《关于贯彻国务院深化企业职工养老保险制度改革的通知》，明确要求：基本养老保险实行社会统筹与个人帐户相结合的方式；从 1996 年 1 月起，职工按个人缴费工资的 3% 缴纳基本养老保险费；以后个人缴费比例在工资增长基础上逐步提高，提高幅度由省政府根据实际情况确定；个人缴费全部记入个人账户。

12 月 省财政厅发出《关于行政事业性收费和政府性基金票据管理的补充规定》，要求从 1996 年 1 月 1 日起执行，原有票据从 1996 年 7 月 1 日起一律作废、停止使用。

1996 年

3 月 3 日 四川省人民政府办公厅转发四川省财政厅《四川省农作物新品种开发专项资金征收办法》，确定从 1996 年 1 月 1 日起在全省范围内开征农作物新品种开发专项资金。

3 月 5 日 省财政厅印发《关于清理整顿地方财政周转金工作的意见》。

3 月 29 日 省政府发出《四川省国家定购粮食购销调拨包干管理试行办法的通知》，要求从 1996 年 4 月 1 日起各级财政部门将粮食企业上缴的收入，作为财政对粮食企业政策性业务范围的补贴或转作粮食风险基金。

4 月 2 日 省委、省政府发出《关于推进两个根本转变　加快四川工业发展的意见》，决定加大投入，推进企业技术进步，“九五”期间，国有企业的技术改造占固定资产投资的比重由 27% 提高到 40% 以上；同时省财政安排的技改基金、技改贴息基金、新产品技术开发推广基金逐步增加，各地财政预算外资金也可集中一定比例用于技改。

4 月 16 日 四川省人大常委会颁布《四川省价格管理条例（修正）》，规定从即日起重要的行政性、事业性收费项目、标准，由省物价部门会同省财政部门审批、审核，报省人民政府批准，并报国家有关部门备案。

5 月 16—20 日 财政部党组成员、部长助理汪兴益深前往阿坝藏族羌族自治州考察四川省少数民族地区财政经济发展情况。

5 月 27 日 省财政厅发布《四川省省级行政事业单位工作人员差旅费开支规定》，提高省级行政事业单位工作人员差旅费补助标准。

6 月 3 日 省财政厅制发《四川省乡镇财政“九五”发展规划》，对“九五”时期乡镇财政发展目标、平衡目标、财政体制、机构建设、队伍建设、基础建设、实施措施等作了具体规划和要求。

6 月 20 日 省财政厅印发《四川省省级财政周转金管理暂行办法》《四川省财政厅财政周转金呆帐处理暂行规定》《省级财政周转金委托金融机构放款暂行办法》3 个文件。

7 月 2 日 四川省财政厅、四川省国税局、四川省地税局、四川省审计厅、四川省工商局下发《关于开展整顿会计工作秩序的实施办法的通知》。

7 月 5 日 省政府第 58 次常务会议讨论通过省财政厅代拟的《四川省人民政府关于对新投产大中型项目的主体税种按投资和筹资比例进行分成的决定》和《关于严格预算管理、控制财政支出的通知》。

8 月 12 日 省财政厅发出《四川省过渡期财政转移支付试行办法的实施细则》，从 1996 年 1 月

1 日起执行。

8 月 23 日 省财政厅印发《四川省财政系统计算机使用技术安全保密规定的通知》，要求各级财政部门重视计算机保密工作，防止失密、泄密。

8 月 30 日 四川省过渡期财政转移支付方案论证会召开，与会专家对省财政厅提出的方案进行了讨论，并对有关问题提出了建设性意见。

9 月 4 日 财政部副部长谢旭人到四川调研，并对如何加强预算外资金管理工作作出指示。

10 月 10 日 省财政厅印发《四川省财政系统省、市（地、州）计算机网络管理暂行办法》。

12 月 6 日 省政府印发《关于对新投产大中型项目的主体税种按比例分成的通知》，对新投产大中型项目主体税种和分税税种的确定、分税比例、分成税款结算方式等作了规定。

12 月 11 日 省委办公厅、省政府办公厅发出《关于财政性大额资金使用审批权限的意见》，规定：凡财政性资金，除年初预算外，一次性安排在 500 万元以上的，由省财政厅提出，分别经省委常委会、省政府常务会决定，由主管财政的副省长一支笔审批。

12 月 四川省财政厅、四川省文化厅、四川省地方税务局制发《四川省国家电影事业发展专项资金收缴、使用管理办法》。

1997 年

2 月 21 日 省八届人大常委会第二十五次会议通过《四川省公路养路费征收管理条例》，规定从 1997 年 5 月 1 日起，各级稽征机构收取的养路费必须按规定及时足额上解，纳入财政预算管理。收取的养路费必须专款专用，按受审计监督，不得截留、挪用，不得用于平衡预算。

2 月 四川省财政厅、四川省审计厅、四川省国土局、四川省监察厅对全省 16 个市（地）的国有土地使用权出让金收支情况进行了大检查。

4 月 24 日 省财政厅发出《关于加强对省级财政预算拨款使用监督管理的通知》，宣布从 1997 年起建立对省级财政专项拨款的跟踪反馈制度；要求凡在预算外追加的一次性专项拨款，各预算执行单位应将其使用情况于每季度末 10 日内反馈到省财政厅。

5 月 15 日 省政府颁布《四川省水利建设基金筹集和使用管理暂行实施办法》。

5 月 21 日 为深化改革和加强离退休经费管理，理顺资金分配渠道，根据财政部有关文件精神，省财政厅印发《关于省级行政单位离退休人员经费实行归口管理的通知》，决定自 1997 年起对省级行政单位离退休人员经费实行归口管理。

6 月 3 日 省政府颁布实施《四川省省级财政预算管理办法》（以下简称《办法》）。省级预算按照复式预算编制；按量入为出、收支平衡的原则编制，不列赤字；省级财政设置预算周转金，其额度逐步达到省级预算支出额的 4%；省级财政设置省级财政预备费，其额度为省级预算支出额的 1%—3%，用于当年预算执行中的自然灾害救灾开支及其他难以预见的特殊开支。《办法》对预算编制程序、预算分配、预算执行、预算的变动与调整、决算、对下级财政预算的管理、预算管理监督等也作了规定。

6 月 5 日 为加强省级财政预备费管理，根据《中华人民共和国预算法》和《中华人民共和国预算法实施条例》，省政府颁布并实施《四川省省级财政预备费管理办法》。

6 月 9 日 为加强出国费用财务管理，减轻各级财政负担，推动廉政建设，省财政厅发出《关于四川省因公临时出国财务管理的补充通知》，就出国费用审批、报销程序、补助标准等作了规定，并宣布从 1997 年 7 月 1 日起开始实施。

6 月 10—15 日 财政部副部长李延龄在四川省人民政府副省长敬正书等陪同下，考察四川财政支农和农业综合开发项目。

6 月 11 日 四川省财政厅、四川省计划委员会制发《关于印发〈四川省重点建设债券贴息资金管理办法的通知〉》，明确贴息资金实行"计划管理、按期拨付、专款专用"的办法，由财政厅开设专户核算管理。

6 月 17 日 省财政厅下发《关于规范专项经费申请程序的通知》，对申请专项经费的公文传递程序、申请权限及级次等作了规定。

7 月 17 日 四川省财政厅、四川省地税局下发《关于严格执行财税优惠政策有关问题的通知》。

8 月 1 日 省财政厅印发《四川省财政厅扶持财政特困县财源建设管理暂行办法》，就扶持目的和依据、扶持资金管理、项目审核、后续管理等作了规定。

8 月 20 日 《四川省志・财政志》首发式在都江堰市举行。

9 月 29 日 省财政厅印发《四川省民族工作机动金管理办法》，并宣布从 1997 年 10 月 1 日起正式执行。

10 月 11 日 四川省人民政府批转四川省财政厅《关于〈四川省境外企业财务监管暂行办法〉的通知》，对境外企业的投资和财政登记、资产管理、财务监管等作了规定，并宣布从即日起实施。

10 月 17 日 省八届人大常委会通过并颁布《四川省会计管理条例》，该条例从 1998 年 1 月 1 日起实施。

10 月 31 日 为管好、用好中央和省用于贫困地区扶贫开发的各项资金，加强扶贫资金项目管理，提高扶贫资金使用效益，省政府办公厅颁布并实施《四川省扶贫资金项目管理办法实施细则》，对扶贫资金的使用对象与条件，项目的选择申报、论证、评估和审批以及项目的执行和扶贫资金使用的考核、监督、验收等作了规定。

同日 四川省人民政府批复四川省财政厅《关于确定我省契税适用税率的请示》，将契税税率定为 4%，从 1997 年 10 月 1 日起执行。

11 月 20 日 省政府发出《四川省人民政府贯彻国务院关于建立统一的企业职工基本养老保险制度的决定的通知》，要求：按养老保险基金管理的规定，加强养老保险基金的管理和监督；基本养老保险基金实行收支两条线管理，并进入财政专户，专项储存，专款专用，全部用于职工养老保险，严禁挤占挪用和挥霍浪费。

12 月 29 日 省政府下发《关于修改〈四川省企业职工失业保险规定〉的决定》，决定将 1994 年 5 月发布的《四川省企业职工失业保险规定》第四十一条修改为"以非法手段领取失业救济金及其他失业保险费用的，由就业服务机构追回全部非法所得"。

1998 年

2 月 10 日 国务院财政信用检查组赴川检查财政信用情况。

2 月 16 日 省政府发出《四川省人民政府关于加强全省企业职工养老保险基金管理有关问题的通知》，对全省企业职工养老保险基金纳入财政专户，实行收支两条线管理的有关事宜作了规定。

3 月 1 日 省政府发出《四川省人民政府关于进一步加强世界银行贷款项目管理工作的通知》，要求地方政府准备的世行还贷准备金不得低于债务的 3%，并且统一划归各项目区财政部门专户管理，专项用于世行贷款的还本付息，任何单位和个人不得挪用、挤占。

3 月 31 日 省级行政事业单位售房收入正式纳入省级财政专户管理。

4 月 5 日 省财政厅印发《四川省省级财政总预算资金管理办法》。

4 月 24 日 省政府发出《四川省人民政府关于进一步加强财政调控多方筹集资金确保社会稳定的通知》，要求 1998 年各级财政预算安排的总预备费中，用于维护社会稳定方面的支出不得少于 50%，财政支出安排要重点保证工资政策兑现、“一基两低”生活费的发放、偿还政府性债务、处理突发事件资金、公检法司部门必要的办案经费。同时，财政部门加强对社会维稳资金的预算管理和财务监督。

5 月 21 日 省政府颁布《四川省契税实施办法》和新的《四川省公路养路费征收管理实施办法》。

6 月 4 日 省委、省政府发出《关于做好我省国有企业下岗职工基本生活保障和再就业工作的通知》，要求将国有企业下岗职工基本生活保障和再就业资金纳入财政预算，各级政府将个人所得税（以 1996 年度实际入库数为基数）新增部分、各级财政的总预备费中用于社会稳定方面的支出部分、当年收入预算的超收部分以及压缩的会议费、通信费、招待费、出国经费、购车经费等，重点用于国有企业下岗职工基本生活保障和再就业。

6 月 5 日 省财政厅发出《关于做好省级自筹基本建设资金专储管理有关问题的通知》，规定省级自筹基建资金必须“先存后批，先批后用”，资金存入省财政“自筹基本建设资金专户”，存足一个月后，建设单位方可申请动用。

6 月 25 日 省委、省政府发出《关于进一步深化国有企业改革的意见》（以下简称《意见》），《意见》从实施资产大重组、推进结构大调整、促进机制大转换、完善社会保障制度等四个方面指明了国有企业改革的方向，并要求各级政府将国有资产转让收益、分红收益、企业上交地方的部分新增利税和部分投资方向调节税单列出来，建立工业发展资金，用于支持技术进步。

7 月 2 日 省政府发出《四川省人民政府关于统一城镇私营企业、个体工商户基本养老保险办法的通知》，要求对基本养老基金实行收支两条线管理，并全额纳入财政专户，专项储存，专款专用，全部用于职工养老保险，严禁挤占挪用，确保基金安全。

8 月 26 日 根据财政部《国债转贷地方政府管理办法》及《四川省转贷国债管理办法》，四川省财政厅制定并开始实施《四川省转贷国债资金管理办法》。

10 月 7 日 省政府发布并开始实行《四川省鼓励省外投资者来川投资的优惠政策》，对省外投资者在场地使用费、土地使用税、耕地占用税、企业所得税等方面予以政策优惠。

10 月 13 日 四川省遵照国务院决定，停止财政税收物价大检查。自 1985 年至 1997 年连续开展 13 年的三大检查至此结束。

10 月 23 日 省政府办公厅发布并实施《四川省罚款决定与罚款收缴分离实施暂行办法》，要求罚款必须全部上缴国库，任何行政机关、组织或者个人不得以任何形式截留、私分或者变相私分。

11 月 20 日 审计署赴四川省财政审计组结束在四川为期 17 天的审计工作。在川期间，审计组主要对 1997 年度省级财政收支执行情况进行了审计，并对省级有关部门及项目进行了延伸审计。

11 月 30 日 省政府办公厅发出《关于进一步加大财政监管力度、开展经常性监督检查工作的通知》，要求对地方税务部门征收、解缴、入库的税收情况进行监督检查，并延伸检查一些重点行业、重点税源和纳税大户，检查验证税收征管质量，防止和制止越权减免、缓征、退付、应征不征税款及收过头税等问题。

12 月 16 日 省政府办公厅发布《四川省省级财政专项经费申报审批暂行规定》，对省级财政专项经费的申报范围、申报程序、审批等作了规定，并宣布从 1999 年 1 月 1 日起正式实施。

12 月 29 日 四川省人民政府批准同意四川省财政厅《关于进一步加强省级政府财政经济发展资金管理的意见》，决定设立四川省省级政府经济发展资金管理委员会，并在其下设置了工业、农业、财源、投资 4 个专业委员会。

1999 年

2 月 3 日 为贯彻《中共中央、国务院关于治理向企业乱收费、乱罚款和各种摊派等问题的决定》，四川省人民政府发出《四川省涉及外商投资企业收费项目明白卡管理办法的通知》（以下简称《通知》），要求各级财政、物价部门对于《通知》所列违法违规收费，按有关规定进行处罚。

2 月 7 日 省政府发布《四川省国家赔偿费用管理实施办法》，要求国家赔偿费用列入各级财政预算，财政分级负担，并由各级财政机关负责监督管理。当年实际支付国家赔偿费用超过年度预算的部分，在本级财政预算预备费中解决。

2 月 10 日 省政府发出《四川省人民政府关于加强二滩、宝珠寺、铜街子电站库区移民后期扶持基金征收管理工作的通知》，决定从 1998 年 7 月 1 日起至 2008 年 6 月 30 日止，以每千瓦时 0.27 分的标准征收移民后期扶持基金。该基金由省电力局征收后交省财政基金专户，经省政府批准后专项用于二滩、宝珠寺、铜街子电站移民后期扶持。

3 月 28 日 省政府同意从 1999 年 1 月 1 日起执行《四川省省级基本建设项目资金管理办法》（以下简称《办法》）。《办法》对省级预算基建资金的使用安排原则、用途和申请条件等作了规定。

3 月 29 日 省政府颁布实施《四川省省级预算外资金财政专户管理暂行办法》，对省级财政专户的基本职责、上缴财政专户的范围、帐户设置与收入、支出管理等作了规定。

同日 省委办公厅、省政府办公厅发出《关于 1999—2000 年国有大中型亏损企业脱贫工作意见》，决定对国有大中型亏损企业加大财政扶持和税费减免优惠政策。

4 月 16 日 为保证全省清理整顿农村合作基金会工作顺利开展，省财政专项调度 8000 万元资金用于支持各地归垫因超前支出而形成的政府债务，以防范和化解农村金融风险，维护农村稳定。

4月20日 财政部部长项怀诚到四川考察。

4月29日 省财政厅印发《四川省省属国有企业年度会计报表注册会计师审计实施办法》和《关于进一步加强省级财政周转金清理回收工作的通知》。

5月5日 省政府发布并执行《四川省旅游市场拓展费征收管理暂行办法》，要求旅游市场拓展费纳入各级财政专户管理。

5月6日 为规范政府采购行为，加强财政支出管理，提高资金使用效益，维护公平竞争秩序，省政府发布并实施《四川省政府采购暂行办法》。

5月18日 省政府发布并执行《四川省贯彻〈国务院关于建立城镇职工基本医疗保险制度的决定〉的意见》，要求将基本医疗保险基金纳入财政专户管理，专款专用，不得挤占挪用。具体管理办法由省财政部门会同劳动保障、审计、银行等部门制定。

5月28日 省政府办公厅发出《关于进一步做好“两个确保”工作的紧急通知》，要求各级财政调整支出结构，把应由财政负担的1/3足额打入财政预算，困难企业自筹及社会筹集不足部分由各级财政兜底，以充分落实下岗职工基本生活保障资金。

6月1日 四川省人大常委会通过并宣布从即日起实施《四川省预算外资金管理条例》。该条例对收入、支出、计划与决算、监督检查、法律责任和票据管理等作了规定。

6月10日 省委办公厅、省政府办公厅发出《关于进一步深化小城镇建设试点工作有关问题的通知》，决定对试点镇实行财政倾斜政策，改进税收征管方式，增强小城镇经济活力。同时，加大扶持力度，从1999年起，省财政每年继续安排小城镇建设贷款贴息资金300万元和小城镇建设补助费200万元。

6月21日 省政府发出《会计师（审计）事务所脱钩改制实施意见》，决定全省会计师（审计）事务所脱钩改制工作由四川省财政厅负责，四川省注册会计师协会具体承办。

6月29日 省政府办公厅发出《四川省人民政府办公厅关于进一步加强省级政府财政经济发展资金管理意见的补充通知》，对政府财政性资金的使用和管理作了进一步的规范说明。

7月2日 省政府发出《关于切实做好1999年度企业职工基本养老保险基金省级统筹工作的通知》，要求财政部门加强审计监督，做好基金管理工作，保证基金的安全完整。基本养老保险基金实行收支两条线管理并纳入财政专户，专项储存，专款专用，严禁挤占、挪用。对违反规定的，严肃查处；对过去已挤占、挪用的，按照规定尽快清理收回；造成损失的追究相关人员的责任。

7月7日 省政府发出《关于贯彻实施〈中华人民共和国行政复议法〉的通知》，要求全省各级机关做好宣传培训工作，认真清理规范性文件，为1999年10月1日起施行的《中华人民共和国行政复议法》奠定基础。

7月26日 为加快经济发展，省财政厅决定建立四川省省级财政贴息资金，资金分工业、农业和财源建设3类。贴息资金主要来源于省级财政年度预算安排，使用时必须符合国家产业政策要求和省制订的区域经济发展战略目标。贴息资金主要扶持能够优化调整产业结构的重点技术改造项目、高新技术开发和技术创新应用项目、农业产业化经营项目以及能增强政府调控能力的重要项目等。

8月9日 省委办公厅、省政府办公厅下发《关于贯彻〈监察部等五部门1999年落实行政事业性收费和罚没收入“收支两条线”规定〉的实施意见》。

10月13日 四川省财政厅、四川省劳动厅制发《四川省社会保险基金财务制度实施细则》，规定省社会保险经办机构经办的职工基本养老保险基金、失业保险基金、城镇职工基本医疗保险基金等，均纳入单独设立的财政专户，实行收支两条线管理，专款专用。

11月29日 省政府发出《关于加强财政性建设资金投资项目管理的通知》，就省级财政性资金投资项目管理的范围、原则以及项目的监督与审核等问题作了要求。

2000年

1月24日 为贯彻落实财政部等国家六部委《关于公布第三批取消的各种基金（资金、附加、收费）项目的通知》精神，减轻企业负担，省政府办公厅发出《关于停止征收专控商品附加费的通知》，决定从2000年2月1日起停止征收专控商品附加费。

2月21日 为进一步理顺财政收支关系，省政府发出《关于调整省与市地州财政管理体制的通知》，决定省与市（地、州）实行税收分享，下划部分原省级单项分成税种和分成收入项目，将原市（地、州）分享的金融保险业营业税上划省级，实行新老体制并轨。同时，调整市（地、州）税收返还收入基数，维持3个民族自治州递增补助体制不变。

2月28日 省政府发出《关于纠正地方自行制定税收先征后返政策贯彻意见的通知》，要求从当日起停止执行省和各级政府自行制定的税收先征后返（列收列支）政策，并对其进行清理，确需继续实行的，需报经国务院批准。

3月29日 省委办公厅、省政府办公厅发出《关于进 步减轻企业负担的意见》，要求进一步清理各种收费、罚款、集资，制止各种摊派，加快剥离国有企业办社会的职能，减轻国有企业债务负担。

4月15日 省财政厅决定实施四川省财政支持西部大开发9条措施，把西部大开发战略实施作为财政工作的中心任务，积极支持经济结构、产业结构调整和优化升级，安排好重点基础设施项目投入，大力支持重点企业、产品、工艺的技术改造和第三产业发展，逐年增加教育、科技经费投入，保证工资、政府机构正常运转和维护社会稳定需要，加强财政监督管理，争取中央财政支持。

5月18日 为贯彻落实《中共中央关于国有企业改革和发展若干重大问题的决定》，建立健全有效的国有企业经营者激励和约束机制，提高国有企业资产运营效益，省委办公厅、省政府办公厅制发《四川省国有独资和国有控股公司经营者年薪制试行办法》，要求每年一季度内将公司经营者年薪制方案（包括有关报表资料）报政府劳动保障、经贸、财政等部门，由劳动保障部门会同经贸、财政等部门批准后实施。

同日 省委、省政府印发《关于建立四川省省级国有资产管理监督营运体系的试行意见》（以下简称《意见》）。《意见》要求：按照坚持政府社会经济管理职能与国有资产所有者职能分开、坚持国有资产所有者资产管理职能与国有资产经营者经营职能分开、坚持政企分开的原则建立省级国有资产管理、监督、营运体系；成立省国资委，主任由省长担任，副主任由省委、省政府的领导担任，成员由省委组织部、省委企业工委、省财政厅、省发展计划委、省经贸委、省监察厅、省人事厅等部门主要负责人组成；成立四川省国有资产管理委员会办公室，作为省国资委的办事机构，设在省财政厅。

5 月 19 日 省委办公厅、省政府办公厅制发《四川省国有企业经营管理者期股激励试行办法》，以加强对国有企业经营管理者的激励与约束，推进现代企业制度的建立。省财政厅根据本办法制订了实施细则。

同日 省委、省政府发出《关于加快城镇社会保障事业改革和发展的意见》，提出扩大社会保障覆盖面，完善社会保障制度，加大社会保险费征缴执法力度，提高社会保障支付能力以及建立和完善社会保障管理体制的政策措施。

6 月 23 日 省政府批准实施《四川省财政国债中介机构整顿方案》，就整顿的原则、内容和要求等作了规定。

6 月 30 日 四川省财政投资评审中心成立。

7 月 15 日 四川省人大常委会颁布《四川省财政收支审计条例》（以下简称《条件》），规定县级以上各级人民政府审计机关依法对本级财政预算执行情况和其他财政收支以及下级政府财政预算执行情况、决算和其他财政收支进行审计监督。《条例》从 2000 年 10 月 1 日起施行。

7 月 20 日 省财政厅发出的《关于贯彻财政部抓紧清理财政周转金文件精神的通知》规定：财政部借给地方的周转金，省财政厅按 1999 年余额扣还；财政厅借给市（地、州）的周转金，参照中央财政周转金办法扣还处理。

8 月 3 日 省政府办公厅印发《四川省省级机关职能配置内设机构和人员编制的规定》，根据中共中央、国务院批准的《四川省政府机构改革方案》及《实施意见》，设置四川省财政厅，为主管全省财政收支、财税政策、国有资产管理，实施财政监督的省政府组成部门。重新调整其职能，包括划入职能 9 项，划出职能 4 项。其主要职责为 12 项。核定行政编制 243 名，另核实行政执法人员编制 2 名。省级机关住房公积金管理中心成建制划转给省政府机关事务管理局，撤销省扶持丘陵大县财政困难县协调小组办公室，其承担职能划转农业处和省农业综合开发办公室，成立四川省财政监督检查局。

9 月 12 日 四川省人民政府批准实施四川省财政厅、四川劳动和社会保障厅《关于我省实行国家公务员医疗补助的意见》。

10 月 18 日 四川省人民政府批转四川省财政厅《关于加强地方金融机构财务监管的实施意见》，规定凡经金融监管部门批准成立并颁发营业许可证的地方各类金融机构，均属于财务监管范畴，由地方政府财政主管部门负责监管。

11 月 15 日 省委、省政府印发《关于加快培育旅游支柱产业建设旅游经济强省的决定》，要求多渠道募集旅游发展资金，在省政府已安排的 2000 万元旅游发展资金基础上，各市（地、州）及重点旅游县（市）政府安排一定的旅游发展经费，列入当地财政预算。

11 月 20 日 省财政厅制发《四川省农业综合开发省级地方项目投资资金管理暂行规定》，将单一的有偿扶持方式改为有偿扶持和直接投资相结合的方式。

2001 年

1 月 4 日 为建立与市场经济相适应的公共财政体系，省委、省政府印发《关于进一步深化省级财政改革的决定》，明确：改革财政预算编制方法，实现功能预算到部门预算的转变；改革财政收付办法，建立健全国库集中收付制度；逐步试行会计集中核算，建立省级会计集中核算中心；完善省级财政转移支付体系；加强和改进国有资产管理；提高省级财政监督管理水平。

1 月 22 日 省委办公厅、省政府办公厅印发《关于对省级非税收入实行银行代收的管理办法》，要求从 2001 年 2 月 1 日起，对省级非税收入全面实行银行代收，取消原先按比例上缴财政的办法。

3 月 2 日 省政府下发《关于进一步深化乡镇财政改革、加强乡镇财政建设的通知》，决定通过推行“零户统管”办法，控制财政供养人员，规范农税征管秩序，实行财政政务公开等措施加强乡镇财政建设。

3 月 四川省财政厅、四川科技厅制发《四川省科技创新资金管理办法（暂行）》。

4 月 16 日 省财政厅制发《企业关闭破产补助资金监督管理办法》，对资金的使用原则、使用对象、拨付程序作出规定，自发文之日起施行。

4 月 18 日 省财政厅制发《四川省省级部门财政资金拨付管理暂行办法》，对省级部门财政预算内资金和纳入省级财政专户管理的省级部门预算外资金加强管理和监督。

4 月 26 日 省财政厅印发并实施《四川省政府采购招标投标暂行办法》，对政府采购中的公开招标采购和邀请招标采购予以规范。

5 月 18 日 省财政厅下发《关于设立“四川省民族地区教育发展十年行动计划”经费专户的通知》，要求甘孜州财政局、阿坝州财政局、凉山州财政局、乐山市财政局设立“民族地区教育十年行动计划专户”，确保项目经费按时、足额到位，专项用于支持民族地区教育发展。

6 月 6 日 省财政厅出台《四川省民族地区教育发展十年行动计划经费管理办法》，明确从 2001 年到 2010 年，省级财政将投入 30 亿元用于支持民族地区发展教育事业，并对经费的来源、使用范围、管理和监督作了说明。

6 月 20 日 省政府办公厅发出《关于严格控制省级财政性基本建设投资的通知》，要求通过严格审批项目建议书、严格限额设计、严格控制概算和预算、严格项目招标投标管理、严格审批开工、严格按计划拨付资金等途径加强对财政性资金的管理。

7 月 4 日 省政府发布并实施《农民应缴纳的税费项目、标准公告》，就农民修建自用住房应缴纳的税费项目、标准以及财政部门所应承担的征管、监督职责作了说明。

7 月 21 日 四川省人大常委会颁布《四川省失业保险条例》（以下简称《条例》）。《条例》规定财政部门和审计部门依法对失业保险基金的收支、管理进行监督，失业保险经办机构所需人员经费和业务经费列入财政预算，由财政拨付。《条例》从 2001 年 10 月 1 日起施行。

8 月 27 日 《四川省少数民族地区特殊转移支付办法》（以下简称《办法》）正式出台。《办法》规定：民族地区特殊转移支付补助额按民族县和三州本级分别计算，通过标准基本支出需求与标准财力的差额乘以转移支付系数计算确定。《办法》实施后，民族地区可用财力大幅增加，财政支出结构大为改善。

9 月 11 日 为加强廉政建设，防范腐败行为，省财政厅党组制定《关于规范财政管理 严肃财政工作纪律的暂行规定》。

9 月 30 日 省政府发布《关于贯彻实施〈国务院关于基础教育改革与发展的决定〉的意见》，要求通过调整财政体制、财政支出结构和增加转移支付的办法解决农村中小学教职工工资发放问题。

从当日起，将农村中小学教职工工资的发放和管理上收到县，县财政部门在人民银行国库开设“工资专户”，并通过代发银行直接划入教职工在银行开设的个人帐户上，优先保证农村中小学教师工资按时足额发放。对实行农村“费改税”试点地方，不再收取教育费附加。

10月12日 省政府发布并实施《四川省城市居民最低生活保障实施办法》，要求财政部门及时、足额划拨城市居民最低生活保障资金，并对其实行专项管理，专款专用，严禁截留、挤占和挪用。

10月17日 为改进国库管理制度，规范财政资金银行清算行为，省财政厅制定《省级单位财政国库管理制度改革试点资金银行支付清算办法》，对支付代理银行的资质条件、账户设置、凭证管理、支付流程、查询对账等作了规定。

11月6日 根据《中华人民共和国行政处罚法》和财政部《违反注册会计师法处罚暂行办法》规定，省财政厅出台了“关于委托省注协实施行政处罚的函”，将对全省注册会计师和事务所的行政处罚权限正式委托省注册会计师学会实施。

11月19日 省财政厅发出《关于国库管理制度改革试点单位政府非税收入收缴及单位往来资金管理办法的通知》。

2002年

1月15日 省政府发出《贯彻国务院关于支持文化事业发展若干经济政策的通知》，要求继续征收文化事业建设费，对文化事业继续实行财税优惠政策，财政部门逐年增加对文化事业的投入并建立专门的文化发展专项资金。

1月25日 省财政厅制发《关于改革国有资产评估行政管理方式加强资产评估监督管理工作有关问题的通知》，要求各单位严格按照财政部的相关规定申报国有资产评估项目的核准和备案。

2月20日 省财政厅发出《关于开展预算单位清产核资工作的通知》，要求全面开展清产核资工作，摸清预算单位“家底”，为完善预算编制、制定科学定额提供依据。

2月27日 省财政厅制订《关于加强和改进机关作风建设的十条规定》。

3月18日 省财政厅发出《关于停止委托贷款并移交债权的函》，取消从1988年开始的对省建行及其分支机构发放工业企业技术改造资金贷款的委托管理授权，并要求其将委托贷款债权移交当地财政部门纳入财政周转金范围统一管理。

4月1日 《四川省粮食风险基金监督管理暂行办法》（以下简称《办法》）施行。《办法》规定：由省财政对市（州）实行粮食风险基金包干管理，地方筹集的粮食风险资金纳入预算足额安排；省财政对地方包干补贴款，按季均衡拨付；基金具体的补贴范围、标准和方式由地方自主决定，但不得压低保护价，损害农民利益。

4月16日 省财政厅发出《关于省级行政事业单位银行账户管理工作有关问题的通知》，要求每个行政事业单位只能在一家国有或国有控股银行开设一个基本存款账户，确需进行专项、特殊管理的资金，报经财政厅批准后，可开设专用存款账户。

5月18日 省财政厅非税处正式将监督管理全省行政事业性收费、政府基金收入票据以及检查指导收费票据使用的职能委托省财政票据中心行使。

5月27日 《四川省省级财政专项支出项目预算评审管理暂行办法》（以下简称《办法》）出台。《办法》决定从当日起由省评审中心具体组织实施省级财政专项支出项目预算评审工作，出具评审报告并对评审结果负责。

5月30日 四川省人大常委会通过并实施《关于加强省级预算审查监督的决定》（以下简称《决定》）。《决定》对省人大、省政府在预算编制、审查、审计和监督中的相关权责作了规定。

6月21日 省委、省政府发出《关于全省农村税费改革试点的实施意见》，决定在全省进行农村税费改革试点工作。试点内容主要包括取消乡（镇）统筹、农村教育集资等专向农民征收的行政事业性收费和政府性基金，调整农业税、农业特产税政策，改革农村提留收取使用办法等。

6月26日 省政府办公厅下发《关于实行省级财政国库管理制度改革的通知》，决定从2002年7月起，全面实行省级财政国库管理制度改革。按照总体规划、分步实施的原则，除已试点的单位外，2002年暂在一级预算单位和各部门（单位）机关财务实行财政国库管理制度改革。

7月1日 省级财政国库支付中心正式运行，标志着省级国库管理改革全面启动。改革后，财政部门将建立国库单一账户体系，每个预算单位原则上只设立一个零余额账户；财政支出将采用直接支付和授权支付两种方式，资金拨付采用银行间清算方式，支付过程也将实行计算机信息化管理。

7月16日 省财政厅发出《关于下达对地方企业职工基本养老保险专项转移支付资金的通知》，要求各级财政及时将中央下拨的企业职工基本养老保险专项转移支付资金划入社会保障补助资金专户，以增强基金平衡能力。

8月16日 四川省农业综合开发办公室领导小组发出《关于贯彻国家农业综合开发的若干意见的通知》，就全省农业综合开发的指导思想、工作机制、资金募集等问题作了纲领性的规定和说明。

8月27日 省财政厅发出《关于专项上解代收和代征税款手续费的通知》，要求从当日起全省各级地税机关、扣缴义务人、代征人不得从税款中直接提取手续费，手续费纳入省级财政预算管理，列报省级财政支出。

9月5日 省政府下发《关于实施所得税收入分享改革的通知》（以下简称《通知》），要求从2002年1月1日起征收机关征收的企业所得税和个人所得税按改革方案规定的分享比例分别缴入中央金库和各级地方金库。《通知》还对收入级次划分及分享比例、基数计算、结算办法、转移支付资金的分配和使用、税收优惠政策的处理等有关事宜作了规定。

9月29日 省财政厅制定《四川省省本级基本支出预算管理办法（试行）》，确立了基本支出预算管理“综合预算、优先保障、定员定额管理”三原则。

10月 根据财政部通知，从2003年起，四川省财政厅终止委托注册会计师协会行使行政管理职权。

12月3日 省财政厅发出《关于在省级行政事业单位试行公用经费节支奖励办法的通知》，规定部门当年公用经费的节余部分在经省财政厅批准后可按不超过50%的比例对职工发放奖金。

12月9日 省委办公厅、省政府办公厅发出《关于2010年我省民族地区全面实现基本普及九年义务教育基本扫除青壮年文盲目标的意见》和《进一步加快我省少数民族散杂居地区教育发展的意见》，决定加大对民族地区的教育投入，要求少数民族散杂居地区的各级政府设立民族教育专项资金，资金来源以市、县级财政投入为主，省级财政适当补助为辅。

2003 年

1 月 1 日 四川省执行国务院《排污费征收使用管理条例》。

2 月 12 日 四川省发现首起非典型肺炎输入性病例，为此，全省财政系统打破常规，预拨“非典”防治经费。

3 月 6 日 省政府发出《关于进一步加强天然林资源保护和退耕还林工程资金管理的通知》，决定将工程建设工作经费纳入财政预算，专项用于工程的组织实施、检查验收等管理工作的经费开支。

3 月 18 日 省财政厅决定从即日起将会计师事务所的审批职能由注协交厅会计管理机构行使；将对会计师事务所、注册会计师的行政监督检查和行政处罚职能由注协交厅财政监督检查机构行使；将对会计师事务所、注册会计师的处罚文书的审查以及听证、行政复议等职能由注协交厅法制机构行使；省注协负责行业自律管理。

4 月 27 日 省政府颁布实施《四川省社会抚养费征收管理实施办法》，规定将社会抚养费纳入县级财政预算管理，直接缴入县级金库。该办法从 2003 年 6 月 1 日起实施。

5 月 9 日 四川省物价局、四川省财政厅、四川省劳动保障厅发出通知，对下岗失业人员再就业涉及的收费实行减免，共涉及 31 个部门，免收的 100 项，减半收的 11 项。

5 月 13 日 省政府决定，从 2003 年 5 月 1 日起至 9 月 30 日止，对受“非典”疫情影响比较严重的餐饮、旅游、旅店、娱乐、民航、公路客运、水路客运、出租汽车等行业减免部分政府性基金。

5 月 19 日 省政府办公厅发出《关于停止征收农业特产税的通知》，决定从 2003 年 6 月 1 日起停征农业特产税及附加。对停征农业特产税及附加后县、乡财政和村级集体组织的减收部分，省、市（州）财政将给予相应的财政转移支付补助。

6 月 1 日 省政府办公厅发出《关于恢复征收烟叶农业特产税的通知》，决定从即日起恢复征收烟叶农业特产税及附加。

6 月 26 日 省政府发出《关于大力推进职业教育改革与发展的决定》，要求：省财政逐年增加职业教育专项经费；各级地方政府也要设立并逐步增加职业教育专项经费，纳入财政预算，用于支持职业教育发展；从 2003 年起，城市教育费附加安排用于职业教育的比例不低于 15%，已经普及九年义务教育的地区不低于 20%。

7 月 17 日 省政府发布《关于加快重点小城镇建设的若干意见》，要求加大重点镇财政投入和改革力度，各地在财力允许的条件下，可通过贴息贷款、转移支付等形式支持重点镇的基础设施和公共服务设施建设。

8 月 11 日 《四川省省级政府采购工作规程》施行，对政府采购的组织管理机构、采购预算的编制、采购计划的下达、采购流程的实施、款项支付方式等作了规定。

8 月 19 日 省财政厅发出《关于进一步规范涉农收费管理做好减轻农民负担工作的通知》。

8 月 25 日 省政府办公厅发出《关于财政性资金投资项目有关资产处置问题的通知》，要求使用财政性资金的建设单位应在项目竣工后 3 个月内完成竣工决算编制工作，并报财政部门审批。

8 月 29 日 省政府办公厅发出《关于严禁违规转引税款的通知》，要求各地完善财政管理体制，合理划分县、乡（镇）财政收入，改变过去对乡（镇）实行收支挂钩的办法，满足乡（镇）的基本支出需求，从体制上遏制违规转引税款的违法行为。

9月19日 省政府发出《关于贯彻国务院〈排污费征收使用管理条例〉的通知》，规定四川省排污费征收标准按国家排污费征收标准执行。所征税款，中央、省、市州（含县）分成比例分别为10%、15%、75%，分别解缴入库，其中省级环保部门征收的排污费地方部分全额缴入省级金库。

9月25日 经四川省人民政府同意，四川省财政厅、四川省国税局、四川省地税局和人行成都分行发出通知，决定从2003年起，参照三州财政体制，调整省与北川县、马边县、峨边县3个民族自治县及仁和区、米易县、盐边县、平武县、金口河区、石棉县6个享受民族县待遇的区、县的税收分享政策。省财政暂不参与内地民族县增值税（25%部分）、一般营业税（不含金融保险营业税）、个人所得税地方部分、资源税、房产税、印花税、城镇土地使用税、契税等8个税种的税收分享。

10月10日 省财政厅发出《关于推进省以下部门预算改革的意见》。

10月27日 四川省财政厅、四川省民政厅发文，决定将电脑型福利彩票公益金按发行额的20%、5%、10%分别缴入中央、省级和市（州）级国库，即开型福利彩票公益金按发行额的15%、2%、18%缴入中央、省级和市、县级国库。

11月21日 省政府发出《贯彻国务院关于改革现行出口退税机制的决定的通知》，决定从2004年起以中央核定的2003年出口退税指标为基数，对超过基数部分的应退税额，由中央和地方按75:25的比例共同负担。对地方应负担的25%部分，省与市按35%和65%的比例分别负担，三州与内地3个民族自治县和6个民族待遇县由当地全额负担。增值税地方分成比例维持原状不变。

12月19日 省财政厅印发《关于进一步强化政府外债管理的若干意见》，决定进一步健全政府外债信息统计体系，完善管理制度，建立偿债激励机制。

2004年

1月18日 省财政厅制发《四川省政府采购代理机构管理办法（暂行）》，对政府采购代理机构的从业资格和从业行为作了规范和说明。

2月5日 全省财政系统作风教育整顿活动开始，整风活动围绕“为民理财，依法行政，廉洁高效”的主题展开，包括学习教育、查找问题、整改建设3个阶段。

2月13日 省委、省政府决定组建四川省国有资产监督管理委员会，对省属国有企业行使出资人权利，原分散在各部门的有关事权实行统一归口，包括省财政厅管理经营性国有资产的职能。

2月18日 省委、省政府发出通知，决定从2004年起对全省57个民族县（含民族待遇县）取消农牧业税及附加。

3月10日 省财政厅制发《关于进一步完善国债转贷资金管理办法的通知》，规范工作程序，加强转贷资金管理。

3月24日 省委、省政府决定从2004年起，对种粮农民实行直接补贴，补贴资金从粮食风险基金中优先安排。

4 月 14 日 四川省民政厅、四川省卫生厅、四川省财政厅发出《关于在我省实施农村医疗救助的意见》，决定对农村五保户、农村贫困户家庭成员及地方政府规定的其他符合条件的农村贫困农民实行医疗救助制度。

4 月 21 日 四川省财政厅、四川省农业银行制发《四川省粮食直补资金管理暂行办法》，对直补资金的筹集范围、管理方式、拨付流程、兑付办法等作出规定。

5 月 18 日 省财政厅对外公布向社会征收的政府性基金项目。

5 月 29 日 四川省财政厅、四川省地税局发出《关于贯彻四川省地方教育附加征收使用管理办法有关问题的通知》，明确四川省地方教育附加和中小学改善办学条件附加、职工个人教育费、宾馆旅店教育费的起停征时点、征收经费来源等事宜。

6 月 7 日 省财政厅发出通知，决定调整省级预算单位财政资金支付程序，简化预算内资金基本支出用款计划申报程序，实行按季均衡下达办法。同时，调整现金支付申报办法，方便单位及时用款。

6 月 14 日 四川省财政厅、四川省卫生厅印发《四川省新型农村合作医疗基金财务管理暂行办法》，以规范农村合作医疗基金管理。

8 月 16 日 《四川省社会保障专项资金绩效考评办法（试行）》出台，考评指标由财务考评指标、业务考评指标、定量考评指标和定性考评指标组成。

9 月 21 日 《四川省市（州）县级财政国库管理制度改革业务操作规范（暂行）》出台，对国库单一帐户体系的设立与管理、预算指标录入与查询、资金用款计划编报与审核、财政直接支付业务、财政授权支付业务、单位零余额总户或基本存款总户的现金支付业务、凭证的使用与管理、会计帐簿和会计核算的具体操作办法和业务程序作了规定。

12 月 10 日 省财政厅印发《关于进一步完善乡镇财政管理体制，加强乡镇财政管理的意见》，要求各地按照“实事求是、因地制宜、分类指导”的原则和分税制改革的要求，合理确定县乡财政管理体制。对财力无法满足基本支出需要的欠发达乡镇实行“乡财县管”模式，即由县级财政保障乡镇必要支出。

12 月 22 日 省财政厅发出通知，要求各地各部门认真清理检查政府非税收入管理情况，将各项行政事业性收费、政府性基金、罚没收入、彩票公益金等纳入非税收入管理范围，并按规定将部分非税收入纳入财政预算管理。所有非税收入必须全部上缴财政专户或国库，实行“收支两条线”管理。

2005 年

1 月 1 日 省委、省政府决定，从 2005 年 1 月 1 日起，全面停征农业税及附加。

2 月 14 日 四川省财政厅、四川省卫生厅发出通知，要求各地加快建立新型农村合作医疗风险基金。

3 月 1 日 省财政厅发出通知，要求各地从 3 月 1 日起停止直接办理会计从业资格证书，停止从业资格考试，清理现有空白会计从业资格证书，核实发证人员。

5 月 15—16 日 世界银行高级副行长、首席经济学家卜圭农到四川访问，并赴南充市考察秦巴扶贫项目。

9 月 15 日 利比里亚财政部副部长多克率领的非洲国家财政金融研修访问团到四川，就财政体制、金融管理等问题进行交流学习。

9 月 22 日 省委办公厅、省政府办公厅印发《关于县乡财政管理体制改革的试行意见》，提出：按分税制改革要求，完善县（市、区）对乡镇的财政管理体制，重新界定县、乡事权范围，明确县、乡两级支出责任，合理划分县、乡政府财政收入；逐步推行“乡财乡用县管”方式，建立县级财政最低财力保障机制，完善省对市县激励约束机制，强化财政监督管理，规范财政运行。

9 月 25 日 省委办公厅、省政府办公厅发出《关于开展农村综合改革试点工作的通知》，要求试点工作以乡镇机构改革、农村义务教育管理体制改革、县乡财政体制改革为重点，促进农村经济社会和谐发展。

10 月 17 日 在全国财政决算工作会议上，四川 2004 年财政总决算获一等奖，部门决算获二等奖，受到财政部表彰。

10 月 18 日 为规范政府采购行为，提高采购工作效率，加强采购管理，省财政厅制发《四川省省级政府采购试行规程》《四川省政府采购代理机构管理办法》《四川省省级定点采购办法》。

11 月 8 日 省财政厅制发《四川省扶贫资金县级财政报帐制实施办法（试行）》，以规范财政扶贫资金管理，提高资金使用效益。

12 月 2 日 为贯彻落实《国务院关于大力发展职业教育的决定》文件精神，加快四川职业教育发展，规范中职贫困学生助学金管理，省财政厅制发《四川省中职贫困学生助学金管理试行办法》。

12 月 15 日 省财政厅制发《省对市（州）、县财政运行监督管理实施办法（试行）》，对市（州）、县财政管理体制调整情况、财政管理基础工作、省补助资金落实情况、财政改革推进情况等进行监督。

12 月 30 日 省委办公厅、省政府办公厅发出《关于进一步加强债务管理制止发生新的乡村债务的通知》，要求市（州）、县人民政府，尤其是县、乡人民政府应从每年财政超收、上级给予的财力性转移支付中安排一定比例资金用于偿还到期债务。

三、文献辑存

四川省人民政府关于实行分税制财政管理体制的通知

（1995年4月6日　川府发〔1995〕69号）

各市、州人民政府，各地区行政公署，省政府各部门：

为了贯彻执行《国务院关于实行分税制财政管理体制的决定》（国发〔1993〕85号），适应中央对地方分税制改革的要求，根据四川实际情况，省政府决定从1994年1月1日起，对市、地、州的财政管理体制作相应调整，现将有关问题通知如下：

一、地方事权和支出的划分范围

根据中央政府与地方政府现行的事权划分范围，四川包括省、市（地、州）、县（市、区）、乡（镇）在内的各级地方财政，主要承担本行政区国家机关运转及本地区经济、社会事业发展所需支出。具体包括：地方行政管理费、公检法支出、部分武警经费、民兵事业费、地方统筹的基本建设投资，地方企业的技术改造和新产品试制经费，支农支出，城市维护和建设经费，地方文化、教育、卫生等各项事业费，价格补贴及其他支出。

二、按照中央划给地方的收入，划分省与市、地、州的财政收入

为了切实保护各地发展经济、增收节支的积极性，根据事权与财权相结合的原则，在中央划给地方的税种基础上，基本维持省、市（地、州）、县（市、区）原收入预算级次，划分地方各级之间的财政收入，具体划分如下：

（一）省财政固定收入：省级企业所得税、上交利润、计划亏损补贴；各银行省分行、保险公司省公司的营业税；固定资产投资方向调节税（不含万县、涪陵、黔江和三州）；省级城市建设综合开发企业缴纳的所得税；有省级单位资本金的外商投资企业、外国企业缴纳的所得税；有省级单位资本金的在蓉五区范围内的外商合资、合作企业缴纳的营业税；由省级所属企事业单位参股的股份制企业缴纳的所得税；省级在蓉五区范围内的企业缴纳的一般营业税；其他收入。

（二）市、地、州财政固定收入：市、地、州企业所得税、上交利润、计划亏损补贴；市、地州一般营业税（不含银行缴纳的营业税）；个人所得税、城市维护建设税、房产税、车船使用税、印花税、屠宰税、农牧业税；农业特产税；契税、遗产和赠与税；地县级城市建设综合开发企业缴纳的所得税；只有地县级单位参与投资的外资企业和外国企业缴纳的所得税；排污费收入、城市水资源费收入、教育费附加收入；煤炭城市建设附加费。

（三）中央与地方和省与市、地、州的共享收入：增值税、资源税、证券交易税。增值税除中央分享75%外，地方分享25%的部分和按不同的资源品种划分的资源税，均按分税制前的原预算缴库级次不变。保险公司所得税，中央分享50%，省财政分享50%。证券交易税地方分享的50%，待该税种在四川开征后，再另行决定。

市、地、州及县（市、区）各银行（含所属的各类金融性公司）缴纳的营业税（除万县、涪陵、黔江和三州为100%外），省分享70%，市、地、州分享30%；耕地占用税省分享40%，市、地、州分享60%；土地使用税省分享60%，市、地、州分享40%；土地增值税省与市、地、州各分享50%；国有土地使用权有偿使用收入省分享15%，市、地、州分享85%。

（四）除上述收入项目外的其他各项预算收入（包括收入退库），原属各级的预算固定收入，以及原属按固定比例分成的收入，均维持原有规定不变。

（五）现行财政管理体制系分税制财政体制与原体制中部分内容双轨运行，待中央对地方的分税制管理并轨后，再作适当调整。

三、省财政对市、地、州财政税收返还数额的确定

为了保持1993年地方既得利益格局，逐步达到改革的目标，按照国务院的统一要求，省财政对市、地、州税收返还数额以1993年为基期年核定。按照1993年地方实际收入，以及税制改革和中央、省、市（地、州）、县（市、区）财政收入的划分情况，核定1993年中央从市、地、州净上划的收入数额（即消费税+75%的增值税－中央下划收入±其他调整因素）。1993年中央净上划收入，在中央全额返还省的同时，由省全额返还市、地、州，并以此作为以后年度省对市、地、州的税收返还基数。从1994年起，税收返还额在1993年基数上逐年递增，递增率按各市、地、州在本地区范围内上划中央增值税和消费税的平均增长率的1：0.3系数确定。1994年及以后年度达不到净上划收入基数，则相应扣减税收返还数额。

四、原体制中省对地区补助，以及市、地、州应上解省的有关结算事项的处理

为顺利推行分税制改革，1994年实行分税制以后，原体制的分配格局暂时不变，过渡一段时间再逐步规范化。原体制中省对市、地、州的补助继续按原规定执行。市、地应上解省的数额，仍按不同体制类型执行，即：实行定额补助的地区，按原规定继续定额补助；实行定额补助加递增的地区，继续按原规定执行。实行递增包干上解的市，按原规定继续递增上解；实行定额上解的地区，按原确定的上解额，继续实行定额上解。

重庆市实行分税制财政管理体制后，直接与中央财政发生关系，原财政包干管理体制规定上解省的部分，改由中央对省定额补助并按递增率5%逐年递增，1994年起仍维持此办法不变；省对重庆市原体制规定的结算事项，仍按原办法执行。

原省拨给地方各项专款，该下拨的继续下拨。6个享有省级进出口经营权的市、地1993年承担的20%部分出口退税以及其他年度结算的上解和补助项目相抵后，确定一个数额，作为一般上解或一般补助处理，以后年度按此定额结算。

五、配套改革和其他政策措施

（一）改革国有企业利润分配制度。根据建立现代企业制度的基本要求，结合税制改革和实施《企业财务通则》、《企业会计准则》，合理调整和规范国家与企业的利润分配关系。从1994年1月1日起，国有企业统一按国家规定的33%税率交纳所得税，取消各种包税的做法。考虑到部分企业利润上交水平较低的现状，作为过渡办法，增设27%和18%两档照顾税率。企业固定资产贷款的利息列入成本，本金一律用企业留用资金归还。取消对国有企业征收的能源交通重点建设基金和预算调节基金。逐步建立国有资产投资收益按股分红、按资分利或税后利润上交的分配制度。作为过渡措施，近期可根据具体情况，对1993年以前注册的多数国有全资老企业实行税后利润不上交的办法，同时，微利企业交纳的所得税也不退库。

（二）同步进行税收管理体制改革。建立以增值税为主体的流转税体系，统一企业所得税制。从1994年1月1日起，在现有税务机构基础上，分设中央税务机构和地方税务机构，国家税务局系统负责中央税收入、中央地方共享收入的征收管理；地方税务局系统负责地方各税种的征收管理。省级税收除省国税局、省地方税务局的直属分局征收的部分外，其余由当地地方税务部门负责征收。

（三）改进预算编制办法，强化预算约束。实行分税制之后，省财政对市、地、州的税收返还列入省级预算支出，市、地、州相应列作收入；市、地、州财政对省级的上解列市、地、州预算支出，省财政相应列作收入。省财政与市、地、州财政之间都不得互相挤占收入。从1995年起，按照《预算法》的规定编制各级预算。

（四）建立适应分税制需要的国库体系和税收返还制度。根据分税制财政体制的要求，原则上一级政府一级财政，同时，相应要有一级金库。在执行国家统一政策的前提下，中央金库与地方金库分别向中央财政和地方财政负责。实行分税制以后，市、地、州财政支出有一部分要靠省财政税收返还来安排。为此，要建立省财政对市、地、州税收返还和转移支付制度，并且逐步规范化，以保证地方应拨财政支出的资金需要。

（五）妥善处理原由省政府批准的减免税政策问题。根据国发〔1993〕85号文件精神，考虑到省政府已经对一些项目和企业作了减免税的决定，为了使这些企业有一个过渡，在制止和取缔越权减免税的同时，对于1993年6月30日前经省政府批准实施的未到期减免项目或减免税企业，经财政部和国家税务总局审查确认后，从1994年起，实行先征税后退还的办法。这部分税收中属中央收入部分，在中央财政统一返还给省政府后，省财政将按现行体制规定及时退还给市、州人民政府和地区行政公署，连同各地收入部分，由市、州人民政府和地区行政公署按政策规定统筹返还给企业，用于发展生产。这项政策执行到1995年。

（六）各地区要进行分税制配套改革。各市、州人民政府和地区行政公署要根据本规定制定所属市、区、县的财政管理体制，并报省财政厅备案。凡属中央、省的财政收入，不得以任何方式纳入地方财政收入范围。在分税制财政体制改革的过程中，各地区和省级有关部门要注意调查研究，及时总结经验，解决出现的问题，为进一步改进和完善四川省的分税制财政管理体制创造条件。

四川省人民政府批转省财政厅关于进一步增收节支确保财政收支平衡报告的通知

川府发〔1995〕111号

近年来，随着经济发展速度加快，财政收入大幅度增长，但由于财政支出增长幅度过大，致使财政赤字也相应增加。财政赤字的不断扩大，不仅影响到财政自身职能的发挥，对整个国民经济实现良性循环也产生了不利影响。为了扭转这种被动局面，督促和鼓励各地大力发展地方经济，进一步增收节支，自求财政平衡，尽快扭转四川财政严重困难的形势，省政府同意省财政厅《关于进一步增收节支，确保财政收支平衡的报告》，现批转给你们，望遵照执行。

1995年7月14日

关于进一步增收节支确保财政收支平衡的报告

省政府：

近年来，在各级党政机关的领导下，经过全省广大财税干部的共同努力，我省财政工作不断加强，财力总量增长很快。然而，在财力取得较快增长的同时，赤字数额却不断扩大，并已危及财政经济正常运转。到1994年末，全省（不含重庆）有116个县出现赤字共11.9亿元，10个市地州出现赤字2.7亿元。经调查分析，出现赤字的原因主要有两种：一是确因按财政供给人数计算的人均财力（以下简称供给人均财力）达不到维持行政事业正常运转所必需的经费而引起的赤字；另一种是受“不摆赤字吃亏”的错误思想影响，为争取上级补助或调整体制时得不到照顾，而人为形成的赤字。并且在前一种情况中，也仍存在赤字数额超过财力差额的不正常状况。根据《预算法》关于财政平衡的规定，结合省委、省政府提出的“努力增收节支，实现当年收支平衡并力争有所结余或消化一部分滚存赤字”的财政工作目标，为有效地消除“赤字无害论”和“不摆赤字吃亏论”的不良影响，特将进一步增收节支、确保财政收支平衡的意见报告如下：

一、建立各级自求平衡的约束机制

按《预算法》规定，一级政府一级预算，其财政收支自行安排，自求平衡。因此，上级对下级制定的增收节支措施应主要体现在督促和约束上。为此，省财政将从以下方面建立各级财政自求平衡的约束机制：

（一）衡量财政困难程度的主要依据，不是赤字数额的大小，而是供给人均财力与供给人均最低必要财力的差额（以下简称财力差额，具体计算公式及说明见附件）。这是今后上对下决算财力补助、转移支付、体制上解下补等的依据。

（二）奖励平衡，惩罚赤字，以奖代补，以惩促平（平衡）。按人均财力将地、县（含市、州、区，下同）分为倒差、平衡、顺差三类，每年滚动计算。具体分类名单及奖惩办法由财政厅制订。

奖惩原则如下：

对倒差地县实现当年平衡或赤字小于倒差额的，次年决算给予自己消化数（即差额减少数）一定比例的财力奖励，以奖代补，并对特困县（指倒差额特大的县）在今后转移支付时优先照顾；赤字大于差额的，次年决算不予补助，并停办专款、周转金和控购审批。

对平衡地、县实现平衡的，适当鼓励；实现净结余的，次年给予工作奖励；出现赤字的，次年停办专款、周转金和控购审批。

对顺差地、县，净结余数大于顺差额的给予工作奖励；净结余数小于顺差额或只实现平衡，没有净结余的不奖不惩；对出现赤字的，停办专款、周转金、控购审批，并通报批评。

（三）将财政工作纳入政府政绩考核，作为目标管理评奖、考核提干的量要内容；省政府每年对上年平衡工作最好和最差的各10个县，财政供给人口增加最少和最多的各10个县予以通报表彰和批评；全省每年组织一次对财政收支平衡的专项审计，对弄虚作假、骗取奖励或逃避惩罚的予以严肃处理并通报。

二、进一步挖掘潜力，强化征管，努力增收

各地始终要把增加收入的着眼点放在发展经济、培植财源上，特别是要结合分税制财政体制改革后地方财源结构的变化情况，努力培植新财源和后续财源。同时，认真贯彻执行税法，依法办事，坚决克服“上半年放一马，下半年抓一把”的倾向。各地要努力挖掘潜力，实现超收。今年财政收入亿元县要力争在年初预算基础上超收500万元；财政收入5000万—10000万元的县要力争超收300万元；其余的县也要争取超收100万—200万元。

（一）要抓好重点税种的征管。对增值税、消费税、营业税、所得税等重点税种，各地要继续采取“分类排队，各个突破”的办法逐一抓好。对个体税收和个人所得税的征管，要尽快建立纳税申报制度，加强对代扣代缴义务人的监督管理，使其严格履行代扣代缴义务。

（二）严禁越权减、免、缓各项税收。要严格按国家有关规定，切实纠正以支持地方企业发展为由而擅自减、免、缓所得税的做法，严格依法治税，严厉打击各种偷税、骗税、抗税等违法行为。

（三）认真抓好集贸税、农业特产税等税收的征管。集贸税收的征收难度较大，各级税务部门要防止因为取消“征收分成”而放松对集贸税收的征管。农业特产税也是我省的一个增收潜力较大的税种，要认真执行有关政策，加强征管。

（四）大力清收欠税。财税部门对欠税企业，除了要帮助其融通资金，订出切实可行的清欠计划外，同时严格执行加收滞纳金的制度；对既有财政拨补，又有欠税的企业和部门，要把财政拨补资金首先用来抵补欠税；银行要积极协助税务部门依法扣款清欠，严禁压票、压证。要集中力量清理欠税大户，继续执行和进一步完善清理重点欠税大户责任制，实行清欠目标管理，在清回旧欠的同时，防止产生新欠。

（五）严格把好退税关。各级财政的税政机构要加强国内退税管理，国税部门要把好出口退税关，严格审核每一笔退税，堵住收入流失漏洞。

（六）加强预算外资金和罚没收入的管理。要严格按《四川省预算外资金管理条例》规范预算外资金管理；从今年下半年起将部分行政性收费纳入预算管理；对罚没收入也要加强管理，严禁坐支、挪用。要认真落实省上出台的有关增加教育投入的征收措施，切实做好征收工作。

三、坚持有保有压原则，从严控制支出增长

各地要认真贯彻执行省政府确定的“今年的新增财力除用于消化去年调资欠账和适当增加农业、教育的投入外，其他支出原则上不安排增长”的支出原则，切实控制非生产性开支。

（一）大力压缩行政经费开支。从今年开始，省将在对各地实行行政经费定额考核管理的基础上，对各地的行政经费“下管一级”。各级、各部门一定要按照定额考核办法严格控制“人、车、会、电话、考察”等费用。

（二）继续控制人员增长。在机构改革中，要严格行政事业单位人员编制管理；鼓励财政拨款的全额事业单位向差额单位过渡，差额单位向自收自支单位过渡；事业单位的收入要纳入单位预算统一核算、统一安排、统一管理。

（三）进一步优化支出结构，坚持量入为出、量力而行的方针，严格控制固定资产投资规模，能缓建的项目要缓建，该停建的项目要先停下来，在工资未兑现的情况下，财政不得安排经费为机关购车和建房。切实治理整顿“三乱”、公款消费和小金库，防止消费基金过快增长。

（四）强化预算约束，坚持“一支笔”审批。预算一经确定，便不得随意追加、追减，情况特殊的个别开支，应坚持由分管领导“一支笔”审批的原则，以把紧开支口子。

以上意见如无不妥，请批转各地、各部门执行。

四川省财政厅

一九九五年五月二十日

附件：

供给人均计算财力的计算公式及说明

一、计算公式

当年供给人均财力 = ［上年自有财力 + 上年地方收入 × 全省地方收入平均增长幅度 + 上年税收返还基数 × 全省上划两税收入平均增长幅度 × 30% － 递增上解增加额 + 递增补助增加额］ ÷ ［1993年末财政供给人数 ×（1 + 全省上年末比 1993 年平均增长分档幅度）］

二、说明

（一）地方收入和上划收入按全省平均增幅计算，可以鼓励市县抓财源建设和收入征管。如果实际收入增幅高于平均增幅，仍按平均增幅计算，高于部分体现了鼓励，低于部分体现了惩罚。

（二）供给人数增幅按全省平均增幅分档计算，可以鼓励市县控制人员增长和力争人员减少。如果实际人员增幅（含负数，即减少）低于计算增幅，低于部分体现了鼓励，反之则体现了惩罚。

（三）此公式年年滚动计算，每年均适用。

四川省政府办公厅
关于实施四川省过渡期财政转移支付试行办法的通知

（1996年9月19日　川办发〔1996〕125号）

各市、州人民政府，各地区行政公署，省政府各部门：

为适应分税制财政体制改革的要求，加大对贫困地区和民族地区经济的扶持力度，保证社会的稳定发展，结合我省实际情况，省政府决定从1995年起，实施四川省过渡期财政转移支付试行办法。现将有关问题通知如下：

一、省给予各地的转移支付补助，各地要尽快补助落实到县，同时，市、地、州本级财力状况较好的地方要适当增加对所属县（市、区）的转移支付补助，逐步建立、实施对所属县（市、区）的转移支付办法。

二、省给予的转移支付补助资金，各地应主要用于发放工资（尤其是教师的工资）和弥补事业经费不足。

三、省给予各地的转移支付补助，计入各县可用财力总额后计算各县的倒差额及顺差额，再按照省政府川府发〔1995〕111号文件的有关规定进行考核。

附件：

四川省过渡期财政转移支付方案

为适应分税制财政体制改革的要求，加大对贫困地区和民族地区的扶持力度，保证社会的稳定发展，结合我省实际情况，实施四川省过渡期财政转移支付试行办法。

一、转移支付制度的目标模式

两年来，按照省委、省政府确定的体制原则，我省分税制财政体制沿着“双轨运行”的模式向前推进，由原体制补助、专项补助和税收返还等构成的转移支付体系已初步形成。但是，现行转移支付体系带有很强的“基数法“色彩，存在许多不够规范和合理的地方，规范的转移支付制度以各级政府基本公共服务能力均等化为目标，在合理划分政府间收入和事权的基础上，采用科学的方法，核定各地方政府的“标准收入能力”和“标准支出需求”，据以确定均衡拨款；同时辅之以必要的专项拨款。其基本特征是：①公正，确保各地居民享受的公共服务水平大体一致；②公开，拨款的依据、方法和结果透明度高。③规范，拨款确定公式化、程序化、制度化。从而保证我省各级财政顺利实现其职能，即保证国家机器的正常运转，兴办社会公益事业和支持经济建设职能的实现。

目前，建立规范转移支付制度的条件尚不成熟。①规范的转移支付制度必须废弃传统的“基数法”，引入“标准收入能力”和“标准支出需求”概念，必然要调整各地的既得利益，难度较大。

②中央财政及省级财政减收增支因素较多、赤字较大的局面短期内难有大的改观，因此，可用于转移支付的财力有限。③转移支付制度方案设计还面临统计数据不完整、测算方法不完善等技术性问题。

为了科学、合理、公正地将中央对我省的转移支付资金转移到地、市、州、县（市、区），在中央财政过渡期转移支付方案基础上结合我省具体情况，对各地实施相对规范的转移支付办法，并逐步向规范化的转移支付制度靠近，最终实现与目标模式的接轨。

二、过渡期转移支付的指导思想和基本思路

（一）过渡期转移支付的指导思想

1. 兼顾公平与效率的原则，力求公正、公开、规范。通过公式化、程序化、制度化的方案设计和实施，尽力排除人为因素的影响，力求各地政府公共服务水平的大体一致，同时，适当考虑各地的收入努力程度。

2. 分步骤分阶段地实施转移支付制度，按照“九五”四川省财政的发展思路及奋斗目标，在当前可用于转移支付的资金极为有限的状况下，现阶段的“转移支付”制度必须重点确保财政基本职能，即保证国家机器的正常运转和兴办社会公益事业职能的需要。按此思想，财力转移应有所侧重，突出重点，以缓解财政倒差县及贫困县财政困难，有效履行行政职能为主要对象，并体现对民族地区的适度倾斜。

3. 我省过渡期转移支付方案与川府发〔1995〕111 号文件同时运作，相互补充。尽管川府发〔1995〕111 号文件与当前过渡期转移支付制度在目标模式和计算方法上存在较大差异，但其帮助财政倒差县和贫困县履行财政职能的目的是趋同的，因此，当前两个政策的共同实施，将有助于解决县级财政履行其基本职能的需要。但随着县级财政困难的逐步缓解，财政基本保障职能的逐步键全，我省争取在 2000 年实现川府发〔1995〕111 号文件与转移支付制度的并轨，以逐步实现政府基本公共服务能力均等化的目标。

4. 转移支付财力计算直接对县，并与市地州本级财力水平挂钩。由于我省各地、市、州之间和县与县之间经济发展不平衡，财政收入能力和支出水平存在较大差异，因此，我省过渡期转移支付方案总体上以县为单位设计、计算，同时，按照现行财政管理体制，市、地、州本级财政也应拿出一定的财力对所属财政困难县实施转移支付，达到省地共同对县转移支付的目的。

（二）过渡期转移支付的基本思路

规范的转移支付办法，均衡拨款应参照各级地方政府的“标准收入”和“标准支出”确定。“标准收入”是按照各地自有及共享收入项目实有税基和平均的收入努力程度估算的应有收入；“标准支出”是指在相同的支出效率前提下，实现同等水平公共服务能力所需的财政支出。由于目前各税种税基的基础数据难以取得，大部分收入项目的“标准收入”测算比较困难，因此，过渡期拟按照“财力”低于“标准支出”的差距作为确定转移支付的基础，同时适当考虑各地的收入努力程度及支出结构。收入努力不足的县（市、区），其“财力”低于“标准支出”的差距，应通过强化征管，合理利用税基等途径增加收入予以弥补，仍有缺口的，其财力不足额作为计算转移支付的依据。为了保证有限的转移支付资金首先用于最困难的县（市、区），凡 1995 年人员经费与公用经费占财力的比重低于 94% 的县（市、区），以及按实际财政供养人数算总帐，凡人均财力高于 1 万元的市、地，其所属县（市、区）暂不作为省级财政过渡期转移支付对象。

由于各地公共支出成本差异难以确定，因此，根据数据条件，标准支出的测算采取分类处理的办法。部分支出项目按照国家和省规定的支出标准加以核定；没有统一标准的支出项目，选择一些客观因素，运用多元回归的方法，建立标准支出模型；既无统一支出标准，又难以建立回归模型的支出项目，则以实际支出数视同标准支出数。

同时，在各类客观性影响因素的认定和选择上，要体现我省地广人多、农业大省的省情和民族自治县和民族待遇县多的特点，同时要兼顾地区间的经济结构、地理环境差异较大的特点。

各地享受转移支付额的计算总公式是：

某县（市、区）（以下统称“县”）转移支付补助额＝该县客观因素转移支付补助额＋该县政策性转移支付补助额

省对县（市、区）的转移支付补助遵循按每年财力情况滚动式计算的原则，补助额一年一定，不作基数。

三、过渡期转移支付额的确定

（一）客观因素转移支付额的确定

某县客观因素转移支付补助额＝（该县标准支出－该县财力－该县收入努力不足）×客观因素转移支付系数

客观因素转移支付系数＝当年可用于客观因素转移支付资金÷（全省县级标准支出－县级财力－县级收入努力不足额）

某县的标准支出和收入努力不足额，是通过建立全省县级单位的回归模型，最终通过模型计算得出的，省对县的转移支付具体办法由省财政厅另行下达。

（二）政策性转移支付的确定

民族地区财源基础薄弱，人均财政收入水平低，财力对财政收入的增长弹性较差；加之民族地区自然条件较为艰苦，人口过疏，财政支出成本较高。按照上述计算方法，难以体现中央和省对民族地区的倾斜政策。为贯彻《民族区域自治法》，帮助民族地区解决财政困难，1995年在中央财政对民族自治州实施政策性转移支付基础上，对省内其他民族县、民族待遇县，由省财政实施政策性的转移支付补助。

四、转移支付制度的进一步完善

过渡期转移支付办法是在当前条件下对现行转移支付方式的改进和补充，它改变了转移支付的决定机制和方式，用主要由客观因素决定的公式并考虑政策性因素，方案的基本原则与方法适用整个过渡期。随着转移支付运用外部环境的改善和转移支付测算技术的改进，过渡期转移支付将作适当调整。另外，完整的转移支付还应包括专项转移支付。为提高专项拨款的科学性、公正性、效益性，今后，将逐步规范专项转移支付办法。

四川省会计管理条例

（1997 年 10 月 17 日四川省第八届人民代表大会常务委员会第二十九次会议通过）

第一章　总　则

第一条　为了规范和加强会计工作，保障会计人员依法行使职权，发挥会计工作在加强经济管理，提高经济效益中的作用，维护社会主义市场经济秩序，根据《中华人民共和国会计法》和有关法律、法规的规定，结合四川实际，制定本条例。

第二条　凡本省行政区域内的国家机关、社会团体、企业、事业单位、个体工商户和其他组织（以下简称各单位）办理会计事务，必须遵守本条例。

第三条　省人民政府财政部门管理全省的会计工作，市（地、州）、县（市、区）财政部门管理本行政区域内的会计工作。

各级业务主管部门应当按照会计法律、法规和会计制度的规定，加强对下属单位会计工作的管理、监督和指导。

第四条　各单位应当加强会计基础工作，建立健全内部会计管理制度，维护会计工作秩序。

第五条　单位领导人领导会计机构、会计人员和其他人员执行本条例，保证会计资料合法、真实、准确、完整。

第六条　会计机构、会计人员依法行使职权受法律保护。任何单位和个人不得对依法行使职权的会计人员进行打击报复。

第七条　对认真执行会计法律、法规和会计制度，坚持原则，忠于职守，做出显著成绩的会计人员，应当予以表彰、奖励。

第二章　会计机构和会计人员

第八条　各级财政部门管理本行政区域内的会计工作，其主要职责是：

（一）组织宣传、贯彻、实施会计法律、法规及会计制度，制定管理会计工作的办法，依法支持会计机构、会计人员行使职权，维护会计人员的合法权益；

（二）监督、检查和指导各单位的会计工作，依法对违反会计法律、法规和会计制度的行为进行查处；

（三）管理会计人员培训及会计专业技术资格考试、评审工作；

（四）负责会计证的颁发、验证等工作；

（五）按国家有关规定管理会计电算化工作；

（六）总结交流会计工作经验，表彰、奖励先进集体和先进会计工作者；

（七）受理因依法履行职责受到错误处理或者打击报复会计人员的申诉和举报；

（八）管理其他会计工作。

第九条 各单位应当根据业务需要设置会计机构，并配备会计人员，或者在有关机构中设置专职会计人员并指定会计主管人员。

凡不具备配备专职会计人员条件的单位，应当建账的个体工商户，必须委托合法的代理记账机构代理记账。

第十条 会计机构必须建立岗位责任制度和内部稽核制度，配备具有相应素质的稽核人员。

会计与出纳必须分设。出纳人员不得兼管稽核、会计档案保管和收入、费用、债权、债务帐目的登记工作。非出纳人员不得管理现金、有价证券和票据。

单位领导人不得兼任本单位的会计或者出纳。

第十一条 会计工作实行回避制度。国家机关、国有企业、事业单位领导人的近亲属不得担任本单位会计机构的负责人、会计主管人员和会计人员；会计负责人、会计主管人员的近亲属不得在本单位会计机构中担任会计、出纳工作。

第十二条 国有大中型企业应当设置总会计师；其他单位根据需要可以设置总会计师或者相应职位，行使总会计师的职权。

总会计师的任免、职责和权限按《中华人民共和国总会计师条例》执行。

第十三条 国有企业、事业单位会计机构负责人、会计主管人员的任免，应当征求同级财政部门意见，任免后报送同级财政部门备案。

第十四条 会计人员上岗实行会计证管理制度。会计人员必须持有财政部门颁发的会计证，未取得会计证的人员不得从事会计工作。任何单位和个人不得聘用无会计证的人员从事会计工作，不得伪造、转借会计证。

第十五条 各单位会计机构、会计人员享有下列权利：

（一）监督、检查本单位及其所属部门执行会计法律、法规及制度的情况，对违反会计法律、法规及制度的行为有权制止或者纠正；

（二）监督、检查本单位及其所属部门的财务收支、成本费用开支标准、资金周转和财产保管、收发、消耗等情况，制止和纠正违法的财务收支；

（三）参与拟订本单位经济合同，负责定期检查和分析预算、财务计划的执行情况；

（四）参与拟定本单位筹资、投资、产品开发及设备更新等经济决策方案；

（五）拟定本单位办理会计事务的具体制度；

（六）因依法履行职责，受到错误处理或者打击报复的、有权向财政和有关部门申诉；

（七）法律、法规规定的其他权利。

第十六条 各单位会计机构、会计人员应当履行下列义务：

（一）遵守会计法律、法规和制度及会计人员职业道德，不得损害国家、集体和他人利益；

（二）依照会计法、本条例和会计制度的规定办理本单位会计事务。如实进行会计核算，实行会计监督；

（三）提供真实、准确的会计数据，如实反映本单位的财务状况与经营情况；

（四）按时办理应当缴纳的税金、利润、国有资产收益和其他财政收入等事项；

（五）法律、法规规定的其他义务。

第十七条 代理记账机构开展代理记账业务，应当经县以上人民政府财政部门批准，从事代理记账工作的人员必须具有会计专业技术任职资格，并加入合法的代理记账机构。国家机关现职工作人员，不得从事代理记账工作。禁止任何单位和个人非法从事代理记账工作。

代理记账机构及其从业人员，对在执行代理记账业务中知悉的商业秘密负有保密义务。

第十八条 会计人员工作调动或者离职，必须在三十日内与接管人员办完交接手续，没有办清交接手续的，不得调动或者离职。

会计人员办理交接手续，应当有监交人员监交，一般会计人员办理交接手续，由会计机构负责人、会计主管人员监交；会计机构负责人、会计主管人员办理交接手续，由单位领导人监交，必要时可以由主管单位派人会同监交。

依法终止的单位，其会计人员应会同有关人员对财产、债权、债务及时进行清理，编制移交清册，办理交接手续。

移交人员对所移交的会计资料的合法性、真实性、完整性承担责任。

第三章 会计核算

第十九条 下列事项，应当办理会计手续，进行会计核算：

（一）款项和有价证券的收付；

（二）财物的收发、增减和使用；

（三）债权债务的发生和结算；

（四）资本、基金的增减和经费的收支；

（五）收入、费用、成本的计算；

（六）财务成果的计算和处理；

（七）其他需要办理会计手续、进行会计核算的事项。

第二十条 各单位会计机构、会计人员按照会计法和国家统一的会计制度设置会计科目和会计帐簿，取得或填写会计凭证，进行登账结账，编制和报送会计报表。

第二十一条 各单位的会计核算应当以实际发生的经济业务为依据，按照规定的会计处理方法进行，保证会计指标的口径相互可比和会计处理方法的前后各期一致。

第二十二条 各单位对资本、基金、收入、费用、成本的核算，必须符合会计制度，不得弄虚作假，不得在法定账册以外设账或保留账外资金，不得隐瞒、截留、拖欠应缴财政收入。

第二十三条 各单位办理本条例第十九条规定的事项，必须取得或者填制合法的原始凭证，并及时送交会计机构。

任何单位、个人不得伪造、变造、毁灭会计凭证、会计账簿，不得提供或者出具不真实不合法的原始凭证。

第二十四条 各单位应当遵守国家统一的现金管理、银行结算管理等规定，建立健全本单位的货币资金管理制度，严格货币资金的收支管理和核算。

第二十五条 各单位必须建立健全财产清查制度，保证账簿记录与实物、款项相符。

对库存现金、银行存款、空白现金收支凭证、空白银行转账凭证以及有价证券等应当定期进行清查核对。债权、债务应当及时清算。

每年财务决算前进行全面的财产清查，并按国家统一规定处理盘盈、盘亏资产。

第二十六条 企业应当按照国家成本核算的规定计算成本。不得以估计成本、定额成本、计划（预算）成本代替实际成本，不得任意调整成本。

第二十七条 单位对外报送的会计报表应当根据国家会计制度规定的格式和要求编制。

会计报表应当根据登记完整、核对无误的会计账簿记录和其他有关资料编制，做到数字真实、计算准确、内容完整、说明清楚。

任何单位、个人不得编制和报送虚假会计报表，不得篡改或者授意、指使、强令他人篡改会计报表和其他会计资料。

第二十八条 有条件的单位应当采用电子计算机进行会计核算。

采用电子计算机进行会计核算的单位的会计人员应当经过会计电算化培训，并取得财政部门颁发的会计电算化合格证。运用电子计算机进行会计核算，所使用的会计核算软件及其生成的会计凭证、会计账簿、会计报表和其他会计资料，应当符合国家的有关规定。

商品化会计核算软件的管理，依照国家有关规定执行。

第二十九条 各单位应当按照国家统一的会计档案管理规定，建立健全本单位的会计档案立卷、归档、保管、调阅和销毁等制度。

第四章 会计监督

第三十条 各单位会计机构、会计人员对本单位依法实行会计监督，按照会计基础工作规范要求，结合本单位实际，制定内部财务会计管理、内部审计等制度，强化会计监督。

各单位领导人应当支持和保障会计机构、会计人员依法进行会计监督，任何单位或者个人不得阻碍。

第三十一条 各单位会计机构、会计人员应当对原始凭证进行会计监督，对记载不明确，不完整的原始凭证予以退回，要求经办人员更正、补充；对不真实、不合法的原始凭证不予受理；对弄虚作假，问题严重的原始凭证，在不予受理的同时，应当予以扣留并及时向单位领导人报告，请求查明原因，作出处理。

第三十二条 各单位会计机构内部应当建立健全会计稽核制度，对会计凭证、会计账簿、会计报表和其他会计资料进行审核，监督收入入账、支出报销、费用列支、成本核算、资金划拨及各项财政收入的解缴等会计事项是否符合财务、会计制度。

负责会计稽核的人员对不真实、不合法的会计凭证、账簿记录和会计报表有权要求更正、补充；对严重违反财务会计制度的经济事项，应当向会计机构负责人或者会计主管人员书面报告。

第三十三条 会计机构、会计人员对违法的收支不予办理。

会计机构、会计人员对违法的收支，应当制止和纠正；制止和纠正无效的，应当向单位领导人提出书面意见，要求处理。单位领导人应当自接到书面意见之日起10日内作出书面决定，并对决定承担责任。

会计机构、会计人员对违法的收支，不予制止和纠正，又不向单位领导人提出书面意见的，应当承担责任。

第三十四条 对严重损害国家和社会公众利益的违法收支，会计机构、会计人员应当向财政及有关部门报告，接到报告的部门，应当依照法律、法规规定的职权范围受理，并在三十日内作出处理。

第三十五条 各单位依照法律和国家有关规定接受财政、审计、税务机关的监督，如实提供会计资料和有关情况，不得拒绝、隐匿、谎报。

第三十六条 按照国家有关规定，企业会计报表应由注册会计师审计的，必须委托注册会计师进行审计，并附有由注册会计师出具的审计报告。被审计单位应如实提供会计凭证、会计账簿、会计报表和其他会计资料，不得拒绝、隐匿、谎报，不得示意注册会计师作出不实或者不当的证明。

注册会计师对出具的审计报告承担法律责任。

第五章 法律责任

第三十七条 违反本条例第六条规定，对依法履行职责的会计人员打击报复的，给予行政处分；构成犯罪的，依法追究刑事责任；造成会计人员经济损失的，应当承担赔偿责任。

第三十八条 违反本条，例第十条规定的，由财政部门责令限期改正；逾期不改正的，对单位领导人和直接责任人给予行政处分，对单位可处2000元以下罚款；情节严重的，可处单位2000元以上1万元以下的罚款。

第三十九条 违反本条例第十一条规定，违反回避制度的，由财政部门责令限期改正；逾期不改正的，对单位领导人和直接责任人给予行政处分。

第四十条 违反本条例第十四条规定，使用无会计证人员从事会计工作，由财政部门责令限期改正；逾期不改正的，对单位给予警告或者通报批评。

对伪造会计证的，没收违法所得，并处2000元以上1万元以下罚款；对转借会计证的，没收违法所得，吊销会计证。

第四十一条 违反本条例第十七条规定，非法从事代理记账的，由财政部门责令停止代理记账，没收违法所得；情节严重的，吊销会计证。

代理记账机构泄露被代理人的商业秘密，给被代理人造成经济损失的. 依法承担赔偿责任。

第四十二条 违反本条例第十八条规定，不及时办清交接手续的。由财政部门给予警告、并限期办理：逾期不办理的，会计人员不得调动或者离职情节严重的，给予行政处分。

第四十三条 违反本条例二十二条规定的，由财政部门责令限期改正，并对单位处违法资金一倍以上二倍以下罚款；对单位领导人及分管负责人给予行政处分，并处2000元以上1万元以下罚款。

第四十四条 违反本条例第二十三条第二款规定的，对单位给予警告或者通报批评，并处1万元以上10万元以下罚款；对直接责任人给予行政处分，并处1万元以下罚款。

第四十五条 违反本条例第二十七条第二款规定的，由财政部门责令限期改正。对单位领导人及直接责任人根据情节轻重，给予行政处分，并处1万元以下罚款；对单位给予警告或者通报批评，并处1万元以上10万元以下罚款。

第四十六条 违反本条例第二十八条第二款规定的、由财政部门责令改正，其生成的会计凭证、会计帐簿、会计报表有关部门不予认可。

第四十七条 违反本条例第三十一条规定，会计人员不履行职责，情节严重的，给予行政处分。

第四十八条 违反本条例第三十三条规定。单位领导人接到会计人员的书面意见，对违法收支决定予以办理或者无正当理由逾期不作出处理决定、造成严重后果的，给予行政处分。

第四十九条 拒绝、阻碍财政部门和其他有关部门的工作人员依法执行公务的，依照《中华人民共和国治安管理处罚条例》的规定处理。

第五十条 会计管理机构的工作人员玩忽职守、滥用职权、徇私舞弊的，由所在单位或者上级主管部门给予行政处分。

第五十一条 违反本条例其他规定的，由有关部门按照职责分工依法予以处理。

第五十二条 违反本条例规定，构成犯罪的，依法追究刑事责任。

第五十三条 依据本条例规定，对单位领导人、会计人员或者其他责任人员给予行政处分的，由其所在单位或者有权部门作出决定。

第五十四条 本条例规定的罚没收入按照法律、法规规定办理。

第五十五条 当事人对行政处罚不服的，可以依法申请复议或者向人民法院提起诉讼。逾期不申请复议、不起诉、又不履行处罚决定的，作出处罚决定的行政机关可以申请人民法院强制执行。

第六章 附 则

第五十六条 本条例自 1998 年 1 月 1 日起施行。

四川省省级财政预算管理办法

（四川省人民政府令第 90 号）

《四川省省级财政预算管理办法》已经 1997 年 5 月 14 日省人民政府第 75 次常务会议通过，现予发布，自发布之日起施行。

省长宋宝瑞

1997 年 6 月 3 日

第一章 总 则

第一条 为规范省级财政收支预算管理，根据《中华人民共和国预算法》、《中华人民共和国预算法实施条例》，结合四川实际，制定本办法。

第二条 本办法适用于四川省行政区域内省级财政预算管理。凡与省财政部门直接发生预算缴款、拨款关系的省级国家机关、政党组织和企事业单位（以下简称省级单位），必须遵守本办法。

第三条 省级财政预算遵循统一领导、分级管理、权责结合的原则。

第二章 预算的编报

第四条 省级预算按照复式预算编制，具体编制依据、办法和实施步骤按国家有关规定执行。

第五条 省级预算按照量入为出、收支平衡的原则编制，不列赤字。

第六条 省级预算收入的编制，应当与全省国民生产总值的增长率相适应。省级财政预算收人占全省国民生产总值的比重应逐年有所增长，达到适当比例。

第七条 省级预算支出的编制，应当统筹兼顾、确保重点，在保证政府公共支出合理需要的前提下，妥善安排其他各类预算支出。

第八条 省级财政应设置预算周转金。预算周转金的额度应当逐步达到省级预算支出额的4%。

第九条 省级财政应设置省级财政预备费，其额度为省级预算支出额的13%。省级财政预备费用于当年预算执行中的自然灾害救灾开支及其他难以预见的特殊开支。

第十条 省级预算编制的程序：

（一）省财政部门根据国务院和省人民政府编制下一年度预算草案的指示，向省级单位部署编制预算草案的具体事项、报表格式、编制方法；提出预算收支建议数，并汇总编制省级财政预算草案；

（二）省级单位根据省人民政府的指示和省财政部门的部署，结合本单位的具体情况，向所属各机构、单位部署编制预算草案，并负责本单位所属各机构、单位预算草案的审核，汇总编制本单位的预算草案；

（三）省级财政预算草案经省政府审定后，由省政府向省人民代表大会报告当年预算草案编列口径及具体方案。预算草案经省人民代表大会审查批准后，成为当年省级财政预算。

第十一条 省财政部门应当在省人民代表大会会议举行的一个月前，将省级财政预算草案的主要内容提交省人民代表大会有关专门委员会进行初步审查。

第十二条 省政府派出机关（地区行政公署）财政预算的编制程序：

（一）地区行政公署财政部门根据国家和省有关财政政策，本年度预算编制的原则和要求，并结合地区实际情况及本地区各单位上年度预算执行情况，编制本地区财政预算草案；

（二）地区行政公署财政部门在规定期限内将汇编的本地区财政预算草案提交地区行政公署讨论审定；

（三）地区行政公署讨论审定的本地区预算草案，经省人民代表大会常务委员会地区工作委员会签署审查意见后上报省政府；

（四）省财政部门具体负责审核汇总各地区预算草案，报送省人民政府审查批准后，按省人民代表大会常务委员会的要求办理。

第三章 预算的分配

第十三条 省财政部门自省人民代表大会批准省级财政预算之日起30日内，统一批复省级单位的年初预算（年度收入和支出预算）。省级单位收入预算包括省级主管部门及直属国有企业的所得税、上缴利润、政策性亏损补贴、政府性基金（收费）等；支出预算包括财政负担的人员工资、正常的办公业务费、已定用途的专项资金等。

第十四条 省级单位应当自省财政部门批复本单位年初预算之日起15日内，批复所属各机构、单位年初预算，并将批复所属各机构、单位的年初预算抄送省财政部门备案。

第十五条 支出预算中除批复到省级单位的年初预算之外的余额，作为省级财政保留预算。需要保留的预算项目资金主要包括：

（一）已定用途和额度，但暂时尚未确定具体执行单位的项目资金；

（二）不需在年初一次性批复，而需按工程项目的进度在年度预算执行中予以逐步安排的；

（三）由省财政部门与有关主管部门共同管理的专项资金或基金；

（四）纳入预算管理的专项收入及政府性基金（收费）收入，在执行中对口安排的专项支出及政府性基金（收费）支出；

（五）根据财政体制规定保留在省级财政，预算支出需要通过执行中追加市（地、州）的专项资金；

（六）省级总预备费；

（七）按照规定需要保留的其他项目资金。

第四章　预算的执行

第十六条 省级预算由省政府负责组织执行，具体工作由省财政部门负责。

第十七条 预算年度开始后，省级预算草案在省人民代表大会批准前，省政府可以先按照上年同期预算支出数额安排支出；预算经省人民代表大会批准后，按照批准的预算执行。

第十八条 经省财政部门批复的预算，省级单位必须严格执行，不得随意突破。未经省政府同意，不得在预算执行中任意增减。

第十九条 省国有资产管理部门、省级国有资产控股公司或国有资产经营公司、省级各行业主管部门应加强对省级国有资产的管理工作，凡属省级国有股股利、股息收入，产权交易收益，除按规定增大省级国有股的资产投入之外，其余各项收益应由省级国有资产管理部门监交入库，并建立国有资产经营复式预算。

第二十条 省级预算收入退库办法：

（一）属于技术性差错和所得税汇算清缴的，由省地方税收直属征收机关直接办理；

（二）按规定比例提取的代征代扣手续费需要退库的，经省财政部门审核后，由省地方税收直属征收机关办理。

除上述情况外，不得直接从国库提退库款。但按照国家和省有关规定，需要将收入返还用于企业（行业）专项发展的，由省财政部门审核后，列拨支出。

第二十一条 省级地方国库按照《中华人民共和国国家金库条例》的规定行使监督检查职责，具体办理预算收入的收纳、划分、留解和库款的支拨。省级地方国库业务接受省财政部门的指导和监督，并对省级财政负责。

第二十二条 省财政部门按照法律、行政法规和国家的规定，根据省人民代表大会批准的预算，组织预算收入的入库，按进度核拔政策性亏损补贴指标，及时、足额地拨付预算支出资金，并加强对预算支出的管理和监督。

第二十三条 省财政部门应加强对预算拨款的管理。对无财务主管部门的省级单位直接办理列支。对市（地、州）追加（减）的专项补助只下达追加（减）预算指标，资金另行调度，年终清算。

第二十四条 年初预算之外增加或核减安排的支出、动用省级总预备费安排的支出、预算安排的基金和周转金、下达或扣减地区的专项拨款等，应办理追加（减）支出预算。

第二十五条 追加预算必须有正当的资金来源和有效的依据。

资金来源主要有：年初预算之外予以保留的项目资金；对年初安排项目进行压缩节约的资金；因情况或政策发生变化，原已安排并作保留但执行中予以取消的项目的资金；通过预算科目调剂取得的资金；收入超过预算而形成的超收资金；动支总预备费；上年结转项目结余；国家专项补助及结算补助；专项收入和其他资金来源。

追加预算的依据主要有：省人民代表大会批准预算中已明确包含的项目；国家和省政府的规定；省财政部门根据国家和省的政策制定的具体规定；省有关部门会同省财政部门制定的规定；省与市、地、州财政体制规定；省财政部门根据实际情况在有关预算科目之间进行的调剂等。

第二十六条 省级单位在预算执行过程中，必须严格预算管理。凡属应缴省级财政的各项预算收入、应及时解缴入库，不得截留、挪用，经省财政部门核定用于抵顶行政事业经费的收入，不得挪作他用；不得将非预算内支出的款项转为预算内支出。

第二十七条 在预算执行过程中，省级各主管部门对申请拨付的各类专项资金，应定期向省财政部门反馈使用情况。省财政部门有权对项目的建设、资金的使用等进行监督检查，并对使用情况和效果提出建议。

第二十八条 省财政部门应编制省级年度预算执行情况，汇总全省年度预算执行情况，定期向省政府报告。省政府在每一预算年度中，向省人民代表大会或者其常务委员会报告二次预算执行情况。

第五章 预算的变动与调整

第二十九条 省人民代表大会批准的当年预算发生以下变动，省财政部门应当在报告预算执行及财政决算情况时汇总，经省政府审定后，报省人民代表大会常务委员会备案：

（一）上年结余的项目资金结转到当年继续安排使用而增加的当年预算支出；

（二）中央财政追加的专项拨款；

（三）省级财政追加市（地、州）的专项拨款；

（四）不增加预算支出总额，只在相关科目间进行调剂而形成预算支出项目间的增减；

（五）因国家和省的政策变动而增加或减少的预算收入；

（六）涉及省与国家、省与市（地、州）之间企事业单位划转而增加或减少的省级收入；

（七）动支上年净结余；

（八）动用当年预算超收而增加的预算支出；

（九）动支预备费；

（十）其他项目的变动。

第三十条 省级预算执行中，出现下列情况时，省财政部门应具体编制预算调整方案，经省政府审定后，由省政府提请省人民代表大会常务委员会审查和批准：

（一）因特殊情况需要增加支出或减少收入，使原批准的收支平衡的预算的总支出超过总收入而出现赤字；

（二）按原批准的预算并依据法律或国务院规定发行省政府债券，但在执行中需要增加债券发行数额。

第六章 决 算

第三十一条 省财政部门根据国家财政部门的安排，部署编制省级单位和市（地、州）、县（市、区）决算草案的原则、要求、方法和报送期限，制发有关决算的表格。

第三十二条 省级单位根据省财政部门的部署，制定本单位决算草案的具体编制方法，编制本单位（含所属机构、单位）的决算草案，在规定期限内将决算草案连同草案详细说明一并报送省财政部门审核。

第三十三条 省级决算草案由各省级单位决算草案汇总组成。省级各预算收入征收部门应当按照省财政部门的要求，及时编报收入年报及有关详细资料。

第三十四条 省地方税收、国库等省级预算执行部门应当按照职责分工，负责省级收入决算的编制工作。

第三十五条 省级财政决算总收入包括省级财政直接组织的收入、下级政府的上解收入、中央补助的收入等。

省级财政决算总支出包括省级单位当年决算支出、增列预算周转金支出、地方政府购买有价证券支出、省级财政上解中央财政支出、补助下级政府的支出等。

第三十六条 省级决算草案编制过程中，省财政部门对省与国家、省与市（地、州）之间的资金往来情况和结算项目进行清理，具体办理各种结算事项，并下发省财政部门与市（地、州）财政年终决算结算单。

第三十七条 省级财政与中央财政的结算项目包括以下内容：

（一）国家对全省的税收返还补助；

（二）按照体制或政策规定，涉及收入在省与国家之间的划分以及支出的负担而形成的国家对省的补助或省级财政对中央财政的上解；

（三）涉及国家和省（包含省以下各级）因企事业单位隶属关系改变引起的收入或支出基数在国家与省之间的划转；

（四）国家下达对全省的农业税灾情减免指标及其他调减预算收入任务而给予的专项补助；

（五）其他结算项目。

第三十八条 省级财政与市（地、州）之间的结算项目包括以下内容：

（一）国家对全省的税收返还补助，由省计算落实到各市（地、州）的部分；

（二）因地区间企事业单位搬迁或隶属关系改变引起的收支基数的划转；

（三）按照体制或政策规定，涉及收入在省与市（地、州）之间的划分和支出的负担而形成的省给予市（地、州）的补助或市（地、州）财政对省级财政的上解；

（四）省下达给市（地、州）农业税灾情减免指标及其他调减预算收入任务而给予的专项补助；

（五）其他结算项目。

第三十九条　在办理省级财政与中央财政结算时，中央财政对省级和全省的政策性补助和项目补助，直接列入省级财政当年净结余或项目结余。国家给予补助的项目资金，在下个预算年度补助到省级单位或有关市（地、州）。

第四十条　省财政部门根据省与国家、省与市（地、州）财政结算情况和省级单位的决算收支情况，编制省级财政决算草案，报省政府审定，由省政府提请省人民代表大会常务委员会审查批准。

第四十一条　省级年度财政决算草案经省人民代表大会常务委员会批准后，省财政部门应当自批准之日起20日内向省级单位批复决算。省级单位应当自省财政部门批复决算之日起15日内向所属机构、单位批复决算。

第四十二条　省财政部门受省政府委托，应当自省人民代表大会常务委员会批准省级财政决算之日起30日内，将省级财政决算及其下级政府上报备案的决算汇总后，报国家财政部门备案。

第四十三条　省政府派出机关（地区行政公署）财政决算的编制按照以下程序进行：

（一）由地区行政公署财政部门按照省财政部门的部署，编制本地区财政决算草案；

（二）地区行政公署财政部门在规定期限内将汇编的本地区财政决算草案提交地区行政公署讨论审定；

（三）地区行政公署讨论审定的本地区财政决算草案，应经省人民代表大会常务委员会地区工作委员会签署审查意见后上报省政府；

（四）省财政部门具体负责审核各地区行政公署财政决算草案，汇总地区行政公署财政决算草案，经省政府批准后，按省人民代表大会常务委员会的要求办理。

第七章　对下级财政预算的管理

第四十四条　省财政部门根据有关法律、法规和省政府的决定，拟定全省财政政策，审核汇总下级政府预算和全省财政决算，分析、指导和监督检查全省预算执行情况。

第四十五条　省财政部门负责拟定对市（地、州）财政预算管理体制方案，拟定并实施省级财政对市（地、州）、县（市、区）的财政转移支付。

第四十六条　省财政部门根据全省的实际情况，会同省级有关部门拟定国家财政政策的贯彻措施；制定全省财政预算管理的具体规定。

第四十七条　省级单位不得擅自变动财政管理体制和有关政策；不得擅自要求从下级政府或下级主管部门集中预算内外收入，或提取分成；不得擅自要求下级政府或下级主管部门配套解决有关预算支出。

未经省政府和省财政部门同意的减收增支或资金分成的要求，下级政府及财政部门有权拒绝执行。

第四十八条 地方各级政府制定的有关规定，不得涉及减少省级预算收入和省与市（地、州）、县（市、区）的共享（或分成）收入，不得影响省级收入和省与市（地、州）、县（市、区）共享（或分成）收入的征收。违反规定的，有关预算收入征收部门有权拒绝执行，并及时上报上级预算收入征收部门和省财政部门。

第四十九条 在预算执行中，省财政部门应合理确定各市（地、州）增值税、消费税税金及其他预算收入资金的留解比例。

第五十条 各市（地、州）财政部门应按照规定向省财政部门报送本地区收支预算执行数据、文字分析材料及其他专题材料。

第八章 预算管理的监督

第五十一条 省级财政接受省人民代表大会及其常务委员会的监督，接受国务院及有关部门对省级预算、预算执行情况和决算的监督。

第五十二条 省审计部门对省级预算执行情况、省级单位和下级政府预算的执行情况和决算，依法进行审计监督。

第五十三条 违反本办法，造成省级财政预算管理秩序混乱的，由省政府或省财政部门依据《中华人民共和国预算法》、《中华人民共和国预算法实施条例》、国务院《关于违反财政法规处罚暂行规定》等有关法律、法规的规定，对有关单位及其直接责任人员进行处理。

第九章 附 则

第五十四条 省级财政收支预算管理中，涉及财政大额资金、总预备费、财政周转金的使用管理及审批权限，按照我省有关规定执行。

第五十五条 本办法自发布之日起施行。

四川省预算外资金管理条例

（1999年6月1日四川省第九届人民代表大会常务委员会第九次会议通过）

第一章 总 则

第一条 为了加强预算外资金管理，提高资金使用效益，增强政府调控能力，促进国民经济持续、稳定、健康发展，根据有关法律、法规规定，结合四川实际，制定本条例。

第二条 本条例适用于四川省行政区域内有预算外资金收支活动的国家机关、事业单位、社会团体及政府授权的其他组织（以下称部门或单位）。

第三条　本条例所称预算外资金，是指部门或单位依据法律、法规和国务院、省人民政府及其财政、物价部门的规定而收取、提取、募集和安排使用，未纳入国家预算管理的各种财政性资金。其范围包括：

（一）法律、行政法规规定的和国务院或财政部批准的政府性基金（含专项资金和附加，下同）；

（二）法律、法规规定的和国务院或省人民政府及其财政、物价部门批准的行政事业性收费。

（三）主管部门从所属单位和下级集中的资金；

（四）乡（镇）人民政府依法收取的用于经济建设、社会事业发展、公共福利等方面的乡自筹资金；

（五）经国家批准发生彩票募集的资金；

（六）以部门或单位名义接受的捐款及赠款；

（七）国家机关（含派驻外地的机构）的非经营性收入；

（八）其他未纳入预算管理的财政性资金。

乡统筹资金按预算外资金进行管理。

禁止将预算内资金转作预算外资金。

第四条　事业单位和社会团体通过市场取得的不体现政府职能的经营、服务性收入，不属于预算外资金。

第五条　预算外资金是国家财政性资金，实行政府调控、财政管理、量入为出的管理原则。

各级人民政府对本级预算外资金可统筹调剂使用，专项资金除外。

第六条　省财政部门是全省预算外资金管理的主管机关。

各级财政部门是本行政区域内预算外资金管理的职能部门，对本级预算外资金建立统一的财政专户，实行收支两条线的管理制度，并对预算外资金收支活动进行监督管理。

第七条　单位和个人均有权举报预算外资金收支活动中的违法和违纪行为。

在预算外资金管理工作中做出显著成绩的单位和个人，以及对举报有功的人员，由县级以上人民政府给予表彰或奖励。

第二章　收入管理

第八条　设立行政事业性收费项目，由省财政部门会同省物价部门审批；制定和调整收费标准，由省物价部门会同省财政部门审批。重要的收费项目和标准，由省财政部门会同省物价部门报省人民政府或国家有关机关审批。设立政府性基金项目，按照法律、行政法规和国务院及财政部的规定审批。

第九条　预算外资金分为省、市（地、州）、县（市、区）、乡（镇）级收入。确需分成的收入项目，其分成比例由省财政部同有关部门确定，重要的报省人民政府批准。国家另有规定的从其规定。

第十条　上级部门或单位不得违反规定调用下级的预算外资金，下级部门或单位不得挤占、截留应上缴的预算外资金。

第十一条 部门或单位应按照法律、法规和国务院、省人民政府及其财政、物价部门规定的项目、范围、标准，收取和提取预算外资金，不得擅自增加项目、调整范围或标准。

预算外资金的收取，应实行收缴分离。

第十二条 预算外资金由部门或单位的财务部门统一管理，按规定及时足额上缴财政专户，不得坐收坐支、帐外设帐、私设“小金库”和公款私存。

第三章 支出管理

第十三条 部门或单位应按照本级人民政府及其财政部门批准的预算外资金收支计划、单位财务收支计划使用预算外资金。

第十四条 预算外资金用于基本建设支出的，经财政部门审查后，按批准的基本建设投资计划和工程进度分期拨付。

第十五条 预算外资金用于经常性支出和事业支出的，部门或单位必须按财政部门规定的项目、范围和标准执行。

第十六条 乡（镇）自筹资金和统筹资金，应按规定专款专用，由财政部门按计划从财政专户核拨。

第十七条 对专项用于公共工程、公共事业的政府性基金和收费，部门或单位应按照财政部门审批的计划专款专用，单独核算，不得挪作他用。

第十八条 预算外资金不得有偿使用，禁止用预算外资金进行股票、期货交易或其他风险性投资。

第四章 专户管理

第十九条 预算外资金实行财政专户管理。财政专户是财政部门在银行设立的用于对预算外资金收支活动实行统一管理的专门账户。

第二十条 部门或单位经同级财政部门批准，可在指定银行开设一个预算外资金收入过渡账户，收入过渡账户只能存入预算外资金上缴款项。

第二十一条 经同级财政部门批准，部门或单位只能在一家银行开设一个预算外资金支出账户。支出账户只能接纳财政部门从财政专户中拨付的预算外资金支出款项，由部门或单位按规定使用。

第二十二条 部门或单位使用预算外资金，由财政部门按照批准的预算外资金收支计划和预算外资金缴款进度，从财政专户及时拨付。对不符合规定的用款，财政部门应拒绝拨付。

第二十三条 部门或单位上缴上级主管部门以及主管部门下拨下级部门或单位的预算外资金，应通过各级财政专户直接划解。国家另有规定的从其规定。

第五章 计划和决算

第二十四条 预算外资金实行年度收支计划管理。编制预算外资金收支计划，坚持以收定支、量入为出、零基预算的原则。

第二十五条　部门或单位应按照财政部门的规定，编制年度预算外资金收支计划和单位财务收支计划。

主管部门在审核汇总所属单位预算外资金收支计划的基础上，编制本部门年度预算外资金收支计划，并在规定时间内报送同级财政部门。没有主管部门的单位直接报送同级财政部门。

第二十六条　财政部门在审核汇总部门或单位预算外资金收支计划的基础上，编制本级年度预算外资金收支计划草案，报同级人民政府批准，并报上一级财政部门和同级人民代表大会常务委员会备案，抄送同级审计部门。

财政部门应按同级人民政府批准的年度预算外资金收支计划，批复部门或单位的收支计划。

第二十七条　乡（镇）预算外资金的年度收支计划和决算应经乡（镇）人民代表大会审查批准。

第二十八条　经批准的预算外资金收支计划是部门或单位年度预算外资金缴拨和考核的依据，一般不作调整。在年度执行过程中，因国家政策变化等因素影响，确需对收支计划进行调整的，由同级财政部门审查后，报同级人民政府批准。

第二十九条　预算外资金决算由部门或单位在年终后按照财务会计制度规定和财政部门的要求编制。

主管部门对所属各单位预算外资金决算进行审核汇总后，编制本部门预算外资金决算，并在规定时间内报同级财政部门审核。没有主管部门的单位直接报送同级财政部门。

第三十条　财政部门在审核本级部门或单位预算外资金决算后编制本级预算外资金决算草案，报同级人民政府批准。批准的预算外资金决算报同级人民代表大会常务委员会备案。

财政部门将同级人民政府批准的本级预算外资金收支决算和下级预算外资金决算进行汇总后，报上一级财政部门备案。

第三十一条　财政部门在审查本级部门或单位预算外资金决算时，对不符合法律、法规和财务制度规定的，应及时予以调整。

第三十二条　预算外资金会计核算按照财政部统一规定的会计制度执行。

第六章　票据管理

第三十三条　依法收取行政事业性收费、政府性基金，应使用省以上财政部门统一印制的行政事业性收费、政府性基金专用票据（以下简称收费票据）。

第三十四条　财政部门是收费票据管理的主管机关。省政府部门负责收费票据的印制、发放、核销、稽查和其他监督管理工作。省以下财政部门负责收费票据的使用监督管理工作。

未经省以上财政部门委托，任何单位和个人不得自行印刷、发放、出售、核销、稽查和承印收费票据。

第三十五条　收取预算外资金的部门或单位，应由其财务部门到同级财政部门或其委托的票据管理机构领购收费票据，并按规定范围使用。禁止使用非法收费票据。

第三十六条　其他预算外资金的收取应使用财政部门印制（或监制）的票据，并参照本章规定管理。国家另有规定的从其规定。

第七章　监督检查

第三十七条　各级人民政府应加强对预算外资金管理工作的领导，并向同级人民代表大会或其常务委员会报告预算外资金收支管理和使用情况，接受其监督。

第三十八条　各级财政部门应加强对预算外资金收支的监督管理，建立健全预算外资金的监督检查制度。

各级物价、审计、监察等部门应按照各自的职责分工，依法对预算外资金收支活动进行监督和检查。

第三十九条　部门或单位应建立和完善预算外资金的内部管理制度，健全内部监督约束机制，接受有关部门的监督检查，并按要求如实提供资料，执行有关部门依法做出的处理决定。

第四十条　财政部门及其工作人员在预算外资金管理中应忠于职守、秉公执法，认真履行监督管理职能，简化审批手续，按规定及时拨付资金，保证正常用款需要，做好各项服务工作，并接受审计、监察部门的监督检查。

第八章　法律责任

第四十一条　违反本条例规定有下列行为之一的，由县级以上财政部门予以处罚，法律、法规另有规定的，从其规定：

（一）隐瞒财政预算收入，将预算内资金转为预算外资金的，违法收入全部上缴上一级财政，并处以违法金额 10% 以下的罚款。

（二）擅自设立行政事业性收费、政府性基金项目的，擅自扩大收费项目和基金项目的收取范围、提高收费标准或延长收取期限的，责令改正，退还非法收取的资金，无法退还的，上缴上级或同级财政；可并处违法所得 3 倍以下的罚款；

（三）未按规定及时足额将预算外资金上缴财政专户的，责令立即改正，可并处滞留金额 5% 以下的罚款；

（四）擅自设立预算外资金帐户的，责令改正，限期将资金上缴同级财政专户，可并处违法金额 5% 以下的罚款；

（五）擅自实行预算外资金有偿使用或者使用预算外资金进行股票、期货交易及其他风险性投资的，责令停止违法行为，限期追回资金，没收违法所得，并处以违法金额 10% 以下的罚款；

（六）未按年度预算外资金收支计划执行，擅自改变预算外资金用途的，责令限期改正；逾期不改的，处以违法金额 5% 以下的罚款，并相应调整下一年度预算外资金支出计划。

（七）擅自利用预算外资金进行基本建设项目投资的，责令改正，并相应核减以后年度的财政预算拨款或预算外资金支出。

（八）不按规定时间和要求编报预算外资金收支计划和决算的，责令改正，逾期不改正的，可相应核减以后年度的财政预算拨款或预算外资金支出；

（九）预算外资金由单位非财务部门管理、账外设账、私设“小金库”和公款私存的，责令改正，并处以违法金额2倍以下的罚款；

（十）不按规定使用、管理、核销收费票据的，责令限制改正，没收违法所得；

（十一）使用非法票据收取预算外资金的，责令改正，没收违法所得，并处以违法金额5%以下的罚款；

（十二）擅自印制、销售收费票据的，没收收费票据和违法所得，并处以1万元以上5万元以下罚款；

第四十二条　违反本条例规定有第四十一条所列行为之一的单位负责人，直接责任人和有关责任人，由主管部门或监察部门根据情节轻重给予行政处分。

第四十三条　财政、物价、审计等部门工作人员，在预算外资金管理和监督工作中玩忽职守、滥用职权、徇私舞弊的，由主管部门或监察部门根据情节轻重给予行政处分。

第四十四条　违反本条例规定构成犯罪的，由司法机关依法追究刑事责任。

第四十五条　当事人对行政处罚决定不服的，可依法申请复议或提起诉讼。

第九章　附　则

第四十六条　本条例自公布之日起施行。1991年11月27日四川省第七届人民代表大会常务委员会公布的《四川省预算外资金管理条例》同时废止。

四川省人民政府关于调整省与市地州财政管理体制的通知

川府发〔2000〕4号

为了进一步适应我省经济发展和改革的需要，调动各级政府增收节支的积极性，逐步理顺省与市（地、州）的财政分配关系，促进全省国民经济和社会事业协调发展，省政府决定从2000年1月1日起，在维持现行省与市（地、州）事权划分的基础上，调整省与市（地、州）财政管理体制。

一、调整省与市（地、州）的财政收入范围，实行税收分享

按照事权与财权相结合和“维持既得利益，实行增量调整”的原则，在中央与地方财政分税制的基础上，划分税种，实行省与市（地、州）部分税收分享，并重新确定省与市（地、州）财政收入范围和税收分享比例。具体划分如下：

（一）省级财政固定收入：金融保险业营业税（地方部分）；省级企业所得税、企业所得税退税、国有企业计划亏损补贴、国有资产经营收益；固定资产投资方向调节税（不含甘孜、阿坝、凉山州）；省级企事业单位参与投资的港澳台和外商投资企业缴纳的所得税；由省级企事业单位参与组成的股份制企业、联营企业按投资比例、股份（或协议分利比例）分享的所得税；省级单位缴纳以及纳入省级预算管理的行政性收费收入、罚没收入、其他收入。

在成都市锦江区、成华区、青羊区、金牛区、武侯区、高新技术开发区范围内的省级企业、行政事业单位、社团组织及其所属（管）的各类企事业单位（以下简称省级单位），省级单位参与投资组建的港澳台和外商投资企业，1989 年 1 月 1 日以后在省工商行政管理部门注册登记的各类企业和经营单位，以及上述企业、单位转制后重新设立的企业所缴纳和代扣代缴的，除印花税、城镇土地使用税、城市维护建设税和教育费附加收入之外的各项税收；中央和省级企事业单位投资组建的各类企业缴纳的各项税收；实行全省行业集中汇缴办法的行业部门集中在成都市汇缴的各项税收及附加收入（不含电力、天然气产品增值税及城市维护建设税和教育费附加收入）。

（二）市（地、州）财政固定收入：市（地、州）企业所得税、企业所得税退税、国有企业计划亏损补贴、国有资产经营收益；城市维护建设税，土地增值税，车船使用和牌照税，屠宰税，筵席税，农业税，农业特产税，牧业税，耕地占用税；由市（地、州）所属企事业单位参与组成的股份制企业、联营企业按投资比例、股份（或协议分利比例）分享的所得税；海域场地矿区使用费收入，专项收入，市（地、州）及县（市、区）属单位纳入预算管理的行政性收费收入、罚没收入、其他收入。

（三）省与市（地、州）的共享收入：增值税（25%部分），营业税（不含金融保险业营业税），个人所得税，资源税，房产税，印花税，城镇土地使用税，契税。省分享比例为35%，市（地）分享比例为65%；对甘孜、阿坝、凉山州，省暂不参与分享。

除上述收入范围划分外，基金预算收入，暂维持原有规定不变。执行中如遇国家调整税种和预算收入级次，另行决定。

二、实行新老体制并轨，规范结算事项，调整省对市（地、州）税收返还收入基数

（一）从 2000 年起，实行新老体制并轨，不再执行原递增包干体制的递增上解办法，规范结算事项。以 1999 年为基期年，将各市（地、州）原体制上解额和补助额，与省财政分享税收收入、省财政下划收入、上划“金融保险业营业税”、固定结算上解和补助数品迭后的数额，相应调整 1999 年各地税收返还收入基数。

（二）为了体现对民族地区的照顾，维持甘孜、阿坝、凉山州递增补助体制及年递增率 5% 不变。以 1999 年为基期年，将上划省“金融保险业营业税”、省下划收入、固定结算上解和补助数品迭后的数额，相应调整 1999 年税收返还收入基数。

（三）从 2000 年起，各地税收返还收入以调整后的 1999 年税收返还收入为基数，逐年递增，递增率按各地上划中央增值税和消费税的实际增长率的 1：0.3 系数确定。对当年实际完成上划中央“两税”数达不到上年上划“两税”收入基数的，则相应扣减税收返还收入。

（四）按照公平、合理、科学的原则，重新核定资金返还比例，提高财政资金使用效益。

三、进一步规范收支管理，确保新的财政体制顺利实施

（一）积极培植财源，严格执行国家税收法规，加强税收征管。各级政府要积极促进经济发展，抓住机遇，加大西部开发的力度，努力培植新的经济增长点，增加财政收入，增强财政实力，缓解财政困难。大力支持税务部门加强税收的征收和管理，切实做到依法征税和应收尽收。严格执行国家税法和税收管理权限的有关规定，属于省与市（地、州）共享的税种，统一由省政府管理；属于市（地、州）固定收入的税种，按原有规定办理。减免税收必须依照国家税法规定执行，未经省政府批准，各地不得自行出台减、免、缓征省与市（地、州）共享税收和其他应缴财政收入的政策。对地方自行制定的税收先征后返政策进行全面清理和整顿，从 2000 年 1 月 1 日起，一律按《国务院关于纠正地方自行制定税收先征后返政策的通知》（国发〔2000〕2号）执行，凡未按税法和国家政策规定，擅自减免税收和实行税收先征后返政策的，省将扣减对该地区的税收返还收入和转移支付补助。

（二）进一步完善和规范转移支付制度。从2000年起，将《四川省人民政府批转省财政厅关于进一步增收节支确保财政收支平衡报告的通知》中确定的“以奖代补，以惩促平”的财政收支平衡激励机制纳入过渡期转移支付办法，进一步加大省级财政的转移支付力度。同时，各地要加强财政调控，积极探索建立对所属县（市、区）的转移支付制度。

（三）合理确定县（市、区）财政管理体制。各地要根据省与市（地、州）的财政体制变动情况，本着适当照顾县（市、区）的原则，合理确定市（地、州）与所属县（市、区）的财政管理体制，促进县域经济发展。

各市（地、州）对所属县（市、区）的财政管理体制确定后，需报省财政厅备案。

（四）继续执行新投产的大中型企业分税政策。省与市（地、州）实行税收分享后，《四川省人民政府关于对新投产大中型项目的主体税种按比例分成的通知》仍继续执行，省财政按投资和筹资比例参与有关新投产的大中型项目的税收分享。

（五）保持省国税和省地税直属征收部门征管范围不变。原由省国税、地税直属征收分局征收管理的省级税收，仍按省政府和省财政厅、省国家税务局、省地方税务局的有关文件执行，各地、各部门必须顾全大局，确保收入实现。

调整体制的具体运作办法由省财政厅另行布置。本通知及有关未尽事宜，由省财政厅负责解释。

编 后 记

按中共四川省委办公厅、四川省人民政府办公厅《关于全面开展四川省第二轮修志工作的通知》和《〈四川省志（1986—2005）〉编纂方案》要求，四川省财政厅负责《四川省志·财政志（1986—2005）》（以下简称《财政志》）分卷编纂工作。

修志问道，以启未来。编修《财政志》是反映财政改革进程、传承财政文化的一项重要工程，省财政厅党组对此高度重视，厅主要领导负责，分管厅领导直接管理，设立《财政志》编纂办公室，并配备专职人员。编纂过程中，分管厅领导多次听取《财政志》编修进展情况汇报，研究优化编修篇目，明确编修重点，督查编修进度，检查编修质量，对编修工作中出现的问题，及时予以解决。在此期间，四川省地方志工作办公室（以下简称省地方志办）也给予了有力指导。《财政志》编纂工作历经"财政志资料长编""财政志（初稿）""财政志（复审稿）""财政志（终审稿）"4个阶段，于2017年12月21日通过《四川省志（1986—2005）》审核委员会终审验收。具体情况如下：

第一阶段，收集资料，拟订篇目。2006年11月，《财政志》编纂办公室开始收集资料，并在充分吸纳各方意见的基础上，拟订了志书篇目。2008年4月，省地方志办正式批复同意《财政志》的篇目设置。至2009年7月底，《财政志》编纂办公室共收集资料12000余件，字数逾1000万字，资料收集工作初步完成。是年，编纂人员正式着手编写工作。

第二阶段，起草长编，编写初稿。编写时，编纂人员采用了先编写资料长编、后编纂初稿的方式。长编以时为序，广收并蓄，部分条目打破了时限限制，以与前志相衔接。2010年12月，《财政志资料长编》纂成，总字数逾80万字。此后，编纂人员开始删改资料长编，草拟初稿。删改时，按照"去细末、留重点""详近略远""删繁就简"的原则，去掉了一些内容单薄、史料不足的小条目，紧扣"起点、重点、转折点、终点"四个重点，充实和突出了"时代、地方、财政"三个特点。同时，压缩上下级相同部分，突出省本级；压缩与其他部门相同部分，突出财政。经过修改，形成《财政志（初稿）》，总字数约70万字。

第三阶段，检校史实，完善初稿。2012年，编纂人员开始修改和完善初稿，修改时，着重查漏补缺，调整优化节、目设置，尽可能做到横不漏项、竖不断线。经过修改，全书总字数压缩到了60万字左右，大事记和文献辑存也初步成型。2013年12月，为保证初稿质量，省财政厅组织省地方志办、四川大学、西南财经大学的专家对初稿进行了评审。根据专家反馈意见，编纂人员对初稿再次进行了修改、补充和完善。2015年底，完成《财政志（复审稿）》。

第四阶段，总纂全书，锤定终稿。为提交合格的终审稿，编纂人员广泛借鉴、吸收专家意见，并对照审查验收标准，对全书的体例、内容、文字、数字、表格、标点符号等进行了系统梳理，查漏补缺、提炼升华。2017年11月，完成《财政志（终审稿）》，志稿分财政收入、财政支出、财政管理3篇，共26章、102节，总字数约57万字。是年12月21日，《财政志》通过终审验收，《四川省志》终审专家委员会认为："《财政志》送审稿观点正确，体例完备，资料翔实，内容丰富，重点突出，具有鲜明的地方特色、时代特色，志稿质量达到编纂、出版要求，同意通过终审。"

终审会后，编纂人员根据终审专家意见以及厅内专家意见再次对《财政志》部分内容进行了修改和补充。

《财政志》编纂工作，自始至终得到了省地方志办的悉心指导和大力支持，特别是省地方志办原党组书记、主任马小彬曾专程到《财政志》编纂办公室检查、指导工作，并多次提出卓有见解的修改完善意见；省地方志办副主任陶利辉、编辑冯国梅不厌其烦，答疑解惑，体现了高度的责任心和使命感。

《财政志》编纂过程中，厅机关各处（室）、直属事业单位大力支持、积极配合，提供了许多宝贵的资料，并对志稿提出了极有价值的修改意见。四川省档案馆、四川日报社、四川年鉴社也为资料搜集给予了大量帮助，在此一并表示衷心感谢。

"志之为书，有关治体，有补风化，其为益也大矣。"《财政志》编纂工作启动以来，至今已逾十载，其间，人事更迭，《财政志》也数易其稿。由于这一历史时期财政改革事项繁多，编纂人员收集、掌握的资料又不够全面，加之编者水平所限，难免有疏漏之处，恳请专家学者和广大读者批评指正。

《四川省志·财政志（1986—2005）》编纂办公室

2019年4月